The *Ancrene Wisse*
A Four-Manuscript Parallel Text

STUDIES IN ENGLISH MEDIEVAL LANGUAGE AND LITERATURE

Edited by Jacek Fisiak

Advisory Board:
John Anderson (Methoni, Greece), Norman Blake (Sheffield),
Ulrich Busse (Halle), Olga Fischer (Amsterdam),
Richard Hogg (Manchester), Dieter Kastovsky (Vienna),
Marcin Krygier (Poznań), Roger Lass (Cape Town),
Peter Lucas (Cambridge), Donka Minkova (Los Angeles),
Ruta Nagucka (Cracow), Akio Oizumi (Kyoto),
Katherine O'Brien O'Keeffe (Notre Dame, USA),
Matti Rissanen (Helsinki), Hans Sauer (Munich),
Liliana Sikorska (Poznań), Jeremy Smith (Glasgow)

Vol. 11

PETER LANG
Frankfurt am Main · Berlin · Bern · Bruxelles · New York · Oxford · Wien

The *Ancrene Wisse*
A Four-Manuscript Parallel Text

Parts 5 - 8
with Wordlists

Edited by
Tadao Kubouchi and Keiko Ikegami

with
John Scahill, Shoko Ono, Harumi Tanabe,
Yoshiko Ota, Ayako Kobayashi, Koichi Nakamura

PETER LANG
Europäischer Verlag der Wissenschaften

Bibliographic Information published by Die Deutsche Bibliothek
Die Deutsche Bibliothek lists this publication in the Deutsche Nationalbibliografie; detailed bibliographic data is available in the internet at <http://dnb.ddb.de>.

ISSN 1436-7521
ISBN 3-631-53575-9
US-ISBN 0-8204-7690-0

© Peter Lang GmbH
Europäischer Verlag der Wissenschaften
Frankfurt am Main 2005
All rights reserved.

All parts of this publication are protected by copyright. Any utilisation outside the strict limits of the copyright law, without the permission of the publisher, is forbidden and liable to prosecution. This applies in particular to reproductions, translations, microfilming, and storage and processing in electronic retrieval systems.

Printed in Germany 1 2 4 5 6 7

www.peterlang.de

In Memoriam

KIKUO MIYABE

CONTENTS

FOREWORD	ix
ACKNOWLEDGEMENTS	xi
EXPLANATORY NOTES	xiii
CORRIGENDA TO PREFACE AND PARTS 1-4	xvii
TEXT	1
PART 5	3
PART 6	87
PART 7	142
PART 8	179
NOTES	215
WORDLISTS	225
Alphabetical Listing of Vernacular Forms	
CLEOPATRA	227
NERO	262
VERNON	297
Vernacular Forms Arranged in Descending Order	
VERNON	329

FOREWORD

The Early English Text Society has recently published the Vernon manuscript version of the *Ancrene Wisse*, completing the series of (semi-)diplomatic editions that began in 1944 with the publication of the Latin text. With the completion of the series, a new stage in *Ancrene Wisse* studies can begin, giving a new context to the present parallel text project, which was inaugurated in 1996 when the Tokyo Medieval Manuscript Reading Group launched a project for an 'Electronic Corpus of Diplomatic Parallel Manuscript Texts as a Tool for Historical Studies of English'. Diplomatic transcripts of the various texts of a work preserved in more than one manuscript are far more useful presented in parallel than separately, and the present publication is intended to make the results of the first stage of our project available in convenient form.

At the completion of this project, with all four texts available in edited electronic form, and our own wordlists for Cleopatra, Nero and Vernon to supplement the existing concordances of Corpus by Awaka (1991) and Potts et al. (1993), we have been able to review our work in the light of this full conspectus of the language. This has assisted greatly in the final checking of the text of this second volume, and in a reconsideration of editorial decisions made for the first volume. The Corrigenda below are for the most part intended to produce greater consistency, particularly as regards the separation and joining of words.

The preparation of this volume was supported by a Grant-in-Aid for Scientific Research (Grant-in-Aid for Scientific Research B (1)) for 2002–2005 from the Japan Society for the Promotion of Science, to whom we are gratefully indebted. Professor Jacek Fisiak encouraged us to consider the publication of our parallel text in book form, and it is thanks to him and Professor Akio Oizumi that it is appearing in this series. The Reading Group would like to thank Mr Koichi Kano, Ms Shihoko Murayama, Ms Saori Yomura and Ms Mizuho Yoshida for their generous assistance in various ways at various stages. The production of this volume would not have been possible without the expert assistance received from Mr Akiharu Motohashi. In particular, we are greatly indebted to his help with the production of the Wordlists.

Last but not least, our thanks are due to the late Professor Kikuo Miyabe. His untimely death in 1981 prevented his finishing the work that he started under the title of 'The Vernon Version of the *Ancrene Riwle*' (*Poetica* 11 (1979), 80–107) and 'The Vernon Version of the *Ancrene Riwle* (2)' (*Poetica* 13 (1982 for Spring 1980), 1–14). Our aims in preparing this volume include revising his text and carrying on his unfinished work. His motto was 'Back to the manuscripts': we hope that the present work, in a small way, continues his endeavour.

November, 2004   Tokyo Medieval Manuscript Reading Group

Tokyo Medieval Manuscript Reading Group:

Tadao KUBOUCHI (Head Investigator)
Komazawa University

Yoshiko OTA
Formerly *Komazawa Women's Junior College*

Keiko IKEGAMI
Seijo University

Ayako KOBAYASHI
Tokyo Kasei University

Shoko ONO
Tokyo Woman's Christian University

John SCAHILL
Keio University

Harumi TANABE
Seikei University

Koichi NAKAMURA
Meiji University

ACKNOWLEDGEMENTS

The Research Group gratefully acknowledges the assistance afforded by the Early English Text Society editions of the Corpus, Cleopatra, Nero and Vernon texts, and the facsimile of the Vernon manuscript published by D. S. Brewer.

The Research Group thanks the Trustees of the British Library, the Bodleian Library, Oxford, and the Master and Fellows of Corpus Christi College, Cambridge for the provision of materials from which the transcripts were made and checked, and access to the manuscripts. We gratefully acknowledge the assistance provided by the staff of the libraries.

The Research Group gratefully acknowledges the assistance afforded by the following concordances: Kiyoshi Awaka, comp., *A Concordance to* Ancrene Wisse *Based on J. R. R. Tolkien's Text* (Association of English Studies, Mie University, Tsu, 1991); Jennifer Potts, Lorna Stevenson and Jocelyn Wogan-Browne, eds., *Concordance to* Ancrene Wisse: *MS Corpus Christi College Cambridge 402* (D. S. Brewer, Cambridge, 1993); and George Hastings, ed., *The AB Dialect: A Computer Concordance Revision 1.1* (The University of Albany, 1999; 1st ver., 1997). For textual corrections, we consulted lists of corrigenda in the concordances of Potts et al. and Hastings, as well as the review by Arne Zettersten of the Tolkien edition in *English Studies* 47 (1966), 290–292, and Robert W. Ackerman and Roger Dahood, eds. and trans., Ancrene Riwle: *Introduction and Part I* (Binghamton: Center for Medieval and Early Renaissance Studies, 1984). Dr Margaret Laing kindly alerted us to errors in the earlier part of Dobson's Cleopatra text.

The Research Group also records its gratitude for the support provided by the Japanese Ministry of Education and Science, and the Japan Society for the Promotion of Science; and for the assistance and services provided by the following institutions: Komazawa University, Seijo University, Seikei University, Teikyo University and Tokyo Woman's Christian University.

EXPLANATORY NOTES

I. Editions, Abbreviations, and Manuscripts

Printed and Facsimile Editions:
Day, Mabel, ed. (1952; reprinted 1957). *The English Text of the* Ancrene Riwle: *Edited from Cotton MS. Nero A. XIV, on the basis of a transcript by J. A. Herbert* (EETS, os 225). London: Oxford University Press.
Dobson, Eric John, ed. (1972). *The English Text of the* Ancrene Riwle: *Edited from B. M. Cotton MS. Cleopatra C. VI* (EETS, os 267). London: Oxford University Press.
Tolkien, John Ronald Reuel, ed. (1962). *The English Text of the* Ancrene Riwle: *Edited from MS. Corpus Christi College Cambridge 402*, with an introduction by N. R. Ker (EETS, os 249). London: Oxford University Press.
The Vernon Manuscript: A Facsimile of Bodleian Library, Oxford, MS. Eng. poet. a. 1, with an introduction by A. I. Doyle. Cambridge: D. S. Brewer, 1987.
Zettersten, Arne, and Bernhard Diensberg, eds. (2000). *The English Text of the* Ancrene Riwle, *the 'Vernon' Text: Edited from Oxford, Bodleian Library MS Eng. poet. a. 1*, with an introduction by H. L. Spencer (EETS, os 310). Oxford: Oxford University Press.

Abbreviations and Manuscripts:
f folio
r recto
v verso
a left column (of Vernon manuscript)
b right column (of Vernon manuscript)
A MS Cambridge, Corpus Christi College 402
C MS London, British Library, Cotton Cleopatra C. vi
N MS London, British Library, Cotton Nero A. xiv
V MS Oxford, Bodleian Library, Eng. poet. a. 1 (Vernon MS)

II. Editorial Procedure

The text for the Corpus, Cleopatra and Nero versions is essentially that of the EETS editions, corrected against the manuscripts. For Vernon, we have made a fresh transcription from the published facsimile, checked against the manuscript and the EETS edition, which became available shortly before the completion of work on Part Three. This accounts for a more diplomatic treatment of Vernon: in particular, abbreviations are distinguished, in contrast to the generally silent expansions of the EETS editions. The EETS editions vary slightly in their editorial practices, and on the whole we have retained these variations. However, some harmonisations seemed desirable, such as the recording of the line-divisions of the Nero manuscript. We have followed the editions in reproducing manuscript wynn, not used in the Vernon manuscript, as *w*. (The only occurrences of *w* observed by the editors in the three earlier manuscripts are the following: A 92v02 "wilȝam", C 23v15 "anwil", C 29v09 "upwart", C 69r15–16 and 69v19 "ewangeliste", C 156r05 "William", C 156r06 "Water", and N 37r05 "ewangelio".)

The aim has been to give the text written by the original scribe of each manuscript. In the case of the Cleopatra manuscript, the numerous alterations in later hands identified by Dobson are not recorded, and the transcript includes only changes regarded by Dobson as the work of the original scribe; accordingly, reconstructions of his readings that Dobson sees as certain or nearly so are as a rule incorporated in our text without comment. In the case of Corpus and particularly Nero, the editors are not as explicit in attributing the alterations, and where there is no evidence to the contrary, their inclusion or otherwise of alterations in their text is here treated as an implicit verdict on whether they are the work of the original scribes. Cases in which such decisions on the part of Tolkien and Day seem questionable are mentioned in the Notes.

Any printed edition drastically simplifies the range of manuscript variation in spacing. We have followed the word-division of the EETS editions here except in very clear cases of error or inconsistency. Symbols, listed in the Explanatory Notes below, have been added where needed to produce appropriate concordable units. Similarly, we have followed the EETS editors in distinguishing just two varieties of each letter, reproduced as upper- and lower-case. In the case of Vernon, however, scribal practice seems to justify distinguishing a third form of *a*. Vernon also has several types of *s* in addition to its majuscule form, but we have found no meaningful distinction of a kind that it would be appropriate to reproduce here. It also has two forms of *w*, but it has seemed best to render both as minuscule.

III. Arrangement of the Lines in The Parallel Text

The lines from the four manuscripts are arranged in parallel with the Corpus (A) line at the top followed by the corresponding lines from Cleopatra (C), Nero (N) and Vernon (V). The numbers preceding each of set of parallel lines indicate the line numbers in the Corpus and Vernon manuscripts. The beginning of each page of the Cleopatra and Nero manuscripts and of Morton's edition is also indicated. Several passages are not present in Corpus, and these are arranged and numbered according to the lines of Cleopatra or Nero, as convenient.

IV. Symbols and Conventions

[...] Square brackets indicate a part of the line expuncted by the original scribe. When the erased letters or words are illegible, the brackets are left unfilled.

{...} Braces indicate a part of the line emended by the original scribe.

`...´ The insertion of letters or words by the original scribe is indicated by diagonal bars.

* An asterisk precedes every Latin, Greek or Hebrew word. Expressions such as "pater noster", sometimes used as part of English sentences, are nevertheless marked as Latin wherever the form is a possible Latin form, but not where English inflections are added, as in "pater nosteres".

/ A slash indicates the end of each line of the manuscript. When it coincides with a word-division, it is printed with a space on each side. The line-breaks of Corpus are indicated only when they do not coincide with those of our transcript. Where a page-break occurs in a line of our transcript that contains two such marks, the new page begins at the first, unless otherwise recorded in the Notes.

// A double slash indicates double diagonal lines (often after a punctus) in Vernon. When double slashes accompany a paraph mark, they are not included in the transcript.

˅ Distinct lexical items that are written continuously without word-division in the manuscript are separated by a caret mark in our text.

_ A lower hyphen is used to join the parts of a single lexical item that are separated in the manuscript.

- Hyphen written by the original scribe at the end of a line. If it coincides with a word-division, it is printed with a space on each side. Both the normal hyphen and a hooked form are sometimes used in Vernon as line-end space-fillers.

. Punct in the manuscript. When used as a punctuation mark or indicating a runover from the line above, it is printed with a space on each side. No space is added when it indicates an abbreviation, as in ".s." (=scilicet), or follows a prefix or a one-letter word, as in "I.redet".

⁚ Punctus elevatus.

¶ Paraph mark in the manuscript. In some cases this indicates a runover from the line above. As in the EETS edition, paraph marks that indicate a runover in Nero are not recorded.

☩ The ornamented cross-like symbol indicating a sign of the cross during prayers.

´ The acute accents of Corpus and Vernon are so indicated, except for the mark that normally occurs over "i" in Vernon. Following the EETS edition, the accent marks of Nero are not included in the transcript.

Bold	Letters given prominence by either ornamentation or colouring are printed in bold.
þ̄	Barred thorn, which is the abbreviation of "þet" or "þat" in the manuscript.
Italics	In Vernon, the expansion of abbreviations is marked by italics, as are letters written in superscript, mainly at line-ends. The EETS texts silently expand abbreviations.
I*esu*	Abbreviated form of "Iesu" (Ihu) in Vernon.
wi*þ*	Abbreviated form of "wiþ" (w*ᵗ*) in Vernon.
þ*at*	Abbreviated form of "þat" (þ*ᵗ*) in Vernon.
þ*ou*	Abbreviated form of "þou" (þ*ᵘ*) in Vernon.
&̄	Barred ampersand used in English contexts in Vernon.
*c.	Abbreviation for "cetera" in Vernon.
V̄	Barred "V" as an abbreviation for "versiculus".
christus	Expansion of the abbreviation "xpc". Similar abbreviations of oblique cases of this word are expanded in the same way.
a	A form of "a" found in Vernon, intermediate between minuscule and majuscule.

CORRIGENDA TO PREFACE AND PARTS 1-4

EXPLANATORY NOTES

II. Editorial Procedure [last sentence of second paragraph]
(The only occurrences of *w* observed by the editors in the three earlier manuscripts are the following: A 92v02 "wilȝam", C 23v15 "anwil", C 29v09 "upwart", C 69r15-16 and 69v19 "ewangeliste", C 156r05 "William", C 156r06 "Water", and N 37r05 "ewangelio".)

IV. Symbols and Conventions
( ) Parentheses indicate the alterations on ff. 1-3 of Corpus made by a later hand.
* An asterisk precedes every Latin, Greek or Hebrew word. Expressions such as "pater noster", sometimes used as part of English sentences, are nevertheless marked as Latin wherever the form is a possible Latin form, but not where English inflections are added, as in "pater nosteres".
. Alter note on punct to read 'Punct in the manuscript. When used as a punctuation mark or indicating a runover from the line above, it is printed with a space on each side. No space is added when it indicates an abbreviation, as in ".s." (= scilicet), or follows a prefix or a one-letter word, as in "I.redet".'
V̶ Delete "in Vernon".

TEXT

A 1v11, A 2r19:	A	For "P" read "¶".
A 5v18, A 5v22:	A	For "eauer euch" read "eauer_euch".
	C	For "eauer vh" read "eauer_vh".
A 5v18-19:	A	For "eauer euch" read "eauer/euch".
	C	For "eauer vh" read "eauer_vh".
A 7v13-14:	C	C's "*noster ." should be transferred to the end of the previous line of the C text.
A 8v01:	C	For "{3}" read "{:}".
A 9r05-06:	A	For "ro/de taken ." read "ro/de_taken .".
	V	For "Rode tokene ." read "Rode_tokene .".
A 13r13:	A	For "eauer euch" read "eauer_euch".
A 15v24:	A	For "herecnið" read "hercnið".
A 16v21-22:	A	For "minen tente" read "min˘en/tente".
A 18v13:	A	For "þurh ut" read "þurh_ut".
A 19v28:	A, C	For "hwider se" read "hwider_se".
	N	For "hwuder / so" read "hwuder/so".
A 23v13:	C	For "luuelates" read "luue˘lates".

A 24v01–02:	A	For "her_toʒeínes ." read "her/toʒeínes .".
		C's "to_ʒeines .", N's "aʒeines ." and V's "to_ʒeynes . /" should be transferred to the end of the previous line of the C, N and V text, respectively.
A 25r15:	C	For "na mare" read "na_mare".
A 25v03:	C	For "þer uppe" read "þer_uppe".
A 26v10:	A, C	For "wið_ut totunge" read "wið ut_totunge".
A 28v19:	C	For "for_to" read "for to".
A 29r10:	A	For "ouer_/sturet" read "ouer/sturet".
A 30r23:	V	For "no_mo-/re" read "no mo-/re".
A 31r26, A 31v16:	C	For "for_to" read "for to".
A 31r26:	V	For "for-/to" read "for - / to".
A 31v18:	V	For "Icham" read "Ichˇam".
A 33r15:	C	For "na þing" read "na_þing".
A 33r16:	A, C, N	For "her aʒeines" read "her_aʒeines".
	V	For "her a_ʒeyn" read "her_a_ʒeyn".
A 33v06:	N	For "to blowen & to bollen" read "to_blowen & to_bollen".
A 36v05:	N	For "oðer" read "oˇðer".
A 36v17:	A	For "flesche" read "flesch".
A 37r09:	V	For "hattte" read "hatte".
A 40r23:	A	For "hwer þurh" read "hwer_þurh".
	C	For "hwar þorch" read "hwar_þorch".
	N	For "hware þuruh" read "hware_þuruh".
	V	For "wher þorw" read "wher_þorw".
A 40r26:	A, N	For "rihthond" read "rihtˇhond".
	C	For "richt/hond" read "richt / hond".
A 40v17:	A	For "steort naket" read "steort_naket".
	C	For "steortˇnaked" read "steortnaked".
	N	For "stertˇnaked" read "stertnaked".
	V	For "start naked" read "start_naked".
A 40v21:	A	For "ðe" read "þe".
A 41v18:	A	For "unþeau" read "unþeaw".
A 42r28:	C, V	For "no_more" read "no more".
A 43v09:	A	For "ahlich" read "anlich".
A 43v19:	A	For "silen.ce." read "silen_._ce . ".
A 44v15:	V	For "no_more" read "no more".
A 46r18		For "A 46r1" read "A 46r18".
A 47r28:	A	For "hwer þurh" read "hwer_þurh".
	C	For "hwar þurch" read "hwar_þurch".
	N	For "hwar þuruh" read "hwar_þuruh".
	V	For "wher þorw" read "wher_þorw".
A 48v27:	C	For "[inþe]" read "[inˇþe]".
A 49r24:	A	For "bal plohe" read "bal_plohe".
	N	For "bal pleouwe" read "bal_pleouwe".
	V	For "bal pley" read "bal_pley".

A 53r08:	A	For "sum chearre" read "sum_chearre".
A 56r28:	A	For ".is." read ". is . ".
A 57v16–17:	A	For "hwam se" read "hwam/se".
	N	For "hwam so" read "hwam_so".
	V	For "hwom so" read "hwom_so".
A 58r14–15:	A	For "mis wordes ." read "mis/wordes .".
	C	For "mis / wordes ." read "mis/wordes .".
	V	For "mis / wordes ׃ " read "mis/wordes ׃ ".
A 61r01:	C	For "halimon" read "hali˜mon".
A 62v05:	A	For "¶." read "¶ . ".
A 68r11:	N	For "fort_to" read "fort to".
A 70r12		For "V 384r33" read "V384ra33".
A 70r21:	A	For "*Venie" read "Venie".
	N	For "*uenie" read "uenie".
	V	For "*venie" read "venie".
A 70v24: C 115r23: C		For "˙.him.'" read ". him .", without carets.
A 71r28:	A	For "ei þing" read "ei_þing".
A 72r27:	A	For "blieaue" read "bileaue".
A 74r03:	A	For "for hwon" read "for_hwon".
	C	For "for / hwen" read "for/hwen".
	N	For "vor hwon" read "vor_hwon".
	V	For "ffor whon" read "ffor_whon".
A 74r19:	N	For "forto" read "for˜to".
A 76r08:	V	For "man" read "mai".
A 78v21:	C	For "wið seggunge" read "wið_seggunge".
A 80v24:	A	For "eani þing" read "eani_þing".
A 81r03:	A	For "deoule" read "deouel".

"*" marking a Latin, Greek, or Hebrew word should precede the following:

A 21v22: V "videatur"; A 25r19: A, C, N, V "miserere"; A 35r25: A, C, N, V "regum"; A 52v18: C "Loquacitas", N "loquacitas", V "Loqua-/citas"; A 54v01: A, C, N, V "torpor"; A 65r17: V "domini"; A 67v17: V "cognoscetis"; A 74r11: A, C, N, V "regum"; A 74v14: C "delectacio/nem"; A 79r16: V "domine".

NOTES

A 1v06-08	For "V 371vb49–51" read "V 371vb50–52".
A 43v19	For "silen.ce." read "silen_._ ce .".
A 55r14: V 381va16–17	For "to the left" read "to the right".
A 55v27: V 381va61–62	This note should be keyed to V 381va60–61.
A 56r28	For ".is." read ". is . ".
A 70v24: C 115r23	For ".him." read ". him . ".
A 75v16: N 74r14–15	Replace existing note with the following:

    A 75v14–15: N 74v15–16 (124/12–13)

        "philosophus . . . uermium ."   In N these words follow "prut . ", in the equivalent of A 75v16.

THE *ANCRENE WISSE*

A FOUR-MANUSCRIPT PARALLEL TEXT

Parts 5–8

PART 5

A 81r17, C 135v06, N 80v21, V 386ra05
A   Twa þinges neomed
C [He]r biginneð þe fifðe dale [of] schrift Twa þinges neomeð
N her biginneð ðe uifte dole of schrifte . / Of two þinges nimeð
V **Her biginneþ þe fifþe Book .** /   Two þinges nymeþ

A 81r18, V 386ra05
A ȝeme of schrift   i þe bi/ginnunge .
C ȝeme of schrift / i˘þe˘biginnunge .
N ȝeme of schrifte ⸴ i˘ðe bigin/nunge .
V ȝeme . of schrift . I. þe biginnynge . /

A 81r19, V 386ra06
A **þe** earre ⸴   of
C þe   arre   of
N þet forme þing . of
V þe ffurste ⸴   of

A 81r20, V 386ra06
A hwuch mihte hit   beo . **þe** oþer ⸴
C hwich mich/te hit beo . þe oðer
N hwuche mihte hit beo . / þet oðer þing .
V whuch miht hit   beo . ¶ þat oþur ⸴ - /

A 81r21, V 386ra08
A hwuch hit schule beon . **þ**is beoð nu as twa limen & eiðer
C hwich hit schule / beo . þis beoð nu as twa limen & eiðer
N hwuch hit schulle beon . þis beoð nu . / ase two limes . and eiðer
V whuch hit schule ben . ¶ þeos beoþ . as two limen . / and eiþer

A 81r22, V 386ra09
A is todealet . **þ**e earre   o sixe .   **þ**e oþer o sixtene stucchen .
C is˘to/dealed . þe arre   o˘sixe .   þe oðer o˘sixtene st/uchen .
N is to_dealed . þe uorme ⸴ o / six stucchenes . ðe oðer ⸴ o sixtene .
V is to_delet ¶ þe ffurste . on sixe . ¶ þat / oþur ⸴ on sixtene parties ¶

A 81r23, V 386ra09
A Nu is þis of þe earre .
C nu is þis of þe arre . /
N nu is þis of ðe uorme . /
V Nou is þis ⸴ of þe furste . /

A 81r24, V 386ra10
A Schrift haueð monie mihtes . ah nulle ich of alle ⸴
C Schrift ha/ueð monie michtes . Ach nule ich of alle /
N Schrift haueð monie mihtes . auh nullich of / alle ⸴
V Schrift haþ mony mihtes . Ac I. nulle of alle ⸴

4 ANCRENE WISSE: A FOUR-MANUSCRIPT PARALLEL TEXT

A 81r25, V 386ra11
A   seggen bute sixe . þreo aʒeín þe deouel ׃ & þreo on
C   segge bute sixe . þreo aʒein þe deouel . & / þreo on
N   siggen buten sixe . þreo aʒean ðe deouel . / & þreo onont
V   sigge bote / sixe . ¶ þreo a‿ʒeyn þe deuel ׃ and þreo on

A 81r26, V 386ra12
A   us‿seoluen . Schrift schent þen deouel . hackeð of his hea/ued .
C   us‿seoluen . ¶ Schrift schent þe / deouel . hackeð of his heaued .
N   us‿suluen . schrift schent þene deouel . / & hackeð of his heaued .
V   vs‿seluen . / Schrift schent þe deuel . Hakkeþ of his heued .

A 81r27, N 81r, V 386ra13
A   &   todreaueð his ferd .   Schrift wescheð us of alle u/re
C   &   to‿drea/ueð his fered .
N   &   todreaueð his ferde .   schrift / wascheð us of alle ure
V   and al to/dreueþ his strengþe . ¶ Schrift wasscheþ us ׃ of alle vr

A 81r28, V 386ra14
A   fulðen .   ʒelt us alle ure luren .   Makeð us godes children .
C
N   fulðen .   & ʒet us alle ure luren . / & makeð ʽusʼ godes children . and
V   fulþen . / ¶ Ʒeldeþ us . alle ur leoren . ¶ Makeþ vs . Goddes children . /

A 81v01, V 386ra16
A   Eider haueð hise þreo . Pruuie we nu alle . þe earste þreo
C   Eiðer haueð his þreo . / Pruue we nu alle . Þe earste þreo
N   eiðer haueð his þreo . / preoue we nu alle . þe ereste þreo
V   Eiþer haueþ his þreo . Preoue we nou alle . ¶ þe ffurste / þreo ׃

A 81v02, V 386ra17
A   beoð alle ischawde i Iudithe deden . Iudith   þ is schrift . as
C   beoð al/le ischeaude in Iudit dede . Iudit   þ is / schrift as
N   beoð alle i‿scheawed / ine iudittes deden . Iudit   ðet is schrift ase
V   beoþ alle I.schewede . in Iudith deeden . ¶ Iudith ׃ þat / is schrift . as

A 81v03, V 386ra18
A   wes ʒare iseid ׃ sloh oloferne . þ is þe feond of helle . Turn
C   wes ʒeare iseid sloch oloferne / þ is þe feont of helle . turn
N   was ʒeare iseid ׃ / slouh oloferne . ðet is ðe ueond of helle . turn
V   was ʒare iseid . slouʒ Oloferne . þat is þe fend / of helle . Torn

A 81v04, C 136r, V 386ra19
A   þruppe þer we speken of fuhelene cunde . þe beoð ieuenet to
C   þruppe þer / we speken of fu[l]ʒelene cunde þe beoð / iefned to
N   ðer‿uppe / ase we speken of fuwelene cunde . ðet beoð i‿efned / to
V   þervppe þer we speken of foulene kuynde . / þat beoþ I.liknet to

A 81v05, V 386ra20
A   ancre . Ha hackede of his heaued & seoððen com & schawde
C   ancre . Haˋhackede of his heaued / & seoððen Com & scheaude
N   ancre . heo hackede of his heaued . & seoððen com and / scheawede
V   ancre . He hakked of his hed . And seþþe / com & schewede

A 81v06, V 386ra21
A   hit to þe burh preostes . þenne is þe feond ischend ⁖ hwen
C   hit to þe burch pree/ostes . Þenne is þe˘feont ischent þenne
N   hit to ðe buruh preostes . þeonne is ðe ueond / i_schend . hwonne
V   hit . to þe Borwh preostes .// þenne is þe feond / I.schent ⁖ whon

A 81v07, V 386ra22
A   me schaweð   alle hise cweadschipes . his heaued is ihacket
C   Me / scheaweð i˘schrift alle hise cwedschipes . his / heaued is ihacked
N   me scheaweð i_ne schrifte . alle his / cweadschipes . *compuncte *consciencie
    *unde *in *cubiculo *eius / *abscidit *caput *eius . His heaued is i_hacked
V   me scheweþ in schrift . al his quedschupus . / *Compuncte *consciencie . *Vnde
    *in˘*cubiculo *abscindit *capud *eius . / ¶ His hed is I._hakked

A 81v08, V 386ra24
A   of . & he isleín i þe mon ⁖   sone se he eauer is riht sari for
C   of & he   islein i˘þe mon .   son / se he is eauer richt sari for
N   of . & he is i_sleien / o˘ðe monne . so sone so he euer is riht sori uor
V   of . and he I.slawen i˘þe mon .   as˘sone / as he is euere riht sori for

A 81v09, V 386ra25
A   his sunnen . & haueð schrift on ˋh´eorte . Ah he nis nawt þe
C   his sunnen & haueð / schrift on heorte . Ach he nis naut þe
N   his sunnen . / & haueð schrift on heorte . auh he nis nout ðe
V   his sunnen ⁖ & haueþ schrift on en-/de ¶ Ac he nis not

A 81v10, V 386ra26
A   ʒet ischend ⁖ hwil   his heaued is ihulet . as dude on earst
C   ʒet isc/hent . hwil   his heauet is ihulet . as dude / on earst
N   ʒet i/schend ðe hwule ðet his heaued is ihud . ase dude on erest /
V   ʒit I.schent ⁖ while his hed is I.hu-/let ¶ Iudith . *Vna *mulier *Ebrea *fecit
    *confusionem *in *domo / *regis *Nabugodonosor . As dude furst .

A 81v11, V 386ra28
A   iudith ⁖ ear hit beo ischawet . þ is ear þe muð i schrift do
C   iudit . ear hit beo ischawet . þ is er / þe muð i˘schrift do
N   iudit . er hit beo i_scheawed . þet is . er ðen ðe muð i_ne / schrifte . do
V   Iudith ⁖ er hit beo I./schewet .// þat is . Er þe mouþ in schrift ⁖ do

A 81v12, V 386ra29, M 300
A   ut þe heaued_sunne .   nawt te sunne ane ⁖ ah al þe bigín/nunge
C   ut þe   sunne .   naut þe / sunne ane ach al þe biginnunge
N   ut ðe heaued_sunne . and nout one ðe sun-/ne . auh al ðe biginnunge
V   out þe heuedsunnen . / Not þe sunne one ⁖   ac al þe biginnunge

A 81v13, V 386ra30
A   þrof . &   te foreridles þe brohten in þe sunne . þ is
C   þrof . &   þe / for_ridles þe brochten in þe sunne . þ is
N   þer_of . and alle ðe uorrideles / ðet brouhten in ðe sunne . þet is
V   þerof .   þat brouʒte in / þe sunne . þat is

A 81v14, V 386ra31
A   þe deofles heaued þ me schal totreoden anan as ich ear

6 ANCRENE WISSE: A FOUR-MANUSCRIPT PARALLEL TEXT

C þe / deofles heaued . þ me schal to‿treoden anan / as ich er
N ðe deofles heaued ꞉ ðet / me schal totreden anon ꞉ ase ich er
V þe deueles hed .   þat me schal to‿treden a/non ꞉ as Ich er
A 81v15, V 386ra32
A seide . þenne flih his ferd anan as dude olofernes his wihe/les
C seide . þenne flið his ferd anan˘as / dude olofernes . his wiȝeles
N seide . *vna *mulier *ebrea / *fecit *confusionem *in *domo *regis
    *nabugodonosor . þeonne vlih / his ferde anon ꞉ ase dude iudit olofernes . and his
    wiȝeles /
V seide ¶ þenne flihþ his feerde a‿non as du/de Oloferne . His wiles
A 81v16, V 386ra33
A & his wrenches   þ he us wið   asaileð . doð ham alle o fluh/te
C & his wrenches . þ / he us wið   asailleð . doð ham alle on˘fluchte /
N & his wrenches   ðet he us mide   asaileð . do ham alle o   vluhte . /
V & his wrenches . þat he us wiþ   asaileþ ꞉ / doþ hem alle o˘ffluyhte .//
A 81v17, V 386ra34
A & te burh is arud   þ ha hefden biset .   þ is to seggen . þe
C & þe burch is arud   þ ha hefden biset .   þ˘is / to seggen . þe
N and ðe buruh is ared ꞉ ðet heo heueden biset . ðet is to / siggen ꞉ ðe
V And þe Borwh is I.rud . þat heo hedden / bi‿set . þat is to siggen ꞉ þe
A 81v18, V 386ra35
A sunfule is delifret .   Iudas Macabeu hwa stod aȝeín him ?
C sunnefule is deliured . Iudas / Machabeu hwa stod aȝeines him .
N sunfule is deliured .   Iudas makabeus hwo / stod aȝean him ?
V synful is delyueret . ¶ Iudas Ma-/chaben . ho stod a‿ȝeyn him ?
A 81v19, V 386ra36
A Alswa   i *Iudicum . þ   folc þa hit easkede   efter Iosues deað ꞉
C Alswa /   in *iudicum   þ   folc þoa hit askede   efter Iosues / deað .
N also hit telleð in *iudicum ðet tet folc þeo / hit askede efter iosues deaðe ꞉
V Also   in *Iudicum . þat folk þo hit / askede . aftur Iosues deþ .
A 81v20, C 136v, V 386ra37
A hwa schulde beon hare dug   & leaden ham   i ferde . *Quis
C hwa schulde beon hare duc   & leaden / ham i˘ferde . *Quis
N hwo schulde beon hore / duc . & leaden ham in ðere uerde .
V who schulde ben heore duyk . & leden hem / in feerde . *Quis
A 81v21, V 386ra38
A *erit *dux *noster ?   vre lauerd ham ondswerede . Iudas schal gan
C *erit *dux *noster . *jo . *iudicum . *Iudas / *ascendet *& *cetera . vre lauerd
    ondswerede . Iudas / schal gan
N   vre louerd onswerede & seide . / Iudas schal gon
V *erit *dux *noster ? *Isto *iudicio *iudas *ascendit . *& *c. / Vre lord onswerde .
    ¶ Iudas schal gon
A 81v22, V 386ra39
A biuoren ow . & ich chulle ower faes lond biteachen in his
C biforen ow . & ichulle   ower faes lond / biteachen in his

N biuoren ou :· and ichulle   ower foes / lond :· bitechen in his
V bi_foren ou . And Ichulle / oure enemys lond .:· bi_taken in his
A 81v23, V 386ra40
A honden . lokið nu ful ӡeorne hwet tis beo to seggen . Io/sue
C hont . Lokeð nu ful ӡeorne / hwet þis beo to seggen . Iosue
N honden . lokeð nu ful ӡeorne :· / hwat tis beo to siggen . Iosue
V honde*n* ¶ Lokeþ nou ful / ӡeorne . what þis beo to siggen . Iosue
A 81v24, N 81v, V 386ra41
A spealeð heale . & Iudas   schrift as Iudith . þenne is iosue
C spaleð heale / & iudas   scrhift as iudit . þenne is iosue
N speleð hele . & iudas / speleð schrift ase iudit . þeonne is iosue
V speleþ hele . And Iuda*s* /   schrift . as Iudith . ¶ þe*n*ne is Iosue
A 81v25, V 386ra42
A dead :· hwen sawle heale is forloren þurh eani deadlich sun/ne .
C de/ad hwenne saule heale is for_loren þurch / ani deadlich sunne .
N dead :· hwon / soule hele is forloren ˋvorˊ eni deadlich sunne .
V ded :· whon soule hele is /   forloren þorw eny dedly synne . ¶
A 81v26, V 386ra43
A þe sunfule seolf   is þe unwihtes lond þe is ure dead/liche
C þeˋsunnefule seolf   is þe / vnwichtes lont þe is ure deadliche
N þe sunfu-/le   is ðe unwihtes lond . þet is ure deadlich
V þe synfole hi*m*_self :· is þe / vn_wihtes lond . þat is vr dedlich
A 81v27, V 386ra44
A fa . ah þis lond ure lauerd bihat to biteachen i Iuda/se
C fa / ach þis lont ure lauerd bihat toˋbiteachen / in judas
N fo . and / tis lond ure louerd hat uorˋto bitechen in iudases
V fo . ¶ Ac þis lond :· vre / lord bi_hat to bi_techen . in Iudas
A 81v28, V 386ra45
A honden :· for_hwon þ he ga biuoren . Schrift lo   is gun/fanuner .
C honden . for_hwon þ he ga biforen / Schrift lo   is gumfainuner
N hon/den :· uor_hwon ðet he go biuoren . schrift Io nu . is / gunfaneur .
V honden . for_whonne þat he / go biforen . ¶ Schrift lo . is Gonfanou*n*ner .
A 82r01, V 386ra46
A & bereð   þe banere biuoren al godes ferd .   þ beoð
C & bereð   þe banere / biforn alˋgodes ferde þ beoð
N & bereð her ðe banere biuoren alle / godes ferde :· ðet beoð
V And bereþ þe Bane*r* / biforen al godes host . þ*at* beoþ
A 82r02, V 386ra47
A gode þeawes . Schrift reaueð þe feond his lond . þ is þe sun/fule
C gode þeawes / schrift reaueð þe feont alˋhis lond . þ is þe / sunnefule
N gode þeauwes . schrift reaueð / ðe ueonde his lond . ðet is þe sunfule
V goode þewes . ¶ Schrift reueþ / þe feond his lond :· þat is þe synful
A 82r03, V 386ra48
A mon . & al todriueð chanaan þe feondes ferd of
C mon . & alˋto_driueð canáán . þe / feondes ferd of

8 ANCRENE WISSE: A FOUR-MANUSCRIPT PARALLEL TEXT

N   mon . and al / todreaueð canaan ׃ ðe ueondes ferde of
V   mon . And al to_driueþ / Canaan ׃ þe feondes host of
A 82r04, V 386ra49
A   helle . Iudas hit dude licomliche . ant schrift þ hit bitac/neð ׃
C   helle . Iudas hit dude licom/liche . & schrift ec [ ] bitacneð þ [ ]
N   helle . Iudas / hit dude licamliche . and schrift þet he bitocneð ׃
V   helle . Iudas hit dude bodiliche . / And schrift þat he bi_tokneþ ׃
A 82r05, V 386ra50
A   deð gasteliche þ ilke . þis beoð nuðe þreo þring þet
C   deð / gastliche þ ilke . þis beoð nu þreo þing / þ schrift deð o˙þe deouel . þe oðer[e]
     þreo / þing þ
N   deð / þet ilke ׃ gostliche . þis beoð nu þreo þinges þ schrift / deð o˙þe deouel . þe
     oðer þreo þinges ðet
V   deeþ gostliche þe selue . ¶ þis / beoþ nou þreo þi*ng*us ׃ þ*at* schrift deeþ o þe deuel .
     ¶ þe oþ*ur* þre / þinges þ*at*
A 82r06, C 137r, V 386ra53
A   hit deð us_seoluen . þ beoð þeose her_efter . Schrift wescheð
C   hit deð us_seoluen . beoð þeose þerefter . / Srift wescheð
N   hit deð on / us_suluen ׃ beoð þeos her_efter . / Schrift wascheð
V   hit deeþ us_seluen ׃ beoþ þeos heer_aftur . Schrift wasscheþ
A 82r07, V 386ra54
A   us of alle ure fulðen . for swa hit is iwriten . *Omnia *in *con/fessione
C   us of alle ure fulðen . for / swa hit is iwriten . *Omni[c]a *in *confessione
N   us of alle ure fulðen . uor so hit is / i_writen . *omnia   *confessione
V   us ׃ of alle vr fulþen . ffor so hit is I.wri-/ten . *O*mn*ia *in *confessione
A 82r08, V 386ra52
A   *lauantur . *Glosa *super . *Confitebimur *tibi *deus *confitebimur . Ant þ
C   *lanantur / *glosa .   *Confitebimur *tibi *deus *confitebimur . Ant þeos
N   *lauantur . *Glosa *super . *con-/fitebimur *tibi *deus . *confitebimur . and tet
V   *lauantur . *psalmus . / *Confitebimur *tibi *deus *confitebimur *tibi . And þis
A 82r09, V 386ra55
A   wes bitacnet þa iudith wesch hire . & despulede hire of   wi/dewene
C   wes / bitacned þoa Iudit wesch hire & despoille/de hire of   widewene
N   was bitocned ðet iudit / weosch hire . & despoilede hire of hire widewe
V   was bitoke/net .// þo Iudit wosch hire . *&* dispoylet hire . of wide/wene
A 82r10, V 386ra57
A   schrud . þ wes merke of sorhe . ant sorhe   nis bute
C   schrud . þ wes mark of / soreȝe . & soreȝe   nis bute
N   schrude . / ðet was merke of seoruwe . and seoruwe ׃ nis bute /
V   cloþinge . þ*at* was marke of serwe ¶ Ad serwe ׃   nis bo/te
A 82r11, V 386ra58, M 302
A   of sunne . *lauit *corpus *suum *& *exuit *se *uestimentis *sue *uidue/tatis .
C   of sunne . *Lauit *cor/pus *suum *& *exuit *se *uestimentis   *uiduitatis .
N   of sunne one . *Lauit *corpus *suum *& *exuit *se *uestimen/tis *uiduitatis .

PART 5   9

V   of synne . *Lauit *corpus *suum . *et *exuit *se *vestimentis - / *sue
*iocunditatis . ¶

A 82r12, V 386ra59
A   Schrift eft al þ god þ we hefden forloren þurh hea/ued_sunne ׃
C   Sri/ft eft al˘þe god þ we hefden for_loren þurch / heaued_sunne
N   schrift ȝelt eft al ðet god ðet we hef/den uorloren þuruh heaued_sunne . &
V   Schrift eft seiþ . Al þe good þat we - / hedden for_loren þorw hed_synne ׃

A 82r13, V 386ra60
A   bringeð al aȝein & ȝelt al togederes . Ioel . *Red/dam
C   bringeð aȝein ham . & ȝelt / al to_gederes . Ioel . *Reddam
N   bringeð al / aȝean . & ȝelt al to_gederes . Ioel . *reddam
V   bringeþ hit al a_ȝeyn . & / ȝeldeþ hit al to_gederes . Ioel . *i. *g. *Reddam

A 82r14, V 386ra61
A   *uobis *annos *quos *comedit *locusta . *brucus . *Rubigo . *&
C   *uobis *annos *quos / *commedit *locusta . *brucus . *rubigo . *&
N   *uobis *annos / *quos *commedit *locusta . *brucus . *rubigo . *et
V   *vobis *annos *quos / *comedit *locusta . *Brucus . *Rubigo . *&

A 82r15, V 386ra62
A   *erugo . þis wes bitacnet þurh þ dauið schrudde hire mid
C   *erugo . / þis wes bitachned þurch þ þe Iudit schrud/de hire Mid
N   *erugo . þis was / bitocned þuruh ðet iudit schrudde hire mid
V   *erugo . þis was bi_toknet . / þorw þat Iudith cloþede hire . mid

A 82r16, V 386ra63
A   halidahne   weden . & feahede hire   utewið ׃   as schrift deð us
C   halidaȝene weden . & feȝede / hire   utewið   as schrift deð us
N   heli-/dawene weaden . and makede hire ueir wið_uten ׃ / ase schrift deð us
V   halydayȝene weden . and feire-/de hire   otewiþ ׃   as schrift . deeþ us

A 82r17, V 386ra64
A   inwið . wið alle þe feire urnemenz   þe blisse bitacnið . ant
C   inwið . wið / alle þe feire vrnemenz   þe blisse bitacneð / &
N   wiðinnen mid alle ðe ueire ur-/nemenz ׃   ðet bitocneð blisse . and
V   inwiþ . wiþ alle þe feire our-/nemens ׃ þat blisse bi_tokneþ . ¶ And

A 82r18, V 386ra65
A   ure lauerd seið þurh zacharie . *Erunt *sicut *fuerant *antequam
C   vre lauerd seið þurch zacarie . *Erant *sicut / *fuerant *antequam
N   ure louerd seið / þuruh zakarie . *erant *sicut *fuerant *antequam
V   vr lord seiþ ׃ þorw ȝakarie . / *Erant *sicut *fuerant *antequam

A 82r19, V 386ra66
A   *proieceram *eos . þ is . Schrift schal makie þe mon alswuch
C   *proieceram *eos . þ is schrift . sc/hal make þe˘mon al_swich
N   *proieceram / *eos . þet is . schrift schal makien ðene mon alswuch /
V   *proiceram *eos . þat is . Schrift schal / make þeo mon . al_such

A 82r20, N 82r, V 386ra67
A   as he wes biuore   þ he sunegede . ase cleane & ase feier . ant
C   as he wes bifo/re   þ he sunegede . ase cleane & ase feiȝer / &

N ase he was biuoren   ðet he sunege . ase clene . & ase / ueir. &
V as he was : bi_foren þat he sungede . as / clene . and as feir . and
A 82r21, V 386ra68
A ase riche of alle god þe limpeð to   sawle .   þe þridde þing
C ase riche of alle god þe limpeð to þe˜sau/le . þe þridde þing
N ase riche of alle god ðet limpeð to ðe soule . / þet þridde þing
V as riche of alle gode : þat toucheþ to þe / soule . ¶ þe þridde þing
A 82r22, C 137v, V 386ra69
A is þ schrift deð   us_seoluen . þe frut of þes oþre twa & end/eð
C is þe schrift deð to us/seoluen . þe˜frut of þeos oðer twa . & endeð
N is . ðet schrift ðet to us_suluen . ðe frut / of þis oðer two & endeð
V is þat schrift doþ to us_seluen . þe - / fruit of þeos oþer two . & endeþ
A 82r23, V 386ra70
A ham baðe . þ is makeð us godes children . þis is bitacnet
C ham / baðe . þ is Makeð us godes children . þis is bi/tacned
N ham boðe . þet is . makeð us go-/des children . þis is bitocned
V hem boþe . þat is . Makeþ us / godes children .// þis is . bi_toknet
A 82r24, V 386ra71
A þerbi þ iudas i genesy . biwon of iacob beniamín . Benía/min
C þerbi . þ iudas in˜genesy bi_won of Ia/cob beniamin . beniamin
N þerbi   þet iudas ine ge/nesi biwon of iacob beniamin . beniamin
V þerbi . þat Iudas in Genesi bi/won of Iacob Beniamin . ¶ Beniamin
A 82r25, V 386ra72
A seið ase muchel ase sune of riht half . Iudas þet is
C seið ase muchel ase / sune of richt half . Iudas þ is
N seið ase / muche ase sune of riht half . Iudas ðet is
V seiþ as muchel : as so-/ne of riht hond . Iudas þat is
A 82r26, V 386ra73
A schrift alswa as is iudith . for ba ha spealieð an on ebreis/che
C schrift as˜swa / as is judit for ba ha spelleð an   an˜ebreise /
N schrift . al/so ase iudit . for boðe heo spelieð on : an ebreische /
V schrift . also as is Iudith . ffor / boþe a speleþ on : in Ebreuwes
A 82r27, V 386ra74
A ledene . þes gasteliche iudas . biȝet of iacob his feader
C ledene . þis gastliche iudas bi_ȝet of iacob / his fader
N ledene . þes gostliche iudas biȝet of iacob his feder .
V speche . ¶ þe gostliche Iu-/das . won of Iacob his fader .
A 82r28, V 386ra75
A þ is ure lauerd to beon his riht˜hondes sune . & bruken buten
C þ is of ure lauerd to beon his richt / hondes sune . & brucken buten
N ðet / is ure louerd . to beon his riht˜hondes sune . & bruken / buten
V þat is of vr lord : to ben his riht - / hondes sone . & ȝaf him wiþouten
A 82v01, V 386ra76
A ende þe eritage of heouene .   Nu we habbeð iseid of hw/uch
C ende þe eri/tage of heouene ¶ Nu we habbeð iseid of / hwich

PART 5 11

N ende ðe eritage of heouene .   nu we habbeð / iseid of hwuche
V ende . þe heritage of heue-/ne . ¶ Nou we habbeþ i_seid ҂ of whuch
A 82v02, V 386ra77
A mihte schrift is . hwucch efficaces hit haueð ҂ & inemp/net
C michte schrift is . hwicche efficaces / hit haueð . & inempned
N mihte schrift is . & hwuche efficaces / hit haueð . & inemned
V miht schrift is . / whuch Efficaces hit haþ . & I.nempnet
A 82v03, V 386ra78
A sixe . loki we nu ȝeornliche hwuch schrift schule
C sixe . loq̄ we nu ȝe/ornliche hwich schrif schule
N sixe . loke we nu ȝeorneliche / hwuch schrift schule
V sixe . ¶ Loke we / nou ȝeornliche . whuch schrift schulle
A 82v04, V 386ra79
A beon þe beo of swuch strengðe . & forte schawin hit bet ҂
C beon þe beo / of swich strengðe & for to schawen hit bet /
N beon ðet bereð swuch strencðe . / & for˘to scheawen hit bet ҂
V ben ҂ þat beo of such / strengþe . And fote schewen hit bet ҂
A 82v05, V 386ra80
A deale we nu þis lím o sixtene stucchen .
C deale we nu˘his lim on˘sixtene stuchen . /
N dele we nu þis lim : o sixtene stucchenes . /
V dele we nou þis lime . / on sixtene peeces . /
A 82v06, V 386rb02
A Schrift schal beo Wreiful . Bitter mid sorhe . Ihal . Na/ket .
C Schrift schal˘beon . Wreiful . Bitter mid sore/ȝe . Ihal . Naked .
N Schrift schal beon wreiful . bitter ҂ / mid seoruwe . ihol . naked .
V Schrift schal be wrieful . ¶ Bitter mid serwe . ¶ I.hol . / ¶ Naket . ¶
A 82v07, V 386rb03
A Ofte imaket . Hihful . Eadmod . Scheomeful Ho/peful .
C Ofte imaked . hichf/ul . Edmod . Scheomeful . Dredful & hopeful . /
N ofte imaked . hihful . / edmod . scheomeful . dredful . & hopeful .
V Ofte I.maket . ¶ Heyhful . ¶ Meo-/keful . ¶ Schomeful . ¶ Dredeful . ¶ And hopeful . /
A 82v08, V 386rb05
A Wis . Soð . & Willes . Ahne . & Studeuest . Biþoht bi/uore
C wis . soð . & willes . Achne . & studeuest . bi_þo/cht bifore
N wis . soð . & / willes . owune . & studeuest . biþouht biuoren
V ¶ wys . ¶ Soþ . ¶ And wille . ¶ One . ¶ And stu/defast . ¶ Bi_þouht
A 82v09, C 138r, V 386rb06
A longe . Her beoð nu as þah hit weren sixtene stuch/en
C Longe . Her beoð nu as þach hit / Sixtene stuchen .
N longe . / her beoð nu ase þauh hit were sixtene stucchenes /
V longe bi_foren . ¶ Her beoþ nou as / þauȝ hit weoren . sixtene peecen .
A 82v10, V 386rb07
A þe beoð ifeiet to schrift . ant we of euchan sum word ¶ . sunderliche seggen .

C þe beoð ifei3ed to schrift . / we of euch an sum word sunderliche seggen . /
N ðet beoð i_ueied to schrifte . and we schulen siggen of / euerichon sum word sunderliche areawe . /
V þat beoþ I.couplet to / schrift . And we of vchon sum word . sunderliche siggen . /

A 82v11, V 386rb08, M 304
A Schrift schal beo wreiful .
C Schrift schal beon wreiful .
N Schrift schal beon wreiful .
V Schrift schal ben wri3eful .

A 82v12, V 386rb09
A Mon schal wreien him i schrift . nawt werien hím
C Mon schal wre/i3en him i˜schrift . Naut werien him
N mon schal wreien him/suluen ine schrifte . & nout werien him .
V Mon schal bi_wrien him/self . not sauen him .

A 82v13, V 386rb10
A ne seggen . Ich hit dude þurh oþre . Ich wes ined þer_to .
C ne segg/en . Ich hit dude þurch oðre . Ich wes ined / þer_to .
N ne siggen . / ich hit dude þuruh oþre . ich was i_ned þerto .
V ne siggen . Ich hit dude þoru3 - / oþere . Ich was I.tycet þerto .

A 82v14, V 386rb11
A þe feond hit makede me don . þus eue & Adam wereden
C þe˜feont hit Makede Me don . þus / Eue & Adam wereden
N ðe / ueond hit makede me to don . þus eue and adam / wereden
V þe fend hit made me / to don .// þus Adam and Eue . excusede

A 82v15, V 386rb12
A ham . Adam þurh eue . & eue þurh þe neddre . þe feond
C ham . Adam þurch / eue . & Eue þurch þe neddre . þe feont
N ham . adam þuruh eue ·/ and eue ·/ þuruh ðe ned/dre . þe ueond
V hem . Adam þoru3 / Eue ·/ Eue ·/ þorw þe Neddre . ¶ þe feond

A 82v16, V 386rb13
A ne mei neden namon to na sunne þah he eggi þer_to ·/
C ne / mei neden nan mon . to na sunne . þach he / eggi þer_to .
N ne mei neden nenne mon to don sun/ne . þauh he eggi þerto .
V ne may make / no mon to do synne . þauh he tice him þerto .//

A 82v17, V 386rb14
A ah ful wel he let of hwen ei seið þ he makede him to
C Ach ful wel he let of . hwen ei / seið þ he makede him to
N auh ful wel he is i_paied hwon / eni seið þet he him makede uor˜to
V Ac ful wel he / is a_pay3et . whon eny seiþ . þat he made him to

A 82v18, V 386rb15
A sunegín . as þah he hefde strengðe þe nauoð nan mid al/le
C sungen as þach he / hefde strengðe . þe naueð nan Mid alle
N sunegen . ase þauh / he heuede strencðe ·/ ðet naueð none mid alle ·/
V sungen / As þau3 he hedde strengþe . þat naþ neuer a del ·/

PART 5   13

A 82v19, N 82v, V 386rb16
A   bute of us_seoluen . Ah me ah to seggen . Mín ahne un/wrestlec
C   bu/ten of us_seoluen . Ach me ach to seggen . / Min ach3en unwrestlec
N   buten / þuruh us_suluen . auh me ouh for˘to siggen . min owune / unwrestschipe
V   boten of / vs_selue . Ac me schulde siggen ⁚ myn owne wrecched-/nesse
A 82v20, V 386rb18
A   hit dude . & willes & waldes ich beah to þe deouel .
C   hit dude & willes & wa/ldes ich beach to þe deouel .
N   hit dude . and willes & woldes ich beih to ðe / deofle .
V   hit dude . And willes and woldes ⁚ I. beyh to þe / deuel . ¶
A 82v21, V 386rb19
A   ȝef þu witest ei_þing þi sunne bute þe_seoluen ⁚ þu ne
C   ȝef þu witest / ei_þing þi sunne bute þe_seoluen . þu ne /
N   ȝif þu witest eni_þing þine sunne bute þi_sul-/uen ⁚ þu ne
V   Ȝif þou wytest eny_þing . þi synne bote þi_seluen ⁚ / þou ne
A 82v22, V 386rb20
A   schriuest te nawt .   ȝef þu seist þ tín unstrengðe ne
C   schriuest þe naut .   ȝef þu seist þ   unstrengðe / ne
N   schriuest ðe nout . and ȝif þu seist ðet þin / unstrencðe ne
V   schriuest þe nouȝt . ¶ Ȝif þou seist . þat þin vnstreyng-/þe
A 82v23, V 386rb20
A   mahte nawt elles ⁚ þu wrenchest þi sunne up_o godd
C   machte naut elles . þu wrenchest þi˘sun/ne o˘god
N   muhte nout elles ⁚ þu wrenchest þine / sunne o god .
V   mihte not elles ⁚ þou wrenchest þi sunne o God .
A 82v24, V 386rb21
A   þe makede þe swuch . þ tu bi þin tale wiðstonde ne mah/test .
C   þe makede þe swich . þ þu bi þin / tale wið_stonden ne machtest .
N   þet makede þe swuch ðet tu bi˘þine ta-/le ⁚ wið_stonden ne muhtes .
V   þat / made þe such .// þat þou be þi tale ⁚ stonde ne miȝtest .// /
A 82v25, V 386rb22
A   wreie we þenne us_seoluen . for lo hwet   seinte pawel
C   Wreie we / us_seoluen . For lo hwet   seinte Pawel
N   wreie we   us_suluen . vor lo / hwat seið seinte powel .
V   wrie we us_seluen þenne . ffor lo what seint Poul
A 82v26, C 138v, V 386rb23
A   seið . *Si *nos *ipsos *dííu[da]remus ⁚ *non *utique *iudicaremur .
C   seið / *Si *nos *ipsos *diiudicaremus . *non *utique *iudicaremur /
N   *Si *nos *ipsos *diiudicaremur ⁚ *non / *utique *iudicaremur .
V   seiþ . *Si / *nos . *ipsos *diiudicaremus . *non *vtique *diiudicaremur .
A 82v27, V 386rb24
A   þ is . ȝef we wreieð wel her . & demeð her us_seoluen ⁚ we
C   Þ is . ȝef we wreiȝeð wel her & demeð her us/seoluen . we
N   þet is . ȝif we wreieð wel her . & de-/með her us_suluen ⁚ we
V   þat is . ȝif we / wriȝeþ wel heer . & demeþ wel vs_seluen ⁚ we

14 ANCRENE WISSE: A FOUR-MANUSCRIPT PARALLEL TEXT

A 82v28, V 386rb25
A   schule beo cwite of wreíunge ed te muchele dome . þear
C   schule beon cwite of wreiȝinge / ed þe Muchele dom . þer
N   schulen beon cwite of wrei-/unge ette muchele dome . þer
V   schulen be quite / of wriinge atte muchele dome . þer

A 83r01, V 386rb26
A   as seínt Anselme   seið þeos   dredfule wordes . *Hinc *erunt
C   as seint anselme / seið þeose dredfule wordes . *Hinc *erunt
N   ase seint aunselme / seið þeos ilke dredfule wordes . *hinc *erunt
V   as seint Anselme seiþ . / þeose dredful wordes . *Hinc *erunt

A 83r02, V 386rb27
A   *accusancia *peccata . *Illinc *terens *iusticia . *Supra ∵ *iratus *iudex .
C   *accu/sancia *peccata . *Illinc *terrens *iusticia *supra . *iratus *iu/dex .
N   *accusantia / *peccata . *inde *terrens *iusticia .
V   *accusancia *peccata . *Illinc / *terrens *iusticia . *Supra *iratus *iudex .

A 83r03, V 386rb28
A   *Subtra *patens *horridum *chaos *inferní . *Intus ∵ *urens *consciencia .
C   *subtra *patens *orridum *chaos *inferni . *In/tus *urens *consciencia .
N   *subtus *patens *horridum *chaos *inferni . / *desuper *iratus *iudex *intus *urens *conscientia
V   *Subtra *patens *horridum / *chaos *inferni . *Intus . *Vrens . *Consciencia .

A 83r04, V 386rb29
A   *foris ∵ *ardens *mundus . *Peccator *sic *deprehensus *in *quam *partem
C   *foris *ardens *mundus . *Peccator *sic *deprehensus . *quam *partem
N   *foris *ardens *mundus . / *uix iustus *saluabitur . *peccator *sic *deprehensus *in *quam *partem
V   *fforis ∵ *ardens - / *Mundus . *Peccator *sic *deprehensus *in *quam *partem

A 83r05, V 386rb30
A   *se *premet ? O þe an half o domes schulen ure swarte sun/nen
C   *se *premet ∵. O˘ðe an half o / demesdei . schulen vre swarte sunnen
N   *se *pre/met ? o˘þe one halue a˘domesdei schulen ure swarte / sunnen
V   *se *premet ? / O þe on half o domes_day . schullen vr swarte sunnen .

A 83r06, V 386rb31
A   strongliche bicleopien us of ure sawle morðre . O þe
C   strong/liche bicleopen us of ure saule mordre / O˘þe
N   bicleopien us stroncliche of ure soule mur-/ðre . and on
V   strong-/liche bi_clepen us . of vre soule morþere . ¶ On þe

A 83r07, V 386rb32
A   oþer half stont rihtwisnesse   þ na reowðe nis wið . dredful
C   oðer half stont richtwisnesse . þ nan re/ouðe nis wið . dredful
N   oþer˘half stont rihtwisnesse ∵ ðet no reou-/ðe nis mide . dredful
V   oþer˘half ∵ / stont Rihtwysnesse . þat no reuþhe nis wiþ . Dredful .

A 83r08, V 386rb33
A   & grislich . & grureful to   bihalden . buuen   us þe eorre de/me.
C   & grislich & grureful / to   bi_halden . Buuen   us . þe eorre deme .

PART 5   15

N &   grureful uor͡to biholden . abu-/uen us . ðe eorre demare .
V & Grisful . / and ffereful . to bi_holden . ¶ Abouen vs ? þe Harde deemere . /
A 83r09, V 386rb34
A for ase softe as   he is her ⸴ ase heard he bið þer .   ase
C for / ase softe as he͡is her . ase hart he bið / þear .   Ase
N vor ase softe ase he is her ⸴ ase / herd he bið ðer . and ase
V ffor as softe as he is heer ⸴ as hard he wole   beo þer ¶ As
A 83r10, V 386rb35
A milde as he is nu ⸴   ase sturne þenne .   lomb her   liun þer .
C milde as he is nu .   ase sturne / þenne .   Lomb her .   liun þear .
N milde ase he is nu her ⸴ ase stur/ne he bið þer . lomb her . & liun ðer .
V Mylde / as he is nou ⸴ as steorne þenne .   Lomb heer ⸴ Lyon þer .
A 83r11, V 386rb36
A as þe prophete witneð . *leo *rugiet *quis *non *timebit ?   þe li/un
C ase   prophete wit/neð . *Leo *Rugiet . *Quis *non *timebit ⸴ þe͡li/un
N ase ðe prophete wit-/neð . *leo *rugiet *quis *non *timebit .   þe liun
V As þe / prophete witnesset ¶ *Leo *rugiet . *quis *non *timebit ? þe Lyon
A 83r12, V 386rb37
A schal greden he seið . hwa ne mei beon offearet ? her
C schal þer greden . he seið hwa ne mei͡be/on offeared ⸴ her
N schal ðer gre-/den he seið . hwo is ðet ne schal beon ofered . her /
V schal / þer greden he seiþ ⸴ who ne ouȝte ben a_fert .// Her
A 83r13, V 386rb38
A we cleopieð him lomb as ofte as we singeð . *Agnus *dei *qui
C we cleopieð him lomb . as / ofte as we singeð . *Agnus *dei .
N we cleopieð him lomb ase ofte ase we singeð . *agnus / *dei *qui
V we clepeþ / him lomb . as ofte as we syngeþ *agnus *dei *qui
A 83r14, C 139r, V 386rb39
A *tollis *peccata *mundi . Nu as ich seide . schule we   seon buuen
C   Nu as ich seide / schule we   seon buuen
N *tollis *peccata *Mundi . nu ase ich seide . we schulen iseon bu/uen
V *tollis . ¶ Nou / as Ich er seide . schulen we seon a_bouen
A 83r15, V 386rb40
A us þe ilke eorre deme   þ is   ec witnesse & wat alle ure gul/tes .
C us . þis ilke eorre dom / þ is   ec witnesse & wat al ure gultes .
N us þen ilke eorre demare . þet is ec witnesse ⸴ / & wot alle ure gultes .
V vs ⸴ þulke steorne de/mere . þat is ek witnesse . and wot alle vr gultus . ¶
A 83r16, V 386rb41
A Bineoðen us ȝeoniende þe wide þrote of helle . Inwið
C bineo/ðen us ȝeoninde þe wide þrote of helle / Inwið
N bineoðen us ⸴ ȝeoniinde wide ⸴ / ðe wide þreote of helle . wiðinnen
V Bineþen / vs ⸴ ȝonynge . þe wyde þrote of helle . ¶ Inwiþ
A 83r17, V 386rb42, M 306
A us_seoluen ⸴ ure ahne conscience . þ is ure ínwit forculiende
C us_seoluen vre achne conscience . þ is / ure þonc for_cweðinde

N us_suluen ׃ ure o/wune conscience . ðet is ure inwit . uorkuliinde
V us_seluen ׃ / vr owne Conscience . þat is vre inwit . for_blaket
A 83r18, N 83r, V 386rb43
A hire_seoluen . wið þe fur of sunne . wið_uten us al þe world
C hire_seoluen wið / þe fur of sunne . wið_uten us ׃ al þe world /
N hire_sul/uen mid ðe fure of sunne . wið_uten us ׃ al þene world /
V hire_seluen . wiþ / þe fuir of sunne . ¶ wiþ_outen vs ׃ al þe world
A 83r19, V 386rb44
A leitinde o swart lei up in_to þe skiwes . þe sari sunfule
C leitinde on swart lei up into þe ski[w]es . / þe sari sunful
N leitinde of swarte leite . up into weolcne . þe sorie sun/fule
V leytinde on a / swart ly3e . vp in_to þe scuwes . ¶ þe sori synful
A 83r20, V 386rb45
A þus biset hu schal him stonde þenne ? to hwuch of þes
C þus biset . hu schal him stonde / þenne . to hwich of þeose
N þus biset . hwu schal him þeonne stonden . to hwuche / of þeos
V þus bi_set . / hou schal him stonden þenne . To whuche of þeose
A 83r21, V 386rb46
A fowre mei he him biwenden ? Nis þer buten héren þet
C foure Mei he / him bi_wenden . Nis þer buten ed_heren / þ
N foure mei he him biwenden . nis ðer þeonne / bute ðet
V foure ׃ / may3 he him bi_tornen ? Nis þer bote heren þe
A 83r22, V 386rb47
A hearde word . þ wa word . þ grisliche word . grureful ouer
C harde word þ wa word . þ grisliche word gr/ureful ouer˜
N herde word . ðet grisliche word . & grureful / ouer
V harde word . þat / wo word . þat grisliche word . þat sereweful word ouur
A 83r23, V 386rb48
A alle . *Ite *maledicti *ín *ignem *eternum *qui *paratus *est *diabo/lo
C alle . *Ite *Maledicti *in *ignem *eter/num *Quod *paratum *est *diabolo
N alle . *Ite *maledicti *in˜*ignem *eternum *& *cetera .
V alle .// *Ite / *maledicti *in *ignem *eternum *quod *uobis *paratum *est
A 83r24, V 386rb49
A *& *angelis *eius . Gað 3e aweariede ut of mín ehsihðe ׃ into
C *& *angelis *eius . Gað / 3e wariede ut of min e3e_sichðe into˜
N   Goð 3e awariede / ut of mine eihsihðe into
V *& *angelis *eius . / Goþ 3e awariede out of myn e3e_sihte . in_to
A 83r25, V 386rb50
A þ eche fur þ wes igreiðet to þe feond & to his engles . 3e
C þet / eche fur . þ wes igreiðet to þe feont . & to / his engles . 3e
N ðe eche fure . ðet was igreiðed . / to ðe ueonde ׃ and to his engles . 3e
V þe eche fuir . / þat was I.greiþet to þe fend . and to his angeles . 3e
A 83r26, V 386rb51
A forbuhe monne dom þ ich demde mon to . þ wes to lib/ben
C forbu3e Monne dom þ ich / dempde Mon to þ wes to˜libben

PART 5   17

N   uorbuwen minne / dom . ðet ich demde mon to . ðet was iset forˇto libben
V   forso-/ke my doom . þat I.ˇdempde mon to . þat was to libben
A 83r27, V 386rb52
A   i swinc . & i sar on eorðe . & 3e schulen nu for þi hab/ben
C   iˇswinc . & i / sar on eorðe . & 3e schule nu for þi habbe /
N   ine / swincke . & in seoruwe on eorðe . and 3e schulen nu uor/þi . habben
V   in swynk / and in sor in eorþe . And 3e schule nou forþi . habbe
A 83r28, V 386rb53
A   deofles dom . bearne wið him echeliche i þe fur of
C   deofles dom . bearne wið him etheliche / iˇþe fur of
N   ðes deofles dom . & bernen mid him iˇðe eche / fure of
V   deuelus / doom . Bernen wiþ him . ateliche i þe fuir of
A 83v01, C 139v, V 386rb54
A   helle . Wið þis schulen þe forlorene warpen a swuch
C   helle . [Iwis] wið þis schule þe / forlorene warpen aˇswich
N   helle . mid tisse schulen ðe uorlorene worpen / a swuch
V   helle . ¶ wiþ þis . / schullen þe forlorene . fallen a_doun wiþ such a
A 83v02, V 386rb55
A   3ur ꞉ þ heouene & eorðe mahen ba grimliche agrisen .
C   3e[ur] . þ heouene & eor/ðe Ma3e ba grimliche agrisen .
N   3eor ꞉ ðet heouene & eorðe muwen beoðe gris/liche agrisen .
V   cri . þat heuene / boþe and eorþe . mowen grimliche a_grisen .
A 83v03, V 386rb56
A   for þi seint austin leofliche us leareð . *Ascendat *homo
C   for þi seint / austin leofliche us readeð . *Ascendat *homo /
N   vor þi seint austin lereð us leofliche . / *ascendat *homo
V   fforþi . seint au-/stin loueliche vs lereþ . *Ascendat *homo
A 83v04, V 386rb57
A   *tribunal *mentis *sue . *si *illud *cogitat *quod *oportet *eum *exi/beri
C   *tribunal *mentis *sue *si *illud *cogitat *quod *opor/tet *eum *exiberi
N   *tribunal *mentis *sue *si *illud *cogitat *quod / *oportet *eum *exiberi
V   *tribunal *mentis *sue . / *si *illud *cogitat *quod *oportet *eum *exiberi
A 83v05, V 386rb58
A   *ante *tribunal *christi . *Assit *accusatrix *cogitatio . *testis ꞉
C   *ante *tribunal *cristi . *Assit *acusa/trix *cogitacio . *testis
N   *ante *tribunal *christi . *assit *accusatrix *co/gitatio . *testis
V   *ante *tribunal *christi ꞉ *assit / *acusatrix *cogitacio . *testis ꞉
A 83v06, V 386rb59
A   *Consciencia . *Carnifex ꞉ *timor . þ is . þenche mon o domes_dei
C   *consciencia . *Carnifex *timor . þ / is þenche mon onˇdomes_dei .
N   *conscientia . *carnifex *timor . þet is . þenc / mon of domesdeie .
V   *Consciencia . *carnifex *timor . þat is . / þench mon o domesday .
A 83v07, V 386rb60
A   & deme her him_seoluen þus o þisse wise . Skile sitte as
C   & deme her him/seoluen þus o þisse wise . Skile sitte as[e]

18 ANCRENE WISSE: A FOUR-MANUSCRIPT PARALLEL TEXT

N & deme her him̲_suluen ׃ þus o þisse / wise . let skile sitten ase
V & deeme heer him̲_seluen ׃ þus on þisse / wyse . ¶ Skile . sitte as
A 83v08, V 386rb61
A domes̲_mon up̲_o þe dom̲_seotel . Cume þrefter forð his
C de/me upon þe dom̲_seotel . cume þer̲_efter / forð his
N demare ׃ up̲_on ðe dom̲_stol . / kume þer̲_efter uorð his
V deeme vppon þe doom̲_stool .// Co-/meþ þer̲_after forþ his
A 83v09, V 386rb62
A þohtes munegunge . wreie him & bicleopie him of mis/liche
C þocht . þochtes mungunge . wreiȝe / him & bi̲_cleopie him of misliche
N þouht . þouhtes munegun/ge ׃ wreie him . & bicleopie him ׃ of misliche
V þouȝt . þouȝtes muneginge . wriȝe / him . & bi̲_clepe him . of misliche
A 83v10, V 386rb63
A sunnen . Beal̲_ami þis þu dudest þear . & tis þear . &
C sunnen . / Bel̲_ami þis þu dudest þer : & þis þer &
N sunnen . o . / belami þis þu dudest ðer . & ðis þer . &
V sunnen . Belamy . þus þou dust þer . / and þis þer . and
A 83v11, V 386rb64
A tis þear . & o þisse wise . His inwit beo icnawes þrof ant
C þis / þer . & o ̉þisse wise . His inwit beo icnawes þrof / &
N tis þer . & o þisse / wise his inwit beo iknowen þerof ׃ &
V þis heer . and on þis wyse . ¶ His inwit beo / I.knowen þer̲_of . &
A 83v12, V 386rb65
A beore witnesse . Soð hit is . soð hit is . þis & muchele mare .
C beore witnesse . soð hit is . soð hit is . þis / & muchele mare .
N bere him witnesse . / soð hit is . soð hit is . þis & muchele more .
V bere witnesse . Soþ hit is . soþ hit is . þis & / muchel more . ¶
A 83v13, V 386rb66
A Cume forð þrefter fearlac þurh þe deme heast þe heter/liche
C Cume forð þer̲_efter fer/lac þurch þe deme hest þe heterliche
N kume uorð þer/efter ferlac þuruh ðe demares heste . þet hetterliche
V Comeþ forþ þer̲_aftur fferlac ׃ þorwh þe / deeme heste . þat hitterliche
A 83v14, V 386rb67
A háte . Tac bínd hím heteueste for he is deaðes wurðe .
C ha/te . Tac bint him heteuest . for he is dea/ðes wurðe .
N hat . / nim . & bind him heteueste . uor he is deaðes wurðe . and /
V bit . Tac bynt him riȝt faste . for / he is deþ worþi .
A 83v15, V 386rb68
A Bind him swa euch lím þ he haueð wið isuneget ׃ þ he
C bint him swa euch lim þ he / haueð wið isunged . þ he
N bind him so euerich lim ðet he haueð mide isuneged ׃ / ðet he
V Bynt him so vche lyme . þat he haþ wiþ I.sunget ׃ / þat he
A 83v16, V 386rb69
A ne mahe wið ham sunegi namare . Fearlac haueð ibun/den
C ne muȝe wið ham / sunege namare . Ferlac haueð ibunden /

PART 5   19

N   ne muwe mid ham sunegen nammore . ferlac ha-/ued i_bunden
V   ne mowe wi*p* hem su*n*ge no more . ¶ fferlac hath / I.bou*n*den
A 83v17, C 140r, V 386rb70
A   him :· hwen he ne dear for fearlac sturie toward sun/ne .
C   him . hwenne he ne dar for ferlac sturien / towart sunne .
N   him . hwon he ne der uor ferlac . sturien / him touward sunne .
V   hi*m* . whon he ne dar for ferlac :· sturen touward su*n*-/ne . ¶
A 83v18, N 83v, V 386rb71
A   ȝet nis nawt þe deme þ̄ is skile ipaiet . þah he beo i/bunden
C   ȝet nis naut þe deme þ̄ is / skile ipaiȝet þach he[o] ibunden
N   ȝet nis nout ðe demare . ðet is skil . / ipaied þau˙he beo ibunden
V   ȝit nis not þe deme . þat is skile payet . þauȝ he / be i_bou*n*den .
A 83v19, V 386rb71
A   & halde him wið sunne :· bute ȝef he abugge þe
C   & halde him / wið sunne . bute ȝef he abugge þe
N   & holde him wið_uten sunne / bute ȝif he abugge ðe
V   *&* holde hi*m* from synne :· bote ȝif he bugge . þe /
A 83v20, V 386rb73
A   sunne þ̄ he wrahte . & cleopeð forð píne & sorhe . & hat þet
C   sunne / þ̄ he wrachte & cleopeð forð pine & soreȝe . / & hat þ̄
N   sunne ðet he wrouhte . and / cleopeð forð pine & seoruwe . & hat ðet
V   su*n*ne þat he wrouȝte . ¶ And clepeþ forþ pyne . *&* serwe . and / bit . þat
A 83v21, V 386rb74
A   sorhe þersche inwið þe heorte wið sar bireowsunge . swa :·
C   soreȝe þerschen inwið þe heorte / wið sar bi_reowsunge .
N   seoruwe þreos-/sche him wiðinne ðe heorte :· mid sore bireousunge . so /
V   serwe þressche in_wi*p* þe herte . wi*p* sore forþinkynge . / so
A 83v22, V 386rb75, M 308
A   þ̄ hire suhie .   & píni þe flesch utewið mid feasten & wið
C   & pine þ̄ flesch utewið / wið festen . & wið
N   ðet him suwie . & pinie ðet flesch wið_uten :· mid festen . / & mid
V   þ*at* hire suwe . *&* pyne þe flesch otewi*p* . Mid fastynge . ạnd / mid
A 83v23, V 386rb76
A   oþre fleschliche sares . Hwa_se o þisse wise biuoren þe mu/chele
C   oðre fleschliche sares . Hwa/se on þis wise biforn þe muchele
N   oðer fleschliche sores . hwo_se o˙þisse wise biuoren / ðe muchele
V   oþ*ur*e fleschliche sores . ¶ whose on þis wyse . bi_fore / þe muchele
A 83v24, V 386rb77
A   dom demeð her him_seoluen :· eadi he is & seli . For as
C   dom demeð / her him_seoluen . eadi is & seli . for as
N   dome demeð her him_suluen :· eadi is he :· & / iseli . vor ase
V   doom . deemeþ her hi*m*_seluen :· blesset he is *&* / sely . ffor as
A 83v25, V 386rb78
A   þe prophete seið . *Non *iudicabit *deus *bis *in *id *ipsum . Nule
C   þe / prophete seið . *non *iudicabit *deus *bis *in *id *ipsum . / Nule

N ðe prophete seið . *non *iudicabit *deus *bis *in *id - / *ipsum . nule
V þe prophete seiþ . *Non *iudicabit *deus *bis *inˇ*idˇ*ipsum . / Nule
A 83v26, V 386rb79
A nawt ure lauerd þ a mon for a þing beo twien idemet . hit
C naut vre lauerd þ aˇmon for an þing / beo twiȝen idemed . hit
N nout ure louerd he seið ðe prophete ꞉ ðet o mon / beo uor one þinge twien
   i_demed . hit
V not vrˇlord . þat a mon for oˇþing ꞉ beo twyȝen I.deemet . / ¶ Hit
A 83v27, V 386rb80
A nis nawt i godes curt as i þe schíre . þer as þe þ nickeð
C nis naut iˇgodes / curt . ase iˇþe schire . þer as þe þe nickeð /
N nis nout i ne go/des kurt . ase hit is iˇðe schire . ðer ase ðe þet nickeð
V nis not in godes court . as hit is in þe schire . as / he þat nayteþ .
A 83v28, V 386va01
A wel mei beon iborhen ꞉ & te ful þe is icnawen ꞉ Biuore godd
C wel . Mei beon iboreȝen . & þe ful `þe is icnawen´ bifore / god
N wel ꞉ / mei beon i_boruwen . and þe fule ðet is i_cnowen bi/uore god ꞉
V wel may ben I.borwen .// and þe fool þat is a_kno-/wen bi_fore God ꞉
A 84r01, V 386va02
A is oþerweis . *Si *tu *accusas ꞉ *deus *excusat . *& *vice *uersa . ȝef þu wrei/est
C is oðerweis [icnawen] . *Si *tu *acusas ꞉ / *deus *excusat . *& *eˇ*contrario . ȝef
   þu wreiest
N is oðer weis . *Si *tu *accusas . *deus *excusat . / *et *uice *uersa . ȝif þu wreiest
V is oþerweys . *Si *tu *accusas ꞉ *deus *excusat . *& *uice / *Versa . Ȝif þou
   wriest
A 84r02, V 386va03
A te her ꞉ godd wule werie þe þear . & skerín mid alle ed te
C þe her / god wule werie þe þear . & skeren Mit alle / ed þe
N ðe wel her ꞉ gode wule unwrei-/en ðe þer . and skeren mid alle . et te
V þe heer ꞉ God wol sauen þe þer . and skeren þe / mid alle . atte
A 84r03, V 386va03
A nearewe dome . for_hwon þ tu deme þe as ich itaht habbe .
C narewe dom . for_hwon þ þu deme / þe asˇich itacht habbe .
N neruwe dome / uor_hwon ðet tu deme ðe ꞉ ase ich iteiht habbe . /
V narwe doome . ffor_whi . þat þou deme þe . as ich i_tauȝt ¶ habbe . /
A 84r04, C 140v, V 386va05
A Schrift schal beo bitter . aȝeín þ te sunne þuhte sum/chearre
C Schrift schal / beon bitter aȝein þ þe sunne þuchte sumche/re
N Schrift schal beon bitter aȝean ðet te sunne þuhte / sumecherre
V Schrift schal ben Bitter . Aȝeyn þat þe sunne þouȝ/te ful
A 84r05, V 386va06
A swéte . Iudith þe spealeð schrift as ich ofte hab/be
C swete . Iudit þ speleð schrift as ich ofte / habbe
N swete . Iudit ðet speleð schrift . ase / ich ofte habbe
V swete . ¶ Iudith þat speleþ schrift . as Ich ofte / habbe

PART 5   21

A 84r06, V 386va07
A   iseid wes Merarihtes dohter . Ant iudas þ is ec schrift . wí/uede
C   iseid wes merarithes dochter . & Iudas / þet i`s´ ec schrift wiuede
N   i_seid ⁊ was merarihtes douhter . & iu/das ðet is ec schrift ⁊ wiuede
V   I.seyd ⁊ was Mararihtes douȝter . ¶ And Iudas þat / is ek schrift ⁊ wyuede
A 84r07, V 386va08
A   o thamar . Merariht & thamar ba ha spealieð an ⁊
C   o thamar . Mearit / & thamar ba ha speleð bitternesse
N   o thamar . Merariht / & thamar ⁊ boð heo spelieð bitternesse ⁊
V   O Thamar . ¶ Merariht and Thamar ⁊ / boþe heo spelen bitternesse .
A 84r08, V 386va09
A   on ebreische ledene . Neomeð nu ȝeorne ȝeme of þe bi/tacnunge .
C   on ebeisse / ledene . Neomeð nu ȝeorne ȝeme . of þe`bi/tacninge .
N   o ebreu / nimeð nu ȝeorne ȝeme of ðe bitocnunge .
V   on Ebrewes speche . ¶ Nimeþ nou / ȝeorne ȝeme ⁊ of þe bi_tokenynge .
A 84r09, V 386va10
A   Ich hit segge scheortliche . Bitter sar & schrift ⁊
C   Ich hit segge scheortliche . Bitter / sar & schrift
N   ich / hit sigge scheortliche . bitter sor . & schrift .
V   Ich hit sigge schortliche . / ¶ Bitter sores . & schrift ⁊
A 84r10, V 386va11
A   þet an mot cumen of þe oþer . as Iudith dude of mera/riht .
C   þe an mot cumen of þe oðer / as iudith dude of merarith .
N   ðet on ⁊ / mot kumen of ðet oðer . ase iudit dude . of mera-/riht .
V   þat on mot comen of þat oþer . As / Iudith dude of Merariht .
A 84r11, V 386va12
A   Ant ba beon somet ifeiet ⁊ as iudas & thamar . For
C   & ba beon somed / iveiet as iudas & tamar . for
N   and boðe heo moten beon iueied somed ⁊ / ase iudit & thamar `weren´ . uor
V   And boþe ben to_gedere I.vyet . as / Iudas and Thamar . ffor
A 84r12, V 386va13
A   nowðer wið_uten oðer ⁊ nis noht wurð oðer lutel . Pha/res
C   nouðer wið_uten / oðer nis nocht wurð oðer lutel . Phares .
N   nouðer wið_uten oðer ⁊ / nis nouht wurð ⁊ oðer lutel . fares
V   non þerwiþouten oþur ⁊ nis nouȝt worþ . or / luytel . Phares .
A 84r13, V 386va13
A   & zaram ne temið ha neaure . Iudas streonede of
C   & / zaram ne temeð ha neauer .
N   and zaram / ne temeð heo neuer
V   *et ȝaram ne temeþ heo neuere . /
A 84r14
A   thamar ⁊ phares & zaram . Phares ⁊ *diuisio . *zaram ⁊ *oriens
C
N
V

A 84r15
A *interpretatur . þe gasteliche bitacnið tweamunge from sunne .
C
N
V

A 84r16, V 386va14
A & i þe heorte þrefter arisinde grace . Fowr þinges ȝef mon
C   ¶ four þinges ȝef / mon
N   uour þinges . ȝif [me]
V   Foure þinges . ȝif Mon

A 84r17, V 386va15
A þencheð þ heaued_sunne dude him ׃ mahen makien
C þencheð þ heaued_sunne dude him . Ma/ȝen maken
N þenc/cheð ðet heaued_sunne dude him muwen ma/kien
V þencheþ þat heued_sunne du-/de him ׃ mouwen maken

A 84r18, N 84r, V 386va16
A hím to sorhin ׃ & bittrín his heorte . Lo þis þe forme . ȝef
C him to soreȝen . & bittren his / heorte . Lo þis þe forme . ¶ ȝef
N him to seoruwen ׃ & bittren his heorte . lo þis / is ðe uorme . ȝif
V him to serwen and bittren / his herte . ¶ LO þis is þe ffurste . / Ȝif

A 84r19, V 386va18
A a mon hefde ilosed in a tíme of þe dei his feader ant his
C a ͧmon hefde / iloset in an ͧtime of þe dai his fader .
N a ͧmon heuede uorloren in one time / of ðe deie his feder and his
V a Mon hedde . I.losen in a tyme of þe day . his ffader . / and his

A 84r20, V 386va19
A moder . his sustren & his breðren . & al his cun & alle his
C hise / sustren & hise breðren . & al his cun & alle / hise
N moder . his breþren and / his sustren . and al his kun eke . and alle his
V Mooder . his sustren and his breþeren . and al his / kun . and alle his

A 84r21, V 386va20
A freond þ he eauer hefde weren asteoruen ferliche . nalde
C freont . & al þ he eauer hefde weren / istoruen feorliche . Nalde
N freond / ðet he euer hefde weren i_storuen uerliche in one deie . nol-/de
V frendes . þat he euere hedde . weoren I.storuen / ferliche . nolde

A 84r22, V 386va21
A he ouer alle men sorhful beon & sari as he eaðe mahte ?
C he ouer alle / men sorechful beon ׃ & sari as he eaðe Mu/chte .
N `he´ ouer alle men seoruhful beon & sori ׃ alse he eaðe muh/te .
V he ouer alle men . serewful ben . & sori . as he / edi mouȝte . ¶

A 84r23, C 141r, V 386va22
A Godd wat he mei beon muche deale sorhfulre þ haueð
C God hit wat he mei beon muche / sorechfulre . þ haueð
N God hit wot . he mei beon vniliche seoruhfulure / ðet haueð
V God hit wot . he may ben vnilyche serwfullore . / þat haþ

A 84r24, V 386va22
A wið deadlich sunne gasteliche islein godd inwið his
C wið deadlich sunne . gast/liche islein god inwið his
N mid deadlich sunne ⁊ gostliche i_sleien / god wiðinnen his
V þorw dedlich sunne . gostliche I.slayen god in_wiþ his - /

A 84r25, V 386va23
A sawle . nawt ane forloren þe swete feader of heouene . &
C saule . Naut ane / for_loren þe swete fader of heouene . &
N soule . vor he naueð nout one uor-/loren þene swete ueder of heouene &
V soule . ¶ Not one forloren þe swete ffader of heuene . ȝnd /

A 84r26, V 386va24
A seinte Marie his deorewurðe moder . oþer hali chirche .
C sein/te Marie þe deorewurðe oðer hali chirche /
N seinte marie / his moder . oðer holi chirche .
V seynte Marie . his derworþe Moder . oþur holy chirche .

A 84r27, V 386va25
A hwen he of hire naueð ne leasse ne mare . Ant te eng/les
C hwen he of hire naueð ne mare ne lesse / & ðe engles
N hwon he of hire . na-/ueð more ne lesce . and alle þe engles
V whon he / of hem naþ . more . ne lasse . ȝnd þe Angels

A 84r28, V 386va26
A of heouene . & alle hali halhen þe weren him ear
C of heouene & alle hali haleȝen / þe weren him ear˘
N of heouene / and alle ðe haluwen ðet weren him er
V of heuene . ȝnd - / alle holi halewen ¶ þat weoren him er .

A 84v01, V 386va27, M 310
A for freond . for breðren & for sustren ⁊ as to him ha beoð
C for breðren for freont & / for sustren . Ach to him ha˘beoð
N uor breþren / & for sustren and for ureond : ase to him . heo beoð /
V for breþeren . for frend / and for sustren . ȝs to him . heo beoþ

A 84v02, V 386va28
A deade . as onont him is . he haueð islein ham alle . ant
C deade . / as anont him is he haueð islein ham / alle . &
N deade . ase o_nont him is ⁊ he haueð i_sleien ham alle . / and
V dede . ȝs a_nont him . / he haþ I.slayen hem alle . And

A 84v03, V 386va29
A haueð þear as ha líuíeð aa ⁊ leaððe of ham alle as Ie/remie
C haueð þer as ha liueð oa laððe of / ham alle . As Ieremie
N haueð þer ase heo liuieð euer ⁊ loðnesse of ham / alle ⁊ ase ieremie
V haueþ þer as heo lieueþ euere ⁊ wraþþe / of hem alle . as Ieremye

A 84v04, V 386va30
A witneð . *Omnes *amici *eius *spreuerunt *eam . *facti *sunt
C witneð . *Omnes *ami/ci *eius *spreuerunt *eam . *facti *sunt
N witneð . *omnes *amici *eius *spreuerunt / *eam .
V witnesseþ . *Omnes *ȝmici *eius *spreuerunt / *eam . *facti *sunt

24 ANCRENE WISSE: A FOUR-MANUSCRIPT PARALLEL TEXT

A 84v05, V 386va31
A   *ei *inimici . þ is . al þ him luuede ȝeieð spi him on ⸵ ant
C   *ei *inimici . þ is / al þ him luueden ȝeiȝeð spi him on &
N   þet is . alle ðet him luueden ⸵ ȝeiden spi him on . / and
V   *ei *inimici . þat is . Al þat him louede . ȝiȝeþ on him ⸵ / and

A 84v06, V 386va32
A   heatieð him alle . ȝet mare . his children sone se he su/negede
C   ha/tieð him alle . ȝet Mare his children / sone se he sunegede
N   hatieð him alle . ȝet more . his children alle . so / sone so he sunegude
V   hateþ him alle . Ȝit more . His children . as soone as he / sungude

A 84v07, V 386va33
A   deadliche ⸵ deiden alle clane . þ beoð his gode wer/kes .
C   deadliche deiden / alle clone . þ beoð hise gode werkes
N   deadliche ⸵ deiden alle clene ⸵ / ðet beoð his gode werkes ⸵
V   dedliche ⸵ diȝeden alle clene . þat beoþ his goode wer-/kes .

A 84v08, V 386va33
A   þe beoð forloren alle . ȝet up_on al þis ilke he is
C   þ / beoð for_loren alle . ȝet up_on al˘þis ilke / he is
N   ðet beoð forloren alle . / ȝet uppen al þis ilke ⸵ he is
V   þat beoþ forloren alle ¶ Ȝit vppon al þis ilke ⸵ he is

A 84v09, V 386va34
A   him_seolf biwrixlet & bicumen of godes child ⸵ þe deof/les
C   him/seolf biwrixled . & bicumen of / godes chilt þe deofles
N   him_sulf al biwrixled . & / bicumen of godes child ⸵ þes deofles
V   himself / bi_tornd .// And bi_comen of Godes child ⸵ þe deueles

A 84v10, V 386va35
A   bearn of helle . eatelich to seonne as godd seolf i þe
C   bearn . of helle / atheliche to seonne as god seolf i þe˘
N   bearn of hel/le . atelich for˘to i_seon . ase god sulf seið i˘ðe
V   barn of helle . / gryslich to seone . As God self ⸵ in þe

A 84v11, C 141v, V 386va36
A   godspel seið . *Vos *ex *patre *diabolo *estis . þenche euch of
C   godspel / seið . *Vos *ex *patre *diabolo *estis . þench uch an of /
N   gospel . / *vos *ex *patre *diabolo *estis . þenc euerich of
V   gospel seiþ . *Vox *ex *patre . / *diabolo *estis . ¶ þench vch of

A 84v12, V 386va37
A   his estat þ he is oðer wes in ⸵ & he mei seon hweruore
C   þis stat þ he˘is oðer wes in . & he mei seon hwer/uore
N   his owu-/ne stat ðet he is . oðer was inne . and he mei i_seon . / hwareuore
V   his stat . þat he is . oþer was / in . And he may seo wherfore ⸵

A 84v13, V 386va38
A   he ah to siken sare . for_þi seið Ieremie . *luctum *unigeniti
C   he ach to sike sare . For_þi seið Ieremie / *luctum *vnigeniti
N   he ouhte siken sore . vor_þi seið ieremie . / *luctum *unigeniti
V   he ouȝte syke sore .// ffor_þi seiþ / Ieremye . *Luctum *vnigeniti

PART 5   25

A 84v14, V 386va39
A   *fac *tibi *planctum *amarum . Make bitter man as wif deð
C   *fac *tibi . *Planctum *amarum . Ma/ke bitter man as wif deð
N   *fac *tibi *planctum *amarum . Make / bitter mon . ase wif deð
V   *fac *t*ibi* *planctu*m* *amar*um* . Mak bitter / mone . as wyf doþ
A 84v15, V 386va40
A   for hire child þe nefde bute him ane . & sið hit biuoren
C   for hire child þe nefde / bute hit an & sið hit biforen
N   uor hire childe ⁊ ðet naueð / buten him one . and isihð hit biuoren
V   for hire child . þ*at* naþ bote hi*m* one . *a*nd seoþ / hi*m* biforen
A 84v16, V 386va41
A   hire fearliche asteoruen .   Nu þe oþer   þ   ich bihet . A
C   hire feorliche / astoruen .   Nu þe oðer   þ   ich bi_het ¶ A˘
N   hire uerli-/che astoruen .   nu ðe oðer   þet   ich bihet . a˘
V   hire ⁊ ferliche a_steruen . / NOw þat oþur þ*at* I.˘beo heet . A .
A 84v17, N 84v, V 386va42
A   mon þe were   idemet   for a luðer morðre   to beo forbearnd
C   mon / þe were   idemet   for an luðer morðre   to˘beo / for_barnt
N   mon þet / were idemed   uor a luðer murðre   to beon forbernd /
V   Mon þ*at* weore I.demet for / a luþer morþere . to ben for_brent
A 84v18, V 386va43
A   al cwic .   oðer scheomeliche ahonget .   hu walde his heorte
C   al˘cwic . oðer scheomeliche an_honged /   hu walde his heorte
N   al cwic . oðer scheomeliche anhonged .   hu wolde his / heorte
V   al quik . oþ*ur* schomeliche / an_honget . Hou wolde his herte
A 84v19, V 386va44
A   stonden ? Me þu unseli sunful   þa þu þurh deadlich sun/ne
C   stonden . Me þu unseli / sunful .   þa þu þurch de[li]dlich sunne
N   stonden ⁊ Me þu uniselie sunfule .   þo ðu þu-/ruh deaðlich sunne
V   stonde*n* ? And þ*ou* vn_seli su*n*ful . / þo þ*ou* . þorwh dedly su*n*ne .
A 84v20, V 386va45
A   murðredest godes spuse . þ is þi sawle .   þa þu were i/demet
C   Mur/ðredest godes spuse   þi saule . þa þu were ide/med
N   murðredest godes spuse . þet / is þi soule . þo þu were idemed
V   Morþerdest godes spouse . þ*at* is þi soule . / // þo þ*ou* weore I.deemet .
A 84v21, V 386va46
A   forte beon ahonget   o bearninde wearitre i þe
C   for to˘beon ahonged on berninde wari/treo i˘þe
N   for˘to beon anhon-/ged o berninde waritreo i˘ðe
V   forte ben an_honget . on bernynde wari/treo in þe
A 84v22, V 386va46
A   eche lei of helle . þer þu makedest   foreward mid te deo/uel
C   eche lei of helle . þer   þu˘makedest / forewart mid þe deouel
N   eche pine of helle . / þo þu makedest foreward mid þe deouel
V   pyne of helle ⁊ þer þ*ou* madest forward mid þe deuel

A 84v23, V 386va47
A of þi deað . & seidest in ysaie wið þe forlorene . *Pepi/gimus
C of þi deað   & seidest / in ͮysaie mid þe forlorene . *Pepigimus
N of þi deað . / & seidest in isaie ׃ mid þe uorlorene . *pepigimus
V of / þi deþ . And seidest in Isaye wiþ þe forlorene ¶ *Pepigim*us*

A 84v24, V 386va48
A *cum *morte *fedus . *& *cum   *inferno *iniuimus *pactum . þ
C *cum *mor/te *fedus . *& *cum   *inferno *innuimus *pactum . þ
N *cum / *morte *fedus . *& *cum   *inferno *pactum *iniuimus . þet
V *cum / *morte *fedus *& *cu*m* *in *inferno *iniuim*us* *pactum . þat

A 84v25, V 386va49
A is . we habbeð treowðe ipliht   deað .   foreward ifeast mid
C is we / habbeð trouðe iplicht `to´ deað .   forewart ifest / mid
N is . we hab/beð trouðe ipluht   deaðe ׃ & foreward istefned mid /
V is . we habbeþ / trouþe I.pliht   deþ .   fforward I.fastnet mid

A 84v26, V 386va50
A helle . for þis is þe feondes chaffere .   He ʒeoue þe sunne ׃
C helle . for þis is þe feondes cheffere .   he / ʒeoue þe sunne
N helle . vor þis is þes feondes cheffare . he ʒiueð þe sun-/ne .
V helle ׃ for þis is þe / feondes chaffare ./// He ʒeueþ þe su*n*ne ׃

A 84v27, C 142r, V 386va51
A & tu   him þi sawle . & ti bodi   mid al to weane & to wontrea/ðe
C & þu   him þi saule   & ti bodi   to / mid al . to weane & to wontrede
N and tu ʒiuest him þine soule ׃ & ti bodi eke ׃   to wea-/ne & to wondrede ׃
V and þ*ou* him þi soule . And þi / bodi to . mid al ׃ to wo *&* to serwe .

A 84v28, V 386va52
A world abuten   ende . Nu þe þridde   scheortliche . þench .
C world buten /   ende . Nu þe þridde   scheortliche ¶ þench
N world abuten   ende . nu þe þridde ׃ / scheortliche . þenc hwu
V world wi*þ*outen ende . / NOw þe þridde . Schortliche   þenk .

A 85r01, V 386va53
A A   mon þe hefde al þe world o walde .   & hefde for his cwead/schipe
C a / mon þe hefde al þe world on ͮwalde . & hefde / for {þ} `h´is cwedschipe
N a ͮmon ðet hefde al þene world / a ͮwold . & hefde uor his cweadschipe
V A Mon þat hedde al / þe world at welde . And hedde þorwh wrecchedschupe /

A 85r02, V 386va54
A forloren al on a stunde .   hu he walde murnin   & sa/ri
C for_loren al on a ͮstunde / hu he walde Murnen   & sari
N uorloren al on one / stunde . hwu he wolde murnen . & sori
V for_loren hit in a stounde . how he wolde mournen . and sori /

A 85r03, V 386va56
A iwurðen ׃ þenne ahest tu to   beon   hundret siðe sarure
C wurðen .   þenne / aʒest þu to beon   hundred ͮsiðe sarrure
N iwurðen ? þeonne / owustu uorte beon an ͮhundred siðe soriure .
V i_worþen ? ¶ þenne ouʒtest þow to   ben . hundret siþe*n* sorio/re .

PART 5   27

A 85r04, V 386va56
A   þe þurh   an heaued_sunne   forlure   þe riche of heoue/ne .
C   þe / þurch an˜heaued_sunne   for_lure   þe riche / of heouene .
N   ðet / þuruh on heaued_sunne ׃ uorlure   ðe riche of heo-/uene . and
V   þat þorw   an heuet_sunne .   for_loren þe riche of heuene . /
A 85r05, V 386va57
A   forlure ure lauerd þ is   hundret siðen .   3e   þusent   þu/sent
C   for_lure vre lauerd þ is   hun/dred siðen . 3e   þusent þusent
N   forlure ure louerd þet is an hundred siðe /   3e a˜þusent
V   ffor_loren vr lord . þat is   hundret siþen .   3e þousent . þousunt /
A 85r06, V 386va58
A   siðen betere þen is al þe world ׃ eorðe ba   & heouene .
C   siðen . betere / þen is al˜þe world   eorðe ba   & heouene .
N   siðe   betere þen is al þes world . eorðe / boðe & heouene .
V   siþen . betere þen is al þe world . eorþe bo and heuene . /
A 85r07, V 386va60
A   *Que *enim *conuentio *christi *ad *Belial . Nu   3et þe feorðe . 3ef þe
C   *Que / *enim *conuencio *cristi *ad *belial . Nu 3et þe feorðe ¶ 3ef / þe
N   *Que . *enim *conuentio *christi *ad *belial ? / nu 3et ðe ueorðe . 3if ðe
V   *Que *enim *conuenti *cristi   *ad *bellum . / NOw 3it þe ffeorþe . 3if þe
A 85r08, V 386va61, M 312
A   king hefde bitaht his   deore sune to   his an cniht to lok/in .
C   king [ferde] hefde bi_tacht his   deore / sune to his an cniht to lokin .
N   king   heuede biteiht his / leoue deore sune . one of his   knihtes forte witene . /
V   kyng   hedde bi_tau3t his /   deore sone .   his o kniht to loken .
A 85r09, V 386va62
A   & unþeode leadde forð   þis child   in his warde . swa þ tet
C   & un_þeode / ladde forð   þis chilt   in˜his warde . swa þ þe /
N   & unðeode ledden uorþ   þis chi`l´d in˜his warde . so ðet tet /
V   and vnþewede ladde / forþ . þis child   in his warde . So þat þe
A 85r10, V 386va63
A   child seolf weorrede up_on   his feader wið þ unþeode ׃
C   chilt seolf worrede up_on   his fader wið / þ un_þeode .
N   child sulf weorrede uppon   his feder mid te unðeode . /
V   child self . weorrede vppon / his fader .
A 85r11, V 386va64
A   nalde þe cniht beo sari   & scheomien ful sare ?   we beoð alle
C   nalde þe cnicht beon sari   & sche/ome_ful sare .   we˜beoð alle
N   nolde þe kniht beon sori . & scheomien ful sore . /   we beoð alle
V   nolde þe kniht ben sori . and schomen ful sore ? // / ¶ we beon alle
A 85r12, V 386va65
A   godes sunen þe kinges of heouene   þe haueð bitaht   ure
C   godes sunen þe / kinges of heouene   þe haueð bi_tacht ure /
N   godes sunen ðe kinges of heouene . / þet haueð biteiht ure
V   godes sones . þe kynges of heuene .   þat haþ bi/tau3t

A 85r13, V 386va66
A euch_an   engel i warde . Sari is he   on his wise hwen unþeo/de
C vch_an   an engel i˜warde . sari is he   on his / wise hwen vnþeode
N euerichon enne engel / ine warde . Sori is he   on his wise hwon unðeoðe /
V vche of vs . an angel in warde . ¶ þe angel is sori . in his / wyse . whon
   wikkednesse

A 85r14, C 142v, N 85r, V 386va67
A leat us forð .   hwen we ure gode feader wreaðeð wið sun/ne .
C ladeð us forð . hwen / we ure gode fader worreð wið sunne .
N ledeð us forð . & hwon we ure gode ueder weor/reð mid sunne .
V lat vs forþ .// whon we vre goode fader / werreþ wiþ sunne .//

A 85r15, V 386va68
A Beo we sari þ we eauer schulen wreaðen swuch feader
C Beo we / sari þ we eauer schulde wraððe   swich fader .
N beo we sorie ðet we euer schulden wreð-/ðen swuch feder .
V Beo we sori . þat we euer schulden wraþþhen / such fader .

A 85r16, V 386va69
A & sweamen swuch wardeín .   þe wit & wereð us eauer wið þe
C & / sweme swich wardein   þe wit & wereð us eauer / wið þe
N & sweamen swuchne wardein . ðet wit / & wereð us euer :˙ wið þe
V and greuen such a wardeyn . ¶ He wit and kepeþ us / euere . wiþ þe

A 85r17, V 386va70
A unseli   gastes .   for elles uuele us stode . Ah we schuhteð him
C unseinede gastes .   for elles uuele us / stode . Ach we schuchteð him
N unseiene gostes .   uor elles vuele / us stode . auh we schuncheð hine ueor
V vn_seȝene gostes . for   elles euele us stode .// Ac / we schutteþ him

A 85r18, V 386va71
A awei hwen we doð deadlich   sunne .   ant heo leapeð þenne
C awei hwen we / doð deadlich fulðe   & heo leapeð þenne
N awei :˙ hwon we / doð deadlich sunne :˙ & fulðe . and þe leapeð
V a_wei :˙ whon we doþ dedly   sunne .   And he / lepeþ þenne

A 85r19, V 386va72
A to :˙ sone   se he us firseð . Halde we him neh us wið smeal of
C to / son   se he us f{i}˙r'seð . Halde we him nech us / wið smal of
N to :˙ so sone / so he us furseð . holde we him neih us . mid smelle of /
V to :˙ sone   so he us fyndeþ ¶ Holde we him neih / us . wiþ smul of

A 85r20, V 386va73
A gode werkes . &   us in his warde . wac crist ure euchan
C swote werkes . &   us in his warde / wat crist ure vchan .
N swote werkes . and do we us ine his warde . wat crist ure / euerichon .
V swote werkes . &   vs in his warde .// wot crist . / we vchon .

A 85r21, V 386va74
A to   segil wardeín bereð to lutel menske . & kunnen him
C to swa gentil wardein / bereð to lute menske   & cunnen him
N to so gentil wardein :˙ bereð to lutel menske . / & kunnen him

PART 5   29

V   to so gentil wardeyn ꞉ bereþ to luytel menske . / And connen hi*m*

A 85r22, V 386va75
A   to lutel þonc of his seruise .   þeos & monie   reisuns beoð
C   to lute / þong of his seruise .   þeose & monie ma   re/isuns beoð
N   to lutel þonc ꞉ of his seruise .   þeos & mo/nie oðre reisuns beoð .
V   to luytel þonk ꞉ of his seruyse ./// þeos . & moni /   resons beoþ .

A 85r23, V 386va76
A   hwi mon mei beo bitterliche sari   for his sunnen . & wep/en
C   hwi mon mei beon bitterliche / sari   for his sunnen . & wepe
N   hwui mon mei beon bitterli/che sori ꞉ uor his sunnen . & weopen
V   whi mon may beo bitterliche . sori   for his su*nn*en . / and wepe

A 85r24, V 386va77
A   ful sare . & wel   is him   þe swa mei ꞉ for wop is sawle hea/le .
C   ful sare & wel   is /   þe mei   his saule wið wop lechen .
N   ful sore . and wel / is him ðet so mei .   uor wop is soule hele .
V   ful sore . And wel   is   þ*at* so may ꞉ for wepe is soule /   leche . ¶

A 85r25, V 386va78
A   Vre lauerd deð toward   us   as me deð to uuel deattur .
C   Vre lauerd / deð toward us   as me deð to uuel dettur .
N   vre louerd deð / touward us ꞉ ase me deð to vuel dettur . he
V   Vr lord   doþ touward   us ꞉ as me doþ to vuel det-/tor .

A 85r26, V 386va79
A   nimeð leasse þen we ahen him .   &   is þah wel ipaiet .   we
C   ni/með lesse þenne we aȝen him .   &   is þach wel / ipaiȝet .   we
N   nimeð les/se þen we owen him .   &   is þauh wel ipaied .   we
V   Nimeþ lesse þen we owen hi*m* . and he is þauh wel apai-/ȝet . ¶ we

A 85r27, V 386va80
A   ahen him blod for blod .   ant ure blod þah aȝeín his
C   aȝen him blod for blod .   & vre / blod þach aȝein his
N   owen him / blod ꞉ for blode . and ure blod þauh aȝean his
V   owen hi*m* blood . for blood . And vre blod þauh a-/ȝeyn his

A 85r28, V 386vb01
A   blod   þ   he schedde for us ꞉ were ful unefne change .   Ah wast
C   blod   þ   he schedde for / vs were ful un_efne change .   Ach wast
N   blode / ðet he schedde uor us .   were ful unefne chaunge . /   auh wostu
V   blood . þ*at* he schedde for vs ꞉ weore ful vn_euene chau*n*/ge . Ac wostou

A 85v01, C 143r, V 386vb02
A   tu hu me ȝeddeð .   Me nimeð ed uuel dettur   aten for hweate .
C   þu / hu me ȝeddeð .   Me nimeð ed uuel dettur /   aten for hweate .
N   hwat me deð ȝet ꞉   me nimeð et vuel / dettur ꞉ oten uor hweate .
V   how me ȝare haþ seid . Me nymeþ atte vuel det-/tur . Oten . for whete .///

A 85v02, V 386vb03
A   ant ure lauerd nimeð ed us   ure teares aȝeín his blod ꞉ & is
C   &   vre lauerd nimeð ed us /   vre teares aȝein his blod   & is
N   and ure louerd nimeð et us : / ure teares aȝean his blode . & is

30 ANCRENE WISSE: A FOUR-MANUSCRIPT PARALLEL TEXT

V   And vre lord   nymeþ at vs ׃ vre teres / for his blood . and is
A 85v03, V 386vb04
A   wilcweme .   He weop o þe rode .   o lazre .   O ierusalem .   for oðer mon/ne
C   wilcweme /   he weop oˇðe rode .   o lazre .   on Ierusalem .   forˇˈoˊðre / monne
N   wel i_paied . he weop / oˇðe rode . & o lazre . & o ierusalem ׃ uor oðer monne
V   wel a_payet ¶ He weop o þe Roode . O . / laȝare o Ier*usa*lem . for oþur me*n*nes
A 85v04, V 386vb05
A   sunnen .   ȝef   wepeð for ure ahne ׃   nis na   muche wunder .
C   sunnen .   ȝef we wepeð ure   achne   nis / nan Muche wunder .
N   sun/nen . ȝif we weopeð for ure owune ׃ hit nis nout mu/chel wunder .
V   synnes .// Ȝif we wepeþ for vre / oune ׃   nis not   muche wonder .//
A 85v05, V 386vb06
A   wepe we qð   þe hali mon   i *Vitas *patrum .   þa me hefde longe
C   Wepe we quod þe hali / mon in *uitas *patrum .   þoa me hefde longe
N   weope we cweð ðe holi mon   in *uitas *pa-/trum . þo me hefde longe
V   wepe we quaþ þe holi mon / In *Vitas *patru*m* . þo me hedde longe
A 85v06, V 386vb07
A   on him   iȝeiet   efter sarmun .   leote we qð   he teares leste
C   on / him iȝeiet   efter sarmun .   Lete we quod he / teares leoste
N   i_ȝeied on him   efter sarmun . / lete we cweð he teares . leste
V   on hi*m* ׃ I.cried aft*ur* sarmo*n* . / Lete we quod he teres . leste
A 85v07, V 386vb07
A   ure ahne teares forseoðen   us in helle .
C   ure achne teares forseoden / vs inˇhelle .
N   ure owune teares uorseo-ðen us ine helle . /
V   vr oune   teres . for_seoþe*n* us i*n* helle . /
A 85v08, V 386vb08, M 314
A   Schrift schal beon ihal .   þ is . iseid al to a   mon   ut of
C   Schrift schal beon ihal .   þ is . / iseid al to aˇmoN   vt of
N   Schrift schal beon i_hol . / þet is . iseid al to one monne ׃ ut of
V   Schrift schal ben I.Hool .// þat is . I.seid   to o Mon . out of
A 85v09, V 386vb09
A   child_hade .   þe poure widewe   hwen ha wule hire
C   child_had .   Þe poure / widewe hwen ha wule hire
N   child_hode . /   þe poure widewe   hwon heo wule
V   child-/hode . ¶ þe pore wydewe .   whon heo wole hire
A 85v10, V 386vb10
A   hus cleansin ׃   ha gedereð al þe greaste on an heap on
C   hus clensin . /   ha gedereð al þe greste on an heap
N   clensen hire hus . / heo gedereð al þet greste on one heape
V   hous / clansen .   Heo gedereþ al þe greste on an hep .
A 85v11, V 386vb11
A   alre earst ׃   & schuueð hit ut þenne .   Þrefter   kimeð eft
C   alre / earest . & schuueð hit þenne ut .   Þer_efter / ha kimeð
N   alrerest . /   & schuueð þeonne hit ut .   þer_efter heo kumeð /

PART 5   31

V   aller furst . / and schouueþ hit þenne out .// Her_aftur   comeþ
A 85v12, N 85v, V 386vb12
A   aȝeín   & heapeð   eft to_gederes   þ wes ear   ileauet & schu/ueð
C   aȝein eft & heapeð [est] eft to/gedere   þ wes ear   ileaued & schuueð . [& sch] /
N   aȝean eft . & heapeð   eft to_gederes al þet was er / bileued . & schu`u´eð
V   a_ȝeyn eft . and / hepeþ eft to_gedere ׃   þat was er I.leuet . & schouueþ
A 85v13, V 386vb13
A   hit ut efter .   þrefter o þe smeale dust . ȝef hit dus/teð
C   hit ut efter .   þer_efter o þe smele dust   ȝef / hit dusteð
N   hit ut efter .   þer_efter o˘ðe smele duste / ȝif hit dusteð
V   hit out aftur . /   ¶ þer_aftur of þe smale dust ׃ ȝif hit dusteþ
A 85v14, V 386vb14
A   swiðe ׃ ha flaskeð   weater   & swopeð   ut   efter al þet oðer .
C   swiðe . ha fleskeð   water   & swopeð /   ut   efter al þ oðer .
N   swuðe ׃ heo vlaskeð   water þer_on . & swo/peð hit ut awei efter al ðet oðer .
V   swiþe ./// Heo flas-/keþ watur and swopeþ   out ׃   aftur al þat oþur .
A 85v15, V 386vb15
A   Alswa schal þe schriueð him efter þe greate   schuuen
C   Alse schal þe schriueð / him . efter þe greate   schuuen
N   also schal ðe þet / schriueð him . efter ðe greate ׃ schuuen
V   Also schal þat schriueþ / him . aftur þe grete sunnen . schouuen
A 85v16, V 386vb16
A   ut te smealre .   ȝef dust of lihte þohtes   windeð   to swiðe
C   vt þe sme/lre .   ȝef dust of lichte þochtes   windeð / to swiðe
N   ut ðet smele . / and ȝif dust of lihte þouhtes   windeð up to swuðe ׃ /
V   out þe smallore .// ȝif dust / of lihte þouȝtes . wendeþ   to swiþe
A 85v17, C 143v, V 386vb17
A   up ׃ flaski teares on ham .   ne   schulen ha nawt þenne
C   up . fleski teares on ham .   ne / ne schulen ha naut þenne
N   flaskie teares on ham . & ne   schulen heo   þeonne
V   vp ׃ flasscheþ teres on hem . / /// Ne schulen heo not þenne ׃
A 85v18, V 386vb18
A   ablende þe heorte ehnen .   hwa_se heleð eawiht . he naueð
C   ablende þe heor/te echnen . Hwa_se heleð eawicht he na/ueð
N   ablen-/den ðe heorte eien . hwo_se heleð out . he naueð
V   bleenden þe herte eiȝen ./// Hose / heleþ ouȝt . he naþ
A 85v19, V 386vb19
A   iseid nawiht   for_hwon he beo þe skerre .   as is ilich   þe
C   iseid nawicht warfore   he beo þe˘sker/re . As is ilich   þe
N   i_seid / nout . uor_hwon he beo ðe skerre . auh is i_liche þen /
V   I.seid nouȝt .   þat he beo þe raddore . ¶ Ak he / is lyk þe
A 85v20, V 386vb19
A   mon þe haueð on him monie deadliche wunden . ant
C   mon þe haueð on him / Monie deadliche wunden . &
N   monne ðet haueð on him monie wunden deadliche / &

32 ANCRENE WISSE: A FOUR-MANUSCRIPT PARALLEL TEXT

V   mon . þat haþ on him moni dedliche wounden . &

A 85v21, V 386vb20
A   schaweð þe leche alle   & let healen buten an ፡   þ he deieð
C   schaweð þe le/che alle   & let healen . buten an   þ he dei/ʒeð
N   scheaweð ðe leche alle bute one . & let helen alle bu-/te one . ðet he deieð
V   scheweþ / þe leche alle .   & let helen boten on .   þat he dyʒeþ

A 85v22, V 386vb21
A   up_on   as he schulde on alle .   he is ase   men in a schíp
C   on   as heˇschulde on alle .   He is ase /   Men in aˇschip
N   up_on .   he is eke i_liche men in one / schipe
V   vppon ፡ as he schul-/de on alle . ¶ He is as   mon in a schip .

A 85v23, V 386vb22
A   þe haueð monie þurles   þer þe weater þreasteð in . &
C   þe haueð feole þurles   þer / þe water þrest   in . &
N   ðet haueð monie þurles : ðer þet water þrest   in . / &
V   þat haþ feole holes .   þer þe / watur þrust   in . &

A 85v24, V 386vb23
A   heo dutteð alle buten an   þurh hwam   ha druncnið
C   heo dutteð alle buten / an war_þurch   ha druncneð
N   heo dutteð alle buten on : þuruh hwam . heo a/drencheð
V   heo duttun alle bote on .   wher_þorw   heo dren-/chen

A 85v25, V 386vb23
A   alle clane .   Me teleð of   þe hali mon   þe   lei on his deað
C   alle .   Meˇtelleð / of þe haliˇmon   þe   lei on his deað
N   alle clene . Me telleð of ðe holie monne ðet / lei on his deað
V   alle clene . ¶ Me telleþ of   an holy Mon . þat lay on his deþ /

A 85v26, V 386vb24
A   uuel & wes lað to seggen   a sunne   of his childhad . ant
C   uuel . & wes / lað to seggen   anˇsunne   of his childha[l]d . & /
N   vuele . & was loð forte siggen : one / sunnen : of his child_hode . and
V   vuel . & was loþ to siggen   a sunne   of his childhod .// And

A 85v27, V 386vb25
A   his abbat bed hím allegate   seggen . Ant he ondswerede
C   his abbed bet him allegate   seggen . & he / ondswerede
N   his abbod bed   alle-/gate ðet he hit scholde siggen . & he onswerede & seide ፡ /
V   his abbot / bad him algate   siggen . And he onswerde ፡

A 85v28, V 386vb26
A   þ hit nere na n`e´od for_þi þ   he wes lute child   þa he hit
C   þ hit nere naˇneod . for_þi þe / he wes lute chilt   þoa he hit
N   ðet hit nes neod ፡   for_þi . ðet he was lutel child : þeoa / he hit
V   þat hit nas no neod . / for hit was i_don . þo he was luytel child .

A 86r01, V 386vb27
A   hit wrahte . O least þah unneaðe   þurh þe abbates   rop/unge
C   wrachte / aˇlast þach   uneðe   þurch þe abbedes   rop/ing
N   dude .   unneaðe þauh aˇlast . þuruh þen abbo/des gropunge ፡

PART 5   33

V   Atte laste vnneþe /   þorwʒ þe abbotes tysinge .
A 86r02, V 386vb28
A   þ   he hit seide & deide þrefter sone .   Efter his deað :
C   þ   hit seide & deide þer_efter sone .   efter / his deað
N   he hit seide . & deide sone þer_efter .   ef-/ter his deaðe he
V   þat he hit seyde . & diʒede þerafter / soone . After his deþ he
A 86r03, V 386vb29
A   com a niht & schawde him   to his abbat   i snaw hwite
C   com a˜nicht & schawede him   to / his abbed   in snaw hwite
N   com one niht and scheawede him / to his abbode ine snou hwite
V   com a˜niht . and schewede him to his / abbot . in snouh white
A 86r04, V 386vb30
A   schrudes as þe þ wes   iborhen . & seide þ sikerliche ʒef he
C   schrudes as þe þe / wes iboreʒen . & seide þ sikerliche ʒef he /
N   cloðes . ase ðe þet was / i_boruwun : & seide . þet sikerliche ʒif he
V   cloþes . as he þat was I.sauet . And sei-/de þat sikerliche . ʒif he
A 86r05, C 144r, V 386vb31
A   nefde   þ ilke þing   þ he dude i˜child_had . i schrift utter/liche
C   nefde iseid   þ ilke þing   þ he dude in˜ch/ild_had i˜schrift .
N   nefde i_seid / utterliche ðet ilke þing ðet he dude ine child_hode : /
V   nedde   þat ilke þing .   þat he dude in child-/hod . in schrift witerliche
A 86r06, V 386vb32
A   iseid : he were   idemet bimong þe forlorene .   Alswa
C   he were   idemet imong   þe / forlorene . Alswa
N   he were   i_demed a_mong ðe uorlorene .   also
V   i_seid : he hedde ben I.deemet a/mong þe forlorene . ¶ Also
A 86r07, V 386vb33
A   of an_oþer   þ wes for_neh fordemet   for_þi þ he hefde en / chearre
C   of an_oðer   þ wes for_nech / for_demet for_þi þ he hefde en˜chere
N   of on/oðer mon . ðet was   welneih i_demed for_þi . ðet he / nedde one cherre
V   of a_noþur . þat was   neih fordemet . / for þat he hedde ofte .
A 86r08, V 386vb34
A   i_ned a mon to drinken   & deide þrof unschri/uen .
C   i/ned a˜mon to drinken .   & deide þrof un/schriuen .
N   enne mon uorte drincken . & / deide unschriuen ðer_of .
V   I.ned a mon to drinken :   & diede þer_of / vn_schriuen . ¶
A 86r09, V 386vb35
A   Alswa of þe leafdi for_þi þ   ha hefde   ileanet   to a wa/ke
C   alswa [as] þe lauedi for_þi þ   ha /   lenede
N   also of   one lefdi . uor_þi / ðet heo hefde i_leaned one wummone to one wake . /
V   Also of a ladi . for_þi þat heo hedde .   I.lenet /   to a wake .
A 86r10, V 386vb36
A   a wummon   an of hire weden .   Ah hwa_se haueð ʒeor/ne
C   a˜wummon to a˜wake on of hire / schrudes . Ach hwase haueð ʒeorne
N   on of hire weaden .   auh hwo_so haueð ʒeorne /

34 ANCRENE WISSE: A FOUR-MANUSCRIPT PARALLEL TEXT

V a wommon   on of hire cloþes .   ¶ Ac whose haueȝ / ȝeorne

A 86r11, N 86r, V 386vb36, M316
A isoht alle þe hurnen of his heorte . ne ne con rungi
C isocht / alle þe hurnen of his heorte . & ne con / ruggi
N isouht alle ðe hurnen of his heorte . & ne con / ofsechen
V i_souȝt alle þe huirnes of his herte . &́ con no

A 86r12, V 386vb37
A mare ut ⁊ ȝef þer eawiht edluteð . hit is ich hopie i˜þe
C mare ut . ȝef þer ei_þing ed_lu/teð for_ȝeten & he hit segge walde ȝef / he cuðe .
   hit is ich hopie
N more ut . ȝif ðer out   etluteð . hit is ich / hopie i˜ðe
V more / schewen out .// Ȝif þer out   I._laft . hit is Ich hope I.˜þe

A 86r13, V 386vb38
A schrift   ischuuen ut mid tet oþer .   hwen   þer ne lið na
C   vt mid þ   oder /
N schrifte i_schuuen ut mid ten oðre .   hwon / ðer ne lið no
V schrift ⁊ / I.schouen out mid þe oþur .// whon   þer   lith no

A 86r14, V 386vb39
A ȝemeles & he walde feín mare ȝef he cuðe seggen .
C *Augustinus . *Si˘*consciencia *desit *pena *satisfacit .
N ȝemeleaste a_buten . and he wolde / vein ȝif he kuðe ⁊ siggen more . *Si
   *conscientia *desit ⁊ *pena *satisfacit . *augustinus . /
V ȝemeles . And he / wolde fayn more ⁊ ȝif he couþe siggen . *Augustinus . *si
   *consciencia *desit *pe_¶_na *satis_facit . /

A 86r15, V 386vb41
A Schrift   schal beo naket . þ is naketliche imaket .   nawt
C Sch/rift ȝet schal beon Naked . þ is naked/liche imaked . naut
N Schrift ȝet schal beon / naked . þet is . nakedlich i_maked . and nout
V Schrift ȝit schal ben naket . þat is / naketliche I.makeþ . nouȝt

A 86r16, V 386vb42
A bisamplet   feire . ne hendeliche ismaket ⁊   ah   schulen
C bi_samplet   fe`i´re . ne / hendeliche ismacked . Ach   schule
N bi/saumpled ⁊ feire . ne hendeliche i_smoked . auh ðe wor/des schulen
V bi_saumplet   feire . ne hendeliche / I.maket . Ac   schulle

A 86r17, V 386vb43
A þe wordes beon ischawet   efter þe werkes . þ is tacne   of hea/tunge .
C þe wor/des beon ischape[d]`n´ efter þe werkes . þ is / tachnunge of hatinge
N   beon i_scheawede efter ðe werkes . þet / is tocne   of hatunge .
V þe wordes ben I.schewet ⁊ aftur þe / werkes . þat is a tokne of hatynge .

A 86r18, V 386vb44
A þ me tukeð to˘wundre þing þ me heateð swiðe . ȝef
C þ me tukeð to / wunder þing þ me hateð swiðe . ȝef
N ðet mon tukeð to wundre ðet / þing ðet me hateð swuðe . ȝif
V þing þat me misseiþ hit foule ⁊ / þat me hateþ swiþe . ȝif

A 86r19, V 386vb48
A þu heatest ti sunne ׃ hwi spekest tu menskeliche þrof.   hwi
C þu / hatest þi sunne. hwi spekest þu menske/liche þrof.   hwi
N þu hatest þine sun/ne hwui spekestu menskeliche bi hire.   hwi
V þou hatest þi sunne ׃ whi spekestou me*n*ske-/liche þer_of .// whi

A 86r20, C 144v, V 386vb49
A hudest tu his fulðe ?   Spec hit scheome schendfulliche ant
C hudest þu his fulðe . / spec hit scheome schendfulliche . &
N hudest / þu hire fulðen . spec hire scheome schendfuliche . & /
V huidestou þi fulþe ?   Spek hit schome *&* schendful-/liche *&*

A 86r21, V 386vb49
A tuk hit al toˇwundre .   alswa as þu   wel wult schende   þen
C tuc / hit al to wunder . alswa as þu   wult wel / schende þe
N tuc hire alˇto wundre : also ase þu   wel wult schenden / þene
V spek hit al to nouʒt .   Also as þou wel wolt . schende   þe

A 86r22, V 386vb50
A schucke . Sire ha seið þe wummon   ich habbe ihaued leof/mon .
C schucke . Sire haˇseið þe wimmon .   ich habbe / ihaʒet leofmon .
N sckucke . Me sire þeo wummon seið .   ich habbe / iheued leofmon .
V feond . / ¶ Sire heo seiþ þe wo*m*mon . Ichabbe   I.had le*m*mon .

A 86r23, V 386vb51
A oðer ich habbe ibeon ha seið fol of me_seoluen . þis
C oðer ich habbe ibeon ha / seið fol of me_seoluen . þis
N oðer ich habbe i_beon   fol of me/suluen . þis
V oþur Ichabbe I./beon heo seiþ . a fool of my_seluen .// þis

A 86r24, V 386vb52
A nis nawt naket schrift . biclute   þu hit nawt . do awei þe
C nis naut na/ked schrift . bi_clute   þu hit naut . do / awei þe
N nis nout naked schrift . ne biclute þu / hit nowiht . do awei ðe
V nis not naket schrift . Bi/cloute þou hit not .   Do awei þe

A 86r25, V 386vb53
A totagges . Vnwrih þe & sei . Sire godes are ich am a ful stod/meare .
C to_ tagges . unwrich þe & sei ׃ Si/re godes are ich am aˇful stodmare .
N totages . ðet beoð þe circu*m*/staunces . vnwrih ðe . & seie . Sire . godes ore & tin .
   ich am / a ful stodmere .
V brau*n*ches of þe rootus . Vnwriˇþe / and sei . Sire Godes ore . Ichˇam a foul
   stodemare .

A 86r26, V 386vb54
A a stinkinde hore . ʒef þi fa   a ful nome & cleope þi
C a stin/kinde hore . ʒef þi foa   aˇful nome & cleo/Pe þi
N a stinckinde hore . ʒif þine uo . enne / fulne nome . and bicleope þine
V a stinkynde - / hoore .// ʒif þi foo . a foul nome . *&* clepe þi

A 86r27, V 386vb55
A sunne fule . Make hit i schrift steort_naket . þ is . ne hel
C sunne fule . Make þi sunne steort/naked . þ is ne hel

36 ANCRENE WISSE: A FOUR-MANUSCRIPT PARALLEL TEXT

N sunne   steornaked . / þet is . ne hele
V sunne foule . Mak þi sun/ne start_naket . þat is . Ne hele

A 86r28, V 386vb44
A þu nawiht of al þ lið þer_abuten . þah to fule me mei
C þu nawicht of al'þ / lið þer_abuten . þach to fule me mei /
N þu nowiht of al ðet lið þer_abuten . / þauh to fule me mei
V þou not . of al þat lihþ þer_abouten . ¶ þauh to foule me may

A 86v01, V 386vb45
A seggen . Me ne þearf nawt nempnín þ fule dede bi his
C seggen . Me ne þerf naut nempnin þ fu/le dede . bi[s] his
N siggen . me ne þerf nout nem/men ðe fule dede . bi his
V siggen . Hit neo-/deþ not nempnen þe foule dede . bi his

A 86v02, V 386vb45
A ahne fule nome . ne þe schendfule límes bi hare ahne
C achne fule nome . ne þoa / schendfule limes . bi hare achne
N owune fule nome .
V oune foule nome .

A 86v03, V 386vb46
A nome . inoh   is to seggen swa ꞉ þ te hali schrift_feader
C nome . / Inoch is to segge swa . þ þe   schrift _fader /
N   i_nouh hit / is to siggen so . ðet þe   schrift_feder
V   Inouȝ / hit is to siggen . so þat þe   schrift_fader .

A 86v04, V 386vb47
A witerliche understonde hweat tu wulle meanen . Abu/te
C witerliche understonde hwat þu wule mea/nen . Abute
N witterliche under/stonde hwat tu wulle menen . a_buten
V witerliche vnderstonde / what þou wole menen . ¶ A./bouten

A 86v05, V 386vb56
A sunne liggeð six þing   þ hit hulieð . O Latin *circumstan/ces .
C sunne liggeð /six þinges . þ hit hulieð . o latin *circum/stances .
N sunne liggeð / six þincges ðet hit helieð . o latin ꞉ *circumstantes .
V sunne ꞉ liggen six þinges . þat hit huleþ . O. latyn ꞉ *Circumstantes . /

A 86v06, V 386vb57
A On englisch totagges mahe beon icleopede .   Persone .
C on englis   totagges muȝe beon / icleoped .   Persone .
N on / englisch ꞉ heo muwen beon ihoten totagges . perso/ne .
V On Englisch ꞉ braunches mowen ben I.clepede .   ¶ Persone // /

A 86v07, C 145r, V 386vb59
A Stude . Time . Manere . Tale . Cause . Persone ꞉ þe dude þe sun/ne .
C stude . time . Manere . / tale . cause . Persone . þe dude þe sunne /
N stude . time . manere . tale . cause . persone ꞉ ðe þet du/de þeo sunne .
V Stude . ¶ Tyme . ¶ Manere . ¶ Tale . ¶ Cause . / Persone ꞉ þat dude þe sunne .

A 86v08, N 86v, V 386vb60
A oðer wið hwam me hit dude ꞉ unwreo & segge . Sire
C oðer wið hwam me hit dude . vnwreo / & segge . Sire

PART 5   37

N   oðer mid hwam ׃ me dude hire . un-/wreon ׃ & sigge . Sire .
V   oþur wiþ whom me hit dude .   vn-/wrye and sigge . Sire

A 86v09, V 386vb61
A   ich am a wummon & schulde bi rihte beo mare scheome/ful
C   ich am wimmon . & schulde bi / richte beo mare scheomeful
N   ich am aˇwummon and / schulde mid rihte beon more scheomeful
V   Ichˇam a wommon . & schulde wiþ rihte . / ben more schomeful .

A 86v10, V 386vb62
A   to   habben ispeken as ich spec . oðer idon as ich dude .
C   to   habben ispe/ken as ich spec . oðer idon as ich dude . & /
N   uorte / habben i_speken ׃ ase ich spec . oðer idon ׃ ase ich du/de . and
V   to   habben I.spoken as I.ˇspeek . oþur i_don as I. / dude . and

A 86v11, V 386vb63
A   for_þi mí sunne is mare   þen   of a wepmon .   for hit bi/com
C   for_þi miˇsunne is mare [.] þen   of aˇwepmon /   for hit bicom
N   for_þi mi sunne is more ׃ þen   of one weop-/monne . uor hit bicom
V   forþi . Mi sunne is more . þen hit weore of a mon ׃   for / hit bi_com

A 86v12, V 386vb64, M 318
A   me wurse . Ich am an ancre . A nunne . A wif iweddet .
C   me wurse . ich am an an/cre . aˇnunne . aˇwif iwedded .
N   me wurse . Ich am on ancre . / a nunne . aˇwif iwedded .
V   me worse . ¶ Ichˇam an Ancre . A Nunne . A wyf I./weddet .

A 86v13, V 386vb65
A   a meiden . a wummon þ me lefde   se wel . a wummon þe
C   aˇmeiden . a / wummon þ me leueð se wel . aˇwummon þ
N   aˇmeiden . aˇwummo ðet me ile/ueð so wel . and   ðet
V   A Mayden . A wommon þat me leeueþ so wel . A wom/mon þat me leeueþ so wel .
    A wommon þat

A 86v14, V 386vb66
A   habbe ear ibeon ibearnd wið swuch þing ׃ & ahte þe be/tere
C   habbe / ear ibeon ibernd wið swich   þing . & achte / þeˇbetere
N   habbe er ibeon ibernd mid / shwuche þincge . & ouhte ðe betere
V   habbe er I._ben I./barnd wiþ such þing . and ouȝte þe bettre

A 86v15, V 386vb67
A   forte beon iwarnet . Sire hit wes wið swuch mon . &
C   for to beon iwarned . Sire hit / wes wið swich mon . &
N   uorte beon iwar-/ned . Sire hit was mid swuche monne . &
V   forte beon i_warnet . / Sire hit was wiþ such mon . and

A 86v16, V 386vb68
A   nempni þenne ׃ munek . Preost . oðer clearc . & of þ ordre .
C   nempni .   Munc . preost / oðer clerc . & of þ ordre .
N   nemmen þeon-/ne . Munuch . preost . oðer clerk . & of ðet hode .
V   nempne þenne . Monek . Preost . / Oþur Clerk .

A 86v17, V 386vb69
A   a weddet mon . a ladles þing . a wummon as ich am . þis

C   A˘wedded mon / A˘laðlas þing . a˘wummon as ich am . þis
N   i/wedded mon . a loðleas þing . a˘wummon ase ich am . / þis
V   A weddet mon . A sunful wrecche . a wo*mm*on as Ich˘am . / þis
A 86v18, V 386vb70
A   is nu of persone . Alswa of þe Stude .   Sire þus ich   pleide oðer
C   is nu / of Persone ¶ Alse of þe stude .   Sire þus ich /   pleide . oðer
N   is nu of persone . also of ðe stude .   Sire þus ich   pleiede . / oðer
V   is now . O Persone . / Also of þe Stude . ¶ Sire þus I. speek . oþur pleyede
A 86v19, V 386vb71
A   spec i˘chirche . Eede o Ríng   i chirch3ard .   biheold hit oþer
C   spec i˘chirche . eode on / ring .   biheold hit oðer
N   spec ine chirche . eode oðe pleouwe ⁒ ine chirc-/heie .   biheod hit . & oðe
V   in Chir-/che . Eode on Daunse   in Chirche_3ard . Bi_heold hit . oþer /
A 86v20, V 386vb73
A   wreastlunge . & oðre fol gomenes . spec þus oðer pleide biuo/ren
C   wrestlung .   oð/er fol gomenes . spec þus oðer pleide bi/fore
N   wrastlinge . & oðer fol gome-/nes spec þus . oðer pleiede biuoren
V   wrastelynge . & oþer fool gomenes . Speek þus oþur pleiede / bi_foren
A 86v21, V 386vb73
A   worltliche men . biuoren recluse in ancre_hus . ed oþer
C   worldliche men . bi_for religiuse / in ancre_hus . ed oðer
N   worldliche men . / biuoren religiuse . in ancre_huse . & et oðer
V   worldliche men . Bi_foren religiouse . In ancre_hous . /
A 86v22, C 145v, V 386vb74
A   þurl   þen ich schulde .   neh hali þing . Ich custe him þer .
C   þurl   þen ich schulde . /   nech hali þing . Ich custe him þear .
N   þurle ⁒ / þen ich schulde . & neih holi þinge ; ich custe him . / þer ich
V   Neih holi þing I. custe him þer .
A 86v23, V 386vb75
A   hondlede him i swuch stude ⁒ oðer me_seoluen . I chirche ich
C   hond/lede him in swich stude . oðer me_seoluen / i˘chirche ich
N   hondlede him ⁒ ine swuche stude . oðer mi/sulf .   ine chirche i
V   Hondelde him in such   stude . / oþer my_seluen . In Churche . I.˘
A 86v24, V 386vb76
A   þohte þus . biheold him ed te weouede . Of þe time alswa .
C   þochte þus . bi_heolt him ed / þe weoued . Of þe time alswa .
N   þouhte þus . biheold him et˘te / weouede . Of þe time also .
V   þouhte þus . bi_held hi*m* atte weue_¶_de / Of þe tyme also .
A 86v25, V 386vb77
A   Sire ich wes of swuch ealde . þ ich ahte wel to habben wis/luker
C   Sire ich wes / of swich elde þ ich achte wel to habben wis/luker
N   Sire ich was of swuche / elde ⁒ ðet ich ouhte wel uorte habben
V   Sire ich was of such   elde . þat / ich ouhte wel . to habben
A 86v26, V 386vb78
A   iwite me .   Sire ich hit dude in lenten .   i feasten da/hes .

PART 5   39

C iwite me .   Sire ich hit dude i˜lenten /   i˜festen daʒes
N i_wust me / wisluker . Sire ich hit dude inne leinten . ine ues/ten˜dawes .
V wysloker i_witen me . Sire ich - / hit dude in Lentun . In fastyng dawes .
A 86v27, V 386vb79
A in hali dahes . hwen oþre   weren ed chirche . Sire ich
C in˜hali˜daʒes . hwen oðere we/ren ed chirche . Sire ich
N holi˜dawes ⁒ hwon oðre weren et chir-/che . Sire . ich
V In Holy dawes . whon / oþure weoren at chirche . Sire ich
A 86v28, V 386vb80
A wes sone ouercumen . & is   þe sunne   mare   þen ʒef ich hefde
C wes sone ouer/cumen & is   þe sunne   mare   þenne ʒef ich / hefde
N was sone ouerkumen . and þereuore / ðe sunne is more ⁒ þen ʒif ich hefde
V was soone ouercomen . and / is   þe sunne more ⁒ þen ʒif ich hedde
A 87r01, V 387ra01
A ibeon akeast wið strengðe . & feole   swenges . Sire ich wes þe
C ibeon˜acast wið stronge & feole   swe/nges . Sire Ich wes
N ibeon akest / mid strencðe ⁒ & mid monie swenges . Sire ich was / ðe
V i_ben i_cast . wiþ stronge / and   feole   swenges . Sire Ich was
A 87r02, V 387ra02
A bigínnunge hwi swuch þing hefde forðʒong . þurh þ
C biginnung hwi swich þing / hefde forð_ʒeong . þurch þ
N biginnunge hwi swuch þing hefde uorðʒong . / þuruh ðet
V biginnere . whi such þing hed-/de forþ_ʒong . þorwʒ þat
A 87r03, V 387ra03
A ich com i swuch stude & i swuch   time . Ich biþohte me ful
C ich com i˜swich / stude & in˜swich time . Ich biþochte me ful /
N i com ine swuche stude ⁒ & ine swuche / time . Ich biþouhte me ful
V ich com in   stude . & in such   tyme . Ich bi/þouʒte me ful
A 87r04, V 387ra04
A wel ear þen ich hit eauer dude . hu uuele hit   were   idon ⁒
C wel ear˜þen ich hit eauer dude . hu vuele hit /   were   idon
N wel . er þen ich hit / euer dude : hu vuel hit   were uor˜to don :
V wel . er þen ich hit eauer dude . how vuel hit euer / weore idon .
A 87r05, N 87r, V 387ra05
A & dude hit noðeleatere .   þe Manere alswa seggen . þ is þe
C & dude hit noðelatere .   þe ma/nere asse seggen   þ is þe
N & dude hit / no_ðelater .   þe manere siggen also . ðet is ðe
V and dude hit neuer_þe_latere . / þE Manere also siggen . þat is þe
A 87r06, V 387ra06
A feorðe totagge .   Sire þis sunne ich dude þus & o þisse
C .iiii. totag .   Sire / þis sunne ich dude þus & on þis[se]
N ueorðe / totagge . Sire . þeos sunne i dude þus : & o þisse
V ffeorþe Braunche . Sire / þis sunne ich dude þus . and on þis
A 87r07, V 387ra07
A wise . þus ich leornede hit earst . þus ich com earst þrin .   þus

C wise þus / ich leornede hit earst . þus ich com earst / þer_in .   þus
N wi-/se . þus i leornede hire erest . & þus i com erest þer-/inne . & þus
V wyse .// þus ich lernde / hit furst .// þus ich com furst þer_in .// þus

A 87r08, C 146r, V 387ra08
A ich dude hit forðward o þus   feole wisen .   þus fulliche . þus
C ic dude hit forð_wart on þus / feole wisen . þus fulliche þus
N i dude hit forðward . & o þus   monie wi-/sen . þus fulliche . þus
V ich dude hit forþward . on / þus feole wysen .// þus foulliche .// þus

A 87r09, V 387ra09
A scheomeliche . þus ich sohte delit   hu ich meast mahte pai/en
C scheomefulli/che . þus ich sochte delit . hu ich mest Ma/chte paien
N scheomeliche . þus i souhte / delit .   hwu i mest muhte paien
V schomeliche .// þus Ich souhte de-/lyt . How ich moost mouȝte ⁛ payen

A 87r10, V 387ra10, M 320
A mí lustes brune . & seggen al þe wise . Tale is þe feorðe
C mi lustes brune . & seggen al˙þe / wise . ¶ Tale is þe fifte
N mine lustes brune . / & sechen alle ðe wisen . tale ⁛ is ðe vifte
V my lustes . and siggen al þe wi_¶_se . / Tale ⁛ is þe ffyfþe

A 87r11, V 387ra10
A totagge .
C totagge .
N totagge . tellen / al
V Braunche .

C 146r04, V 387ra10
C hu ofte /
N hu ofte
V How ofte

C 146r05, V 387ra11
C hit is idon tellen al .   Sire ich habbe þis /
N hit is i_don .   Sire ich habbe þis .
V hit is i_don ⁛ / tellen al . Sire ichabbe þis ⁛

C 146r06, V 387ra12
C þus ofte idon . iwonet for to speoke þus /
N þus ofte / i_don . iwuned for˙to speken þus . &
V þus ofte i_don . I.wont forte / speken þus .//

C 146r07, V 387ra12
C hercni þullich speche .   þenchen hwiche /
N hercnen swuche / spechen . & þenchen swuche
V Herkenen such   speche .// þenken such

C 146r08, V 387ra13
C þochtes . for_ȝeme þing & for_ȝeoten . lach/ȝen
N þouhtes . vorȝemed þin-/ges : & forȝiten . lauhwen .
V þouhtes . ffor-/ȝeme þing . and forȝeten . Lauȝwhen .

C 146r09, V 387ra14
C eoten drinken lasse oðer mare þen/ne

N   eten . drinken . lesse oðer mo-/re ׃ þen
V   Eten . Drinken . Lasse . / oþur more ׃ þen
C 146r10, V 387ra14
C   neode askeð . Ich habbe ibeon þusˇof/te
N   neod were . Ich habbe ibeon þus ofte
V   neod askeþ ¶ Ichabbe i_ben þus ofte
C 146r11, V 387ra15
C   wrað seoððen ich wes ischriuen nest /
N   wroð ׃ / seoððen ich was i_schriuen nexst .
V   wroþ ׃ seþþen / ich was I.schriuen last .
C 146r12, V 387ra16
C   & for þulli þing & þus longe hit leste /
N   & for swuche þinge . / & þus longe hit ileste .
V   and for such þing . and þus longe hit / laste .//
C 146r13, V 387ra16
C   þus ofte iseid les . þus ofte þis & þis . ich /
N   þus ofte i_seide leas . þus ofte / þis & tis . Ich
V   þus ofte I.seid fals .// þus ofte . þis . and þis .// Ichabbe
C 146r14, V 387ra17
C   habbe idon þis to þus feole . & þus feole /
N   habbe i_don þis ׃ þus feole siðen . & o þus / feole wisen . & to þus feole .
V   I.do / þis ׃ þus ofte . to þus feole . and on þus feole wysen . /
C 146r15, V 387ra18
C   siðen . Cause is þe seste totagge .
N   Cause ׃ is þe sixte totagge . /
V   Cause ׃ is þe sixte Braunche .
A 87r11, V 387ra19
A   Cause is hwi þu   hit dudest . oðer hulpe oþer   þer/to .
C   Cau/se is hwi þu   hit dudest . oðer hulpe oðer /   þer_to .
N   cause is ׃ hwi ðu   hit dudest . oðer hulpe   ðer_to .
V   Cause is ׃ whi þou hit dedest . / Oþur holpe oþure þer_to .
A 87r12, V 387ra20
A   oðer þurh hwet   hit bigon . Sire ich hit dude for delit .
C   oðer hwer þurch   hit bigon . / Sire ich hit dude for delit .
N   oþer / þuruh hwon ׃ hit bigon . Sire . ich hit dude uor delit . / &
V   Oþur þorw what   hit bi_gon . Sire ich / dude hit for delyt .//
A 87r13, V 387ra21
A   for uuel luue . for biȝete . for fearlac . for flatrunge . Sire
C   for uuel / luue . for biȝete . for ferlac . for flater/ung . Sire
N   for vuel luue . & for biȝeate . vor ferlac . vor flate-/runge . Sire .
V   ffor vuel loue . ffor biȝete . ffor ferlak . - / ffor flateringe . Sire
A 87r14, C 146v, V 387ra22
A   ich hit dude for uuel   þah þer ne come nan of . Síre mí
C   ich hit dude for uuel   þach / þer Neˇcome uuel of . Sire mi
N   ich hit dude uor vuel ׃ þauh þer ne co/me non vuel of . Sire . mi

42 ANCRENE WISSE: A FOUR-MANUSCRIPT PARALLEL TEXT

V   ich hit dude for euel ׃ þauȝ þer coome non vuel / of . Sire my
A 87r15, V 387ra23
A   lihte ondswere . oðer míne lihte lates   tulden him earst up/o
C   lichte on/swere . oðer mine lichte lattes tulden him / earst upon
N   liht onswere . oþer mine / lihte lates   tulden him erest up_on
V   lihte onswere . oþur my lihte chere ׃ tulleden him / vppon
A 87r16, V 387ra24
A   me . Sire of þis word com   oþer . of þis dede wreaððe & vue/le
C   me . Sire of þis word com /   oðer of þis dede wraððe & uuele
N   me . Sire of þis/se worde com   oþer of . þisse dede : wreððe & vuele
V   me . Sire of þis word ׃ coome mo . And of þis deede ׃ / wraþþe and vuele
A 87r17, V 387ra25
A   wordes . Sire þe acheisun is þis hwi   þ uuel leasteð ȝet .
C   wordes . / Sire þe acheisun is þis hwi   þ uuel lesteð / ȝet
N   wor-/des . Sire þe anchesun is þis ׃ hwi ðet vuel i_lesteð ȝet . /
V   wordes . Sire þe enchesun is þis . whi þat / vuel lasteþ ȝit ׃
A 87r18, V 387ra26
A   þus   wac wes mín heorte . Euch efter þ he is   segge his totagg/es
C   þus   wac wes min heorte . Vchan efter þ / he is segge his to_tagges .
N   þus   woc was min heorte . euerich efter ðet he is ׃ sig/ge ðe totagges .
V   þus feble was myn herte .// Vche after þat he / is ׃ sigge þe Braunches .//
A 87r19, V 387ra27
A   Mon as limpeð to him ׃ wummon   þ hire rineð . for her
C   mon as limpeð to / him . wummon   þ hire rineð . for her
N   Mon ase limpeð to him . wummon ׃ /   ðet hire rineð . vor her
V   Mon as falleþ to him ׃ wommon as / falleþ to hire .   ffor her
A 87r20, V 387ra28
A   nabbe ich nan iseid   bute forte munegín mon oðer wummon
C   nabbe / ich nan iseid   bute for to mungin . mon oð/er wimmon
N   nabbe ich none i_seid ׃ bute / uorte munegen mon . oðer wummon .
V   nabbe I. non I.seid .   bote forte mun-/gen . Mon . oþur wommon .
A 87r21, V 387ra29
A   of þeo þe to ham falleð   þurh þeo þe beoð her   iseide as on
C   of þeo þe to ham falleð . þurh / þeo þe beoð here to_dreauethliche isei/de .
N   of þeo ðet to / ham ualleð . þuruh þeo ðet beoð her todreued-/liche iseide .
V   of þulke þat to hem falleþ . þorw þulke / þat beoþ her . to derfliche I.seide .
A 87r22, N 87v, V 387ra30
A   urn . þus of þeose six wriheles   despoile þi sunne   & make
C   þus of þeos six wriȝeles   despoille þi / sunne   & make [þin heorte]
N   þus of þeos six wrieles   despoile þine / sunne .   & make
V   ¶ þus of þeos sixe wrie-/les . dispoyleþ oure sunnen . and makeþ
A 87r23, V 387ra31
A   hit naket   i þi schrift as Ieremie leareð . *Effunde *sicut *aquam
C   hit naked /   in þi schrift . As Ieremie . lereð . *effunde / *sicut *aquam
N   hire stertnaked i˙þine schrifte ׃ ase ie/remie lereð . *Effunde *sicut *aquam

PART 5   43

V   hire naket .   i þi schrift / as Ieremye techeþ .   *Effunde *sicut *aquam
A 87r24, V 387ra32
A   *cor *tuum . Sched ut   ase weater þín heorte . ʒef eoile schet ⁚
C   *cor *tuum . Schet us   asˇwater / þinˇheorte . ʒef oille sched
N   *cor *tuum . sched ut he seið / ieremie ase water þine heorte . vor ʒif eoli schet ut /
V   *cor *tuum . Scheed / out   as water þin herte . ¶ ʒif Oyle schet

A 87r25, V 387ra33
A   of a feat ⁚   ʒet ter wule leauen in sumhwet of þe licur .
C   of an vet /   ʒet þer wule leauen in sumhwet of þe / licur .
N   of one vetles ⁚ ʒet ðer wule bileauen inne sumhwat of / ðe likur . and
V   of a vat ⁚   ʒit þer / wole leuen . sumwhat of þe licour . ¶

A 87r26, V 387ra34
A   ʒef milc schet ⁚ þe heow   leaueð .   ʒef win sched ⁚ þe smeal
C   ʒef milc sched þe heow   leaueð /   ʒef win sched þe smel
N   ʒif milk schet ⁚ þet heou wule bileauen . / and ʒif win schet . ðe smel
V   ʒif Milk schet ⁚ þe / heuh   leueþ .   ¶ ʒif wyn schet ⁚ þe smel

A 87r27, C 147r, V 387ra35
A   leaueð . ah weater   geað al somet ut   alswa sched þin heor/te .
C   leaueð . Ach water /   geað al somed ut .   alswa sched þin heorte /
N   bileaueð . auh water   geð / altogedere ut somed . also sched þine heorte .
V   leueþ . ¶ Ac watur / geþ al_to_gedere out .   ¶ Also scheed þin herte .

A 87r28, V 387ra36
A   þ is . al þ uuel þet is   i þín heorte .   ʒef þu ne dest nawt ⁚
C   þ is   al þ uuel   iˇþin heorte .   ʒef þu ne dest / naut
N   þet is . / al ðet vuel þet is iˇþine heorte . and ʒif þu ne dest nout ⁚ /
V   þat is . al þe - / euel þat is in þin herte . ʒif þou ne deest not ⁚

A 87v01, V 387ra37
A   lo hu grurefulliche godd seolf þreateð þe . þurh Naum
C   lo hu grurefulliche god seolf / þrat þe . þurch naum
N   lo hu grurefulliche god sulf þreateð þe ⁚ þuruh / naum
V   lo hou deolfolli/che . God self þreteþ þe ⁚ þorw Naum

A 87v02, V 387ra38
A   þe prophete . *Ostendam *gentibus *nuditatem *tuam *& *regnis
C   þe prophete . *Ecce *ego / *adˇ*te *dicit *dominus *ostendam *gentibus
    *nuditatem *tuam / *& *regnis
N   þe prophete . *ecce *ego *adˇ*te *dicit *dominus . *ostendam *in / *gentibus
    *nuditatem *tuam *et *regnis
V   þe prophete . *Ecce *ego / *ad *te *dicit *dominus . *Ostendam *gentibus
    *nuditatem *tuam . *et *regnis /

A 87v03, V 387ra39
A   *ignominiam *tuam *& *proitiam *super *te *abhominationes *tuas .
C   *ignominiam *tuam . *& *proiciam *superˇ*te *ab/hominacoes . *tuas .
N   *ignominiam *tuam *et / *proiciam *super *te *abhominationes *tuas .
V   *ignominiam *tuam . *et *proiciam *super *te *abhominaciones *tuas . /

A 87v04, V 387ra40, M 322
A þu naldest nawt unwreo þe to þe preost i schrifte ⁊ ich
C þu naldest naut unwreo þe / to þe preost i˜schrifte . & ich
N þu noldest nout un-/wreon þe to ðe preoste ine schrifte . & ich
V þou noldest not diskeue*re* þe to þe prest in schrift . And I.

A 87v05, V 387ra41
A schal schawin al naket   to al folc   þi cweadschipe . & to al/le
C schal schawen / al naked   to al˜folc   þin cwedschipe . & to al/le
N chulle schea-/wen al nakedliche to alle uolcke þine cweadschipes . / & to alle
V schal sche/wen al naket .   to alle folk   þi schrewedschupe . ⁊nd to alle

A 87v06, V 387ra42
A kinedomes   þíne scheome sunnen . to þe kinedom of
C kinedomes .   þine scheome sunnen . to þe ki/nedom of
N kinedomes   þine scheomefule sunnen . to / þe kinedome of
V kine-/domes . þyne schome sunnes . ¶ To þe kynedam of

A 87v07, V 387ra43
A eorðe .   to þe kinedom of helle .   to þe kinedom of heoue/ne .
C eorðe .   to þe kinedom of helle . /   to þe kinedom of heouene .
N eorðe . & to þe kinedome of heouene . / & to þe kinedome of helle .
V eorþe .// / To þe kinedam of helle ¶   To þe kindam of heuene .

A 87v08, V 387ra44
A & trussin al þi schendfulnesse   o þín ahne necke . as
C & trussen al þi / schendfulnesse   o þin achne necke . as
N & trussen al þi schendful-/nesse o˜þine owune necke . ase
V And / trussen al þi schendfullek ⁊ on þin owne nekke . As

A 87v09, V 387ra45
A me deð o þe þeof   þe me leat to demen . & swa wið al þe
C me / deð o˜þe þeof   þe me lead to demen . &   wið alle þe
N me deð o˜þe þeoue ⁊ / þet me let forte demen . & so mid al þet
V me deeþ o / þe þeof ⁊ þat me let to deemen . And so wi*þ* al þ*at*

A 87v10, V 387ra46
A schendlac þu schalt trusse   & al torplin in_to helle . O
C schendlac þ̄ þu schalt trussin /   turplin into helle . O
N schendlac / þu schalt trussen . & al torplen in_to helle . O ⁊
V schendlac ⁊ þow / schalt trussen . &_ al torplen in_to helle . as

A 87v11, V 387ra47
A seið sein Beornard . *Quid *confusionis *quid *ignominie
C seið seint bernard / *Quid *confusionis *Quid *ignominie
N seið seint / beornard . *quid *confusionis *quid *ignominie
V seiþ seint B*er*nard . *Quid / *confusionis *quid *ignominie

A 87v12, V 387ra48
A *erit *quando *dissipatis *folíís *& *dispersis *uniuersa *nudabitur
C *erit *quando / *dissipatis *foliis *& *dispersis *vniuersa *nudabitur /
N *erit *quando / *dissipatis *foliis *& *dispersis *uniuersa *nudabitur
V *erit . *quando *dissipatis *foliis *& *dispe*r*sa / *vniue*r*sa *nudabit*ur*

PART 5   45

A 87v13, C 147v, V 387ra49
A   *turpitudo . *Saníes *apparebit . O seið seín beornard . Hwuch
C   *turpitudo . *sanies *apparebit . O seið he /   hwich
N   *turpitudo / *sanies *apparebit . O ׃ he seið seint beornard . hwuch /
V   *turpitudo *sanies *apparebit . A ׃ he seiþ seint Ber/nard . whuch

A 87v14, V 387ra49
A   schendlac & hwuch sorhe bið þer ed te dome . hwen alle þe
C   schendlac . & hwich soreȝe bið þer   hw/en alle þe
N   schendlac & hwuch seoruwe þer bið .   hwon alle ðe
V   schendlak . and whuch serwen beoþ þer .//   whon al þe /

A 87v15, V 387ra50
A   leaues schule beon to_warplet . & al þ fulðe   schaweð him .
C   leaues schule beon to_warpled / & al˙þ fulðe   schaweð him
N   lea-/ues schulen beon towarpled . & al þet fule wrusum / scheaweð him .
V   leues schul ben I.tornd .   and al þat fulþe   I.schewet him .

A 87v16, V 387ra51
A   & wríngeð ut þ wursum biuoren al þe wide worlt .   eorð/ware
C   & wringeð ut þ / wursum bi˙foren al þe wide world . Eorðe/ware
N   & wringeð ut ׃   biuoren al þe wide worl-/de . eorðe_ware ׃
V   bi_foren al / þe wyde world . eorþe boþe

A 87v17, V 387ra52
A   & heouenes .   nawt ane of werkes ׃ ah of idelnesses . of
C   & heouenes .   naut ane of werkes . ach / of idelnesses . of
N   & heouene_ware . nout one of werkes : / auh of idelnesses of
V   and heuene .// Nouȝt one of werkes ׃ / ac of idelnesses . of

A 87v18, V 387ra53
A   wordes   & of þohtes þe ne   beoð ibet her ׃ as seint anselme
C   wordes   & of þochtes þe ne / beoð ibet her .. Ase seint anseume
N   wordes . & of þouhtes . ðet ne beoð / her ibet . ase seint aunseame
V   wordes . & of þouhtes þat beoþ not I.bet heer . / as seint anselme

A 87v19, V 387ra54
A   witneð . *Omne *tempus *impensum *requiretur *a *uobis *qualiter *sit
C   witneð / *Omne *tempus *inpensum *requiretur *a *nobis . *qualiter / *sit
N   witneð . *Omne *tempus *impen/sum *requiretur *a˙*nobis *qualiter *sit
V   witnesseþ . *Omne *tempus *inpensum *requiretur . / *a *nobis *qualiter

A 87v20, N 88r, V 387ra55
A   *expensum .   Euc tide &   time schal beo þer irikenet   hu hit
C   *expensum .   Vh time &   tide schal˙beon / þear irikenet . hu˙hit
N   *expensum .   Euerich tide & euer-/ich time schal beon þer irikened . hwu hit
V   *expensum *sit . Vche tyde . & tyme . schal / ben þer I.rikenet ׃ how hit

A 87v21, V 387ra56
A   wes her ispenet . *Quando *dissipatis *foliís *& *cetera . Hwen alle þe
C   wes her ispenet . / *Quando *dissipatis *foliis *& *cetera . hwen alle þe /
N   was her / ispened . *Quando *dissipatis *foliis *& *cetera . hwon alle ðe
V   was her I.spenet . *Quando / *dissipatis *foliis . *& *c. whon alle þe

A 87v22, V 387ra57
A   leaues   he seið seín Beornard schulen beo towarplet . he
C   leaues   he seið seint Bernard schule beon / to_warpled . he
N   leaues / he seið `seint´ beornard schulen beon towarpled . he
V   leues   seiþ seint Bernard - / schul beon I.went . He
A 87v23, V 387ra58
A   biheold hu adam & eue   þa ha hefden i þe frumðe isune/get ⁒
C   biheolt hu adam [to ha/re schentfule limen .] & eue þoa haˇhefden / iˇþeˇfrumðe
    isuneged
N   hef/de iseien ase me þuncheð hwu adam & eue . þoa heo / hefden iˇðe urumðe
    i_suneged ⁒
V   bi_heold . hou Adam & Eue . þo heo / hedden I.sungen ⁒
A 87v24, V 387ra59
A   gedereden leaues & makeden wriheles of ham to hare
C   gedereden leaues . & / makeden wriȝeles of ham . toˇhare
N   gedereden leaues & / makeden wrieles of ham . to hore
V   gederden leues . and makeden wriles of hem . / to heore
A 87v25, V 387ra60
A   schentfule límen .   þus doð monie efter ham . *Declinantes
C   schend/fule limen .   Þus doð monie efter ham . / *diclinantes
N   schendfule limes . / and þus doð ȝet monie efter ham . *Declinantes
V   schendfule limes .//   þus doþ monie aftur heom . *Decli/nantes
A 87v26, V 387ra60
A   *cor *suum *in *uerba *malicie *ad *excusandas *excusationes *in *pec_¶
    ._catis .
C   *cor *suum *inˇ*uerba *malicie . *adˇ*ex/cusandas *excusaciones *in *peccatis.
N   *cor / *suum *in *uerba *malicie . *ad *excusandas *excusationes *in *peccatis.
V   *cor *suum *in *verba *malicie . *ad *excusandas *excusasionis *in *peccatits . /
A 87v27, V 387ra61
A   Schrift schal beon ofte i_maket . for_þi is
C   Schrift / schalˇbeon ofte imaked . For_þi is
N   Schrift schal beon ofte i_maked . vor_þi is
V   Schrift schal ofte ben I._maket . ffor_þi . is
A 87v28, C 148r, V 387ra62
A   i þe sawter . *Confitebimur *tibi *deus *confitebimur . Ant
C   iˇþe / sauter . *confitebimur . *tibi *deus *confitebimur . &
N   iˇðe / sautere . *confitebimur *tibi *deus .   and
V   iˇþe psauter . / *Confitebimur *tibi *deus *confitebimur *tibi . And
A 88r01, V 387ra63
A   ure lauerd seolf seið to his deciples . *Eamus *iterum *in *iudeam .
C   Vre / lauerd seolf seið to his deciples . *eamus *iterum / *in *iudeam .
N   ure louerd sulf / seide to his deciples . *eamus *in *iudeam *iterum .
V   ur lord seide him/self . to his disciples . *Eamus *iterum *in *Iudeam .
A 88r02, V 387ra64
A   Ga we eft seid he in_to Iudee . Iudee spealeð schrift . & swa

PART 5   47

C   Ga we eft seide he into iudee . / Iudee spaleð schrift . & swa
N   Go we eft / cweð he into iudee . Iudee speleð schrift . & so
V   Go we / eft seide he in_to Iudee .// Iude speleþ schrift . And so
A 88r03, V 387ra65
A   we ifindeð þ he wende ofte   ut of galilee in_to Iudee . Gali/lee
C   we ifindeð þ / he wende ofte   into galile .   Galilee
N   we i/uindeð þet he wende ofte ut of galilee ː into iudee . / Galilee ː
V   we fynde / þat he wente ofte . out of Galilee ː in_to Iude ¶ Galile
A 88r04, V 387ra66
A   spealeð hweol . forte learen us þ we of þe worldes tur/pelnesse
C   speleð / hweol . for to learen us þ we of þe worldes / turpel[l]nesse
N   speleð hweol . uorte leren us ː ðet we of ðe / worldes turpelnesse .
V   speleþ / wheol . forte leren vs . þat we of þis worldus turpelnesse .
A 88r05, V 387ra67
A   & of sunne hweol ː ofte gan to schrifte . for þis is
C   & of sunne hweol ofte gan to / schrifte . for þis is
N   & of sunne hweole ː ofte gon to / schrifte . vor þet is
V   and / of sunne whel ː ofte gon to schrifte ¶ ffor þis is .
A 88r06, V 387ra68
A   þe sacrement efter þe   weofdes sacrement . & efter   fulluht ː
C   þe sacrement efter þe / weofdes sacrament . & efter   fullocht
N   ðet sacrament efter   weouedes sa-/crament . & efter sacrament of fuluht ː
V   þe sacrement / aftur þe weuedes sacrement . & . aftur   fullouht ː
A 88r07, V 387ra69
A   þ te feond   is laðest . as he haueð to hali men hím_seolf sare
C   þ him /   is laðest . as he haueð to hali men him/seolue sare
N   ðet þe deouel / is loðest . ase he haueð to holie men him_sulf sore /
V   þat him   is loþest . / As he haþ to holy men . him_self sore
A 88r08, V 387ra70
A   his unþonckes ibeon hit icnawen .   wule a web beon ed en
C   his unþonckes ibeon hit icn/awen . wule anˇweb beon anˇ
N   his unþonkes i_beon hit i_knowen . wule aˇweob / beon et one
V   his vnþonkes ː i_ben hit / a_knowen ¶ wole not a web ben
A 88r09, V 387ra71, M 324
A   chearre wið a weater wel ibleachet ? A sol claðˇwel iweschen ?
C   chere wel i/bleached wið an water ː an sol claðˇwel / iweschen ː
N   cherre . mid one watere wel i_bleched : / oðer a sol cloð . hwit i_waschen ː
V   feir . wiþ . a water wel iblechet ? / A . foul cloþ . whit I.wasschen ?
A 88r10, V 387ra72
A   þu   weschest þine honden   in anlepi dei   twien oðer þrien .
C   þu   wescheð þine honden   in / anlepi dei dei twiȝen oðer þriȝen .
N   þu   waschest þine / honden inˇone elpi deie twies . oðer þries .
V   þou wasschest þin honden on O   day twi/ȝen . oþer þrien ː
A 88r11, V 387ra73
A   ant nult nawt þe sawle iesu cristes spuse . þe eauer se ha is

48　*ANCRENE WISSE*: A FOUR-MANUSCRIPT PARALLEL TEXT

C　　& nult / naut þe sawle Iesu cristes spuse . þe eauer / se ha is
N　　& nult / nout þine soule iesu cristes spuse ? vor euere so heo is /
V　　and nult not þi soule . Ie*s*u cristes spouse . So eu*ere* / so heo is
A 88r12, V 387ra74
A　　hwittre ⁓ se fulðe is senre up_on hire .　bute　ha beo iwesschen .
C　　hwittere　se fulðe　is schenre up/onˇhire　bute　ha beo iweschen .
N　　hwitture : so ðe fulðe is schenre & more up_on hire ⁓ / bute ȝif heo beo iwaschen .
V　　whittore ⁓ so þe fulþe is foulore vppon hire . but　heo be / I.wasschen ¶
A 88r13, V 387ra75
A　　nult nawt to godes cluppunge ofte umbe seoueniht wes/schen
C　　Nult / naut to godes cluppung ofte umbe se/oue_niht weschen
N　　nult tu nout to godes / cluppunge ofte umbe seoueniht waschen
V　　Nult not to godes cluppynge . ones I. þe seueniht . / wasschen
A 88r14, C 148v, V 387ra75
A　　hire eanes . *Confiteor .　hali weater .　Beoden .　hali þohtes .
C　　hire eanes . *Confiteor . / haliˇwater .　beoden .　hali þochtes .
N　　hire enes . / *confiteor . & haliˇwater . & beoden . & holie þouhtes .
V　　hire clene ? *Confiteor . Holy wat*ur* . Beoden . Holy þouȝtes . /
A 88r15, V 387ra76
A　　Blesceunges . Cneolunges .　Euch god word .　euch god werc ⁓
C　　blescunges . cn/eolunges　　vch god word . vch god werch /
N　　bles-/sunges . kneolunges . & euerich god word . & euerich god / werc .
V　　Blessynges . Knelynges .　　　　　　　　Vche good werk .
A 88r16, V 387ra77
A　　wesscheð smeale sunnen　　þe me ne mei alle seggen . Ah
C　　[ ]wescheð smele sunnen .　þe me ne mei alle / seggen . Ach
N　　wascheð smele sunnen :　þet me ne mei alle / siggen . auh
V　　wasscheþ smale su*nn*e*n* þat / me ne may alle siggen . ac
A 88r17, V 387ra77
A　　eauer is schrift þe heaued .
C　　eauer is schrift þe heaued .
N　　euere is schrift ðet heaued of alle . /
V　　eu*er*e is schrift þat heued . /
A 88r18, N 88v, V 387ra78
A　　Schrift schal beon on hihðe imaket .　ȝef sunne tím/eð
C　　Schriftˇschal beon onˇhichte imaked . / ȝef sunne timeð
N　　Schrift schal beon on hihðe i_maked . ȝif sun/ne bitimeð
V　　Schrift schal ben on hihþe I.maket .// ȝif su*n*ne tymeþ
A 88r19, V 387ra79
A　　bi niht ⁓　anan oðer ine marhen .　ȝef hit timeð
C　　bi nicht . anan oðer in / Mareȝen . ȝef hit timeð
N　　bi nihte . anonriht ⁓ oðer a mor/wen .　and ȝif heo bitimeð
V　　beo - / nihte ⁓ a_non oþ*ur* in Morwe*n* . ȝif hit tymeþ
A 88r20, V 387ra80
A　　bi dei ⁓ ear þen me slepe .　Hwa durste slepen hwil his dea/dliche

PART 5   49

C   bi dei ⁓ anan er / þen me slepe . Hwa durste slepen hwil / his deadliche
N   be deie ⁓ er þen me / slepe . hwo is ðet durste slepen ðeo hwule ðet / his deaðlich
V   bi day ⁓ er þen / me slepe .// who dorste slepen . while his dedliche
A 88r21, V 387rb01
A   fa heolde an itohe sweord up_on his heaued ? þe
C   foa heolde an itoȝe swe/ord up_on his heaued . þe
N   fo . heolde on itowen sweord ouer his / heaued ⁓ þe ðet
V   fo . held / a swerd vppon his hed ¶ þat
A 88r22, V 387rb02
A   neappið up_on helle breord ⁓ ha torplið ofte al in ear ha
C   napped upon / helle breord . ofte he turpleð al in [e]ar / he
N   nappeð up_on helle brerde ⁓ he / torpleð ofte al in ⁓ er he
V   sleepeþ vppon helle brynke ⁓ hee / torpleþ ofte al in . er he
A 88r23, V 387rb03
A   least wenen . Hwa_se is ifallen amid te bearninde fur .
C   lest wene . hwase is ifallen amit þe bear/ninde fur .
N   lest wene . hwo_se is i_ual/len amidden ðe berninde fure .
V   last weene . ¶ whose is I.fallen a/midde þe brennynde fuir .
A 88r24, V 387rb04
A   nis he mare þen amead ȝef he lið biþencheð him hwen/ne
C   Nis he mare þenne amed / ȝef he lið bi_þencheð him hwenne
N   nis he more þen / amed . ȝif he lið & biþencheð him hwonne
V   nis he more þen a_mad . ȝif he / liþ biþenkeþ him . whonne
A 88r25, V 387rb05
A   he wule arisen ? A wummon þe haueð ilosed hire nel/de
C   he / wule arisen . A˘wummon þ haueð iloset hire / nelde .
N   he wu/le arisen ? a˘wummon ðet haueð forloren hire nel/de .
V   he wole arysen ? A . wommon þat leo/seþ hire nelde .
A 88r26, V 387rb06
A   oðer a sutere his eal ⁓ secheð hit ananriht & towent
C   oðer an˘sutere his eal . secheð hit / anan_richt . towent
N   oðer a sutare his el ⁓ he secheð hine anonriht . / & to_went
V   Oþer a soutere his nal ⁓ secheþ hit a_nonriȝt . / and to_went
A 88r27, V 387rb07
A   euch strea aþet hit beo ifunden . & godd þurh sunne forlo/ren
C   uch strea oðet hit / beo ifunden . & god þurch sunne for_lo/ren
N   euerich strea ⁓ uort he . beo ifunden . and / god forloren uor sunne .
V   vche a stre . til hit beo I.founden . And God þorw / sunne forloren ⁓
A 88r28, N 89r06, V 387rb08, M 326
A   schal liggen unsoht seoue dahes fulle . Nihe þinges
C   schal liggen vnsocht seoue˘daȝes / fulle . Niȝe þinges
N   schal liggen unsouht ⁓ fulle seoue dawes . / nie þinges
V   schal liggen vn_souht seuen dayes folle . / Nyne þinges
A 88v01, C 149r, V 387rb09
A   beoð þ ahten hihín to schrift . þe píne þ okereð for sunne

50 ANCRENE WISSE: A FOUR-MANUSCRIPT PARALLEL TEXT

C   beoð þ achten hiȝe / to schrift . þe pine þ okereð for sunne˘
N   beoð ðet ouhten hien touward / schrifte . þe˘pine ðet okereð euere . vor sunne
V   beoþ ׃ þat ouȝte hiȝen to schrift . ¶ þe ffurste / is ׃ þe pyne Okereþ ./ / þat ffor sunne
A 88v02, V 387rb10
A   is þe deofles feh þ he ȝeueð to okere þ to gauel of píne .
C   is / þe deofles fech þ he ȝefet to gauele . & / þe oker of pine
N   is ðes / deofles feih . ðet he ȝiueð to gauel & to okere of pi-/ne .
V   is þe deueles ffee . þat he ȝi/ueþ to ׃ and to Oker of˘pyne . *Ex *usuris *&
    *iniquitate *redimet *animas / *eorum .
A 88v03, V 387rb12
A   & eauer se mon lið lengre in his sunne ׃ se þe gauel waxeð
C   & eauer se mon lið lengre in / his sunne . se þe gauel waxeð
N   & euer so ðe mon lið lengre in hi sunne ׃ so ðe ga-/uel waxeð more
V   And euer so mon liþ lengore in his sunne ׃ so þe hete wax/eþ
A 88v04, V 387rb12
A   of pine i purgatoire . oðer her oðer in helle . *Ex *usuris *&
C   of pine in / purgatoire . oðer her oðer in helle .
N   of pine ine purgatorie . oðer her ׃ / oðer ine helle . *ex˘*usuris *&
V   of pyne in purgatorie . or her . oþur in helle .
A 88v05, V 387rb13
A   *iniquitate *& *cetera . þe oðer þing is þe muchele & te reowðfule lu/re
C   þe / oðer þing is . þe Muchele & þe reufule / lure
N   *iniquitate *redimet *animas *eorum . þet oðer / þing is . þe muchele & ðe
    reouðfule lure ׃
V   ¶ þat oþur þing / is . þe muchele . & þat dredfole lure .
A 88v06, V 387rb14
A   þ he leoseð . þ na_þing þ he deð nis gode licwurðe . *Alieni
C   þ he leoseð . þ na_þing þ he deð nis / god˘licwurðe .
N   ðet he uor/leoseð . ðet no_þing þet he euer deð ׃ nis gode licwu / ne i_cweme .
    *Ieremie . *alieni
V   þat he leoseþ . þat no_þing þat / he deeþ nis not God to paye . *Ieremias . *Alieni
A 88v07, V 387rb15
A   *comederunt *robur *eius . þe þridde is deað þ he nat hweðer
C   þe þridde is deað þ he nat / hweðer
N   *commederunt *robur *eius . / þet þridde þing is deað . ðet he not hweðer
V   *comederunt *robur - / *eius . ¶ þe þridde is deþ ׃ þat he not wheþer
A 88v08, V 387rb16
A   he schule þ ilke dei ferliche asteoruen . *fili *ne *tardes *& *cetera .
C   he schule þ ilke dei ferliche / steoruen .
N   he schul/le ðet ilke daie uerliche a_steoruen . *ecclesiasticus . *fili *ne *tardes /
    *conuerti *ad *dominum . *nescis *enim . *& *cetera .
V   he schule þat ilke day . / ferliche steruen . *Ecclesiasticus . *ffili *ne *tardes .
    *conuerti . *ad . *dominum . *nescis *enim *& *c. / ¶
A 88v09, V 387rb18
A   þe feorðe is secnesse þ he ne mei þenche wel . bute ane of

PART 5   51

C   þe feorðe is [ ] sechnesse þ he ne / mei þenche wel . buten eauer of
N   þet feorðe þing is secnesse . ðet / he ne mei wel þenchen . bute euer on of
V   þe ffeorþe is seeknesse ⁘ þat he ne may þenken wel . bote one / of
A 88v10, V 387rb19
A   his uuel ⁘ ne speoken as he schulde . bute granin for his eche .
C   his u/vel . ne speoken as he schulde . bute gra/ni for his {e}che .
N   his secnesse . / ne speken ase he schulde ⁘ bute gronen uor his / eche .
V   his vuel .// ¶ Ne speken as he scholde ⁘ bote gronen for his - / ache .
A 88v11, V 387rb20
A   & grunte mare for his stiche ⁘ þen for his sunne . *Sanus *confiteberis
C   & grunte mare for his / stiche . þenne for his sunne .
N   and grunten uor his stiche ⁘ more þen uor / his sunnen . *ecclesiasticus .
    *confiteberis
V   And grennen more for his stiche ⁘ þen for his sunne . / *Ecclesiasticus . *Sanus
    *confiteberis
A 88v12, V 387rb21
A   *& *viuens . þe fifte þing is muche scheome þ hit is efter val ⁘
C   þe fifte / þing is . Muche scheome þ hit is efter / fal
N   *& *uiues . þet fifte þing / is ⁘ muche scheome . þet hit is efter val ⁘
V   *& *viuens . ¶ þe ffyfþe þing is ⁘ / muche schome hit is . after fal ⁘
A 88v13, V 387rb22
A   to liggen se longe . & hure under þe schucke . þe seste is þe
C   to ligge se longe . & hure under þe / schucke . þe seste is þe
N   to liggen / so longe . and hure & hure under ðe schucke . *Sur/ge *qui *dormis .
    þet sixte þing is ⁘ þe
V   ligge to longe . & dare vnder / þe schukke . ¶ þe sixte þing is ⁘ þe
A 88v14, V 377rb23
A   wunde þ eauer wurseð on hond & strengre is to healen . *Principi/is
C   wunde þ eauer / wurseð on hond & strengere is to healen /
N   wunde þet euer / wurseð an˜hond . & strengre is forte helen . *principiis /
V   wounde þat euer worseþ an / hond . is worse   to helen . *Principium
A 88v15, V 387rb24
A   *obsta . *Medicina *paratur *cum *mala *perlongas . þe seoueðe þing
C   þe seoueðe þing
N   *obsta *sero *medicina *paratur .   þet seoueðe þing
V   *obsta . *sero . *medicina .   ¶ þe / seueþe þing
A 88v16, C 149v, V 387rb25
A   is uuel wune . þ lazre bitacneð . þe stonc se longe he hefde ileín
C   is uuel wune . þ lazre / bitacneð . þe stong se˜longe he hefde / ilein
N   is ⁘ vuel / wune . þet bitocneð bi lazre þet stonc so longe he / hefde ileien
V   is ⁘ vuel wone . þat laȝare bi_tokneþ .// þat stong / so longe . he hedde I.leȝen
A 88v17, V 387rb26
A   i þer eorðe . o hwam ure lauerd weop as þe godspel teleð . & risede
C   i˜þe eorðe . O˜hwam vre lauerd weop as þe / godspel telleð . & risede .
N   i˜þer eorðe . on hwam ure louerd weop ⁘ / ase ðe gospel telleð . and grisbatede .

52 ANCRENE WISSE: A FOUR-MANUSCRIPT PARALLEL TEXT

V I. þe eorþe . O whom vr lord weop . / as þe gospel telleþ . And ros
A 88v18, N 89v, V 387rb27
A & mengde hím_seoluen . & ȝeide lude up_on him ear he hím
C & mende him_seluen / & ȝeiȝede lude up_on him . þeose four þing / he dude er he him
N and meingde / his blod . & gredde lude up_on him . þeos four / þinges he dude ear he hine
V and menede him_seluen . & ȝiȝede / loude vppon him .// þeos foure þinges he dude ׃ er he him
A 88v19, V 387rb28
A arearde . forte schawin hu strong hit is to arisen of uuel wune
C rearde for to schawen / hu`strong hit is to arisen of uuel wune /
N arerede . uorte / scheawen hu strong hit is to arisen of vuel / wune ׃
V rerede . / fforte schewen hou strong hit is ׃ to rysen of euel wone .
A 88v20, V 387rb29, M 328
A þe roteð ín his sunne . Seinte Marie . lazre stonc of fowr dahes .
C þe roteð in`his sunne . Seinte Marie . la/zre stonc of four daȝes .
N þe ðet roteð in his sunne . Seinte marie / merci . þe lazre stonc of four dawes .
V þat rooteþ / in his sunne . Seynte Marie . Laȝere stonk of foure dawes .
A 88v21, V 387rb30
A hu stínkeð þe sunfule of fowr ȝer oðer of fiue . *Quam *difficile
C hu stinkeð þe / sunfule of four ȝer oðer of fiue . *Qam *difficile
N hu stinc/keð ðe sunfule ðeonne of four ȝer oðer of / fiue ׃ *Quam *difilile
V How / stinkeþ þe sunfole . of foure ȝer . oþur of fyue .? *Augustinus . *Quam *difficile /
A 88v22, V 387rb32
A *surgit *quem *moles *male *consuetudinis *premit . O seið seínt
C *surgit . *quem *mo[l]les *male *consuetu/dinis *Premit . *O ׃ *deus seið seint
N *surgit : *quem *moles *male *con/suetudinis *premit . *O ׃ *deus seið seint
V *surgit *quem *moles *male *consuetudimis *permit . *A . *deus . seiþ / seint
A 88v23, V 387rb33
A austín hu earmliche he ariseð þe under wune of sunne ha/ueð
C austin . hu / armliche he ariseð þe under wune of / sunne haueð
N austin hu / erueðliche he ariseð : ðet under wune of sun/ne ׃ haueð
V Austin . Hou harmliche he a_ryseþ ׃ þat vnder wone of sunne . / haþ
A 88v24, N 88v14, V 387rb33
A ileín longe . *Círcumdederunt *me *canes *multi . Monie
C ilein longe .
N ileien longe . / *Circumdederunt *me *canes *Multi . / Monie
V I.leyȝen longe . *Circumdederunt *me *canes *multi . Moni
A 88v25, V 387rb34
A hundes seið dauið habbeð biset me . Hwen gredi hundes ston/deð
C
N hundes seið dauid . habbeð biset me . / hwon gredie hundes stondeð
V houndus / seiþ Dauid ׃ habbeþ bi_set me . Whon gredi houndes stondeþ

PART 5   53

A 88v26, V 387rb35
A   biuore þe bord ⁘ nis hit neod ȝerde ?   As ofte as eani lecheð
C
N   biuoren þe borde . nis / hit neod ȝerde ? ase ofte ase eni keccheð
V   by/foren þe bord . nis hit neod ȝerde ? As ofte as eny lacchep
A 88v27, V 387rb36
A   toward te & reaueð þe of þi mete .   nult tu as ofte smíten?
C
N   touward / ðe . & binimeð þe þine mete . nultu ase ofte smi-/ten ⁘
V   tou-/ward þe . & reueþ þe þi mete .   nult þou as ofte smiten ?
A 88v28, V 387rb37
A   elles ha walden kecchen of þe al þ tu hefdest .   Ant tu alswa
C
N   elles heo wolden kecchen of ðe al ðet tu hef/dest . and þu do also
V   Elles / heo wolden cacchen of þe ⁘ al þat þou heddest . And þou do also .
A 89r01, V 387rb38
A   þenne . ním þe ȝerde of þi tunge .   & as ofte as þe dogge of hel/le
C
N   þeonne . nim ðe ȝerde of þine / tunge . & ase ofte ase ðe hund of helle
V   Nym / þe ȝerde of þi tonge .   And as ofte . as þe dogge of helle .
A 89r02, V 387rb39
A   kecheð ei god from þe ⁘   smít him ananriht mid te ȝerde
C
N   keccheð ei / god from ðe ⁘   smit him anonriht mid te ȝerde
V   caccheþ / eny good from þe ⁘ smit him a_non_riht . mid þe ȝerde
A 89r03, V 387rb40
A   of þi tunge i schrift . & smit him se luðerliche   þ him laði & drede
C
N   of tun-/ge schrifte . and smit hine so luðerliche . þet him / loðie
V   of tonge / schrift . And smyt him so luþurliche ⁘ þat him loþe
A 89r04, V 387rb41
A   to snecchen eft toward te . þ dunt of alle duntes is him dunte
C
N   to sn{ecchen}˘eft to ðe . þe dunt of alle duntes ⁘ / is him dunte
V   forte snacchen / eft to þe ¶ þat dunt of alle duntes ⁘ is him dunt
A 89r05, V 387rb42
A   laðest . þe hund þe fret leðer   oðer awurið ahte .   me hit beat
C
N   loðest . þe hund ðet fret leðer . oþer / awurieð eihte . me beateð hine
V   loþest . þe hound / þat fret leþer . oþur aworieþ auȝte ⁘ me beteþ him
A 89r06, V 387rb43
A   ananriht   þ he understonde for_hwi he is ibeaten . þenne ne
C
N   anonriht . þet he / understonde uor hwuche þinge he is i_beaten . / and þeonne ne
V   a_non_riht . þat he / vnderstonde . for wȝuch þing he is i_beten . þenne

A 89r07, V 387rb44
A   dear he nawt eft do þ ilke . Beat alswa   mid ti tunge schrift ׃
C
N   der he nout eft don ðet ilke . al/so beat mid þine tunge ine schrifte
V   dar he not ׃/ eft don þat ilke ¶ Also bet mid þi tonge in schrift ׃

A 89r08, N 89r, V 387rb45
A   þe hund of helle ananriht . & he wule beon ofdred   to do þe eft
C
N   þene hund / of helle anonriht . & he wule beon afered uorte / don ðe eft
V   þe hound / of helle a_non_riht . And he wole ben a fert ׃ to don eft

A 89r09, V 387rb46
A   swuch þucke . Hwa is se fol   þ he seið bi þe hund þ fret leðer .
C
N   swuche þucke . hwo is ðet . þet is so mu/che fol . ðet seið bi ðe hunde ðet fret leðer .
V   þat ilke . / // Hose is fool he seiþ . bi þe hound þat fret leþer ׃

A 89r10, V 387rb47
A   Abid aþet to_marhen . ne beat tu hím nawt ȝetten . Ah anan/riht
C
N   abid forˇto/morwen . ne beat tu hine nout ȝet ? auh anonriht . /
V   abyd til   to_morwen . / ne bet þou him not ȝitten . Ac a_non_riht ׃

A 89r11, V 387rb48
A   beat . beat beat   ananriht . nis þing i þe   world   þ smeor/teð
C
N   beat . beat . beat . anonrihtes . nis þing iˇþisse worlde / ðet smeorteð
V   bet . Bet bet   anon_riht ׃/ nis þing in þe world . þat smerteþ

A 89r12, V 387rb49
A   him sarre . þen deð swuch beatunge . Se me deoppre
C
N   him so sore ׃ ase him doð swuch beatun/ge .
V   us so sore ׃ as him deeþ such betinge . / So me deppore

A 89r13, C 149v12, N 89v09, V 387rb50
A   wadeð i þe feondes leíuen ׃ se me kimeð up leatere .   þe eahtuðe
C   þe achtuðe
N   þet eihteoðe
V   wadeþ in þe deueles lynen ׃ so me comeþ vp / latere . ¶ þe Eihteþe

A 89r14, V 387rb51
A   þing is þ seint gregoire seið . *Peccatum *quod *per *penitentiam *non *di/luitur ׃
C   þ/ing þ seint gregori seið . *Peccatum *quod *perˇ*pe/nitenciam *non *diluitur .
N   þing / is ׃ ðet seint gregorie seið . *peccatum *quod *per *peniten/ciam *non *diluitur ׃
V   þing is ׃ þat seint Gregorie seiþ . *Peccatum *quod / *per *penitenciam *non *diluitur .

A 89r15, V 387rb52
A   *mox *suo *pondere *ad *aliud *trahit . þ is .   sunne þ nis

PART 5   55

C   *Mox *suo *pondere *ad / *aliud *trahit . þ is   sunne þ nis
N   *mox *suo *pondere *ad *aliud *trahit . þet is . / þe sunne ðet nis
V   *mox *suo *pondere *ad *aliud *trahit . þat / is . Sunne þat nis
A 89r16, V 387rb53
A   sone ibet ⁓ draheð anan an_oðer . ant þ eft   þe þridde . & swa
C   sone ibet / dra3eð anan an_oðer . & þ eft   þe þrid/de . & swa
N   nout i_bet ⁓ draweð anon an_o/ðer . & þer_efter : ðe þridde . & so
V   sone i_bet ⁓ draweþ anon . anoþer . & þat eft   þe þridde . / And so
A 89r17, V 387rb54
A   euchan cundleð mare & wurse cundel ⁓   þen þe seolue moder .
C   uch an cundleð Mare & wurse / cundel þenne þe seolue moder . se me / deoppere
    wadeð I˜þe fennes leiuen se / me kimeð up latere .
N   euerichon kundleð / more . & wurse kundles ⁓ þen ðe sulue moder . / So me
    deoppre wadeð into ðe ueondes leie uen-/ne ⁓ so me kumeð later up .
V   vchon cundleþ more . and worse cundel ⁓ þen þe selue mo/der . ¶
A 89r18, V 387rb55
A   þe Niheðe reisun is . se he ear biginneð her ⁓ to   don his pe/nitence ⁓
C   þe ni3eðe reisun / is . Se he ear biginned her . to don / his penitance .
N   þe nieðe reisun is / þis . So me ear biginneð her uorte don his pe/nitence ⁓
V   þe Niþe resun is ⁓   so me er bi_gineþ her . to   don his pe-/naunce ⁓
A 89r19, C 150r, V 387rb56
A   se he haueð to beten leasse   i pine of purgatoire . þis
C   se he haueð to bete / lesse   i˜pine of purgatoire . þis
N   so he haueð lesse uor˜to beten ⁓ i˜þe pi/ne of purgatorie . þis
V   so me haþ lasse to beeten .   in þe pyne of purgatorie .// / // þeose
A 89r20, V 387rb57
A   beoð nu nihe reisuns .   & monie ma þer beoð   hwi schrift ah
C   beoð nu / ni3e reisuns . & monie ma þer beoð . for / hwi schrift ach
N   beoð nu nie reisuns .   & mo/nie moa ðer beoð hwi schrift ouh
V   beoþ now Nyne resouns . And mony mo þer ben ⁓ for whi / schrift ouhte
A 89r21, V 387rb57
A   to beon imaket   aa on hihðe .
C   to beon imaked   an˜hic/hðe .
N   forte beon i_makeð euer on hihðe . /
V   ben . I.maket al on hihþe . /
A 89r22, V 387rb58
A   Schrift ah to beon eadmod as   þe puplicanes wes . nawt
C   Schrift ach to beon edmod . as   þe pupplicanes wes . naut
N   Schrift schal beon / edmod . ase was ðe puplicanes . & nout
V   Schrift ou3te ben Meokeful ⁓ as þe Puplicanes was . Nou3t /
A 89r23, V 387rb59
A   as þe phariseus wes   þe talde his goddeden . & schawde
C   as þe phari/seus .   þe talde hise goddeden . & schaude /
N   ase was / ðe pharisewus . ðet tolde his goddeden . and schea/wude
V   as þe Phariseis .   þat tolde his good deeden . and schewede /

A 89r24, V 387rb61
A þet hale forð : þa he schulde habben unwihen hise wunden.
C þ hale forð. þoa he schulde habben un/wiȝen hise wunden.
N uorð þet ihole : þo he schulde habben un/wrien his wunden.
V þa*t* hole forþ. þat he schulde habben vn_huled his wou*n*/den.

A 89r25, V 387rb62
A for_þi he wende unhealet   as ure lauerd seolf teleð   ut of þe tem/ple.
C for_þi he wende / vn_healed   as ure lauerd seolf telleð ut / of þe temple.
N and for_þi he iwende awei un-/healed. ase ure louerd sulf telleð : ut of ðe temple. /
V fforþi he wende vn_helet.   as vr lord self seiþ : out of þe / te*m*ple. ¶

A 89r26, V 387rb63
A Eadmodnesse is ilich þeose coínte hearloz.   hare gute/feastre.
C edmodnesse is ilich þeos / cointe harloz.   hare gute_festre.
N edmodnesse is iliche þeos kointe harloz ðet / scheaweð forð hore gutefestre.
V Mekenesse is ilyk. þeos queynte troylurs.   Heore - / goute_festre.

A 89r27, V 387rb64
A hare flowinde cweise   þ ha putteð eauer forð. &
C hare / flowinde cweise.   þ ha putteð eauer forð. & /
N & hore vlowinde / cweisen.   ðet heo puteð euer uorð. and
V Heore flouwynde queyse : þa*t* heo puyteþ euer / forþ. And

A 89r28, N 90r, V 387rb64
A ȝef hit   is eatelich : ha schawið hit ȝet eateluker i riche
C ȝef hit   is etelich.   ha῾schaweð hit ȝet / etheluker in riche
N ȝif ðe cweise / is atelich : heo scheaweð hire openluker : ine / riche
V ȝif hit is atelich :   a   schewen hit ȝit ateloker. i*n* riche /

A 89v01, V 387rb65
A monnes ehnen. þ ha   habben reowðe of ham & ȝeouen ham
C mennes echnen. þ ha /   habben reuðe of ham. & ȝeuen ham
N monne eien. uor heo schulden habben reouðe / of ham. & ȝiuen ham
V Mo*n*nes eiȝen.// þat heo   habben reuþe of hem : *&* ȝiuen he*m*

A 89v02, V 387rb66
A god þe reaðere.   hudeð hare hale clað.   & doð on alre uuem/est
C god / þe raðere. hudeð hare hale clað   & doð / on alre uueward.
N god ðe raðer. heo huðet eke hore i/hole cloðes. & doð an alre vuemeste on :
V good / þe raþu*re* .// Huideþ heore hole cloþ .// *a*nd doþ on alre ouemast : /

A 89v03, V 387rb68
A fiterokes al totorene.   O þis ilke   wise eadmodnesse ead/modliche
C fiterokes al to_torene / on þis ilke wise edmodnesse eadiliche /
N viterokes al / to_torene. al riht o þisse wise. edmodnesse. eadiliche /
V viteres al to_torene. ¶ On þis ilke   wyse : mekenesse eþely-/che

A 89v04, V 387rb69, M 330
A bigileð ure lauerd. &   biȝet of his god   wið seli tru/andise.
C bigileð ure lauerd &   bi_ȝet of his god / wið seli tr῾u῾andise.
N bigileð ure louerd & edmodliche. & biȝit of his gode : / mid i_seli truwandi῾s῾e.
V bi_gyleþ vr lord .// And deeþ geten of his good : wiþ seli trua*n*-/dyse.

PART 5   57

A 89v05, C 150v, V 387rb69
A   hudeð eauer hire god ׃ schaweð forð hire pouerte .
C   hut eauer hire good /   schaweð forð hire pouerte .
N   heo hut euer hire god ׃ & schea/weð forð hire pouerte . &
V   Huideþ euere hire good . Scheweþ forþ hire pouerte .
A 89v06, V 387rb70
A   put forð hire cancre . wepinde & graninde   biuore godes
C   Put forð hire / cancre wepinde & graninde [& graninde] . bi/for godes
N   put for`ð´ hire cancre weopinde / & grouinde   biuoren godes
V   Put / forþ hire cancre . wepynge . & gronynge ׃   bi_fore godus
A 89v07, V 387rb71
A   ehnen . halseð meadlesliche on his derue   passíun . on
C   echnen . halseð medeliche   on his / deore   passiun . on˘
N   eien . & halseð meðleasli-/che bi his deorewurðe passiun . & bi
V   eiȝen . / Halsen strongliche . On his deore   passion . On
A 89v08, V 387rb72
A   his deorewurðe blod . on his fif wunden . on his moder teares .
C   his deorewurðe blod . / on his .v. wunden . on his moder teares /
N   his deoruwurðe / blode . bi his fif wunden . bi his moder teares .
V   his derworþe / blood . On his fyue wounden . On his mooder tittes .
A 89v09, V 387rb73
A   o þe ilke tittes þ he seac . þe milc þ hí{n}e fedde . on alle his
C   o þilke tittes þ he sec . þe milc þ him fed/de . on alle his
N   bi þeo / tittes ðet he sec þe milc ׃ ðet hine uedde . uor alle his /
V   O þe / tittes þat he sek ׃ þat Milk þat him fedde . On alle his
A 89v10, V 387rb74
A   halhene   luue . o þe deore   druerie   þ he haueð to his deore
C   haleȝene luue . o þe deo/re driwerie   þ he haueð to his deore /
N   haluwene luue . uor ðe ðeore driwerie . ðet he haueð / to his deore
V   halewen / loue . ffor þe muchele loue   þat he haþ ׃ to his deore
A 89v11, V 387rb75
A   spuse . þ is to cleane sawle ׃ oðer to hali chirche . on his deað
C   spuse . þ is to cleane saule .   on his deað /
N   spuse ׃ ðet is to ðe cleane soule .   uor his / deaðe
V   spou-/se . þat is to clene   soule .   On his deþ
A 89v12, V 387rb76
A   o rode . for hire to biȝeotene . wið þus anewil ropunge hal/seð
C   on rode   hire to`biȝeotene . wið þus˘an/wil halsung . ropeð
N   o rode ׃ uor hire to biȝitene . Mid þus onwille / halsunge weopeð & gret
V   on roode . for hire to biȝe-/tene . ¶ wiþ þus on_while halsynge . Criȝeþ
A 89v13, V 387rb77
A   efter sum help to þe wrecche meoseise . to   lechni wið þe
C   efter sum help . to`þe / wreche meoseise . to˘lechne wið þe /
N   efter summe helpe . to þe / wrecche meoseise . uorte lecnen mide ðe
V   aftur sum help ׃ to / þe wrecche meseyse .   to lechen wiþ þe

A 89v14, V 387rb78
A   seke . to healen   hire cancre . Ant ure lauerd ihalset   swa :·   ne mei
C   secke . to healen   hire cancre . & vre / lauerd ihalseð   swa :· þ he ne mei
N   seke . & for/te healen mide hire cancre . & halseð ure louerd   so :· / &   he ne mei
V   seke . to helen wiþ heore / cancre   ¶ And vre lord I.halsened so :· ne may

A 89v15, V 387rb79
A   for reowðe wearnen hire ne sweamen hire   wið warne .   no/meliche
C   for reu/ðe wernen hire . ne sweamen hire   wið / warne .   nomeliche
N   uor reouðe wernen hire . ne sweamen / hire heorte :· mid wernunge . nomeliche
V   for reuþe wer-/nen hire . ne greuen hire   wiþ werne .   Nomeliche

A 89v16, V 387rb80
A   swa as he is se unimete large . þ him nis na_þíng
C   swa as he is se vni/mete large þ him nis nan þing
N   so ase he / is so unimete large . ðet him nis no_þing
V   so as he is :· / so vnymete large .// þat him nis no_þing

A 89v17, V 387va01
A   leouere . þen þet he mahe   ifinden   acheisun   forte ȝeoue/ne .
C   leo/uere þenne he muȝe   ifinden   achei/sun for˘to ȝeouene .
N   leouere :· þen / ðet he muwe i_vinden ancheisun :· uor˘to ȝiuene .
V   leuere . þen þat he mouȝte / I.fynden . acheson   forte ȝiuen .

A 89v18, V 387va02
A   Ah hwa_se ȝelpeð of his god   as doð i   schrift þeos prude :·
C   Ach hwase ȝelpeð / of his god   as doð i˘schrift þeos pru/de
N   auh / hwo_so ȝelpeð of his gode . ase doð ine schrifte þeos prude . /
V   Ac hose ȝelpeþ of his good .   as - / doþ in schrift   þeos proude :·

A 89v19, C 151r, V 387va03
A   hwet neod is ham to helpe ?   Moni haueð a   swuch manere
C   hwet neod is ham to helpe :· / Moni haueð   swich manere
N   hwat neod is ham to ȝelpen ? Moni haueð ane swu/che manere
V   what neodeþ heom to helpe .// Mo-/ny haþ   such a Maner .

A 89v20, V 387va04
A   to seggen hire sunnen . þ hit is wurð a dearne ȝelp   ant
C   to seggen / hire sunnen . þ hit is wurd an˘dearne / ȝelp .   &
N   to siggen hire sunnen . ðet hit is wurð / a derne ȝelpunge . &
V   to siggen heore sunnen :· þat hit is worþ / a derne ȝelp .// And

A 89v21, V 387va04
A   hunteð efter hereword of mare halinesse .
C   huntung efter hereword   of ma/re halinesse .
N   huntunge efter hereword :· of more holinesse .
V   huntynge after worschipe :· of more holi_¶_._nesse /

A 89v22, V 387va06
A   Schrift ah   to beon scheomeful .   bi þ te folc   of israel wende
C   Schrift ach   to˘beon sc/heomeful . Bi þ   þe folc   of israel wende
N   Schrift ouh for˘to beon scheome/ful .   bi˘ðen ðet tet folc of israel wende
V   Schrift ouȝte   ben schomeful .   Bi þat :· þat folk / of Israel wende

PART 5   59

A 89v23, V 387va07
A   ut þurh þe reade sea   þ wes read & bitter ׃ is bitacnet þ
C   ut / þo`r´ch þe reade sea . þ wes read & bitter . / is bitacned þ
N   þuruhut þe rea/de see ׃ ðet was read & bitter ׃ is bitocned ðet
V   out þorw þe rede see . þat was red . / and bitter. Is bi_toknet þat
A 89v24, V 387va08
A   we moten þurh rudi scheome . þ is iˇsoð schrift .   & þurh bitter
C   we moten þurch rodi scheo/me þ is iˇsoð schrift   & þurch bitter
N   we mo/ten þuruh rudi scheome ׃ passen to ðe heouene . & / þuruh bitter
V   we moten þorw rodi schome . / þat is soþ schrift .   & þorw bitter
A 89v25, N 90v, V 387va09
A   penitence passín to heouene .   God riht is wat crist   þ us scheo/míe
C   peniten/ce passi to heouene .   Wat crist   god richt is þ / us scheome
N   penitence ׃ ðet is ine soðe schrifte . wat / crist hit is god riht   ðet us scheomie
V   penaunce ׃ passen to heuene . /   Good riht wot crist . þat us schome
A 89v26, V 387va10
A   biuore mon ׃   þe for3eten scheome þa we duden   þe sunne
C   bifore mon . þeˇfor_3eten[e] scheo/me . þaˇwe dude   þe sunne
N   biuoren monne . / þet for3eten scheome . þo we duden þe dede . & te sun/ne
V   bi_foren mon . þat for3eten / schome .   þo we duden þe sunne ׃
A 89v27, V 387va11
A   biuore godes sihðe .   *Nam *omnia *nuda *sunt *& *aperta *oculis *eius .
C   bifore god al/michtines ech3e . *Nam *omnia *nuda *sunt . / *& *aperta *oculis
     *eius
N   biuoren godes sihðe .   *nam *omnia *nuda *sunt *et *aperta *o/culi *eius .
V   bi_foren godes sihte .// / *Nam *omnia *munda *sunt . *& *aperta *oculis *eius
A 89v28, V 387va12
A   *ad *quem *nobis *sermo . for al þ is al is naket seið seinte pawel . & o/pen
C   *ad *quem *nobis *sermo . for alˇþˇis / al is naked   seið seint pawel & open
N   *ad *quem *nobis *sermo . vor al ðet euer is . al is na/ked seið seinte powel . &
     open
V   *ad *quem *nobis *ser/mo .// ffor al þat is . al is naket . seiþ seynt Poul . and open
A 90r01, V 387va13
A   to his ehnen . wið hwam we schulen rikenín alle ure de/den .
C   to his / echnen . wið hwam we schule rikenen al / vre deden .
N   to his eien . wið hwam / we schulen rikenen   alle ure deden .
V   to / his ei3en ׃ wiþ whom we schulle rikenen . alle vre deeden . / ¶
A 90r02, V 387va15
A   Scheome is þe measte deal as seint austin seið of ure pe/nitence .
C   scheome is þe meste del as / seint austin seið   of ure penitence .
N   Scheome is ðe / meste del ase seint austin seið ׃ of ure penitence . /
V   Schome is þe meste del . as seint Austin seiþ ׃ of vre pe-/naunce .
A 90r03, V 387va16
A   *Verecundia *pars *est *magna *penetentíe . ant sein Bernard
C   *vere/cundia *Pars *est *magna *penitencie . & seint / bernard

N   *verecundia . *pars *est *magna *penitencie . and / seint bernard
V   *Verecundia *pars . *est *magna *penitencie . And seint / Bernard
A 90r04, V 387va17
A   seið . þ na deorewurðe ʒimstan   ne deliteð swa muchel mon
C   seið . þ na deorewurðe ʒimstan   ne / delitet swa muche mon
N   seið þet no deoruwurðe ʒimston . ne / deliteð mon so muchel
V   seiþ . þat no derworþe ʒem_ston . ne delyteþ so mu/che . mon
A 90r05, V 387va18
A   to bihalden ׃ as deð godes ehe   þe rude of monnes neb ׃ þe
C   to bi_halden . As deð / godes echʒe þe rude of monnes neb   þe
N   uorˇto biholden ׃ ase deð go/des eie þe rude of monnes nebbe ðet
V   to by_holden ׃ as deeþ godes eiʒe . þe rode of þe / monnes neb ׃ þat
A 90r06, C 151v, V 387va19
A   riht seið hise sunnen . Vnderstond wel þis word . Schrift is
C   richt seið hise sunnen . Vnderstond wel þis / word . Schrift is
N   seið ariht his / sunnen . Vnderstond wel þis word . schrift is
V   riht seiþ his sunnen . Vnderstond wel - / þis word . Schrift is
A 90r07, V 387va20
A   a sacrement . & euch sacrament   haueð an ilicnesse utewið ׃
C   anˇsacrament . & euch sacre/ment haueð anˇlichnesse utewið
N   a sacra/ment . þet   haueð one ilicnesse wiðuten ׃
V   a sacrement . And a sacrement .   haþ a - / liknesse   outewiþ ׃
A 90r08, V 387va21, M 332
A   of   þ hit wurcheð inwið . as hit is i fulluht . þe wesschunge
C   of   þ hit w/urcheð inwið . as hit is iˇfullocht   þe weschun/ge
N   of þen / þinge þet hit wurcheð wiðinnen . ase hit is ine / fuluhte . þe wassunke ine
    fuluhte
V   of   þat hit worcheþ inwiþ . As hit is in fulloʒt . / þe wasschinge
A 90r09, V 387va22
A   wið_uten ׃   bitacneð   þe wesschunge of sawle wið_innen . Al/swa
C   wið_uten .   bitachneð þe weschunge of / saule wið_innen . alse
N   wiðuten : bitoc-/neð þe wasschunge of ðe soule wiðinnen . also
V   wiþouten ׃   bi_tokneþ þe wasschinge of sou-/le wiþlnne .// Also
A 90r10, V 387va23
A   i schrift . þe cwike rude of þe neb ׃ deð   to understonden
C   i ˇschrift   þe cwike ru/de oˇðe neb   deð   to understonden
N   is / of schrifte . þe cwike rude of ðe nebbe . makeð to / understonden .
V   in schrift . þe quike Rode i þe neb ׃ deeþ to / vnderstonden .
A 90r11, V 387va24
A   þ te sawle þe wes bla . & nefde bute dead heow ׃ haueð icaht
C   þ þeˇsau/le þe wes bla . & nefde bute dead heow . ha/ueð icacht
N   þet te soule ðet was bloc . & nefde bu-/te dead heou ׃ haueð ikeiht
V   þat þe soule þat was blo . & . nedde bote ded / heuh ׃

PART 5   61

A 90r12, V 387va24
A   cwic heow & is irudet feire . *Interior *tamen *penitentia *non *dicitur *sacramen/
     tum .
C   cwich heow & is iruded feire /
N   cwic heou . & is iruded feire . /
V   and is I.Rodet feire . /
A 90r13
A   *set *exterior *uel *puplica *uel *Solempnis .
C
N
V

A 90r14, V 387va26
A   Schrift schal beo dredful . þ tu segge wið   Ierome . *Quoci/ens
C   Schrift schal˜beo dredful .   þ þu segge / wið seint Ierome . *Quociens
N   Schrift schal beon dredful . þet tu / sigge mid   ieremie . *Quociens
V   Schrift schal be dreedful . þat þou sigge wiþ seynt Ierom / *Qociens
A 90r15, V 387va27
A   *confessus *sum ·· *uideor *michi *non *esse *confessus . As ofte as
C   *confessus *sum / *videor *michi *non *esse *confessus . As ofte as
N   *confessus *fui ·· *uideor *michi / *non *esse . *confessus . ase ofte ase
V   *confessus *sum ·· *videor *michi *non *esse *confessus . / as ofte as
A 90r16, V 387va28
A   ich am ischriuen ·· eauer me þuncheð me unschriuen . for
C   ich am / ischriuen   eauer me þuncheð me unschr/iuen . for
N   ich am i_schriuen ·· euer me þun/cheð me unschriuen . vor
V   Ich˜am I.schriuen ·· euer me þinkeþ me vnschriuen / for
A 90r17, V 387va28
A   eauer is sum forʒeten of þe totagges .   for_þi seið seint au/stin .
C   eauer is sum for_ʒeten of þe to/tagges .   for_þi seið seint austin .
N   euer is sum of ðe circumstances / forʒiten . vor_þi seið sein austin .
V   euer is sum for_ʒeten .//   ffor_þi ·· seiþ seynt Austin .
A 90r18, V 387va29
A   *Ve *laudabili *hominum *uite *si *remota *misericordia *discu/tias
C   *Ve *lau/dabili *Hominum *uite . *si *remota *misericordia *discuci/as
N   *ve *laudabili *homi-/num *uite . *si *remota *misericordia ·· *discutias
V   *Ve *lau-/dabili *hominum *uite . *si *remota *misericordia *discucias
A 90r19, V 387va30
A   *eam . þ is . þe beste mon of al þe world .   ʒef ure lauerd
C   *eam . þ is þe beste mon of þis world /   ʒef ure lauerd
N   *eam . þet is . þe beste / mon of al þisse worlde . ʒif ure louerd
V   *eam . þat is . / þe beste mon of þis world .   ʒif vr lord
A 90r20, V 387va31
A   demde him al efter rihtwisnesse .   & nawt efter mearci ·· Wa
C   demde him al . efter richt/wisnesse . & naut efter merci   wa
N   demde him / al efter rihtwisnesse .   & nout efter merci ·· wo

62 ANCRENE WISSE: A FOUR-MANUSCRIPT PARALLEL TEXT

V   dempnede him al . af-/tur rihtwysnesse . and not aftur merci ׃ wo
A 90r21, V 387va32
A   schulde him iwurðen . *Set *misericordia *superexaltat *iudicium .
C   schulde him / wurðen . *Sed *misericordia *super_exaltat *iudicium /
N   schol/de him i_wurðen . *Sed *misericordia *superexaltat *iudicium .
V   schulde him / I.worþen . *Set *misericordia *super_exaltat *iudicium .
A 90r22, V 387va33
A   Ah his mearci toward us ׃ weieð eauer mare þen   þe rihte ¶ . nearewe .
C   ach his merci towart us ׃ weiȝeð eauer / mare   þenne þe narewe richte .
N   auh his / merci touward us ׃ weieð euer more ׃ þen   þet rihte nearuwe . /
V   Ac his Merci toward / us weyȝeþ euer more ׃ þen þe narwe   rihte . /
A 90r23, C 152r, N 91r, V 387va34
A   Schrift schal beon hopeful .   Hwa_se seið
C   Schrift schal beon hopeful . forþi beo / hopeful . Hwase seið [þ]
N   Schrift schal beon hopeful .   hwo/so seið
V   Schrift schal ben Hopeful .   Hose seiþ
A 90r24, V 387va35
A   as he con . & deð al þ he mei ׃   godd ne bit namare . Ah
C   `as´ he con . & deð al þ he / mei .   god ne bit namare . Ach
N   al þet he con . & deð al þet he mei ׃ god ne / bit nammore . auh
V   as he con . & deeþ / al þat he may ׃ god ne bit no more . Ac
A 90r25, V 387va36
A   hope & dred schulen aa   beon imengt togederes . þis forte bi/tacnín ׃
C   hope & dr/ed schulen A ׃   iment togederes . þis for˘to / bitacnen .
N   hope & dred : schulen euer beon i/meind to_gederes . þis forte bitocnen ׃
V   hope & drede / schulen euere ׃ ben I.meynt to_gederes . þus forte bi_to/kenen .
A 90r26, V 387va38
A   wes i þe alde lahe ihaten   þ   te twa grindelstanes .
C   i˘þe alde laȝe wes ihaten   þ   þe / twa grindelstanes
N   was i_hoten i / þen olde lawe . þet nomon ne scholde twinnen ðe two / grindstones .
V   ¶ I. þe Olde lawe was I.hoten . þat   þe two grindel-/stones .
A 90r27, V 387va39
A   ne schulde namon twínnín . þe neoðere þe lið stille & bereð
C   ne schulde namon twim/men . þe neoðere `þe´ lið stille & bereð
N   þe neoðere þet lið stille . & bereð
V   schulde no mon twynnen .// þe neoþure þat lihþ stille . / and bereþ
A 90r28, V 387va40
A   heuí charge ׃ bitacneð fearlac þe teieð mon from sunne .
C   heui / charge . bi_tacneð ferlac þe teiȝeð mon / from sunne .
N   heui / charge . bitocneð ferlac . þet teieð mon from sun/ne .
V   heui charge ׃ bi_tokneþ ferlak . þat tyȝeþ mon from / sunne .
A 90v01, V 387va41
A   & is iheueget her wið heard forte beo quite of heardre . þe
C   & is iheueged her wið hart / for to beo cwite of hardere . þe
N   & is i_heuegeg her mid herde ׃ uorte beon / cwite of herdre . þe

V   And is I.heueget heer wiþ hard ⸴ forte be quit of har-/dore . ¶ þe
A 90v02, V 387va42
A   vuere stan bitacneð   hope þe eorneð & stureð hire   iˇgode
C   uuere stan / bitachneð hope þe eorneð & stureð hi/re   inˇgode
N   vuere ston . bitocneð   hope . / þet eorneð & stureð hire euer ine gode
V   ouere ston ⸴ bi_tokneþ hope . þat eorneþ and stureþ / hire   in goode
A 90v03, V 387va43
A   werkes eauer wið trust of muche mede . Þeos twa namon
C   werkes eauer wið trust of muche / mede . Þeos twa nan mon
N   werkes .   mid / trust of muchele mede . þeos two . no mon
V   werkes euere ⸴ wiþ trust of muchel meede .// / þeos two ⸴ no mon
A 90v04, V 387va44
A   ne parti from . for as seín gregoire seið . *Spes *sine *timore
C   ne parti from / oðer . for as seint gregori seið . *Spes *sine / *timore .
N   ne to_ dele / urom oðer . vor ase seint gregorie seið . *Spes *sine *timo/re ⸴
V   ne parte from oþer .// ffor as seint Gregorie / seiþ . *Spes *sine *timore
A 90v05, V 387va45
A   *luxuriat *in *presumptionem . *Tímor *sine *spe ⸴ *degenerat *in
C   *luxuriat *inˇ*presumpcionem . *timor / *sine *spe *degenerat *inˇ
N   *luxuriat *in *presumptionem . *Timor *sine *spe ⸴ *degenerat *in /
V   *luxuriat *inˇ*presumpcione . *Timor *sine / *spe ⸴ *degenerat *in
A 90v06, V 387va46
A   *desperationem . Dred wið_uten hope ⸴ makeð mon untrus/ten .
C   *desperacionem dred wið/uten hope Makeð mon untrusten .
N   *desperationem . Dred wið_uten hope ⸴ makeð mon untrusten . /
V   *desperacione . ¶ Dreede wiþouten hope ⸴ ma/keþ mon vntrusten .
A 90v07, V 387va47
A   ant hope wið_ute dred ⸴ makeð ouertrusten . þeos twa
C   & ho/pe wið_ute dred Makeð ouer_trusten / Þeos twa
N   and hope wiðute drede ⸴ makeð ouertrusten . þeos two
V   ¶ And hope wiþouten drede ⸴ makeþ mon / ouer_trusten . ¶ þeos two
A 90v08, V 387va48
A   unþeawes . Vntrust & ouertrust ⸴ beoð þe deofles tristen . þer
C   unðeawes untrist / & ouer_trust . beoð þe deof/les tristen ⸴ þer
N   un-/þeawes untrust and ouertrust . beoð þes deofles tristren . þer /
V   vnþewes . vn_trust . & ouur_trust ⸴ beþ / þis deueles trusten . þer
A 90v09, C 152v, V 387va49
A   þ wrecche beast seldene edstearteð . Triste is þer me sit mid
C   þe wrecche / best selden ed_stertet . ¶ triste is þer me sit mid /
N   þet wrecche best selden etsterteð . stristre is . þer me sit / mid
V   þe wrecche beest . seldene atstur-/teþ . Trust is ⸴ þer me sit mid
A 90v10, V 387va50, M 334
A   te greahunz forte kepe þe heare . oðer tildeð þe nettes a/ȝeín
C   þe greahundes for to ke/pe þe hare . oðer tildeð / þe nettes aȝein
N   þe greahundes forte kepen þe hearde . oðer tillen / þe nettes aȝean

V þe grehondes . forte kepen / þe hare . oþer tilleþ þe netes a_ȝeyn
A 90v11, V 387va51
A him . Toward an of þeos twa is al þ he sleateð . for
C him . / towart an of þeos twa / is al þ he sleateð . for
N ham . touward on of þeos two : is al þet he / sleateð . vor
V him . Touward on of / þeos two ׃ is al þat he hunteþ .// ffor
A 90v12, V 387va52
A þer beoð his greahunz . þer beoð his nettes . Vntrust & o/uertrust
C þerˇbeoð hise greahun/des . þer beoð hise nettes . Vntrust & ouertrust /
N þer beoð his nettes . & þer beoð his greahun/des . untrust . & ouertrust : igedered
   to_gederes .
V þer beoþ his grehoundus ׃ / and þer beoþ his nettes . Vn_trust . ånd ouertrust ׃
A 90v13, V 387va53
A beoð of alle sunnen nest te ȝete of helle . wið
C beoð of alle sunnen nest þe ȝete ofˇhelle . Wið /
N and beoð of / alle sunnen : nexst þe ȝete of helle . Mid
V beoþ of / alle sunnen . next þe ȝate of helle
A 90v14, V 387va54
A dred wið_uten hope . þ is wið untrust ׃ wes Caymes schrift
C dred wið_uten hope þ is wið untrust wes / caymes schrift
N dred wið_ute / hope : þet is mid untrust ׃ was keimes schrift ׃
V ¶ Dreede wiþouten hope . / þat is wiþouten trust ׃ was Caymes schrift .
A 90v15, V 387va55
A & Iudasen . for_hwi ha forferden . wið hope wið_ute dred ׃ þet
C & iudasen . For_þi ha for_fer/den . Wið hope wið_uten dred . þ
N & iudases . / and for_þi heo uoruerden wið hope . þet is wiðute dred ׃ /
V and Iudasen . / fforþi ׃ boþe forferden .// Hope wiþouten dreede . þat
A 90v16, V 387va56
A is wið ouertrust ׃ is þe unselies sahe þe seið i þe sawter . *Secundum
C is wið ouer/trust . is þe vnselies saȝe . þe seið inˇþe sau/ter . *Secundum
N mid ouertrust . is þes vniselies sawe : þet ðauið seið i þe sau/ter . *Secundum
V is wiþouten / trust ׃ is þe vnselyes wordes . þat seiþ in þe psauter . *Se-/cundum
A 90v17, V 387va57
A *multitudinem *ire *sue *non *queret . Nis nawt godd qð ha
C *multitudinem *ire *sue *non *queret / Nis naut quod he god
N *multitudinem *ire *sue *non *requiret . nis nout cweð he / god
V *multitudinem *ire *sue . *non *queret . Nis not god qd he /
A 90v18, V 387va58
A se grím as ȝe him fore_makieð . Na he seið dauið . ȝeoi he
C se grim as ȝe him / makeð . Noa he seið Dauid ȝeiˇhe
N so grim ׃ ase ȝe him uore_makieð . no ׃ he seið ðauið . / ȝui he .
V so grim ׃ as ȝe him fore_makeþ . No he seiþ Dauid ? ȝeoy he . /
A 90v19, V 387va60
A & seið þenne . *Propter *quid *irritauit *impius *deum ? *dixit *enim

C   & sei þen/ne   *Propter *quid *irritauit [*deus *impium] *impius / *deum ׃ *dixit
       *enim
N   and seið þenne hwareuore . *propter *quid *irritauit / *impius *deum . *dixit
       *enim
V   and seiþ þenne . *Propter *quid *irritauit *impius *deum *dix*it* / *eni*m*
A 90v20, V 387va60
A   *in *corde *suo *non *requiret . On alre earst he cleopeð þe
C   *in *corde *suo *non *requireð . on / alre earst he cleopeð þe
N   *in *corde *suo *non *requiret . alre uormest he cleopeð þe ׃ /
V   *in *corde *suo *non *requiret . Aller furst he clepeþ þe˘
A 90v21, V 387va61
A   ouertrusti unbileuet . þe unbileuet wið hwon gremeð he
C   ouertrusti un/bileued . þe unbileuet wið hwon gremeð / he
N   ouertrusti unbileued . þe unbileuede . mid hwon gre/með he
V   ou*ur*-/trusti ׃ vnbileeuet wi*þ* whuche . he greueþ
A 90v22, N 91v, V 387va62
A   godd almihti ? wið þon þ he seið . Nule he nawt se nea/rowliche
C   god almichti . wið þon he seið þ he seið / Nule he naut se narewliche
N   god almihti ׃ mid hwon he seið ׃ mid tet þet / he seið þet he nule nout so neruhliche
V   god almihti .// / wiþ whom he seiþ ׃ þ*at* he seiþ .// Nul he not so narwe ׃
A 90v23, V 387va63
A   demen as ȝe seggeð . ȝeoi siker ah he wule . þus þeos
C   demen / as ȝe seggeð . Sei siker ach / he wule . þus þeos
N   demen ase / ȝe siggeð . ȝui sikerliche auh he wule . þus þeos
V   dee-/men as ȝe siggeþ .// Ȝeoy sikerliche . ac he wole . ¶ þ*us* þeos /
A 90v24, C 153r, V 387va64
A   twa unþeawes beoð to grimme robberes ieuenet . for þe an þ
C   twa / vnþeawes beoð to grimme / robberes . for þe an þ
N   two / unþeawes ׃ beoð two grimme robbares . vor þe on / þet
V   two vnþewes ׃ beoþ to gri*m*me robbers . ¶ ffor þ*at* on . þ*at*
A 90v25, V 387va65
A   is ouertrust . reaueð godd his rihte dom & his rihtwisnesse .
C   is ouertrust reaueð / god his richte dom . & his richtwisnes/se .
N   is ouertrust . binimeð god his rihte dom . & his rihtwis-/nesse .
V   is oue*r*/trust ׃ reueþ god his rihte doom . *&* his rihtwysnesse .
A 90v26, V 387va66
A   þe oðer þ is untrust ׃ reaueð him his milce . ant swa ha
C   þe oðer þ is untrust reaueð him his / Milce . & swa ha
N   þe oþer . þet is untrust ׃ binimeð him his milce . & so / heo
V   ¶ þe / oþer . þat is vn_trust ׃ reueþ him his merci .// And so heo
A 90v27, V 387va67
A   beoð umben to fordon godd seolf . for godd ne muhte nawt
C   beoð umben to fordo / god seolf . for god ne muchte neauer˘
N   beoð umbe . uorte uordon ׃ god sulf . vor god ne muh/te nout
V   beþ / a_bouten ׃ to fordoon god self .// ffor God ne mouhte

A 90v28, V 387va68
A beon wið_uten rihtwisnesse . ne wið_uten milce . Nu þenne
C beo / wið_uten richtwisnesse . ne wið_ute milce . / Nu þenne
N beon wiðuten rihtwisnesse ⁘ ne wiðuten / milce . nu þeonne .
V ben wiþ/outen Rihtwysnesse ⁘ ne wiþouten Merci . ¶ Nou þenne

A 91r01, V 387va69
A hwucche unþeawes beoð euening to þeose þe wulleð godd
C hwiche unþeawes beoð eue/ning to þeose . þe wulleð god
N hwuche unþeawes beoð / efnunge to þeos þet wulleð
V whu-/che vnþewes beoþ euenyng to þeose . þat wolleþ god

A 91r02, V 387va70
A acwellen on hare fule wise ? ȝef þu art to˘trusti & haldest
C acwellen ʻonʼ [wið] / hare fule wise . ȝef þu art to trusti & / haldest
N acwellen god ⁘ on ho/re fule wise . ȝif þu ert to trusti . & holdest
V aquel/len . on heore foule wyse ? ¶ Ȝif þou art to trusti . and holdest /

A 91r03, V 387va71
A godd to nessche forte wreoke sunne ⁘ sunne likeð him bi
C god to nech þe . for to Wreke sun/ne . Sunne likeð him bi
N god to nes-/sche ⁘ uor˘to awreken sunne ⁘ sunne likeð him bi
V god to nessche . forte wreken sunne ⁘ sunne likeþ him be

A 91r04, V 387va72
A þin tale . ah bihald hu he wrec in his heh_engel . þe þohte
C þin tale . ach / bihalt hu he wrec on his hech_engel . / þe þochte
N þine / tale . auh bihold hu he awrec him of his heih_engel . / þet þouhte
V þi tale . / ¶ Ac bi_hold hou he wreek him . on his heih_angel . þat þouȝte

A 91r05, V 387va73
A of a prude . hu he wrec in adam þe bite of an eappel . hu
C of an prude . hu he wrec in / adam þe bite of an appel . hu
N of one prude . and hu he awrec him of adam / uor þe bite of one epple . and hu
V of / a pruyde . ¶ Hou he wreek him . on Adam . þe bite of an / appul ? ¶ Hou

A 91r06, V 387va75
A he bisencte sodome & gommorre . were . & wif . & wenchel . þe
C heˇbisench/te sodome & gomorr . were & wif & wen/chel . þe
N ʻheʼ biseinte sodome . & go/morre . men & wummen & children . & alle þe
V he biseynte Sodome & Gomorre . & al heore / of_sprunch ? ¶ þe

A 91r07, V 387va76
A nomecuðe burhes . al a muche schire dun in_to helle grun/de .
C nomecuðe bureȝes . al an mu/che schire dun into helle grunde .
N nomekuðe / buruhwes . al ane muchele schire ⁘ adun into helle grun/de .
V nomecouþe Burwes . al a muche schire . / a_doun in_to helle grounde ? ¶

A 91r08, V 387va77
A þer as is nu þe deade sea þ nawiht cwikes nis inne . hu he
C þer as is / nu þe deade sea þ nawicht cwikes nis / inne . hu he
N þer ase is nu . þe reade see ⁘ þet nowiht cwikes ʻnisʼ inne . & / hu he
V þer as nou is þe dede se ⁘ / þat nouȝt quikes nis in . ¶ Hou he

PART 5   67

A 91r09, V 387va78
A   i Noes flod al þe world adrencte . bute eahte i˜þe arche . hu he
C   i˜noees flod al þe world adr/enchte . buten achte i˜þen arche . hu he /
N   ine noes flode adreinte al þene world ⁊ bute eihte / i˜þen arche . hu he
V   in Noes flood . al þe / world a_dreynte . bote eihte in þe arche . ¶ Hou he

A 91r10, C 153v, V 387va79, M 336
A   ín his ahne folc israel his deorling . grimliche awrec hím ase
C   in˜his achne folc israel his deorling . hu˜grim/liche he wrec him . as
N   ine his owune uolc israel his deorling . / hu grimmeliche he awrec him ⁊ ase
V   in his / owne folk . Israel his derlyng . Hou grimliche he wrak him . / as

A 91r11, V 387vb01
A   ofte as ha gulten . Dathan . & Abyron . Chore . & his feren . þe
C   ofte as ha gulten / Dathan . & abiron . chore . & his feren . þe˜
N   ofte ase heo agulten . / Dathan and abiron . chore . and his feren . þe
V   ofte as heo a_gulten ? ¶ Dathan . and . Abiron . Chore . / and his feeren .//

A 91r12, V 387vb02
A   oþre alswa þe he sloh bi feole þusendes ofte for hare gruch/unge
C   oðre / alse þ he sloch bi˜feole þusendes ofte . for˜ha/re grucchinge
N   oþre also / þet he slouh . bi˜monie þusendes ofte ⁊ uor hore gruc-/chunge .
V   Oþere also þat he slouh ⁊ bi feole þousent ofte . / for heore grucchynge

A 91r13, V 387vb03
A   ane . On oþer half loke . ȝef þu hauest untrust of
C   ane . On oðer half loke ȝef / þu hauest untrust of
N   an oðer half . loke ȝif þu hauest untrust . / of
V   one . ¶ On oþur half loke . ȝif þou hauest / vn_trust . of

A 91r14, V 387vb04
A   his unimete milce ⁊ hu lihtliche & hu sone . seinte peter efter
C   his unmete milce / hu˜lichtliche & hu˜sone seintte peter efter
N   his vnimete milce . hu lihtliche and hu sone seinte / peter
V   his muchele merci ⁊ hou lihtliche and hou sone . / seint Peter after

A 91r15, V 387vb05
A   þ he hefde forsaken hím . & þ for a cwene worð ⁊ wes wið him
C   þ / he˜hefde for_saken him . & þ for a˜cwene word / wes wið him
N   þet hefde uorsaken him . and tet for ane cwe-/ne worde . was mid him
V   he hedde forsaken him . & þat for a qwene word ⁊ / was wiþ him

A 91r16, V 387vb06
A   isahtnet . O þe þeof o rode þe hefde aa ilíued uuele in a stert/hwile
C   isachtned . hu˜þe þeof o˜rode / hefde a iliuet uuele in˜an start_hwile
N   i_seihtned . and hwu þe þeof o / þe rode þet hefde euer iliued vuele . in one stert_hwule /
V   I.sauhtnet . ¶ Hou þe þeof on Roode . þat euere hed-/de I.liuet euele .// In a luitel while .

A 91r17, V 387vb07
A   hefde ed him milce wið a feier speche . for_þi bitweone
C   of / eode ed him milce wið an˜feiȝer speche . For/þi bitwene

N hefde of him milce ʒ mid one ueire speche . vor‿þi bi/tweonen
V hedde of him merci ʒ wiþ / a feir speche . ¶ þerfore . bi‿tweone
A 91r18, V 387vb08
A þeos twa . Vntrust . & ouertrust . hope & dred beon aa . ifeiet to‿ge‿.‿deres .
C þeos twa vntrust & ouertrust . / hope & d`r´ed beod áá . ifeiȝet togeðere . /
N þeos two . untrust . & ouertrust ʒ / hope & dred ʒ beon euer i‿veied to‿gederes .
V þeo two . Vn‿trust . and / Ouertrust ʒ hope and . dreede . ben euere . I.couplet
to‿gederes . /
A 91r19, N 92r, V 387vb09
A Schrift ȝet schal beo wis . & to wis mon ímaket .
C Schrift schal ȝet beon wis . & to wis mon / imaked .
N Schrift ȝet schal beon wis . & to wise monne i‿maked ʒ /
V Schrift ȝit schal beon wys . and to wys mon I‿maket ʒ /
A 91r20, V 387vb10
A Of uncuðe sunnen . nawt to ȝunge preostes . ȝun/ge
C of uncuðe sunnen . naut to ȝeun/ge preostes . ȝeunge
N of unkuðe sunnen . and nout to ȝunge preostes . / ȝun
V of vncouþe sunnen . not to ȝonge preostes .// Ӡonge /
A 91r21, V 387vb11
A ich segge of wit ʒ ne to sotte alde . Bigín earst ed pru‿de .
C ich segge of wit . ne / to sot alde . Bigin earst ed prude .
N i sigge of witte . ne to sot olde . bigin uormest et prude . /
V I. sigge of wit ʒ ne to sot olde . ¶ Bi‿gin furst at pride . /
A 91r22, V 387vb13
A & sech alle þe bohes þrof . as ha beoð þruppe iwríte/ne
C & seh / alle þe boȝes þrof . as ha˘beoð þruppe / iwritene .
N & sech alle þe bowes þer‿of ase heo beoð þer‿uppe i‿write-/ne
V And sech alle þe Bowes þer‿of . as heo beoþ þroppe I.wri-/ten ʒ
A 91r23, C 154r, V 387vb14
A hwuch falle to þe . Þrefter alswa of onde . & ga we swa du/neward
C hwich falle to þe . þer‿efter alswa / of onde . & ga swa dunewart
N hwuc falle to ðe . þer‿efter also of onde . & go / so a‿dunewardes
V whuche falleþ to þe . ¶ þer‿after also of Envye . / And go so donewardes .
A 91r24, V 387vb15
A rawe bi rawe . aþet to þe leaste . ant drah to‿gedere
C reawe bi˘rewe . til / þet þe leste . & drach to‿gedere
N bi˘reawe & bi˘reawe ʒ uortu kume to þe / laste . & drauh to‿gedere
V Rewe bi Rewe ʒ til þow come to / þe leste . And drauh to‿gedere
A 91r25, V 387vb15
A al þe team under þe moder .
C al þe team / vnder þe moder .
N al þene team ʒ under þe moder . /
V al þe team ʒ vndur þe Mooder . /
A 91r26, V 387vb17
A Schrift ah to beo soð . ne lih þu nawt o þe‿seolf . for as seínt

PART 5   69

C   Schrift ach toʼbeon / soð . ne lich þu naut on þe_seolf . for as seið / seið seint
N   Schrift ouh forte beon soð . ne lih þu nout oʼþi_sulf . / vor ase seint
V   Schrift ouȝte beon soþ . Ne lyȝe þou not on þi_self . ffor / as seiþ seint
A 91r27, V 387vb18
A   austín seið . *Quí *causa *humilitatis *de *se *mentitur ּ *fit *quod
C   austin   *Qui *causa *humilitatis   *men/titur . *fit *quod
N   austin seið . *Qui *causa *humilitatis   *men-/titur . *fit *quod
V   Austin .   *Qui *causa *humilitatis   *mentitur . / *fit *quod
A 91r28, V 387vb19
A   *prius *ipse *non *fuit *.id *est . *peccator . þe seið leas on him_seolf þurh
C   *prius *ipse *non *fuit . *id *est . *peccator . þe / seið les on him_seoluen þurch
N   *prius *ipse *non *fuit . *id *est *peccator . þe þet lihð on him/sulf þuruh
V   *prius *ipse *non *fuit *.i. *peccator . þat seiþ lees on / him_self . þorw
A 91v01, V 387vb20
A   to muchel eadmodnesse ּ he is ímaket sunful þah he ear nere .
C   to muchel / ed_modnesse . he is imaked sunneful þach he / ear nere .
N   to muchel edmodnesse . he is i_maked / sunful ּ þauh he er nere .
V   to muche meokenesse ּ he is I.maad sinful . / þauȝ he er neore .
A 91v02, V 387vb21
A   Sein Gregoire seið þah . *Bonarum *mentium *est *culpam *agnoscere
C   Seint gregori seið þach . *bonarum *mencium / *est *culpam *agnoscere
N   Seint gregorie seið þauh . / *Bonarum *mentium *est *culpam *agnoscere ּ
V   Seynt Gregorie . seiþ þauh . *Bonarum *mencium / *est *culpam *agnoscere
A 91v03, V 387vb22
A   *ubi *culpa *non *est . Cunde of god heorte is to beon offea/ret
C   *ubi *cuʼlʼpa *non *est . Cunde of / god heorte . is to beon offered
N   *ubi *culpa *non *est . kun/de of gode heorte is . to beon offeared
V   *vbi *culpa *non *est . Kuynde of good / herte . is to ben a_fert
A 91v04, V 387vb23
A   of sunne þer as nan nis ofte . oðer weie swiðre his
C   of sunne / þer as nan nis ofte . oðer weie swiðere his /
N   of sunne ּ þer / ase non nis ofte . oþer weien swuðer his
V   of sunne ּ þer as non nis ofte . Oþur / weyen more his
A 91v05, V 387vb24
A   sunne sumchearre þen he þurfte . weien hit to lutel ּ is
C   sunne sumchere   þenne he þurte weien hit / to lutel   is
N   sunne summecher/re . þen he þurfte . weien hit to lutel . is
V   sunne ּ oþerwhile . þen schulde .// weyen / hit to luytel ּ is
A 91v06, V 387vb25
A   ase uuel oðer wurse . þe middel wei of meosure is eauer
C   as uuel oðer wurse .   þe middel / wei of mesure is eauer
N   ase vuel ּ oþer / wurse . þe middelʼweie of mesure ּ is euer
V   as vuel . or worse .// þe Middel weye of / mesure ּ is euere
A 91v07, V 387vb26
A   guldene . Drede we us eaure . for ofte we weneð   forte don a

70 ANCRENE WISSE: A FOUR-MANUSCRIPT PARALLEL TEXT

C   guldene . drede we us / eaure . for ofte we weneð for to don aˇ
N   guldene . Drede we / us euer . vor ofte we weneð to don aˇ
V   þe beste . Dreede we us eue*re* . ffor ofte - / we weeneþ . forte don a
A 91v08, V 387vb27
A   lutel uuel ׃ & doð a great sunne . ofte wel to donne ׃ & doð al
C   lutel / uuel & doð anˇgreat sunne . ofte wel to donne / & doð al
N   lutel vuel . & doð one grea-/te sunne . & ofte we weneð wel to donne ׃ & doð alˇ
V   luytel euel ׃ and deeþ a gret su*n*ne . / Ofte   wel to done ׃ and doþ al
A 91v09, V 387vb28, M 338
A   to cweade . Segge we eauer þenne wið seinte anselme . *Etiam
C   to cwede .   segge eauer þenne wið seinte / anselme *Eciam
N   to cweade . / Sigge we euer þeonne mid seint aunselme . *etiam
V   to quede ¶ Sigge we þe*n*ne / euere ׃ wi*þ* seint Anselme . *Eciam
A 91v10, V 387vb29
A   *bonum *nostrum   *est *aliquo *modo *corruptum . *ut *possit *non
    *placere ׃
C   *bonum *nostrum   *ita *est *aliquo *modo *cor/ruptum *ut *possit *non
    *placere
N   *bonum *nostrum / *ita *est *aliquo *modo *corruptum *ut *possit *non
    *placere
V   *bonu*m* *nostru*m* . *ita *e*st* *aliq*uo* / *modo *corruptu*m* . *vt *possit *no*n*
    *placere
A 91v11, C 154v, V 387vb30
A   *aut *certe *displicere *deo . *Paulus . *Scio *quod *non *est *in *me ׃ *hoc
    *est
C   *aut *certe *displicere / *deo . *Panlus . *Scio *quod *non *est *inˇ*me . *hoc
    *est
N   *deo *aut *certe / *displicere . *paulus . *Scio *quod *non *est *in *me . *hoc
    *est
V   *aut *certe *displicere / *deo . *Paulus . *scio *q*uod* *no*n* *est *in *me *hec
    *est
A 91v12, V 387vb31
A   *in *carne *mea *bonum . Na god in us nis of us ׃ ure god is
C   *in / *Carne *mea *bonum . Naˇgod nis in vs of / us . vre god is
N   *in *carne *mea *bonum . / no god in us ׃ nis of us . vre god is
V   *in *carne *mea / *bonum . No good in vs ׃ nis of vs . Vre good is
A 91v13, V 387vb32
A   godes . ah   sunne is of us   & ure ahne .   Godes god hwen ich
C   godes . Ach   sunne is of us   & / vreˇachne .   Godes god hwen ich
N   godes . auh ure sunne ׃ is / of us ׃ & ure owune . God is god hwon ich
V   godes . - / Ac   su*n*ne   is of vs ׃ and vr owne .// Godes good whon ich - /
A 91v14, V 387vb34
A   hit do .   qð   he seínt anselme . swa o summe wise min uuel
C   hit do / quod   seint anselme swa on summe wise min / vuel
N   hit do . cweð he / seint aunselme . So o summe wise min vuel

PART 5   71

V   hit do . quaþ he seint Ancelme . So on su*m*me wyse ⁖ myn / vuel
A 91v15, V 387vb35
A   hit forgneaieð ⁖ oþer ich hit do ungleadliche . oþer to ear
C   hit for_gneiȝed . Oðer ich hit do un/gledliche . oðer to earliche
N   hit forgnaweð . / oðer ich hit do ungledliche . oþer to er .
V   hit for_gnaweþ .// Oþ*ur* ich hit do . vngladliche . Oþer / to erliche ⁖
A 91v16, V 387vb36
A   oðer to leate ⁖ oðer leote wel þrof . þah namon hit nute . oþ/er
C   oðer to lete . / oðer leote wel þrof . þach nan mon hit / nute . oðer
N   oðer to leate . oðer / lete wel þer_of ⁖ þauh nomon hit nute . oþer
V   oþ*ur* to late . Oþ*ur* lete wel þerof ⁖ þauȝ no mon hit / nute . Oþer
A 91v17, V 387vb37
A   walde þ ei hit wiste .   oðer ȝemeslesliche do hit .   oðer to un/wisliche .
C   walde þ ei hit wiste .   oðer / ȝemeslesliche do hit . oðer to unwisliche /
N   wolde þet / ei hit wuste .   oþer ȝemeleasliche do hit .   oþer to unwis-/liche .
V   wolde . þ*at* su*m*me hit wuste . Oþer recheleslich / i_don hit . Oþer to vn_wyslich ⁖
A 91v18, V 387vb38
A   to muchel oðer to lutel .   þus eauer sum uuel mon/gleð
C   to muchel oðer to lutel .   þus eauer sum v/uel mongleð
N   to muchel ⁖ oþer to lutel . þus euer sum vuel mong-/leð
V   to muchel . or to luitel .// / ¶ þus euere su*m* vuel . mongleþ
A 91v19, N 92v, V 387vb39
A   hím wið mi god   þ godes grace ȝeueð me ⁖ þ hit mei
C   him Mid mi god   þ godes gra/ce ȝeueð me . þ hit mei
N   him mid mine gode . þet godes grace ȝiueð me . þet / hit mei
V   him . wiþ my good . þ*at* godes / grace ȝeueþ me ⁖ þ*at* hit may
A 91v20, V 387vb40
A   lutel likin godd ⁖ ant mislikin ofte .   Seinte Marie
C   lute liken god / & Misliken ofte   seinte marie .
N   lutel liken god . and misliken ofte .   Seinte / marie
V   luitel lyken god . and mis_lyke*n* / ofte .// Seynte Marie .
A 91v21, V 387vb41
A   hwen þe hali mon seide þus bi him_seolf ⁖ hu ma/he
C   Hwen þe ha/li mon seide þus biˆhim_seolf . hu muȝe /
N   hwon þe holi mon seide þus bi him_suluen . / hwu muwe
V   whon þe holy mon seide þ*us* bi hi*m*self ⁖ / hou mowe
A 91v22, V 387vb41
A   we hit witerliche seggen bi us wrecches ?
C   weˆhit   seggen biˆvs wrecches .
N   we hit soðliche siggen bi us wrecches? /
V   we hit . witerliche siggen bi vs wrecches . /
A 91v23, V 387vb43
A   Schrift ah to beon willes . þ is willeliche unfreinet .
C   Schrift / ach to beon willes . þ is williche   vnfrei/ned .
N   Schrift ouh to beon willes . þet is willeliche i_urei-/ned . and

V   Schrift ou3te ben willes . þat is williche vn_asket . / Not I.asket .
A 91v24, V 387vb44
A   nawt idrahen of þe as þin unþonkes ꞉   Hwil þu const
C   Naut idra3en of þe þin vnþon/ckes .   hwil þu const
N   nout i_drawen of þe . ase þauh hit / were þin unþonckes . þe hwule þet tu const
V   ne I.drawen of þe as vnþonkes ?   Whi-/le þou const
A 91v25, V 387vb45
A   seggen eawt ꞉ sei al uneasket . Me ne schal easki nan ꞉ bute
C   seggen eut sei al un/asked .   Me ne schaľaski nan   bute
N   siggen / out . seie al un_asked . Me ne schal asken none . bute /
V   siggen ou3t ꞉ sei hit al vn_asket . Me schul-/de not asken ꞉ but
A 91v26, C 155r, V 387vb46
A   for neode ane . for of þe easkunge mei uuel fallen bute hit
C   for / nede ane . for þe askunge mei vuel fallen / bute þe askunge
N   uor neode one . vor of þe axunge mei uallen vuel . / bute 3if þe axunge
V   for neode one .// ffor of þe askynge ꞉ / mou3te vuel fallen . bote
A 91v27, V 387vb47
A   beo þe wisre . On oðer half moni mon abit forte schriuen
C   beo þe wisere . On oder / half moniˇmon abit for to schriuen
N   beo þe wisre . on oþer half . mo-/niˇmon abit to schriuen
V   heo weore þe wysore . ¶ On / oþer half . Mony on a_bit forte schriuen
A 91v28, V 387vb48
A   him aðet te nede tippe . Ah ofte him liheð þe wrench . þ he
C   him / oðet þe nede tippe . ach ofte him li3eð / þe wrenh . þ he
N   him uort þe nede tippe . auh / ofte him lieð þe wrench . þet he
V   him ꞉ til þat he / neede mote . ¶ And ofte hit is I.seid .// þat hose
A 92r01, V 387vb49
A   ne mei hwen he wule ꞉ þe nalde þa he mahte . Na_mare cang/schipe
C   ne mei hwenne he wule / þe nalde þoa he machte . Namare kan/hschipe
N   ne mei hwon he wule ꞉ / þe nolde þe hwule þet he muhte . nammore kangschi-/pe
V   nule . / whon he may ꞉ he schal not whon he wolde ¶ No more / Madschupe
A 92r02, V 387vb51
A   nis . þen setten godd tearme . as þah grace were his ꞉
C   nis . þenne sette god terme as þa/ch grace were his
N   nis ꞉ þen setten god terme . ase þauh grace were / his .
V   þer nis ꞉ þen sette long terme . As þau3 grace / weore his .
A 92r03, V 387vb51
A   as he bere hire in his purs . to neomen up_o grace þrín iˇþe
C   to neomen up grace þrin / iˇþeˇ
N   to nimen up_o grace þerinne iˇðe
V   to nymen vppon grace ꞉ þerin I. þe
A 92r04, V 387vb52
A   tearme as he him_seolf sette . Nai beal_ami nai . þe tearme
C   terme as he him_seolf sette . nai belami / nai .   þe terme
N   terme ase he / him_sulf sette . nai belami nai ꞉   þe terme

V   terme . as / he him_self sette . Nay Belamy nay . þe terme
A 92r05, V 387vb53
A   is i˜godes hond ⁖ nawt i þi bandun . Hwen godd beot hit te ⁖
C   is i˜godes hont   naut in˜þi˜ba/ndun . hwen god beot hit þe
N   is ine godes / honden . and nout i˜þine baundune . hwon god beot / þe ⁖
V   is in godus / hond ⁖   and not in þi baundon   ¶ whon god beodeþ hit þe ⁖ /
A 92r06, V 387vb55
A   reach to ba_þe honden . for wiðdrahe he his hond ⁖ þu maht
C   reah to / ba_þe honden . for wið_draʒe he his hont / þu macht
N   recheð forð mid bo_þe honden . vor wið_drawe he / his hond . þu meiht
V   tak wiþ boþe honden .// ffor wiþ_drawe he his hond ⁖ þou / maiht
A 92r07, V 387vb56
A   þrefter lokin .   ʒef uuel oðer oþerhwet ned te to schrifte ⁖ lo
C   loke þrefter   ʒef uuel oðer oþer / þing ned þe to schrifte . lo
N   loken efter .   ʒif vuel oþer oðer / þing net þe to schrifte ⁖ lo
V   loke þer_after . / ¶ Ʒif seeknesse . or oþur þing / needeþ þe to schrifte ⁖ lo
A 92r08, V 387vb57
A   hwet seið seint austín . *Coacta *seruicia *deo *non *placent .
C   hwat seið / seint austin *coacta *seruicia *deo *non *placent
N   hwat seið seint austin . / *coacta *seruicia *deo *non *placent .
V   what seiþ seynt Austin *Co-/acta *seruicia *deo *non *placet .
A 92r09, V 387vb58, M 340
A   Seruises inedde   ne cwemeð nawt ure lauerd . þah noðeleatere
C   Seruises inedde   ne cwemeð naut vre lauerd / þach noðelatere .
N   Seruises i_nedde ⁖   ne / cwemeð nout ure louerde . þauh noþelater .
V   Seruyces I.maad to don ⁖ / ne   quemeþ not vr lord   ¶ þauʒ noþelatere ⁖
A 92r10, V 387vb59
A   betere is o þene no . *Nunquam *sera *penitentía *si *tamen *uera . Nis neauer
C   betere is . oa . þenne noa . / *Nunquam *sera *est *penitencia *si *tamen *uera .
     nis neauer
N   betere is / þo ⁖ þene no . betere is er : þen to lete . *nunquam *sera *est *peni-/
     tencia . *si *tamen *uera . nis neuere
V   betere is late / þen neuere . *Nunquam *sera *est *penitencia *si *tamen *est
     *vera . / Nis neuer
A 92r11, C 155v, V 387vb61
A   to leate penitence þ is soðliche imaket . he   seið eft him_seol/uen .
C   to / lete   penitance þ is soðliche imaked . / he˜seið of him_seoluen .
N   to lete penitence ⁖ þet / is soðliche i_maked ⁖ he seið eft him_suluen .
V   to late . penaunce þat soþliche is I.maket ⁖ he - / seiþ eft him_seluen . ¶
A 92r12, V 387vb62
A   Ah betere is as dauið seið . *Refloruit *caro *mea *& *ex *uolun/tate
C   ach betere is as˜da/uið seið . *Refloruit *caro *mea *& *ex *uolun/tate
N   auh betere is ⁖ / ase dauid seið . *Refloruit *caro *mea *& *ex *uoluntate
V   Ac beter is ⁖ as dauid seiþ . *Reflo-/ruit *caro *mea ⁖ *et *ex *voluntate

74 *ANCRENE WISSE*: A FOUR-MANUSCRIPT PARALLEL TEXT

A 92r13, V 387vb63
A   *mea *confitebor *ei . þ is .   mí flesch is ifluret .   bicumen al
C   *Mea *confitebor *ei . þ is   minˇflesch is if/lured . & bicumen al
N   *mea *confitebor *ei . þet is . / Mi vleschs is i_flured . & bicumen al
V   *mea *confitebor *ei .   Mi flesch / is I.flouret . bi_comen al

A 92r14, V 387vb64
A   neowe . for ich chulle schriue me   & herie godd willes . wel seið
C   neowe for ich wulle / schriue me . & herie god willes . wel seið /
N   neowe . uor ich chul/le schriuen me ːˇ & herien god willes . wel seið
V   newe . for Ichulle schriuen me . / and herien god willes .// Wel seiþ

A 92r15, V 387vb65
A   he ifluret   to   bitacnín wil schrift . for þe eorðe al unnet .   & te
C   he iflured . to   bitacnen wil schrift . For / þe eorðe al vnneð   & þe
N   is iflured . / vorte bitocnen wil schrift . vor þe eorðe alˇumnet .   & þe /
V   he I.flouret . To bi_tokeŋ / wil . schrift . ffor þe eoþe . al vn_ned . and þe

A 92r16, V 387vb66
A   treon alswa openið ham   & bringeð forð mische flures . *In
C   treon alswa ope/neð ham . & bringeð forð mische flu/res . *Inˇ
N   treon also . openeð ham . & bringeð forð mische flures . /
V   treon also - / openeþ hem . and bringeþ forþ ːˇ mische floures .

A 92r17, V 387vb67
A   *Canticis . *flores *apparuerunt *in *terra *nostra . Eadmodnesse . absti/nence .
C   *canticis . *flores *aparuerunt *inˇ*ter/ra *nostra . edmodnesse . abstinence .
N   edmodnesse . & abstinence .
V   Mekenes . / Abstinence .

A 92r18, V 387vb68
A   Culures unlaðnesse . & oþre   swucche uertuz .   beoð fei/re
C   culure / vnlaðnesse . & oðre   swiche uertuz .   beoð fe/ire
N   kulure   unloðnesse . & oðer / swuche uertuz .   beoð feire
V   Coloure . Vn_loþnesse ¶ And oþure suche vertues . / Beoþ feire

A 92r19, N 93r, V 387vb69
A   i godes ehnen . & swote i godes nease smeallinde flures .
C   inˇgodes echnen , & swote inˇgodes nase / smellinde flures .
N   ine godes eien . & swote smel/linde flures ːˇ ine godes neose . *Inˇ*canticis .
    *flores *apparu/erunt *in *terra *nostra .
V   in Godes eȝen . & swote in godes neose . smul-/linde floures . *In *canticis .
    *fflores *apparuerunt *iŋ *terra *nostra /

A 92r20, V 387vb71
A   Of ham   make his herbearhe inwið þe_seoluen . for his de/lices
C   of ham   make his / erber inwið þe_seoluen . for his delices /
N   of ham . þet is . of swuche flures make þu / his herboruwe wiðinnen þe_suluen .
    vor his delices /
V   Of hem .   make his herborwe . in_wiþ þi_seluen . ffor his deli-/ces

A 92r21, V 387vb71
A   he seið beoð þer forte wunien .   *Et *delicie *mee *esse . *cum

PART 5   75

C   he seið beoð þer   for to wunien .   *Et *de/licie *mee *esse *cum
N   he seið . beoð   for˜to wunien þer . *et *delicie *mee   *cum
V   he seiþ ⁓ beoþ þer forte wonen .   *En *delicie *mee *esse *cum /
A 92r22, V 387vb72
A   *filíís *hominum   *in *libro   *prouerbiorum .
C   *filiis *hominum . *in˜*libro . *sapian/cie .
N   *filiis *hominum   *in *libro   *sapiencie .
V   *filiis *hominum . *In *libro   *sapiencie . /
A 92r23, V 387vb74
A   Schrift ah to   beon ahne .   Namon ne schal i schrift   wrei/en
C   Schrift ach to   beon achne .   Namon / ne schal i˜schrift   wreie
N   Schrift ouh forte beon / owune .   no mon ne schal i_ne schrifte wreien
V   Schrift ouȝte   beon One .   ¶ No mon ne schal in schrift ⁓ / diskeueren
A 92r24, V 387vb75
A   bute him_seoluen ⁓ ase forð as he mei .   þis ich segge
C   bute him_seoluen / ase forð as he mei .   þis i˜segge
N   bu/ten him_suluen . ase uorð ase he mei .   þis ich sigge
V   bute him_seluen . as forþ as he may .// . / þis I. sigge
A 92r25, V 387vb76
A   for_þi   þet swuch   auenture   bitimeð to sum   mon oðer to
C   for_þi   þ / swich   auenture   bitimeð to sum˜mon .
N   uor/þi . þet swuch cas . and swuch auenture bitimeð to sum-/me monne .
V   forþi . þat such caas .   such auenture . / bi_tit   sum   mon .
A 92r26, C 156r, V 387vb76
A   sum wummon ⁓ þ ha ne   mei nawt fulleliche   wreien
C   þ he ne / mei naut fulliche   wreien
N   þet he ne mei nout fulliche ne allunge / wreien
V   þat he not fulliche may   diskeueren
A 92r27, V 387vb77
A   hire_seoluen ⁓ bute   ha wreie   oþre .   ah bi nome   noðeleatere
C   him_seoluen bu/te   he wreiȝe   oðre .   Ach bi˜nome noðeletere /
N   him_suluen ⁓ bute ȝif he wreie   oðre .   auh bi˜nome / noþelater :
V   him/seluen ⁓ but   he diskeuere oþure . Ac bi nome . no_þe_latere /
A 92r28, V 387vb79
A   ne nempni ha nawt þe ilke .   þah þe   schrift_feader wite wel
C   ne nempni ha naut þilke .   þach þe   schrift/fader wite wel
N   ne nemme he nout þen ilke . þauh þe / schrft_feder wute to soðe
V   ne nempne he not þulke   ¶ þauh þe   schrift_fader wite / wel ⁓
A 92v01, V 387vb80
A   toward hwam hit turne .   Ah   a munk .   oðer a preost . nawt
C   towart hwam hit turne .   ach / an munc   oðer an preost naut
N   touward hwam hit turne . / auh þus þu meiht siggen . a munuch . oðer a preost . /
    & nout
V   touward whom hit torne   ¶ Ac a Monk .   oþer a prest . / Nouþur

76 ANCRENE WISSE: A FOUR-MANUSCRIPT PARALLEL TEXT

A 92v02, V 387vb80
A wilȝam ne water ∵ þah þer ne beo nan oþer.
C William ne / Water. þach þer ne῀beon nan oðere.
N willam. ne water. þauh þer ne beon non oðer. /
V wiliam ne water ∵ þauȝ þer beo non oþer. /

A 92v03, V 388ra02
A Schrift schal beo studeuest to halde þe penitence ∵ & lea/ue
C Sch/ift schal beon studeuest to῀halde þe῀peni/tance / & leaue
N Schrift schal beon studeuest forte holden þe peni-/tence. & bileauen
V Schrift schal beon studefast. to holden þe penaunce. / and leuen

A 92v04, V 388ra03
A þe sunne. þ tu segge to þe preost. Ich habbe stude/festliche
C þe sunne þ þu segge to þe / preost. ich habbe studeuestliche
N þe sunne. þet tu sigge to ðe preoste. / ich habbe studeuestliche
V þe sunne. þat þou sigge to þe prest. / Ichabbe studefastliche

A 92v05, V 388ra04
A i þonc & in heorte þis sunne to forleten. & do þe pe/nitence.
C i῀þong / & in῀heorte þis sunne to for_leten. & do þe῀pe/nitance.
N i_ne þonke. & i_ne heorte ∵ / uorte bileauen þeos sunne. & don þe penitence.
V I.þouht. in herte. þis sunne / to leuen. & do penaunce .//

A 92v06, V 388ra05
A þe preost ne schal nawt easki þe ȝef þu wult þeon/ne_uorð
C þe preost ne schal naut aski῀þe / ȝef þu wult þeone_forð.
N þe / preost ne schal nout asken þe ȝif þu wult þeonne-/uorð῀more.
V þe prest schal not aske þe. / ȝif þou wolt þenne_forþ.

A 92v07, V 388ra06
A forhate þi sunne ∵ Inoh is þ tu segge. þ tu hit ha/uest
C for_haten þi sun/ne. inoch is þ þu segge þ þu hit hauest /
N uorhoten þine sunne. inouh hit is þet / tu hit hauest
V for_hoten þi sunne? I.nowh is / þat þou sigge. þat þou hit hast

A 92v08, V 388ra07
A on heorte treoweliche to donne ∵ þurh godes grace. &
C on῀heorte treoweliche to donne þurch go/des grace. &
N on heorte treoulich to donne. þuruh / godes grace. &
V in herte ∵ treweliche to / doune. þorw Godes grace. And

A 92v09, V 388ra08
A ȝef þu fallest eft þrín ∵ þ tu wult anan_riht arisen þurh
C ȝef þu fallest þrin þ þu / wult ananricht arisen þurh
N ȝif þu uallest eft þer_inne ∵ þet tu wult / anonriht arisen þuruh
V ȝif þou fallest þer_in ∵ þat þou / wolt a_non_riht. arysen þorw

A 92v10, V 388ra09, M342
A godes help ∵ & cumen aȝein to schrift. *Vade *& *amplius *no/li
C godes help / & cumen aȝein to schrifte. *Vade *& *Amplius / *noli
N godes helpe. & kumen aȝean / to schrifte. *vade *et *amplius *noli
V Godes help ∵ and comen aȝein / to schrifte. *Vade *& *noli *amplius

PART 5   77

A 92v11, V 388ra10
A   *peccare. Ga qð ure   lauerd   to a sunful wummon . & ha/ue
C   *peccare. Ga quod vre   lauerd .   & haue
N   *peccare. Go cweð ure / louerd :⁓   & haue ine
V   *peccare. Go quaþ vr - / lord .   and haue

A 92v12, C 156v, V 388ra11
A   wil   þ   tu nult sungi namare . þus ne easkede   he nan oðer ¶ . sikernesse .
C   wil / þ   þu nult sunege namare . þus ne˜askede /   he nan oðer sikernesse .
N   wille . þet tu nult nammore sunegen . / lo þus ne askede he non oþer sikernesse . /
V   wil . þat þou nult sunge no more . þus askeþ /   he :⁓ non oþer sikernesse . /

A 92v13, V 388ra12
A   Schrift ah to   beon biþoht   biuore .
C   Schrift ach to / beon bi_þocht biforen
N   Schrift ouh for˜to beon biþouht biuoren
V   Schrift ouhte   ben biþouht :⁓ biforen

A 92v14, V 388ra13
A   longe . Of fif þinges   wið þi wit   gedere þine sunnen
C   longe . Of fif þin/ges . wið þin þocht gedere þine sunnen .
N   longe . / of fif þinges . mid þine þouhte gedere þine / sunnen .
V   louge . Of fyue / þinges wiþ þi þou3t :⁓ gedere þyne sunnen .

A 92v15, V 388ra14
A   of   alle þine ealdes . of childhad   of 3uheðe_had   gedere al
C   of / Alle þine ealdes . of child_had   of 3eu3eðe/had . gedere al˜
N   of   al   þin elde . of child_hode . of 3uweðe-/hode . gedere al˜
V   Of   al˜þin / elde .   Of childhod .   of 3ouþe :⁓   gedere al

A 92v16, V 388ra15
A   to_gederes . þrefter   gedere þe studen   þ   tu in wunedest .   ant
C   to_gederes . þer_efter gedere þe / studen þ   þu in wunedest .   &
N   to_gederes . þer_efter : gedere þe stu-/den þet tu wunedest inne . &
V   to_gederes . / þer_after :⁓ gedere þe studen . þat þou in wonedest . And

A 92v17, N 93v, V 388ra16
A   þench 3eorne hwet tu dudest in euch   stude sunderliche
C   þenh   3eorne / hwat þu dudest in euch   stude sunderli/che .
N   þench 3eorne hwat þu / dudest in eueriche stude sunderliche .
V   þenk / 3eorne what þou dudest . in vche   stude diuersliche .

A 92v18, V 388ra17
A   & in euch   ealde . þrefter sech al ut   & trude þine sunnen   bi
C   & in euch   elde .   þer_efter seh al ut   & tr/udde þine sunnen   bi
N   & in eueriche elde . þer/efter sech al ut   & to_trodde þine sunnen . bi
V   & in vch / elde . ¶ þer_aftur sech al out . and trede þyne sunnen :⁓ / bi

A 92v19, V 388ra19
A   þine fif wittes .   þrefter   bi alle þine limen . i hwuch   þu ha/uest
C   þine fif wittes . / þer_efter bi˜alle þine limen . i˜hwich   þu hauest /
N   þine vif / wittes . þer_efter bi alle þe limes þet tu hauest mide / i_suneged . & ine
    hwuche þu hauest

V þi fyue wittes .// þer_aftur . bi alle þi limen ׃ in whuch / þou hast
A 92v20, V 388ra20
A isuneget meast oðer oftest . Aleast sunderliche bi ¶ . dahes & bi tiden .
C isunged mest . oðer oftest . Alest sunder/liche bi daȝes & bi tides .
N mest i_suneged . oðer / oftest . alast sunderliche bi dawes and biˇtiden . /
V I.sunged most and oftest .// Alast ׃ bi dawes . and / bi tyden .
A 92v21, V 388ra20
A NV ȝe habbeð alle ihaued
C Nu ȝeˇhabbeð / alle ihauet
N Nu ȝe habbeð alle iheueð
V N_Ow ȝe habbeþ alle I.had .
A 92v22, V 388ra21
A as ich understonde þe sixtene stucchen þe ich bihét to
C as ich understonde þe .xvi. / stuchen þ̄ ich bihet to
N ase ich understonde þe / sixtene stucchenes . þet ich bihet to
V as Ich vnderston-/de ׃ þe sixtene peecen . þat ich bi_heet to
A 92v23, V 388ra22
A dealen . & alle ich habbe tobroken ham ow míne leoue
C dealen . & alle ich / habbe to_broken ham ow Mine leoue /
N dealen . & alle / ich habbe tobroken ham ou . mine leoue
V delen .// And alle / Ichabbe to_broken hem ow . myne leoue
A 92v24, V 388ra23
A sustren . as me deð to children . þe mahten wið unbroke
C sustren . as me deð to children þe much/ten wið unbroke
N sustren / ase me deð to children þet muhten wið_uten bro-/kene
V sustren . as me / doþ to children .// þat mouhten wiþ vn_broke
A 92v25, V 388ra24
A bread deien on hunger . ah me is þ̄ wite ȝe moni crome
C bread deiȝen of hun/ger . Ach me is þ̄ wite ȝe moni crome /
N breade : deien of hungre . auh me is þet wute / ȝe . moni crume
V bred ׃ dyȝen / an honger . Ac me is þat to wyten .// Ȝif eny Croume
A 92v26, C 157r, V 388ra25
A edfallen . secheð ham & gederið for ha beoð sawle fode .
C edfallen . Secheð ham & gedereð for ha / beoð saule fode .
N etfallen . Secheð & gedereð ham . / uor heo beoð soule uode .
V be/fallen ׃ seecheþ heom . and gedereþ . for heo beoþ soule foo-/de . ¶
A 92v27, V 388ra27
A þulli schrift þ̄ haueð þus þes sixtene stucchen ׃ haueð þe
C þulli schrift þ̄ haueð / þus ˋþes´ fiftene stuchen . haueð
N swuch schrift þet haueð / þus . þeos sixtene stucchenes . haueð þeo
V Such schrift . þat haueþ þus . þeos sixtene peecen ׃ / haþ þat
A 92v28, V 388ra28
A ilke muchele mihten þet ich earst seide . þreo aȝeín þe
C þilke muche/le michten þ̄ ich ear seide þreo aȝein þe /
N ilke mu-/chele mihten þet ich erest spec of . þreo aȝean / ðe

PART 5   79

V   ilke muchele mihte . þat ich furst seide .// þre / a_ȝeyn þe
A 93r01, V 388ra29
A   deouel .   þreo on   us_seoluen . Ant þreo aȝeines þe world . deo/rewurðe
C   deouel   þreo [aȝ]e[in] `on´ us_seoluen .   deore/wurðe
N   deofle . & þreo aȝean   us_suluen .   deorewurðe
V   deuel .// And þreo on   vs_seluen .   ¶ Derwor-/þore
A 93r02, V 388ra30
A   ouer   gold or ⁊ &   ȝimmes of ynde . Mine leoue
C   ofer   golt [h]or[t] &   ȝimmes ouer inde / Mine leoue
N   ouer / alle goldhordes . & ouer alle ȝimstones of ynde . / Mine leoue
V   ouer   goldhord ⁊   or   ȝimmes   of Inde . / MIne leoue
A 93r03, V 388ra31
A   sustren þis fifte dale þe is of schrift ⁊ limpeð to alle men ili/che .
C   sustren þis fifðe dale þ / is of schrift limpeð to alle men ilich . /
N   sustren þeos fifte dole þet is of schrifte / limpeð to alle men i_liche .
V   sustren . þis fyfþe Bok of schrift ⁊ toucheþ / to alle men I.liche .//
A 93r04, V 388ra32
A   for_þi ne wundri ȝe ow nawt . þ ich toward ow nomeli/che
C   For_þi ne wundre ȝe ow naut þ ich to/wart ow nomeliche
N   vor_þi ne awundri / ȝe nout . þet ich touward ou . nomeliche
V   fforþi .   wondre ȝe not ⁊   þat I. / touward ow nomeliche .
A 93r05, V 388ra33
A   nabbe nawt ispeken   i˜þis dale . Habbeð þah to ower biho/ue
C   nabbe naut ispe/ken   i˜þis dale . habbeð þach to ouwer / bihoue
N   nabbe / nout i_speken i˜þisse dole . habbeð þauh to ower / bihoue ⁊
V   nabbe not I.speken   in þis / Bok . ¶ Habbeþ þauȝ to ȝoure bi_houe ⁊
A 93r06, V 388ra34
A   þis lutle leaste ende . of alle cuðe   sunnen . as of prude . of
C   þis lutle leste ende . Of alle / cuðe   sunnen as of prude . of
N   þesne lutle laste ende . of alle kudde & / kuðe sunnen . ase of prude . of
V   þis luytele leest / ende . of alle cunne   suɴnen .// Of Pruyde . Of
A 93r07, V 388ra35
A   great   oðer of heh heorte . of onde . of wreaððe . of slawðe . of
C   great   oðer / of hech heorte . of onde of wraððe of / slauðe . of
N   great heorte . oþer / of heih heorte . of onde . of wreððe . of slouhðe . of /
V   gret   oþer / of heih herte .// Of Envye . ¶ Of wraþþe .// Of Sleu-/þe . ¶ Of .
A 93r08, V 388ra37
A   ȝemeles .   of Idel word . of untohene þohtes .   of sum idel herun/ge .
C   ȝemeles   of idel word . of un/toȝene þochtes   of sum idel herunge /
N   ȝemeleaste .   of idele wordes . of vntowune þouhtes . / of sum idel herunge .
V   Rechelesschupe .// Of Idel þouht . ¶ Of vntou-/ne þouhtes . ¶ Of sum Idel
    herynge .//
A 93r09, V 388ra38
A   of sum fals gleadunge .   oðer of heui murnunge . of ypo/cresie .
C   of sum fals gladunge .   oðer of heui mur/nung . of yprocrisie .

N   of sum uals gledunge .   oþer / of heui murnunge . of ipocrisie .
V   Of sum fals / gladynge .// Oþer of˜heui Mournynge . ¶ Of Ipocrisye . /
A 93r10, V 388ra40, M 344
A   of mete .   of drunch to muchel oðer to lutel . of gruch/unge .
C   of mete &   of drunh / to muchel oðer to lutel . of gruchunge /
N   of mete . &   of / drunche ∶ to muchel . oþer to lutel . of grucchun-/ge .
V   ¶ Of Mete & of drynk ∶ to muchel . oþer to luytel .// Of / Grucchynge .//
A 93r11, C 157v, V 388ra41
A   of grim chére .   of silences ibrokene .   of sitten longe ed
C   of grim chere .   of silence ibroken .   of sit/te longe ed
N   of grimme chere . of silence i_broken .   of / sitten to longe et
V   Of Grim chere . ¶ Of Silence I.broken . /   // Of sittynge to longe in
A 93r12, V 388ra42
A   þurl .   of vres mis_iseide .   wið_ute ȝeme of heorte ∶ oðer ín untí/me .
C   þurle .   of ures mis_iseide /   wið_ute ȝeme of heorte . oðer `in´ untime
N   þurle .   of vres misseide ∶   wið/uten ȝeme of heorte . oþer in untime .
V   Iangle .// Of houres mis-/seide . wiþouten þouȝt of herte ∶ oþur in vn_tyme . ¶
A 93r13, N 94r, V 388ra43
A   of sum fals word .   of sware .   of plohe of ischake lahtre .
C   of / sum fals word .   of swa   of ploȝe . of ischake / lachtre .
N   of sum uals / word .   of sware .   of pleie . of Schorn leihtre .
V   Of sum / fals word .// Of Sware . ¶ Of Plawe .// Of gret lauh-/tre .//
A 93r14, V 388ra45
A   of schede cromen   oðer ale .   of   leote þinges muhelín . Rustín
C   of schede cromen   oðer ale .   of / lete þinges mulin . rustin .
N   of scheden / crumen ∶   oþer ale .   oþer leten þinges muwlen . oþer / rusten .
V   Of schedyng Croumen . oþer ale . ¶ Oþer leten / þinges Moulen . ¶ Rusten .
A 93r15, V388ra46
A   oðer rotien .   claðes unseowet . bireinet . unwesschen . breoke
C   oðer rotin /   claðes unsowe`t´ . bireined unweschen / breoke
N   oðer uorrotien .   cloðes unseouwed . bireined . / oþer unwasschen . ibroken
V   oþer for_Rotyen .// Cloþes / vn_souwet ∶ bi_reynet . vnwasschen .// Breken
A 93r16, V 388ra47
A   nep oðer disch . oðer biseo ȝemeleslíche ei_þíng þ me wið
C   nep oðer disc . oðer bi_seo ȝeme/leslíche ei_þing þ me wið
N   nep ∶ oþer disch . oþer / biseon ȝemeleasliche eni_þing ∶ þet me mide
V   Cuppe / oþer disch . ¶ Oþer ȝemeles_liche schenden eny_þing . þat / me mide
A 93r17, V 388ra49
A   feareð . oðer ahte to˜ȝemen . of keorfunge .   of hurtunge .
C   fareð . oðer / Achte to ȝemen . of keoruing oðer hur/ting .
N   uareð . / oþer ouhte to ȝemen . oþer of keorfunge . oþer of / hurtunge ∶
V   fareþ . oþur ouȝte to kepen .// Of keruynge . oþur / hurtynge .
A 93r18, V 388ra50
A   þurh unbisehenesse . Of alle þe þinges þe beoð i þis riwle .
C   þurch unbiseȝenesse . of alle þe þin/ges þe beoð in˜þis riule

PART 5   81

N   þuruh unbiseinesse . of alle þe þinges /   in þisse riwle .
V   þorw vnbyseȝenesse . Of alle þe þinges . þat / beoþ in þeos Rule .
A 93r19, V 388ra51
A   þe beoð mis_numene . of alle þulliche þing   schriue hire
C   þ beoð mis_nu/mene . of alle þulliche þing schriue / hire
N   þet beoð misȝemed . of alle swuche þin-/ges . schriue hire
V   þat beoþ mis_nomene . Of alle su/che þinges ׃ schriue hire
A 93r20, V 388ra52
A   euche wike eanes ed te leaste . for nan se lutel nis of þeos ׃
C   euche wike eanes ed˜þe leste . for / nan se lutel nis of þeos ׃
N   enes a wike ׃ ette leste . vor nis non / so lutel þing of þeos ׃
V   vche wike . enes atte leste . ffor / non so luyte nis of þeos ׃
A 93r21, V 388ra53
A   þ te deouel naueð enbreuet on his rolle . Ah schrift hit
C   þ þe deouel / naueð ambreued on his rolle . Ach sc/hrift hit
N   ðet þe deouel naueð enbre-/ued on his rolle . auh schrift
V   þat þe deuel en_breueteþ hit / on his rolle ¶ Ac schrift hit
A 93r22, V 388ra54
A   schrapeð   of . & makeð him to   leosen muchel of his hwile .
C   schrapeð   of & makeð him / to leosen muchel of his hwile .
N   screapeð hit of . and / makeð him uorte leosen muchel of his hwule . /
V   schrapeþ of ׃ and makeþ him / to leosen . muchel of his while ./ /
A 93r23, C 158r, V 388ra55
A   Ah al þ schrift ne schrapeð of ׃ al he wule o domes_dei rede
C   Ach al / þ schrift ne schrapeð of . al he wule / an˜domesdei reden
N   auh al þet schrift ne schreapeð nout of ׃ al he wu/le a˜domesdei reden
V   Ac al þat schrift ne / schrapeþ of ׃ al he wole on domes_day . reden
A 93r24, V388ra56
A   ful witerliche forte bicleopie   þe wið . a word ne schal þer
C   ful˜witerliche for˜to / bicleopie þe wið . an word ne schal˜þer /
N   ful readeliche . uorte bicleopi/en þe mide . o word ne schal þer
V   ful witer-/liche . fforte bi_clepen þe wiþ ׃ a . word þer schal not
A 93r25, V388ra57
A   wontín .   Nu þenne   ich reade   ȝeoueð him to writen þet
C   wontin .   Nu þenne   ich reade   ȝeoueð / him to writen þe
N   wonten .   nu þeon-/ne . ich reade . uor˜to ȝiuen him þet
V   wonten . / ¶ Nou Ich rede þenne .   ȝiueþ him to writen ׃ þe
A 93r26, V 388ra58
A   leaste þ ȝe eauer mahen .   for na meoster nis him leouere .
C   leste þ ȝe eauer muȝen /   for nan meoster nis him leouere .
N   leste þet we euer / muwen to writen . vor no mester nis him leouere .
V   leeste / þat ȝe euer mouwen .   for no mester . nis him leuere ./ /
A 93r27, V 388ra59
A   ant hwet_se he writ ׃ beoð umben to schrapien hit of clean/liche .
C   & hwet/se˜he writ .   beoð umben to skrapen hit / of cleanliche .

N   and hwat_se writ ꞉ beoð umbe uorte schreapien hit / of ꞉ clenliche .
V   And / what_so he writ ꞉ beoþ aboute*n* to schrapen hit of clan-/liche .//
A 93r28, V 388ra61
A   wið na_þing ne mahe ȝe   matin hím betere . To euch
C   Wið nan þing ne maȝe / ȝe   maten him betere . to euch
N   mid none þinge ne muwe ȝe ouer-/kumen . ne maten him betere . to eueriche
V   wiþ no_þing ne mowe ȝe ꞉   maten hi*m* bet*ere* . / TO vche
A 93v01, V 388ra62
A   preost mei ancre schriuen hire of swucche utterliche sunnen
C   preost / mei ancre schriuen hire of swich utter/liche sunnen
N   preoste / mei ancre schriuen hire of swuche openliche / sunnen .
V   Preost mai ǎncre schriue*n* hire of suche ot/turliche su*n*nen ꞉
A 93v02, V 388ra63
A   þe to alle   bifalleð . Ah ful trusti   ha schal beon o þe preostes
C   þe alle   biualleð . Ach ful / trusti   haˇschal beon on þe preostes
N   þet to alle men biualleð . auh ful trusti / & ful siker heo schal beon of þe preostes
V   þat alle   bi_falleþ .// Ac ful trusti /   heo schal ben . o þe prestes
A 93v03, V 388ra64
A   godlec .   þ ha allunge schaweð to . hu hire stonde abute fles/ches
C   god/lec   þ heo allunge schawi to huˇhire / stonde abuten flesches
N   godnes-/se . þet heo allunge scheaweð to ꞉ hu hire stont / abuten vleschliche
V   goodnesse ꞉ þat heo allynge / schewe to . hou hire stonde a_boute flessches
A 93v04, V 388ra65
A   temptatiuns .   ȝef ha is swa   ifondet . bute   iˇdeaðes dute . þus
C   temptaciuns . /   ȝef ha is swa   ifonded bute   inˇdeaðes / dute . þus
N   tentaciuns ꞉ ȝif heo ham haueð . / oðer ȝif heo is mid ham ivonded . bute ȝif hit
    beo / ine deaðes dute . þus
V   fondynge . /   ȝif heo is so   I.fondet . bote   in deþes doute ¶ þ*us*
A 93v05, V 388ra66
A   þah me þuncheð   þ ha mei seggen . Sire flesches fondunge
C   þach me þuncheð   þ ha mei / seggen . Sire flesches fondunges
N   þauh me þuncheð ꞉ þet heo / mei siggen . Sire . vlesches fondunge
V   þauȝ / me þinkeþ ꞉ þat heo may siggen .// Sire fflesches fon/dynge
A 93v06, C 158v, V 388ra68
A   þ ich habbe   oðer habbe ihaued ꞉ geað to uorð up_o me þurh
C   þ / ich habbe oðer habbe ihaued geð to / forð up_on me þurch
N   þet ich hab/be . oðer habbe i_heued ꞉ goð to uorð upe me . / þuruh
V   þ*at* ichabbe . oþur habbe I.haad ꞉ goþ to fer vppo*n* me . / þorw
A 93v07, N 94v, V 388ra69
A   mi þeafunge . Ich am ofdred   leste ich ga dríuínde oðerhwiles
C   min þafunge . Ich / am of_dred leoste ich ga driuinde oð/er_hwiles
N   mine feblete . ich am ofdred . leste i go / driuinde oþerhules
V   my likynge . Ichˇam a_dred   lest I. go driuynde oþ*ur*whi/les
A 93v08, V 388ra70
A   to swiðe forðward mine fol þohtes . & fule umbe_stunde . as

PART 5   83

C   to swiðe forðwart   mine fol þo/chtes .   & fule umbe_stunde . As
N   to swuðe uorðward ׃ upe fole / þouhtes . and fule umbestunde . ase
V   to swiþe forþwardes myne fool þouȝtes . And foule / vnbi_seoinde . as
A 93v09, V 388ra71
A   þah ich huntede efter licunge .   Ich mihte þurh godes streng/þe
C   þach hit / huntede efter licunge . Ich muchte þurch / godes strengðe
N   þauh ich hun-/tede efter likunge . Ich muhte þuruh godes /
V   þauȝ ich hontede after likynge .// I. / mouhte þorw godes strengþe ׃
A 93v10, V 388ra72, M 346
A   schaken ham ofte of me ׃ ȝef ich were cwicliche & stealew/urðliche
C   schaken ham ofte of / me . ȝef ich were cwicliche & stalewurð/liche
N   ofte of me ׃ ȝif ich were cwicliche & staleward-/liche
V   schaken hem ofte of / me. Ȝif ich weore quikliche . and stalworþliche
A 93v11, V 388ra73
A   umben . Ich am offearet sare   þ te delit i˘þe þoht
C   umben . Ich am of_feared sare / Leoste þe delit i˘þe þocht
N   umbe . Ich am offered sore   leste þe delit in þe / þouhte ׃
V   abouten . / Ich˘am a_fert sore ׃ þat þe dylit I. þe þouȝt .
A 93v12, V 388ra74
A   leaste to longe ofte . swa þ hit cume neh skiles ȝettunge . Ne
C   leste to / longe ofte . swa þ hit cume nech ski/les ȝettunge . Ne
N   leste to longe ofte . so þet hit kume neih / skiles ȝettunge . Ich ne
V   laste to longe / ofte . So þat hit come neih ׃ desyringe of herte . Ne
A 93v13, V 388ra75
A   dear ich   þ ha deopluker   ne witerluker schriue hire to
C   dear ich   þ ha deop/luker ne witerluker schriue hire to /
N   der   nout þet heo deoplu-/ker   schriue hire to
V   dar / ich . þat heo deoploker . ne witerloker schriue hire ׃ to
A 93v14, V 388ra76
A   ȝung preost her_abuten . Ant ȝet of þis inohreaðe hím
C   ȝeung Preost her_abuten
N   ȝunge preostes her_abuten . /
V   ȝonge / prestes heer_abouten .// And ȝit of þis ׃ hem
A 93v15, V 388ra77
A   walde þunche   wunder . Ah to hire ahne schrift_feader . oðer
C   Ach to hi/re achne schrift_fader oðer
N   auh to hire owune schrift_feder . oþer
V   wolde þunche / muche wonder . Ac to hire owne schriftfader . Oþer
A 93v16, V 388ra78
A   to sum   lif_hali mon   ȝef ha mei him habben ׃ culle al þe
C   to sum /   lif_hali mon   ȝef ha mei him habben / culle as þe
N   to summe / oþre lifholie monne . ȝif heo mei hine habben ׃ / kulle al
V   to / sum   lyf_holy Mon . ȝif heo may him habben ׃ cul al þe
A 93v17, V 388ra79
A   pot ut .   þer   speowe ut al þ wunder . þer_wið fule wordes þ

C   pot ut .   þer speowe ut al / þ wunder þer_wið fule wordes þ
N   ut þet is i˘ðe krocke . þer heo schal speo-/wen ut al þet wunder . þer_mid fule
    wordes þet /
V   pot / out .   þer scheuȝ out al þi wrecchednesse . wiþ al þe foule / wordes . þi
A 93v18, V 388ra80
A   fulðe efter þ hit is tuki al to˘wundre . swa þ ha drede þ ha
C   fulðe / efter þ hit is tuke al˘to wunder . swa þ / ha drede þ ha
N   fulðe efter þet hit is ∶ tukie al˘to wundre . so þet / heo drede . þet heo
V   fulþe after þat hit is .   So þat he drede . þat heo
A 93v19, V 388rb01
A   hurte his earen   þ hercneð hire sunnen .   ȝef ei ancre   nat
C   hurte his earen þ herc/neð hire sunnen .   ȝef ei ancre   nat /
N   hurte his earen ∶ þet hercneð / hire sunnen . and ȝif eni ancre is . þet not
V   hur-/te his eren . þat herkneþ hire sunnen .//   Ȝif eny ancre   not
A 93v20, C 159r, V 388rb02
A   nawt of þulliche þinges ∶ þonki ȝeorne iesu crist ∶ & halde
C   naut of þulliche þinges . þonke ȝeor/ne Iesu crist . & halde
N   nout / of swuche þinges ∶ þonke ȝeorne iesu crist ∶ & / holde
V   nouȝt . / of suche þinges ∶ þonk ȝeorne   crist . & hold
A 93v21, V 388rb03
A   hire i drede . Þe deouel nis   nawt dead ∶   þ wite ha þah he slepe .
C   hire i˘drede . þe / deouel nis [nis] naut dead . þ wite ha / þach he slepe .
N   hire ine drede . þe deouel nis   nout dead ȝete / þet wute heo ∶ þauh he slepe .
V   hire in drede . / þe deuel nis   not ded ∶   þauȝ þat he slepe . /
A 93v22, V 388rb05
A   Lihte gultes beteð þus anan   bi ow_seoluen . & þah seggeð
C   Lichte gultes beteð / þus anan_rich   bi ow_seoluen . & þach seg/geð
N   Lihte gultes beteð þus anonriht   bi ou_suluen . and / þauh siggeð
V   Lihte gultes beeteþ hem a_non_riht ∶ bi ou_seluen . And / þauh siggeþ
A 93v23, V 388rb06
A   ham i schrift hwen ȝe þencheð ham on   as ȝe speokeð mid
C   ham in˘schrift hwen ȝe þencheð / ham on   as˘ȝe speokeð mid
N   ham ine schrifte hwon ȝe þencheð / of ham . ase ȝe spekeð mid
V   hem in schrift . whon ȝe þenken heom on ∶ / as ȝe spekeþ wiþ
A 93v24, V 388rb07
A   preoste . for þe leaste of alle sone se ȝe underȝeoteð hit ∶ falleð
C   preoste . for˘þe / leste of alle son se vnder_ȝeoteð hit / falleð
N   preoste . vor ðe leste of al/le . so sone so ȝe underȝiteð hit : ualleð
V   preoste ¶ ffor þe leste of alle . as˘soone as ȝe / vnderstondeþ hit ∶ falleþ
A 93v25, V 388rb08
A   biuoren ower weoued o cros to þer eorðe .   & seggeð *mea *culpa .
C   biforen ower weoued an˘cros to / þe eorðe   & seggeð *mea *culpa .
N   biuoren / ower weouede a creoiz to ðer eorðe . & siggeð *mea / *culpa .
V   bi_foren or weued . on cros to þat / eorþe . and sigge *mea *culpa ∶

PART 5   85

A 93v26, V 388rb09
A   Ich gulte mearci lauerd .   þe preost ne þearf for na gult bute
C   Ichˇgul/te merci Lauerd .   þe Preost ne þarf for / nan gult bute
N   Ich agulte louerd merci .   þe preost ne þerf / uor none gulte bute ȝif
V   Ich gulte . Merci lord .// þe / preost ne þarf for no gult . but

A 93v27, V 388rb10
A   hit beo þe greattre ⸵ leggen oþer schrift on ow ⸵   þen þ lif þ ȝe
C   hit beo þe grettere leg/gen oðer schrift on ow . [þ] ˋþen' þe lif þ ȝe /
N   hit beo þe grettre ⸵ leg/gen oþer schrift on ou ⸵   þen þet lif ðet ȝe
V   hit beo þe grettore ⸵ leg/gen oþur penaunce on ow ⸵ þen þe lyf þat ȝe

A 93v28, V 388rb11
A   leadeð efter þeos riwle . Ah efter þe absolutiun ⸵ he schal þus seg/gen .
C   leadeð efter þis riule .   Ach efter þe abso/luciun he schalˇþus seggen .
N   ledeð ⸵ / efter þisse riwle . auh efter þe absoluciun he schal / siggen .
V   ledeþ . aftur þeos / rule . ¶ Ac after þe absolucion ⸵ he schal þus siggen . /

A 94r01, V 388rb12
A   Al þ god þ tu eauer dest .   & ˋal' þ vuel þ tu eauer þolest
C   Al þe good / þ þu eauer dest . & al þe uuel þ þuˇeauer   þo/lest
N   al þet god þet tu euer dest .   & al þet vuel þet / tu euer   þolest
V   Al þe good . þat þou euer deest . and al þe vuel þat þou euer þolest . /

A 94r02, V 388rb14
A   for þe luue of iesu crist inwið   þine ancre wahes ⸵ al ich en/goíní
C   for þe luue of Iesu crist inwið   þin / ancre wawes . al ich an_geonni
N   uor ðe luue of iesu crist wiðinnen / þine ancre wowes . al ich on_iunne
V   for þe loue of Iesu crist . inwiþ þin ancre wowes ⸵ al Ich en-/ioyne

A 94r03, N 95r, V 388rb15
A   þe .   al ich legge up_o þe i   remissiun of þeose . & i forȝe/uenesse
C   þe . al / ich legge up_on þe in remissiun of þeo/se & inˇforȝeouenesse
N   þe . & al ich leg/ge uppe ðe ine remissiun of þeos . & inˇremissiun . & in uor-/
    ȝiuenesse
V   þe . al ich legge vppon þe . in remission of þeose . / and in forȝiuenesse ⸵

A 94r04, C 159v, V 388rb16
A   of alle þine sunnen . Ant þenne sum lutlesˇihweat
C   of alle þine sunnen / & þenne sum lutles hwet
N   of alle þine sunnen . and þeonne sum lutel - / hwat
V   of alle þyne sunnen . And þenne sum / lutles what .

A 94r05, V 388rb17
A   he mei leggen up_on ow . as a salm oðer twa . Pater_nostres . auez
C   mei he seggen / on ow as anˇsalm oðer twa . Pater_nosteres oðer / Auez
N   he mei leggen on þe ⸵ oþer on ou . ase enne salm . / oþer two pater_nostres . ten
    aue maries .
V   he may leggen on ow . as a psalm . oþur two . / Pater_nostres . & auees ⸵

A 94r06, V 388rb18
A   tene oðer tweolue . Disciplines . echi to ⸵ ȝef him swa þuncheð .
C   tene oðer tweolue . diciplines eche / to   ȝef him swa þuncheð .

N   oðer tweolue . / disceplines echen to : ȝif him so biþuncheð .
V   ten oþur twelue . Disciplynes eke / to . ȝif him so þunches .//
A 94r07, V 388rb19
A   efter þe totagges   þe beoð iwriten þruppe : he schal þe sun/ne
C   efter þe totagges   /   þe beoð iwrite þruppe . he schal þe sunne /
N   efter þe / circumstaunces þet beoð iwriten þer_uppe : he schal / þe sunne
V   After þe Braunche   þat beoþ / I.writen þruppe : he schal þe sunnen
A 94r08, V 388rb20
A   demen mare oðer leasse . A sunne ful forȝeuelich .   mei
C   demen mare oðer lesse . An˘sunne ful for/ȝeoueliche mei
N   demen more oðer lesse . o sunne uorgiue-/lich .   mei
V   deeme . more oþur - / lasse .// A . sunne ful forȝiuelich .   may
A 94r09, V 388rb21
A   wurðe ful deadlich þurh   sum uuel totagge   þe lið þer bi/siden .
C   wurðe ful deadlich þurch / sum uuel totagge   þ lið þear bisiden /
N   beon ful deadlich : þuruh sum vuel circum-/staunce : þet lið þer abuten . /
V   worþen ful dedlich :/ þorw sum euel braunche .   þat lyþ þer bi_syden . ¶
A 94r10, V 388rb22, M 348
A   Efter schrift   falleð to speoken of penitence . þ is dead/bote .
C   Efter schrift falleð to speoken of penitance / þ is deað_bote
N   Efter schrifte : hit falleð to speken of penitence :/ þet is dedbote .
V   After / þe schrift . falleþ to speken of penaunce . þat is ded_boote . /
A 94r11, V 388rb23
A   ant swa we habbeð inȝong ut of þis fifte dale : in/to
C   & swa we habbeð inȝeong / ut of þis fifte dale   into
N   & so we   habbeð inȝong ut of þisse / vifte dole : into
V   And so we habbeþ in_ȝong . out of þis fyfþe Book :/ in_to
A 94r12, V 388rb24
A   þe Seste .
C   þe seste . /
N   þe sixte dole . /
V   þe sixte . /

PART 6

A 94r13, V 388rb25
A   Al is penitence .
C ¶ her biginneð þe seste dale of penitance AL˘is penitence
N   Al is penitence .
V   Al . is penau*n*ce .

A 94r14, V 388rb25
A ant strong penitence
C & strong peniten/ce
N & tet strong penitence :
V And strong penaunce .

A 94r15, V 388rb26
A þet ȝe eauer dreheð mine leoue sustren .
C þ ȝe eauer dreȝeð mine leo/ue sustren .
N þet ȝe euer / drieð ː mine leoue sustren .
V þ*at* ȝe euer - / driȝeþ ː myne leoue sustren .

A 94r16, V 388rb27
A Al þet ȝe eauer doð of god . Al þ ȝe þoli/eð
C Al þ ȝe eauer doð of / god . al˘þ ȝe þolieð
N and þet ȝe euer doð / of god . & al þet ȝe þolieð . al
V Al þ*at* ȝe euer doþ / in goode . al þ*at* ȝe þoleþ ː

A 94r17, V 388rb28
A is ow martirdom i se derf ordre . for ȝe beoð niht &
C is ow mar/tindom in swa derf oardre . for ȝe beoð nicht / &
N is ou uor martrdom ː / ine so derful ordre . vor ȝe beoð niht &
V is ow martirdom . in þe / harde ordre .// ffor ȝe beoþ niht *&*

A 94r18, V 388rb29
A dei up_o godes rode . bliðe mahe ȝe beon þrof . for as seín/te
C dei upon godes rode . bliðe muȝe ȝe / beon þrof . for as seinte
N dei upe godes ro/de . bliðe muwe euer beon þerof . vor ase seinte
V day ː vppon go-/des Roode .// Bliþe mowe ȝe ben þerof ¶ ffor as seint /

A 94r19, V 388rb30
A pawel seið . *Si *compatimur ː *conregnabimus . As ȝe scot/tið
C Pawel seid *Si˘*com/patimur *conregnabimus . As ȝe scotteð
N powel / seið . *Si *compatimur ː *et *conregnabimus . ase ȝe schotteð
V Poul seiþ . *Si *co*m*patim*ur* ː *conregnabim*us* . As ȝe scotteþ

A 94r20, C 160r, V 388rb31
A wið him of his pine on eorðe ː ȝe schule scotti wið
C mid / him . of his pine on eorðe & ȝe schule scotte / wið
N mid / him of his pine on eorðe ː also ȝe schulen scotten mid /
V wiþ / him . of his pyne on eorþe ː so ȝe schul scotten w*i*þ

A 94r21, V 388rb32
A   him of his blisse in heouene . for þi seið seinte pawel . *Michi
C   him of his blisse in˘heouene . for þi˘seið / seint˘pawel . *Michi
N   him of his blisse ine heouene . vor þi seið seinte powel . / *Michi
V   him . / of his blisse in heuene . fforþi seiþ seint Poul . *Michi /
A 94r22, V 388rb34
A   *absit *gloriari *nisi *in *cruce *Dominí *mei *iesu *christi . Ant hali chirche
C   *absit *gloriari *nisi *in˘*cruce *domini / *mei *Iesu *cristi . & hali chirche
N   *absit *gloriari *nisi *in *cruce *domini *nostri *iesu *cristi .
V   *autem *absit *gloriari *nisi *in *cruce *domini *nostri *Iesu *cristi . And / holi
    chirche
A 94r23, V 388rb35
A   síngeð . *Nos *opportet *gloriari *in *cruce *dominí *nostri *iesu *christi . Al ure
C   singeð . *Nos *oportet / *gloriari *in˘*cruce *domini *nostri . Al ure
N   al ure
V   singeþ . *Nos *oporteþ *gloriari *in *cruce *domini *nos-/tri *iesu *cristi . Al vre
A 94r24, V 388rb36
A   blisse mot beon i iesu cristes rode . þis word nomeliche límpeð
C   blisse mot / beon in Iesu cristes rode .
N   blisse mot beon / in iesu cristes rode . þis word nomeliche : limpeð
V   blisse ⁊ mot ben in Iesu cristes Rode . / þis word nomeliche ⁊ toucheþ muche
A 94r25, V 388rb37
A   to recluses . hwas blisse ah to beon allunge i godes rode . Ich
C   Ichulle
N   to an-/cren . hwas blisse ouh for˘to beon allunge ine godes / rode . Ich
V   to ancres . whos - / blisse ouhte ben ⁊ euere in Godes Roode .// Ichulle
A 94r26, V 388rb38
A   chulle biginnen herre . & lihten swa herto . neomeð nu go/de
C   biginnen / herre & lichte swa þer to . Nimeð nu˘gode /
N   chulle biginnen of˘herre ⁊ & lihten so þerto . / nimeð nu gode
V   bi ginnen / herre ⁊ and lihte so her to . ¶ Nimeþ nou goode
A 94r27, V 388rb39
A   ȝeme . for al meast is seín Beornardes sentence .
C   ȝeme . for al mest is seint beornardes sen/tence .
N   ȝeme . vor hit is almest seint beornar des sentence . /
V   ȝeme / for almost is ⁊ seint Bernardes sentence . /
A 94r28, V 388rb40
A   þreo manere men of godes icorene líuíeð on eorðe . þe
C   þreo Manere   of godes icorene / liuieð on eorðe . þe
N   þreo manere   of godes i corene ⁊ / beoð on eorðe . þe
V   þreo Manere of Men ⁊ God loueþ on eorþe .// þe
A 94v01, V 388rb41
A   ane mahe beon to gode pilegrimes ieuenet . þe oþre ⁊ to dea/de .
C   an muȝe beon to gode / Pilegrimes ieuened . þe oðre to deade . /
N   one muwe beon i efned to gode / pilegrimes . þe oþre ⁊ to deade .

V on / mowen ben ⁖ to Godes pilgrimes I.euenet . ¶ þat oþur ⁖ / to dede .//

A 94v02, V 388rb43

A Þe þridde to ihongede wið hare gode wil o iesuse rode .
C þe þridde `to´ ihonged wið hare gode wil on / Iesues rode .
N þe þridde ⁖ to i_hongede / mid hore gode wille ⁖ o iesu cristes rode .
V þe þridde ⁖ I.hongede wiþ heore gode wil ⁖ / on Iesu cristes Roode . ¶

A 94v03, V 388rb44

A Þe forme beoð gode . þe oþre beoð betere . Þe þridde best of ¶ . alle .
C þe forme beoð gode . þe oðre / beoð betere . þe þridde best of alle .
N þe uorme ⁖ / beoð gode . þe oþre ⁖ beoð betere . þe þridde ⁖ beoð best of alle . /
V þe ffurste ⁖ beoþ gode .// þe / oþere ⁖ beoþ betere . ¶ þe þridde ⁖ beoþ best of alle . /

A 94v04, N 95v, V 388rb45

A To þe forme gredeð seinte peter inwardliche .
C To / þeˇforme gredeð seinte peter inwardliche . /
N To þe uorme gredeð seinte peter inwardliche ⁖ and / seið .
V To þe ffurste ⁖ criȝeþ seint peter inwardliche .

A 94v05, V 388rb46

A *Obsecro *uos *tanquam *aduenas *& *peregrinos *ut *abstineatis *uos
C *Obsecro *uos *tanquam *aduenas *& *peregrinos *ut / *abstineatis *uos
N *obsecro *uos *tanquam *aduenas *& *peregrinos *ut *absti/neatis *uos .
V *Obsecro / *uos *tanquam *aduenas *& *peregrinos *ut *abstineatis / *uos

A 94v06, V 388rb48

A *a *carnalibus *desideriís *que *militant *aduersus *animam . Ich hal/si
C *aˇ*carnalibus *que *militant *ad/uersus *animam . Ich halsi
N *a . *carnalibus *desideriis *que *Militant *aduersus *animam . Ich halsie
V *a *carnalibus *desideriis *que *militant *aduersus *ani/mam . Ich halsen

A 94v07, V 388rb48

A ow he seið as elþeodie & pilegrimes . þ ȝe wiðhalden ow
C ow heˇseið as þeodi / & pilegrimes . þ ȝe wið_halden ow
N ou he seið seinte / peter . alse unkuðe . & pilegrimes . þet ȝe wið_hol/den ou
V ow ȝe pilgrimus . þat ȝe wiþholden ow - /

A 94v08, C 160v, V 388rb50

A from fleschliche lustes þe weorrið aȝeín þe sawle . þe gode
C from / fleschliche lustes . þe weorreð oa þe saule . þe / gode
N from vlesliche lustes . þet weorreð aȝean / ðe soule . þe gode
V from fleschliche lustes . þat werreþ aȝeyn þe soule .// / // þe goode

A 94v09, V 388rb51

A pilegrim halt eauer his rihte wei forðward . þah he seo oðer
C pilegrim halt eauer his richte wei forð/ward þach he seo oðer
N pilegrim halt euer his rihte wei uorð-/ward . þauh he i_seo . oþer
V pilgrim . halt euere þe rihte wey forþward . / ¶ þau he seo . oþer

A 94v10, V 388rb52

A here idele gomenes & wundres bi þe weie ⁖ he ne edstont
C here ydele gome/nes wundres biˇþe weie . he ne ed_stont /
N ihere i_dele gomenes & / wundres biˇðe weie ⁖ he ne et_stont

V I.here idel gomenes . and wondres / bi þe weye ⁀ he ne stunt
A 94v11, V 388rb53, M 350
A   nawt as foles doð ⁀ ah halt forð his rute & hiheð toward
C   naut ase foles doð . ach halt forð his ru/te & hiȝeð towart
N   nout ase foles doð . / auh halt forð his rute . & hieð toward
V   not as fooles . ac halt forþ his / wey . & hyȝeþ touward
A 94v12, V 388rb54
A   his giste . he ne bereð   na gersum   bute his speonse gnedeli/che .
C   his giste . he ne bereð /   nan gersume bute his speonse gnedeliche /
N   his giste . ne he / ne bereð   no garsum   bute gnedeliche his spense .
V   his gyste ./ / He ne bereþ   no tresor ⁀ /   bote his spence scarsliche .
A 94v13, V 388rb55
A   ne claðes   bute ane þeo þ him to neodeð .   þis beoð hali
C   ne claðes   buten ane þeo þ him to nedeð /   þis beoð hali
N   ne / cloþes nouðer . bute one þeo ⁀ þet he haueð neode to . / þis beoð holie
V   Ne cloþes   bote þulke ⁀ þat / him to neodeþ .// þeos beoþ holy
A 94v14, V 388rb56
A   men þe þah ha beon i þe world ⁀ ha beoð þrin   as pilegrimes .
C   men þ þach ha˜beon i˜þe / world . ha˜beoð þrin   as pilegrimes .
N   men . þet þauh heo beon i˜ðe worlde . / heo beoð þerinne . ase pilegrimes .
V   men .// þat þauȝ heo / ben i þe world ⁀ heo beoþ þerin   as pilgrimes .
A 94v15, V 388rb57
A   & gað wið god liflade toward te riche of heouene . & seggeð
C   & gað wið / good lifladen towart   þe riche of heoue/ne . & seggeð
N   & goð mid go/de liflode touward   þe riche of heouene . & siggeð /
V   And goþ wiþ / gode lyflode ⁀ touward þe blisse of heuene . & siggeþ /
A 94v16, V 388rb58
A   wið þe apostle . *Non *habemus *hic *manentem *ciuitatem ⁀ *set
C   wið þe apostel . *Non *habemus / *hic *manantem *ciuitatem *sed
N   mid þe apostle . *non *habemus   *hic *manentem *ciuita-/tem *sed
V   wiþ þe apostle . *Non *habemus *hic *ciuitatem *manentem . / *set
A 94v17, V 388rb60
A   *futuram *inquirimus . þ is . nabbe we na wununge her ⁀ ah we sech .
C   *futuram *inquirimus . þ is / nabbe we nan wununge her   ach we se/cheð
N   *futuram *inquirimus . þet is . nabbe we none wununge / her . auh we secheð
V   *futuram *inquirimus . þat is . nabbe we no wonynge / her ⁀ ac we secheþ
A 94v18, V 388rb61
A   eð oþer .   beoð bi þe leaste þ ha   mahen . ne ne haldeð na ta/le
C   oðer .   Beoð bi þe leste þ ha   muȝen / & ne haldeð na tale
N   oþer wununge . and beoð bi / leste þet heo euer muwen . ne heo habbeð ne ne hol-/
      deð none tale
V   oþure .   Beoþ bi þe leste þat heo mowen . / And holdeþ no tale .
A 94v19, V 388rb62
A   of na worltlich froure ⁀ þah ha beon i worltlich wei as ich
C   of nan worldlich / froure . þach ha˜beon in worldlich wei / as ich

N   of none worldliche uroure . þauh / heo beon i_ne worldliche weie . ase ich
V   of no worldlich cumfort . þauh heo ben / in worldlich wey ּ as ich
A 94v20, V 388rb63
A   seide   of pilegrim . ah habbeð   hare heorte eauer toward heo/uene .
C   seide   of pilegrim . Ach habbeð hare / heorte eauer towart heouene
N   seide er of pi/legrimes . auh habbeð hore heorte . euer touward / heouene .
V   seide   of pilgrim .// Ac habbeþ   heore / herte ּ euer touward heuene .
A 94v21, C 161r, V 388rb64
A   & ahen   wel to habben .   for oðer pilegrimes gað   muche
C   & ach3en wel / to habben .   for oðer pilegrimes gað in˜muche /
N   & owen   wel uorte habben . vor oþre pile/grimes goð mid
V   & ou3te wel to habben . / ¶ ffor oþur pilgrimus .   goþ mid muche
A 94v22, V 388rb65
A   swinc   to sechen ane sontes   banes   as seín Iames oðer seín
C   swinc   to sechen ane sontes   banes . ase seint / Iames oðer seint
N   swinke uorte sechen one holie / monnes bones . ase sein iames . oðer sein
V   swynk . to sechen a / seyntes   bones .// As seint Iames . Oþur seint
A 94v23, V 388rb66
A   giles . Ah þeo pilegrimes þe   gað toward heouene ּ ha gað
C   giles . Ach þeo pilegrimes þe gað towart heouene   ha gað
N   giles . auh / þeo pilegrimes þet goð touward heouene . heo goð /
V   Gyles . / ¶ Ac þe pilgrimus . þat goþ touward heuene ּ heo goþ
A 94v24, V 388rb67
A   to   beon isontet .   & to finden godd seolf & alle his hali halh/en .
C   to   beon isont/eð . & to finden god seolf & alle hise halie / hale3en .
N   forte beon isonted .   & forte i_uinden god sulf ּ & al/le his holie halewun
V   to   ben / I.seyntet . And to fynde God self . & alle his holy halewen ּ /
A 94v25, V 388rb68
A   líuíende i blisse . & schulen líuíen   wið hím i wunne bu/ten
C   liuinde in blisse & schule liuen   wið / ham i˜wunne world buten
N   libbinde ine blisse . & schullen / libben mid ham ine wunne euer wið_uten
V   liuinde in blisse . And schule   liue   wiþ him ּ   euer wiþ_outen
A 94v26, V 388rb69
A   ende . Ha ifindeð iwis   seín Iulienes ín . þe wei_fearinde
C   ende . heo ifindeð / iwis   seint Iulienes in . þ weifarinde
N   ende. heo / i_uindeð iwis ּ sein iulianes in ּ þet weiuerinde
V   en-/de .// Heo findeþ I.wis ּ seint Iulianus in . þat weiferinde
A 94v27, N 96r, V 388rb69
A   men 3eornliche bisecheð . NV beoð þeose gode . ah 3et beoð
C   men / 3eorne bisecheð . þu˜beoð þeose gode / ach 3et beoð
N   men 3eorne   secheð . / Nu beoð þeos gode . auh 3et / beoð
V   men 3erne   bisecheþ . / NOw beoþ þeos goode . Ac 3it beoþ
A 94v28, V 388rb71
A   þe oþre   betere . for allegate pilegrimes as ich ear seide   al gan
C   þoðre   betere . for allegate / Pilegrimes as ich ear seide   al˜gan

N þe oðre betere . vor allegate ase ich er seide . pile-/grimes al gon
V þe oþure ⸾ bettere . / ffor algate pilgrim*us* as ich er˘seide . Al gon
A 95r01, V 388rb72
A ha eauer forðward . ne   bicumen   burhmen   i˘þe worldes burh ⸾
C ha eauer for/ðwart ne   bicumeð ha   burchmen i˘þe wor/ldes burch .
N heo euer forðward . ne ne   bikumen nout / buruhmen i˘ðe worldes buruh .
V heo eu*er* / forþward . ne ne doþ bicomen Borw3men . in þe world*us* / Borw3 ⸾
A 95r02, V 388rb74
A ham þuncheð sum chearre god of þ ha seoð bi weie . ant ed/stuteð
C ham þuncheð sum˘chere   god / of þ ha˘seoð bi˘weie & stutteð
N ham þuncheð þauh . / summe cherre god ⸾ of þet heo iseoð bi˘ðe weie . & etston-/
   deð
V hem þuncheþ   ofte*n* good . of þat heo seoþ bi weie . / And at_stondeþ
A 95r03, V 388rb75
A sumdeal ⸾ þah ha ne don mid alle . & moní þing ham
C sum_del þach / ha ne do mid alle . & moni þing ham
N sumdel ⸾ þauh heo ne don mid alle . & moni þing / ham
V su*m*del ⸾ þau3 heo ne don mid alle . And / mony þing hem
A 95r04, V 388rb76
A falleð to ⸾ hwer_þurh ha beoð ilette . swa þ mare hearm is . sum
C falleð / to hwar_þurch ha˘beoð ilette . swa þ ma/re harm is   sum
N ualleð to . hwar_þuruh heo beoð i_lette . so þet mo/re herm is . sum
V falleþ to ⸾ wherþorw3 heo beoþ i_lette . / So þat more harm is ⸾ su*m*me
A 95r05, V 388rb77
A kímeð leate hám ⸾ sum neauer mare . Hwa is þenne skerre ⸾ &
C kimeð lete ham   sum / neauer mare . hwa˘is þenne sckerre &
N kumeð lete hom . & sum neuer˘more . hwoa / is þeonne skerre &
V comeþ late hom . & su*m*me / neuer more .// who is þe*n*ne skerre . and
A 95r06, C 161v, V 388rb78
A mare ut of þe world þen pilegrimes ?   þ is to seggen . þen þeo
C ma/re ut of þe worlt   þenne pilegrimes ⸾   þ˘is / to seggen þen þe
N more ut of þe worlde . þen beoð / pilegrimes ? þet is to siggen . þen þeo
V more out of þe / world . þen pilgrim*us* .// þat is to siggen . þen þe
A 95r07, V 388rb79
A men þe habbeð worltlich þing . & ne luuieð hit nawt ⸾ ah 3eo/ueð
C men þe habbeð worldlich þing / & ne luueð hit naut . ach 3eoueð
N men . þet habbeð / worldlich þing . & ne luuieð hit nout . auh 3iueð
V men þ*at* / habbeþ worldlich þing ⸾ and ne loueþ hit not .// Ac 3iueþ /
A 95r08, V 388rb80
A hit as hit   kimeð ham . & gað untrusset lihte as pilegri/mes
C hit as hit / [as] kimeð ham . & gað untrusset . lichte ase˘pi/legrimes
N hit / ase hit   kumeð ham . & goð untrussed lihte . ase pilegrimes /
V hit as hit   comeþ hem . & geþ vntrusset lihte ⸾ as pilg*ri*m*us* /
A 95r09, V 388va01
A doð toward heouene . Hwa beoð betere þene þeos ? Godd

PART 6   93

C   towart heouene . hwaˇbeoð betere þen/ne þeos ⁊ god
N   touward heouene . hwoa beoð betere þen   þeos ? God hit /
V   doþ toward heuene .// who beoþ betere þen   þeos ? God
A 95r10, V 388va02
A   wat þeo beoð betere . þe þe apostle spekeð to . & seið in his epist/le .
C   wat þeo beoð betere þe þe apost/el spekeð to & seið inˇhis pistel .
N   wot þeo beoð betere ⁊ þet ðe apostle spekeð to . & seið / in his pistle .
V   wot / þeos beoþ betere . þat þe a_postle spekeþ of . & seiþ in his pistel . /
A 95r11, V 388va03
A   *Mortuí *estis *& *Vita *uestra *abscondita *est . *cum *christo *in *deo . *Cum
C   *Mortui *estis / *& *uita *uestra *abscondita *est *cum *cristo *inˇ*deo . *cum
N   *Mortui *estis *& *uita *uestra *abscondita *est *cum *christo / *in *deo . *cum
V   *Mortui *estis . *& *vita *vestra *abscondita *est *cum *christo *in *deo . *Cum /
A 95r12, V 388va04
A   *autem *apparuerit *uita *uestra ⁊ *tunc *& *uos *apparebitis *cum *ipso
C   *autem *apar/uerit *uita *uestra . *tunc *& *uos *aparebitis *cum *domino
N   *autem *apparuerit *uita *uestra . *tunc *& *uos *apparebi/tis *cum *eo
V   *autem *apparuerit *vita *vestra *tunc *& *vos *apparebitis *cum *eo
A 95r13, V 388va05, M 352
A   *in *gloria .   ʒe beoð deade & ower lif is ihud mid criste . Hwen he
C   *inˇ*gloria . /   ʒe beoð deade & ower lif is ihut mid crist . hw/en he
N   *in *gloria .   ʒe beoð deade . & ower lif is i_hud mid / criste . hwon he
V   *in / *gloria . þat is . ʒe beoþ dede . & oure lyf is I.hud mid crist .// / whon he
A 95r14, V 388va07
A   þ is ower lif eadeaweð & springeð as þe dahunge efter nihtes
C   þ is ower lif edeawet & springeð as þe / daʒunge efter nichtes
N   þet is ower lif daweð & springeð ase / þe dawunge efter nihtes
V   þat is oure lyf . deweþ & springeþ . as þe dewynge / aftur nihtes
A 95r15, V 388va08
A   þeosternesse ⁊ ant ʒe schulen   wið him springen schenre þen
C   þeosternesse . & ʒe schule /   wið him springen schenre þen
N   þeosternesse ⁊ & ʒe schulen / springen mid him .   schenre þen
V   þesternesse . And ʒe schullen   mid him schynen . / brihtore þen
A 95r16, V 388va09
A   þe sunne in_to eche   blisse . þe nu beoð þus   deade ⁊ hare liflade
C   þe sunne into / eche   blisse . þe nu beoð þus   deade . hare lif/lade
N   ðe sunne into eche   blis/se ⁊ þet nu beoð þus   deade . hore liflode
V   þe sonne ⁊ in_to þe heiʒe blisse . Heo þat þus beoþ / dede ⁊ heore lyflode
A 95r17, V 388va10
A   is herre .   for pilegrim eileð monihwet .   þe deade nis noht of ⁊
C   is herre .   for pilegrim eileð moni_hwet /   þe deade nis nocht of
N   is herre .   uor pi/legrim eileð monihwat .   þe deade nis nout of .
V   is herre .// ffor pilgrim eileþ moni_what . / // þe dede nis nouʒt of ⁊
A 95r18, V 388va11
A   þah he ligge unburiet . & rotie buuen eorðe . preise him   laste

C þach he ligge unbu/ried . & rotie buuen eorðe . Preise him   leoste /
N þauh he / ligge unburied . & rotie buuen eorðe . preise him . laste /
V þauh he ligge vn_buriet . & rote / a_bouen eorþe .// Preise him . Lakke
A 95r19, V 388va12
A him . do him scheome . sei him scheome ׃ al him is iliche leof .
C him   do him scheome . sei him scheome   al him / is iliche leof .
N him . do him scheome . seie him scheome . al him is iliche leof . /
V him . Do him schome . Sei / him schome ׃ al is him I.liche leof .
A 95r20, V 388va13
A þis is a seli deað . þ makeð   cwic mon þus oðer cwic wummon ׃
C þis is aˇseli deað   þ makeð   cwic / mon   oðer cwic wimmon
N þis is aˇseli deað . þet makeð þus cwicˇmon   oðer   wum-/mon
V þis is a sely deþ ׃ þat / makeþ   quik Mon . oþur quik wommon .
A 95r21, V 388va14
A ut of þe worlde .   Ah sikerliche   hwa_se is þus dead in hire_seoluen ׃
C ut of þe worlde .   Ach si/kerliche hwase is þus dead inˇhire_seoluen /
N ut of þe worlde .   auh sikerliche hwo_se is þus dead / in hire_suluen ׃
V out of þe worlde .// / And sikerliche . whose is þus ded . in hire_seluen ׃
A 95r22, C 162r, V 388va15
A godd liueð in hire heorte . for þis is þ te apostle seið . *Viuo *ego
C god liueð   inˇhire heorte . for þis is þ þeˇapostel / seið . *viuo *ego .
N god liueð   in hire heorte . vor þis is þet ðe / apostle seið . *Viuo *ego .
V God liueþ / in hire herte .// ffor þis is . þat þe apostel seiþ . *Viuo *ego .
A 95r23, V 388va16
A *iam *non *ego . *Viuít *autem *in *me *christus . Ich líuíe nawt ich .
C *Iam *non *ego *viuit *autem *inˇ*me / *cristus . Ich liuie naut ich .
N *iam *non *ego . *uiuit *autem *in *me *christus . / Ich libbe seið þe apostle .
   nout ich ׃
V *iam / *non *ego . *Viuit *autem *in *me *christus . Ich liue . not Ich ׃
A 95r24, V 388va17
A ah crist   liueð in me þurh his inwuniende grace . & is as þah
C ach crist   liueð in me . /   & is as þach
N auh crist   liueð / inˇme .   and is ase þauh
V ac christ / liueþ in me .   And is . as þauh
A 95r25, V 388va18
A he seide . worltlich speche . worltlich sihðe . & euch worltlich þing
C he seide . worldlich speche . world/lich sichðe & euch worldlich þing
N he seide . worldliche speche . world-/lich sihðe . & euerich worldlich þing .
V he seide . worldliche speche . / worldliche sihte . & vche worldliche þing ׃
A 95r26, N 96v, V 388va19
A ifindeð   me deade . ah þ te límpeð to crist . þ   ich seo   & hére .
C ifindeð / me dead . ach þ þe limpeð to crist   þ   ich seo / & here .
N i_uindeð me dead . / auh ðet þet limpeð to crist ׃ þet ich I_seo . & I_here .
V hit fyndeþ me / dede . Ak þat `þat´ toucheþ to crist ׃ þat I. seo . & heere .

PART 6   95

A 95r27, V 388va20
A   &   wurche i cwicnesse .   þus riht is euch religius   dead to þe
C   &   wurche i˜cwicnesse .   þus is euch / richt religius . dead to þe
N   and / wurche :˙ ine cwicnesse . þus is euerich religius mon / & wummon :˙ dead to
          þe
V   &   worche in quik/nesse .   ¶ þus is Riht vche Religious . ded to þe
A 95r28, V 388va21
A   worlde :˙ & cwic þah to criste . þis is an heh steire :˙ ah ȝet is þah
C   world   &   cwic in / crist .   þis is an hech steire & þach ȝet is
N   worlde . &   cwic ine   criste . þis is on / heih steire . auh ȝet is
V   world :˙ and / quik þauȝ in crist . þis is an heih stayere . / And ȝit þer is þauh
A 95v01, V 388va23
A   an   herre . Ant hwa stod eauer þrín ?   Godd wat þe þe seide . *Michi
C   an / herre . &   hwa stut eauer þrin :˙   god˜wat he þe / seide *Michi
N   on   herre . and hwo stod euer þer-/inne ? God hit wot þe ðet seide . *Michi
V   an   herre . And who stood euere þer/in .   ¶ God wot . he þat seide . *Michi
A 95v02, V 388va24
A   *absit *gloriari *nisi *in *cruce *domini *mei *iesu *christi . *per *quam *michi
    *mundus
C   *autem *absit *gloriari *& *cetera .
N   *autem *absit *gloriari *nisi *in / *cruce *domini *nostri *iesu *christi *per
    *quantum *michi *Mundus
V   *autem *absit *gloriari / *nisi *in *cruce *& *c. *per *quem *michi *mundus
A 95v03, V 388va25
A   *crucifixus *est *& *ego *mundo . þis is þ ich seide þruppe . Crist me
C   þ is þ   ich seide / þruppe . Crist me
N   *crucifixus *est *& *ego *mundo . þis is þet ich seide þer/uppe . crist me
V   *crucifixus *& *c.   þis is / þat I. seide þervppe . Crist me
A 95v04, V 388va26
A   schilde   forte habben eani blisse i þis world :˙ bute i iesu cristes
C   schilde   for˜to habben ani / blisse in˜þis world . bute in Iesu cristes
N   ischilde uor˜to habben eni   blisse i / þisse worlde . bute ine iesu cristes
V   I.schilde . forte habben eny / blisse in þis world :˙ bote in Iesu cristes
A 95v05, V 388va27
A   rode mi lauerd . þurh hwam þe world is me unwurð :˙ ant ich
C   rode / mi lauerd . þurch hwam þe world is me `un´wurð / & ich
N   rode mi louerd . þuruh / hwam . þe world is me unwurð :˙ & ich
V   Roode mi lord . / ¶ þorw whom þe world is me vn_worþ . And Ich˜
A 95v06, V 388va28
A   am unwurð   híre as weari þe is ahonget . A lauerd hehe
C   am unwurð   hire . as wari þe is anhon/ged . A˜lauerd hechȝe
N   am unwurð to / him :˙ ase weri þet is anhonged . A . louerd heie
V   am vnworþ / hire :˙   as wari þat is an_honget . A :˙ louerd . heiȝe
A 95v07, V 388va29
A   stod he þe spec o þisse wise . ant þis is ancre steire þ ha þus

C stod he þe spec on þisse / wise . & þis is ancre steire þ ha þus
N stod he ⁒ / þet spec o þisse wise . and þis is ancre steire ⁒ þet heo / þus
V stood he ⁒ / þat spak on þis wyse . And þis is ancre stayere ⁒ þat heo þus /
A 95v08, V 388va31
A segge . *Michi *autem *absit *gloriari *& *cetera . I na‿þing ne blissi ich me bu/te
C segge / *Michi *autem *absit *gloriari *& *cetera . Iˇnanˇþing ne blisse / ich me buten
N sigge . *Michi *absit *gloriari *& *cetera .   Iˇnone þinge ne blis-/cie ich me ⁒ bute
V sigge . *Michi *autem *absit *gloriari *& *c. In no‿þing ne blisse / I.ˇme ⁒ bote
A 95v09, C 162v, V 388va32
A i godes rode . þ ich þolie nu wa & am itald unwurð as godd
C iˇgodes rode . þ ich þolie / wa . & am itald unwurð ase god
N ine godes rode . þet ich þolie wo . & / am itold unwurð ⁒ ase god
V in godes Rode . ¶ þat Ich þole wo . & am I.told / vnworþ ⁒ as god
A 95v10, V 388va33
A wes o rode . lokið leoue sustren   hu þis steire is herre þen
C wes onˇrode . Lo/keð leoue sustren . hu þis steire is herre / þen
N was o rode .   lokeð leoue / sustren   hu þeos steire is herre . þen
V was on Roode . ¶ Loke leoue sustren . hou / þis stayere is herre ⁒ þen
A 95v11, V 388va34
A eani beo of þe oþre . Þe pilegrim i þe wordes wei   þah he
C ani beo of þe oðre . þeˇpilegrim inˇworl/des wei   þach he
N eni beo of þe / oþre . þe pilegrim iˇðe worldes weie . þauh he
V eny beo of þe oþure . ¶ þe pil-/grim in worldes wei . þauh he
A 95v12, V 388va35
A ga forðward toward te hám   of heouene ⁒ he sið & hereð un/net .
C ga forðwart towart þe   ham / of heouene . he sið & hereð unnut
N go uorð-/ward touward ðe hom of heouene . he isihð & ihereð / oþerhwule unnut ⁒
V go forþward . touward þe / hom of heuene ⁒ he sihþ . & heereþ vnnet .
A 95v13, V 388va36
A & spekeð umbe hwile . wreaðeð   him for weohes . & moni
C & spekeð / umbeˇhwile . wreððeð   him for woȝes & mo/ni
N & spekeð umbe hwule .   wreððet / him uor wowes . & monie
V & spekeþ oþer-/whyle . & wraþþeþ him for wowes . And mony
A 95v14, V 388va37
A þing mei   letten him   of his Iurnee . Þe deade nis nama/re
C þing mei   letten him   of his iurnee . / þe deade nis namare
N þinges muwen letten him / of his iurneie . þe deade nis nammore
V þing mai / letten him ⁒ of his Iorneye .// þe dede nis more
A 95v15, V 388va38
A of scheome   þen   of menske . of heard ⁒ þen of nesche ⁒ for
C of scheome   þenne / of menske of hard   þenne of nesche . for /
N of scheome ⁒ þen / of menke .   of herd ⁒ þen of nesche . vor
V of schome ⁒ / þen of menske . Ne of hard ⁒ þen of nesche . for

PART 6   97

A 95v16, V 388va39
A he ne feleð   nowðer . & for‿þi   ne ofearneð he nowðer wa ⁚ ne
C he neˊfeleð   nouðer . ne for‿þi   ne of‿ear/neð nouðer wa   ne
N he ne i‿ueleð / nouðer . and for‿þi   he ne of‿erneð nouðer wo   ne
V he ne / feeleþ nouþur . And forþi ⁚ he of‿erneþ . nouþer wo . ne /
A 95v17, V 388va41
A wunne . ah þe þe is o   rode & haueð blisse þrof ⁚ he wendeð
C wunne   ach þe þe is on / rode & haueð blisse þer‿of . he wendeð
N wun/ne . auh þe ðet is o   rode . & haueð blisse þerof ⁚ he wen/deð
V wynne . ¶ Ac he þat is on Rode . & haueþ blisse þer‿of ⁚ / he turneþ
A 95v18, V 388va42, M 354
A scheome to menske ⁚   & wa ín‿to wunne .   & ofearneð   for‿þi   hu/re
C sch/eome to menske   & wa into wunne .   & of/earneð for‿þi   hure
N scheome   to menke .   & wo : into wunne .   & ofearneð / for‿þi : hure
V schome . to menske . ¶ And wo ⁚ in‿to winne . / And of‿serueþ forþi ⁚ huyre
A 95v19, V 388va43
A ouer hure . Þis beoð   þeo þe neauer ne beoð   gleade i/heortet ⁚
C ouer hure . þis beoð / þeo þe neauer   gled iheorted
N ouer hure . þis beoð   þeo [þet neuer ne beoð] / þet neuer ne beoð glede i‿heorted .
V ouur huyre ¶ þis beþ þul-/ke þat neuere beoþ glade I.hertet ⁚
A 95v20, V 388va44
A bute hwen ha þolieð sum wa oðer sum scheome
C bute hwen / haˊþolieð sum wa . oðer sum scheome /
N bute hwon heo / þolieð sum wo . oðer sum scheome
V bote whon heo þoleþ / sum wo . oþur sum schome .
A 95v21, V 388va45
A wið iesu on his rode .   for þis is þe   selhðe on eorðe ⁚ hwa‿se
C wið Iesu onˊhis rode .   for þis is þe   selch/ðe onˊeorðe . hwase
N mid iesu ⁚ on his rode . / vor þis is þe meste seluhðe on eorðe . hwo‿se
V wiþ Iesu on his Roode .// ffor þis is þe /   sleihþe on eorþe ⁚ whose
A 95v22, V 388va46
A mei for godes luue habben scheome & teone .   Þus lo rih/te
C mei for godes luue / habbe scheome & teone .   Þus Lo richte /
N mei uor / godes luue : habben scheome & teone .   þus loke rihte /
V may for   godes loue habbe scho-/me & teone . ¶ þus lo rihte
A 95v23, C 163r, V 388va47
A ancres ne beoð nawt ane pilegrimes ⁚ ne ȝet nawt ane
C ancres . ne beoð naut ane Pilegrimes . ne / ȝet naut ane
N ancren ne beoð nout one pilegrimes . ne ȝet nout one /
V ancres . beoþ not one pil-/grimus . Ne ȝit not one
A 95v24, N 97r, V 388va48
A deade ⁚ ah beoð of þeos þridde . for al hare blisse is forte
C deade . ach beoð of þeos / þridde . for al hare blisse is forˊto
N deade ⁚ auh beoð of þeos þridde .   vor al hore blisse is . uorte /
V dede ⁚ Ac beoþ of þeos þridde . / ffor al heore blisse . is forte

A 95v25, V 388va49
A beon ahonget   sariliche & scheomeliche wið iesu on his ro/de .
C beon a/honged   sariliche & scheomeliche wið Ie/su on his rode .
N beon an_honged soriliche & scheomeliche mid iesu ⁚ / on his rode .
V ben an_honget ⁚ soriliche . &. / schomeliche . wiþ Iesu on his Roode . ¶

A 95v26, V 388va50
A þeos mahe bliðe wið hali chirche singen . *Nos *oppor/tet
C þeos muȝe bliðe mid hali / chirche singen . *Nos *oportet
N þeos muwe bliðe singen mid holi chirche . / *nos *oportet
V þeos mouwen blyþe ⁚ / mid holy churche syngen . *Nos *oportet

A 95v27, V 388va51
A *gloriari . *& *cetera . þ is as ich seide ear . hwet_se beo of ordre . þe hab/beð
C *gloriari *& *cetera . þ is as / ich seide ear . hwet_seˇbeo of oðre þe ha/bbeð
N *gloriari *in *cruce *domini *nostri *iesu *christi . þet is ase ich er seide . /
   hwat_se beo of oþre . þeo habbeð
V *gloriari *in *cruce *& *c. / þat is as I. seide er . what_so ben of oþure ⁚ þat
   habbeþ

A 95v28, V 388va52
A hare blisse   summe i   flesches licunge . summe i worldes
C hare blisse . summe in flesches licung / sum in worldes
N hore blisse . sum ine / vlesches likunge . sum iˇðe worldes
V heo-/re blisse . Summe in flesches lykynge . Summe in worldes /

A 96r01, V 388va53
A dweole . summe in oþres uuel .   we mote nede blissin us   i iesu
C dweole . sum in oðres uuel .   We / mote nede blissen   in Iesu
N dweole . sum in oðres vuel . / auh we mote nede bliscien us ⁚ i_ne iesu
V dwele . Summe in oþer vuel .//   we moten   blissen ⁚ in Iesu /

A 96r02, V 388va55
A cristes rode . þ is i scheome & i wa þ he droh o rode . Moni wal/de
C cristes rode . þ is / in scheome & inˇwa þ he droch onˇrode . Mo/niˇwalde
N cristes rode . þet / is ine scheome & ine wo ⁚ þet he dreih on rode . Moni / wolde
V cristes Roode . ¶ þat is in schome & in wo . þat he drouh on / Roode .// Monye
   wolde

A 96r03, V 388va56
A summes weis þolien flesches heardschipe ⁚ ah beon itald
C summes weis þolien flesches ha/rdschipe . Ach beon itald
N sumesˇweis þolien vlesches herdschipes . & beon / itold
V summes weys . þolen flessches hard/schupes ⁚ ac ben I.told

A 96r04, V 388va57
A unwurð ⁚ ne scheome   ne mahte he þolien . ah he nis bute
C unwurð   neˇsch/eome   ne muchte he þolien . ach he / nis bute
N unwurð . auh none scheome ⁚ ne muhte he þo/lien .   he nis bute
V vn_worþ . neˇschome   mouhte he / þolyen . Ac he nis bote

A 96r05, V 388va58
A halflunge up_o godes rode ⁚ ȝef he nis igreiðet to þolien ham ¶ . baðe .

PART 6   99

C   halflung   up_on godes rode . / ʒef he nis igreiðet to þolien ham ba . /
N   halflunge up_o godes rode ⁖ ʒif he / nis i_greideð ⁖ uorte þolien ham . boðe . /
V   halflynge ⁖ vppon godes Rode . / ʒif he nis I.mad ⁖ to þolyen boþe . /
A 96r06, V 388va60
A   *Vilitas *& *asperitas. Vilte & asprete. þeos twa . scheo/me
C   *Vilitas *& *asperitas . vilte & asperte þeos`twa . / scheome
N   *Uilitas *& *asperitas . vilte and asprete . þeos two . scheome . /
V   *UIlitas . *et *asperitas . Vylte & asprete . þeose two . / Schome .
A 96r07, V 388va61
A   & pine . as sein Beornard seið . beoð þe twa leaddre steolen
C   & Pine . as seint bernard seið / beoð þe twa laddre steolen .
N   and pine ⁖ ase seint bernard seið . beoð þe two leddre / stalen .
V   and Pyne . as seint Bernard seiþ ⁖ beoþ / two laddre stalen .
A 96r08, C 163v, V 388va62
A   þe beoð up iriht to heouene . & bitweone þeose steolen beoð
C   þ is up richt / to heouene . & bitwene þeose steolen beoð
N   þet beoð up`riht to þe heouene . and bitweonen / þeos stalen beoð
V   þat beoþ vp riht . to heuene . / And bi_twene þeose stalen ⁖ beoþ
A 96r09, V 388va63
A   of alle gode þeawes þe tindes ifestnet . bi hwucche me clím/beð
C   of / alle gode þeawes þe`tindes iuestned . bi hwic/che me climbeð
N   þe tindes i_vestned ⁖ of alle gode þeauwes . / bi hwuche me climbeð
V   alle goode þewes . / þe tyndes i_fastnet .// Bi whuche þat me clymbeþ ⁖
A 96r10, V 388va64
A   to þe blisse of heouene . for_þi þ dauið hefde þe twa steo/len
C   to þe blisse of heouene . / for_þi[s] þ dauid hefde þe twa steolen
N   to þe blisse of heouene . and / for_þi þet dauid hefde þeos two stalen
V   to / þe blisse of heuene . ffor_þi þat dauid hedde . þe two sta-/len
A 96r11, V 388va66
A   of þis leaddre ⁖ þah he kíng wére ⁖ he clomb uppard &
C   of þis / laddre þach he king were þe clomb up/wart &
N   of þisse leddre . / þauh he king were ⁖ he clomb upward &
V   of his laddre ⁖ þauh he kyng were . He clomb vppart / and
A 96r12, V 388va67
A   seide baldeliche to ure lauerd . *Vide *humilitatem *meam *& *labo/rem
C   seide baldeliche to vre lauerd . *vide / *humlitatem *meam *& *Laborem
N   seide balde-/liche to ure louerde . *vide *humilitatem *meam *& *laborem
V   seide ⁖ baldeliche to vr lord . *Vide *humilitatem *meam / *et *laborem
A 96r13, V 388va68
A   *meum *& *dimitte *uniuersa *delicta *mea . Bihald qð he
C   *meum . *& *dimitte *vni/uersa *delicta *mea . bihalt quod he
N   *meum *& *di-/mitte *vniuersa *delicta *mea . Bihold cweð he .
V   *meum *& *dimitte *vniuersa *delicta *mea . Bi_hold / qd he .
A 96r14, V 388va69
A   & sih mín eadmodnesse & mí swínc ⁖ & forʒef me mine sun/nen

C & sich min / edmodnesse & mi swinc & forȝef me mine / sunnen
N and i_sih mine edmodnesse . / & mi swinc . & forȝif me mine sunnen
V and seo my mekenesse ׃ & my swynk .// ãnd forȝi/ue me my suɲnen ׃
A 96r15, V 388va70
A alle to_gederes . Notið wel þes twa word þe dauið fei/eð
C alle to_gederes . Notieð wel þeos / twa word þ̵ dauid feiȝeð
N alle to_gederes . / noteð wel þeos two wordes þet dauid ueieð
V alle to_gedere ¶ Noteþ wel þeos / two wordes . þat Dauid viȝeþ ׃
A 96r16, V 388va71
A somet . Swinc ׃ & eadmodnesse . Swinc i píne & i wa . i sar .
C somed swinc & ed/modnesse . swinc in pine & inˇwa . iˇsar
N somed ׃/ swinc . and edmodnesse . Swinc ׃ ine pine . & ine wo . ine / sor .
V swynk . and . Mekenes .// swiɲk / in pyne . & wo ׃ is sor .
A 96r17, V 388va72, M 356
A & i sorhe . Eadmodnesse aȝeín woh of scheome þ̵ mon dre/heð .
C & inˇsore/ȝe . Edmodnesse aȝein woch of scheome / þ̵ mon dreȝeð
N & ine seoruwe . edmodnesse ׃ aȝean wouh of scheo-/me ׃ þet mon drihð
V & serwe .// Mekenesse a_ȝeyn wroɲg . / of schome þat me driȝeþ .
A 96r18, V 388va73
A þe is itald unwurð . Ba þeos bihald in me qð dauið godes
C þe is itald unwurð . ba þe/os bihald inˇme quod dauid godes
N ðet is itold unwurð . boðe þeos / bihold inˇme ׃ cweð dauið godes
V þat is I._called vnworþ . Boþe / þeos bi_halt in me quaþ Dauid godes
A 96r19, V 388va74
A deorling . Ich habbe þeos twa leaddre steolen . *Dimitte *uniuersa
C deorling / Ich habbe þeos twa laddre steolen . *dimite / *vniuersa .
N deorling . Ich habbe / þeos two leddre stalen . *Dimitte *vniuersa
V derlyng . Ichabbe / þeos two laddre stalen . *Dimitte *vniuersa
A 96r20, V 388va75
A *delicta *mea . Leaf qð he bihinde me & warp awei from me al/le
C *d. *m. Leaf quod he bihinde me / & warp awei from me alle
N *delicta *mea . bilef cweð / he bihinde me . & worp awei urom me alle
V *delicta *mea . / Lef quaþ he bi_hynde me . & cast a_wey froɱ me alle
A 96r21, C 164r, N 97v, V 388va76
A míne gultes . þ̵ ich ilihtet of hare heuinesse ׃ lihtliche
C mine gultes . þ̵ / ich [iheted] ilichted of hare heuinesse licht/liche
N mine / gultes . þet ich beo i_lihted of hore heuinesse ׃ liht-/liche muwe
V my-/ne gultus . ¶ þat ich beo I._lihtet . of heore heuinesse . / and lihtliche mote
A 96r22, V 388va78
A stihe up to heouene bi þeos leaddre . Þeose twa þinges . þ̵ is
C stiȝe up to heouene bi þeos laddre . / Þeos ilke twa þinges þ̵ is
N stien up to þer he`o´uene ׃ bi þisse leddre stalen . / Þeos two þinges .
V steiȝe vp to heuene . bi þis ilke laddre . / Þeos ilke two þinges . þat is
A 96r23, V 388va79
A wa & scheome ifeiet to_gederes ׃ beoð helyes hweoles þe wé/ren

PART 6   101

C wa & scheome / iveiet to_gederes . beoð helyes hweoles / þe weren
N wo . and scheome . i_ueied to_gederes ː / beoð elies hweoles þet weren
V wo . & schome . I._eue/net to_gederes ː beoþ Helyes wheles . þat weren /
A 96r24, V 388vb01
A furene hit teleð . & beren him up to parais ː þer he líueð
C [i]furene hit telleð & beren him up / to parays þer he liueð
N furenc ː ase hit telleð . / and beren him up to parais . þer he liueð
V fuirene hit telleþ . & beeren him vp to paradys ː þer / he liueþ
A 96r25, V 388vb01
A ȝetten . Fur is hat & read . Iˇþe heate is understonden euch
C ȝet . fur is hat & / read . Iˇþeˇheate is understonden uchˇ
N ȝut . fur ː / is hot & read . biˇðe hete ː is understonden euerich
V ȝit . ¶ ffuir is . hot . and . Red ./// I.ˇþe hete is vnderstonden ː /
A 96r26, V 388vb02
A wa þ eileð flesch .   Scheome bi þe reade . Ah wel mei duhen
C waˇþ / eilleð flesch .   Scheome biˇþe rede . Achˇwel / mei don
N wo . þet / eileð flessche . Scheome ː is understonden bi þe reade . / auh wel mei don .
V vche wo . þat eileþ flesch .// Schome ː bi þe Rede . Ac wel may don . / ///
A 96r27, V 388vb04
A ha beoð her ː hweolinde ase hweoles . ouerturneð sone ne leas/teð
C haˇbeoð her hweolinde as þeˇhw/eoles ouerturneð sone ne letteð
N heo beoð her hweolinde . ase hweoles / þet ouerturneð sone ː and ne lesteð
V Heo beoþ heer trendelynge ː as wheoles . ouertornynde sone . / and lasteþ
A 96r28, V 388vb05
A nane hwile . þis ilke is ec bitacnet bi cherubines sweord .
C nane / hwile . þis ilke ec is bitacned . bi cherub/innes sweort
N none hwule . þis il/ke is eke bitocned bi cherubines sweorde .
V none while ¶ is ilke also . bi_tokeneþ Cherubins . / swerd
A 96v01, V 388vb06
A biuore paraise ȝeten þe wes of lei & hweolinde . & turninde
C bifor parayse ȝeten . þe wesˇof / lei & hweolinde & turninde
N biuoren þe / ȝeten of parais ː þet was of lai . & hweolinde & turninde /
V bi_foren Paradys ȝaten .. þat was al on lyȝe . &. wheolynde / and turnynde
A 96v02, V 388vb07
A abuten . Ne kimeð nan in_to parais ː bute þurh þis leitin/de
C abuten . Ne / kimeð nan into parays bute þurch þis leitin/de
N abuten . ne kumeð non into parais ː bute þuruh þisse / leitinde
V abouten . Ne comeþ non in_to paradys . but þorw / his leytinde
A 96v03, V 388vb08
A sweord þe wes hat & read . & in helyes furene hweoles .
C sweord þ wes hat & read & in elyes fure/ne weoles .
N sweorde . þet was hot & read . and in elies furene / hweoles .
V swerd ː þat was hot . &. red ./// And In Helyes fuirene / wheoles ː

A 96v04, V 388vb08
A þ is . þurh sar & þurh scheome þe ouerturneð tidliche ʒ ant
C þ is þurch sar & þurch scheome / þe ouerturneð cwicliche &
N þet is . þuruh sor . & scheome ʒ þet ouerturneð liht-/liche ʒ &
V þat is þorw schome . &. sore . þat ouur_turneþ tytliche . &.
A 96v05, V 388vb09
A agað sone . Ant nes godes rode wið his deorewurðe blod
C agað sone . & / nes godes rode mid his deorewurðe blod /
N ageð sone . and nes godes rode þuruh his deore-/wurðe blode
V ageþ / sone . ¶ And nas Godes Rode . wiþ his derworþe blood .
A 96v06, V 388vb10
A irudet & ireadet . forte schawin on him_seolf . þ pine . & sorhe .
C irudet & ireadet ʒ for˜to schawin on him/seolf þ pine & soreʒe
N iruded & ireaded . vorte scheawen on him/sulf . þet pine . & seoruwe
V I._Rodet . / and I._redet ? fforte schewen on him_self . þat pyne . &. serwe .
A 96v07, C 164v, V 388vb11
A & sar . schulden wið scheome beon iheowet . Nis hit iwriten
C & sar schule wið / scheome beon iheowed . nis hit iwriten
N & sor ʒ schulen mid scheome / beon i_heouwed . nis hit i_writen
V &. / sor ʒ schul ben wiþ schome I._heowet . Nis hit I._writen
A 96v08, V 388vb12
A bi him . *Factus *est *obediens *patri *usque *ad *mortem . *mortem *autem
C bi / him *factus *est *obediens *patri *usque *ad *mortem . *mor/tem *autem
N bi him_sulf . *factus *est *obediens / *patri *usque *ad˜*mortem . *mortem
   *autem
V bi him . / *ffactus *est *obediens *vsque *ad *mortem ʒ *mortem *autem
A 96v09, V 388vb13
A *crucis . þ is . he wes buhsum his feader . nawt ane to deað ʒ ah
C *crucis . þ is he wes buchsum to / his fader . naut ane to deað ach˜
N *crucis . þet is . he was buhsum / to his feder . nout one to deaðe . auh
V *crucis . / þat is . He was bouwesum his fader . nouʒt one to deþ ʒ ak /
A 96v10, V 388vb15
A to deað o rode .   þurh þ he seide earst deað ʒ is pine under/stonden .
C to deað on / rode . þurch þ he seið earst deað ʒ is pine / vnderstonden .
N to deaðe of rode . þuruh / þet . ðet he seið erest to deaðe ʒ is pine to
   understonden . /
V to deþ on Roode . ¶ þorw þat he seide . furst deþ ʒ is pyne vn-/derstonden . ¶
A 96v11, V 388vb15
A þurh þ he þrefter seið deað o þe rode ʒ is schendlac
C þurch þ he seið þrefter deað / on˜rode is schendlac
N and þuruh þet . ðet he þer_efter seið . to deaðe o rode ʒ is schend-/lac
V þorw þat he seide . deþ on Roode ʒ is schendlac /
A 96v12, V 388vb16
A bitacnet . for swuch wes godes deað o þe deore rode . pínful . &
C bitacned . for swich / wes godes deað on˜rode Pinful &

N bitocned . vor swuch was godes deað o rode . pinful . & /
V bi_toknet . ¶ ffor such was Godes deþ on Roode ׃ pyneful . &. /

A 96v13, V 388vb17
A schentful ouer alle oþre . Hwa_se eauer deieð ine godd .
C schendful / oðer oðre . hwase eauer deiȝeð in˜god
N schendful ouer alle oðre . hwo_se euer deieð ine god .
V schendful . ouer oþure ¶ whose euere dieþ in god .

A 96v14, V 388vb18
A & o godes rode ׃ þeos twa ha mot þolien . scheome for hím
C & on / godes rode þeos twa he mot þolien . sch/eome for him
N & o˜go/des rode ׃ þeos two he mot þolien . scheome uor him
V & on Godes Rode ׃ / þeos two he mot soffren . schome for him .

A 96v15, V 388vb19
A & pine . Scheome ich cleopie eauer her . beon itald unwurð .
C & Pine . Scheome ich cleopie / eauer her ׃ beon itald unwurð .
N & pi-/ne . scheome ich telle . uorte beon euer her itold unwurð . /
V &. pyne . ¶ Scho - / I.˜clepe euer heer ׃ beon I.clepet vnworþ .//

A 96v16, V 388vb20
A & beggin as an hearlot ȝef neod is hire liueneð . & beon oþ/res
C & beggen as / an harlot . ȝef neod is his liueneð & beo/þ˜oðres
N and beggen ase on harlot . ȝif hit neod is ׃ his liueneð . / and beon oþres
V And beggen as an / harlot ׃ ȝif neod is . his lyflode .// And beoþ oþures

A 96v17, V 388vb21
A beodes_mon . as ȝe beoð leoue sustren . & þolieð ofte dan/ger .
C beodesmen . as ȝe beoð leoue sustren / & þolieð ofte danger .
N beodemon . ase ȝe beoð leoue sus-/tren . & þolieð ofte daunger
V beodes/men . as ȝe beoþ myne leoue sustren . And suffreþ ofte / daunger .

A 96v18, V 388vb23
A of swuch oðerhwile þe mahte beon ower þreal . þis
C of swich oðerhwile / þe muchte beon ower þral . þis
N of swuche oðerhwule þet / muhte beon ower þrel . þet
V of suche oþerwhiles ׃ þat mihte ben or þral . / ¶ þat

A 96v19, V 388vb24
A is þ eadi scheome þet ich of talie . Pine ne trukeð ow
C is þ ea/di˜scheome þ i`c´h of˜talie . Pine ne trukeð / ow
N is ðet eadie scheome ׃ þet / ich of talie . pine ne trukeð ou
V is þat blessede schome ׃ þat ich of speke . pyne ne tro-/ke ow

A 96v20, C 165r, N 98r, V 388vb25, M 358
A nawt . I þeos ilke twa þing þ al penitence is ín ׃ blissið ow &
C naut . I˜þeos ilke twa þing þ al peni/tance is in . blissið ou &
N nout ine þeos ilke two / þinges . þet al penitence is inne . blisciceð ou &
V nouȝt . ¶ In þis ilke two þinges . þat al penaunce is / in ׃ blesseþ ow . &

A 96v21, V 388vb26
A gleadieð . for aȝein þeos twa ow beoð twafald blissen iȝar/ket .
C gladieð . for aȝein / þeos twa ow beoð twa_fald blisse iȝarked /

N   gledieð ׃ uor / aȝean þeos two ׃ ou beoð   twouold bliscen i‿ȝerked .
V   gladeþ . ffor aȝeyn þeos two ׃ ow beoþ - / twofold blisse I.grauntet .//
A 96v22, V 388vb27
A   aȝeín scheome ׃ menske .   aȝein pine ׃ delit & reste buten
C   aȝein scheome menske .   aȝein pine delit / & reste buten
N   aȝean / scheome ׃ menske . & aȝean pine ׃ delit & reste ׃ wiðuten /
V   A.ȝeyn schome ׃ Menske . Aȝein / pyne ׃ delyt . &. reste wiþouten
A 96v23, V 388vb28
A   ende . ysa.   *In *terrra *ínquit *sua *duplicia *possidebunt . Ha schulen
C   ende . ysaye.   *Inˇ*terra *inquid / *sua *duplicia *possidebunt . haˇschulen
N   ende . Isaie . *In *terra *sua *inquid *dupplicicia *possidebunt . heo / schulen
V   ende . ¶ Isaias . *In *terraˇ*inquid / *sua *duplicia *possidebunt . Heo schullen
A 96v24, V 388vb29
A   seið ysaie . ín hare   ahne lond   wealden twauald blisse .   aȝein
C   seið / ysaie inˇhare   achne lont   welden twauált / blisse   aȝein
N   seið isaie in hore   owune londe welden twouold / blisse .   aȝean
V   seiþ Ysaie . In heo-/re owne lond ׃ welden twofold   blisse ¶ Aȝeyn
A 96v25, V 388vb30
A   twauald wa þ   ha her dreheð . In hare ahne lond seið ysa/ie .
C   twafalt wa þ   haˇher dreȝeð . in / hare achne lont seið ysaie .
N   twouold wo ׃ þet heo her drieð .
V   twofold / wo ׃ þat heo heer driȝeþ . In heore owne lond . seiþ Isaie . /
A 96v26, V 388vb31
A   for alswa as þe   vuele   nabbeð na lot in heouene ׃ ne þe
C   for alswa as þe / vuele   nabbeð na lot inˇheouene . ne þe /
N   vor also ase þe / vuele nabbeð no lot ine heouene ׃ ne þe
V   ffor also . as þe vuele . nabbeþ no lot in heuene ׃ ne þe /
A 96v27, V 388vb32
A   þe gode   nabbeð na lot in eorðe . *Super *epistolam *ia.   *Mali *nichil
C   gode   nabbeð nan lot inˇeorðe *Super / *epistolam *jacobi . *Mali *nichil
N   gode   nabbeð / no lot in eorðe . *super *epistolam *iacobi . / *Mali *nichil
V   goode ׃ nabbeþ no lot in eorþe . *Super *Epistolam *Iacobi . *Mali . *nichil /
A 96v28, V 388vb34
A   *habent *in *celo . *Boni *uero *nichil *in *terra . In hare ahne   lond
C   *habent *inˇ*celo *boni *uero *nichil *inˇ*terra . / inˇhare / achȝe lont
N   *habent *in *celo . *boni *nichil *in *terra . in hore owune londe .
V   *habent *in *celo . *Boni *vero . *nichil *in *terra . In heore oune / lond .
A 97r01, V 388vb35
A   ha schulen wealden blisse .   twafald cunne mede .   aȝeín twa/uald
C   haˇschule welden b[i]lisse Twafaltˇcune mede   aȝein twafalt
N   heo schulen welden blis-/se twouold cunne mede ׃   aȝean twouold
V   heo schulle welden blisse . two‿fold cunne meede ׃ / a‿ȝeyn two‿fold
A 97r02, V 388vb36
A   sorhe .   as   þah he seide . Ne þunche ham na feorlich ׃
C   soreȝe . / as þach he seide . ne þunh   ham nan feor/liche .

N   seoruwe . ase / þauh he seide . ne þunche   ham no ueorlich
V   serwe .   As   þauʒ he seide . Ne þunche / hem no feorlich .
A 97r03, V 388vb36
A   þah ha her   þolien as in uncuð   lond . & in uncuð eard ׃
C   þach ha her   þolien as in vncuðe / londe   & in uncuðe eart
N   þau heo her / þolien ase in unkuðe   londe . & in unkuðe earde .
V   þauh heo heer   þolen . as in vncouþ   lond /
A 97r04, V 388vb37
A   bituh_hen unþeode ׃   scheome ba   & sorhe ׃ for swa deð moni
C   bituchʒen vn_þeo/de .   scheome ba   & soreʒe . for swa doð mo/niˇ
N   bitwhwen / unðeode .   scheome boðe & seoruwe . uor so deð moni
V   muche schome .   & serwe .// ffor so doþ mony
A 97r05, V 388vb38
A   gentil mon þe   is uncuð   in uncuððe .   Me mot ute swín/ken ׃
C   gentil mon þ̄   is uncuðe   þeode . me / mot ute swinken to resten
N   gen-/til mon þet is unkuð ׃ in unkuðe londe . Me schal ute swin-/ken . and
V   gentil mon ׃ þat / is vnkeþ . in vnkuþþe .   ¶ Me mot oute swynken ׃
A 97r06, C 165v, V 388vb39
A   ed hame me schal resten .   ant nis he a cang cniht
C   ed hame . /   &   nis he aˇchanh cnicht
N   et hom ׃ me schal resten .   and nis he aˇkang / knit .
V   a_tome / me schal resten . ¶ And nis he a Canch kniht .
A 97r07, V 388vb40
A   þe   secheð reste   i þe feht & eise i þe place ? *Milicia *est *vita
C   þe   secheð reste / inˇþeˇfecht & eise inˇþeˇplace . *Milicia *est *uita
N   þet   secheð reste i ðe uihte . & eise iˇþe place ? *Milicia *est / *uita
V   þat secheþ res-/te I. þe fiht . &. ese i þe place ? *Milicia *est *vita
A 97r08, V 388vb41
A   *hominis *super *terram . Al þis lif   is a feht as Iob witneð . ah ef/ter
C   *ho/minis *super *terram . Al þis lif   is aˇfecht ase Iob / witneð . ach efter
N   *hominis *super *terram . al þis `lif´ her ׃ is ase uiht ase iob witneð . auh / efter
V   *hominis . / *super *terram . Al þis lyf heer . is a fiht ׃ as Iob witnesset .// / ¶ Ac
    after
A 97r09, V 388vb43
A   þis feht her . ʒef we wel   fehteð ׃ menske &   reste abit us
C   þis fecht her . ʒef we wel / fechteð menske &   reste abit us .
N   þisse uihte her . ʒif we wel uihteð ׃ menke &   reste / abit us
V   þis fiht heer . ʒif we wel   fihteþ ׃ menske . &. reste / a_bit vs .
A 97r10, V 388vb44
A   ed hame   in ure ahne lond ׃ þ̄ is heoueriche .   lokið nu   hu
C   ed hame / inˇure achne lond   þ̄ is heoueriche .   Lokeð / nu   hu
N   et hom . in ure owune londe . þet is heoueriche . / lokeð nu   hu
V   a_tome in vr oune lond . þat is heuene_riche . / Lokeþ nou . hou
A 97r11, V 388vb45
A   witerliche ure lauerd seolf hit witneð . *Cum *sederit *filius *hominis

106   ANCRENE WISSE: A FOUR-MANUSCRIPT PARALLEL TEXT

C   witerliche vre lauerd seolf hit witneð / *Cum˘*sederit   *filius *hominis
N   witterliche ure louerd sulf hit witneð . *cum   *se/derit *filius *hominis
V   witterliche vr lord   self ⁚ hit witnesseþ . *Cum / *sederit *filius *hominis
A 97r12, V 388vb46
A   *in *sede *maiestatis *sue ⁚ *sedebitis *& *uos *iudicantes *&˘*cetera . *Ber/
     nardus .
C   *in˘*sede *maiestatis *sue / *Sedebitis *& *uos *iudicantes . *Bernardus .
N   *in *sede *Maiestatis   *sedebitis *& *uos *iudicantes . *Bernardus .
V   *in *sede *maiestatis *sue . *sedebitis *& *c. /   *Bernardus .
A 97r13, V 388vb47
A   *In *sedibus *quies ⁚ *inperturbata . *In *iudicio *honoris *emi/nencia
C   *in˘*sedibus *quies / *inperturbata . *In˘*iudicio *honoris *eminencia
N   *In˘*sedibus *quies *imper-/turbata . *In *iuditio ⁚ *honoris *eminencia
V   *In *sedibus *qui_es *inperturbata . *in *iudicio *honoris / *eminencia
A 97r14, V 388vb48
A   *commendatur . Hwen ich sitte forte demen   seið ure lauerd ⁚
C   *commen/datur . hwen ich sitte for˘to demen   seið ure la/uerd .
N   *commendatur . hwon ich / sitte uor˘to demen seið ure louerd .
V   *comendatur . ¶ whon I.   sitte forte deemen . seiþ / vr lord ⁚
A 97r15, V 388vb49
A   ȝe schulen sitten wið me & deme wið me al þe world   þet
C   ȝe schule   sitte   wið me & deme wið me / al þe world   þ
N   ȝe schulen sitten mid / me . and demen mid me al þene world   ðet
V   ȝe schul   sitten wiþ me . And deemen wiþ me al þe world ⁚ / þat
A 97r16, V 388vb50
A   schal beon idemet . Kinges . & keisers . Cnihtes . & clearkes . I˘þe
C   schal beon idemed   kinges . & / caysers . cnichtes & clerkes . in˘þe
N   schal beon / idemed . kinges and kaisers knihtes and clerkes . I˘þe /
V   schal ben   I.deemet . Kynges . and . Caysers . Knihtes . and / Clerkes . ¶ I. þe
A 97r17, V 388vb51
A   sete is reste & eise bitacnet ⁚ aȝeín þe swínc þ her is . I þe mens/ke
C   sete . is˘reste / & aise bitachned aȝein þe swinc þ her is . in / þe menske
N   sette ⁚ is reste & eise bitocned . aȝean ðe swinke ⁚ þet is her . / and i˘ðe menske
V   seete ⁚ is reste . And ese bi_tokneþ ⁚ aȝein / þe swynk þat heer is . I. þe menske
A 97r18, V 388vb52
A   of þe dom þ ha schulen demen ⁚ is hehschipe   menskeful
C   of þe dom þ ha˘schule demen / is hechschipe menskeful
N   of ðe dome þet heo schulen demen ⁚ / is heihschipe menskeful
V   of þe doom . þat heo schul/len deemen ⁚ is heiȝschupe . menskeful .
A 97r19, C 166r, V 388vb53
A   ouer alle understonden .   aȝeín scheome & lahschipe þ ha her
C   ouer alle under/stonden   aȝein scheome & lachschipe þ ha / her
N   ouer˘al understonden   aȝean / scheome & louhschipe þet heo her
V   ouur alle vndersto-n-/den . ¶ A.ȝeyn schome ⁚ a louhschupe . þat heo heer

PART 6   107

A 97r20, V 388vb54
A   for godes   luue   mildeliche þoleden . NiS þer   nu þenne
C   for godes   nome mildeliche þoleden . / Nis þer   nu þenne
N   uor godes   luue ꞉ mildeliche þolieð . / Nis þer   nu þeonne
V   for godus / loue ꞉ myldeliche þolyeþ . / Nis þer nou þenne .
A 97r21, N 98v, V 388vb56
A   bute   þolien gleadliche . for bi godd seolf is iwriten . *Quod *per
C   bute   þolien gledschi/pe . for˜bi god seolf is iwriten   *quod *perˇ
N   buten / þolien gledliche .   uor bi god sulf   is i_writen . *Quod / *per
V   bote   þolen gladliche . ¶ ffor bi god / self . is I.writen . *Quod   *per
A 97r22, V 388vb57
A   *penam *ignominiose *passionis ꞉ *peruenit *ad *gloriam *resurrec/tionis .
C   *penam / *ignominiose *Passionis *peruenit *ad *gloriam *resurec/cionis .
N   *penam *ignominiose *passionis *peruenit . *ad *gloriam / *resurrectionis .
V   *penam *ignominione *pas-/sionis . *peruenit *ad *gloriam *resurexionis .
A 97r23, V 388vb58, M 360
A   þ   is . þurh schentful   pine ꞉ he com to gloire of blis/ful
C   þ˜is   þurch schendful pine   he com to / gloire of blisful
N   þet is . þuruh schendfule pine   he com / to glorie of blisfule
V   þat is . þorw schend-/ful pyne ꞉ he com   to glorie . of blisful
A 97r24, V 388vb59
A   ariste . Nis na   selcuð þenne   ȝef we wrecche sunfule þo/lien
C   ariste . Nis nan seolcuð þen/ne   ȝef we wreche sunefule þolien
N   ariste . nis no   selkuð þeonne / ȝif we wrecche sunfule . þolien
V   ariste . ¶ Nis no won/dur þenne . þauh we wreche sinfule ꞉ þolen
A 97r25, V 388vb60
A   her pine . ȝef we wulleð o domes_dei blisfule arisen ꞉
C   her˜pi/nen . ȝef we wulleð a˜domesdei blisfulliche / arisen .
N   her pinen . ȝif we / wulleð a˜domesdei blisfuliche arisen .
V   heer pynen .// ȝif / we wolen a domes_day . blisful a_rysen . ¶
A 97r26, V 388vb61
A   ant þ we mahen þurh his grace ꞉ ȝef we us_seolf wulleð .
C   & þ we muȝen þurch his grace ȝef / we us_seolf wulleð .
N   and þet we / muwen þuruh his grace ꞉ ȝif we wel wulleð .
V   And þat we mowen - / þorw his grace ꞉ ȝif we vs_self wolleþ .
A 97r27, V 388vb62
A   *Quoniam *si *complantati *fuerimus *similitudini *mortis *eius ꞉ *simul
C   *Quoniam *si *complantati *fuerimus *simili/tuni *mortis *eius *similiter
N   *Quoniam / *si *complantati *fuerimus *similitudini *mortis *eius ꞉ *simul /
V   *Quoniam *si *conplantati *sumus / *simulitudini *mortis *eius . *similes
A 97r28, V 388vb63
A   *& *resurrectionis *erimus . Seinte paweles sahe þe seið se wel eauer .
C   *& *resurexionis *erimus . Seinte / Pawel .
N   *& *resurrectionis *erimus . þis is seinte poules sawe ꞉ þet / seið euer so wel .
V   *& *resurexionis *erimus . ¶ / Seint Poules sawe . þat seiþ so wel euere ¶

A 97v01, V 388vb64
A ȝef we beoð íimpet to þe ilicnesse of godes deað ᛫ we schulen
C ȝef we beoð i_impet to þe ilichnesse / of godes deað . weˇschulen
N ȝif we beoð i_imped to þe iliknesse / of godes deaðe ᛫ we schulen beon i_imped to þe i_lik-/nesse ᛫
V Ȝif we beoþ I.-/Ympet . to þe I.liknesse of Godes deþ ᛫ we schullen

A 97v02, V 388vb65
A of his ariste . þ is to seggen . ȝef we libbeð i scheome & i pine
C of his ariste . þ / is to segen . ȝef we libbeð iˇscheome & in / Pine
N of his ariste . þet is to siggen . ȝif we libbeð / ine scheome & ine pine
V of his a-/riste .// þat is to siggen . ȝif we libben in schome & in pyne

A 97v03, V 388vb66
A for his luue ᛫ i hwucche twa he deide ᛫ we schulen beon iliche
C for his luue [for] `i´ hwiche twa he˘dei/de . we schule beon iliche
N uor his luue . ine hwuche two / he deide . we schulen beon iliche him . in
V for / his loue . in whuche two he diȝede ᛫ we schul ben I.lyk .

A 97v04, V 388vb67
A his blisful ariste . ure bodi briht as his is world buten ende
C his blisful a/riste . vre bodi bricht as his is world bu/ten ende .
N his blisfule / ariste . ure bodi briht ase his is . world wið_uten en/de .
V his / blisful a_riste . Vre bodi briht as his ᛫ world wiþouten ende . /

A 97v05, V 388vb68
A as seinte pawel witneð . *Saluatorem *expectamus *qui *reforma/bit
C as seinte Pawel witneð . *Salua/torem *expectamus . *qui *reformabit
N ase seinte powel witneð . *Saluatorem *expectamus *qui / *reformabit
V as seint Poul witnesseþ . *Saluatorem *expectamus *qui *reformabit /

A 97v06, C 166v, V 388vb69
A *corpus *humilitatis *nostre *configuratum *corpori *claritatis *sue .
C *corpus *humilitatis / *nostre *configuratum *corpori *claritatis *sue .
N *corpus *humilitatis *nostre *configuratum *corpori / *claritatis *sue .
V *corpus *humilitatis *nostre *configuratum *corpori *claritati *sue .

A 97v07, V 388vb70
A let oþre acemín hare bodi þe eorneð biuoren hond . Abide
C let oðre / acemin
N let oþre atiffen hore bodi þet eorneð / biuoren hond . and abide
V Let oþure / a_ceimen heore bodi ᛫ þat eorneþ bi_foren hond . A_byde

A 97v08, V 388vb71
A we ure healent þe schal acemín ure efter his ahne . *Si *compa/timur ᛫
C his achne . *Siˇ*compatimur *&
N we ure helind . þet schal / atiffen ure ᛫ efter his owune . *Si *compatimur ᛫
V we / vre saueour . þat schal brihten vre . aftur his owne . *Si *compatimur . /

A 97v09, V 388vb72
A *conregnabimus . ȝef we þolieð wið hím ᛫ we schule blis/sin
C *conregnabimus / ȝef we þolieð wið him . we schule blissen /
N *conregna/bimus . ȝif we þolieð mid him ᛫ we schulen bliscen

PART 6   109

V   *conregnabim*us* . 3if we þoleþ w*iþ* him ׃ we schul blissen
A 97v10, V 388vb73
A   wið hím. Nis þis god foreward ? Wat crist nis he nawt
C   wið him . nis þis god foreward . Wat˜crist nis / he
N   mid / him . nis þis god foreward ? wat crist nis he neuer
V   w*iþ* / hi*m* . ¶ Nis þis good foreward ? ¶ Wat c*ri*st . nis he nout
A 97v11, V 388vb74
A   god feolahe ne treowe ׃ þe nule scottin i þe lure ׃ as eft i þe
C   god [forewart] `feola3e´ ne treowe þe nule scottin / i˜þe lure as eft i˜þe
N   god / feolawe . ne treowe ׃ þet nule scotten i˜ðe lure ׃ ase / eft i˜ðe
V   god / felawe ne trewe ׃ þ*at* nule scote*n* I. þe lure . as i þe
A 97v12, V 388vb75
A   bi3ete . *Glosa . *Illis *solis *prodest *sanguis *christi . *qui *uoluptates
    *de/serunt
C   bi3ete . *Gl.   *illis *solis *pro/dest *sanguis *cristi . *qui *uoluptates
    *deserunt .
N   bi3eate . *Glosa . *illis *solis *prodest *sangwis *christi . *qui *uo/luptates
    *deserunt .
V   bi3eete ? / *Gl*ossa* . *Illis *solis *p*r*odest *sang*uis* *c*hristi* *q*ui* *voluptates
    *deseru*n*t .
A 97v13, V 388vb76
A   *& *corpus *affligunt . Godd schedde his blod for alle . ah
C   *& / *corpus *affligunt . god schedde his blod for / alle . ach
N   *& *corpus *affligunt . God schedde his / blod for alle men . auh
V   *& *corp*us* / *affligu*n*t . God schedde his blood ׃ for alle . Ac
A 97v14, V 388vb77
A   heom ane hit is wurð ׃ þe fleoð flesches licunge & píníð
C   heom ane hit is wurð þe fleoð / flesches licunge & pineð
N   ham one hit is wurð ׃ þet fleoð / flesshes likunke ׃ & pineð
V   hem one hit is / worþ . þ*at* fleoþ flessches lykynge ׃ and pyneþ
A 97v15, V 388vb78
A   ham_seoluen . ant is þ eani wunder ? Nis godd ure heaued
C   ham_seoluen . & / is þ ani wunder nis god ure heaued .
N   ham_suluen . and is þet eni / wunder ? nis god ure heaued .
V   hem_seluen . - / And is þ*at* eny wonder ? Nis God vr heued .
A 97v16, V 388vb79
A   & we his limen alle ?   Ah nis euch lim sar wið sorhe of þe
C   & we / his limen alle . Ach nis uch lim sar wið / sore3e of þe
N   and we alle his limes ׃ / and nis euerich lim sor . mid seoruwe of þe
V   And we . his limes / alle ? Ak nis vche lime sor . w*iþ* serwe of þe
A 97v17, V 388vb80
A   heaued ? His lím þenne nis he nawt . þe naueð eche un/der
C   heauet ׃ his lim þenne nis he / naut þe naueð eche [ ] under
N   heaued ? / his lim þeonne nis he nout . þet naueð eche under /
V   heued ? His / lime þe*n*ne nis he nou3t . þ*at* ne haþ ache . vnder

A 97v18, N 99r, V 388vb80
A se   sar akinde heaued . Hwen þe heaued sweat wel ׃ þ
C se῀sar akin/de heaued . hwen þe heauet swet wel . þe /
N so sor ekinde heaued . hwon þet heaued swet wel . þet /
V þe sor akinde /

A 97v19
A lím þe ne swet nawt . Nis hit uuel tacne ? He þe is ure
C lim þe ne swat naut nis hit uuel tach/ne . he þ is ure
N lim ðet ne swet nout . nis hit vuel tokne ?   he þet is / ure

A 97v20
A heaued sweatte blodes swat for ure secnesse .   to turnen
C heaued swatte blodes / swat for ure secnesse   to῀turnen
N heaued swette blodes swot ׃ uor ure secnesse . & for / to turnen

A 97v21, C 167r
A us of þ   lond_uuel þ alle londes leien on ׃ & liggeð ʒette
C us of þ / lont_uuel þ alle londes leiʒen on & liggeð / ʒet
N us of þet lond_vuel : þet alle londes leien on . / & liggeð ʒet

A 97v22
A monie . þe lím   þe ne sweat nawt i swincful pine for his
C monie . þe lim   þe ne swat naut in swing/ful῀pine for his
N monie . þet lim þeonne þet ne swet / nout ine swincfule pine uor his

A 97v23
A luue ׃ deuleset   hit leaueð in his secnesse . & nis þer bute
C luue . deuleset   hit leaueð / In῀his secnesse . & nis þer bute
N luue ׃ god hit wot / hit bileaueð in his secnesse . and nis þer buten

A 97v24
A forkeoruen hit ׃   þah hit þunche sar godd . for betere is
C forkeruen hit / [þun] þach hit þunche sar god . for betere / is
N uor/keoruen hit .   þauh hit sor þunche god . uor betere is /

A 97v25
A finger offe ׃ þen he ake eauer . Cwemeð   he nu wel godd
C finger offe   þenne hit ake eaure . Cwe/með he nu wel god
N finker offe ׃ þen he eke euer . cwe`með´ he nu wel god .

A 97v26, M 362
A þe þus bilimeð him of hím_seolf   þurh þ he nule sweaten ?
C þe   bilimeð   him_seolf / þus . þurch þ he nule sweten .
N þet / þus bilimeð him . of him_sulf .   þuruh þet ðet he nu/le sweten ?

A 97v27
A *Oportebat *christum *pati *& *sic *íntrare *in *gloriam *suam . Seinte
C *Oportebat *cristum / *pati . *& *sic *intrare *in῀*gloriam *suam . Seinte /
N *oportebat *pati *christum *& *sic *intrare *in *gloriam *suam . Seinte /

A 97v28
A Marie mearci . hit moste swa beon hit seið . crist þolie pí/ne
C Marie merci . hit moste swa beon hit seið . / crist þolie pine
N marie merci . hit moste so beon hit seið . crist þoli-/en pine

PART 6 111

A 98r01
A & passiun . ant swa habben inʒong ín_to his riche . lo dea/le
C & passiun . &   swa habben in/ʒeong into his riche . Lo deale
N & passiun . & so habben inʒong   into his / riche . Lo deale

A 98r02
A hwet he seið . swa habben inʒong in_to his riche . swa ׃ &
C hwet he / seið swa habben inʒeong into his riche . / swa   &
N hwat he seið . So habben inʒong / into his riche ? So   and

A 98r03
A nan oðerweis . ant we wrecches sunfule wulleð wið eise sti/hen
C nan oðerweis . & we wreche sunefule / wulleð wið eise stiʒen
N non oðerweis ? and we wrec/che sunfu_le wulleð mid eise stien

A 98r04
A to heouene þ is se hehe   buuen us   & se swiðe muchel
C to heouene . þ is se / hechʒe buuen us . & se swiðe muche
N to he`o´uene / þet is so heih   buuen us . & so swuðe muche

A 98r05
A wurð . ant me ne mei nawt   wið_uten swinc ׃ a   lutel cote
C wurð / & me ne mei naut   wið_uten swinc aˇlutel / cote
N wurð . and / me ne mei `nout´ wið_uten swink   aˇlutel kot

A 98r06
A arearen . ne   twa þwongede scheos habbe wið_ute bune .
C arearen . ne naut twa þongede   scheon / habbe wið_ute bune .
N areren ? ne / nout two þongeden scheon habben wið_uten bug-/gunge ?

A 98r07
A Oðer þeo beoð canges þe weneð wið lihtleapes buggen
C Oðer we beoð chan/ges þe weneð wið licht_lepes buggen
N oðer we beoð kanges . þet weneð mid liht-/leapes buggen

A 98r08, C 167v
A eche blisse ׃ oðer þe hali halhen þe   bohten hit se deore .
C eche / blisse . oðer þe hali haleʒen þeˇbochten / hit se deore .
N eche blisse . oðer þe holi halewen / þet bouhten hit so deore .

A 98r09
A Nes seinte peter & seinte andrew . þeruore istraht o   rode ?
C Nes seinte peter & seinte an/dreu þerfore istracht onˇrode .
N nes seinte peter & seint / andreu   þereuore istreiht o   rode . and

A 98r10
A Seín lorenz o þe gridil . & laðlese meidnes þe tittes ítor/en
C Seint / laurenz oˇðe gridel . & laðelese meidnes / þeˇtittes itorenˇ
N seint lorenz / oˇðe gredil . and loðlease meidenes ðe tittes iˇkor/uen

A 98r11
A of .   tohwiðeret o hweoles .   heafdes bicoruen ? Ah ure sot/schipe
C of .   to_hwiðeret on hweo/les . hafden bicoruen . ach ure sotschipe /
N of . and to_hwiðered o hweoles . & hefdes bikor-/uen . auh ure sotschipe

A 98r12
A is sutel . ant heo weren ilich þeose ȝape children þe
C is sutel . & heo weren iliche þeose ȝeape ch/ildren þe
N is sutel . and heo weren / iliche þeos ȝeape children þet

A 98r13
A habbeð ȝape feaderes . þe willes & waldes toteoreð hare
C habbeð riche faderes . þe willes / & waldes to_teoreð hare
N habbeð riche / uederes . þet willes & woldes tetereð hore

A 98r14
A claðes . forte habbe neowe . Vre alde curtel is þe flesch þ we
C claðes for to hab/be neowe . Vre alde curtel is þe flesch . þ / we
N cloðes : for / to habben neowe . vre olde kurtel : is þet fleschs / þet we

A 98r15, N 99v
A of adam ure alde feader habbeð . þe neowe we schulen
C of adam ure alde˘fader habbeð . þe ne/owe we schulen
N of adam ure olde ueder habbeð . þene neo-/we : we schulen

A 98r16
A underuon of godd ure riche feader i þe ariste of domes/dei .
C underue of god ure riche / fader i˘þe ariste of domesdei .
N underuongen of god ure riche ue-/der in ðe ariste of domesdeie .

A 98r17
A hwen ure flesch schal blikien schenre þen þe sunne :
C hwen ure fl/esch schal blikien schenre þenne þe sun/ne
N hwon ure vleschs schal / blikien schenre : þen ðe sunne .

A 98r18
A ȝef hit is totoren her wið wontreaðe & wið weane . Of þeo
C þ hit is to_toren her wið wontrede & / wið weane . Of þeo
N uor_þi þet hit is nu / totoren her mid wondrede & mid weane . of þeo

A 98r19
A þe hare curtles toteoreð o þisse wise : seið ysaie . *Deferetur
C þe hare curtles toteo/reð on þis wise seið ysaie . *Deferetur
N ðet / tetereð hore kurtel o˘þisse wise : seið isaie . *Deferetur /

A 98r20
A *munus *domino *exercituum *a *populo *díuulso *& *dilacerato : *a
C *munus / *domino *exercituum . *a˘*populo *diuulso *& *dilacerato / *a˘
N *munus *domino *excercituum *a˘*populo *dimisso *& *dilacerato / *a˘

A 98r21, C 168r
A *populo *terribili . A folc tolaimet & totoren . A folc he seið fear/lich .
C *populo *terribili . a folc to_laimet to_toren / a˘folc he˘seið fearl{i}ch
N *populo *terribili . a uolk tolimed and totoren a uolk fer-/lich he seið isaie .

A 98r22
A schal makien to ure lauerd present of him_seoluen .
C schal maken to ure lauerd / Present of him_seoluen
N schal makien of him_sulf : to ure louerd / present .

PART 6 113

A 98r23
A Folc tolaimet . & totoren wið strong liflade & wið heard :
C folc to_laimet & to_toren / wið strong liflade & wið hard .
N uolk tolimed   & totoren mid stronge liflode / & mid herde :
A 98r24
A he cleopeð folc fearlac . for þe feond is of swucche offruht
C he cleopeð folc / feorlich . for þe feont is of swich   offrucht
N he cleopeð folk ferlich .   uor ðe ueond / is   offuruht
A 98r25
A & offearet . For_þi þ Iob wes þullich :   he meande him ant
C & of/feared . for_þi˜þ iob wes þullich .   he mende of / him &
N and offered of swuche . and for_þi þet / iob was swuch : he mende of him &
A 98r26
A seide . *Pellem *pro *pelle *& *uni *& *cetera . þ is . he wule ʒeouen fel for
C seide . ¶ *Pellem *pro˜*pelle *& *uni *& *cetera . þ is he wu/le ʒeouen fel for
N seide . *pellem *pro *pelle / *& *uniuersa *& *cetera . þet is . he wule ʒiuen uel
   uor
A 98r27
A fel .   þe alde   for þe neowe .   as þah he   seide . Ne geineð me
C fel .   þe alde   for þe neowe . / as þach he˜seide . Ne ʒemeð me
N uelle . / þet olde : uor ðe neowe . and is ase þauh he seide . ne / geineð me
A 98r28
A nawt to asailín him .   he is of þ totore folc .   he tereð his
C naut to asa/illen him   he is of þe totorne folc . þe tereð / his˜
N nout to asailen him : uor he is of þe teto-/re uolke : þet totereð his
A 98v01
A alde curtel . & torendeð þe alde pilche   of his deadliche fel .
C alde curtel . & to_rendeð his˜alde pilche / of his deadlich fel .
N olde kurtel . & torendeð / ðe olde pilche : of his deaðliche uelle .
A 98v02, M 364
A for þe fel is undeadlich   þ i þe neowe ariste schal schíne
C for þe uel   undeadlich / þ i˜þe neowe ariste schal schinen
N vor þet fel is un/deaðlich : þet i˜ðe neowe ariste schal schinen
A 98v03
A seoueuald brihtre þen þe sunne . Eise & flesches este beoð
C seoue_falt / brichtere þenne þe sunne . Eise & flesches / este   beoð
N seoue/uold brihtre : þen þe sunne . Eise . & flesches este : beoð /
A 98v04
A þes deofles mearken . Hwen he   sið þeos mearken i mon .
C þe deofles marken . hwen he sið / þeos marken in mon
N þes feondes merken . Hwon he i_sihð þeos merken ine / monne
A 98v05
A oðer i wummon : he wat   þe castel is his : &   geað   baldeli/che
C oðer in wummon .   he wat hw/et þe castel is   &   geað in baldeliche .
N oðer ine wummon : he wot ðet te kastel is his . / and geð   baldeliche

A 98v06
A ín ː þer he sið i‿riht up swucche baneres as   me deð i
C   þer he / sið   iricht up swiche baneres asˑme deð in
N in ː þer he isihð iriht up ː swuche / baneres ase me deð ine
A 98v07
A castel . I þet   totore folc he misseð his merken . & sið   in ham
C ˋcastel' . / Iˑþ   itorene folc he mis[d]eð his marken . & / sið inˑham
N castle . auh iˑþen itorene uolke / he misseð his merken . and isihð in ham
A 98v08, C 168v
A iriht up godes banere . þ is heardschipe of lif . &   heaueð
C richt   godes banere   þ is hardschipe / of lif . & ase
N iriht up godes / banere . þet is herdschipe of liue . and þe ueond ha/ueð
A 98v09
A muche dred þrof   as ysaie witneð . Me leoue sire seið
C muche dred þrof   as ysaye .   Meo / leoue sire seið
N muche drede þerof ː ase isaie witneð . / Me leoue sire seið
A 98v10
A sum   &   is hit nu wisdom .   to don se wa him‿seoluen ? ant
C sum . & is hit nu wisdom   to / do swa him‿seoluen ː &
N sum . and is hit nu wisdom ˋmon' to don / so wo him‿suluen ? and
A 98v11
A tu ȝeld me ondswere of tweie men   hweðer is wisre . Ha
C þu ȝelt me ondswere / Of twa   men   hweðer is wisere . haˑ
N tu ȝeld me onsware ː of two / men . hweðer is wisure . heo
A 98v12
A beoð ba   seke . þe an forgeað al þ   he luueð of metes &
C beoð ba / seke . þe an for‿geað alˑþ he luueð . of me/tes &
N beoð beoðe seke . þe on / uorgeð al þet he luueð of metes &
A 98v13, N 100r
A of drunches . &   drinkeð bitter sabraz forte acourin   hea/le .
C of drunches . &   drinkeð bittere sabraz / forˑto acouren heale .
N of drunches . & / drinkeð bitter sabraz uorˑto akoueren his heale . /
A 98v14
A þe oþer folheð al his wil & fordeð his lustes   aȝein his
C þe oðer foleȝeð alˑhis / wil & for‿deð his lustes aȝein his
N þe oðer uoluweð al his wil . & fedeð   his lustes ː aȝean his /
A 98v15
A secnesse ː &   leoseð his lif sone . Hweðer is wisre of þes twa ?
C sechnesse / & leoset þe lif sone . hweðer is wisere of þeo/se twa .
N secnesse . & forleoseð ðet lif sone . hweðer is wissure of / þeos two ː
A 98v16
A hweðer is betere his   ahne freond ? Hweðer luueð him‿seolf
C hweðer is betere hisˑachne freont / hweðer luueð him‿seoluen
N hweðer is betere his   owune ureond ː hweðer / luueð him‿sulf

PART 6   115

A 98v17
A   mare ? Ant hwa nis sec of sunne ? Godd for ure secnesse dronc
C   mare ꞉ &   hwa / nis sec of sunne ꞉ god for ure secnesse dro/nc
N   more ꞉ and hwo is þet . ðet nis sec of sun/ne : God for ure secnesse dronc
A 98v18
A   attri drunch o rode . ant we nulleð nawt bittres biten   for
C   attri drunh onˇrode &   we nulleð naut / biteres bite   for
N   attri drunch o rode . and / we nulleð nout bittres biten . buten uor
A 98v19
A   us_seoluen .   Nis þer nawiht þrof . Sikerliche his folhere
C   us_seoluen .   nis þer nawicht / þer_of . sikerliche his foleȝere
N   us_suluen ? / ne mei hit nout so beon . nis þer nowiht þerof . Siker-/liche his
    feoleware
A 98v20
A   mot wið pine of his flesch folhin his pine . Ne wene nan
C   mot wið pi/ne of his flesch foleȝen his pine . Ne / wene nan
N   mot mid pine of his flesche uoluwen / his pinen . ne wene non
A 98v21
A   wið este   stihen to heouene . Me sire seið sum eft wule
C   wið este to stiȝen to þe steorren / Me[o] sire seið sum eft . wuleˇ
N   mid este ꞉ stien to þe steorren . / Nu sire seið sum eft . and wule
A 98v22
A   godd se wracfulliche wreoken up_o sunne ? ȝe mon .   for
C   god se / wracfulliche wreoken up_on sunne . ȝe / mon   for
N   god so wrakefuliche a/wreken him up_on sunne ꞉ ȝe mon oðer wummon . / uor
A 98v23, C 169r
A   loke nu   hu he hit heateð swiðe . Hu walde nu þe mon
C   loke nu   hu he hit hateð / swiðe . Hu walde nu þe mon
N   loke nu . hu ˋheˊ hit hateð swuðe . hwu wolde nu a mon /
A 98v24
A   beate þ þing seolf hwer_se he hit ifunde . þe for   muchel hea/tunge
C   beate þ þing / seolf hwer_se heˇhit ifunde . þe for   mu/che
N   beaten þet þing sulf . hwar_se he   ifunde hit . þet for / ðe muchele hatunge
A 98v25
A   beote þrof þe schadewe . & al þ hefde þer_to eani lic/nesse ?
C   beote þrof þe schadewe & alˋþ hefde / þer_to aniˇlichnesse .
N   þerof . beote þe scheadewe . & al / ðet heuede þer_to : eni iliknesse ?
A 98v26
A   Godd feader almihti hu beot he bitterliche his deo/rewurðe
C   God fader almichtin / huˇbeot he bitterliche his deorewurðeˇ
N   God feder almihti . / hwu beot he bitterliche his deoruwurðe
A 98v27
A   sune iesu   ure lauerd þ neauer nefde sunne . bute
C   sune / Iesu   ure lauerd þ neauer nefde sunne . bute /
N   sune iesu crist / ure louerd . þet neuer nede sunne . bute

A 98v28
A ane þ he ber flesch   ilich ure :   þ is ful of sunne . ant we
C ane þ he ber flesch   ilich ure   þ is ful of / sunne . & we
N one þet he ber / vleschs : iliche ure vlessche . þet is ful of sunne . and / we
A 99r01, M 366
A schulden beon ispearet þe beoreð on us his sune deað . þe
C schulde beon ispared þe beo/reð onˇus his sune deað . þe
N schulen beon i_spareded þet bereð on us : his sune / deað . þe
A 99r02
A wepne þ sloh hím þ wes ure sunne .   ant he þe nefde nawt
C wepne þ sloch / him þ wes ure sunne .   & he þe nefde na/ut
N wepnen þet slowen him : þet weren ure sunnen . / and he þet neuede nout
A 99r03
A of sunne bute schadewe ane :   wes i þe ilke schadewe se
C of sunne bute schadewe ane   wes iˇþ/ilke schadewe
N of sunne . bute scheadewe / one : he was iˇðe ilke scheadewe so
A 99r04
A scheomeliche ituket .   se sorhfulliche ipinet .   þ ear   hit come
C scheome_liche ituked .   se / sorchfulliche ipined   þ ear   hit come /
N scheomeliche   i/tuked . and so seoruhfuliche i_pined : þet er þen / hit com
A 99r05
A þer_to : for þe þreatunge ane þrof swa him agras þer_a/ʒeín :
C þer_to . for þe þreatung ane þrof .
N þerto . uor ðe þreatunge one þerof :
A 99r06
A þ he bed his feader are . *Tristis *est *anima *mea *usque *ad
C he bed / his fader are . *tristis *est *anima *mea *usque *ad /
N he bed / his feder ore . *tristis *est *anima *mea *usque *ad
A 99r07
A *mortem . *Pater *mi *si *possibile *est : *transeat *a *me *calix *iste . SARe
C *mortem . *Pater *mi *si *possibile *est *transeat *aˇ*me / *calix *iste . Sare
N *mortem *pater *mi *si / *possibile *est *transeat *a *me *calix *iste . sore
A 99r08
A qð he   me grulleð aʒeín   mi muchele pine . Mi feader ʒef
C quod he   me grulleð aʒe/ines mi   Pine .   Miˇfader ʒef
N cweð he ure louerd . me grul/leð aʒean mine   pine .   Mi ueder ʒif
A 99r09, N 100v
A hit mei beon : speare me ed tis time . þi wil þah & nawt mín :
C hit mei beon / spare   ed þis time . þi wil þach & naut / min
N hit mei nu / beon : spare me et tisse time . þi wille þauh & nout / min :
A 99r10, C 169v
A eauer beo iuorðet . His deorewurðe feader for_þi ne forber
C beo eauer iforðet . his deorewurðe / fader for_þi ne for_ber
N euer beon ifulled . His deorewuðe ueder uorþi / ne uorber

A 99r11
A him nawt . ah leide on him se luðerliche . þ he bigon to gre/den
C him naut . ach leide / on him se bitterliche . þ he bigon to greden
N him nout . auh l`e´ide on him so bitterliche ⁙ / þet he bigon to greden
A 99r12
A wið reowðfule steuene . *Heloy . *heloy . *lamazabatani .
C wið / reoufule steuene . *Heloy . *heloy *Lama_zabani . /
N mid reouðfule stefne . / *eloy *eloy . *lamazabatani .
A 99r13
A Mi godd mi godd . mi deorewurðe feader hauest tu al for/warpe
C Miˇgod . Miˇgod . Miˇdeorewurðe fader . hauest / þuˇal for_warpen
N mi god mi god mi deore/wurðe ue_der hauest tu al uorworpen
A 99r14
A me þin anlepi sune þe beatest me se hearde ? for al
C me . þin anlepi sune þu / beatest me ful harde . for al
N me þin / onlepi sune . þet beatest me þus herde ? uor al
A 99r15
A þis ne lette he nawt . ah beot se swiðe longe & se swiðe grimlí/che ⁙
C þ [is] ne lette he / naut . ach beot se longe . & se grimliche
N þisse ⁙ / ne lette he nout . auh beot him so longe . & so swuðe / grimliche :
A 99r16
A þ he stearf o rode . *Disciplina *pacis *nostre *super *eum seið
C þ / he sterf on rode . *diciplina *pacis *nostre *super / *eum seið
N þet he sterf o rode . *Disciplina *pacis *nostre / *super *eum ⁙ seið
A 99r17
A ysaie . þus ure beatunge feol on him . for he dude him_seoluen
C ysaie . þus ure beatunge feol on / him for he dude him_seolf
N isaye . þus ure beatunge ueol up_on him ⁙ / uor he dude him_sulf
A 99r18
A bitweonen us & his feader þe þreatte us forte smiten ase
C bitwenen us & / his fader þe þratte us for to smiten as
N bitweonen us ⁙ & his feder . þet þret-/te us forˇto smiten . ase
A 99r19
A moder þ is reowðful deð hire bitweonen hire child . ant te
C mo/der þ is reouful deð hire bitwenen hire / child & þe
N þe moder þet is reouðful deð / hire bitweonen hire childe . & þe
A 99r20
A wraðe sturne feader hwen he hit wule beaten . þus dude ure
C sturne fader hwen he hit wu/le beaten . þus dude ure
N wroðe sturne ueder ⁙ / hwon he wule beaten . þus dude ure
A 99r21
A lauerd iesu crist . ikepte on him deaðes dunt forte schilden
C lauerd Iesu crist . ikep/te on him deaðes dunt . for to schilden
N louerd iesu crist . i/kepte on him ⁙ deaðes dunt . uorte schilden

A 99r22
A   us þer_wið ꞉ igracet beo his milce . Hwer_se muchel dunt is . hit
C   us / þer_wið . igracet beo his milce . hwer_se / muche dunt is . hit
N   us þer/mide . i_graced beo his milce . hwar_se muchel dunt / is . hit

A 99r23
A   bulteð aȝein up_o þeo þe þer neh stondeð . Soðliche hwa_se
C   bulteð aȝein upo þeo / þe   nech stondeð . Soðliche hwase
N   pulteð up a_ȝean . o˘þeo ðet þer neih stondeð . / Sikerliche hwo_se

A 99r24, C 170r
A   is neh hím þe ikepte se heui   dunt ꞉ hit wule bulten on him
C   is nech / him þe ikepte þe heuie dunt . hit wule / bulten on him .
N   is neih him þet ikepte ðe heuie dun/tes ꞉ hit wule pulten on him ꞉

A 99r25
A   ne nule he him neauer meanen . for þ is þe preoue þet he
C   Nule he him neauer mea/nen . for þ is þe preoue þ he
N   & nule he him neuer menen . / uor þet is ðe preoue ꞉ þet he

A 99r26
A   stont neh him . & liht is þe   bultunge to þolien for his luue
C   stont nech / him . & licht is þe˘bulting to þolien . for his / luue
N   stont neih him . and þe pul/tunge is ful liht te þolien uor his luue .

A 99r27
A   þe underueng se heui dunt us forte   burhen from þe deof/les
C   þe under_veng þe heuie dunt us for / to burȝen from þe deofles
N   þet under-/ueng so heuie duntes . us for˘to buruwen from þes / deofles

A 99r28
A   botte i þe píne of helle . Ȝet seið moni mon . hweat
C   botte i˘þe pine / of helle . S`ȝ´et seið moni mon . hwet
N   botte i˘ðe pine of helle . / Ȝet seið moni mon . hwat

A 99v01
A   is godd þe betere þah ich pini me   for his luue ? leoue mon
C   is / god þe betere þach ich pine   for his luue / Leoue mon
N   is god þe betere þauh / ich pinie me uor his luue ꞉ leoue mon

A 99v02
A   & wummon   godd þuncheð god of ure god . Vre god is ȝef
C   & wimmon .   god þuncheð god of / ure god . Vre god is ȝef
N   oðer wum/mon . god þuncheð god ꞉ of ure god . vre god is ȝif

A 99v03
A   we doð þ tet we ahen .   Ním ȝeme of þis essample . A mon
C   we doð þ we / achȝen .   Nim ȝeme of þis esample . A˘ mon /
N   we / doð þet ðet we owen . nim ȝeme of þis saumple . / a˘mon

A 99v04
A   þe were feor ifearen . & me come & talde him þ his deore spu/se
C   þe were feor ifaren . & me come & talde him / þ his deore spuse
N   þet were ueor iuaren . & me come & tolde him . / þet his deore spuse

A 99v05
A se swiðe murnede efter him . þ heo wið_uten him delit
C se swiðe murnede efter him / þ ha wið_uten him delit
N murnede so swuðe efter him . þet / heo wið_uten him . nefde no delit .

A 99v06, N 101r, M 368
A nefde i na_þing . ah were for þoht of his luue leane & elheow/et .
C nefde i˜nan þing ach / were for þocht of his luue leane & el_iheo/wed .
N i˜none þinge . auh / were uor þouhte of his luue ː lene & vuele i_heowed . /

A 99v07
A nalde him betere likin . þen þ me seide him þ ha gleowde
C nalde him betere liken þenne þ me / seide him . þ ha gleode
N nolde `him´ liken betere . þen þauh me seide him . þet heo / gleowede

A 99v08
A & gomnede & wedde wið oþre men . & líuede i delices ? Alswa
C & gomenede . & wed/de wið odre men . & liuede in˜delices ː. alse /
N & gomede & wedde mid oþer men . & liuede / in delices ː also

A 99v09
A ure lauerd þ is þe sawle spus þ sið al þ ha deð þah he hehe
C vre lauerd þ is þe saule spus þe sið al þ ha / deð þach he hech3e
N ure louerd þet is þe soule spus . þet isihð / al ðet heo deð . þauh he heie

A 99v10
A sitte ː he `is´ ful wel ipaiet þ ha murneð efter him & wule hih/in
C sitte . he is ful wel ipa/i3et þ ha murni efter him . & wule hi3en /
N sitte . he is ful wel ipaied þet / heo murneð efter him . & he wule hien

A 99v11, C 170v
A toward hire mucheles þe swiðere . wið 3eoue of his grace
C toward hire muche þe swiðre . wið 3eoue of / his grace .
N toward hire mu/cheles þe swuðere mid 3eoue : of his grace .

A 99v12
A oðer fecchen hire allunge to him to gloire & to blisse
C oðer facchen hire allung to him / to g`l´oire & to blisse
N oþer uechchen / hire allunge to him ː to glorie

A 99v13
A þurh_wuniende . Ne grapi hire nan to softeliche hire/seoluen
C þurchwuninde . Ne˜gra/pi hire nan to˜softeliche hire_seolf
N buten ende . / Ne gropie hire non to softeliche . hire_suluen

A 99v14
A to bichearren . Ne schal ha for hire lif witen
C to˜bi/chearren . Ne schal ha for hire lif witen /
N to bicher/ren . ne schal heo uor hire liue witen

A 99v15
A hire al cleane . ne halden riht hire chastete wið_uten twa
C hire cleane ne˜halde richt hire chastete wið/ute twa
N hire clene . ne / holden hire ariht ine chastete ː wið`uten´ two

A 99v16
A þinges . as seint ailred þe abbat wrat to his suster . þet
C þinges . as seint ailret   wrat . to his / suster . þe
N þinges . ase / sein`t´ aldret   wrot to his suster . þet
A 99v17
A an is pinsunge i flesch   wið feasten . wið wecchen . wið dis/ceplines .
C an is pinsunge i˜flesch   wið festen / wið wecchen   wið diciplines
N on is :˙pinunge ine / vlessche . mid festen . mid wechchen . mid disciplines . /
A 99v18
A wið heard werunge . heard leohe . wið uuel . wið
C wið hard werunge / wið hard leoune . wið uuel wið
N mid herd weriunge . herd leouwe . mid vuel . mid
A 99v19
A muchele swinkes .   þe oþer is heorte þeawes . Deuotiun .
C muchele / swinkes . þe oðer his heorte þeawes . diuo/ciun
N mu/chele swinkes . þet oþer þing is : heorte þeauwes . deuo/ciun .
A 99v20
A Reowfulnesse .   Riht luue . Eadmodnesse . & uertuz oþre swuc/che .
C reufulnesse   luue edmodnesse . & uertuz / oðre swicche .
N reoufulnesse . merci . pite of heorte . luue . edmod/nesse . & oðre swuche uertuz .
A 99v21
A Me sire þu ondswerest me . suleð godd his grace ? Nis grace
C Me˘sire þu ondswerest me / Suleð god his grace . nis grace
N Me sire þu onswerest me . / sulleð god his grace :˙nis grace
A 99v22
A wil_ȝeoue ? Míne leoue sustren þah cleannesse of chastete
C wil_ȝeoue / Mine leoue sustren þach clennesse of / chastete
N wilȝeoue : mine leoue / sustren . þauh clennesse
A 99v23
A ne beo nawt bune ed godd . ah beo ȝeoue of grace :˙Vngraciuse
C ne beon naut bune et god . ach / beoð ȝeoue of˜grace . vngraciuse
N ne beo nout bunie ed god . auh / beoð ȝeouen of grace . vngraciuse
A 99v24
A stondeð þer_toȝeines .   & makieð ham unwurðe to halden se
C stondeð / þerto_ȝeines & makeð ham unwurðe to / halde se
N stondeð þer_to_ȝeines . / and makieð ham unwurðe to holden so
A 99v25, C 171r
A heh þing . þe nulleð swinc þeruore blið eliche þolien . Bitweon/en
C hech þing þe nulleð swinc þerfore / bluðeliche þolien . bitwene
N heih þing . þet / nulleð swink þereuore :˙bliðeliche þolien . bitweonen /
A 99v26
A delices . & eise . & flesches este . hwa wes eauer chaste ? hwa bredde
C delices & aise & / flesches este . hwa wes eauer chaste . hwa bred/de
N delices . & eise . & flessches este . hwo was euer chaste ? hwo ber /

PART 6   121

A 99v27
A eauer inwið hire fur þ ha ne bearnde . Pot þe walleð swiðe nu/le
C eauer inwið hire fur þ ha ne barnde . Pot / þe walleð eauer nule
N euer fur wiþ_innen hire . þet heo ne bernde ׃ pot þet walleð / swuðe . nule

A 99v28
A he beon ouerleden . oðer cald weater iwarpe   þrín . & brondes
C hit beon ouer_leden oðer / cald water iwarpe   þrin & brondes
N he beon ouerladen . oðer kold water i_worpen / þer_inne . and brondes

A 100r01
A wiðdrahene ? þe wombe pot þe walleð of metes . & of drunches .
C wið draȝene / þe wombe pot þe walleð of˜metes & mare / of˜drunh
N wið drawene ׃ þe wombe pot þet / walleð euer of metes . and more `of˜ drunches .

A 100r02
A is se neh nehbur to þ ful`í´tohe lím . þ ha dealeð þerwið þe
C is se nech nechebur to þ fulitoch/ȝe lim . þ ha deleð þerwið þe
N he is so neih / neihebur to þet fulitowene lim ׃ þet heo deleð mid / him ׃

A 100r03, N 101v
A brune of hire heate . ah moníe mare hearm is beoð se flesch/wise .
C brune of hire / hete . Ach monie mare harm is beoð se / fleswise
N þe brune of hire hete . auh monie ancren mo/re herm is beoð so vlesshwise

A 100r04
A & swa ouerswiðe ofdred leste hare heaued ake . leste hare
C & se ouerswiðe of_dred leoste hare / heaued ake . leoste hare
N & so ouerswuðe ofdred / leste hore heaued aeke & leste hore

A 100r05
A licome febli to swiðe . & witeð swa hare heale ׃ þ te gast unstren/geð
C licom febli to / swiðe . & witeð swa his heale þ þe gast unstr/engeð
N licome feblie to / swuþe . and witeð so hore heale þet ðe gost unstrenc-/deð ׃

A 100r06
A & secleð i sunne . ant þeo þe schulden ane lechnín hare
C & seccleð in˜sunne & þeo þe˜schulden / ane lechnin hare
N & secneð ine sunne . and þeo ðet schulden one / lecnen hore

A 100r07, M 370
A sawle wið heorte bireowsunge & flesches pinsunge ׃ forwurð/eð
C saule wið heorte bireo/usunge & flesches pinsunge for_wurðeð /
N soule mid heorte bireousunge . & flesshes / pinunge ׃ uorwurdeð

A 100r08
A fisitiens & licomes leche . Dude swa seínte Agace þe ondswe/rede .
C fisiciens & licomes leche . dude swa seint / agace þe ondswerede
N fisiciens ׃ & licomes leche . Dude / seint agace so . þet onswerede

A 100r09
A & seide to ure lauerdes sonde . þe brohte [sonde] `salue´ o godes half
C & seide to ure lauerdes / sonde . þe bochte salue on˜godes half
N & seide to ure louerdes / sonde . þet brouhte hire salue uor˘

122 ANCRENE WISSE: A FOUR-MANUSCRIPT PARALLEL TEXT

A 100r10, C 171v
A   to healen hire títtes ? *Medicinam *carnalem *corpori *meo *nun/quam
C   to / healen hire tittes . *Medicinam *carnalem *cor/pori *meo *nunquam
N   to helen hire tit/tes . *Medicinam *carnalem *corpori *nunquam

A 100r11
A   *adhibui . þ is . fleschlich medecine ne dude ich me neaure .
C   *adhibui . þ is fleschlich me/dicine ne dude ich me neauer .
N   *exhibui . þet is . flesshli-/che medicine ne dude ich me neuere .

A 100r12
A   Nabbe ȝe iherd tellen of þe þreo hali men . Bute þe an wes
C   Habbe ȝe iherd / tell[ ] of þe þreo hali men . bute þe an wes /
N   and nabbe ȝe / iherd tellen of þe þreo holi men . Bute þe on was /

A 100r13
A   iwunet for his calde mahe to nutten hate speces . & wes ornre
C   iwuned for his calde maȝe to nutten hate spe/ces & wes ornere
N   iwuned uor his kolde mawe uorˇto nutten hote spi-/ces . & was ornure

A 100r14
A   of mete & of drunch þen þe tweien oþre þah ha weren seke .
C   of mete & drunh þenne þe twa / oðre . þe þach haˇweren seke .
N   of mete & of drunche : þen þe twei / oþre . þeo þauh heo weren seke .

A 100r15
A   ne nomen neauer ȝeme hweat wes hal hwet unhal to eo/ten
C   ne nome neauer / ȝeme hwat wes hal . hwat unhal to eotene /
N   ne nomen heo / neuer ȝeme hwat was hol ׃ hwat was unhol te eten ׃ /

A 100r16
A   ne to drinken . ah nomen eauer forðriht hwet_se godd
C   ne to drinken . ach neome{n} eauer forðricht / hwat_se god
N   ne to drincken . auh nomen euer uorðriht . hwat_se / god

A 100r17
A   ham sende . ne makeden neauer strengðe of gingiure ne of
C   ham sende . ne makede neauer / strengðe of giniure ne of
N   ham sende . ne makeden heo neuer strencðe of gin/giuere ne of

A 100r18
A   zedual . ne of clowes de gilofre . A dei as ha þreo weren ifolen
C   zeduale . ne of / clou de gilofre . An dei as ha þreo weren / ifolen
N   gedewal ne of clou de gilofre . aˇdei ase / heo þreo weren i_uollen

A 100r19
A   o slepe . & lei bitweone þes twa þe þridde þ ich seide . Com þe
C   onˇslepe . & lei bitwene þeos twa þe / þridde þ ich seide . com þe
N   o slepe . & lei bitweonen þeos / two þe þridde . þet ich spec of er ׃ so com ðe

A 100r20
A   cwen of heouene & twa meidnes wið hire . Þe an as þah hit
C   cwen of heoue/ne & twa meidnes wið hire . þe an as þach / hit
N   cwene of / heouene . & two meidenes mid hire . þe on ber ase / þauh hit

PART 6   123

A 100r21
A   wére ber a letuaire . þe oþer of gold a sticcke . vre leafdi wið þe
C   were ber aˇletuarie . þe oðer of golt / aˇsticke . vre lefdi wið þe
N   were aˇletuarie . þe oðer ber enne sticke / of gode golde . vre lefdi nom mid te

A 100r22
A   sticke nom & dude i þe anes muð of þe letuaire . & te meidnes
C   sticke nom & / dude in þe anes muð of þe letuarie . & þe / meidnes
N   sticke & dude / iˇðe ones muðe þerof . and þe meidenes

A 100r23, C 172r
A   eoden forðre to þe midleste . Nai qð ure leafdi he is his ah/ne
C   eode forðre to þe midleste / Nai quod ure lauedi . he is his achne
N   eoden fur-/ðre to ðe midleste . nai cweð ure lefdi . he is his owu-/ne

A 100r24
A   leche . ga ouer to þe þridde . Stod an hali mon of feor
C   leche / gað ouer to þe þridde . stod anˇhaliˇmon of / feor
N   leche . goð ouer to ðe þridde . Stod on holi mon / ueorrento ⁑

A 100r25
A   biheold al þis ilke . Hwen sec mon haueð ed hond þing þ
C   biheolt al þis ilke . Hwen secˇmon haued / on hond þing þ
N   & biheold al þis ilke . hwon secˇmon ha/ueð etˇhond þing þet

A 100r26
A   wule don him god ⁑ he hit mei wel notien . ah beon
C   wule don him god he hit / mei wel notien . Achˇbeo
N   him wule don god ⁑ he mei hit / wel notien . auh forˇto beon

A 100r27, N 102r
A   þrefter se ancreful . nomeliche religius ⁑ nis nawt godd
C   þerefter se anger/ful nomeliche religius ⁑ nis naut god
N   so angresful þerefter ⁑ / nis nout `god´

A 100r28
A   icweme . Godd & his desciples speken of sawle lechecreft .
C   icwe/me . God & hise deciples speken of saule le/checreft .
N   icweme . and ancre_ful nomilche . uor swuch / religiun ⁑ nis nout god icweme . God & his deciples spe/ken of soule lechekreft . &

A 100v01
A   ypocras . & Galien ⁑ of licomes heale . þe an þe wes best ilea/ret
C   ypocras & galien of licomes hea/le . þ `an´ þe wes best ileared
N   ypocras . & galien of licomes / hele . þe on þet was best ilered

A 100v02
A   of iesu cristes lechecreft . seið flesches wisdom is deað to
C   of Iesu cristes leche/creft seið þ flesches wisdom is deað of /
N   of iesu cristes deciples . / seið þet flesshes wisdom . is deað of

A 100v03
A   þe sawle . *Prudencia *carnis ⁑ *mors . *Procul *odoramus *bellum .
C   þe saule . *Prudencia *carnis ⁑ *mors . *Procul / *adoramus *bellum
N   ðe soule . *prudencia / *carnis . *mors . *procul *adoramus *bellum ⁑

A 100v04
A   as Iob seið . Swa we dredeð flesches uuel ofte ear þen hit
C   as iob seið . swa we dredeð fl/esches uuel ofte ear þenne hit
N   ase iob seið . So we / dredeð flesches vuel ofte . er þen hit

A 100v05
A   cume ׃ þ sawle uuel kimeð up . & we þolieð sawle uuel for/te
C   cume . þ / saule kimeð up & we þolieð saule uuel for / to
N   kume ׃ þet sou/le vuel kumeð up . & we þolieð þe soule vuel ׃ uorte /

A 100v06
A   edstearten flesches uuel . as þah hit were betere to þolien
C   edsterte flesches uuel . ach þach were / betere to þolien
N   etsterten vlesches vuel . ase þauh hit were betere / te þolien

A 100v07
A   galnesses brune . þen heaued eche oðer grucchunge of a
C   galnesse brune þenne he/auet eche oðer gruchunge of an
N   golnesse brune ׃ þen heaued eche . oðer / grucchunge of one

A 100v08
A   mistohe wombe . ant hweðer is betere i secnesse to beo godes
C   mistoȝe / wombe . & hweðer is betere in˷secnesse to / beon godes
N   mis_itowene wombe . and hwe-/ðer is betere ine secnesse uorte beon godes

A 100v09, C 172v
A   freo child ׃ þen i flesches heale ׃ to beo þreal under sunne ?
C   freo child . þen in flesches / heale to beon þrel under sunne .
N   freo child ׃ þen i flesches heale . uorte beon þrel under sunne . /

A 100v10, M 372
A   ant þis ne segge ich nawt swa ׃ þ wisdom & meosure ne
C   Ant þis˷ne / segge ich naut swa þ wisdom & mesure ne /
N   and þis ne sigge ich nout so ׃ þet wisdom & mesure ׃ ne /

A 100v11
A   beon ouer_al iloket ׃ þe moder is & nurrice of alle gode
C   beon ouer_al iloked . þe moder is & nurice of˷alle / gode
N   beon oueral i_loked . þe moder is a nurice of alle gode /

A 100v12
A   þeawes . Ah we cleopieð ofte wisdom þ nis nan . for soð wis/dom
C   þeawes ach we cleopieð ofte wisdom / þ nis nan for soð wisdom
N   þeawes . auh we cleopieð ofte wisdom ׃ þet nis non . uor - / soð wisdom

A 100v13
A   is . don eauer sawle heale ׃ biuore flesches heale . & hwen
C   is don eauer saule / heale biforen flesches heale . & hwen
N   is ׃ don euere soule hele biuoren flesches he/le . and hwon

A 100v14
A   he ne mei nawt ba somet halden ׃ cheose ear licomes
C   me / ne mei naut baðe somed halden . cheosen / ear licomes
N   me ne mei nout boðe holden somed ׃ / cheosen er licomes

A 100v15
A hurt ׃ þen þurh to strong fondunge ׃ sawle þrowunge
C hurt þenne þurh [þe] ˋto´ strong / fondunge saule þrowunge .
N hurt . þen þuruh to stronge uondunges ׃ / soule þrowunge .

A 100v16
A Nichodemus brohte to smírien ure lauerd an hundret wei/es
C Nichodemus / brochte to smirien ure lauerd an hundred / weies
N nicodemus brouhte uorte smuri-/en mide ure louerd ׃ an hundred weien

A 100v17
A hit seið of mirre & of aloes . þ beoð bittre speces . & bitac/nið
C hit seið of mirre . & of aloes þ beoð / bittere speces . & bitachneð
N of mirre / & of aloes ׃ hit seið . þet beoð bittre spices . and bitoc/neð

A 100v18
A bittre swinkes & flesches pínsunges . Hundret is ful
C bittere swinkes / & flesches pinunges . hundred is ful
N bittre swinkes ׃ & flesches pinunge . hundred ׃ / is ful

A 100v19
A tale . & noteð   perfectiun . þ is ful dede . forte schawin þ me
C tale . & / noateð perfecciun . þ is ful˘dede . for to scha/wen þ me
N tel ׃ & noteð perfectiun ׃ þet is ful dede . uorte / scheawen þet me

A 100v20
A schal ful do flesches pine . ase forð as eauer euene mei
C schal ful˘do flesches pine . ase / forð as eauer euene mei
N schal ful˘don flesches pine . ase / uorð ase euere efne mei

A 100v21
A þolien . Iˋþe weie is bitacnet meosure & wisdom . þ euch
C þolien . Iˋþe wei is / bitacned mesure & wisdom . þ euch
N þolien . bi þe weie ׃ is bitoc/ned mesure & wisdom . þet euerich

A 100v22
A mon wið wisdom weie hwet he mahe don . ne beo nawt
C mon / wið wisdom weie hwat he muȝe don . Ne / beo naut
N mon weie mid wis-/dome ׃ hwat he muwe don . and ne beo ȝe nout

A 100v23, C 173r, N 102v
A se ouer_swiðe iˋgast ׃ þ he forȝeme þe bodi . ne eft se tendre
C se ouer_swiðe iˋgast þ he forȝeme / þe bodi . ne eft seˋtendre
N so / ouerswuðe aˋgest . þet ȝe uorȝemen ðet bodi . ne eft / so tendre

A 100v24
A of his flesch ׃ þ hit iwurðe untohen & makie þe gast þeowe .
C of his flesch þ / hit iwurðe untoȝen & make þe gast þeo/we .
N of ðe bodie ׃ þet hit iwurðe untowen ׃ & makie / ðene gost þeowe .

A 100v25
A Nu is al þis meast iseid of bitternesse utewið . Of bitter/nesse
C Nuˋis alˋþis mest iseid of bitternesse ute/wið . Of bitternesse
N nu is al þis mest iseid of bitternesse / wið_uten .

A 100v26
A inwið segge we nu sumhweat .   for of þes twa bitter/nesses :
C inwið segge we her sum/hwet .   for of þeos twa bitternesse
N   sigge we nu sumhwat of bitternesse wið_innen . / vor of `þeos´ two bitternesses :
A 100v27
A awakeneð swetnesse . her ʒet i þis world : nawt
C awakeneð / swetnesse her ʒet iˇþis world naut
N awakeneð swetnesse . her ʒet / iˇþisse worlde . and nout
A 100v28
A ane in heouene .   AS ich seide riht nu þ nichodemus
C ane in heo/uene . AS ich seide richt nu þ nicodemus /
N one ine heouene . / Ase ich seide riht nu þet nicodemus
A 101r01
A brohte smirles to ure lauerd : alswa þe þreo Maries bohten
C brochte smirles to ure lauerd . Alswa þreo / Maries brochten
N brouhte smuriles / uorte smurien mide ure louerd . al riht so ðe þreo / maries : brouhten
A 101r02
A deorewurðe aromaz his bodi forte smirien . Neomeð nu go/de
C deorewurðe aromaz his / bodi for to smirien . Neomeð nu gode
N deoruwurðe aromaz uorte smuri-/en mide his bodi . nimeð nu gode
A 101r03
A ʒeme míne leoue sustren . þeos þreo maries bitacnið
C ʒe/me mine leoue sustren . þeos þreo mari/es bitachneð
N ʒeme mine leoue / sustren . þeos þreo maries : bitocneð
A 101r04
A þreo bitternesses . for þis nome marie as meraht & merariht
C þreo bitternesses . for þis no/me marie . as maracht & merarit
N þreo bitternes-/ses . vor þes nome marie : speleð bitternesse . ase deð / mararaht . & merariht :
A 101r05
A þ ich spec þruppe of : spealeð bitternesse . þe earste bitternesse is .
C þ ich / spec þruppe o{f} . speleð bitternesse . þe earste / bitternesse is
N þet ich spec `er´ of þer_uppe . þe / uormeste bitternesse is .
A 101r06
A i sunne bireowsunge & i deadbote . hwen þe   sunfule is iturnd
C iˇsunne bireousunge . & iˇdeað/bote hwenne þeˇsunful is iturnd .
N bireousunge & dedbote uor / sunne . hwon ðe sunfule is iturnd
A 101r07
A earst to ure lauerd . Ant þeos is understonden bi   þe earste
C arst to ure / lauerd . &   þeos is understonden biˇþe earste /
N erest to ure louerd . / þet is to understonden : biˇðe ereste
A 101r08
A Marie . marie magdaleíne . & bi god rihte . for   ha wið mu/che

PART 6   127

C   marie . Marie maudeleune . & biˇgood richt / for heo inˇmuche
N   marie . marie mag/dalene . and bi gode rihte . uor heo ine muchele /
A 101r09, C 173v
A   bireowsunge & bitternesse of heorte leafde hire sunnen .
C   bireousunge & bitternesse / of heorte lefde hire sunnen
N   bireousunge . & ine muchele bitternesse of heorte ⁘ / bilefde hire sunnen .
A 101r10
A   & turnde to ure lauerd . Ah for_þi þ sum mahte þurh to
C   & turnde to ure la/uerd . Ach for_þiˇþ sum muchte þurch to
N   & turnde to ure louerde . auh for/þi ðet sum muhte þuruh to
A 101r11
A   muche bitternesse fallen in_to unhope ⁘ Magdaleine þe spea/leð
C   muche / bitternesse fallen into unhope . Maudeleine þ / spaleð
N   muchel bitternesse ual/len into unhope ⁘ magdalene . þet speleð
A 101r12, M 374
A   tures hehnesse ⁘ is to Marie ifeiet . þurh hwet is bitacnet
C   tures hechnesse ⁘ is to marie iveiet / þurh hwet is bitachned
N   tures hei-/nesse ⁘ is to marie i_efned . þuruh hwat is bitocned ⁘
A 101r13
A   hope of heh mearci & of heouene blisse . Þe oðer bitternesse is .
C   hope of hech merci / & of heouene blisse . þe oðer bitternesse is
N   ho/pe of heih merci ⁘ & of heouene blisse . þe oðer bitter/nesse ⁘ is
A 101r14
A   i wreastlunge & i wragelunge aȝeines fondunges . Ant þeos
C   in / wrestlung & in wragelunge aȝeines fondun/ge . & þeos
N   bitternesse in wrastlunge . & in wragelunge aȝean / uondunges . and þeos
     bitternesse
A 101r15
A   is bitacnet bi þe oðer Marie .   marie   iacobi . for Iacob spealeð
C   is bitachned bi þe oðer marie .   Ia/cobi for iacob speleð
N   is bitocned . bi ðe / oðer marie ⁘ marie iacobi . uor iacob speleð
A 101r16
A   wreastlere . þis wreastlunge is ful bitter to monie þe beoð ful
C   wrestlere . þis   wrestlung / is ful bitter to monie þ beoð ful
N   wrast-/lare . þeos wrastlunge is ful bitter to monie þet / beoð ful
A 101r17
A   forð i þe wei toward heouene . for þe ȝet i fondunges . þ beoð
C   forð . inˇwei / towart heouene . for þeo ȝet in fondunges / þeˇbeoð
N   uorð iˇðe weie touward heouene . for ðeˇȝet / fondunges . þet beoð
A 101r18
A   þe deofles swenges . waggið oðerhwiles . & moten wreastlín a/ȝeín
C   þe deofles swenges . waggeð oðer/hwiles . & mote wresten aȝein
N   þe deofles swenges : waggeð / oðer_hwules . & moten wresten aȝean
A 101r19, N 103r
A   wið strong wraglunge . for as seínt austin seið . *Pharao

C wið strong wra/ggunge . for as˜seint austin seið . *Pharao
N mid stronge / wragelunge . vor ase seint austin seið . *pharao
A 101r20
A *contemptus *surgit *in *scandalum . hwil eauer israeles folc wes in
C *contemp/tus *surgit *in˜*scandalum . hwil eauer iraeles folc˜wes / in˜
N *contentus / *surgit *in *scandalum . þeo hwule ðet euere israeles folc was / in˜
A 101r21
A egypte under hParaones hond ⁊ ne leadde he neauer ferd
C egypte under pharaones hond . ne˜ledde / he neauer[d] ferd
N egipte under pharaones hond ⁊ ne ledde he neuer / uerde
A 101r22
A þron ⁊ ah þa hit fleah from hím ⁊ þa wið al his strengðe
C þron . ach þoa hit flech from / him . þoa wið al his strengðe
N þer_on . auh þo hit fleih urom him : þo mid al / his strencðe
A 101r23
A wende he þrefter . for_þi is eauer bitter feht ⁊ neod aʒeín
C wende he þer/efter . for_þi is eauer bitter fecht neod aʒein
N wende he þerefter . uor_þi is euer bitter uiht / neod . aʒean
A 101r24
A pharaon . þ is aʒein þe deouel . for ase seið ezechiel . *Sanguí/nem
C pha/raon . þ is aʒein þe deouel . for as˜seið eze/chiel . *sanguinem
N pharaon ⁊ þet is . neod aʒean ðe deouel . / vor ase seið ezechiel . *Sanguinem
A 101r25, C 174r
A *fugies. *& *sanguis *persequetur *te . Flih sunne . & sunne wule
C *fugies *& *sanguis *persequetur *te / flich sunne . & sunne wule
N *fugies ⁊ *et *sanguis *per/sequitur *te . vlih sunne ⁊ & sunne wule
A 101r26
A folhín eauer efter .   Inoh is iseid þruppe hwi þe gode nís
C eauer foleʒen him / [Ino] efter . Inoch is iseid þruppe hu þe gode / nis
N euer uoluwen efter þe . / Inouh is iseid þer_upe hu ðe gode nis
A 101r27
A neauer sker of alle fondunges . Sone se he haueð þe an
C neauer sker of alle fondunges . Sone se / haued þe an
N neuer siker of alle / uondunges . So sone so he haueð
A 101r28
A ouercumen ⁊ ikepe anan an_oþer . Þe þridde bitternesse is i lon/gunge
C ouercumen . ikepe anan an_oðer / Þe þridde bitternesse is i˜longung
N ouerkumen þet on ⁊ / ikepe anonriht an_oðer . þe þridde bitternesse is . ine / longinge
A 101v01
A toward heouene . & i þe ennu of þis world . hwen
C towart heo/uene ant i˜þe an_nu of þis worlt . hwen
N touward heouene . & in þe anui ⁊ of þisse worl/de . hwon
A 101v02
A ei is se hehe þ he haueð heorte reste onont unþeawes

C ei is / se hech3e þ he haueð heorte reste anont / vnþeawes
N eni is so heie . þet he haueð heorte reste . o_nont / unþeawes
A 101v03
A weorre . & is as in heouene 3eten . & þuncheð bitter alle
C weorre . & is as in heouene 3etes / & þuncheð bitter alle
N weorre . & is ase ine heouene 3etes . & þuncheð / bitter alle
A 101v04
A worltliche þinges . Ant tis þridde bitternesse is underston/den
C worldliche þinges . & þe/os þridde bitternesse is understonden
N worldliche þinges . and þeos bitternesse is / understonden :·
A 101v05
A bi marie Salomee þe þridde marie . for Salome spea/leð
C bi / marie salome . þe˜þridde marie . for salo/me speleð
N bi marie salome :· þe þridde marie . / vor salome speleð
A 101v06
A pes . & þeo 3et þe habbeð pes . & reste of cleane inwit
C peas . & þeo 3et þe habbeð pes / & reste of cleane inwit
N peis . and þeo 3et þet habbeð peis / & reste of cleane inwit :·
A 101v07
A habbeð in hare heorte bitternesse of þis lif þ edhalt
C habbeð in˜hare he/orte bitternesse of þis lif þe edhalt
N heo habbeð in hore heorte bit-/ternesse of þisse liue . þet ethalt
A 101v08
A ham from blisse þ ham longeð to . from godd þ ha lu/uieð .
C ham / from blisse þ ham longeð to . from god þ ha / luueð .
N ham urom blisse . þet / ham longeð to . urom god ðet heo luuieð .
A 101v09
A þus lo in euch stat rixleð bitternesse . earst i þe
C þus lo in euch stat rixleð bitternesse / Earst i˜þe
N þus lo in / eueriche stat :· rixleð bitternesse . erest i˜ðe
A 101v10
A bigínnunge hwen me sahtneð wið godd i þe forð3ong
C biginnunge hwen me sachtneð / mid god . I˜forð3eong
N biginnunge :· / hwon me seihtneð mid god i uorð3ong
A 101v11
A of god lif :· & i þe leaste ende . Hwa is þenne o godes half
C of god lif & i˜þe leste / ende . Hwa is þenne o˜godes half
N of gode li-/ue . and i˜ðe last ende . hwo is þeonne o godes half .
A 101v12, C 174v
A þe wilneð i þis world eise oðer este ? AH neomeð nu
C þe wilneð / i˜þis world eise oðer este . Þch neomeð nu /
N þet wilneð / i þisse worlde :· eise oðer este . / Auh nimeð nu her
A 101v13
A 3eme míne leoue sustren hu efter bitternesse kimeð
C 3eme mine leoue sustren hu efter bitternesse / kimeð

N ȝeme mine ˋleoueˊ sustren . hwu efter / bitternesse . kumeð
A 101v14, M 376
A swetnesse . bitternesse buð hit . for as þ godspel teleð . þeose
C swotnesse . Bitternesse buð hit . for as / þe godspel telleð . þeos
N swotnesse . Bitternesse ׃ buð / hit . uor ase ðe gospel seið . þeos
A 101v15
A þreo maries bohten swote smeallinde aromaz to smi/rien
C þreo maries boch/ten swote smellinde aromaz to smirien
N þreo maries bouhten / swote smellinde aromaz uorˋto smurien mide
A 101v16, N 103v
A ure lauerd . þurh aromaz þe beoð swote ׃ is under/stonden
C ure / lauerd . þurc anromaz þe beoð swote is unde/rstonden
N ure / louerd . þuruh aromaz þet beoð swote : is underston-/den
A 101v17
A swotnesse of deuot heorte . þeos maries hit bug/geð .
C swotnesse of deuot heorte . þeos / maries hit buggeð .
N swotnesse of deuot heorte . þeos þreo maries bug/geð
A 101v18
A þ is . þurh bitternesse me kimeð to swotnesse . bi
C þ is þurch bitternesse me / kimeð to swotnesse . Bi
N hit . þet is . þuruh bitternesse me kumeð to swot-/nesse . Bi
A 101v19
A þis nome marie nim eauer bitternesse . þurh Maries
C þis nome marie nim / eauer bitternesse . þurch marie
N þisse nome marie ׃ nimeð euer bitternesse . þu-/ruh marie
A 101v20
A bone wes ed te neoces weater iwent to wine . þ is to un/derstonden .
C bone wes ed þe / neoces water iwend to win .
N bone & bisocne . was water ette neoces ׃ iwent / to wine . þet is to understonden .
A 101v21
A þurh bone of bitternesse þ me dreheð for
C
N þuruh bone of bit/ternesse . þet me her drieð for
A 101v22
A godd ׃ þe heorte þe wes weattri . smechles ne ne felde na
C
N god . þe heorte þet was / wateri smecchles . and ne uelede no
A 101v23
A sauur of godd namare þen i weater ׃ schal beon iwent
C
N sauur of god . nam-/more þen of water . þeo schal beon i‿wend
A 101v24
A to wine . þet is ifinden smech in him swete ouer alle wi/nes .
C   þ is ifinden smeh / inˋhim . swete ouer alle wines .
N to wine . þet / is . þeo heorte schal i‿uinden smech ine him ׃ swete ouer alle / wines .

A 101v25
A for_þi seið þe wise . *Vsque *in *tempus *sustinebit *paci/ens .
C for_þi seið þe / wise . *vsque *inˇ*tempus *sustinebit *paciens .
N uor_þui seið þe wise . *vsque *inˇ*tempus *sustinebit *paciens . /
A 101v26
A *& *postea *redditio *iocunditatis .   þe þolemode þolie
C *& *postea / *reddicio *Iocunditatis . þ is þe þolemode þo/lie
N *& *postea *redditio *iocunditatis . þet is . þe þolemode þolie /
A 101v27
A bitter ane hwile . he schal sone þrefter habben ȝeld of
C bitter aneˇhwile . he schal sone þerefter / habbe ȝelt of
N bitter one hwule . uor he schal sone þer_efter hab/ben ȝeld of
A 101v28
A blisse . ant anna i tobie seið bi ure lauerd . *Qui *post *tempesta/tem
C blisse . & anne iˇtobie seið bi / vre lauerd . *Qui *post *tempestatem
N blisse . and anne in tobie ∴ seið bi ure / louerd . *Qui *post *tempestatem
A 102r01
A *tranquillum *facit . *& *post *lacrimationem *& *fletum ∴ *exul/tationem
C *tranquillum *facit / *& *post *lacrimacionem *& *fletum *exultacionem
N *tranquillum *facit . *& *post *lacrimationem *& / *fletum ∴ *exultationem
A 102r02
A *infundit . þet is . iblescet ibeo þu lauerd þe mak/est
C *in_fun/dit . þ is iblescet beo þu lauerd . þe makest /
N *infundit . þet is . iblesced beo þu / louerd . þet makest
A 102r03, C 175r
A stille efter storm . & efter wopi weattres ȝeldest bliðe murh/ðes .
C stille efter storm . & efter wopi wattres ȝeldest / bliðe murchðes .
N stille efter storme . & efter wopie / wateres ∴ ȝeldest bliðe muruhðes .
A 102r04
A Salomon . *Esuriens *etiam *amarum ∴ *pro *dulci *sumet . ȝef
C Salomon . *Esuriens *etiam *amarum / *proˇ*dulci *sumet . ȝef
N Salomon . *esuriens *etiam / *amarum *pro *dulci *sumeð . ȝif
A 102r05
A þu art ofhungret efter þet swete ∴ þu most earst witerliche
C þuˇart of_hungred / efter þ swete . þu most arst witerliche
N þu ert ofhungred efter / ðe swete ∴ þu most erest sikerliche ∴
A 102r06
A biten o þe bittre . *In *canticis . *Ibo *michi *ad *montem *myrre . *&ˇ*ad
C biten / oˇþe bittere . *Inˇ*canticis . *Ibo *michi *ad *montem *mirre / *& *ad
N biten oˇðe bittre . *In *can/ticis . *ibo *michi *ad *montem *mirre *& *ad
A 102r07
A *colles *turis .   Ich chulle ha   seið godes deore spuse gan to rech/leses
C *colles *turis .   ichulle gan haˇseið godes / deore spuse   to rechles[es]
N *colles *& *cetera . ich chulle gon / heo seið godes deore spuse . to recheles

132 ANCRENE WISSE: A FOUR-MANUSCRIPT PARALLEL TEXT

A 102r08
A   hul ⁊ bi þe dun of myrre . lo hwuch is þe wei to rech/leses
C   hul   bi þe dun / of mirre . Lo hwich is þe wei to rchles /
N   hulle ⁊ biˇðe dune / of mirre . lo hwuch is ðe wei . to recheles
A 102r09
A   swotnesse ⁊ bi myrre of bitternesse . ant eft iˇþ ilke luue
C   swotnesse . Biˇmirre of bitternesse . & eft iˇþe / ilke luue
N   swotnesse . bi mir/re of bitternesse . and eft iˇþet ilke luue
A 102r10
A   boc . *Que *est *ista *que *ascendit *per *desertum *sicut *uirgula
C   boc *Que *est *ista *que *ascendit *per / *desertum *sicut *virgula
N   boc . *Que *est *ista / *que *ascendit *per *desertum *sicut *uirgula
A 102r11
A   *fumi *ex *aromatibus *myrre *& *thuris . Aromaz me makeð
C   *fumi *ex *aromatibus / *mirre *& *thuris .
N   *fumi *ex *aromatibus *mir/re *& *thuris . aromaz is i_maked
A 102r12
A   of myrre & of rechles . ah myrre he set biuoren . & rechles
C
N   of mirre ⁊ & of reches . / and mirre ⁊ he set biuoren . & recheles
A 102r13
A   kimeð efter . *Ex *aromatibus *myrre *& *thuris . Nu meaneð
C   Nuˇmeneð
N   kumeð efter . / *ex *aromatibus *mirre *& *thuris . nu meneð
A 102r14
A   hire sum .   þ ha ne mei habben na swotnesse   of godd ⁊ ne
C   hire sum   þ / ha ne mei habbe   swotnesse nan   of god / ne
N   hire sum . & seið / þet heo ne mei habben swotnesse none of god . ne /
A 102r15, N 104r
A   swetnesse wið_innen . Ne wundri ha hire nawiht ȝef ha
C   swotnesse wið_innen . ne wundre ha hi/re nawicht ȝef ha
N   swetnesse wið_innen . ne wundrie heo hire nowiht ⁊ / ȝif heo
A 102r16
A   nis marie . for ha hit mot buggen wið bitternesse wið_uten .
C   nis ma{ri}e for ha hit / buggen wið bitternesse wið_uten .
N   nis nout marie . vor heo hit mot buggen mid / bitternesse wiðuten .
A 102r17
A   nawt wið euch bitternesse ⁊ for sum geað frommard godd .
C   Naut / wið euch bitternesse   for sum geað from/wart god
N   auh nout mid eueriche bitternesse . / uor sum geð frommard god .
A 102r18
A   as euch worltlich sar þ nis for sawle heale . for_þi iˇþe god/spel
C   as euch worldlich sar þ nis for / saule heale . for_þi iˇþe godspel
N   ase euerich worldlich sor ⁊ ðet / nis for ðe soule heale . vor_þi iˇðe gospelle

A 102r19, C 175v
A of þe þreo maries is iwriten þisses weis . *Vt *uenien/tes
C of þe / þreo maries is iwriten þis weis *Vt / *veniantes
N of þe þreo / maries ⁒ is iwriten þisses weis . *vt *uenientes
A 102r20
A *ungerent *iesum . *non *autem *recedentes . þeos maries hit
C *ungerent *Iesum . *non *autem *recedentes . þe/ose maries hit
N *ungerent *iesum / *non *autem *recedentes . þeos þreo maries hit
A 102r21, M 378
A seið . þeose bitternesses ⁒ weren cuminde to smirien ure lauerd .
C seið . þeose bitternesses were cu/minde to smiren ure lauerd .
N seið . þet is . þeos / bitternesses weren kuminde ⁒ uorˇto smurien ure lo-/uerd .
A 102r22
A þeo beoð cuminde to smirien ure lauerd ⁒ þe me þoleð for
C þeo beoð comin/de to smirien vre lauerd . þe me þoleð for /
N þeo beoð kuminde uorte smurien ure louerd ⁒ / þet me þoleð for
A 102r23
A his luue . þe strecheð him toward us   as þing þ ismired
C his luue . þeo streccheð him towart us . as / þing þ ismired
N his luue . he streccheð him touward / us ase þing þet is i_smured .
A 102r24
A is . & makeð him nesche & softe to hondlín . Ant nes he
C is . & Makeð him nesche & softe / to hondlin . & nes he
N   and makeð him nesshe / & softe uorˇto hondlen . and nes he
A 102r25
A him_seolf reclus i maries wombe ? þeos twa þing limpeð
C him_seolf reclus in / Marie wombe . þeos twa þing limpeð
N him_sulf reclus iˇðe / meidenes wombe ⁒ þeos two þinges limpeð
A 102r26
A to ancre . nearowðe . & bitternesse . for wombe is nearow wunun/ge .
C to ancre / Naruðe & bitternesse . for wombe is naru wu/nung
N to ancre . / neruhðe . & bitternesse . vor wombe is neruh wunun-/ge ⁒
A 102r27
A þer ure lauerd wes reclus . ant tis word marie as ich of/te
C [f] þer ure lauerd wes reclus . & þis word / Marie as is ofte
N þer ure louerd was reclus . and tis word marie . ase is / ofte
A 102r28
A habbe iseid ⁒ spealeð bitternesse . ȝef ȝe þenne i nearow stude
C   iseid   speleð bitternesse .
N   iseid . speleð bitternesse . ȝif ȝe þeonne ine nerewe / stude
A 102v01
A þolieð bitternesse ⁒ ȝe beoð his feolahes reclus as he wes i
C   ȝe / beoð his feolaȝes reclus as he wes inˇ
N þolieð bitternesse ⁒ ȝe beoð his feolawes . reclus ase / he was ⁒ ine

A 102v02
A Marie wombe . Beo ȝe ibunden inwið fowr large wahes ?
C ma/rie wombe . Beo ȝe ibunden inwið four / large waȝes .
N marie wombe . þeonne [ȝif] ȝe ine nerewe / stude þolieð bitternesse ase he dude in marie wombe . hwon / ȝe beoð ibunden wiðinnen uour large wowes .

A 102v03
A & he in a nearow cader . i_neilet   o   rode . i   stanene þruh bi/cluset
C & he in an naru cader   Inei/let onˇrode . inˇstanene þruch bicluset /
N and / he in a neruh kader ⁚ i_neiled o rode . and ine stonene / þruh ⁚ biclused

A 102v04
A heteˍfeste . Marie wombe & þis þruh ⁚ weren his
C heteuest . Marie wombe & his þruch we/ren hise
N heteueste . Marie wome & þeos þruh . we/ren his

A 102v05
A ancreˍhuses . I   nowðer nes he worltlich mon ⁚   ah as ut of
C ancreˍhuses . inˇnouðer nes he / worldlich mon . ach wes ut of
N ancreˍhuses . and in nouðer nes he worldlich / mon . auh was ase ut of

A 102v06
A þe world forte schawin ancren þ ha ne schulen wið þe
C   world to sch/awin ancren þ ha ne schulen wið þe
N ðe worlde . uorte scheawen an/cren þet heo ne schulen mid ðe

A 102v07, C 176r
A world naˍþing habben imeane . ȝe þu ondswerest me .
C world / nanˇþing habbe meane . ȝe þu ondswerest / me .
N worlde noˍþing hab/ben iˍ mene . ȝe ðu onswerest me ⁚

A 102v08
A ah he wende ut of ba . ȝe went tu alswa of ba þíne ancre/huses .
C Achˇhe wende ut of ba . ȝe went þu / alswa of ba þin ancreˍhuses
N & seist . auh ure lo/uerd wende ut of boðe . ȝe wend tu also ut of bo þi/ne ancreˍhuses .

A 102v09
A as he dude wiðˍute bruche . & leaf ham ba ihale .
C as he dude wið/ute bruche & leaf ham ba ihale .
N ase he dude wiðˍute bruche . & bilef / ham boðe ihole .

A 102v10
A þ schal beon   hwen þe gast went ut on ende wiðˍuten
C þ schal / beon   hwenne þe gast went ut on ende wið/ute
N þet schal beon hwon ðe gost iˍwent ut on / ende ⁚ wiðˍute

A 102v11, N 104v
A bruche & wem of his twa huses . þ an is þe licome . þet .
C bruche & wem of his twa huses . þeˇan / is þe licome þe
N bruche ⁚ & wiðˍute wem : of his two huses . / þet on is ðe licame . þet

A 102v12
A oþer is þe uttre hus . þ is as þe uttre wah abute þe castel .
C oðer is þe uttere hus . þe / isˇas þe uttere wal abute þe castel .

N   oþer is ðet uttre hus . þet is . ase / ðe uttre wal ꞉ abute ðe kastle . /
A 102v13
A   Al þ ich habbe iseid of flesches pinsunge ꞉ nis nawt
C   AL þ / ich habbe iseid of flesches Pinsunge . nis / naut
N   Al þet ich habbe iseid of flesshes pinunge nis nout /
A 102v14
A   for ow mine leoue sustren . þe oðerhwile þolieð ma/re
C   for ow mine leoue sustren . þe oðer/hwiles þolieð mare
N   uor ou ꞉ mine leoue sustren . þet oðerhwules þolieð / more
A 102v15
A   þen ich walde . Ah is for sum þ schal rede þis inohreaðe ꞉
C   þenn ich walde . Ach / is for sum þe schal rede þis inoch_raðe /
N   þen ich wolde . auh is for sum ðet schal reden þis / inouhreaðe ꞉
A 102v16
A   þe grapeð hire to softe . Noðeles ȝunge impen me bigurd
C   þe grapeð hire to softe . noðeles ȝunge / ympen me bigurt
N   þet gropeð hire to softe . noðeleas . ȝunge / impen me bigurt
A 102v17
A   wið þornes leste beastes freoten ham hwil ha beoð meare/we .
C   wið þornes leoste be/astes freoten ham hwil þ ha beoð marewe /
N   mid þornes leste bestes ureten ham ꞉ / þeo hwule þet ˋheoˊ beoð meruwe .
A 102v18
A   ȝe beoð ȝunge impen iset i godes orchard . þornes beoð
C   ȝe beoð ȝunge ympen iset iˇgodes orhȝe/art . þornes beoð
N   ȝe beoð ȝunge impen iset / in godes orcharde . þornes ꞉ beoð
A 102v19
A   þe heardschipes þ ich habbe ispeken of . & ow is neoð þ ȝe
C   þe hardschipes þ ich / habbe ispeken of . & ow is neod þ ȝe
N   ðe heardschipes . þet ich / habbe i_speken of . and ou is neod þet ȝe
A 102v20, M 380
A   beon biset wið ham abuten . þ te beast of helle hwen he
C   beon / biset wið ham abuten þ þe beast of / helle hwen he
N   beon biset mid / ham abuten . þet te best of helle hwon he
A 102v21, C 176v
A   snakereð toward ow forte biten on ow ꞉ hurte him o þe
C   smakereð towart ow for / to biten onˇow . hurteˇhim o þeˇ
N   snakereð to/ward ou . uorte biten on ou ꞉ hurte him oˇðe
A 102v22
A   scharpschipe & schunche aȝeinwardes wið alle þeose heard/schipes
C   scharpschi/pe & schunke aȝeinwart . wið al þis herdsch/ipe
N   herdschipes / & schunche aȝeinwardes . mid al þis herdschipe
A 102v23
A   beoð gleade & wel ipaiet ȝef lutel word is of ow ꞉
C   beoð glede .   ȝef lute word is of ow
N   beoð / glede .   ȝif lute word is of ou ꞉ &

A 102v24
A ȝef ȝe beoð unwurðe . for þorn is scharp & unwurð . wið
C ȝef / ȝe beoð unwurðe . for þorn is schearp & un/wurð . wið
N ȝif ȝe beoð unwurðe . uor / þorn is scherp & unwurð . mid

A 102v25
A þeose twa beoð bigurde . ȝe ne ahen nawt to unnen þet
C þeos twa beoð igurde . ȝe ne / achȝe naut to unnen þ
N þeos two beoð igurde . / ȝe nowen nout unnen . þet

A 102v26
A uuel word beo of ow . Scandle is heaued sunne . þ is . þing
C uuel wort beo of ow / Scandle is heaued sunne .
N eni vuel word kome of / ou . uor schandle is heaued sunne .

A 102v27
A swa iseid oðer idon ː þ me mei rihtliche turnen hit to u/uele .
C
N

A 102v28
A & sunegín þrefter þer_þurh ː wið mis_þoht . wið uuel
C
N

A 103r01
A word . on hire . on oþre . & sungín ec wið dede . ah ȝe ahen unnen .
C Ach ȝe achȝen / vnnen
N auh ȝe owen uor/te unnen

A 103r02
A þ na word ne beo of ow ː ne mare þen of deade . & beon bliðe
C þ na word neˑbeo of ow . namare þen/ne of dede . & beo bliðe
N þet no word ne kome of ou ː nammore þen / of deade . and beoð bliðe

A 103r03
A iheortet . ȝef ȝe þolieð danger of sluri þe cokes cneaue ː
C inˑheorte ȝef ȝe / þolieð danger of sluri þe cokes cnaue
N on heorte . ȝif ȝe þolieð daun/ger of sluri ðe kokes knaue .

A 103r04
A þe wescheð & wipeð disches i cuchene ː þenne beo ȝe dunes i/hehet
C þe / weschedisch   inˑcuchene . þenne beo ȝe du/nes ihechȝet up
N þet wassheð ðe disshes / iˑðe kuchene . þeonne beo ȝe dunes iheied up

A 103r05
A toward   heouene . for lo hu spekeð þe leafdi iˑþ swete
C to þe heouene . for lo hu / spekeð þe lafdi inˑþ swete
N to ðe / heouene . vor lo hwu speketh ðe lefdi iˑðet swete

A 103r06
A luue boc . *venit *dilectus *meus *saliens *in *montibus . *transiliens *col/les .
C luue boc . *venit / *dilectus *meus *saliens *in *montibus *transiliens / *colles .
N luue boc . / *venit *dilectus *meus *saliens *inˑ*montibus *transiliens *colles .

PART 6   137

A 103r07
A   Mí leof kimeð leapinde ha seið o þe dunes . þ is . totret
C   Miˇleof kimeð haˇseið leapinde / oˇþe dunes ouer_leapinde hulles . dunes / bitacneð
    þeo þe leadeð hech3est lif / hulles beoð þe lach3ere . Nuˇseið ha / þ hire leof leapeð
    oˇþe dunes . þ is tetret /
N   Mi / leof kumeð heo seið leapinde oˇðe hulles . ouerleapinde / dunes . Dunes
    bitocneð þeo . þet ledeð hexst lif . hul/les beoð ðe lowure . nu seið heo ðet hire
    leof . leapeð / oˇðe hulles þet is . totret
A 103r08, C 177r
A   ham tofuleð ham . þoleð   þ me   totreode ham . tuki ham
C   ham þe fuleð ham þoleð   þ me   totrede ham . / tuki ham
N   ham . & tofuleð ham . & þoleð þet / me totret ham . & tukeð ham
A 103r09
A   al to wundre . schaweð ín ham   his ahne   troden . þ me trud/de
C   alˇto wunder . Schaweð inˇham   his ach/ne treoden . þ me trudde
N   alˇto wundre . scheaweð in / ham his owune treden . þet me trodde
A 103r10, N 105r
A   him in ham .   ifinden hu he wes totreden   as his trode
C   him in ham . & findeˇhu / he wes to_treden . as his trode
N   him in ham . & i_uinde / hwu he was to_treden ⁃ ase his treoden
A 103r11
A   schaweð . þis beoð   þe   hehe dunes as munt of muntgiw .
C   schaweð þis beoð / þis beoð þe hech3e dunes ase munt þeˇmun/gyu .
N   scheaweð . þis beoð / ðe   heie dunes . ase þe munt of mungiwe ⁃ & þe
A 103r12
A   Dunes of armeníe . þe hulles þe beoð lahre .   þeo as þe leaf/di
C   dunes of armenie . þe hulles þe beoð lach/3ere . þeo as þe lafdi
N   dunes of / armenie . þeo hulles þet beoð lowure . þeo ase ðe lefdi /
A 103r13
A   seið hire_seolf ⁃ he ouerleapeð . ne trust nawt se wel on
C   seið hire leof   ouerleapeð / Ne trust naut seˇwel on
N   seið . hire_sulf   ouerleapeð . ne strusteð heo nout so wel on /
A 103r14
A   ham for hare   feblesce . ne ne mahte nawt þolien swuch to/treodunge .
C   ham for hare forˇha/reˇfeblesce .   ne muchte naut þolien swich te/trodunge .
N   ham ⁃ uor hore febblesce . uor ne muhte heo nout iþolien / swuch totredunge .
A 103r15
A   ant he leapeð ouer ham .   forbereð ham . & for/buheð
C   & he leapeð ouer ham .   for_bereð ham / & forbuweð
N   and þereuore heo ouerleapeð ham . / & forbereð ham . & forbuweð ham
A 103r16
A   aþet   ha waxen herre ⁃ from hulles to dunes . His scha/dewe
C   oðet   ha waren herre from hul/les to dunes . his schadewe
N   uort þet heo beon i_waxen / herre . urom hulles to dunes . his schedewe

138 ANCRENE WISSE: A FOUR-MANUSCRIPT PARALLEL TEXT

A 103r17
A   lanhure   ouergeað & wrið ham   hwil he leapeð ouer
C   lan_hure   ouer_geð / & wrið ham . hwil he leapeð ouer˜
N   hure & hure / ouergeð and wrið ham þeo hwule þet he leapeð ouer
A 103r18
A   ham . þ is . sum ilicnesse he leið on ham of his lif on eorðe
C   ham . þ is sum / ilichnesse he leið on ham of his lif on eorðe /
N   ham . / þet is . sum ilicnesse he leið on ham . of his liue on eorðe ⁓ /
A 103r19
A   as þah   hit were his schadewe . ah þe `dunes´ underuoð þe tro/den
C   as þach hit were þis schadewe . ach þe dunes / under_uoð þe treoden
N   ase þauh hit were his schedewe . auh þe dunes under-/uoð þe treden
A 103r20
A   of him_seoluen . & schaweð in hare lif hwuch his liflade
C   of him_seoluen & scha/weð in hare lif hwich his liflade
N   of him_suluen . and scheaweð in hore liue . / hwuch his liflode
A 103r21
A   wes . hu & hwer he eode . i hwuch vilte . i hwuch wa ⁓ he leadde
C   wes . hu & hw/er he heode . i˜hwich uilte i˜hwich wa he led/de
N   was . hwu & hwar he eode . i hwuche / uilte . i hwuche wo he ledde
A 103r22
A   his lif on eorðe . þulliche dunes þe gode pawel spek of ⁓ &
C   his lif on˜eorðe . Þullich dun wes þe go/de Pawel
N   his lif on eorðe . swuch / dune was þe gode powel ⁓
A 103r23, C 177v
A   eadmodliche seide . *Deicimur *set *non *perímus . *Mortificationem
C   þe seide . *Deicimur *sed *non *perimus . *Mor/tificemur
N   þet seide . *Deicimur *sed *non *perimus / *mortificationem
A 103r24, M 382
A   *iesu *in *corpore *nostro *circumferentes . *ut *& *uíta *iesu *in *corporibus
C   *Iesu *in˜*corpore *nostro *circumferentes . *vt *& *uita / *Iesu *in˜*corporibus
N   *iesu *in *corpore *nostro *circumferentes *ut *& *uita / *iesu *in *corporibus
A 103r25
A   *nostris *manifestetur . Alle wa qð he & alle scheome we þolieð . ah
C   *nostris *Manifestetur . Alle wa quod he & / alle scheome we þolieð . Ach
N   *nostris *manifestetur . alle wo cweð seinte / powel & alle scheome we þolieð .
    auh
A 103r26
A   þ is ure selhðe .   þ we beoren on ure bodi iesu cristes deadlic/nesse .
C   þ is ure selchðe / [A] þ we beoren up ure bodi Iesu cristes deadlich/nesse .
N   þet is ure i_seluhðe . / þet we beoren in ure bodie iesu cristes deaðlicnesse . /
A 103r27
A   þ hit suteli in us ⁓   hwuch wes his lif on eorðe . Godd hit
C   þ hit suteli in us   hwich wes his lif on eor/ðe . God hit˜
N   þet hit sutelie in us ⁓ hwuch was his lif on eorðe . god / hit

PART 6   139

A 103r28
A   wat þe þus doð ׃ ha pruuieð us hare   luue toward ure lauerd .
C   wat þe þus doð . ha pruueð   ha/re luue towart ure lauerd .
N   wot . þeo þet þus doð ׃ heo preoueð hore luue ׃ / touward ure louerde .
A 103v01
A   luuest tu me ? cuð hit . for luue wule schawin him wið uttre
C   Luuest þu me ouð / hit . for luue wule schawen him wið uttere
N   luuest tu me ׃ cuð hit . uor lu/ue wule scheawen hire ׃ mid uttre
A 103v02
A   werkes . *Gregorius . *Probatio *dilectionis ׃ *exhibitio *est *operis . Ne beo
    nea/uer
C   wer/kes . *Gregorius *Probacio *dileccionis *exibicio *est *operis . Ne beo /
    neauer
N   werkes . *Gror. / *probatio *dilectionis ׃ *exhibitio *est *operis . ne beo neuer
A 103v03
A   þing se heard ׃ soð luue lihteð hit & softeð & sweteð . *Amor
C   þing se hart luue lichteð hit & softeð / & sweteð . *Amor
N   þing so / herd ׃ þet luue ne makeð nesshe . & softe & swete . / *amor
A 103v04
A   *omnia *fatilia *reddit . Hweat þolieð men & wummen for
C   *omnia *facilia *reddit . hwet þoli/eð men & wimmen for
N   *omnia *reddit *facilia . hwat þolieð men & wum-/men uor
A 103v05
A   fals luue & for ful luue ׃ & mare walden þolien ? Ant hweat
C   fals luue & for ful luue / & Mare walde þolien ׃ & hwet
N   uals luue .   and more wolden þolien . / and hwat
A 103v06
A   is mare wunder   þ siker   luue & treowe & ouer alle oþre
C   is mare wunder / þ siker   luue & treowe & ouerˇalle oðre
N   is more wunder . þet siker luue & treo-/we . & swete ouer alle oðre
A 103v07, N 105v
A   swéte . ne mei meistrin   us se forð ׃ as deð þe luue of sunne ?
C   swete / ne mei meistren   us seˇforð as   deð þ luue sum/me .
N   luuen . ne mei ameistren / us so uorð ase deð þe luue sunne .
A 103v08
A   nawt for_þi ich wat swuch   þ bereð ba togederes heuí bru/níe .
C   Naut for_þi ichˇwat swich   þ bereð ba to/gedere heui brunie
N   nout for_þi . ich wot / swulne þet bereð boðe to_gedere heui brunie
A 103v09
A   & hére .   ibunden hearde wið írn . middel . þeh . & earm/es .
C   & here .   ibunden wið / iren middel . þech & armes
N   and / here . i_bunden mid iren þe middel þauh . and ermes /
A 103v10
A   míd brade þicke   bondes . swa þ tet swat   þrof ׃ is passíun
C   Mid brade þicke / bondes . swa þ þe swat   þrof is passiun

N   mid brode þicke   bendes . so þet tet swot þerof : is strong / passiun
A 103v11, C 178r
A   to þolien . Feasteð . wakeð . Swinkeð . & crist hit wat meaneð
C   to þoli/en . festeð . wakeð swinkeð . & crist˜wat he meneð /
N   uor˜to þolien . uesteð . wakeð . swinkeð . and / crist hit wot he meneð
A 103v12
A   hím   þ hit ne greueð hím nawt . & bit me ofte teachen hím
C   him   þ hit ne˜greueð him naut . & bid me of/te theachen him
N   him . & seið þet hit ne greueð / him nout . and bid me ofte techen him
A 103v13
A   sumhwet wið hwet   he mahte   his licome deruen . Al þ is
C   sum_hwet wið hwat   he mu/chte his licome deruen .
N   sum_þing mid / hwat he muhte   his licome deruen .
A 103v14
A   bitter for ure lauerdes luue : al him þuncheð swete . Deu_le/set
C   Deuleset
N   Deu_le_set
A 103v15
A   ʒet he   wepeð to me wíuene sarest . & seið godd forʒet him
C   ʒet he / wepeð to me monne   sarest . & [ʒi] seið god for/ʒet him
N   ʒet he / weopð on me monne sorest . & seið þet god haueð al / uorʒiten him .
A 103v16
A   for_þi þ he ne sent him na muchel secnesse . Godd hit wat
C   for_þi þ he ne˜sent on˜him nan sec/nesse . Al þ is bitter for ure lauerdes luue . al /
    him þuncheð swete . God hit wat
N   uor_þi þet he ne sent him none mu/chele secnesse . al þet euer is bitter uor ure
    louerdes luue : / al him þuncheð swete . god hit wot
A 103v17
A   þ makeð luue . for as he seið me ofte . for na_þing þ godd
C   þ makeð luue . / for as he seið me ofte for nan þing þ god
N   þet makeð luue . / uor ase he seið me ofte . uor none þinge þet god /
A 103v18
A   mahte don uuele bi hím . þah he wið þe forlorene wurpe
C   mu/chte don uuele bi him . þach he wið þe forlo/rene wurpe
N   muhte don vuele bi him . þauh he mid þe uorlorene / wurpe
A 103v19
A   him in_to helle : ne mahte he neauer him þuncheð luuien
C   him into helle . ne muchte he / Neauer him þuncheð luuien
N   him into helle . ne muhte he neuer him þuncheð / luuien
A 103v20
A   him þe leasse .   ʒef ei mon eani swuch þing ortrowi bi him :
C   him þe lesse .   ʒef / ei˜mon eut swich þing ortroweð bi˜him .
N   him ðe lesse . and ʒif eni mon ei swuch / þing ortroweð bi him :
A 103v21
A   he is   mare mat þen   þeof ínume wið þeofðe .   Ich wat ec

PART 6   141

C   he⁀is / mare mad þenne   þeof inumen wið þeofðe /   Ich⁀wat
N   he is   more mat . þen ðe þeof / inumen   mid þeofðe . ich wot ec
A 103v22
A   swuch wummon   þ þoleð lutel leasse . ah nis þer bute þonc/ki
C   swich wummon   þe þolied lute lesse . Ach / nis þer bute þonke
N   swuche wummon / þet þoleð lute lesse . auh nis þer bute þonken /
A 103v23
A   godd i strengðe   þ he ȝeueð ham . & icnawen eadmodli/che
C   god in⁀strengðe   þ he ȝe/ueð ham . & icnawen edmodiliche
N   god of his strencðe ⁚ þet he ȝiueð ham . and ikno/we we
A 103v24
A   ure wacnesse .   luuie we hare god ⁚ & swa hit is ure ahne .
C   ure wacnes/se .   luue we hare god & swa hit is uren .
N   ure owune wocnesse ⁚ edmodliche . and lu/uie we hore god ⁚ & so hit is ure .
A 103v25, C 178v
A   for as sein Gregoire seið .   of swa muchel strengðe is luue ⁚ þ
C   for / as seint gregori seið   of swa muche strengðe is / luue þ
N   vor ase seint gre/gorie seið . luue is of so muchele strencðe . þet heo /
A 103v26
A   hit makeð oþres god ⁚ wið_ute swinc ure ahne . as is iseid
C   hit makeð oðres god wið/uten swinc Vre Achne .
N   makeð oðres god   wið_uten swinke ure owune / god .
A 103v27
A   þruppe . Nu me þuncheð we beoð icumen in_to þe seoue/ðe
C   Nu⁀me þuncheð we beoð icumen / Into þe seoueðe
N   nu me þuncheð þet we beoð ikumen into / ðe seoueðe
A 103v28
A   dale þ is al of luue ⁚ þe makeð schir heorte .
C   dale þ is al of luue þ makeð / schir heorte /
N   dole . þet is al of luue . ðet makeð schir / heorte .

PART 7

A 104r01, M 384
A   Seínte pawel witneð
C   **her biginneð þe seoueðe dale of luue** / Seinte pawel witneð
N   her biginneð ðe seoueðe dole of luue . / Seinte powel witneð .
A 104r02
A   þ   alle uttre heardschipes .
C   þ   alle uttre hard/schipes .
N   ðet alle uttre herdschipes / &
A 104r03
A   alle flesches pinsunges . ant
C   alle flesch pinsunges .
N   alle vlesshes pinunge . & alle
A 104r04, N 106r
A   licomliche swínkes . al is ase nawt aʒeínes lu/ue
C   licom/liche swinkes   al is ase naut aʒeines luue /
N   licomes   ˋswinckes´ ⁒ al is / ase nout aʒean luue ⁒
A 104r05
A   þe schireð & brihteð þe heorte . *Exercitio *corporis *ad *modi/cum
C   þeˇschireð & brichteð þe heorte . *exercicio *cor/poris *adˇ*modicum
N   þet schireð & brihteð ðe heorte . / *excercitio *corporis *adˇ*modicum
A 104r06
A   *ualet . *pietas *autem *ualet *ad *omnia . þ is . licomlich bisi/schipe ⁒
C   *ualet . *Pietas *autem *ualet *ad *omnia / þ is   licomliche bisischipe
N   *ualet . *pietas *autem *ualet *ad / *omnia . þet is . licomliche bisischipe
A 104r07
A   is to lutel wurð . ah swote & schir heorte   is god to alle
C   isˇto lutel wurð / ach swote & schir heorte   is god to alle
N   is to lutel wurð . auh / swote & schir heorte ⁒ is god to alle
A 104r08
A   þinges . *Si *linguis *hominum *loquar *& *angelorum *& *cetera . *Si
       *tradidero
C   þinges / *Si *linguis *hominum *loquar *& *angelorum . *Infra . *siˇ*tradidero /
N   þinges .   *Si *tradidero /
A 104r09
A   *corpus *meum *ita *ut *ardeam *& *cetera . *Si *distribuero *omnes *faculta/tes
C   *corpus *meum *ita *ut *ardeam . *Infra . *Si *distribuero / *omnes *facultates
N   *corpus *meum *ita *ut *ardeam . *Si *lingwis *hominum *loquar *et /
       *angelorum . *et *si *distribuero *omnes *facultates
A 104r10
A   *meas *in *cibos *pauperum . *caritatem *autem *non *habeam ⁒ *ní/chil
C   *inˇ*cibos *pauperum *caritatem *autem / *non *habeam ⁒ *nichil

PART 7   143

N *meas *in *cibos *pau/perum . *caritatem *autem *non *habeam *nichil
A 104r11
A *michi *prodest . þah ich cuðe he seið   monne ledene &   englene .
C *michi *prodest . Þach ich cuðe he / seið menne ledene & [a] englene .
N *michi *prodest . þauh ich / kuðe he seið alle monne ledene & englene . and
A 104r12
A þah ich dude o mi bodi alle píne &   passíun þ bodi mahte
C þach ich / dude on min bodi al῀þe pine &   Passiun . þ / bodi muchte
N þauh / ich dude o mine bodie alle þe pinen & alle ðe / passiuns ðet bodi muhte
A 104r13r
A þolien .   þah ich ȝeue poure   al þ ich hefde ⸱   ȝef ich nefde luue
C þolien .   Þach ich ȝeue po/ure   al þ ich hefde .   ȝef ich nesde luue /
N þolien . and þauh ich / ȝeue poure men al þet ich hefde . Bute ȝif ich hefde / luue
A 104r14, C 179r
A þerwið ⸱ to godd & to alle men in hím & for hím ⸱ al were i/spillet .
C þer_wið to god & to alle men in him & for him / al were ispilled .
N þer_mide to god & to alle men ⸱ in him & for him ⸱ / al were a_spilled .
A 104r15
A for as þe hali abbat moyses seide . Al þ wa & al þet
C for as þe hali abbed moyses / seide . al þe wa & al þe
N vor ase ðe holi abbod moises seide . / al ðet wo & al ðet
A 104r16
A heard   þ we þolieð o flesch .   & al þ god þ we eauer doð .   alle swuc/che
C hard   þ we þolieð on / fles   & al῀þe god þ we῀doð .   alle swiche
N herschipe ðe῀t´ we þolieð of flesche . & / al ðe god þet we euer doð . alle swuche
A 104r17
A þinges . ne beoð nawt bute as lomen to   tilie wið þe heorte .
C þinges / ne beoð   bute   leomen to   tilie wið þe heorte /
N þinges ne beoð /   buten ase lomen uorte tilien mide ðe heorte .
A 104r18
A ȝef þe axe ne kurue . ne spitelsteaf ne dulue . ne þe su`l´h ne ere/de .
C ȝef þe῀axe ne῀curue . ne spitel_stef ne dulue / ne þe sulch ne erede .
N ȝif / eax ne kurue .   ne ðe spade   ne dulue . ne ðe suluh ne / erede .
A 104r19
A hwa kepte ham to halden ? Alswa as na mon ne῀luueð lo/men
C hwa kepte ham to / halden . Aswa as namon ne luueð leomen /
N hwo kepte ham uorte holden ⸱ also ase `no´ mon / ne luueð lomen
A 104r20
A for ham_seolf ⸱   ah deð for þe þinges   þ   me wurcheð wið
C for ham_seolf   ach deð for þe þinges   þ   me / wurcheð wið
N uor ham_suluen . auh deð for ðe / þinges þet me wurcheð mid
A 104r21
A ham ⸱ alswa na flesches derf nis to luuien bute for_þi ⸱ þet
C ham . aswa nan flesches derf / nis to luue   bute for_þi . þ
N ham : riht also no / vlesshes derf . nis forte luuien . bute uor_þi . þet

A 104r22
A   godd te reaðere þiderward loki mid his grace . & makeð þe
C   god þe raðere / þiderwart lokeð mid his grace & makeð þe
N   god / þe῾raðer   loke þideward mid his grace . and makie ðe /
A 104r23
A   heorte schir & of briht sihðe . þ nan ne mei habben wið mong/lunge
C   he/orte schir & of bricht sichðe . þ nan ne῾mei / habbe wið monglung
N   heorte schir & of brihte sihðe ׃ þet non ne mei habben / mid monglunge
A 104r24
A   of unþeawes . ne wið eorðlich luue   of worltliche þinges .
C   of un_þeawes   ne / wið eorðlich luue   of worldlich þinges .
N   of unþeauwes . ne mid eorðlich lu/ue ׃ of worldliche þinges .
A 104r25, M 386
A   for þis mong woreð swa þe ehnen of þe heorte ׃ þ ha ne mei
C   for / þis mong weorreð swa þe echnen of þe he/orte   þ ha ne mei
N   uor þis mong woreð lo   ðe / eien   of þe heorte . þet heo ne mei
A 104r26
A   cnawen godd . ne gleadien of his sihðe . Schir heorte as seínt
C   icnawen god ne g`l´adien / of   sichðe . schir heorte as seint
N   iknowen god ׃ ne / gledien   of his sihðe . Schir heorte ase seint
A 104r27, C 179v
A   Bernard seið ׃ makieð twa þinges . þ tu al þ tu dest . do hit
C   Beornard / seið . Makeð twa þinges . þ þu al þ þu dest / do hit
N   bernard / seið ׃ makeð two þinges . þet tu . al ðet þu dest . do hit /
A 104r28, N 106v
A   oðer for luue ane of godd ׃ oðer for oþres god & for his bihé_._ue .
C   oðer for luue ane of god . oðer for oð/res god & for his bi_heue [av]
N   oðer uor luue one of god . oðer uor oþres god ׃ & for / his biheue .
A 104v01
A   Haue in al þ tu dest ׃ an of þes twa ententes ׃ oðer ba togederes .
C   haue in῾al þ þu / dest an of þeos   antentes oðer ba togederes . /
N   haue in al ðet tu dest on of þeos two enten/tes ׃ oðer bo togederes .
A 104v02
A   for þe leatere falleð in_to þe earre . haue eauer schir . heorte þus .
C   for þe latere   falleð into þe forme . haue eauer sch/ir heorte þus
N   uor ðe latere ׃ ualleð into ðe uor/me . haue euer   schir heorte þus ׃
A 104v03
A   & do al þ tu wult . haue wori heorte ׃ al þe sit uuele . *Omnia
C   & do al þ þu῾wult . haue wori / heorte & al þe sit uuele . *Omnia
N   & do al ðet tu wult . haue / wori heorte ׃ & al ðe sit vuele . *omnia
A 104v04
A   *munda *mundis . *coínquinatis *uero *nichil *est *mundum . *Apostolus .
C   *munda *mundis / *coinquinatis *uero *nichil *est *mundum . *apostolus .
N   *munda *mundis . *coin/natis ׃ *uero *nichil *est *mundum . *apostolus .

A 104v05
A *Item . *Augustinus . *Habe *caritatem ׃ *& *fac *quicquid *uis . *uoluntate *uidelicet
C *Item *augustinus . *habe / *caritatem *& *fac *quicquid *uis . *Voluntate *uidelicet . /
N *Item *augustinus . *habe *ka/ritatem ׃ *et *fac *quicquid *uis . *uoluntate ׃ *uidelicet

A 104v06
A *rationis . for þi mine leoue sustren oucr alle þing beoð bisie   to
C *rationis . For þi˙mine leoue sustren ouer˙alle þing / beoð bisie   to
N *rationis . / vor þi mine leoue sustren . ouer alle þing beoð bisie / uorte

A 104v07
A habben schír heorte . Hwet is schir heorte ? Ich hit habbe iseid
C habbe schir heorte . hwet is / schir heorte . ich hit habbe iseid
N habben schir heorte . hwat is   schir heorte ׃ ich / hit habbe iseid

A 104v08
A ear . þ is þ ȝe na þing   ne wilnín ne ne luuien ׃ bute godd
C ear . þ is / þ ȝe nan þing elles ne wilnen ne˘ne luuien / bute god
N er . þet is . ðet ȝe no þing   ne wilnen . / ne ne luuien : bute god

A 104v09
A ane . & te ilke þinges for godd ׃ þe helpeð ow toward him .   for
C ane . & þilke þinges for god   þe h/elpeð ou towart him .   for
N one . and þeo ilke þinges / uor god : ðet helpeð ou touward him . uor

A 104v10
A godd ich segge luuien ham ׃ & nawt for ham_seoluen . as ís
C god ich segge lu/uien ham & naut for ham_seoluen as is /
N god ich / sigge luuien ham . & nout for ham_ suluen . ase

A 104v11
A mete oðer clað . mon oðer wummon . þe ȝe beoð of igodet .
C mete & clað . & mon oðer wummon þ ȝe beoð / of igodet .
N mete . & / cloð . and mon oðer wummon þet ȝe beoð   of igoded .

A 104v12
A for ase seið seint austin . & spekeð þus to ure lauerd . *Mínus *te
C for as seið seint austin & spekeð / þus to ure lauerd . *Minus *te
N uor / ase seint austin seið . & spekeð þus to ure louerd .*Minus *te /

A 104v13
A *amat *qui *preter *te *aliquid *amat . *quod *non *propter *te *amat . þ is .
C *amat *qui *preter *te *aliquid / *amat *quod *non *propter *te *amat . þ is
N *amat *qui *preter *te *alquid   *amat *quod *non *propter *te *amat . þet is

A 104v14, C 180r
A lauerd leasse ha luuieð þe ׃ þe luuieð eawt bute þe . bute ha
C lauerd lesse / ha˙luueð þe þe luueð eut bute þe . bute ha /
N lo-/uerd . lesse heo luuieð þe ׃ ðet luuieð out : bute ðe . bu/te ȝif

A 104v15
A luuien hit for þe . Schirnesse of heorte is godes luue ane .

146 ANCRENE WISSE: A FOUR-MANUSCRIPT PARALLEL TEXT

C luuie hit [b] for þe . Schirnesse of heorte is / godes luue ane .
N luuien hit ﹕ for ðe . Schirnesse of heorte : is godes / luue one .

A 104v16
A I þis is al þe strengðe of alle religiuns . þe ende of alle ord/res .
C i˜þis is al þe strengðe of alle / religiuns . þe ende of˜alle ordres .
N i þissen is al ðe strencðe : of alle religiuns . / and þe ende of alle ordres .

A 104v17
A *Plenitudo *legis *est *dilectio . luue fulleð þe lahe seið seín/te
C *Plenitudo / *Legis *est˜*dileccio . luue fulleð þe laʒe seið seinte /
N *plenitudo *legis *est *dilectio . / luue fulleð þe lawe he seið seinte

A 104v18
A pawel . *Quicquid *precipitur ﹕ *in *sola *caritate *solidatur . Alle go/des
C Pawel . *Quicquid *precipitur *in˜*sola *caritate *solidatur / alle godes
N powel . *quicquid *precipitur / *in *sola *caritate *solidatur . alle godes

A 104v19
A heastes as sein gregoire seið beoð i luue i_rotet . luue
C hestes as˜seið seint gregori beoð i˜luue / iroted . luue
N hesten ase seint gre/gorie seið : beoð ine luue iroted . luue

A 104v20
A ane schal beon ileid i seinte Mihales weie . þeo þe meast lu/uieð ﹕
C ane schal˜beon ileid i˜seinte Mich/ales weie . þeo þe mest luueð
N one : schal beon / i_leid ine seinte miheles weie . þeo ðet mest luuieð ﹕ / þeo

A 104v21
A schulen beo meast iblisset . nawt þeo þe leadeð hear/dest
C schule beon / Mest iblissed . naut þeo þe leadeð hardest
N schullen beon mest i_blisced . nout þeo ðet le/ðet herdest

A 104v22
A lif ﹕ for luue hit ouerweieð . luue is heouene stiward .
C lif / for luue hit ouerweieð . luue is heouene sti/ward .
N lif ﹕ uor luue ouerweið hit . luue is ﹕ heouene / stiward .

A 104v23
A for hire muchele freolec . for heo ne edhalt na_þing ﹕ ah
C for hire muchele freolec . for ha ne ed/halt nan˜þing ach
N uor hire muchele ureosipe . uor heo ne et/halt no_þing . auh heo

A 104v24
A ʒeueð al þ ha haueð & ec hire_seoluen . elles ne kepte
C ʒeueð al þ ha˜haueð & ec / hire_seoluen . elles ne kepte
N ʒiueð al þet heo haueð . & ec / hire_suluen . elles god ne kepte

A 104v25
A godd nawt of þet hiren wére .
C god of naut / þ hiren were .
N nout ﹕ of al þet hire were . /

A 104v26, N 107r
A Godd haueð ofgan ure luue on alle cunne wise . he
C God haueð ofgan ure lu/ue on alle cune wisen . he

PART 7   147

N   God haueð ofgon ure luue on alle kunne wisen . / he
A 104v27
A   haueð muchel idon us ⁊ & mare bihaten . Muchel
C   haueð muchel idon / us   & mare bihaten . Muche
N   haueð muchel i_don us . & more bihoten . Muchel /
A 104v28, M 388
A   ʒeoue ofdraheð luue . Me   al þe world he ʒef us in adam
C   ʒeouc ofdra/ʒeð luue . Me   al˘þe world he ʒef us in˘adam /
N   ʒeoue : ofdraweð luue . Me muchel ʒef he us . al þene / world he ʒef us ⁊ in adam
A 105r01, C 180v
A   ure alde feader . & al þ is i þe   world   he weorp under ure fét .
C   ure   fader   & al þ is i˘þe   world   he worp under / vre fet
N   ure   ueder . and al ðet is i˘ðe worlde . he / werp under ure uet .
A 105r02
A   beastes & fuheles ear we weren forgulte . *Omnia *subiecisti
C   bestes & fuweles ear we weren forgul/te . *Omnia *subiecisti
N   bestes & fueles ear we weren uor/gulte . *Omnia *subiecisti
A 105r03
A   *sub *pedibus *eius . *o. *& *bo. *u. *insuper *& *pe. *c. *volucres *ce. *& *p.
    *ma. *qui *peram.
C   *sub *pedibus *eius *oues *& *cetera . / *volucres *celi *& *cetera .
N   *sub *pedibus *eius *oues *et *boues *vniuersas *insuper *et *pecora *campi
    *vo/lucres *celi . *& *pisces *maris . *& *cetera .
A 105r04
A   *se. *maris .   ant ʒet al þ is . as is þruppe   iseid ⁊ serueð þe gode
C   & ʒet al˘þ is þruppe iseid . / Serueð þe gode
N   and ʒet al þet is ase is þer_up/pe iseid . serueð þe gode .
A 105r05
A   to sawle bihéue .   ʒet te uuele   seruið . eorðe . sea . & sunne . He
C   to saule biheue .   ʒet þe ˋuuele´ [eor/ðe] seruið ⁊ eorðe . se . & sunne . he
N   to þe soule biheue . ʒete þe vue/lle serueð . eorðe . seea . & sunne . ˋ*id *est *sol´
    ʒet he
A 105r06
A   dude ʒet mare . ʒef us . nawt ane of his ⁊ ah dude al him/seoluen .
C   dude   ma/re   ʒef˘us naut ane of his ach dude al him/seoluen .
N   dude   more . he ʒef us / nout one of his . auh dude al him_suluen .
A 105r07
A   Se heh ʒeoue nes neauer iʒeuen ⁊ to se lahe   wrecch/ces .
C   Se hech ʒeoue nes neauer iʒeuen / to se lachʒe wrecches .
N   So heih ʒeoue ⁊ / nes neuer i_ʒiuen to so louwe wrecches .
A 105r08
A   *Apostolus . *christus *dilexit *ecclesiam *& *dedit *semet *ipsum *pro *ea .
C   *Apostolus . *Cristus *dilexit *ecclesiam / *& *dedit *semet *ipsum *pro *ea .
N   *apostolus . *christus *dilexit / *ecclesiam *et *dedit *semet *ipsum *pro *ea .

A 105r09
A   Crist seið seinte pawel . luuede swa his leofmon : þ he ȝef for
C   crist seið seinte pa/wel luuede swa his leouemon . þ he ȝef for /
N   Seinte powel seið . crist / luuede so his leofmon . þet he ȝef for

A 105r10
A   hire þe pris of him_seoluen . Neomeð nu gode   ȝeme mine
C   hire þe pris of him_seoluen . Neomeð nu / ȝeorne ȝeme Mine
N   hire . þe pris of him/suluen . nimed   gode   ȝeme mine

A 105r11
A   leoue sustren for_hwi me ah˘`h´im to luuien . Earst as a mon
C   leoue sustren . for/hwi˘me ach him luuen .   Earst as   mon
N   leoue sustren . uor_hwi / me ouh him to luuien . erest ase a˘mon

A 105r12
A   þe woheð . as a king þ luuede a gentil poure leafdi of feor/rene
C   þe / woweð as king þe luueð an˘lafdi   of feor/rene
N   ðet woweð . ase a / king þet luuede one   lefdi of feorrene

A 105r13
A   londe . he sende   his sonden   biuoren . þ weren þe patriarches
C   londe . he sent   his sonden   biforen / þ were þe patriarkes
N   londe . and sende / hire his sondesmen biuoren . þet weren ðe patriarkes :

A 105r14
A   & te prophes . of þe alde testament wið leattres isealet . On en/de
C   & þe prophetes of þe / alde testament wið lettres isealed . on en/de
N   & / þe prophetes of ðe olde testament mid lettres i_sealed . alast /

A 105r15
A   he com him_seoluen . & brohte þe godspel as leattres iopenet .
C   he com him_seoluen . & brochte þe / godspel as lettres iopened .
N   he kom him_suluen . and brouhte þet gospel ase lettres / i_o_pened .

A 105r16
A   & wrat wið his ahne blod   saluz to his leofmon . luue gretun/ge .
C   & wrot wið / his˘achne blod . Saluz to his leofmon / luue gretung
N   and wrot mid his owune blode saluz to his / leofmon . of luue gretunge .

A 105r17
A   forte wohín hire wið . & hire luue wealden .   Herto falleð a ¶ . tale : a wrihe
    forbisne .
C   for to wowin hire wið / & hire luue welden .   herto falleð a tale /
N   uorte wowen hire mide . / & forte welden hire luue . herto ualleð a˘tale : and on
    iwrien uorbisne . /

A 105r18, C 181r
A   A leafdi wes   mid hire
C   A lefdi wes   mid hire
N   A lefdi was . þet was mid / hire

A 105r19
A   fan : biset al abuten .   hire lond al destruet . & heo al
C   fan biset al abuten /   hire lond al to_struet . & heo al˘

PART 7   149

N   uoan biset al abuten . and hire lond al destru-/ed . & heo al
A 105r20
A   poure inwið   an eorðene castel . A mihti   kinges luue wes þah
C   poure inwið /   an eorðene castel . A˘michti kinges luue wes / þach
N   poure . wið_innen one eorðene castle . on / mihti kinges luue . was þauh
A 105r21
A   biturnd up_on hire swa unimete swiðe ⁊   þ he for wohlech   sen/de
C   biturnd up_on hire se vnimete   þ / he for wochlec   sende
N   biturnd up_on hire . so / vnimete swuðe . þet he uor wouhlecchunge . sende
A 105r22
A   hire his sonden . an efter oðer .   ofte somet monie .   sende
C   hire his sonden an / efter oðer .   ofte somet monie .   Sende
N   hire / his sonden : on   efter oþer and ofte somed monie . & / sende
A 105r23
A   hire beawbelez baðe feole & feire .   sucurs of liueneð .   help
C   hire / beaubelez baðe feole & feire .   Sucurs of / liuenað . help
N   hire beaubelez boðe ueole & feire . and sukurs / of liueneð . & help
A 105r24, N 107v
A   of his hehe hird to halden hire castel .   Heo underfeng al as on
C   of his heche hird to halden / hire castel . heo under_feng˘al as on
N   of his heie hird ⁊ to holden hire / castel . heo underueng al . ase on
A 105r25
A   unrecheles .   & swa wes heard iheortet ⁊ þ hire luue ne mahte he
C   unrech/eles .   & swa wes hard iheorted   þ hire luue ne / muchte
N   unrecheleas þing . / þet was so herd i_heorted . þet hire luue . ne muhte / he
A 105r26
A   neauer beo þe neorre . hwet wult tu mare he com him_seolf
C   beon neauer þe neorre . Hwet wult / þu mare he com him_seolf
N   neuer beon ðe neorre . hwat wult tu more . he / com him_sulf
A 105r27
A   on ende .   schawde hire his feire neb . as þe þe wes of alle men ⁊
C   on˘ende .   Sch/aude hire his feire neb . as þe þe wes of / alle men
N   a_last . and scheawede hire his feire neb . / ase þe ðet was of alle men .
A 105r28, M 390
A   feherest to bihalden .   spec se swiðe swoteliche . & wordes se murie ⁊
C   fezerest to bihalden .   Spec se / swiðe swetelich & wordes se murie .
N   ueirest for˘to biholden . / and spec swuðe sweteliche . & so murie wordes .
A 105v01
A   þet ha mahten   deade arearen to líue .   wrahte feole wundres
C   þ ha / muchten þe deade arearen to liue .   wrac/hte feole wundres
N   þet / heo muhten ðe deade arearen urom deaðe to liue . / and wrouhte ueole
    wundres .
A 105v02
A   & dude muchele meistries biuoren hire ehsihðe .   schawde
C   & dude muchele me/istries biforen hire .   Schaude

150 *ANCRENE WISSE*: A FOUR-MANUSCRIPT PARALLEL TEXT

N and dude ueole meis-/tries biuoren hire eihsihðe . & scheawede
A 105v03
A hire his mihte . talde hire of his kínedom .   bead   to makien
C hire his / michte . talde hire of his kinedom .   Be/ad   to maken
N hire his / mihten . tolde hire of his kinedome . and bead for / to makien
A 105v04
A hire cwen   of al þ he ahte . al þis ne heold nawt . nes þis
C hire cwen   of al þ he˘achte . al / þis ne halp naut . Nes þis
N hire cwene . of al ðet he ouhte . al þis ne / help nout . nes þis
A 105v05
A hoker wunder ? for heo nes neauer   wurðe   forte beon his
C hoker wun/der ˸ for heo nes neauer wu{r}ðe[r] for to beo / his
N wunderlich hoker ˸ vor heo nes / neuer wurðe   uorte beon his
A 105v06
A þuften . ah swa þurh his deboneírte   luue hefde ouercumen
C þuften . Ach swa þurch his de_bone/irete . luue hefde ouercumen
N schelchine . auh so / þuruh his debonerte . luue hefde ouerkumen
A 105v07, C 181v
A him ˸ þ he seide on ende . Dame þu art iweorret . & þine van
C him . þ he / seide on ende . Dame þu˘art iweorred & þine / fan
N hine ˸ / þet he seide on ende . Dame . þu ert iweorred . & þine uon . /
A 105v08
A beoð se stronge ˸ þ tu ne maht nanesweis wið_ute mi sucurs
C beoð se stronge þ þu ne macht nanes/weis wið_uten min sucurs
N beoð so stronge . þet tu ne meiht nonesweis wið_uten / sukurs of˘me ˸
A 105v09
A edfleon hare honden . þ ha ne don þe to scheome   deað efter
C edfleon hare hon/den þ ha ne do þe to˘scheome   deað .
N etfleon hore honden . þet heo ne don ðe / to scheomefule deaðe .
A 105v10
A al þi weane . Ich chulle for þe luue of þe ˸ neome þ feht up/o
C   Ichulle / for˘þe luue of˘þe neome þis fecht upon
N   ich chulle uor ðe luue of ðe . nimen / þis fiht up_on
A 105v11
A me . & arudde þe of ham þe   þi deað secheð .   Ich wat þah
C me / & arudde þe of ham þe   þi deað secheð .   Ich wat / þach
N me . and aredden þe of ham ˸ þet schecheð / þine deað . ich wot þauh
A 105v12
A to soðe þ ich schal bituhen   ham neomen   deaðes wunde .
C to soðe þ ich schal bituch3en ham / neome   deaðes wunde .
N for soðe ˸ þet ich schal bitweo-/nen ham underuongen deaðes wunde .
A 105v13
A & ich hit wulle heorteliche   forte ofgan þin heorte . Nu
C & ichulle   heorteliche / for˘to edgan þin heorte . Nu
N and ich hit wul-/le heorteliche . uor˘to ofgon þine heorte . nu

A 105v14
A þenne biseche ich þe for þe luue þ ich cuðe þe . þ tu luuíe
C þenne biseche / ich þe for þe luue þ ich cuðe þe . þ þu lu/ue
N þeonne / biseche ich þe . uor ðe luue þet ich kuðe þe . ðet tu lu/uie

A 105v15
A me lanhure efter   þe ilke dede dead ÷ hwen þu naldest lí/ues .
C me lanhure efter   þilke dede dead ÷ hwe/ne nu   liues .
N me . hure & hure efter þen ilke deade deaðe ÷ hwon / þu noldes liues .

A 105v16
A þes king dude al þus . arudde hire of alle hire van .
C þis king dude al þus arudde / hire of alle hire fan .
N þes king dude al þus . a_redde hire / of alle hire uon .

A 105v17
A & wes him_seolf to wundre ituket   & isleín on ende . þurh
C & wes him_seolf to / wunder ituked   ant islein on ende . þurch /
N and was him_sulf to wundre i_tu-/ked . and i_sleien on ende . þuruh

A 105v18
A miracle aras þah   from deaðe to líue . Nere þeos ilke
C Miracle   þach aroas from deaðe to liue / Nere þeos ilke
N miracle þauh . / he a_ros from deaðe to liue . nere þeos ilke

A 105v19
A leafdi of uueles cunnes cunde . ȝef ha ouer alle þing
C lauedi of uueles˙cunes cunde / ȝef ha ouer alle þing
N lefdi of / vuele kunnes kunde . ȝif heo . ouer alle þing

A 105v20
A ne luuede him her_efter ?
C ne luuede him her/efter .
N ne luue him her_efter . /

A 105v21, N 108r
A þes king is iesu   godes sune . þ al o þisse wise wohede
C þes king is Iesu   godes sune . þe al / on˙þis˙wise þolede
N þes king is iesu crist godes sune . þet al o þisse wise / wowude

A 105v22, C 182r
A ure sawle þe deoflen hefden biset . Ant he as noble wo/here
C ure saule þe deoflen / hefden biset . & he as noble wowere
N ure soule . þet ðe deoflen heueden biset . / and he ase noble woware

A 105v23
A efter monie messagers & feole goddeden ÷ com   to pru/uien
C efter monie / messagers & feole goddeden . com   to pruuen
N efter monie messagers / & feole goddeden : com uorto preouen

A 105v24
A his luue . & schawde   þurh cnihtschipe þ he wes luue/wurðe .
C his˙lu/ue . & schaude   þurch cnichtschipe . þ he wes lu/uewurðe
N his luue . and / scheauwede þuruh knihtschipe . þet he was luue-/wurðe .

A 105v25
A as weren sumhwile cnihtes iwunet to donne .   du/de
C as were sumhwile cnichtes iwunet / for ˋto´ don .   dude
N ase weren sumehwule knihtes i_wuned for / to donne . he dude
A 105v26
A him i turneiment . & hefde for his leoues   luue his
C him inˇturnement & hefde for / his leoues   luue his
N him ine turnement . & hefde uor his leof-/monnes luue his
A 105v27
A scheld i feht   as kene   cniht on euche half iþurlet . his
C scheld inˇfecht as kene / cnicht on vch   half iþurlet . his
N scheld ine uihte . ase kene kniht / on euericke half iþurled . þis
A 105v28
A scheld þe wreah his godd_head ꞉ wes his leoue licome þet
C scheld þe / wrech his godhed   wes his leoue licome þe /
N scheld þet wreih his god-/hed ꞉ was his leoue licome . þet
A 106r01
A wes ispread o rode . brad as scheld buuen ꞉ in his istrahte ear/mes .
C wes isprad on rode . brad ase scheld buuen / inˇhise istracht armes .
N was i_spred o rode . brod / ase scheld buuen . in his i_streihte earmes . and
A 106r02
A nearow bineoðen as þe an fot efter moníes wéne set
C naru   bineoðen / as his anˇfot efter monies wene ; set
N neruh / bineoðen . ase þe on uot . efter þet me weneð ꞉ set
A 106r03, M 392
A up_o þe oðer .   þ þis scheld naueð siden ꞉   is for bitacnunge .
C upo / þe oðer .   þ þis scheld naueð ˋsiden´   is for bitac/nuncge
N up/on þe oþer uote . þet þis scheld naueð none siden ꞉ / is forˇto bitocned .
A 106r04
A þ his deciples þe schulden stonden bi hím . & habben ibeon
C þ his deciples þe schulde ston/den biˇhim & habben ibeon
N þet his deciples þet schulden ston/den bi him . and ibeon
A 106r05
A his siden ꞉ fluhen alle from him   & leafden him as fremede ꞉
C his siden . flu/wen alle from him   & leafden him as freo/mede .
N his siden . vluwen alle urom / him . & bilefden him ase ureomede .
A 106r06
A as þe godspel seið . *Relicto *eo *omnes *fugerunt . Þis scheld is i/ȝeuen
C as þe godspel seið . *Relicto *eo *omnes / *fugerunt . Þis scheld is iȝeuen
N ase þe gospel seið . / *Relicto *eo *omnes *fugerunt . þis scheld is i_ȝiuen
A 106r07
A us aȝeín alle temptatiuns . as Ieremie witneð . *Dabis
C us aȝein / alle temptaciuns . As Ieremie witneð . *dabis /
N us aȝean / alle temptaciuns ꞉ ase ieremie witneð . *Dabis

PART 7   153

A 106r08, C 182v
A   *scutum *cordis *laborem *tuum . nawt ane þis scheld ne schilt
C   *scutum *cordis . *Laborem *tuum *& *psalmista . *Scuto *bone *uolun/tatis *tue
    *coronasti *nos . naut ane þis schelt / ne schilt
N   *scutum / *cordis *laborem *tuum *& *psalmista . *Scuto *bone *uoluntatis *tue
    *coronasti *nos . / þis scheld ne schilt

A 106r09
A   us from alle uueles :̓   ah deð ȝet mare .   cruneð us in heouene .
C   us from alle uueles .   ach deð ȝet ma/re   cruneð us iṅheouene .
N   us nout one . urom alle vue-/les :̓ auh deð ȝet more . hit kruneð us in heouene . /

A 106r10
A   *Scuto *bone *uoluntatis .   Lauerd he seið dauið wið þe scheld
C   *Scuto *bone *voluntatis .   Lauerd / he seið dauid . wið þe schelt
N   *Scuto *bone *uoluntatis *tue . louerd   he seið dauið . mid þe / schelde

A 106r11
A   of þi   gode wil   þu hauest us icrunet .   scheld he seið of god
C   of þi   gode wil   þu˙ha/uest us icruned .   Scheld heˑseið of god
N   of þine gode wille :̓ þu hauest   ikruned us . / Scheld he seið of gode

A 106r12
A   wil . for willes he þolede al þ he þolede . ysaias . *Oblatus *est *quia ¶ . *uoluit .
C   wil . forˑwil/les he þolede   alˑþ he þolede . ysaias *oblatus *ˑest´ *quia / *voluit .
N   wille . vor willes he þolede :̓ / al þet he þolede . ysaias . *oblatus *est *quia *uoluit .

A 106r13
A   Me lauerd þu seist hwerto .   ne mahte   he wið
C   Me   lauerd þu˙seist hwer_to . ne muchte / he wið
N   Me   louerd / þu seist hwarto :̓ ne muhte he mid

A 106r14
A   leasse gref habben arud us ? ȝeoi iwiss ful lihtliche . ah he
C   lesse gref habben arud us .   ȝes iwis ful / lichtliche . Ach he
N   lesse gref hab/ben a_red us :̓ ȝe siker fulˑlihtliche . auh he

A 106r15
A   nalde . for_hwi ? forte bineomen us euch   bitellunge aȝein
C   nalde . For_hwi :̓ for to bineo/men us euch bitellunge aȝein
N   nolde . / hwareuore :̓ vorte binimen us euerich bitellunge :̓ / aȝean

A 106r16, N 108v
A   hím of ure luue   þ he se deore bohte .   Me buð lihtliche
C   him [for] of ure / luue þ he se deore bochte . me buð lichtli/che
N   him of ure luue :̓   þet he so deore bouhte . / Me buð lihtliche

A 106r17
A   þing þ me luueð lutel .   He bohte us wið his heorte blod :̓
C   þing þ me luueð lutel .   he bochte us mid / his heorte blod .
N   a þing þet me luueð lutel . he bouh-/te us mid his heorte blode .

A 106r18
A   deorre pris nes neauer . forte ofdrahen   of us ure luue to/ward
C   deorre pris nes neauer forˑto of/draȝen of us ure luue toward

N   deorre pris   neuer   uorte / of drawen of us . ure luue touward
A 106r19
A   hím . þ costnede him se sare .   I scheld beoð þreo þinges .
C   him   þ cost/nede him seˇsare .   Inˇschelt beoð þreo þinges /
N   him ׃ þet kostnede / him so deore . Ine schelde beoð þreo þinges .
A 106r20
A   þe treo . & te leðer .   & te litunge .   alswa wes i þis scheld . þe treo
C   þe treo & þe leðer   & þe litunge .   alswa wes / inˇþis scheld . þe treo
N   þet treo . / and þet leðer . & þe peintunge . also was iˇþisse schelde . / þet treo
A 106r21
A   of þe rode .   þ leðer   of godes licome .   þe litunge   of þe reade
C   of þe rode .   þe leðer / of godes licome .   þe litunge   of þe reade /
N   of ðe rode . & þet leðer ׃ of godes licome . and / þe peintunge of ðe reade
A 106r22
A   blod þ heowede hire se feire .   Eft þe þridde reisun . Efter kene
C   blod þe heoude hire seˇfeire .   eft þe þrid/de reisun . efter kene
N   blode ׃ þet heowede hire so / ueire . eft þe þridde reisun . efter kene
A 106r23
A   cnihtes deað . me hongeð hehe iˇchirche   his scheld on his
C   cnichtes deað me hon/geð heche inˇchirche   his scheld on his
N   knihtes deaðe . / me hongeð heie ine chirche . his scheld on his
A 106r24, C 183r
A   mungunge . alswa is þis scheld . þ is þe crucifix . iˇchirche i/set
C   mun/gunge . Alse is þis schelt   þ is þe crucifix iˇchir/che iset
N   mu-/negunge . also is þis scheld . þet is ðet crucifix .   i_set /
A 106r25
A   i swuch stude ׃   þer me hit sonest seo . forte þenchen þer/bi
C   iˇswich stude   þer me hit sonest seo / for to þenche þer_bi
N   ine chirche ine swuche stude . þet me hit sonest i_seo . / vorˇto þenchen þerbi ׃
A 106r26
A   o iesu cristes cnihtschipe   þ he dude o rode . his leofmon
C   on Iesu cristes cnihtschipe / þ he dude onˇrode . his leofmon
N   o iesu cristes knihtschipe ðet / he dude o rode . his leofmon
A 106r27
A   bihalde þron   hu he bohte   hire luue .   lette þurlín his scheld
C   bihalde þron / hu he bochte   hire luue .   lette þurlin his / scheld
N   biholde þer_on ׃ hwu / he bouhte hire luue . and lette þurlen his scheld . / þet is .
    lette
A 106r28
A   openín his side . to schawín hire his heorte . to schawin híre
C   openen his side to schawen hire his / heorte . to schawen hire
N   openen his side . uorte scheawen hire / his heorte . and forˇto scheawen hire
A 106v01
A   openliche hu inwardliche he luuede hire . & to ofdrahen hire ¶ . heorte .
C   openliche hu inward/liche heˇluuede hire . & to ofdraȝen hire / heorte .

PART 7   155

N   openliche . / hwu inwardliche he luuede hire . and for˘to ofdrawen hire heorte . /
A 106v02
A   Fowr heaued luuen me ifind i þis   world ⁚ bi/tweone
C   Four heaued˘luuen beoð i˘þe˘world / Bitwene
N   Uour heaued luuen me / i_uint i þisse worlde ⁚ bitweonen
A 106v03
A   gode iféren .   bitweone mon & wummon . bi
C   gode iferen .   bitwene mon   & wimmon / bitwene
N   gode i_ueren . / þe uormeste is ⁚ bitweonen mon ⁚ & wummon . þe oþer / is :
    bitweonen
A 106v04, M 394
A   wif & hire child .   bitweone licome & sawle . þe luue þ iesu crist
C   wif an˘hire child .   bitwene licome / & saule . þe luue þ Iesu crist
N   wif . & hire child . þe þridde is ⁚ bitweo/nen licome & soule . þeo luue ðet iesu crist
A 106v05
A   haueð to his deore leofmon ⁚ ouergeað þeos   fowre . passeð ham
C   haueð to his deo/re leofmon . ouer`geað´ þeose   foure   passeð ham /
N   haueð / to his deore leofmon ⁚ ouergeð ham alle uoure . & pas/seð ham
A 106v06
A   alle . Ne teleð me him god fere   þe leið his wed i giwerie to acwi/tin
C   alle . Ne telleð me him god fere . þe leið / his wed in˘gyr`i´e to acwiten
N   alle . ne telleð me him god feolawe þet / leið his wed ine giwerie uor˘to a_cwiten
A 106v07
A   ut his fére ? Godd almihti leide him_seolf for us i giwerie .
C   ut his fere . / God almichtin leide him_seolf for us in˘gi/uwrie [to]
N   ut his fere ⁚ / god almihti leide him_sulf uor us ine giwerie . /
A 106v08
A   & dude his deorewurðe bodi to acwitin ut his leofmon of giwe/ne
C   & dude his deorewurðe bodi to a/cwiten ut his leofmon in˘gywene
N   and dude his deorewurðe bodi uor˘to acwiten ut / his leofmon of giwene
A 106v09
A   honden . neauer fére ne dude swuch fordede for his fere .
C   honden / Neauer fere [f]   swich forðdede ne dude for / oðer .
N   honden . neuer uere swuch / fordede . ne dude uor his owune uere .
A 106v10, N 109r
A   Muche luue is ofte bitweone mon & wummon . ah þah ha wé/re
C   Muche luue is ofte .   Ach þach ha were /
N   Muchel luue / is ofte ⁚ bitweonen mon & wummon . auh þauh heo we/re
A 106v11, C 183v
A   iweddet him ⁚ ha mahte iwurðen se unwreast . & swa longe ha
C   iwedded him . ha muchte iwurðen se un/wrest . & se longe ha
N   iwedded him . heo muhte i_wurðen so unwrest . & so / longe heo
A 106v12
A   mahte forhorín hire wið oþre men ⁚ þ þah ha   walde   aʒein
C   muchte for_horen hire / wið oðre men . þ þach ha walde   aʒein˘

N   muhte uorhoren hire mid oðer men . / ðet tauh heo wolde kumen aʒean ꞉
A 106v13
A   cumen ꞉ he ne kepte hire nawt .   for þi crist luueð mare . for
C   cumen / he ne kepte hire naut .   for þi crist luueð / mare . for
N   he ne kepte / hire nout . and for þi crist luueð more . uor
A 106v14
A   þah þe sawle his spuse forhori   hire wið þe feond   under hea/ued_sunne .
C   þach þe saule his spuse . for_ho/re hire wið þeˇfeont under heaued_sunne /
N   þauh ðe / soule his spuse . uorhorie hire mid þe ueonde of hel/le under heaued_sunne .
A 106v15
A   feole ʒeres & dahes ꞉ his mearci is hire eauer ʒarow
C   feole ʒeres & daʒes . his merci is hire eauer ʒearu /
N   ueole ʒeres & dawes . his mer/ci is hire euer ʒeruh
A 106v16
A   hwen ha wule cumen hám ꞉   & leten   þen deouel . Al þis he seið
C   hwen_se haˇwule cumen ham .   & lete   þe deouel / Alˇþis heˇseið
N   hwon_se heo wule kumen to him ꞉ / & bileauen þene deouel . al þis he seið
A 106v17
A   him_seolf þurh Ieremie . *Si *dímiserit *uir *uxorem *suam . *& *cetera .
C   him_seolf þurch Ieremie . *Siˇ*di/miserit *uir *uxorem *suam . *& *Infra
N   him_sulf þuruh / ieremie . *Si *dimiserit *uir *uxorem *suam . *& *cetera .
A 106v18
A   *Tu *autem *fornicata *es *cum *multis *amatoribus ꞉ *tamen *reuertere *ad *me
C   *Tu *autem *fornicataˇ*es / *Cum *multis *amatoribus . *tamen *reuertere *ad *me /
N   *tu *autem *fornicata / *es *cum *multis *amatoribus *tamen *reuertere *ad *me
A 106v19
A   *dicit *dominus . ʒet he ʒeiʒeð al dei . þu þ hauest se unwreaste   idon
C   *dicit *dominus . ʒet heˇseið alˇdei . þuˇþ hauest se unw/rest   idon .
N   *dicit *dominus . ʒet he / seið al dei . þu ðet hauest so unwresteliche i_don ꞉
A 106v20
A   biturn þe & cum aʒeín ꞉ welcume schalt tu beo me . *Immo *& *oc/currit
C   biturn þe & cume aʒein . welcume / schal þu beon me . *Immo *& *occurrit
N   biturn ðe / and cum aʒean ꞉ wilkume schalˇtu beon me . *Immo *et *oc/currit
A 106v21
A   *prodigo *uenienti . ʒet he eorneð hit seið aʒeín híre ʒeín/cume
C   *prodigo *ve/nienti . ʒet he eorneð hit seið aʒein hire / ʒeincume
N   *prodigo *uenienti . ʒet he eorneð hit seið aʒean / hire ʒankume .
A 106v22
A   & warpeð earmes anan abuten hire swire . Hweat is
C   & warpeð a`r´mes anan abuten hire / swire . hwat is
N   and worpeð earmes anon abuten / hire sweore . hwat is

PART 7   157

A 106v23
A   mare milce ? ȝet her   gleadfulre wunder . . Ne beo neauer his
C   mare milce . ȝet her   gledful/re wunder   ne beo neauer his
N   more milce :· ȝet her is gledfulure / wunder . ne beo neuer his
A 106v24
A   leof forhoret   mid se monie deadliche sunnen :·   sone se ha ki/með
C   leof for_hored /   mid se monie deadlich sunnen .   Sonˇse haˇki/með
N   leofmon uor_hored mid so / monie deðliche sunnen . so sone so heo kumeð
A 106v25, C 184r
A   to hím aȝeín :· he makeð hire neowe meiden . for as seint
C   to him aȝein . he makeð hire neowe meiden . / for as seint
N   aȝean / to him :· he makeð hire neouwe meiden . vor ase seint /
A 106v26
A   austín seið . Swa muchel is bitweonen . bituhhen godes neo/leachunge .
C   austin seið . Swa muchel is bitwenen . / bituchȝe godes neolechunge .
N   austin seið So muchel is bitweonen   godes neihlechun-/ge
A 106v27
A   & monnes to wummon :· þ monnes neoleachunge
C   & monnes to wum/mon . þ monnes neolechunge
N   & monnes to wummon :· þet monnes neihlechunge
A 106v28
A   makeð of meiden wif :· & godd makeð of wif meiden . *Restituit
C   makeð of meidenˇwif /   & god makeð of wif meiden . *Restituit
N   ma/keð of meiden wif . and god :· makeð of wif :· meiden . / *Restituit
A 107r01
A   *inquit *Iob   *ín *íntegrum . Gode werkes & treowe bileaue . þeose twa
C   *inquid *iob / *gentes *inˇ*integrum . Gode werkes & treowe bi/leaue . þeose twa
N   *inquid *iob *in *integrum . Gode werkes & treowe bileaue . / þeos two
A 107r02
A   þinges beoð   meiðhad   iˇsawle . Nu of þe þridde luue .
C   þinges beoð [in] meidenhad / inˇsaule . Nu of þe þridde luue .
N   þinges beoð meidehod   ine soule . nu of þe / þridde luue .
A 107r03
A   Child þ hefde   swuch uuel . þ him bihofde   beað of blod ear hit
C   Chilt þe hefde / swich uuel   þ him bi_houede bað of blod ear hit /
N   Child þet heuede swuch vuel . þet him biho/uede beð of blode er hit
A 107r04
A   were ihealet :· muchel   þe moder luuede hit . þe walde   þis beað
C   were ihealed . Muche   þe moder luuede hit þe / walde hit þis bað
N   were iheled . Muchel luuede / ðe moder hit . þet wolde him þis beð
A 107r05, M 396
A   him makien . þis dude ure lauerd us þe weren se seke of sunne .
C   makien . þis dude ure lauerd / us þeˇwere   se sec ofˇsunne .
N   makien . þis dude / ure louerd us þet weren so sike of sunne .

A 107r06
A & swa isulet þerwið ҉ þ na ҧing ne mahte   healen us ne clean/sín
C & swa isuled þer_wið / þ nan þing ne muchte ne healen us ne clen/sin
N & so isuled þer/mide . þet no_þing ne muhte   helen us ne clensen
A 107r07, N 109v
A us bute his blod ane . for swa he hit   walde . his luue ma/keð
C us bute his blod ane . for swa he hit / walde . his luue makede
N us ҉ / bute his blod one . uor so he hit   wolde . his luue ma/kede
A 107r08
A us beað þrof . iblescet beo he eaure . þreo beaðes he greiðe/de
C us bað þrof ible/sced beo he eaure . þreo baððes he greiðe/de
N us beð þerof ҉ i_blesced beo he euere . þreo beðes / he greiðede
A 107r09
A to his deore leofmon forte weschen hi{re} in ham se hwit &
C to his deore leofmon . for˘to weschen hire / in˘ham se hwit &
N to his deore leofmon . uor˘to wasshen / hire in ham so hwit &
A 107r10
A se feier ҉ þ ha were wurðe to his cleane cluppunges . þe earste
C se feiȝer þ ha were wurðe / his cleane cluppunges . þe earste
N so ueir . þet heo were wurðe ҉ his / clene cluppunges . þet ereste
A 107r11
A beað is fulluht . þe oðer beoð teares inre oðer uttre . efter þe
C bað is ful/locht . þe oðer beoð teares inre oðer uttre / efter þe
N beð is fuluht . þet oðer / beoð teares inre oðer uttre efter ðe
A 107r12
A forme beað ȝef ha hire suleð .   þe þridde   is iesu cristes blod þ
C forme bað ȝef ha˘hire suleð .   þe þr/idde   is Iesu cristes blod . þ
N uorme beðe ҉ ȝif / heo hire fuleð . þet þridde beð is iesu cristes blod ҉ þet /
A 107r13
A halheð ba þe oþre as seín iuhan seið i˘þe apocalipse . *Qui *di/lexit
C haldeð ba þeos oðre / as seint Iohan˘seið i˘þe apocalipse . *Qui *dilexit /
N haleweð boðe þeos oðre . ase seint iohan seið i˘ðe apo/calipse . *Qui *dilexit
A 107r14, C 184v
A *nos *& *lauit *nos *in *sanguine *suo ҉ þ he   luueð us mare
C *nos *& *lauit *nos *in˘*sanguine *suo þ he [þe] luueð / us mare
N *nos *& *lauit *nos *in *sanguine *suo . þet / is . he luueð us more ҉
A 107r15
A þen eani moder hire child ҉ he hit seið him_seoluen þurh
C þenne ani˘moder   child . he hit seið / himseol in
N þen eni moder deð hire child . / he hit seið him_sulf ҉ þuruh
A 107r16
A ysaie . *Nunquid *potest *mater *oblíuisci *filíí *uteri *sui . *Et *si
C ysaie . *Numquid *potest *mater *obliuisci *filii / *vteri *sui . *& *si˘
N isaie . *numquit *potest *mater *obli/uisci *filii *uteri *sui . *& *cetera .

PART 7   159

A 107r17
A   *illa *obliuiscatur :˙ *ego *non *obliuiscar *tui . Mei moder he seið for/ȝeoten
C   *illa *obliuiscatur *ego *non *obliuiscar / *tui . Mei moder heˇseið for ȝeoten
N   Mei moder   uorȝiten
A 107r18
A   hire child ?   ant þah heo do :˙ ich ne mei þe forȝeoten
C   hire chi/ld :˙   & þach heo do ich ne mei þe for ȝeoten /
N   hire child / he seið . and tauh heo do ich ne mei ðe uorȝiten
A 107r19
A   neauer . ant seið þe resun efter .   *In *manibus *meis *descripsi *te .
C   neauer & seið þe reisun efter .   *Inˇ*manibus *meis / *descripsi *te .
N   neuer . / and seið þe reisun efter hwareuore . *In *manibus *meis / *descripsi *te .
A 107r20
A   Ich habbe he seið depeínt te i míne honden . swa he dude
C   ich habbe he seið depeint þe / iˇmine honden . swa he dude
N   Ich habbe he seið depeint þe   i mine hon/den . So he dude
A 107r21
A   mid read blod   up_o þe rode . Me cnut his gurdel   to habben
C   mid read blod /   up_oˇþe rode . Me cnutte his gurdel to / habbe
N   mid reade blode . up_oˇðe rode . Mon / knut his kurdel uorte habben
A 107r22
A   þoht of a þing . ah ure lauerd for he nalde neauer forȝeo/ten
C   þocht of an þing . ach ure lauerd for / he nalde neauer for ȝeoten
N   þouht of one þin-/ge . auh ure louerd uor he nolde neuer uorȝiten
A 107r23
A   us :˙   dude mearke of þurlunge . in ure munegunge i
C   us   dude marke of / þurlunge inˇure mungunge in
N   us :˙ / he dude merke of þurlunge ine
A 107r24
A   ba twa his honden . NV þe feorðe luue .   þe sawle luueð þe
C   ba twa hise hon/den . Nu of þe feorþe luue . þe saule luueð / þeˇ
N   bo two his hon/den . nu of ðe ueorðe luue . þe soule luueð þet
A 107r25
A   licome swiðe mid alle . ant þet is etscene iˇþe twinnunge . for
C   licome swiðe mid alle . & þ is edsene iˇþe / twinnunge . for
N   bodi / swuðe mid alle . & þet is eðcene iˇðe twinnunge . vor /
A 107r26
A   leoue freond beoð sari hwen ha schulen   twínnin . ah ure
C   leoue freont beoð sari hwen / haˇschulen to twinnen . Ach ure
N   leoue ureond beoð sorie :˙ hwon heo schulen twin-/nen . auh ure
A 107r27
A   lauerd willeliche totweamde his sawle from his bodi   forte
C   lauerd williche / totwemde his saule from his bodi   forˇto /
N   louerd willeliche totweamede his soule / urom his bodie . vorˇto

A 107r28
A veien ure baðe togederes world buten ende i þe blisse of heo/uene.
C ueien uren baðe to_gederes world buten / ende iˇþeˇblisse of heouene.
N ueien ure boðe to_gederes world / aˇbuten ende ⁊ iˇðe blisse of heouene.

A 107v01
A þus lo iesu cristes luue toward his deore spuse. þ is hali
C Þus lo Iesu cristes / luue to_ward his deore spuse. þ is haliˇ
N þus lo iesu cristes / luue. touward his deore spuse. þet is holi

A 107v02, C 185r
A chirche. oðer cleane sawle. passeð alle & ouerkimeð þe fowr
C chirche / oðer cleane saule passeð alle & ouerkimeð al þe / four
N chirche. / oðer þe cleane soule. passeð alle & ouerkumeð þe / uour

A 107v03
A measte luuen þ me ifind on eorðe. wið al þis luue ȝetten
C meste luuen þ me iuint on eorðe. Wið / alˇþisˇilke [.] luue ȝetten
N meste luuen ⁊ þet me i_vint on eorðe. Mid / al þisse luue ⁊ ȝet

A 107v04, N 110r
A he woheð hire o þis wise. Þí luue he seið oðer hit is
C heˇwoweð hire on þis / wise. Þiˇluue heˇseið oðer hit is
N he woweð hire. o þisse wise. / Þi luue he seið urre louerd. oðer heo is

A 107v05
A forte ȝeouen allunge ⁊ oðer hit is to sullen. oðer hit is to
C foto ȝeo/uen allunge. oðer to sullen. oðer hit is to /
N forˇto ȝiuen / allunge ⁊ oðer heo is forˇto sullen. oðer heo is forˇto /

A 107v06, M 398
A reauín & to neomen wið strengðe. ȝef hit is forte ȝeouen ⁊
C reauen & to neome wið strengðe. ȝef hit / is for to ȝeouen.
N reauen & to nimen mid strencðe. ȝif heo is forˇto ȝiuen ⁊ /

A 107v07
A hwer maht tu biteon hit betere þen up_o me ? Nam ich þin/ge
C hwer macht þu biteon hit / betere þenˇupon me. Nam ich þing
N hwar meiht tu biteon hire betere ⁊ þen up_on me ⁊ / nam ich þinge

A 107v08
A feherest. nam ich kinge richest. nam ich hest icunnet.
C feȝerest / Nam ich king richest. Nam ich hest icun/ned.
N ueirest ⁊ nam ich kinge richest ⁊ nam / ich heixst ikunned ⁊

A 107v09
A nam ich weolie wisest. nam ich monne hendest. nam ich
C nam ich weolie wisest. nam ich mon/ne hendest. Nam ich
N nam ich weolie wisest ⁊ nam ich mon/ne hendest ⁊ nam ich

A 107v10
A þinge freoest ? for swa me seið bi large mon þe ne con nawt
C þunge f r´eost. for swa / me seið bi large mon. þe ne con naut
N monne ureoest ⁊ vor so me seið bi / large monne þet ne con nout

PART 7   161

A 107v11
A   edhalden ׃ þ he haueð þe honden as mine beoð iþurlet.
C   edha/lden þ he haueð. þe honden as mine beoð / iþurlet.
N   etholden. ðet he haueð / þe honden. ase mine beoð iþurled.

A 107v12
A   Nam ich alre þinge swotest & swetest? þus   alle þe reisuns
C   Nam ich alre þinge swetest.   þus / alle þe reisuns
N   nam ich alre þin-/ge swotest & swetest. þus alle ðe reisuns.

A 107v13
A   hwi me ah to ȝeoue luue ׃ þu maht ifinden in me. nome/liche
C   hwi me ach to ȝeoue luue / þu macht ifinden inˇme nomeliche.
N   hwui me ouh / forˇto ȝiuen luue ׃ þu meiht i_vinden in me. nome-/liche

A 107v14
A   ȝef þu luuest chaste   cleannesse. for nan ne mei lu/uíe
C   ȝef / þu luuest chaste [l] clennesse. for nan   mei / luue
N   ȝif þu luuest chaste   clennesse. vor non ne mei / luuien

A 107v15
A   me ׃ bute ha hire halde. Ah ha is þreouald. i widewe/had.
C   me bute ha halde hire.
N   me ׃ bute heo holde hire.

A 107v16
A   i spus_had. i meidenhad. þe heste ׃ ȝef þi luue nis nawt
C   ȝef þiˇlu/ue nis naut
N   ȝif þi luue nis / nout

A 107v17
A   toˇȝeouene ׃ ah wult   þ me bugge hire ׃ buggen hire?   oðer
C   to ȝeouen. Ach wult   þ me / bugge hire. buggen hire. hu ׃ oðer
N   forˇto ȝiuen. auh wult allegate þet me bug/ge hire ׃ do seie   hwu ׃ oðer

A 107v18
A   wið oðer luue   oðer wið sumhweat elles ׃ Me suleð wel lu/ue ׃
C   wið oðer / luue. oðer wið sum_hwet elles. Me sul/leð wel luue for luue.
N   mid oþer luue ׃ oðer mid / sumhwat elles. Me sulleð wel luue uor luue.

A 107v19, C 185v
A   & swa me ah to sulle luue.   & for na_þing elles. ȝef þin is
C   & swa me ach to sulle / luue.   & for nan þinge elles. ȝef þin is
N   and so / me ouh forˇto sullen luue. & for none þinge elles. / ȝif þin luue is

A 107v20
A   swa to sullen ׃ ich habbe iboht hire wið luue ouer alle oþre.
C   swa to sullen / ich habbe ibocht hit wið luue ouer alle oðre /
N   so to sullen ׃ ich habbe ibouht hire / mid luue ouer alle oðre.

A 107v21
A   for of þe fowr measte luuen. ich habbe icud toward te ׃
C   for as þe four meste luuen. ich habbe icud to/wart þe
N   vor of ðe uour meste luuen ׃ / ich habbe ikud toward þe ׃

A 107v22

A þe measte of ham alle .   ȝef þu seist þu nult   nawt leote
C þeˇmeste of ham alle .   ȝef þu seist þu / nult þu nult naut lete
N ðe meste of ham alle . / and ȝif þu seist . þet   tu nult nout leten

A 107v23

A þron se liht chap .   ah wult ȝette mare ꞉ nempne hweat
C þronˇse licht scheap / Ach wult ȝet mare . Nempne hwet
N þer_on / soˇliht cheap . auh wultu ȝet more ꞉ nem   hwat

A 107v24

A hit schule beon . sete feor o þi luue .   þu ne schalt seggen se
C hit schu/leˇbeon . Sete feor oˇþiˇluue .   þu ne schalt / segge se
N hit / schule beon . Sete feor oˇþine luue . þu ne schalt / siggen so

A 107v25

A muchel ꞉ þ ich nule ȝeoue mare . wult tu castles . kinedom/es .
C muchel þ ich nule ȝeoue mare . wu/lt þu castles kinedomes .
N muchel . þet ich nulle ȝiuen ðe . uor þi-/ne luue ꞉ muchele more . wultu kastles and kine-/domes .

A 107v26

A wult tu wealden al þe world ? Ich chulle do þe betere .   ma/kie
C wult þu welden al / þe world ꞉ Ichulle do þe betere .   Make
N wultu welden al þene world . ich chulle don / þe betere . ich chulle makien

A 107v27

A þe wið al þis ꞉ cwen of heoueriche . þu schalt te_seolf
C þe wið / alˇþis cwen of heoueriche . þu schalt þe_seolf /
N þe mid al þis . cwene / of heouene . þu schalt

A 107v28

A beo seoueuald   brihtre   þen þe sunne .   nan uuel ne schal
C beon seoue falt brichtere þenne þe sunne . N/an uuel ne schal
N beon seoueuold brihtre / þen ðe sunne .   non vuel ne schal

A 108r01, N 110v

A nahhi þe . na wunne ne schal wonti þe . al þi wil schal beon i/wraht
C nachȝi þe . Nan þing ne / schal sweme þe . Nan wunne ne schal wonti þe / Alˇþi wil schal beon iwracht
N hermen þe . no/þing ne schal sweamen ðe . no wunne ne schal won-/ten þe . al þi wille schal beon iwrouht

A 108r02

A in heouene   & ec in eorðe . ȝe & ȝet ín helle . ne schalˇnea/uer
C inˇheouene & / inˇeorðe . ȝe & ȝet Inˇhelle . Ne schalˇneauer /
N in heouene . & / in eorðe . ȝe and ȝet ine helle . ne schal neuer

A 108r03

A heorte þenchen hwuch selhðe ꞉   þ ich nule ȝeouen for þi
C heorte þenche swich selchðe   þ ich nule ȝeue / forˇþiˇ
N heorte / þenchen swuch seluhðe . þet ich nulle ȝiuen uor / þine

A 108r04

A luue . unmeteliche . vneuenliche . unendeliche mare . Al Crea/suse

PART 7 163

C luue vnmeteliche . vn_euenliche . un/hendeliche mare . Ach cressuse
N luue ׃ vnimeteliche and vnendeliche more . / al kresules
A 108r05
A weole ׃ þe wes kinge richest . Absalones schene wlite . þeˇas
C weole . Absalo/nes schene wlite . þeˇas
N weole . and absalones schene wlite . þet / ase
A 108r06
A ofte as me euesede hím . salde his euesunge . þe her þ he kearf
C ofte as he euesede him / salde his euesunge . þe her þ he carf
N ofte ase me euesede him . me solde his euesunge ðco / her þet me kerf
A 108r07, C 186r
A of ׃ for twa hundret sicles of seoluer iweiet . Asaeles swiftschi/pe
C of . for / twaˇhundred schillinges of seoluer . Asaeles / swiftschipe
N of ׃ uor two hundred sicles of seol-/ure . asaeles swiftschipe
A 108r08
A þe straf wið heortes of urn . Samsones strengðe . þe sloh a
C þe straf wið heortes of urn . Sansu/nes strengðe þe sloch an
N þet strof wið heortes ouerˇvrn . / Samsones strencðe . þet slouh aˇ
A 108r09
A þusent of his fan al ed a tíme . & ane bute fére . Cesares freo/lec .
C þusent of his fan alˇed / anˇtime & ane bute fere . Cesares freolec .
N þusund of his fon al / et one time . & one bute uere . cesares ureoschipe .
A 108r10
A Alixandres hereword . Moysese heale . Nalde aˇmon for an
C Ali/sandres hereword . Moysese heale . nalde aˇmon / for an
N a-/lisaundres hereword . Moiseses heale . nolde aˇmon / uor on
A 108r11, M 400
A of þeos ȝeouen al þ he ahte ? ant alle somet aȝeín mi bodi ׃
C of þeos ȝeuen alˇþ he achte . & alle somed / aȝein miˇbodi
N of þeos . ȝiuen al þet he ouhte ׃ and alle þeos / þinges somed aȝean mine bode ׃
A 108r12
A ne beoð nawt wurð a nelde . ȝef þu art se swiðe anewil . & swa
C neˇbeoð naut wurð aˇnelde . ȝef / þu ard se swiðe anwil & seˇswiðe
N ne beoð nout / wurð a nelde . and ȝif þu ert so swuðe onwil . & so
A 108r13
A ut of þi wit . þ tu þurh nawt to leosen forsakest swuch biȝe/te ׃
C of þine witte . / þ þu þurch naut to leosen forsakest swich biȝe/te
N ut / of þine witte . þet tu þuruh nout to uorleosen uor-/sakest swuch biȝeate .
A 108r14
A wið alles cunnes selhðe ׃ lo ich halde her heatel sweord up/o
C wið allesˇcunes selchðe . Lo ich halde her he/tel sword up_on
N mid alle kunnes seluhðe ׃ / lo ich holde her hetel sweord ouer
A 108r15
A þín heaued todealen lif & sawle . & bisenchen ham ba in_to þe
C þinˇheaued to_deale lif & saule / & to bisenchenˇham boa into þeˇ

N þin heaued uor / to_dealen lif & soule . and to bisenchen boˇtwo into / ðe

A 108r16
A   fur of helle .   to beon   deofles hore schentfulliche & sorhfulliche
C   fur of helle /   to beo þer deofles hore schendfulliche & so/rchfullich
N   fur of helle . uorˇto beon þer deofles hore :· schend-/fuliche & seoruhfulliche

A 108r17
A   world abuten   ende . Ondswere nu & were þe ȝef þu const a/ȝeín
C   world buten   ende . Ondswere nu & / were þe ȝef þu const aȝeínˇ
N   world wið_uten ende . / onswere nu . & were þe ȝif þu konst aȝean

A 108r18
A   me :· oðer ȝette me þi luue   þe ich ȝirne se swiðe .   nawt
C   me   oðer ȝette / me þiˇluue   þ ich ȝirni se swiðe .   naut
N   me . / oðer ȝette me þine luue :· þet ich ȝirne so swuðe . / nout

A 108r19
A   for min :· ah for þín ahne muchele biheue .
C   for / min ach for þin achne muchele biheue .
N   for mine :· auh for þin owune muchele biheue . /

A 108r20
A   Lo þus ure lauerd woheð . Nis ha to heard iheortet þ a þulli
C   Lo / þus vre lauerd woweð . nis ha to hard iheorted / þ aˇþulli
N   Lo þus ure louerd woweð . nis heo to herd i_heor-/ted þet a swuch

A 108r21
A   wohere ne mei   to his luue turnen ?   ȝef ha wel þencheð þeose
C   wowere ne mei   to his luue turnen /   ȝef ha wel þencheð þeose
N   woware ne mei turnen hire / luue to him :· and nomeliche ȝif heo þencheð þeos /

A 108r22
A   þreo þinges . hwet he is   & hwet heo is :· & hu muchel is þe luue
C   þreo þinges . hwet / he is   & hwet heo is . & hu muchel is þe luue /
N   þreo þinges . hwat he is . and hwat heo is . & hwu / muchel is þe luue

A 108r23, C 186v, N 111r
A   of se heh   as he is :· toward se lah as heo is . for_þi seið þe salm/wruhte .
C   of se hech king as he is . to_ward se lach as heo is / for_þi seið þe salmiste .
N   of so heih   ase he is :· touward / so louh ase heo is . vor_þi seið þe psalmwuruhte .

A 108r24
A   *Non *est *qui *se *abscondat *a *calore *eius . Nis nan þ mahe
C   *Non *est *qui *se *absondit *a *ca/lore *eius . Nis nan þe muchȝe
N   *non / *est *qui *se *abschondat *a *calore *eius . nis non þet muwe /

A 108r25
A   edlutien :· þ ha ne mot him luuien . þe soðe sunne iˇþe under/tid
C   edlutien þ ha / ne mot him luuien . Þe soðe sunne iˇþe under/tid
N   etlutien : þet heo ne mot him luuien . þe soðe sun/ne iˇðe undertid

A 108r26
A   wes for_þi istihen on heh :· o þe hehe rode . forte spreaden ouer/al
C   wes for_þi itoȝen anˇhech oˇðe hechȝe rode / for to spreaden over_al
N   was for_þi i_stien onˇheih oˇðe heie / rode :· uorˇto spreden oueral

A 108r27
A   hate luue gleames . þus neodful he wes & is aþet tes dei to on/tenden
C   hate luue gleames . þus / neodful he˘wes . & is aðet þis dei to on_tenden
N   hote luue gleames . / þus neodful he was . & is uort tisse deie . to onten-/den
A 108r28
A   his luue . & his leoues heorte . & seið i˘þe godspel . *Ignem
C   his / luue in˘his leoues heorte . & seið in˘þe godspel / *Ignem
N   his luue in his leoues heorte . and seið i ðe gos-/pelle . *Ignem
A 108v01
A   *uení *mittere *in *terram . *& *quid *uolo *nisi *ut *ardeat ? Ich com to brin/gen
C   *ueni *mittere *in˘*terram *& *quid *volo *nisi *ut *ar/deat . Ich com to bringen
N   *ueni *mittere *in *terram . *et *quid *volo *nisi *ut *ardeat . / ich com
A 108v02
A   he seið   fur in_to eorðe . þ is . bearninde luue in_to eorðlich
C   he seið   fur into þe / eorðe . þ is bearninde luue into eorðlich
N   he seið uor˘to bringen fur into eorðe . / þet is berninde luue ⁖ into eorðliche
A 108v03
A   heorte . ant hwet ȝirne ich elles bute þ hit bleasie ? wlech lu/ue
C   heor/te & hwet ȝirne ich elles bute þ hit blasie ⁖ / wlech luue
N   heorten . & / hwat ȝirne ich elles . bute þet hit blasie ⁖ wlech / luue ⁖
A 108v04
A   is him lað . as he seið þurh sein iuhan i þe apocalipse .
C   is him lað . as he seið þurch seint / Iohan in˘þe apocalipse .
N   is him loð ⁖ ase he seið þuruh sein iohan ⁖ i˘ðe / apocalipse .
A 108v05
A   *Vtinam *frigidus *esses *aut *calidus . *set *quia *tepidus *es ⁖ *incipiam
C   *vtinam *frigidus *esses / *aut *calidus . *sed *quia *tepidus *[est] *`es´ *incipiam
N   *vtinam *frigidus *esses *aut *calidus . *sed *quia / *tepidus *es *incipiam
A 108v06
A   *te *euomere *de *ore *meo . Ich walde he seið to his leofmon . þ tu
C   *te *euo/mere *[ab] *`de´ *ore *meo . Ich walde he seið to his leof/mon þ þu
N   *te *euomere *de *ore *meo . ich wolde / he seið to his leofmon . þet tu
A 108v07
A   were i mí luue . oðer allunge cald ⁖ oðer hat mid alle . ah for/þi
C   were in˘mi luue . oðer allunge calt / oðer hat mid alle . Ach forþi
N   were i mine luue . / oþer allunge cold ⁖ oðer hot mid alle . auh for/þi
A 108v08
A   þ tu art ase wlech bitweone twa . nowðer hat . ne cald ⁖ þu
C   þ art   ase wlech / bituchȝe twa nouðer cald ne hat . þu˘
N   ðet tu ert ase wlech bitweonen two . nouðer cold / ne hot ⁖ þu
A 108v09
A   makest me   to wleatien . & ich wulle speowe þe ut ⁖ bute þu

166 ANCRENE WISSE: A FOUR-MANUSCRIPT PARALLEL TEXT

C   makest / me to wlatien .   & ichulle   speowe þe ut bute /   þuˇ
N   makest me uorˇto wlatien . and ich / chulle speouwen ðe ut . bute ʒif þu
A 108v10, C 187r, M 402
A   wurðe hattre . Nu ʒe habbeð iherd mine leoue sustren
C   wurðe hattere . Nu ʒe habbeð iherd mine / leoue sustren .
N   iwurðe hattre . / Nu ʒe habbeð i_herd mine leoue sustren .
A 108v11
A   hu & for_hwi godd is swiðe to luuíen .   forte ontenden ow wel ː
C   hu & for_hwi god is swiðe to luui/en .   forˇto ontenden ouwel .
N   hu . & / for_hwi . god is swuðe to luuien . and forˇto on-/tenden ou wel .
A 108v12
A   gederið   wude þerto ː wið þe poure wummon of Sarepte
C   ge_dedereð wude / þerto wið þe poure wummon . of sarrepte
N   gedereð   wude þerto : mid þe poure / wummon of sarepte .
A 108v13
A   þe burh þe spealeð ontendunge .   *En *inquit *colligo *duo
C   þeˇburch / þe spaleð ontendunge .   *En *inquid *colligo *duo /
N   þe buruh . þet speleð ontendun-/ge . *en *inquid *colligo *duo
A 108v14
A   *ligna . *Regum *.iii. lauerd qð ha to helye þe hali prophete .   lo
C   *lingna .   lauerd quod ha to elye þe hali prophete .   lo /
N   *ligna .   louerd cweð heo to / elie þe holie prophete ː lo
A 108v15
A   ich gederi twa treon . þeos twa treon bitacnið . þ a treo þet
C   ich gedere twa treon . þeos twa treon bitacnið þe / anˇtreo þe
N   ich gedere two treon . þeos / two treon bitocneð . þet o treou ðet
A 108v16
A   stod upriht .   & þ oþer þe   eode þwertouer ː o þe deore rode . of
C   stod upricht & þe oðer þe   eode þe/wartouer of þe deore rode . of
N   stod upriht . / and tet oðer ek þet eode þwertouer ː of ðe deore / rode . of
A 108v17
A   þeos twa treon ʒe schulen ontende fur of luue inwið ower
C   þeose twa treon / ʒe schulen ontenden fur of luue inwið ou/wer
N   þeos two treon . ʒe schulen ontenden fur / of luue wiðinnen ower
A 108v18, N 111v
A   heorte . biseoð ofte towart ham . þencheð ʒef ʒe ne ahen eaðe
C   heorte . biseoð ofte towart ham . þencheð / ʒef ʒe ne achʒen eaðe
N   heorte . biseoð ofte touward / ham . þencheð ʒif ʒe ne owen eaðe
A 108v19
A   to luuien þe king of blisse . þe tospreat swa his earmes tow/ard
C   toˇluuien . þeˇking / of blisse þe tospradde swa towart ou his armes /
N   to luuien þene / king of blisse . þet tospret so touward ou his / ermes
A 108v20
A   ow . & buheð as to beoden cos   duneward his heaued . Si/kerliche
C   & buʒeð asˇto beode cos duneward his hea/ued .   Sikerliche

PART 7   167

N   and buhð ase uor͑to beoden cos ⁊ a dune-/ward his heaued . Sikerliche
A 108v21
A   ich segge hit . ȝef þe soðe helye . þ is godd almihti
C   ich segge hit ȝef þe soðe / elye þ is god almichtin
N   ich sigge hit . þet / ȝif þe soðe elie . þet is god almihti .
A 108v22
A   ifint ow þeose twa treon bisiliche gederín ⁊ he wule gestnín
C   ifint ou þeose treon / bisiliche gederin . he wule gestnin
N   i_uint ou þeos / two treon bisiliche gederinde . he wule gistnen /
A 108v23
A   wið ow . & monifalden in ow ⁊ his deorewurðe grace . as helie
C   wið ow / & monifalden mid ow his deorewurðe grace / as elye
N   mid ou . and moniuolden in ou ⁊ his deoruwurðe / grace . ase elie
A 108v24
A   dude hire liueneð . & gestnede wið hire . þ he ifond þe twa
C   dude hire liuenaz & gestnede wið hi/re þ he ifond þe twa͑
N   dude þe poure wummone liueneð . / and gistnede mid hire . þet he i_uond þe two /
A 108v25
A   treon gederín i Sarepte . GRickisch fur is imaket of
C   treon gederen in͑sarepte . / Grickisch fur is imaked of
N   treon gederinde i sarepte . Grickischs fur is i_ma-/ked of
A 108v26, C 187v
A   reades monnes blod . &   þ ne mei na_þing . bute Migge . ant
C   read monnes blod . / & þet ne mei nan þing bute migge .
N   reades monnes blode . and tet ne mei no/þing . bute migge . and
A 108v27
A   Sond . & eisil ⁊ as me seið acwenchen . þis grickisch fur is
C   sont . & eisil / as me seið   acwenchen . þis grickisch fur is
N   sond . and eisil . ase me / seið ⁊ a_cwenchen . þis grickische fur ⁊ is
A 108v28
A   þe luue of iesu ure lauerd . & ȝe hit schule makien of   reade
C   þe͑lu/ue Iesu vre lauerd . & ȝe hit schule makien of / þe reade
N   þe luue / of ure louerde . and ȝe hit schulen makien of / reades
A 109r01
A   monnes blod . þ is iesu crist   ireadet wið his ahne blod o þe deore
C   monne blod . þ is Iesu crist[es] ireaded / mid his achne blod   on þe deore
N   monnes blode . þet is iesu crist . i_readed mid / his owune blode ⁊ o͑ðe
A 109r02
A   rode . ant wes ínread cundeliche alswa as me weneð . þis blod for
C   rode . & wes / inread cundeliche .   as me weneð . þis blod / for
N   rode . and was inread kunde/liche also ase me weneð . þis blod for
A 109r03
A   ow isched up_o þe earre twa treon ⁊   schal makien ow sareptiens .
C   ou isched up_on þe [rode] arre twa treon / schal maken ow sarraptaines .
N   ou i_sched up/o ðe herde two treon ⁊   schal makien ou sarepciens : /

168 ANCRENE WISSE: A FOUR-MANUSCRIPT PARALLEL TEXT

A 109r04
A þ is ontende   mid tis grickisch fur .   þ as Salomon seið ⁒ nane
C þ is onten/de .   mid þis grickische fur   þ as salomon seið / Nane
N þet is ontenden `ou´ mid tis grickische fure . þet ase sa/lemon seið . none

A 109r05
A weattres . þ beoð worldliche tribulatiuns . nane temptatiuns . now/ðer
C wattres   þ beoð worldliche˘tribulaciuns . / nane temptaciuns nouðer
N wateres . þet beoð worldliche temp/taciuns ne   tribulaciuns nouðer

A 109r06
A inre ne uttre ⁒ ne mahen   þis luue acwenchen . Nu nis þen/ne
C inre ne uttere . [ne] / [inre] ne much3e þ{i}s luue acwenchen . Nu / nis þenne
N inre ne uttre : ne / muwen   þeos luue acwenchen . nu nis þer þeonne /

A 109r07, M 404
A on ende bute witen ow warliche wið al   þ hit acwencheð .
C on ende bute witen ow warliche / wið al   þ hit acwencheð .
N on ende . buten witen ou warliche urom alle þeo / þing ðet hit acwencheð .

A 109r08
A þ beoð Migge . & sond . & eisil . as ich ear seide . Migge is stench
C þ beoð migge   & sont / & eisil as ich seide .   Migge is stench
N þet beoð . migge . & sond . / & eisil .   Migge ⁒ is stench

A 109r09
A of sunne . O sond ne groweð na god & bitacneð idel . Idel akel/deð
C of sunne / On˘sont ne groweð nan god . & bitacneð idel / Idel akeldeð
N of sunne . o sonde ne gro-/weð no god . and bitocneð idel . and idel a_coaldeð /

A 109r10
A & acwencheð þis fur . Sturieð ow cwicliche aa i   gode
C & acwencheð þis fur . sturieð / ow cwicliche . a in˘gode
N & acwencheð þis fur . Sturieð ou euer cwicliche ine go/de

A 109r11
A werkes . & þ schal heaten ow & ontenden þis fur a3ein þe
C werkes & þ schal heaten / ow & ontende þis fur a3ein þe
N werkes & þet schal heaten ou . & ontenden þis / fur ⁒ a3ean ðe

A 109r12
A brune of sunne . for alswa as þe an neil driueð ut þen o/þer ⁒
C brune of / sunne . for alswa as þe an neil driueð ut þe / oðer.
N brune of sunne . vor also ase on / neil driueð ut þen oþerne .

A 109r13, N 112r
A alswa þe brune of godes luue . driueð brune of ful lu/ue
C alse   þe brune of godes luue driueð / þe brune of ful luue
N also ðe brune of go-/des luue . driueð brune of fule luue

A 109r14
A ut of þe heorte . þe þridde þing is eisil . þ is sur heorte
C ut of þe heorte . þe / þridde þing is eisil þ is sur heorte
N ut of ðe heor/te . þet þridde þing is eisil . þet is sur heorte :

A 109r15, C 188r
A of nið   oðer of onde . Vnderstondeð þis word . þa þe niðfu/le
C of nið . / oðer of onde . vnderstondeð þis word . þoaˑþe / niðfule
N of / nið . &   of onde . vnderstondeð þis word . þo þeo niðfu-/le
A 109r16
A giws offreden ure lauerd þis sure present up_o þe rode ⁊
C gyus offreden ure lauerd þis sure Present / up_oˑþe rode .
N giws offreden ure louerde þis sure present   o rode ⁊/
A 109r17
A þa seide he   þ reowðfule word . *Consumatum *est . neauer
C þoa seide he þ reufule word . / *Consummatum *est . Neauer
N þo seide ˋheˊ þet reouðfule word .   *consummatum *est .
A 109r18
A qð he ear   nu nes ich ful pinet .   nawt þurh þ eisil ⁊ ah
C quoð he ear   nu nesˇich / ful pined . Naut þurch þ eisil ach
N cweð / he . neuer er nu ⁊ nes ich ful pined . nout þuruh / þet eisil . auh
A 109r19
A þurh hare   ondfule nið ⁊   þ tet eisil bitacnede þ heo hím
C þurch hare / ondfule nið .   þ þe eisil bitacnede   þ ha him /
N þuruh hore   ontfule nið ⁊ þet tet / eisil bitocnede . þet heo him
A 109r20
A duden drinken .   ant is ilich as þah a mon þ hefde   longe
C bude drinken .   & is ilich as þach aˇmon þe hefde / longe
N makeden drinc-/ken . and is iliche ase þauh aˇmon ðet heuede / longe
A 109r21
A iswunken . & failede efter long swinc ⁊ on ende of his hu/re .
C iswunken & faillede þenne   an ende of / his hure .
N i_swunken and failede efter his sore swin-/ke alast of his hure .
A 109r22
A Alswa ure lauerd mare þen twa & þritti ȝer tilede ef/ter
C alswa ure lauerd Mare þenne twa / ant þritti ȝer tilede efter
N also ure louerd . more þen / two and þritti ȝer . tilede efter
A 109r23
A hare luue . & for al his sare swinc   ne wilnede na_þing ⁊
C hare luue & for al / his sar swing   ne wilnede nan þing
N hore luue . and / for al his sore swinke . ne wilnede he ˋnoˊ_þing .
A 109r24
A bute luue to hure . Ah i þe ende of his lif .   þ wes as i þe
C bute / luue to hure . ach i þe ende of his lif .   þ / wes as iˇþe
N bu/te luue to hure . auh he iˇðen ende of al his li-/ue . þet was ase i þen
A 109r25
A euentid . hwen me ȝelt wercmen hare deies hure .   loke
C euentid hwenne me ȝeld werch/men hare deies hure . Loke
N euentid . hwon me ȝelt / werc_men hore deies hure . loke

170 *ANCRENE WISSE*: A FOUR-MANUSCRIPT PARALLEL TEXT

A 109r26
A   hu ha   ȝulden him for piment of   huní luue ⁖ eisil of
C   hu ha   ȝeulden / him for Piment of   huni luue . eisil of /
N   hwu heo ȝulden / him uor piment of swete huni luue ⁖ eisil of

A 109r27
A   sur nið . & galle of bitter onde .   O   qð ure lauerd þa ⁖ *Con/sumatum
C   sur nið . & galle of bitter onde .   O   quod ure la/uerd þoa *Consummatum
N   sur / nið and galle of bitter onde . O ⁖ cweð ure lo/uerd þo . *consummatum

A 109r28
A   *est . Al mí swínc on eorðe . Al mi pine o   rode .
C   *est al min swinc on eorðe / al mi˙pine on˙rode
N   *est . al mi swinc on eorðe . / & al mi pine o   rode .

A 109v01
A   ne sweameð ne ne derueð me nawiht aȝeín þis . þ ich þus biteo
C   ne swemeð ne˙ne greueð / me nawicht aȝein þis . þ ich þus bi_te[o]
N   ne sweameð ne ne derueð / me nowiht aȝean þis . þet ich þus biteo

A 109v02
A   al þ ich idon habbe .   þis eisil þ ȝe beodeð me . þis sure hure þurh/fulleð
C   al˙þ / [id] ich idon habbe . þis eisil þ ȝe beodeð me / þis sure hure þurch_fulleð
N   al ðet / ich idon habbe .   þis eisil þet ȝe beodeð me . þis / sure hure : þuruh_fulleð

A 109v03
A   mi píne . þis eisil of sur heorte & of bitter þonc ouer alle
C   mi Pine . þis eisil / of sur heorte & of bittere þonch ouer al
N   mine pine . þis eisil of / sur heorte and of bitter þonc ouer alle

A 109v04, C 188v
A   oðre þing   acwencheð grickisch fur þ is þe luue of ure lauerd
C   oðer þing /   acwencheð grickis fur þ is þe luue of ure lauerd /
N   oðer þin-/ges . a_cwencheð grickischs fur ⁖   þet is ðe luue / of ure louerde .

A 109v05
A   ant hwa _se hit bereð i breoste   toward wummon oðer mon ⁖ ha
C   & hwase hit bereð i˙breoste towart wummon oðer / mon ha
N   and hwo_se hit bereð ine breoste / touward mon . oðer touward wummon ⁖ heo

A 109v06, N 112v
A   is giwes make . ha offreð   godd þis eisil . & þurhfulleð onont
C   is gyus make .   ha offrið   god þis eisil . / & þurchfulleð anont
N   is / giwes make . heo offreð ȝet god ⁖ þis eisil . and / þuruh_fulleð onont

A 109v07
A   hire iesues pine   o rode . Me warpeð grickisch fur upon his fa/men .
C   hire Iesues pine   on˙rode / Me warpeð grickisch fur up_on his famen
N   hire ⁖ godes pine : o rode . Mon / worpeð grickischs fur up_on his fomen .

A 109v08
A   & swa me ouerkimeð ham .   ȝe schule don alswa hwen godd
C   & / swa me ouercumeð ham .   ȝe schule don alswa / hwen god
N   & so me / ouerkumeð ham . and ȝe schulen don also . hwon god /

PART 7   171

A 109v09
A   areareð ow of ei va eani weorre . Hu ȝe hit schule warpen ׃ Sa/lomon
C   areareð ow of ei foa ani weorre . / hu ȝe hit schule warpen . Salomon
N   areareð ou of eni uo eni weorre . Salomon techeð / ou hwu ȝe hit schulen weorpen.

A 109v10
A   teacheð . *Si *esurierit *inimicus *tuus ׃ *ciba *illum . *Si *sí/tierit ׃
C   teacheð / *Si *esurierit *inimicus *tuus *ciba *illum *& *si *sitie/rit
N   *Si *esurierit *inimicus / *tuus *ciba *illum . *Si *sitierit .

A 109v11
A   *potum *da *illi . *Sic *enim *carbones *ardentes *congercs *super
C   *potum *da *illi . *Sic *enim *carbones *arden/tes *congeres *super
N   *potum *da .   *Sic *enim *carbones *ardentes *congeres / *super

A 109v12
A   *caput *eius . þ is . ȝef þi fa hungreð ׃ fed him . to his þurst ȝef
C   *capuð *eius . þ is   ȝef þin / foa hungreð fed him . to his þurst ȝef /
N   *caput *eius . þet is . ȝif þi uo is offingred ׃ ȝif him uode . / and ȝif he is ofþurst ׃
    ȝif

A 109v13, M 406
A   him drunch .   þ is to understonden . ȝef he efter þin hearm
C   him drunh .   þ is to understonden . ȝef he / efter þin harm
N   him drincken . þet is to / understonden . ȝif he efter þine herme .

A 109v14
A   haueð hunger oðer þurst ׃ ȝef him fode of þine beoden þ
C   haueð hunger oðer þurst / ȝef him fode of þine beoden þ
N   haueð / hunger oðer þurst ׃ ȝif him uode of ðine beoden . / þet

A 109v15
A   godd do him are .   ȝef hím drunch of teares . wep for his sun/nen .
C   god do / him are . ȝef him drunh of teares . wep / for his sunnen .
N   god do him ore . and ȝif him drunch of teares . / weop for his sunnen .

A 109v16
A   þus þu schalt seið Salomon rukelin on his heaued bear/ninde
C   þus þu schalt seið salemon . Ru/ke on˜his heaued bearninde
N   þus þu schalt seið salomon . / rukelen on   heaued bearninde

A 109v17
A   gleden . þ is to seggen . þus þu schalt ontenden his heorte
C   gleden . þ is / to seggen . þus þu schalt ontenden his / heorte .
N   gleden . þet is to sig/gen . þus þu schalt ontenden heorte ׃

A 109v18
A   forte luuie   þe . for heorte is in hali writ   bi heaued underston/den .
C   for to luue   þe . for heorte is in˜ha/li writ   heaued bitacned .
N   uor˜to luuien / ðe . vor heorte is ine holie write ׃ bi heaued under-/stonden .

A 109v19
A   O þulli wise wule godd seggen ed te dome . Hwi luuedest
C   On þulli wise / wule god seggen ed þe dome . Hwi luuest /
N   o swuche wise wule god siggen a˜domesdei . / hwi luuedestu

172 *ANCRENE WISSE*: A FOUR-MANUSCRIPT PARALLEL TEXT

A 109v20, C 189r
A tu þe mon oðer þe wummon ? Sire ha luueden me . ȝe he wu/le
C þu þe mon oðer þe wummon . Sire ha˜lu/ueden me . ȝe he wule
N þene mon . oðer þeo wummon . Sire . / uor heo luueden me . ȝe he wule
A 109v21
A seggen . þu ȝulde þ tu ahtest . her nabbe ich þe nawt mu/ches
C seggen þu ȝulde / þ þu achtest . þer nabbe ich þe naut mut/les
N siggen : þu ȝulde / þet tu ouhtest . her nabbe ich nout mucheles
A 109v22
A to ȝelden .   ȝef þu maht ondswerien . alle wa ha duden
C to ȝelden .   ȝe þu macht ondsweren . /
N to / ȝelden ðe . auh ȝif þu meih onswerien .
A 109v23
A me . ne na luue ne ahte ich ham . ah sire ich luuede ham for
C   Sire ich luuede ham for
N & siggen . /   Sire ich luuede ham uor
A 109v24
A þi luue :· þ luue he ah þe . for hit wes iȝeuen him :· & he hit
C þi luue . þ luue / he˜ach þe for hit wes iȝeuen him & he / hit
N þine luue :· þeo luue he / ouh þe . uor heo was iȝiuen him :· & he hire
A 109v25
A wule þe ȝelden . Migge as ich   seide þ acwencheð grickisch
C wule þe ȝelden . Migge as ich   se/ide þe acwencheð grickisch
N wule ȝel/den ðe . / Migge ase ich er seide þet acwencheð / grickischs
A 109v26
A fur :· is stinkinde flesches   luue . þe acwencheð gastelich luue :·
C fur is stinkin/de flesches   luue þe acwencheð gastlich / luue .
N fur :· is stinckinde ulesshes luue ðet / acwencheð gostlich luue .
A 109v27
A þ grickisch fur bitacneð . Hweat flesch wes on eorðe se swete
C þe grickisch fur bitacneð hwet fl/esch wes on eorðe se swete
N þet grickishe fur bitoc-/neð hwat fleschs was on eorðe . so swete
A 109v28
A & se hali as wes iesu cristes flesch ? ant þah he seide him_seolf
C & se˜hali as / wes Iesu cristes flesch . & þach he seide him/seolf
N & so holi . ase / iesu cristes fleschs . and þauh he seide him_sulf /
A 110r01
A to his deore   deciples . *Nisi *ego *abiero :· *paraclitus *non *veniet *ad
C to his deore   deciples . *Nisi *ego *abiero / *paraclitus *non *ueniet *ad
N to his deorewurðe deciples . *nisi *ego *abiero *paraclitus / *non *ueniet *ad
A 110r02, N 113r
A *uos . þ is . bute   ich parti from ow . þe hali gast þ is mín & mines
C *uos . þ is . bute   ich / Parti from ow . þe hali˜gast þ is min & mi/nes
N *uos . þet is . bute ȝif ich parti urom / ou . þe holi gost þet is min . and mines

A 110r03
A   feaderes luue ∵ ne mei nawt cumen to ow . ah hwen ich beo from
C   fader luue .   ne mei naut cume to / ow . Ach ˋh´wen ich beo from
N   federes lu/ue ∵ ne mei nout kumen to ou . auh hwon ich beo / urom
A 110r04
A   ow ∵ ich chulle senden him ow . Hwen iesu cristes ahne deciples
C   ow ich wule / senden him ow . hwen Iesu cristes achne / deciples
N   ou ∵ ich chulle senden hine ou . hwon iesu / cristes owune diciples
A 110r05
A   hwil þ ha fleschliche luueden him neh ham ∵ foreoden þe swct/nesse
C   hwil˙þ ha fleschlichc luueden / h{i}m nech ham . for_eoden þe swetnesse /
N   þeo hwuile ðet heo uleschsli-/che luuede hine neih ham . uor_eoden þe swetnesse
A 110r06, C 189v
A   of þe hali gast .   ne ne mahte nawt habben baðe togederes ∵
C   of þe hali gast .   ne ne machte naut / habben baðe to_gederes .
N   of / ðe holi goste . & ne muhten nout habben boðe to/gederes .
A 110r07
A   demeð ow_seoluen . nis he wod oðer heo þe luueð to swiðe hire
C   demeð ow_seoluen . Nis / he wod oðer heo þe luueð to swiðe hire
N   Demeð ou_suluen . nis he wod oðer heo . þet / luueð to swuðe hire
A 110r08
A   ahne flesch . oðer eani mon fleschliche . swa þ ha ʒirne to swi/ðe
C   ach/ne flesch . oðer ani˘mon fleschliche . swa þ ha / ʒirni to swiðe
N   owene ulesshs . oðer eni mon / ulesshliche . so þet heo ʒirne to swuðe
A 110r09
A   his sihðe oðer his speche ∵ ne þunche hire neauer wunder
C   his sichðe . oðer his speche / Ne þunche hire neauer wunder
N   his sihðe oðer / his speche . ne þunche hire neuer wunder
A 110r10
A   ʒef hire wonti þe hali gastes froure . Cheose nu euchan of þes twa ∵
C   ʒef hire / wonti þe hali˘gastes froure . Cheose nu / euch_an of
N   þauh / hire wontie þe holi gostes froure . cheose nu euerichon / of
A 110r11
A   eorðlich elne & heouenlich . to hweðer ha wule halden . for þet
C   eorðlich elne & heouenliche to / hweðer ha wule halden . for þe
N   eorðlich elne . & of heouenlich : to hweðer heo / wule holden . uor þet
A 110r12
A   oðer ha mot   léten . for i þe tweire monglunge ne mei ha hab/ben
C   oðer ha / mot   leten . for i˘þeos tweire monglunge / ne mei ha habbe
N   oðer heo mot forleten . vor / i þisse tweire monglunge . ne mei heo
A 110r13
A   neauer mare   schirnesse of heorte . þ is as we seiden ear . þet
C   neauer˘mare   schirnesse / of˘heorte . þ is as we seiden ear . þe
N   neuer˘more / habben schirnesse of heorte . þet is ase we seiden er : / þet

A 110r14
A god   & te strengðe of alle religiuns & in euch   ordre . luue makeð
C good & / þe strencðe of alle religiuns & in euch   or/dre   luue makeð
N god and þe strencðe of alle religiuns . & in euerich / ordre ⁖ luue makeð

A 110r15
A hire schír .   griðful & cleane .   luue haueð a   meistrie biuoren
C hire schir   griðful & clea/ne .   Luue haueð an meistrie biforen
N hire schir and griðful and / cleane . luue haueð one meistrie biuoren

A 110r16, M 408
A alle oþre .   for al   þ ha ríneð ⁖   al ha turneð to hire ⁖ & makeð al
C alle / oðre .   for al   þ ha rineð .   al ha turneð to / hire . & makeð al
N alle / oðre þinges . vor alle ðe þinges þet heo arineð ⁖ / alle heo turneð to hire ⁖ and alle heo makeð /

A 110r17
A hire ahne . *Quemcumque *locum *calcauerit *pes *uester ⁖ *pes *videlicet
C hire achne . *Quemcumque / *locum *calcauerit *Pes *uester . *Pes *uidelicet
N hire owene . *quemcunque *locum *calcauerit *pes *uester . *pes *ui-/delicet

A 110r18
A *amoris ⁖ *uester *erit . Deore walde moní mon buggen a swuch þing
C *amo/ris ⁖   Deore walde moniˇmon buggen an / swich þing .
N *amoris ⁖ *uester *erit . Deore wolde moniˇmon / buggen a swuch þing .

A 110r19
A þ al þ he rine to ⁖   al were his ahne ⁖ ant ne seide hit   þruppe
C þ al þ heˇrine   þer wið al were / his achne . & ne seide ich þruppe
N þet al ðet he arinede þere / mide ⁖ al were his owene . and ne seide ich er þer-/uppe .

A 110r20, C 190r
A feor . Ane þurh þ tu luuest þ god   þ is in an_oðer .   wið þe ri/nunge
C feor . ane / þurch þ þu luuest þ god   þ is in an_oðer /   wið þe rinung
N   one þuruh ðet tu luuest þet god . ðet is in / on oðer monne ⁖ mid ðe rinunge

A 110r21
A of þi luue .   þu makest wið_uten oþer swínc his god ⁖
C of þi luue .   þu makest wið/uten oðer swich his good
N of þine luue ⁖ / þu makest wið_ʼutenʼ oþer swincke his god ⁖

A 110r22
A þin ahne god .   as sein Gregoire witneð . lokið nu hu muchel
C þin achne good / As seint gregori witneð . lokið nu hu mu/che
N þin owene / god ase seint gregorie wittneð . loke nu hwu / muche

A 110r23, N 113v
A god þe ontfule leoseð . streche þi luue to iesu crist ⁖   þu hauest
C good þe ondfule leoseð . streche þi / luue to Iesu crist .   þuˇhauest
N god þeo ontfule uorleoseð . strik þine / luue to iesu criste ⁖ & þu hauest

A 110r24
A him iwunnen .   Rín him wið ase muche luue . as þu hauest
C him iwun{n}en . / Rin him wið ase muche luue   as þu hauest /
N i_wunnen him . rin / him mid ase muchele luue ase þu hauest

A 110r25
A   sum mon sum_chearre . he is þín to don wið al þ tu wilnest .
C   sum mon sum_chere . he is þin to do wið al / þ þu wilnest .
N   sumne / mon sumecherre ׃ and he is þin . uor˘to don al þet / þu wilnest .
A 110r26
A   ah hwa luueð þíng þ leaueð hit for leasse þen hit is wurð ?
C   Ach hwa luueð þing þe lea/ueð hit for lesse þen hit is wurð .
N   auh hwo luueð þing . & loueð hit . uor / lesse þen hit is wurð ?
A 110r27
A   Nis godd betere uneuenlich þen al þ is i þe world ? Chearite   is
C   Nis god / betere un_euenlich þen al þ is i˘þe world . Che/rite þ is
N   nis god betere uneuenliche / þen al ðet is i˘ðe worlde ? cherite ׃ þet is
A 110r28
A   cherte of leof þíng & of deore . Vndeore he makeð godd & to un/wurð
C   cherte of leof þing & of deore . / vndeore he makeð god . & to unwurð
N   cherte of / leoue þinge ׃ & of deore . vndeore he makeð god . & / to unwurð
A 110v01
A   mid alle ׃ þ for ei worltlich þing of his luue leaskeð
C   mid / alle . þe for ei worldlich luue his luue / trukeð .
N   mid alle ׃ þet for eni worldliche luue ׃ / his luue trukie .
A 110v02
A   for na_þing ne con luuien riht ׃ bute he ane . Swa ouer_swiðe
C   for na_þing ne Con luue richt / buten he ane . Swa ouer_swiðe
N   vor no_þing ne con luuien ariht : / bute he one . So ouerswuðe
A 110v03
A   he luueð luue ׃ þ he makeð hire his euening .   ʒet ich dear
C   he luueð / luue . þ makeð hire   his euening .   ʒet ich / dear
N   he luueð luue ׃ þet he / makeð hire ׃ his efning . and ʒet ich der
A 110v04
A   segge mare .   he makeð hire his   meistre . & deð al þ ha hat
C   segge mare .   he makeð hire his [euen/ning] meister . & deð al þ ha hat
N   siggen / more . He makeð hire his   meister . and deð al ðet heo / hat .
A 110v05
A   as þah he moste nede . Mei ich pruuíen   þis ? ʒe witerliche
C   as þach he / moste nede . Mei ich Preoue   þis . ʒe witer/liche
N   ase þauh he moste nede . Mei ich preouen / ou þis ׃ ʒe
A 110v06
A   ich   bi his ahne wordes .   for þus he spekeð to moyses þe mon/ne
C   ich .   bi his achne wordes .   for þus he / spekeð to moyses þe monne
N   ich sikerliche þuruh his owene wordes . / Vor þus he spekeð to moyses þet monne
A 110v07
A   meast him luuede . *In *Numerí . *Dimisi *iuxta *uerbum *tuum .
C   meast him luue/de . *In *numeri *dimisi *iuxta *uerbum *tuum .
N   mest / him luuede . *In *numeri . *Dimisi *iuxta *uerbum *tuum .

A 110v08, C 190v
A *non *dicit *preces . Ich hefde qð he imunt   to wreoke mine
C *non *dicit / *Preces . ich hefde quoð he imunt   to wreoke / min˜
N *non *dicit / *preces . Ich heuede imunt cweð he to moyses uor˜to / awreken [mine] mine
A 110v09
A wreaððe i þis folc .   Ah þu seist i ne schal nawt ;˙   þi word beo
C wraððe o˜þis folc .   ach þu˜seist ich ne sch/al naut   þi word beo
N wreððe o þisse uolke . auh / þu seist ðet ich ne schal nout . þi word beo
A 110v10
A iforðet .   Me seið þ luue bindeð . witerliche luue bint swa
C iforðet .   Me seið þ lu/ue bindeð . Witerliche luue bint swa
N i_uorðed . / Me seið þet luue bindeð . Sikerliche luue bint / so
A 110v11
A ure lauerd . þ he ne mei na_þing don ;˙ bute þurh luues lea/ue .
C ure / lauerd þ he ne mei don nan þing bute / þurch luues leaue .
N ure louerd . þet he ne mei don no_þing . bute / þuruh luue˜leaue .
A 110v12
A Nu preoue her_of for hit þuncheð wunder . Ysaias .
C Nu preoue her_of . for / hit þuncheð wunder . ysaias .
N nu preoue þerof ;˙ uor hit þun-/cheð wunder .
A 110v13
A *Domine *non *est *qui *consurgat *& *teneat *te .   Lauerd þu wult smiten
C *domine *non *est *qui *consur/gat *& *teneat *te .   Lauerd wult þu smiten
N *domine *non *est *qui *consurgat *et *teneat *te . / ysaye. louerd wultu smiten
A 110v14
A seið ysaie . weilawei þu maht wel ;˙   nis nan þ te halde . As
C seið / ysaie . weilawei . þu˜macht wel . nis nan þe þe / halde . as
N seið isaie . welawei þu / meiht wel ;˙ uor nis non þet te holde . ase
A 110v15
A þah he seide . ȝef ei luuede þe riht ;˙   he mahte halden þe . &
C þach he seide . ȝef ei luuede þe / richt . he muchte halde þe &
N þauh he / seide . ȝif eni luuede þe ariht ;˙ he muhte holden / ðe : &
A 110v16
A wearnen þe to smiten . *In *Genesy . *ad *loth . *festina *& *cetera . *Non
C werne þe to / smiten .   *In *.Genesi . *ad *lot . *festina *& *cetera . *Non
N wearnen þe to smiten . *In *genesi *ad *loth . / *festina *& *cetera . *non
A 110v17, M 410
A *potero *ibi *quicquam *facere ;˙ *donec *egressus *fueris *illinc . þ is . þa u/re
C *potero / *ibi˜*quicquam *facere *donec *egressus *fueris *illuc . þ is þa / vre
N *potero *ibi *facere *quicquam *donec *egressus / *fueris *illinc . þet is . þo ure
A 110v18, N 114r
A lauerd walde bisenchen Sodome þer lot his freond wes
C lauerd walde bisenche sodome þer lot / his freont wunede .
N louerd wolde bisenchen / sodome þer loth his freond wunede

A 110v19
A ínne ⁊ hihe þe qð he utward .   for   hwil   þu art bimong
C   hich þe quoð he utward /   for   hwil   þu art bimong
N inne ⁊ Hie / ðe cweð ure louerd utward . uor þeo hwule ðet tu ert / among
A 110v20
A ham ⁊ ne mei ich nawt   don ham . Nes þes wið luue ibunden ?
C ham ne mei ich / naut   don ham . Nes þes wið luue ibun/den .
N ham ⁊ ne mei ich nowiht don ham . nes þes mid / luue ibunden ⁊
A 110v21
A hwet wult tu mare . luue is his chamberleng .   his Conseiler .
C hwet wult þu mare . luue is his che/amberleing . his conseiller .
N hwat wultu more . luue is his chaum/berleing . & his kunsiler . &
A 110v22
A his spuse . þ he ne mei nawt heole wið ⁊ Ah teleð   al þet he
C his spuse   þ he / ne mei naut heole wið . & telleð   al þ he
N his spuse ⁊ þet he ne mei / nout helien wið . and telleð hire al þet he
A 110v23
A þencheð . *In *Genesy . *Num *celare *potero *abraham *que *gestu/rus
C þe/ncheð . *In˘*Genesi . *Num *celare *potero *abraham . /
N þencheð . / *In˘*genesi . *num *celare *potero *abrabraham *que *gesturus
A 110v24
A *sum ? Mei ich qð ure lauerd heolen abraham þing þ
C
N *sum / Mei ich cweð ure louerd . helien abraham . þing ðet /
A 110v25
A ich þenche   to donne ? Nai   o nane wise . Nu con þes luui/en
C
N ich þenche uor˘to donne ⁊ nei cweð he o none wise . / ne con þes luuien
A 110v26
A þe þus spekeð & þus deð .   to alle   þe him inwardliche leueð
C
N ˊariht´ þet þus spekeð . and þus ðeð / to alle men þet him inwardliche ileueð
A 110v27
A & luuieð . þe blisse þ he ȝarkeð ham ⁊   as ha is uneuenlich
C
N & luuieð ⁊ / þeo blisse þet he ȝerkeð ham . also ase heo is unefen/lich
A 110v28
A to alle worldes blissen ⁊ alswa as ha is untalelich   to   world/liche
C
N to alle worldes blissen ⁊ also   heo is untalelich / to alle worldliche
A 111r01
A tungen . *ysaias . *Oculus *non *uidit *deus *absque *te *que *prepa/rasti
C
N tungen . *ysaias . *oculus *non *uidit *deus . / *absque *te .

178　*ANCRENE WISSE*: A FOUR-MANUSCRIPT PARALLEL TEXT

A 111r02
A　　*diligentibus *te . *Apostolus . *Oculus *non *uidit . *nec *auris *audi/uit .
C
N
A 111r03
A　　*& *cetera . ȝe habbeð of þeos blissen iwriten elleshwer mine
C
N　　　　　　 ȝe habbeð of þeos blissen iwriten on / oþer stude mine
A 111r04
A　　leoue sustren . þis luue is þe riwle þe riwleð þe heorte . *Confi/tebor
C
N　　leoue sustren . þeos luue is ðe riw-/le þet rihteð þe heorte . *Confitebor
A 111r05
A　　*tibi *in *directione . *id *est . *in *regulatione *cordis . *Exprobratio
C
N　　*tibi *in *directione . / *id *est *inˇ*regulatione *cordis *exbrobatio
A 111r06
A　　*malorum . *Generatio *que *non *direxit *cor *suum . þis is þe leafdi
C
N　　*malorum *generatio *que / *non *direxit *cor *suum ːˑ *et *non *est *creditus .
　　　þis is ðe lefdi
A 111r07
A　　riwle . alle þe oþre seruið hire .　　& ane for hire sake ːˑ me hat
C
N　　riw-/le . alle þeo oðre serueð hire . and one uor hire / sake ːˑ me
A 111r08
A　　ham　　　　to luuien . lutel strengðe ich do　　of ham ːˑ for_hwon þet
C
N　　ham ouh forˇto luuien . lutel strencðe ich / makie of ham ːˑ vor_hwon ðet
A 111r09
A　　þeos beo deorewurðliche ihalden . habbeð ham þah scheort/liche
C
N　　þeos beon deoruwurð-/liche i_wust . habbeð ham þauh scheortliche ːˑ
A 111r10
A　　i þe eahtuðe dale .
C
N　　iˇþe eih-teoðe dole . /

PART 8

A 111r11
A   Bíuoren on earst ich
C
N   Biuoren on erest ich
A 111r12
A   seide. þ ȝe ne schulden nawiht
C
N   seide þet / ȝe ne schulen nout
A 111r13
A   as i vu   bihaten forte halden nan
C
N   ase unwise bihoten uor - / to holden none
A 111r14
A   of þe uttre riwlen . þ ilke ich segge ȝetten .
C
N   of ðeo uttre riwlen . þet ilke ich / sigge ȝete .
A 111r15
A   ne nane ne write ich ham   buten ow ane . Ich segge þis for/þi
C
N   ne none ne write ich ham ⁒ buten ou / one . Ich sigge þis for þi .
A 111r16
A   þ oþre ancren ne seggen   nawt þet ich þurh mi   meistrie
C
N   þet oðre ancren ne sig/gen nout . þet ich þuruh mine meistrie
A 111r17, N 114v, M 412
A   makie ham neowe riwle .   Ne bidde ich nawt þ ha   halden
C
N   makie / ham neowe riwlen . ne bidde ich nout þet heo hol/den
A 111r18
A   ham . ah ȝe ȝet moten changín   hwen se ȝe eauer wulleð ⁒
C
N   ham . and ȝe ȝet moten chaungen ham hwon / so ȝe euer wulleð ⁒
A 111r19
A   þeose for betere . aȝeín þinges þe beoð biuoren ⁒ of ham is
C
N   þeos for betere . aȝean þinges / þet beoð biuoren of ham ⁒ is
A 111r20
A   lutel strengðe . Of sihðe . & of speche . & of þe oþre wittes is
C
N   lutel strencðe . / Of sihðe and of speche and of ðe oðre wittes : is /

180 ANCRENE WISSE: A FOUR-MANUSCRIPT PARALLEL TEXT

A 111r21
A   inoh iseid .   nu is þis leaste dale as ich bihet   on earst ׃ todea/let
C
N   i˛nouh i˛seid . nu is þeos laste dole ase ich bihet / ou on˘erest . todeled

A 111r22
A   &   isundret ׃ o lutle seoue stucchen .
C
N   and i˛sundred o lutle seoue stucchenes . /

A 111r23
A   Me let leasse of   þe þing   þ me haueð ofte .   for˛þi ne
C
N   Me let lesse deinte to þinge / þet me haueð ofte . and for˛þi ne

A 111r24
A   schule ȝe beon bute as ure   breðren beoð ihuslet
C
N   schule ȝe / beon bute ase ure leawude breþren beoð ׃ i˛huse-/led

A 111r25
A   inwið   tweolf moneð   fiftene siðen . Midwinter dei . Tweofte
C
N   wiðinnen tweolf moneð : bute viftene siðen . / a midewinteres

A 111r26
A   dei . Condelmeasse dei .   A sunne˛dei mid˛wei bitweonen
C
N   dei . condelmesse dei . tweolfte dei . / a˘sunendei midwei bitweonen

A 111r27
A   þ   & easter . oðer ure leafdi dei ȝef he is neh   þe   sunne˛dei .
C
N   þet ׃ and ester . oðer / ure lefdi dei ׃ ȝif he is neih . þene sunendei :

A 111r28
A   for þe hehnesse . Easter dei . þe þridde sunne˛dei þrefter .
C
N   uor þe / heihnesse . ester dei . þene þridde sunendei þer˛efter . /

A 111v01
A   Hali þursdei . Witsunne˛dei . Midsumerdei . Seinte Marie
C
N   holi˘þursdei . hwitesunedei . and sumeresdei . Seinte / marie

A 111v02, C 191r
A   dei magdaleine . þe Assumptiun . þe Natiuite . Seinte
C   þe Natiuite . Seinte
N   dei magdaleine . þe assumciun . þe natiuite . / Seinte

A 111v03
A   Mihales   dei . Alle halhene dei . Seint andrews dei . aȝein
C   Michales   dei . Alre haleȝe/re˘dei . Seinte ondrowes dei Aȝein
N   mihheleles dei . alre halewune dei . Seint / andrewes dei . and aȝean

PART 8   181

A 111v04
A   alle þeose   beoð cleanliche i_schriuene . & neomeð disceplin/es .
C   alle þeos /   beoð clenliche ischriuen . & neomeð diciplines /
N   alle þeos dawes . lokeð / þet ȝe beon clenliche i_schriuen . and nimeð / disceplines .

A 111v05
A   neauer þah of namon   bute of ow_seoluen . & forgað an
C   Neauer þach of nan mon   bute of ow_seoluen . / & for_gað an˘
N   neuer þauh of none monne : buten / of ou_suluen . and forgoð enne

A 111v06
A   dei ower pitance .   ȝef ewt ilimpeð misliche þ ȝe ne beon
C   dei ouwer Pitance .   ȝef eut ilimpeð / misliche þ ȝe ne beo
N   dei our pitaunce / and ȝif out ilimpeð misliche . þet ȝe ne beoð /

A 111v07
A   nawt ihuslet   i þeose isette tearmes :   beoð   hit þe neste sun/ne_dei .
C   naut ihuslet   iˇþeose sette / termes .   beoð   hit þe neste sunnendei .
N   nout i_huseled i þeos i_sette termes : ȝe muwen / akoueren hit þene nexte sunendei þer_efter . /

A 111v08
A   oðer ȝef þe oþer terme is neh : abideð aþet tenne .
C   oðer ȝef / þe oðer terme is nech abideð oðet þenne .
N   oðer ȝif þe oðer terme is neih : abiden uort þeonne . /

A 111v09
A   Ȝe schulen eoten from easter : aþet te hali_rode dei þe lea/tere
C   Ge / schulen eoten from aster   oðet þe halirode dei / þe latere
N   Ȝe schulen eten urom ester uort þet ðe / holi_rode dei þe latere

A 111v10, N 115r
A   þe is in heruest euche dei twien bute þe fridahes . ne i
C   þe is inˇheruest . eucheˇdei twien . bute / fridaȝes oðer umbridaȝes . ȝeoncdaȝes . vigilies . / iˇþeose daȝes ne iˇ
N   þet is ine heruest : / eueriche deie twie . bute uridawes and umbridawes / and ȝoingdawes . and uigiles . iˇþeos dawes . ne in /

A 111v11
A   þe aduent ne schule ȝe nawt eoten hwit bute   neode hit
C   þe aduenz ne schule ȝe eote / nan hwit bute   neod him
N   ðe aduent ne schulen ȝe `eten´ nout hwit . bute ȝif / neode hit

A 111v12
A   makie . þe oþer half ȝer feasten   al : bute sunne_dahes
C   makie . þe oðer / halfˇȝer vesteð   alˇbute sunnendaȝes
N   makie . þet oðer halue ȝer ȝe schulen / uesten . al bute sunendawes

A 111v13
A   ane . hwen ȝe beoð in heale & i ful strengðe . ah riwle ne
C   ane .
N   one . /

A 111v14
A   tweast nawt seke ne blodletene . Ȝe ne schulen nawt

C   Ge / ne schulen
N   3e ne schulen
A 111v15
A   eoten flesch ne seím ː bute for muche secnesse . oðer hwa/se
C   eoten flesch ne saim bute iˑmu/che secnesse . oðer hwase
N   eten vleschs ne seim buten / ine muchele secnesse : oðer hwo_so
A 111v16
A   is ouer_feble .   Potage eoteð bliðeliche . & wunieð ow to lu/tel
C   is ouerfeble .   Potage / eoteð bliðeliche . & wunieð ou to lute
N   is euer fe/ble . eteð potage   bliðeliche . and wunieð ou / to lutel
A 111v17
A   drunch . noðeles leoue sustren ower mete ant ower
C   drunh . / Nodeles   o{w}er mete & ower
N   drunch . noðeleas leoue sustren ower / mete and ower
A 111v18
A   drunch haueð iþuht me ofte   leasse þen   ich walde . Ne
C   drunh haueð / iþucht me ofte lesse þenne ic walde . Ne /
N   drunch haueð iþuht me   lesse / þen ich wolde . ne
A 111v19, C 191v
A   feaste 3e na dei to bread ne to weattre .   bute 3e habben ¶ . leaue .
C   feste 3e nanˑdei to bred & to water   bute 3e / habbe leaue .
N   ueste 3e nenne dei to breade / & to watere : bute 3e habben leaue .
A 111v20, M 414
A   Sum ancre   makeð hire bord wið hire gest
C   Gum ancre   Makeð hire bord / wið hire gest
N   Sum an-/cre makeð hire bord mid hire gistes
A 111v21
A   utewið .   þ is to muche freondschipe . for of alle ordres þen/ne
C   utewið .   þ is to muche freont/schipe . for of alle ordres þenne
N   wið_uten . / þet is to muche ureondschipe . uor of alle or-/dres . þeonne
A 111v22
A   is hit uncundelukest . & meast a3ein ancre ordre þe
C   is hit un/cumelukest & mest a3ein ancre ordre þ
N   is hit unkuindelukest & mest / a3ean ancre ordre ː þet
A 111v23
A   is al dead to þe world . me haueð iherd ofte   þ deade   speken
C   is / al dead to þe world . Me haueð iherd ofte /   þ deade   speke
N   is al dead to þe worlde . / Me haueð i_herd ofte siggen þet deade men / speken
A 111v24
A   wið cwike .   ah þ ha eten wið cwike ː   ne fond ich 3et n[a]eauer .
C   wið cwike .   ne fond ich / neauer .
N   mid cwike men . auh þet heo eten / mid cwike men . ne uond   neuer 3ete .
A 111v25
A   Ne makie 3e nane gestnunges . ne ne tulle 3e to þe 3e/te .
C   Me Make 3e nane gestninges . ne / ne tulle 3e to þe 3ete

PART 8   183

N   ne   ma/kie 3e none gistninges . ne ne tulle 3e to / ðe 3ete
A 111v26
A   nane uncuðe hearloz . þah þer nere nan oðer uuel
C   nane uncuðe ha/rloz . þach þer nere nan oðer uuel
N   none unkuðe harloz . þauh þer ne/re non oðer vuel of
A 111v27
A   bute hare meadlese nurð ׃ hit walde letten oðerhwile
C   bute / hare medlaseschipe hit walde letten oðer/hwile
N   bute hore meðlease muð ׃ / hit wolde   oðer_hwule letten
A 111v28
A   heouenliche þohtes .   Ne límpeð nawt to ancre of oþer
C   heouenliche þochtes . ne limpeð   naut / to ancren of oðerˇ
N   heouenliche / þouhtes . hit ne limpeð nout to ancre of oðer /
A 112r01
A   monnes ealmesse ׃   to makien hire large . Nalde me lahhen
C   monne almesse   to maken hire / large . Nolde me lach3en
N   monne elmesse ׃ uorˇto makien hire large . / nolde me lauhwen
A 112r02
A   a beggere lude   to bismere . þe leaðede men to feaste ? Ma/rie
C   an beggere   to bis/mare   þe laðede men to feste . Marie
N   ane beggare lude to bi/semare þet bede men to feste ׃ Marie
A 112r03
A   & Marthe   ba   weren sustren . ah hare lif sundrede . 3eˇan/cren
C   & Mar/ðe   ba   were sustren . ach hare lif sundreð / 3e Ancren
N   & mar/the ׃ boðe heo weren sustren . auh hore lif ׃ / sundrede . 3e ancren
A 112r04
A   beoð   inumen ow to Marie dale . þe ure lauerd seolf
C   beoð   inumen ow to marie dale / þe god   seolf
N   habbeð i_numen ou / to marie dole ׃ þet ure louerd sulf
A 112r05, N 115v
A   herede . *Maria *optimam *partem *elegit .   Marthe marthe
C   herede . *Maria *optimam *partem *& *cetera / Marthe . marthe
N   herede . *Maria / *optimam *partem *elegit .   Marthe Marthe
A 112r06
A   qð he þu art   muche baret . Marie haueð icore   bet .   & ne
C   quoð he þu art in muche / baret . Marie haueð icore   bet   & ne
N   cweð he ׃ þu / ert ine muche baret . Marie haueð i_chosen be/tere . and ne
A 112r07, C 192r
A   schal hire na_þing reauín hire dale . Husewifschipe is
C   schal / hire nawicht reowen hire dale . Huse/wifschipe is
N   schal hire noþing binimen hire / dole . husewifschipe ׃ is
A 112r08
A   marthe dale .   Marie dale is stilnesse & reste of alle worl/des
C   marthe dale .   Marie dale is / stilnesse & reste of alle worldes
N   marthe dole . and marie / dole ׃ is stilnesse & reste of alle worˋlˊdes

184 ANCRENE WISSE: A FOUR-MANUSCRIPT PARALLEL TEXT

A 112r09
A   noise . þ na‿þing ne lette hire   to heren godes steuene .
C   noise þ nan / þing ne lette hire   to heren godes steuene /
N   noise . þet / no‿þing ne lette hire uorˇto i‿heren godes stef/ne .
A 112r10
A   Ant lokið hwet godd seið . þ na‿þing ne schal   ow reauín
C   & lokeð hwat god seið . þ nan þing ne schal /   ow reaue
N   and lokeð hwat god seið . þet no‿þing ne / schal binimen ou
A 112r11
A   þis dale . Marie haueð hire meoster . leoteð hire iwurðen .
C   þis dale . Marthe haueð hire mester / Leoteð hire iwurðen .
N   þeos dole . Marthe haueð / hire mester : leteð hire i‿wurðen .
A 112r12
A   ȝe sitten wið Marie stan‿stille ed godes fét & hercnið hím
C   ȝe sitten wið marie / stanstille ed godesˇfet & hercneð him
N   and sitte ȝe / mid marie stonstille ed godes fet ⁊ and herc-/neð him
A 112r13
A   ane . Marthe meoster is to feden   poure & schruden as hus/leafdi .
C   Ane . / Marthe meoster is toˇfede   poure & schruden / as hus‿lefdi .
N   one . Marthe mester is : uorˇto ueden / & schruden poure men ⁊ ase huselefdi .
A 112r14
A   Marie ne ah nawt   to entremeatin þr{o}f .   ȝef ei bla/með
C   Marie nach naut   to antermeo/ten hire þrof .   ȝef ei blameð
N   Marie / ne ouh nout uorˇto entremeten hire þerof . / and ȝif ei blameð
A 112r15
A   hire ⁊   godd seolf ihwer wereð híre .   as hali writ wit/neð .
C   hire þrof / god seolf ichwer wereð hire   as hali writ / witneð .
N   hire ⁊   god sulf oueral wereð / hire þerof ⁊ ase holi writ witneð .
A 112r16
A   *Contra *Symonem ⁊ *duo *debitores *& *cetera . *Contra *Martham ⁊
C
N
A 112r17
A   *Maria *optimam *par. *& *cetera . *Contra *apostolos ⁊ *murmurantes . *Vt
    *quid
C
N
A 112r18
A   *perditio *hec ? *Bonum *inquit *opus *& *cetera . On oðer half nan ancre
C   On oðer half nan ancre
N   An oðer half / non ancre
A 112r19
A   ne ah   to neomen bute meaðfulliche þ hire to neodeð .
C   noch   neo/me bute gnedeliche þ to hire neodeð /
N   ne ouh forˇto nimen bute gnede-/liche þet hire to neodeð .

A 112r20
A   hwer_of þenne mei ha makien hire large ? ha schal lib/ben
C   hwer_of þenne mei ha Maken hire large / ha schal libben
N   hwarof þeonne mei / heo makien hire large : heo schal libben /
A 112r21
A   bi ealmesse ase meaðfulliche as ha eauer mei . & nawt ge/derín
C   bi almesse ase naruliche / as ha eauer mei & naut gederen
N   bi elmesse ase neruhliche ase heo euer mei . / and nout gederen
A 112r22, M 416
A   forte ȝeouen .   ha nis nawt husewif ⁏ ah is a chirch
C   foto ȝeoue/ne .   ha nis nan husewif   ach is anˇchurcheˇ
N   uorˇto ȝiuen hit eft . heo / nis nout husewif : auh is a chirche
A 112r23
A   ancre . ȝef ha mei spearien eaní poure schraden ⁏ sende
C   an/cre . ȝef ha mei sparien ani   schraden sende /
N   ancre . ȝif / heo mei sparien eni poure schreaden ⁏ sende /
A 112r24
A   ham al dearnliche ut of hire wanes . Vnder semblant
C   ham al dearneliche ut of hire wanes . vn/der semblant
N   ham al derneliche ut of hire woanes . vnder / semblaunt
A 112r25, C 192v
A   of god ⁏ is ofte ihulet sunne .   Ant hu schulen þeose
C   of god is ofte ihuled sunne /   & hu   schule þeos
N   of gode : is ofte i_heled sunne . / and hwu schulen þeos
A 112r26
A   chirch ancres þe tilieð   oðer habbeð rentes isette . don to
C   riche ancres þeˇtilieð   oðer / habbeð rentes isette . don to
N   riche ancren þet beoð / eorðtilien . oðer habbeð rentes i_sette . don / to
A 112r27
A   poure nehburs   dearnliche hare ealmesse ? Ne wilni ha
C   poure necheburs / dearneliche hire almes .   Ne wilni
N   poure neihebures derneliche hore elmes-/se ? ne wilnen
A 112r28
A   nawt to habbe word of a large ancre . ne forte ȝeouen .
C   naut to hab/be word of an large ancre . Ne forˇto ȝeoue /
N   nout forˇto habben word of / one large ancre . ne uorˇto ȝiuen
A 112v01, N 116r
A   muchel ⁏ ne beo nan þe gnedure . forte habben mare . for / hwon
C   muchel ne beo nan þe gredure forˇto hab/be mare .
N   muchel ⁏ / ne beo non þe grediure uorˇto habben more . /
A 112v02
A   þ gredinesse beo rote of þ gederunge . of hire bit/ternesse .
C   Beo gredinesse rote .   of hire bit/ternesse .
N   ðeo gredinesse rote .   of hire bitternesse .

186   ANCRENE WISSE: A FOUR-MANUSCRIPT PARALLEL TEXT

A 112v03
A   al   beoð þe bohes bittre þe of hire spruteð . Bid/den
C   Alle beoð þe bowes bittere þ of hire / spruteð . Bidden
N   alle / beoð þe bowes bittre : þet of hire springeð . / bidden
A 112v04
A   hit forte ȝeouen hit ׃ nis nawt ancre rihte . Of ancre
C   hit for to ȝeouen hit nis / naut ancre richte . Of ancre
N   hit uor˜to ȝiuen hit ׃ nis nout ancre / rihte . of ancre
A 112v05
A   curteisie .   of ancre largesce ׃ is icumen ofte sunne ant
C   curteisie .   of / ancre largesce   is icumen ofte sunne &
N   kurteisie and of ancre larges-/se ׃ is ikumen ofte sunne &
A 112v06
A   scheome on ende . Wummen . & children . & nomeliche
C   scheo/me on ende Wimmen &   children
N   scheome : on ende . / Wummen & children
A 112v07
A   ancre meidnes þe cumeð iswenchet for ow . þah   ȝe
C   þ beoð /   iswunken for ow . þach ȝe
N   þet habbeð iswunken uor / ou : hwat_se ȝe
A 112v08
A   spearien hit on ow ׃ oðer borhin oðer bidden hit ׃ ma/kieð
C   sparien hit on ow /   Makeð
N   sparieð on ou :   makieð
A 112v09
A   ham to eotene wið chearitable chere . & leaðieð to
C   ham to eotene
N   ham / to etene .
A 112v10
A   herbarhin . Na mon ne eote biuoren ow bute bi ow/er
C   Na mon   bute
N   nenne mon   biuoren ou . bute
A 112v11
A   meistres leaue . general oðer spetial . as of freres
C
N
A 112v12
A   preachurs . & meonurs . spetial ׃ of alle oþre . Ne leaðie
C
N
A 112v13
A   ȝe nane oþre to eoten ne   to drinken ׃ bute alswa þurh
C   he hab/be neode ne laðe ȝe to drinken .
N   ȝif / he habbe neode ׃ ne laðe ȝe to drinken .

A 112v14
A his leaue . liht is me seið leaue . Nawiht ne ȝirne ich
C   Nawicht / ne ȝirne ich
N   nout /   ne ȝirne ich

A 112v15
A þ me for swucche boden telle ow hende ancren . Ihwear
C þ me   telle ow hende ancren .
N þet me   telle ou hendi ancren .

A 112v16
A þah ant eauer ȝemeð ow þ nan from ow þurh ower
C
N

A 112v17
A untuhtle ne parti wið scandle .
C
N

A 112v18
A ED gode men neomeð al þ ow to nedeð . Ah þ lokið
C Ed gode freont neomeð al þ ow to neo/deð hwen ha˘beodeð hit ow . for nan / bode ne neome ȝe naut wið_ute nede .
N Et / gode ureond nimeð al þet ȝe habbeð neode / hwon heo beodeð hit ou . auh for none bode / ne nime ȝe nout wið_uten neode ᛫ leste

A 112v19
A ow wel . þ ȝe ne kecchen þe no{m}e of gederinde
C   þ ȝe / ne kecche þe nome of gederinde
N   ȝe kec/chen þen`e´ nome of gederindde

A 112v20, C 193r
A ancren . Of mon þ ȝe misleueð þurh his fol semblant
C Ancren . / Of mon þ ȝe misleueð .
N ancren . Of mon / þet ȝe misleueð

A 112v21
A oðer bi his wake wordes ᛫ nowðer ne neome ȝe ne leasse
C   nouðer ne neome ȝe   les/se
N   ne nime ȝe nouðer   lesse

A 112v22
A ne mare . neode schal dríuen ow forte bidden ei_þing .
C ne mare . Naut swa muche þ beo an˘rote˘of / gingiure . Muche neode schal driuen ow for˘to / bidden ei_þing .
N ne / more . nout so muche ðet beo a˘rote of gingiure . / Muchel neode schal driuen ou uorte bidden out /

A 112v23
A þah eadmodliche schawið to gode men & wummen ᛫ ow/er
C Þach edmodliche schawið / to owre leoueste freont   ouwer
N þauh edmodliche scheaweð to ower leoueste / ureond   ower

188 ANCRENE WISSE: A FOUR-MANUSCRIPT PARALLEL TEXT

A 112v24
A   meoseise . Ʒe mine leoue sustren bute ʒef neod
C   meoseise . / Ge mine leoue sustren
N   meseise . / Ʒe mine leoue sustren

A 112v25
A   ow dríue & ower meistre hit reade . ne schulen habbe
C   ne schule ʒe / habben
N   ne schulen habben /

A 112v26
A   na beast bute cat ane . Ancre þe haueð ahte . puncheð
C   nan beast bute cat ane . Ancre / þe haueð achte puncheð
N   no best ꞉ bute kat one . ancre þet haueð / eihte puncheð

A 112v27
A   bet   husewif ase Marthe wes .   ne lihtliche   ne mei ha
C   betere husewif / as marthe wes .   for nanes_weis ne mei / hă
N   bet   husewif ase marthe was ꞉ / þen ancre . ne none_weis ne mei heo

A 112v28
A   nawt beo Marie marthe suster wið griðfullnesse
C   beon Marie   wið griðfulnesse
N   beon ma/rie .   mid griðfulnesse

A 113r01
A   of heorte . for þenne mot ha þenchen of þe kues fod/dre .
C   of heor/te . for þenne mot ha þenchen of þe / cuwes foddre .
N   of heorte . vor þeonne / mot heo þenchen of þe kues foddre and

A 113r02, M 418
A   of heordemonne hure . Olhnin þe heiward . wearien
C   of heordemonne hure . olch/ni þe haiwart . warien
N   of / heordemonne huire . oluhnen þene heiward . / warien

A 113r03
A   hwen he punt hire . & ʒelden þah þe hearmes .   ladlich
C   hwen he punt hi/re . & ʒelde þach þe harmes .   Ladlich
N   hwon me punt hire ꞉ & ʒelden þauh ðe / hermes . wat crist þis is lodlich

A 113r04, N 116v
A   þing is hit wat crist hwen me   makeð   i tune man of
C   þing / is wat˘crist hwen me   makeð   i˘tune man˘of /
N   þing .   hwon me / me makeð mone in tune of

A 113r05
A   ancre ahte . Nu þenne ʒef eani mot nedlunge habben
C   ancres achte . Nu þach ʒef ani mot ne/dunge habben
N   ancre eihte . þauh / ʒif eni mot nede   habben

A 113r06
A   hit ꞉ loki þ hit namon   ne eili ne ne hearmí . ne þ hire
C   hit ꞉ loke þ hit na mon   ne / eili ne ne harmi ꞉ ne þ hire
N   ku : loke ðet heo / none monne ne eilie : ne ne hermie . ne þet / hire

A 113r07
A　þoht ne beo nawiht þron ifestnet .　　ancre ne ah　　　to hab/ben
C　þocht ne / beo nawicht þron iuestned . . Ancre ne / ach　　to habben
N　þouht ne beo nout　þeron i_uestned . / ancre ne ouh nout to habben
A 113r08
A　na_þing þ utward drahe hire heorte . Na chaffere
C　nan þing þ utwart draȝe / hire heorte . Da cheffere
N　no_þing þet / drawe utward hire heorte . none cheffare /
A 113r09, C 193v
A　ne driue ȝe . Ancre þ is chepilt . þ is . buð forte sullen efter
C　ne driue ȝe / Ancre þ is chepilt
N　ne driue ȝe ancre þet is cheapild .
A 113r10
A　biȝete :˙ ha chepeð   hire sawle　　þe chapmon of helle . þing
C　　　　　　ha˘cheapeð hire saule˘to / þe chepmon of helle .
N　　　　　heo chea/peð hire soule :　þe chepmon of helle .
A 113r11
A　þah þ ha wurcheð ha mei þurh hire meistres read :˙ for hi/re
C
N
A 113r12
A　neode sullen . Hali men sumhwile liueden bi hare hon_¶_den .
C
N
A 113r13
A　Nawt deore dehtren ne wite ȝe　　in ower hus :˙ of
C　Naut　　　　　　ne wite　　　in ouw/er hus of
N　　　　　　　　　　ne wite / ȝe nout in oure huse of
A 113r14
A　oðer monne þinges . ne ahte ne　claðes . ne boistes . ne char/tres .
C　oðer monne þinges　 ne achte ne / claðes .
N　oþer monnes þinges . / ne eihte . ne cloðes .
A 113r15
A　Scoren ne cyrograffes . ne þe chirch uestemenz . ne þe
C
N　ne nout ne vnderuo ȝe / ðe chirche uestimenz ne þene
A 113r16
A　calices . bute neode oðer strengðe hit makie :˙ oðer muchel eie .
C
N　caliz bute ȝif / strencðe hit makie : oþer muchel eie . vor
A 113r17
A　Of swuch witunge is muchel vuel ilumpen ofte siðen . IN/wið
C　of swich witung   is muchel uuel {j}l/umpen ofte siðen . Inwið
N　of / swuche witunge is ikumen muchel `vuel´ . ofte˘siðen . / wiðinnen

190 *ANCRENE WISSE*: A FOUR-MANUSCRIPT PARALLEL TEXT

A 113r18
A ower wanes ne leote ȝe namon slepen .   Ȝef muchel
C ower wanes ne lete / ȝe nan mon slepen .   Gef Muche
N ower woanes : ne lete ȝe nenne mon / slepen . ȝif muchel

A 113r19
A neod mid alle makeð breoken ower hus . hwil hit eauer
C neod mid / alle makeð breoken ower hus . hwil hit eauer /
N neode mid alle makeð / breken ower hus :· þeo hwule ðet hit euer

A 113r20
A is ibroken :· habbeð þrinne wið ow a wummon of cleane
C is ibroken habbe{ð} þrinne wið ow anˇwum/mon of cleane
N is i_bro/ken :· loke þet ȝe habben þerinne mid ou one / wummon of clene

A 113r21
A lif deies & nihtes . FOR_þi þ wepmen ne seoð ow neˇȝe
C lif deies & nichtes . Forþi / þˇnan mon ne sið ow ne ȝe
N liue . deies & nihtes . / Uor_þi þet nomon ne i_sihð ou . ne ȝe ne iseoð / nenne

A 113r22
A ham :· wel mei don of ower clað beo hit hwit beo hit blac bu/te
C him . wel mei don / of ouwer clað . beo hit hwit beo hit blac / bute
N mon :· welˇmeiˇdon of ower cloðes . beon / heo hwite : beon heo blake . bute

A 113r23
A hit beo unorne . warm & wel iwraht . felles wel itawet . &
C hit beo unorne . warm & wel iwracht / felles wel itauwet . &
N þet heo / beon unorne & warme & wel iwrouhte . uelles / wel itauwed . &

A 113r24
A habbeð ase monie as ow to neodeð to bedde & to rugge .
C habbeð ase monie as / ow to neodeð toˇbedde & to rugge .
N habbeð ase monie ase ou to neo-/deð . to bedde and eke to rugge . /

A 113r25
A Nest flesch ne schal nan werien linnene clað bute hit
C Nest / flesch ne schal nan werien nan linnene / bute hit
N Nexst fleshe ne schal non werien no linnene / cloð bute ȝif hit

A 113r26
A beo of hearde & of greate heorden . Stamín habbe hwa_se wu/le :·
C beo of harde &   greate heorden . / stamin habbe hwase wule &
N beo of herde and of grea/te heorden . stamin hwo_se wule . / and

A 113r27
A hwa_se wule beo buten .   Ȝe schulen in an hetter ant
C hwase wule / buten .   Ge Schulen inˇan hetter &
N hwo_se wule / meiˇbeon buten . ȝe schullen liggen in on heater / and

A 113r28
A igurd liggen . swa leoðeliche þah þ ȝe mahen honden put/ten
C igurd / liggen .
N i_gurd .

PART 8   191

A 113v01
A   þer_under . Nest lich nan ne gurde hire wið na cunne
C
N

A 113v02
A   gurdles ؛ bute þurh schriftes leaue . ne beore nan irn ne hére .
C   Ne beore nan iren ne here .
N   ne bere ʒe non iren . ne here .

A 113v03, C 194r, N 117r
A   ne ilespiles felles . ne ne beate hire þer_wið ؛ ne wið scurge i/leadet .
C   ne / yl[es]piles felles . ne ne beate hire þerwið / ne wið schurge ileadet .
N   ne / irspiles felles . ne ne beate `ou´ þer_mide . ne mid / schurge i_leðered :

A 113v04
A   wið holín ne wið breres . ne biblodgi hire_seolf ؛ wið/ute
C   wið holine ne / wið breres ne bibloðgi hire_seolf wið/ute
N   ne i_leaded . ne mid holie . ne / mid breres . ne`ne biblodge hire_sulf ؛ wið_uten /

A 113v05, M 420
A   schriftes leaue . nohwer ne binetli hire . ne ne beate bi/uoren .
C   schriftes leaue .
N   schriftes leaue .

A 113v06
A   ne na keoruunge ne keorue . ne ne neome ed eanes
C   Ne neome ed eanes /
N   ne ne nime et enes

A 113v07
A   to luðere disceplines . temptatiuns forte acwenchen . ne for na
C   to feole diciplines .
N   to ueole dis-/ceplines .

A 113v08
A   bote aʒein cundeliche secnesses . nan uncundelich lechecreft
C
N

A 113v09
A   ne leue ʒe ne ne fondín . wið_uten ower meistres read ؛ les/te
C
N

A 113v10
A   ow stonde wurse . Ower schon i winter beon meoke .
C   Ower scheon beon
N   ower schon beon

A 113v11
A   greate & warme . I sumer ʒe habbeð leaue bearuot gan &
C   grea/te & warme . In`sumer ʒe habbeð leaue bar/fot gan &
N   greate and warme . / Ine sumer ʒe habbeð leaue uor`to gon and

192 *ANCRENE WISSE*: A FOUR-MANUSCRIPT PARALLEL TEXT

A 113v12
A   sitten & lihte scheos werien . Hosen wið_ute vampez ⁓
C   sitten .   Hosen wið_uten uampeð /
N   sit-/ten baruot .   and hosen wið_uten uaumpez . and /

A 113v13
A   ligge ín hwa_se likeð . Ischeoed ne slepe ȝe nawt . ne noh/wer
C   ligge in hwase wule .
N   ligge ine ham ⁓ hwo_so likeð .

A 113v14
A   bute i bedde . Sum wummon inohreaðe wereð þe brech
C   Sum wummon inochra/ðe wereð þe brech
N   Sum wummon i_nouh-/reaðe . wereð þe brech

A 113v15
A   of hére ful wel icnottet . þe streapeles dun to þe vet ilacet
C   of here . ful wel icnotted / þe strapeles dunˇto þe fet ilaced
N   of heare fulˇwel i_knotted . / and þe strapeles adun to hire uet . ilaced

A 113v16
A   ful feaste . ah eauer is best þe swete & te swote heorte . Me is
C   fulˇueste . /
N   ful / ueste .

A 113v17
A   leouere þ ȝe þolien wel an heard word ⁓ þen an heard hére .
C
N

A 113v18
A   ꝛ_ef ȝe muhen beo wímpelles & ȝe wel wullen ⁓ beoð bi
C   ȝef ȝe muchel beoð wimpelles .   beoð biˇ
N   ȝif ȝe muwen beon winpelleas ⁓   beoð bi /

A 113v19
A   warme cappen . & þer_uppon ⁓ hwite oðer blake veiles . Ancren
C   wa/rme cappen . & þruppon blake ueilles .
N   warme keppen . and þeruppon blake ueiles . /

A 113v20
A   summe sungið in hare wímplunge ⁓ na leasse þen leafdis .
C
N

A 113v21
A   Ah þah seið sum þ hit límpeð to euch wummon cunde/liche
C
N

A 113v22, V 392ra01
A   forte werien wímpel . Nai . wímpel ne heaued_clað
C
N
V   were wympel . Nay ? wympel . ne Hed_cloþ

A 113v23, V 392ra02
A   nowðer ne nempneð hali writ ׃ ah wriheles ane . *Ad *corín/thios .
C
N
V   nouþur nempneþ / holy writ ׃ ak wriʒeles one . *Ad *cor*inthios* .
A 113v24, V 392ra03
A   *Mulier *uelet *caput *suum . wummon seið þe apostle .
C
N
V   *Mulier *velet *cap*u*d *suu*m* . / wommon seiþ þe apostel ׃
A 113v25, V 392ra04
A   schal wreon hire heaued . wrihen he seið nawt wimplin .
C
N
V   schal wryʒen hire hed .// wrien / he seiþ ׃ not wimplen .//
A 113v26, V 392ra05
A   wrihen ha schal hire scheome . as eue sunfule dohter .
C
N
V   wryen heo schal hire schome ׃ / as sunfol Eue douhter .//
A 113v27, V 392ra06
A   i mungunge of þe sunne þ schende us on earst alle . ant
C
N
V   In mungynge of þe su*n*ne ׃ þ*at* / schende vs furst alle .// And
A 113v28, V 392ra07
A   nawt drahe þe wriheles to tiffunge & to prude . Eft wule
C
N
V   not drawe þe wriles ׃ to tif-/linge . &. to pruide . ¶ Eft wole
A 114r01, V 392ra08
A   þe apostle þ wummon wreo i chirche hire neb ʒetten .
C
N
V   þe apostel . þ*at* wo*m*mon / wrye in chirche hire neb ׃ ʒit also ׃
A 114r02, V 392ra09
A   leste uuel þoht arise þurh hire onsihðe . *Et *hoc *est *propter
C
N
V   Leste vuel þouʒt ׃ / aryse þorw hire sihte . *Et *hoc *est *p*ropte*r
A 114r03, V 392ra09
A   *angelos . Hwi þenne þu chirch ancre iwímplet openest
C
N
V   *a̋nge̋los .

A 114r04
A þi neb to wepmonnes ehe ׃ to3eines þe sist men ׃ spekeð
C
N
V

A 114r05
A þe apostle . 3ef þu þe ne hudest . ah 3ef þ ei_þing wriheð
C
N
V

A 114r06
A þi neb from monnes ehe . beo hit wah beo hit claðׅ . i wel i/tund
C
N
V

A 114r07
A windowe . wel mei duhen ancre of oðer wimplunge .
C
N
V

A 114r08
A To3eines þe þe þus ne dest ׃ spekeð þe apostle nawt to3eín/es
C
N
V

A 114r09
A oþre . þ hare ahne wah wriheð wið euch monnes sihðe .
C
N
V

A 114r10
A þer awakeneð ofte wake þohtes of . & werkes oðerhwiles .
C
N
V

A 114r11, V 392ra10
A Hwa_se wule beon isehen ׃ þah ha atiffi hire nis nawt mu/che
C hwa/se wule beon ise3en . þach ha atifi hire nis / nan muche
N hwo_se wule beon i_seien . þauh heo atiffe hire ׃ / nis nout muchel
V Hose - / wole beon I._sei3en ׃ þauh heo tifle hire . hit nis not / muche

A 114r12, V 392ra12
A wunder . ah to godes ehnen ha is lufsumre ׃ þe is for
C wunder . Ach to godes echnen ha / is lufsumere þe is for
N wunder . auh to godes eien . heo / is lufsumere þet is uor
V wonder .// Ac to Godes ei3en . heo is lofsomere . þat / is for

A 114r13, V 392ra12
A þe luue of him ⸬ untiffet wið_uten . Ríng ne broche
C þe luue of him untif/fet wið_uten . Ring ne broche
N ðe luue of him ⸬ untiffed / wið_uten . Ring . ne broche
V his loue ⸬ vntiflet wiþ_outen /

A 114r14
A ne habbe ȝe . ne gurdel ímembret . ne glouen ne nan swuch
C nabbe ȝe / ne gurdel imembred .   ne glouen ne nan / swich
N nabbe ȝe . ne gurdel / i_menbred . ne glouen . ne no swuch
V

A 114r15
A þíng þ ow ne deh to habben . A meoke surpliz ȝe mahen
C þing þ ow ne j_burð to habben . /
N þing þet ou ne deih for˘to habben . /
V

A 114r16
A in hat sumer werien . Eauer me is leouere se ȝe doð gre/attre
C   Eauer me is leoure . se ȝe don grettere
N   Euer me is leouere . so ȝe / don gretture
V

A 114r17
A werkes . Ne makie ȝe nane purses forte freondín
C wer/kes . ne Make ȝe nane Purses for˘to / freonden
N werkes . ne makie none purses ⸬ / uorte ureonden
V

A 114r18
A ow wið . bute to þeo þ ower meistre ȝeueð ow his leaue .
C ow wið .
N ou mide .
V

A 114r19
A ne huue ne blodbinde of seolc . ne laz buten leaue . Ah
C ne blod_binden of seolc /   Ach
N ne blodbendes of seol-/ke .   auh
V

A 114r20, C 194v
A schapieð & seowið . & mendið chirche claðes . & poure monne
C schapeð & seoweð & mandeð chirche claðes . / & poure menne
N schepieð and seouweð and amendeð / chirche cloðes and poure monne
V

A 114r21
A hettren . na swuch þing ne schule ȝe ȝeouen wið_uten
C hettren . Nan˘þing ne schu/le ȝe ȝeuen wið_uten
N cloðes . no_þing / ne schule ȝe ȝiuen ⸬ wið_uten
V

A 114r22
A schriftes leaue . namare þen neomen ። þ ȝe ne seggen him
C schriftes leaue .
N schriftes leaue . /
V

A 114r23
A fore ። as of oðre þinges . kun oðer cuððe . hu ofte ȝe under/uengen .
C
N
V

A 114r24
A hu longe ȝe edheolden . tendre of cun ne límpeð
C
N
V

A 114r25
A nawt ancre beonne . A mon wes of religiun . & com to hím
C
N
V

A 114r26
A efter help his fleschliche broðer . & he tahte him to his
C
N
V

A 114r27
A þridde breðer . þe wes dead biburiet . þe ondswerede wun/drinde .
C
N
V

A 114r28
A Nai qð he nis he dead ? Ant ich qð þe hali mon
C
N
V

A 114v01
A am dead gasteliche . Na fleschlich freond ne easki me flesch/lich
C
N
V

A 114v02
A froure . Amites & parures . worldliche leafdis mahen inoh
C
N
V

A 114v03
A   wurchen . Ant ȝef ȝe ham makieð ⸫ ne makie ȝe þrof na
C
N
V

A 114v04
A   mustreisun . Veíne gloire attreð alle gode þeawes . & alle go/de
C
N
V

A 114v05
A   werkes . Criblín ne schal nan of ow for luue ne for hure .
C
N
V

A 114v06
A   Taueles ne forbeode ich nawt . ȝef sum ríueð surpliz oðer
C
N
V

A 114v07
A   measse kemese ⸫ oþre riuunges ne ríue ha nawt nomeliche
C
N
V

A 114v08
A   oueregede ⸫ bute for muche neode . Helpeð ow wið ower ah/ne
C   Hel/peð wið ower achne
N   helpeð mid ower owune
V

A 114v09, M 422
A   swínc se forð se ȝe eauer mahen to schruden ow_seoluen
C   swinch . seˇforð se ȝe much/ȝen . to schruten ow_seoluen
N   swinke so uorð so ȝe / muwen to schruden ou_suluen
V

A 114v10, V 392ra13
A   & feden ȝef neod is . & þeo þe ow seruið . AS sein Ierome
C   & þeo þ ow seruið / As seint Ierome
N   and þeo ðet ou / seueð . ase seint ierome
V   Seint Ierome

A 114v11, V 392ra14
A   leareð . ne beo ȝe neauer longe ne lihtliche of sum þing al/lunges
C   leareð . Ne[o] beo ȝe neauer
N   lereð : ne beo ȝe neuer /
V   techeþ . Ne beo ȝe neuer longe . / ne lihtliche allynge

A 114v12, V 392ra15
A   idel . for anan_rihtes þe feond beot hire his werc ∶ þe
C   idel / for ananrichtes þe feont beot hire his werc / þe
N   idel . uor anonrihtes ðe ueond beot hire his / werc ∶ þet
V   Idel . ffor a_non_riht ∶ þe / fend beot hire his werk ∶ þat
A 114v13, V 392ra16
A   i godes werc ne swinkeð . & tuteleð anan toward híre . for
C   in˘godes werc ne swinkeð . & tuteleð anan / towart hire . for
N   ine godes werke ne wurcheð . and he / tuteleð anonrihtes touward hire . uor þeo
V   no goode werkes . ne / swynkeþ . And tuteleþ a_non ∶ touward hire . ffor
A 114v14, N 117v, V 392ra17
A   hwil he sið hire bisi ∶ he þencheð þus . for nawt ich schulde
C   hwil he sið hire bisi . he / þencheð þus . For naut ich schulde
N   hwule / þet he isihð hire bisi ∶ þencheð þus . vor nout / ich schulde
V   while / he sihþ hire bisy ∶ he þenkeþ þus . ffor nouȝt I.˘schulde /
A 114v15, V 392ra19
A   nu cume neh hire ∶ ne mei ha nawt iȝemen to lustní mí
C   cumen / nu nech hire . ne mei ha naut iȝemen to / lustni min
N   nu kumen neih hire ∶ ne mei heo / nout ihwulen uorto her`c´nen mine
V   now ∶ comen neih hire . Ne may heo not I._whilen ∶ to / lusten my
A 114v16, V 392ra20
A   lare . Of idelnesse awakeneð muchel flesches fondunge . *Iní/quítas
C   lare . Of idelnesse awakeneð Mu/chel flesches fondunge . *Iniquitas
N   lore . of i/delnesse awakeneð muchel flesshes fondunge . / *Iniquitas
V   lore . ¶ Of Idelnesse bi_ginneþ ∶ muche fles-/sches fondynges . *Iniquitas
A 114v17, V 392ra21
A   *Sodome ∶ *saturitas *panis *& *ocium . þ is . Sodomes
C   *sodome / *Saturitas *Panis *& *ocium . þ is sodomes
N   *sodome . *saturitas *panis *& *ocium . þet is . al so/domes
V   *Sodome *saturitas *panis / *et *ocium . þat is . Sodom*us*
A 114v18, V 392ra22
A   cwedschipe com of idelnesse & of ful wombe .   Irn þ lið stille
C   cwed/schipe com of idelnesse & of ful wombe . /   iren þ lið stille
N   cweadschipe kom of idelnesse ∶ & of ful wom-/be . Iren þet lið stille ∶
V   quedschupe ∶ com of Idelness*e* / and of ful wombe . ¶ Iren þ*at* lihþ stille ∶
A 114v19, V 392ra23
A   gedereð sone rust . weater þe ne stureð nawt ∶ readliche stín_¶_._keð .
C   gedereð muche rust . wa/ter þ ne stureð naut readiliche stinkeð . /
N   gedereð sone rust . and water / þet ne stureð nout readliche stinkeð .
V   gedereþ sone / rust . wat*ur* þ*at* me stureþ not ∶ rediliche stinkeþ . /
A 114v20
A   Ancre ne schal nawt forwurðe scolmeistre .   ne
C   Ancre ne schal / naut for_wurðe [so holmeistre] . Ne
N   ancre ne / schal nout forwurðen scolme`i´stre ∶ ne

PART 8 199

A 114v21
A turnen ancre_hus to childrene scole . hire meiden mei lea/ren
C turnen / ancre_hus to childre schole . hire meiden / mei learen
N turnen hi/re ancre_hus : to childrene scole . hire meiden / mei þauh techen
A 114v22, C 195r
A sum oðer meiden . þ were pliht of to leornín among
C sum lute meiden . þ were / dute of to leornen bimong
N sum lutel meiden . þet were du/te of for˜to leornen among
A 114v23
A wepmen . oðer bimong gromes . ah ancre ne ah to ȝemen
C   gromes . Ach an/cre nach to ȝeme
N   gromes . auh ancre / ne ouh for˜to ȝemen
A 114v24
A bute godd ane . þah bi hire meistres read ha mei sum
C bute god ane .
N bute god one . /
A 114v25
A rihten & helpen to learen . ȝe ne schulen senden leat/tres .
C   ȝe ne schule sende lettres .
N   ȝe ne schulen senden lettres .
A 114v26
A ne underuon leattres . ne writen bute leaue .   ȝe
C Ne underfo / lettres bute lealle .   Ge
N ne underuon / lettres . ne writen : buten leaue . ȝe
A 114v27
A schulen beon idoddet . oðer ȝef ȝe wulleð ischauen fowr
C schu/le beon idoddet   four
N schulen beon / i_dodded   four
A 114v28
A siðen i þe ȝer . to lihtin ower heaued . beo bi þe hér ieueset :
C siðen i˜þe ȝer . to lichten / ower heauet .
N siðen i˜ðe ȝere : uorto lihten ower / heaued .
A 115r01
A hwa_se swa is leouere . ant as ofte ileten blod & ȝef neod is
C   & as ofte ilete blod .
N   and ase ofte ileten blod . and oftere ȝif / neod is .
A 115r02
A oftre . þe mei beo þer buten : ich hit mei wel þolien . Hwen ȝe
C
N and hwo_so mei beon þer wið_uten : ich / hit mei wel iþolien . hwon ȝe
A 115r03
A beoð al greiðe ilete blod : ȝe ne schule don na_þing þe
C   ȝe ne schule / don
N beoð ileten blod . /   ȝe ne schulen don no_þing þeo

A 115r04
A þreo dahes þ ow greueð . ah talkið to ower meidnes . &
C þreo da3es nan þing þ ow greueð . Ach / talkeð to ower meidnes . &
N þreo dawes ⁖ / þet ou greue . auh talkeð mid ower meidenes . / and
A 115r05
A wið þeawfule talen schurteð ow to_gederes . 3e mahen
C wið þeufule talen / schurtið ou˘to_gedere . 3e mu3e
N mid þeaufule talen : schurteð ou to_gederes . / 3e muwen
A 115r06
A swa don ofte hwen ow þuncheð heuíe ⁖ oðer beoð for sum
C swa don of/te hwen ow þuncheð heui   oðer beoð for sum /
N don so ofte : hwon ou þuncheð heuie . / oðer beoð uor sume
A 115r07
A worltlich þíng sare oðer seke . þah euch worltlich froure
C worldlich þing sari oðer seke .
N worldliche þinge sorie : oðer / seke .
A 115r08
A is unwurðe to ancre . Swa wisliche witeð ow in ower
C   Swa wislich / witeð ow in˘ower
N   So wisliche witeð ou in our
A 115r09
A blodletunge ⁖ & haldeð ow i swuch reste ⁖   þ 3e longe þrefter
C blodletunge . & haldeð ow / in˘swich reste   þ 3e longe þrefter
N blodletunge : / and holdeð ou ine swuche reste . þet 3e lon/ge þer_efter
A 115r10
A mahen i godes seruise þe monluker swinken . ant alswa
C mu3e i / godes seruise   monluker wurchen . & alse
N muwen ine godes seruise þe mon-/luker swinken . and also
A 115r11, N 118r, M 424
A hwen 3e feleð eani secnesse .   Muchel sotschipe hit is leos/en
C hw/en 3e feleð ani secnesse .   Muche sotchipe / hit is leosen
N hwon 3e i_ueleð eni / secnesse . vor muchel sotschipe hit is . uor˘to / uorleosen
A 115r12
A for an dei ⁖ téne oðer tweolue . Wesscheð ow hwer_se
C for an˘dei tene oðer twe[o]lue . / Wescheð ow hwerse
N uor one deie ⁖ tene oðer tweolue wassheð / ou hwar_se 3e habbeð
A 115r13
A neod is as ofte as 3e wulleð . & ower oþre þinges . Nes nea/uer
C neod is as ofte as 3e wulleð /
N neode ⁖ ase ofte ase 3e wulleð . /
A 115r14
A fulðe godd leof . þah pouerte & unorneschipe beon hím
C
N

PART 8   201

A 115r15
A   licwurðe . VNderstondeð eauer of alle þeose þinges . þ
C
N

A 115r16
A   nan nis heast ne forbod þ beoð of þe uttre riwle . þet is
C
N

A 115r17
A   lute strengðe of . for_hwon þ te ínre beo wel iwist as ich sei/de
C
N

A 115r18
A   i þe frumðe . þeos mei beon ichanget hwer_se eaní neod
C
N

A 115r19
A   oðer eaní skile hit easkeð . efter þ ha best mei þe leafdi riw/le
C
N

A 115r20
A   seruín as hire eadmode þuften . ah sikerliche wið_uten
C
N

A 115r21
A   hire þe leafdi feareð toˇwundre . Ancre þe naueð nawt
C   Ancre þe naueð naut
N   Ancre þet naueð nout

A 115r22
A   neh honde hire fode ׃   beoð bisie twa wummen . An eauer
C   nech hont hi/re fode . beoð bisie twa wimmen . an
N   neih honde / hire uode : beoð bisie two wummen . on

A 115r23
A   þe leaue   ed háme ׃ an_oþer þe wende ut . hwenne   driueð
C   þe / eauer leaue ed hame . an_oðer þe wende ut / hwen neod driueð
N   ðet bi/leaue euer etˇhom . an_oðer þet wende ut hwon   hit / is

A 115r24
A   neod . & þeo beo ful unorne wið_uten euch tiffunge . oðer
C   & þeo beo ful unorne . /
N   neod . and þeo beo ful unorne

A 115r25
A   a lutel þuftene ׃ oðer of feier ealde . Bi þe wei as ha geað ׃
C   oðer of fei3er ealde . Bi þe weie as ha geað /
N   oðer of feir / elde and biðe weie ase heo geð :

A 115r26, C 195v
A ga singinde hire beoden . ne ne halde   na tale   wið mon ne
C ga segginde hire beoden . ne ne halde   nan˜tale / wið mon ne
N go singinde hi/re beoden . ne ne holde heo nout none tale mid / mon ne

A 115r27
A wið wummon . ne   sitte ne ne stonde . bute þ leaste þet ha
C wið wimmon . Ne   sitten ne   stonden bu/te þe leste þ ha
N mid wummon . ne ne sitte ne ne stonde bu/te þet leste ðet heo

A 115r28
A eauer mei ear þen ha ham cume . Nohwider elles ne ga
C mei ear þenne ha ham cu/me .   Nochwder elles ne ga
N mei er þen heo   kume hom . / nouhwuder elles ne go

A 115v01
A heo bute þider as me send híre . wið_ute leaue . ne ne eote
C ha bute þider as˜me / sent hire . Wið_ute leaue   ne eote
N heo ⸝ bute þider ase me / sent hire . wið_ute leaue ⸝ ne ete

A 115v02
A ha ne ne drínke ute . þe oþer beo eauer ínne . ne wið_ute˜þe
C ha ne ne / drinke ute . þe oðer beo eauer inne . Ne wið/ute þe
N heo ne ne drinke / ute . þe oðer beo euer inne . ne wið_ute ðe

A 115v03
A ʒeten ⸝ ne ga   wið_ute leaue . Ba beon obedient to hare da/me
C ʒete   ne ga ha   wið_ute leaue . ba / beon obedient to hare dame
N ʒeate ne go / heo nout wið_ute leaue . boðe beon obedient to / hore dame

A 115v04
A in alle þíng ⸝ bute i sunne ane . na_þíng nabben þet
C in˜alle þing / bute in˜sunne ane . Nan þing nabben
N in alle þinges ⸝ bute ine sunne one . no/þing nabben

A 115v05
A heo   hit nute . ne underuo na_þing . ne ne ʒeoue nowðer ⸝
C heo / þ heo   hit nuten . Ne underuo nan þing ne / ne ʒeouen nouðer
N heo ⸝ þet hore dame hit nute . ne / ne underuon no_þing . ne ne ʒiuen

A 115v06
A wið_uten hire leaue . Na mon ne leote ʒe   ín . ne þe ʒungre
C wið_uten hire leaue / Nan˜mon ne leten   in ne
N wið_uten / hire leaue . nenne mon ne leten heo in . ne ðe / ʒungre

A 115v07
A ne speoke wið namon   bute leaue . ne ga ha nawt ut of
C ne speoken wið_ute /   leaue . Ne ga   naut ut of
N ne speke mid none monne : bute leaue . / ne ne go nout ut of

A 115v08
A tune ⸝ wið_uten siker fere . ʒef hit swa mei beon ⸝ ne ne
C tune   wið_uten si/ker˜fere .   ne ne
N tune ⸝ wið_uten siker uere . /   ne ne

PART 8   203

A 115v09
A ligge ute . ȝef heo ne con o boke ꞉ segge bi pater_nostres . ant bi
C ligge ute . ȝef ha ne con / onˊboke segge bi pater_nosteres . & bi
N ligge ute . ȝif heo ne con o boke : sigge bi / pater_nosteres and bi

A 115v10
A auez hire ures . & wurche þ   me hat hire wið_ute gruchun/ge .
C auees hire / vres . & wurche & do hwat me hat hire wið/uten grucchinge .
N auez ꞉ hire vres . and wurche þet /   me hat hire wið_uten grucchunge .

A 115v11
A habbe eauer hire earen opene toward hire dame .
C habbe eauer hire earen / opene towart hire dame .
N habbe euer / hire earen opene touward hire dame .

A 115v12
A Nowðer of þe wummen ne beore from hare dame . ne
C Nouðer .   ne beo/re   ne
N nouðer / of ðe wummen ne beren urom hore dame . ne

A 115v13
A ne bringe to hire nane idele talen ꞉ ne neowe tidinges .
C ne bringe to heore dame idele talen / ne neowe tidinges .
N ne / bringen to hire . none idele talen ꞉ ne neowe / tiþinges .

A 115v14
A ne bitweonen ham_seolf ꞉ ne singen ne ne speoken na/ne
C Ne bitwenen ham_seolf / neˊne singen neˊne speoken ham_seolf
N ne bitweonen ham_sulf ne singen . neˊne / speken ꞉ none

A 115v15, C 196r
A worldliche spechen . ne lahhen swa ne pleien ꞉ þet ei
C wor/ldliche spechen . Ne lachȝen swa ne pleiȝen / þ eiˇ
N worldliche spechen . ne lauhwen / ne ne pleien so ðet ei

A 115v16, N 118v
A mon þ hit sehe ꞉ mahte hit to uuel turnen . Ouer alle
C mon þ hit sechȝe machte to uuel turnen / Ouer alle
N mon þet hit iseie ꞉ muhte / hit to vˋuˊel turnen . ouer alle

A 115v17
A þinges . leasunges & luðere wordes heatien . hare her beo i/coruen .
C þing leasing   & uuele wordes hatien . / Hare her beon icoruen .
N þing leasunge and lu/ðere wordes : hatien . hore her beo i_koruen . /

A 115v18
A hare heaued_clað   sitte la[h]he . eiðer ligge ane .
C hare heued_clað [b] / sitte lachȝe . Eiðer ligge ane .
N hore heuedcloð   sitte lowe . eiðer ligge one . /

A 115v19
A hare cop beo hehe isticchet . & bute broche . namon ne
C hare cop / beo hechȝe isticched wið_ute broche . na / mon ne
N hore hesmel beo heie i_stihd ꞉ al wið_ute bro-/che . no mon ne

A 115v20
A seo ham unleppet   ne open heaued . lah locunge habben .
C seo ham unlepped   ne open heaued / Lach locunge habben .
N iseo ham unweawed . ne o/pen˜heaued . louh lokunge habben .

A 115v21
A heo ne schulen cussen na mon . ne cuð˜mon ne cunnes/mon .
C ha ne   cusse   nan / mon . ne {c}uð mon ne cunes_mon .
N heo / ne schulen cussen nenne mon . ne uor lu-/ue cluppen .

A 115v22
A ne for na   cuððe cluppen . ne weschen hare heaued .
C ne for nan / cuððe cluppen ne˜ne weschen hare heaued /
N ne kuð ne unkuð .   ne wasshen / hore heaued .

A 115v23
A ne lokin feaste o na mon ׃   ne toggín wið   ne pleien . Hare
C Ne loke ueste o˜n_an mon .   ne toggi wið   ne / Plei3en . hare
N ne loken ueste o˜none mon-/ne . ne toggen mid him ׃ ne pleien . hore

A 115v24, M 426
A weden beon of swuch schape . & al hare aturn swuch ׃ þet
C weden beon of swich scha/pe & of swic aturn .   þ
N wea-/den beon of swuche scheape & alle hore aturn / swuch ׃ þet

A 115v25
A hit beo edscene hwerto ha beoð iturnde . Hare lates lokín
C   beo edsene hwerto / ha˜beon iturnde . hare   loken
N hit beo eðcene hwarto   heo beoð / iturnde . hore lates loken

A 115v26
A warliche . þ nan ne mahe edwiten ham ׃ ín hus ne ut of
C wereliche . þ / nan ne   wite ham   in hus ne ut of
N warliche . þet non / ne edwite ham ne ine huse ne ut of

A 115v27
A hus . On alle wise forbeoren to wreaðen hare dame . & as
C huse . / on˜alle wise for_beoren to wraððen hare .   & / as
N huse . on / alle wise uorberen to wreððen hore dame . / and ase

A 115v28
A ofte as heo hit doð ׃ ear ha drínken oþer eoten ׃ makien
C ofte as ha˜hit doð . er ha drinken oðer / eoten Maken
N ofte ase heo hit doð ׃ er heo drinken / oðer eten . makien

A 116r01
A hare veníe . o cneon dun   biuoren hire . & seggen . *mea
C hire venie . a˜cneon adun /   biforen hire & seggen *mea
N hore uenie a˜kneon adun / to þer eorðe biuoren hire ׃ & sigge *mea

A 116r02
A *culpa . & underuon þe penitence   þ ha leið up_on hire
C *culpa   & under/uon þe penitance   þ ha˜leið uppon ham /
N *culpa . / and underuon ðe penitence : ðet heo leið up/on hire

A 116r03
A   lutinde hire lahe .   þe ancre þrefter neauer mare þ ilke
C   lutinde hire lachʒe . þe ancre þer_efter / neauer mare þilke
N   lutende hire louwe . þe ancre neuerˇmo-/re þer_efter þene ilke
A 116r04, C 196v
A   gult ne upbreide   for na wreaððe . bute ʒef ha eft sone
C   gult . ne upbreide   for / nan wraððe bute ʒef ha eftsones
N   gult ne upbeide hire : / uor none wreððe . bute ʒif heo eftsone
A 116r05
A   falle i þ ilke .   ah do hit allunge ut of hire heorte .   ʒef ei
C   fallen iˇþ ilke . / Ach do hit allunge ut of hire heorte .   ʒef ani /
N   ualle / iˇðet ilke . auh do hit allunge : ut of hire heor/te . and ʒif eni
A 116r06
A   strif ariseð bitweone þe wummen ː þe ancre makie eiðer
C   strif ariseð bitwene   þe wimmen . þe ancre make / eiðer
N   strif ariseð bitweonen ðe wummen ː / ðe ancre makie eiðer
A 116r07
A   to makien   oþer venie o cneon to þer eorðe . & eiðer rihte
C   to make þe   oðer uenie o cneon to þe / eorðe . eiðer   richte
N   of ham to makien oðer ve/nie aˇkneon to ðer eorðe . and eiðer rihte
A 116r08
A   up oþer ː & cussen   on ende . ant te ancre legge on eiðer ː
C   up oðer & cussen   on ende . / & þe ancre legge onˇeiðer
N   up / oðer : & kussen ham on ende . and þe ancre legge / on eiðer
A 116r09
A   sum penitence . mare up_o þe ilke   þe greatluker   gulte .
C   sumˇpenitance / Mare up_on þilke   þe gretluker   gulte .
N   sum penitence . More up_on þeo ilke ː / ðet gretluker haueð aˇgult .
A 116r10, N 119r
A   þis is a þing witen ha wel   þ is gode leouest ː Sahtnesse &
C   þis an / þing witenˇhaˇwel   þ is god leouest . sachtnesse / &
N   þis is o þing wute / wel to soðe ðet is gode leouest ː seihnesse &
A 116r11
A   some . & te feond laðest .   for_þi he is eauer umben to area/ren
C   some . & þe feont laðest .   for_þi he is eauer um/ben . to arere
N   some . & / þe ueonde loðest . and for_þi he is euer umbe   to / arearen
A 116r12
A   sum leaððe . Nu sið þe sweoke wel .   þ hwen   fur is wel
C   sum laððe .   Nu sið þe sweokeˇwel /   þ hwen   fur is wel
N   sume wreððe . nu isihð ðe deouel wel . / ðet hwon þet fur is wel
A 116r13
A   o brune ː & me wule þ hit aga ː   me sundreð þe brondes . &
C   onˇbrune & me wule þ hit / ga ut .   me sundreð þeˇbrondes . &
N   o brune . & me wule ðet hit / go ut ː me sundreð ðe brondes . and

A 116r14
A he deð hond   þ ilke . luue is iesu cristes fur . þ he wule þ blea/sie
C he deð /   þ ilke . luue is Iesu cristes fur þ he wule þ / blasie
N he deð onond / þet ilke . luue ⁓ is iesu cristes fur . þet he wule ðet / blasie

A 116r15
A aa i þín heorte . ant te deouel blaweð forte puffen hit
C inˇure heorte . & þe deouel blaweð for / to Puffen hit
N in vre heorte . and þe deouel bloweð forˇto / puffen hit

A 116r16
A ut .   Hwen his blawunge ne geíneð nawt ⁓   he bringeð up
C ut .   hwen his blawunge ne / geineð naut .   heˇbringeð up
N ut . and hwon his blowinge ne gei-/neð nout : þeonne bringeð he up

A 116r17
A sum uuel   word . oðer sum oþer nohtunge . hwer_þurh
C sum luðer / word . oðer sum oðer nochtunge . hwer_þu/rch
N sum luðer . word . / oðer sum oþer nouhtunge : hwar_þuruh

A 116r18
A ha to hurten eiðer frommard oþer . & te hali gastes fur ⁓
C haˇto hurren eiðer frommart oðer / & þe haliˇgastes fur
N heo to hur/teð eiðer urommard oðer . and þe holi gostes fur ⁓ /

A 116r19
A cwencheð hwen þeˇbrondes þurh wreaððe beoð isundret .
C cwencheð hwen þe bron/des þurch wraððe beoð isundred .
N acwencheð hwon ðe brondes þuruh wreððe ⁓ beoð / isundred . and

A 116r20, C 197r
A for_þi halden ham i   luue feaste to_gederes . Ant ne beo ham
C for_þi / halden ham inˇluue feste togederes . / & ne beo ham
N for_þi holden ham ine luue ueste / to_gederes . and ne beo ham

A 116r21
A nawt of hwen þe feond blawe .   nomeliche ȝef moníe beon
C naut of hwen þe feont blawe /   Nomeliche ȝef monie beon
N nout of ⁓ hwon ðe ueond / blowe . and nomeliche ȝif monie beoð

A 116r22
A iueiet somet ⁓ & wel wið luue ontende .   þah þe ancre on hi/re
C iueiȝet somet / & wel wið luue ontende . þach þe ancre on / hire
N i_ueied / somed ⁓ & wel mid luue ontende . þauh ðe ancre / on hire

A 116r23
A meidnes   for openliche gultes legge penitence ⁓   to þe
C meidenes . ˋforˊ openliche gultes legge / penitance .   to þe
N meidenes uor openliche gultes . legge pe/nitence ⁓ neuer ðe later to ðe

A 116r24
A preost noðeleater schriuen ham hwen neod is . ah eauer
C preost noðelatere schriuen / ham ofte .   Ach eauer
N preoste schriuen   ham ofte . /   auh euer

PART 8   207

A 116r25
A   þah wið leaue . ʒef ha ne cunnen nawt þe mete graces ⁚
C   þach wið leaue . Gef / ha ne cunne naut þe mete graces .
N   þauh mid leaue . and ʒif heo ne kunnen / nout ðe mete graces ⁚
A 116r26
A   seggen in hare stude ⁚ *pater *noster biuoren ⁚ & *Aue *Maria .   & efter
C   seggen / in˜hare studen *pater *noster biuoren & Aue marie . /   efter
N   siggen in hore stude ⁚ *pater *noster / & *aue *maria biuoren mete . and efter
A 116r27
A   mete alswa . ant a *Credo mare . & segge þus on ende . Feader .
C   mete alse & a˜crede mare .   & segge þus on / ende fader .
N   mete also . / & *credo moare . and siggen þus on ende . Veder & /
A 116r28, M 428
A   Sune .   hali gast   al_mihti   godd . ʒeoue ure dame his grace .
C   sune . & hali˜gast an almichtin / god   ʒeoue ure dame his˜grace .
N   sune & holi gost . & on almihti god ⁚ He ʒiue ure / dame his grace ⁚
A 116v01
A   se lengre se mare . & leue hire & us ba neomen god ende .   for/ʒelde
C   se lengre se / mare & leue hire & us ba neome˜god ende /   forʒelde
N   so lengre so more . & leue hire & / us boðe nimen god endinge . & forʒelde
A 116v02
A   alle þe us god doð . & milcí hare sawle   þe us god idon
C   al`le´ þe us god doð & milce heore saule /   þe us god idon
N   alle ðet / us god doð . & milce hore soulen ⁚ þet us god idon /
A 116v03
A   habbeð . hare sawle . & alle cristene sawles .   Bitweone
C   habbeð   & alle cristene saule /   Bitwene
N   habbeð . hore soulen & alle cristene soulen . amen . / Bitweonen
A 116v04
A   mel ne gru{ch}esi ʒe nawt . nowðer frut ne oðerhwet ⁚ ne
C   mel ne gruuesi   naut nouðer frut / ne oðer hwet . ne
N   mele ne gruselie ʒe nout . nouðer / frut ⁚ ne oðerhwat . ne
A 116v05, N 119v
A   drinken bute   leaue & te leaue beo liht in al   þ   nis sunne .
C   drinken bute   leaue . & / þe leaue beo licht in al   þ   nis sunne .
N   drinken wið_uten leaue . / auh ðe leaue beo liht in alle þeo þinges ⁚ þer / nis sunne .
A 116v06
A   Ed te mete na word . oðer lut ⁚ & teo   stille . Alswa efter þe an/cre
C   ed þe / Mete nan˜word oðer˜lut & þeo   stille . alswa / efter þe ancres
N   et˜te mete no word ⁚ oðer lut . & þeo / beon stille . also efter ðe ancre
A 116v07
A   complie . aþet prime .   ne don na_þing ne seggen ⁚ hwer/þurh
C   complie oðet prime .   ne don nan / þing ne seggen hwar_þurch
N   cumplie uort mid-/morwen . ne don no_þing . ne ne siggen . hwar/þuruh

A 116v08
A hire silence mahe beon   isturbet .   Nan ancre ser/uant
C hire silence / muȝe beon to_sturbed . Nan˅ancre seruant /
N hire silence muwe beon i_sturbed . / non   ancre seruant

A 116v09, C 197v
A ne ahte bi rihte   to easkin iset   hure . bute mete & hure
C ne achte bi˅richte   to asken iset   hure   bute / mete ant clað
N ne ouhte mid rihte uor / to asken i_sette huire ∴ bute mete   & cloð :

A 116v10
A þ ha mei flutte bi ∴ ant godes milce .   Ne mis_leue nan godd ∴
C þ ha mei flutte bi & godes mil/ce .   Ne mis_leue nan god
N þet / heo mei vlutten bi ∴ & godes milce . ne mis_leue / non god ∴

A 116v11
A hwet_se tide of þe ancre .   þ he hire trukie . þe meidnes wið_u/ten
C hwet_se tide of þe / ancre   þ he hire trukie . þe meidnes wið_uten /
N hwat_so bitide of ðe ancre ∴ þet he hire / trukie . þe meidenes wið_uten

A 116v12
A ȝef ha seruið þe ancre alswa as ha ahen ∴   hare hure
C ȝef ha seruið þe˅ancre alswa as ha achȝen / hare hure
N ȝif heo serueð / ðe ancre also ase heo owen ∴ hore hure

A 116v13
A schal beon þe hehe blisse of heouene . Hwa_se haueð ehe of
C schal beon þe eche blisse of he/oue . hwase haueð eȝe of
N schal / beon ðe eche blisse of heouene . hwo_so haueð / eie

A 116v14
A hope toward se heh hure ∴ gleadliche wule ha seruin & liht/liche
C hope towart se / hech hure . glediche wule ha seruin . & licht/liche
N hope touward so heie hure ∴ gledliche wu/le heo seruen . & lihtliche

A 116v15
A alle wa & alle teone þolien . wið eise & wið este ne buð . me nawt blisse .
C alle wa & alle teone þolien . wið este ne / wið eise ne buð me naut blisse . /
N alle wo and alle teone / þolien . Mid eise ne mid este ∴ ne kumeð me nout toþer
   heouene . /

A 116v16
A Ȝe ancre[s] ahen þis   leaste   stucche
C Ge ancres achȝe þis   laste lutle stuche /
N Ȝe ancren owen þis lutle / laste   stucchen

A 116v17
A reden to ower wummen euche   wike eanes . aþet ha
C reden to ower wimmen uche   wike eanes / oðet ha˅
N reden to our wummen eueriche / wike enes uort ðet heo

A 116v18
A hit cunnen . Ant muche neod is   þ ȝe neomen to ham mu/che
C hit cunnen . & Muche neod is   þ ȝe neo/men to ham muche
N hit kunnen . and mu/che neod is ou beoðe ∴ ðet ȝe nimen to ham /

A 116v19
A ȝeme . for ȝe mahen muchel   beon þurh ham igodet .   &
C ȝeme . for ȝe muȝe /   beon þurch ham igodet   &
N ȝeme . vor ȝe muwen muchel þuruh ham / beon i_goded . and
A 116v20
A iwurset . On oðer half {ȝef} þet ha sungið þurh ower ȝe/meles ⁊
C iwurset . On˙oð/er half ȝef   ha sungeð þurch ower ȝemeles /
N iwursed on oðer halue . ȝif /   heo sunegeð þuruh ower ȝemeleaste ⁊
A 116v21
A ȝe schule beo bicleopet þrof   biuore þe hehe deme .   &
C ȝe schule beon bicleoped þrof   biforen þe / hechȝe dom .
N ȝe schu/len beon bicleoped þer_of biuoren þe heie / demare . and
A 116v22
A for_þi as ow is muche neod . & ham   ȝet mare ⁊ ȝeornliche
C for_þi as ow is muche neod   & / heom   ȝet mare   ȝeorneliche
N for_þi ase ou is muche neod . & / ham is ȝete more ⁊ ȝeorneliche
A 116v23
A leareð ham to halden hare riwle .   ba   for ow & for ham_seolf ⁊
C leareð ham / to halden hare riuwlen . ba   for ow & for ham/seolf .
N techeð ham to / holden hore riulen . boðe uor ou ⁊ & for ham_sul/uen .
A 116v24, C 198r
A liðeliche   & luueliche . for swuch ah wummone lare to beonne .
C liðeliche   & luueliche . for swich ach / wummone lare to beon .
N liðeliche þauh & luueliche : uor swuch ouh / wummone lore to beon .
A 116v25, N 120r
A luuelich & liðe .   & selthwenne sturne . Ba   is riht þ ha ow dred/en
C luuelich & liðe .   selt/hwenne sturne . ba   is richt þ ha ow dreden /
N luuelich and liðe and / seldwhonne sturne . Boðe hit is riht þet heo / dreden
A 116v26
A & luuien . ant þah þ ter beo eauer mare of luue ⁊ þen of
C & luuien . ach   þ þer˙beo mare eauer of luue /   þen of
N & luuien . auh   þet ðer beo more euer of / luue : þen of
A 116v27
A drede . þenne schal hit wel fearen . Me   schal healden eoli & wín
C drede . þenne schal˙hit wel faren .   Me / schal helden eoli & win
N drede . þeonne schal hit wel ua/ren . Me schal helden eoli and win
A 116v28
A ba i wunden   efter godes lare . ah mare of   softe eoli ⁊ þen of
C ba . in˙wunden ba / efter godes lare . Ach mare of   softe eoli þen/ne of
N beoðe ine / wunden efter godere lore . auh more of þe sof/te eolie ⁊ þen of þe
A 117r01
A bitinde wín . þ is . Mare of liðe wordes ⁊ þen of suhinde . for þer/of
C bitinde win . þ is . Ma of liðe wordes / þenne of sturne . for þer_of
N bitinde wine . þet is . more of / liðe wordes : þen of suwinde . vor þerof

210 *ANCRENE WISSE*: A FOUR-MANUSCRIPT PARALLEL TEXT

A 117r02, M 430
A   kímeð þinge best ׃ þ is luue eie . Lihtliche & sweteliche for/ȝeoueð
C   kimeð þinge / best . þ is luue eie . lichtliche & sweteliche / for_ȝeoueð
N   kumeð / þinge best ׃ þet is luue eie . lihtliche ׃ & sweteliche / uorȝiueð
A 117r03
A   ham hare gultes . hwen ha ham icnaweð & bihateð
C   ham hare gultes . hwen ha ham / icnaweð & bihateð
N   ham hore gultes : hwon heo ham iknoweð and bihoteð
A 117r04
A   bote . Ase forð as ȝe mahen of mete   & of claðes . & of oþre
C   bote . Alse forð as / ȝe muȝen of mete   & of claðes & of oðre /
N   bote . / Se uorð ase ȝe muwen / of drunch and of mete and of cloð and of / oðer
A 117r05
A   þinges þet neode of flesch easkeð ׃ beoð large toward ham ׃
C   þinges þ neode of fles[ch] askeð   beoð lar/ge toward ham
N   þinges þet neode of fleshe askeð : beoð / large touward ham :
A 117r06
A   þah ȝe   nearowe beon &   hearde   to ow_seoluen . Swa deð þe wel
C   þach ȝe   narewe beon & / harde   to ow_seoluen . swa deð þe wel
N   þauh ȝe ðe neruwure beon / and te herdure to ou_suluen . vor so deð þe wel /
A 117r07
A   blaweð ׃ went te nearewe   of þe horn to his ahne muð ׃ ant
C   bla/weð went þe rarewe   of þe horn to his / achne muð &
N   bloweð . went þene neruwure ende of þe horne / to his owune muðe . &
A 117r08
A   utward þ   wide . Ant ȝe don   alswa as ȝe wulleð þ ower beod/en
C   utward þe   wide . & ȝe don / alswa as ȝe wulleð þ ower beoden
N   utward þene wide . and ȝe / don also . ase ȝe wulleð þet ower beoden
A 117r09
A   bemín wel & dremen ׃   i drihtines earen .   nawt ane to ower
C   bemen / wel & dreamen   in drichtines earen .   naut ane / to ower
N   bemen / & dreamen wel ׃ ine drihtenes earen . and nout / one to ower
A 117r10, C 198v
A   ahnes ׃ ah to alle folkes heale .   as ure lauerd leue þurh þe grace
C   anes ach to alle folkes heale . /   as ure lauerd leue þurch þe grace
N   ones ׃ auh to alle uolkes heale . ase / ure louerd leue þuruh ðe grace
A 117r11
A   of him_seolf þ hit swa mote   amen . Hwen ower sustres
C   of him_seo/lf þ hit swa mote.
N   of him_sulf ׃ þet hit so mote beon amen . /
A 117r12
A   meidnes cumeð to ow to froure ׃ cumeð to ham to þe þurl ׃
C
N

A 117r13
A   earunder & ouerunder . eanes oðer twien . & gað a3ein sone ⁊
C
N
A 117r14
A   to ower note gastelich . ne biuore Complie ne sitte 3e nawt
C
N
A 117r15
A   for ham ouer riht time . swa þ hare cume beo na lure of ow/er
C
N
A 117r16
A   religiun ⁊ ah gastelich bi3ete . 3ef þer is eani word iseid
C
N
A 117r17
A   þ mahte hurten heorte ⁊ ne beo hit nawt iboren ut ⁊ ne ibroht
C
N
A 117r18
A   to oþer ancre ⁊ þ is eð hurte . To him hit schal beon iseid ⁊ þe
C
N
A 117r19
A   lokeð ham alle . Twa niht is inoh þ ei beo edhalden . ant þ
C
N
A 117r20
A   beo ful seldene . ne for heom ne breoke silence ed te mete ⁊ nc
C
N
A 117r21
A   for blodletunge . bute 3ef sum muche god oðer neod hit
C
N
A 117r22
A   makie . Þe ancre ne hire meiden ne plohien worldliche go/menes
C
N
A 117r23
A   ed te þurle . ne ne ticki to_gederes . for ase seið seint
C
N

212 ANCRENE WISSE: A FOUR-MANUSCRIPT PARALLEL TEXT

A 117r24
A   Beornard . Vnwurðe þíng is to euch gastelich mon . & nome/liche
C
N

A 117r25
A   to ancre ʒ euch swuch fleschlich froure . & hit bínímeð
C
N

A 117r26
A   gastelich þ is wiðute met utnume murhðe . & þ is uuel chan_¶_._ge as is iseid þruppe .
C
N

A 117r27
A   Of þis boc redeð   hwen ʒe
C   Of þis boc redeð   hwen / ʒe
N   O˘þisse boc redeð eueriche / deie : hwon ʒe

A 117r28
A   beoð eise euche   dei ʒ leasse oðer mare .   Ich hopie þ hit
C   beoð aise uche˘dei .   lesse oðer mare .   Ich / hopie þ hit
N   beoð eise . eueriche deie lesse oðer / more . uor ich hopie þet hit

A 117v01
A   schal beon ow ʒef ʒe hit redeð ofte ʒ   swiðe biheue ʒ þurh go/des
C   schal˘beon ow . ʒef ʒe hit redeð / ofte swiðe biheue þurh
N   schal beon ou ʒif / ʒe hit redeð ofte : swuðe biheue þuruh godes /

A 117v02
A   muchele grace .   elles ich hefde uuele bitohe mi muchele
C   grace .   elles ich hef/de bitochʒen uuele Muche
N   grace .   and elles ich heuede vuele bitowen mu/chel of mine

A 117v03
A   hwile .   Me were leouere godd hit wite do me toward rome ʒ
C   hwile .   Me were / leoure deu_le_set to do me towart rome
N   hwule . God hit wot me were leo/uere uor˘to don me touward rome ʒ

A 117v04
A   þen forte biginnen hit eft forte donne .   ʒef ʒe findeð þ
C   þen / for˘to biginnen hit eft for to donne .   ʒef ʒe / findeð þ
N   þen uor˘to / biginnen hit eft for˘to donne . and ʒif ʒe i_uin-/deð þet

A 117v05
A   ʒe doð alswa as ʒe redeð ʒ þonckið godd ʒeorne .   ʒef ʒe
C   ʒe don alswa as ʒe redeð . þonkeð / god [.] ʒeorne . ʒef ʒe
N   ʒe doð also ase ʒe redeð ʒ þonkeð god / ʒeorne . and ʒif ʒe

A 117v06, N 120v
A   ne doð nawt ʒ biddeð godes are . & beoð umben þeronuuen
C   ne doð naut . biddeð / godes are & beoð umben þer_an_ouen
N   ne doð nout ʒ biddeð godes ore . / and beoð umbe þer_abuten ʒ

PART 8   213

A 117v07
A   þ ȝe hit bet   halden efter ower mihte .
C   þ ȝe / hit   halden efter ower michte .
N   þet ȝe hit bet hol / holden ׃ efter ower mihte .
A 117v08
A   Feader . Sune . Hali gast .   An almihti godd   wite ow in his
C   fader   sune ha/liˇgast   an almichti god   wite ow inˇhis
N   veder and sune and / holi gost . and on almihti god ׃ he wite ou in / his
A 117v09
A   warde . he gleadie ow & frouri ow mine leoue sustren . ant
C   warde / he gledie ow & frouri ow Mine leoue sustren / &
N   warde . he gledie ou and froure ou ׃ mine leo/ue sustren . and
A 117v10
A   for al þ ȝe for him dreheð & dreaieð . ne   ȝeoue ow neauer
C   for al þ ȝe for him dreȝeð & dreiȝeð . Ne / ȝeoue ow neauer
N   for al þet ȝe uor him drieð / and suffreð . he ne ȝiue ou neuer
A 117v11
A   leasse ׃   þen al_to_gedere him_seoluen . Beo he aa iheiet from
C   lesse hure   þen alto_gedere / himseoluen . Beo he eauer ihechȝet from /
N   lesse huire ׃ / þen alto_gedere him_suluen . he beo euer iheid / from
A 117v12
A   world in_to worlde aa on ecnesse .   AMeN . ASe ofte as
C   worlde into worlde   Amen . As   ofte as
N   worlde to worlde . euer on ecchenesse amen . / ase ofte ase
A 117v13
A   ȝe habbeð ired eawiht her_on ׃ greteð þe leafdi wið an
C   ȝe habbeð / ired eawet þron   greteð þe lafdi wið an
N   ȝe readeð out o þisse boc ׃   greteð / þe lefdi mid one
A 117v14
A   *aue ׃ for him þ swonc her_abuten . Inoh meaðful ich am
C   *aue / for him þe swong her_abuten . *Explicit /
N   *aue *marie uor him ðet ma/kede þeos riwle . and for him þet hire wrot and /
    swonc her_abuten . Inouh meðful ich am ׃.
A 117v15
A   þe bidde se lutel . ¶ *Explicit . Iþench o þi writere i þine
C
N   þet bidde so lutel . /
A 117v16
A   beoden sumchearre ׃ ne beo hit ne se lutel . Hit turneð þe
C
N
A 117v17
A   to gode ׃ þ tu bidest for oþre .
C
N

NOTES

Notes to all four manuscripts are keyed to the corresponding folio and line in the A text wherever it is running, supplemented for the other three manuscripts with the folio and line numbers in the manuscript concerned. For N, page/line of the edition is added in parentheses. The EETS editions are cited as Tol. (A), Dob. (C), Day (N) and Z&D (V); notes so identified are derived from the footnotes to the line in question, unless otherwise indicated. Scribal errors are mentioned only in exceptional cases. When the expansion of an abbreviation retained in the transcripts is not evident from an inspection of the other texts, it is given in the notes.

Part 5

A 81r17: C 135v06
    The following words are a marginal heading in the original hand: "[He]r biginneð þe fifðe dale [of] schrift" (Dob.).

A 81r24–26: V 386ra10–12
    The "s" at the beginning of 386ra12 is missing, but may in effect be supplied by the three-line ornamented "s" at the beginning of 386ra10.

A 81v04: C 136r01
    C 136r begins at "iefned".

A 81v07: V 386ra22
    The "n" of "Co*m*puncte" is followed by a minim-like stroke; the ensemble is not the scribe's normal "m".

A 81v12: V 386ra29
    "bigi*n*nu*n*ge" So MS; Z&D give "biginninnge".

A 81v21: C136v01
    "jo" for "primo".

A 82r08: V 386ra51–52
    The words "psalmus . . . tibi" occur in V after "heer_aftur", in the equivalent of A 82r06.

A 82r08: V 386ra52
    After "tibi .", the remainder of the line is filled by decorative loops.

A 82r15: V 386ra61
    Z&D omit the punct after "bi_toknet".

A82r24: N 82r04 (136/16)
    "þet" So MS; Day gives "ðet".

A 82r24: N 82r05 (136/17)
    "iacob" So MS; Day gives "iakob".

A 82v03: C 137v12
    "loq̄" There is a bar over the "q".

A 82v22
    "nawt ." So MS; Tol. gives the punctuation as a comma.

A 83r08: V 386rb33
    What appears to be a half circle attached to the punct after "deemere" may simply be a roughness in the vellum.

A 83v17: C 140r01
    C 140r begins at "him".

A 83v22: N 83v05 (138/34)
"wið_uten" So MS; Day gives "wiðuten".
A 84r04: C 140r20
"¶ þe oðer stuche" is written in the margin beside "Schrift schal" in the original hand.
A 84r06: C 140v04
"i`s'" Correction in the original hand from "ich" (Dob.).
A 84r12: N 83v26 (139/17)
"wið_uten" So MS; Day gives "wiðuten".
A 84r16: N 83v28 (139/19)
"[me]" "'me' expuncted and 'mon' interlined above in paler ink" (Day).
A 84v16: V 386va41
"ii" is written in the left margin.
A 84v28: V 386va52
"iii" is written in the left margin.
A 85r07: V 386va60
"iiij" is written in the left margin.
A 85r11: V 386va63–64
There is a double slash at the end of 63, perhaps as a line-filler. The paraph at the beginning of the next line projects slightly into the left margin.
A 85r14: C 142r20
"ladeð" Altered from "lat"; crossbar of "t" visible (Dob.).
A 85v04
"ȝef wepeð" Between these words, "we" interlined (Tol.).
A 85v11: N 85r29 (141/32)
"þeonne hit" Marked for transposition (Day).
A 85v12–13
"schuueð" The "ð" altered from "n" (Tol.).
A 85v17: V 386vb17
The mark transcribed as a slash at the beginning of the line before "Ne" resembles a hyphen.
A 85v19: V 386vb18
".ex*m*." in right margin.
A 85v23: V 386vb21
".ex*m*." in right margin.
A 85v25: V 386vb23
".narr*o*." in right margin.
A 85v26
Tol. omits the punctus after "childhad".
A 86r01: V 386vb27
The punct after "tysinge" is not recorded by Z&D.
A 86r06: V 386vb32
".ex*m*." in right margin.
A 86r09: V 386vb34
".ex*m*." in right margin.
A 86r10: C 144r07
"wummon" So MS; Dob. gives "wimmon".
A 86r11: N 86r01 (142/27)
N 86r begins at "isouht"; the word starts in the left margin to avoid a hole.

A 86r12: V 386vb37
"I._laft" So Z&D, but as they observe, the MS could be read as "I. last".
A 86r18–28: V 386vb47–55
The words "ȝif . . . þer_abouten ." occur in V after "menen .", in the equivalent of A 86v04.
A 86r22–28: C 144v09–18
The words "Sire . . . þer_abuten ." occur in C after "meanen", in the equivalent of A 86v04.
A 86r26: C 144v16
Dob. gives a minuscule "p" in "cleope", but observes that it has the shape of the scribe's capital.
A 86v01: C 144v04
"þerf" No legible traces remain of the final letter; the "f" is Dobson's conjecture.
A 86v13
"wel . a wummon" So MS; Tol. gives "a".
A 86v17: C 145r14
"wummon" So MS; Dob. gives "wimmon".
A 86v22: N 86v17 (143/33)
The semicolon is Day's; similar forms in the MS are otherwise reproduced as colons or punctus elevati in her edition.
C 146r05: V 387ra11
"þis ." Z&D give the punctuation as a punct.
C 146r06: V 387ra12
"þus .//" Z&D give a punctus elevatus instead of the punct.
A 88r02: N 88r12 (146/04)
"Iudee" There are in fact 3 minims between "I" and "d" (Day).
A 88r16: C 148v03
The original hand wrote "i" immediately before "wescheð", then erased it.
A 88r18: N 88v01 (146/22)
N 88v begins at "Schrift".
A 88r27: N 88v12 (146/31)
"he ." So MS; Day does not record the punct.
A 88r28; N 88v13 (146/33)
"fulle seoue dawes" These words appear in line 14 as a runover.
A 88r28
For ease of cross-reference, "M 326" has been entered here, although the words in N that begin p. 326 in Morton's edition have been shifted to a later point in the text, because of the rearrangement in N described in the note to A 88v24–89v12 below.
A 88v09: C 149r10
After "is" a letter, probably "i", deleted by the original scribe (Dob.).
A 88v18: N 89v01 (148/8)
N 89v begins at "þinges".
A 88v24–89r12: N 88v14–89r06 (146/34–147/18)
The words "Circumdederunt . . . beatunge" occur in N after "dawes . /", in the equivalent of A 88r28. Because of this drastic rearrangement, the beginning of N 89v appears in our text before N 89r.
A 89r04: N 88v24 (147/07)
"sn{ecchen}ˉeft" The letters in braces are incorporated in Day's text, but are not in the original hand. As she observes, there is a fine line after the second "n".

A 89r08: N 89r01 (147/13)
    N 89r begins at "don".
A 89r09: N 89r01 (147/14)
    "ðet ." So MS; Day gives a comma instead of the punct.
A 89v09
    "hí{n}e" MS has "m", with the first stroke expuncted (Tol.).
A 90r11: V 387va23
    "&" This has two dots above the ampersand instead of the usual macron.
A 90r15: N 90v22 (150/9–10)
    "confessus" Day gives "con-", but the hyphen is not that of the MS; the mark should be the upward-sloping equals sign used in this edition when a word is broken at the end of a printed line.
A 90r15: V 387va26
    Z&D give "sum.¶", but there does not appear to be a double slash (which they regularly render by a paraph).
A 90v09–11: C 152v01
    The words "¶ triste . . . aȝein him ." are written in the margin of C, linked by *signes de renvoi* to "ed_stertet".
A 90v16, 18: N 91r24, 26 (151/5, 8)
    "ðauið" MS has "ðð"; Day gives "dauid".
A 90v19–20: V 387va60–1
    There is a pointing hand in the margin of V.
A 90v24: C153r01
    C 153r begins at "robberes".
A 90v27–28: C 153r05
    "neauerbeo" So MS; Dob. gives "neauer beo".
A 91r05: N 91v14 (151/25)
    "epple" So MS; Day gives "eppel".
A 91r18
    "to_ge_._deres" The punctus marks a runover.
A 92r05: V 387vb53
    "bauⁿdon" The abbreviation mark has an abnormal curved shape.
A 92r06: N 92v17 (153/18)
    "bo_þe" So MS; Day prints without a space.
A 92r21
    "esse ." So MS; Tol. gives the punctuation as a comma.
A 92v15: N 93r29 (154/28)
    "ȝuweðe-/hode ." So Day; the MS has a dot rather than a hyphen.
A92v22: V 388ra21
    A semi-circular loop is attached to the punctus after "peecen".
A 93v06: C 158v01
    C 158v begins at "forð".
A 93v09–10: N 94v03–4 (156/14)
    Between "godes" and "ofte" there are erasures, over which words have been added in a different hand (Day).
A 94r05: C 159v01
    "seggen" Either the original scribe or a later corrector has attempted to alter the intial letter to "l", but unsuccessfully (Dob.).

NOTES 219

Part 6

A 94r13: C 159v12
The original scribe has written "¶ her biginneð þe seste dale of penitance" in red in the margin (Dob.).

A 94r18: V 388rb28–29
"go-/des" Half of "o" is missing probably owing to the condition of the parchment.

A 94r27: N 95r25 (157/28)
"des sentence" This appears in line 26 as a runover.

A 94r28: V 388rb40
"**p**reo" The thorn is about three lines high and drawn in blue, like a paraph mark, making it a unique *littera notabilior* intermediate between the ordinary and decorated capitals otherwise used in this text.

A 94v10: N 95v07 (158/5)
"ihere" So MS; Day gives "i-here".

A 94v27: N 96r01 (158/26)
N 96r begins at "beoð".

A 95r06: C 161v01
C 161v begins at "to".

A 95r06: V 388rb78
"is" The "i" has two accent marks above it.

A 95r07
"worltlich" So MS; Tol. gives "wortlich".

A 95v21: V 388va45
"eorþe ּ" There is a dot over the second "e", of a different shade to the rest of the writing.

A 96r11: N 97r19 (160/32)
"þauh" is followed by a dot, placed higher than a normal punct, and not recorded by Day; probably a slip of the pen.

A 96r15: N 97r23 (161/4)
"dauid" So MS; Day gives "dauið".

A 96r21: C 164r01
C 164r begins at "liche".

A 96r21: N 97v01 (161/8)
N 97v begins at "liche".

A 96r22: N 97v01 (161/9)
"he`o´uene" So MS; before the "u", Day inserts the short vertical line that in her text marks a line-break within a word, but there is no line-break in the MS.

A 96v15: N 97v24 (161/33)
"pi-/ne" So MS; Day puts the hyphen after the "n".

A 96v24: V 388vb28
"Ysaie" Z&D give "ysaie", but the letter is distinct in form from the normal minuscule "y". Cf. note on A 97v01: V 388vb64.

A 96v27–28: C 165r11–12
The words "Super . . . terra ." appear in C after "b[i]lisse", in the equivalent of A 97r01.

A 96v27–28: N 98r06–07 (162/10–11)
The words "super . . . terra ." occur in N after "drieð .", in the equivalent of A 96v25.

A 97v01: V 388vb64
"I.-/Ympet" Z&D give "I.ympet", but the letter is distinct in form from the normal minuscule "y". Cf. note on A 96v24: V 388vb28.

A 97v11: V 388vb74
"I. þe" So MS; Z&D do not give a space.

A 97v18: N 99r01 (163/32)
N 99r begins at "so".

A 97v19: V
Three folios 389–391 are missing in Vernon.

A 97v21: C 167r01
C 167r begins at "ȝet".

A 98r03: N 99r16 (164/8)
"sunfu_le" "fu" over an erasure, and one letter ("i"?) erased between it and "l" (Day).

A 98r21: C 168r01
"fearl{i}ch" Altered by original scribe from "fearlach" (Dob).

A 98v07: C 168r18
"mis[d]eð" The "d" erased, perhaps even by the first scribe himself; evidently an incomplete correction (Dob.).

A 99r03: N 100r22 (166/04)
"bute" So MS ; Day gives "but".

A 99r09; N 100v01 (166/11)
N 100v begins at "min".

A 99r10: N 100v01 (166/12)
"deorewuðe" So MS and Day's text; Day's footnote gives "deorewuþe".

A 99r13: N 100v05 (166/15)
"ue_der" There is a hole before the "d".

A 99r23
"Soðliche" Tol. gives lower-case "s", but similar graphs are elsewhere transcribed as upper-case; cf. A 96r26, "Scheome".

A 99r24: C170r01
C 170r begins at "bulten".

A 99v10
"ha murneð" Tol. observes that the words are separated by a caret (rather than a space).

A 99v11: C 170v01
C 170v begins at "toward".

A 100r02
"ful`i´tohe" Tol. observes that the "l" has been altered from an "i", and an "i" interlined.

A 100r12: C 171v04
"tell[ ]" Final "en" erased (no remaining trace of letters but "en" will fit space properly) (Dob.).

A 100r16: C 171v09
"neome{n}" Altered by first scribe from "neomed" (Dob.).

A 100v15: N 102r19 (169/7)
"uondunges" This word is written in the margin, as Day observes, but it stands in its expected position in the sentence, and appears to be in the hand of the original scribe.

A 100v23: N 102v01 (169/16)
N 102v begins at "so tendre".

A 100v28
    "seide" So MS; Tol. gives "seid".
A 101r08: C 173r18
    "maudeleune" "So originally MS., but the accent-stroke of an 'i' has been added to the first minim of the second 'u', probably by" the first scribe (Dob.).
A 101r12
    Tol. erroneously places "M. 374" against the next line.
A 101v12: N 103r23 (170/31)
    "wilneð" This word is written in the margin, as Day observes, but it stands in its expected position in the sentence, and appears to be in the hand of the original scribe. Cf. note to A 100v15: N102r19.
A 101v14
    Tol. erroneously places "M. 376" against the next line.
A 101v16: N 103v01 (170/37)
    N 103v begins at "den".
A 102r03: C 175r01
    C 175r begins at "stille".
A 102r19: C 175v01
    C 175v begins at "veniantes".
A 102v07: C 176r01
    C 176r begins at "me".
A 102v08
    "ba þine" So MS; Tol. gives no space.
A 103r07: N 104v24–25 (173/7)
    The words "hulles" and "dunes" are marked for transposition (Day).
A 103v05
    Tol. incorrectly prints this line-number against the following line.
A 103v20
    "bi him :" So MS; Tol. gives the punctuation as a punctus.
A 103v25: C 178v01
    C 178v begins at "luue".

Part 7

A 104r01: C 178v04
    The original hand has written "her biginneð þe seoueðe dale of luue" in plummet in the margin (Dob.).
A 104r14: C 179r01
    C 179r begins at "þer_wið".
A 104r16: N 106r14 (175/12)
    "ðe`t'"  So MS and Day's text. Her footnote incorrectly gives the reading as "þe`t'".
A 104r27: C179v01
    C 179v begins at "do".
A 104v02
    "schir" So MS; Tol. gives "schire".
A 104v10: N 106v12 (176/3)
    "for" So MS; Day gives "uor".
A 105r14
    "prophes" So MS; Tol. gives "prophetes".

A 105v05: C 181r22
"wu{r}ðe[r]" Correction by the first scribe of original "wunder" (Dob.).
A 105v20: N 107v29 (178/6)
"him her_efter." Written below the last ruled line of the page.
A 107r09
"hi{re}" A correction from "him" (Tol.).
A 109r06: C 187v12
"þ{i}s" Scribe originally wrote "þus" (Dob.).
A 109v06: N 112v01 (184/27)
N 112v begins at "þuruh".
A 110r20: C 190r01
C 190r begins at "wið þe".
A 110v09: N 113v18 (186/26)
"auh" So MS; Day gives "auch".
A 110v23: C 190v21
After this point, a leaf is missing from C.
A 110v23: N 114r07 (187/7)
Day's text reads "abrabraham", but her note gives the MS reading as "ab^{u}brahā". Though the superscript letter resembles 'u', this shape elsewhere evidently represents 'a'; cf. 2r27 (3/30; A 2v17) 'gr*a*ce', and 7v09 (14/1; A 8r21) 'i*n*teg*ra*'.
A 111r10: N 114r23–24 (187/23)
"teoðe dole ." This is a runover, written in line 24.

Part 8

A 111r25–111v03
Roman numerals occur interlinearly as follows: 111r25, ".i." above "dei"; 111r26, ".ii." above the first "dei", ".iii." above the second "dei"; 111r28, ".iiii." above "hehnesse"; ".v." above "dei", ".vi." above "þrefter"; 111v01, ".vii." above "þursdei", ".viii." above "dei" in "Witsunnedei", "ix." above "dei" in "Midsumerdei" (so MS; Tol. has a punct before "ix"); 111v02 "x." above "magdaleine", "xi." above "Assumptiun", "xii." above "Natiuite"; 111v03, "xiii." above the first "dei", "xiiii." above the second, "xv." above the third. All the puncts are above the line, and reproduced as middle points by Tol.
A 111v10: N 115r01 (188/20)
N 115r begins at the second "and".
A 111v19
"¶ . leaue ." The paraph and puncts indicate a runover.
A 111v24
"n[a]eauer" The first half of the first "a" is erased but still visible (Tol.).
A 112r07: C 192r01
C 192r begins at "wifschipe".
A 112v04
"nis" So MS; Tol. gives "his".
A 112v15: C 192v16–18
In the margin, cropped at the left edge, are the words "[þ]e oðer . Hwat ʒe maʒen / [u]nderfon . & of hwicche / [m]en ʒe maʒen witen / [o]ðer habben ." (Dob).
A 113r09: N 116v07 (190/27)
"cheapild" There appears to be a punct after this word, not in Day.

A 113r17: C 193v04–05
"{j}l/umpen" Initial "j" perhaps altered from "i" (Dob.).
A 113r20–113v15
Tolkien's numbers for these lines are one too large, as a printer's run-over at the end of 113r16 has been counted as a MS line.
A 113v03: C 194r
C 194r begins at the fourth "ne".
A 114r15: C 194r17
"j_burð" There is a hyphen, not recorded by Dob., before the "b". It is very similar to the hyphen in "we-/rie" in the marginal addition against 196r6–7 and therefore, like that addition, the work of Dobson's (authorial) hand B.
A 114r15: N 117r17 (191/27)
"ne deih for˘to habben ." appears on l. 18 as a runover.
A 114r19
"seolc" So MS; Tol. gives "seole".
A 114v19: V 392ra23
V gives no more of Part 8; there immediately follows a passage belonging to Part 2, corresponding to A 28v21–29v25.
A 114v20: C 194v19
"[so holmeistre]" Dob has "[so ho*lmei*stre]" and gives an explanation of the erasure.
A 114v25–26: C 194v17–18
The words "ȝe ne schule sende lettres . Ne underfo / lettres bute lealle ." occur in C after "stinkeð . " in the equivalent of A 114v19.
A 115r02
"beo" So MS; Tol. gives "beon".
A 115r08: C 195r09
The original hand has written in the margin "¶ Of ower blodletunge".
A 115r11: N 118r01 (192/26)
N 118r begins at "uorleosen".
A 115r13: N 118r02 (192/28)
"wulleð" appears on l. 03 as a runover.
A 115r21: C 195r16
The original hand has written in the margin "¶ Ouwer Meidnes riwle".
A 115v15: C 196r01
C 196r begins at "þ".
A 115v23: C 196r10
"o˘n_an" So MS; Dob. gives no space after the first "n".
A 116r20: C 197r01
C 197r begins at "&".
A 116v04
"gru{ch}esi" MS may have originally read "grulesi" (Tol).
A 116v05
"sunne ." So MS; Tol. omits the punctuation.
A 116v09
"rihte" So MS; Tol. gives "riht".
A 116v15
". me nawt blisse ." This appears on line 16 as a runover.
A 116v15: N 119v15 (195/8)
"toþer heouene" This appears on line 16 as a runover.

A 116v20
  "ȝef" interlined above "þurh" crossed out (Tol.).
A 116v25: N 119v29 (195/19)
  MS has "ou" after "heo". Day does not include this in her text, though the hand does not differ significantly from that of "ouh" squeezed partly into the margin at the end of N 119v27 (195/18; =A 116v24), and included in her text.
A 116v25: N 120r01 (195/20)
  N 120r begins at "dreden".
A 117r03–04: N 120r08 (195/26–7)
  "and bihoteð bote ." This appears on line 9 as a runover.
A 117r11: N 120r19 (196/1–2)
  "so mote beon amen ." This appears on line 20 as a runover.
A 117v15: C 198v20
  Traces remain of "Explicit", written in the right margin, and since erased.
A 117v15: N 120v12 (196/21)
  "bidde so lutel ." This appears on line 13 as a runover.
A 117v16
  "Hit" So MS; Tol. gives "hit".

WORDLISTS

Alphabetical Listing of Vernacular Forms

    CLEOPATRA   227

    NERO   262

    VERNON   297

Vernacular Forms Arranged in Descending Order

    VERNON   329

EXPLANATORY NOTE

These word lists cover all items in the C, N and V texts not preceded by the asterisk marking Latin, Greek and Hebrew words; they accordingly include a few items of French origin, such as 'deuleset', whose status as English is open to question, as well as Roman numerals. The upper- and lower-case letters of the text are not distinguished, and are all rendered as lower-case, except that Vernon's *ff* for upper-case *f* is reproduced here. Manuscript accents, hyphens and line-breaks have been disregarded, as have the symbols in our text for scribal alterations. Thus words and parts of words marked for deletion are included, along with other fragments left incomplete in the manuscripts.

The lists are not lemmatised, so that identically spelt forms of different lexemes are counted together.

The superscript forms *þᵗ* and *wᵗ* in V have been expanded to *þat* and *wiþ*. Other abbreviations not expanded in our text appear in the same form in these wordlists.

Alphabetical Listing of Vernacular Forms

CLEOPATRA

a (153)
aa (14)
aamid (1)
abbed (3)
abbedes (1)
abereð (1)
abide (1)
abiden (1)
abideþ (1)
abiron (1)
abit (3)
ablende (1)
ablendeð (1)
ablent (1)
ablindeð (1)
abreid (1)
abreiden (1)
absalones (1)
absoluciun (1)
abstinence (2)
abugge (1)
abuggen (1)
abute (6)
abuten (24)
abuue (1)
abuuen (1)
acast (1)
accidie (2)
accidies (2)
acemin (1)
ach (365)
achate (2)
acheisun (3)
acheisuns (1)
ach3e (3)
ach3en (7)
ach3ene (1)
achne (53)
achte (20)
achten (1)
achtest (1)
achteðe (1)
achtuðe (5)
acneon (1)

acointed (1)
acorien (1)
acouren (1)
acursede (1)
acurset (1)
acwellen (1)
acwenchen (3)
acwencheð (5)
acwende (1)
acwenht (2)
acwiten (2)
ad (1)
adaiede (1)
adam (7)
adeaden (1)
adeadeð (2)
adotede (2)
adred (2)
adreden (1)
adreint (1)
adrenchen (1)
adrencheð (1)
adrenchte (1)
adrenhden (1)
adrong (1)
adru3eden (1)
adru3en (1)
adru3et (1)
adru3eð (1)
aduent (1)
aduenz (1)
aduersite (2)
adun (17)
aesteliche (1)
afaitet (1)
afallen (1)
afalleð (1)
afeited (1)
affecciun (2)
afleied (1)
aflei3et (1)
aflei3eð (1)
agace (1)
agan (1)

agað (1)
ageað (1)
aged (1)
agesten (1)
agrisen (1)
agulte (1)
agwilgeð (1)
a3e (2)
a3ein (93)
a3eines (16)
a3einward (1)
a3einwart (2)
a3elich (1)
a3en (14)
a3ene (4)
a3est (3)
ah3e (1)
ah3en (1)
ahonged (2)
ai (1)
aidled (1)
ailret (1)
aise (7)
ake (2)
akeldeð (1)
akinde (1)
al (372)
alast (5)
ald (3)
alde (21)
aldemoder (1)
aldre (1)
ale (2)
aleosen (1)
alest (3)
alfter (1)
alisandres (1)
alið (2)
allas (1)
alle (255)
allegate (5)
alles (6)
allung (1)
allunge (13)

allunges (1)
almes (4)
almesse (2)
almest (2)
almichti (3)
almichtin (8)
almichtines (1)
aloes (1)
alphet (1)
alre (20)
alreearst (1)
alsa (1)
alse (26)
alswa (70)
alswich (4)
altogedere (1)
am (29)
amased (2)
amaset (1)
ambreued (1)
amed (1)
amen (1)
amid (2)
amidde (3)
amidden (2)
amit (2)
among (3)
ampereur (1)
ampoilles (1)
amuch (1)
an (340)
anan (30)
ananrich (1)
ananricht (12)
ananrichtes (4)
ananriht (1)
ancheisuns (1)
ancre (129)
ancrefule (2)
ancrehus (10)
ancrehuses (2)
ancren (20)
ancres (18)
ancreus (1)

ancrewununge (1)
ancrin (1)
andettet (1)
andreu (1)
andrew (1)
ane (127)
aneliche (1)
anes (3)
anewil (1)
angeonni (1)
angerful (1)
angines (1)
anguise (3)
angwise (1)
angwisuse (2)
anhon (1)
anhonged (3)
ani (74)
aniþing (8)
aniwise (1)
anlepi (3)
anlewi (1)
anli (22)
anlich (3)
anlichest (1)
anne (1)
annesse (6)
annu (2)
anond (1)
anonde (3)
anonden (2)
anont (8)
anoðer (20)
anrednesse (3)
anromaz (1)
ansample (2)
anselme (4)
anseume (1)
ant (20)
antempne (5)
antempnes (1)
antente (1)
antentes (1)
antermeoten (1)
antermeoteð (1)
antermeteð (1)
antoine (2)
antonie (2)
anwil (3)
anwille (1)
apaied (1)

ape (1)
aphet (1)
apocalilpsi (1)
apocalipse (6)
apolis (1)
apostel (5)
apostles (2)
appel (8)
aquike (1)
aquikeð (1)
aquikien (2)
ar (2)
aras (1)
arch (3)
arche (1)
archl (1)
ard (1)
are (9)
areache (1)
areachen (1)
areare (1)
areared (2)
arearen (2)
areareð (1)
arecheð (1)
aren (1)
areowe (1)
arere (1)
arewe (1)
arewen (5)
aricht (4)
aris (1)
arise (2)
arisen (6)
ariseð (7)
ariste (8)
arm (2)
armenie (1)
armes (7)
armeð (1)
armliche (1)
aroas (1)
aromaz (3)
arre (11)
arrucles (1)
arse (1)
arsenie (4)
arst (2)
art (29)
arud (2)
arudde (2)

arued (1)
as (530)
asaeles (1)
asailled (1)
asaillen (2)
asaillet (3)
asailleð (5)
ascur (1)
ase (139)
asein (1)
as3ein (1)
asich (1)
aske (2)
askede (3)
asken (2)
askeres (1)
askeð (7)
aski (2)
askið (5)
askunge (2)
aslepe (1)
asneseð (1)
asonien (1)
asper (1)
asperte (1)
assailleð (1)
asse (5)
assen (1)
assuer (3)
assur (2)
asswa (7)
asswo (1)
asteorueð (1)
aster (2)
astoruen (1)
aswa (5)
atelich (1)
ateliche (2)
aten (1)
athelich (1)
atheliche (4)
atifi (1)
atter (10)
atterlaðe (1)
atterne (1)
atternesse (1)
attre (1)
attrest (1)
attri (22)
attrieð (1)
aturn (1)

aturned (1)
atwa (1)
að (1)
aðet (3)
aue (1)
auees (5)
auenture (1)
auez (2)
augrim (1)
austin (18)
autorite (1)
av (1)
awackned (1)
awacnede (1)
awacnen (1)
awacnin (1)
awai (1)
awakede (1)
awakened (1)
awakenen (1)
awakeneð (2)
awakien (1)
awariede (1)
awarien (1)
awarpe (1)
awarpeð (1)
awei (16)
aweie (1)
awildin (1)
awilgen (1)
awilgeð (3)
awundreð (1)
awuried (1)
awurieð (1)
axe (2)
& (2524)
b (4)
ba (47)
baban (1)
bac (2)
bacbitere (3)
bacbiteres (1)
bacbitunge (2)
bachbitunge (1)
backe (1)
bagge (1)
baggen (1)
bald (2)
baldeliche (4)
baleful (1)
bali (1)

balies (2)
balplowe (1)
ban (1)
banaa (1)
bandun (1)
banere (2)
baneres (1)
banes (1)
baptiste (2)
bar (1)
baredt (1)
baret (1)
barfot (1)
barm (1)
barnde (2)
bartolomeu (1)
basme (1)
baþe (1)
bað (5)
baðe (26)
baððes (1)
be (1)
beach (2)
bead (3)
beake (1)
beakede (1)
bealdeð (1)
bearn (6)
bearne (1)
bearnes (2)
bearneð (1)
bearninde (5)
beart (1)
beast (10)
beastes (4)
beastlich (1)
beate (3)
beaten (1)
beatest (1)
beateð (6)
beatunge (2)
beaubelez (1)
bech (1)
bed (5)
bedde (4)
bede (1)
beggen (1)
beggere (1)
beggilde (1)
beieð (1)
beiȝe (1)

bekeð (2)
belami (2)
beliales (1)
bemen (4)
bemere (2)
bemeres (3)
beneit (2)
beneites (1)
beniamin (2)
beo (168)
beod (1)
beode (3)
beoden (18)
beodesmen (1)
beodeð (3)
beoȝe (1)
beon (210)
beore (15)
beoren (4)
beorere (1)
beoreð (12)
beornard (1)
beornardes (1)
beornart (1)
beoste (2)
beot (8)
beote (2)
beoþ (1)
beoð (351)
ber (4)
bere (1)
beren (1)
berest (1)
bereð (21)
berien (1)
berkest (1)
bernard (10)
bernardus (1)
berninde (1)
bersabee (2)
berste (1)
bersten (1)
bertolomey (1)
best (15)
beste (3)
bestes (5)
bet (5)
bete (1)
beten (2)
betere (42)
beteð (2)

bethanie (1)
betles (1)
beð (1)
bi (141)
bibarred (1)
biblodgede (1)
bibloðgi (1)
bichearren (1)
bichede (1)
bicherred (1)
bicleoped (1)
bicleopen (1)
bicleopie (2)
biclupde (1)
bicluppe (1)
biclupped (1)
bicluppeð (1)
bicluset (1)
biclusige (1)
biclute (1)
bicom (3)
bicoruen (1)
bicume (1)
bicumen (2)
bicumeð (1)
bid (2)
bidde (2)
bidden (5)
biddeð (3)
biddunge (1)
bideð (2)
bideweolied (1)
bidewolieð (1)
bido (1)
bidon (1)
bidoð (1)
bifon (1)
bifor (10)
bifore (20)
biforen (35)
biforn (4)
bifulen (1)
bifuleð (1)
bigiled (1)
bigileð (1)
bigin (2)
bigineð (1)
biginne (2)
biginned (1)
biginnen (4)
biginneð (6)

biginning (1)
biginnung (1)
biginnunge (7)
bigon (7)
bigunne (1)
bigurdel (2)
bigurt (1)
biȝeote (1)
biȝeotene (1)
biȝeoteð (1)
biȝet (7)
biȝete (12)
biȝeuled (1)
bihald (6)
bihalde (8)
bihalden (10)
bihaldest (2)
bihaldeð (2)
bihaldunge (3)
bihalt (21)
bihat (5)
bihaten (7)
bihateð (1)
bihauedinge (1)
biheold (4)
biheolt (5)
bihet (5)
biheue (8)
biheueste (1)
bihinde (2)
bihinden (4)
bihoten (1)
bihoue (3)
bihouede (1)
bihoueð (1)
bihud (1)
bile (5)
bileaue (32)
bileaued (2)
bileoue (1)
bilepped (1)
bilimeð (1)
bilisse (1)
biloȝen (1)
biloke (1)
bilokene (1)
bilokeð (1)
bilokin (1)
bilumpen (1)
bilurd (1)
bimased (1)

bimasede (2)
bimong (14)
bindeð (2)
bineomen (2)
bineoðen (2)
binimeð (3)
bint (4)
bipiled (1)
bipinned (1)
bireafde (1)
bireined (1)
bireousunge (3)
bireowsunge (3)
birlen (1)
bis (1)
bisaȝe (1)
bisamplet (1)
bisampleð (1)
bischp (1)
biseche (2)
bisechen (1)
bisecheð (2)
bisegere (1)
bisemare (1)
bisemde (1)
bisenche (1)
bisenchen (1)
bisenchte (1)
biseo (1)
biseon (2)
biseoð (1)
biset (6)
bisi (4)
bisiden (1)
bisie (4)
bisiliche (4)
bisischipe (1)
bismare (2)
bismeored (1)
bismere (1)
bismuðeled (1)
bisocht (1)
bisochten (1)
bisocne (1)
bisparreð (1)
bispit (1)
bispoteð (1)
bist (1)
bistaðed (1)
bisteoken (1)
biswike (1)

biswiken (2)
biswikeð (2)
bit (11)
bitachned (4)
bitachneð (5)
bitachnung (1)
bitacht (4)
bitacned (11)
bitacnede (1)
bitacnen (2)
bitacneð (20)
bitacni (1)
bitacninge (1)
bitacnið (1)
bitacnuncge (1)
bitacnunge (1)
bite (4)
biteachen (2)
bitelleð (1)
bitellunge (1)
biten (2)
biteo (1)
biteon (1)
biter (1)
biteres (1)
biteð (1)
bitide (1)
bitiden (1)
bitimeð (2)
bitinde (1)
bitochȝen (1)
bitrepped (1)
bitruleð (1)
bitter (18)
bittere (15)
bitterliche (7)
bitterluker (1)
bitternesse (26)
bitternesses (2)
bittren (1)
bituchȝe (2)
bituchȝen (2)
bituewene (1)
bituȝe (1)
bituned (7)
bitunede (1)
bitunen (1)
biturn (1)
biturnd (1)
bitwene (13)
bitwenen (10)

bitweone (1)
bitweonen (4)
biþenche (1)
biþencheð (1)
biþocht (2)
biþochte (2)
bið (16)
biualleð (1)
biuoren (2)
biwenden (1)
biwent (1)
biweop (1)
biwepe (1)
biwepen (2)
biwinnen (1)
biwinneð (1)
biwist (1)
biwitene (1)
biwon (1)
biwrabbed (1)
biwrenche (1)
biwrencheð (1)
biwrixled (1)
biwrixlet (1)
biwunnen (1)
bla (1)
blac (7)
blake (9)
blameð (1)
blamon (1)
blase (1)
blasen (2)
blasie (3)
blawe (2)
blawen (2)
blaweð (7)
blawunge (1)
bledde (3)
bledden (1)
bleddest (1)
bleddre (1)
blenchen (1)
blent (2)
bles (3)
blesce (1)
blescede (1)
blesceð (1)
blescin (3)
blescit (1)
blescunge (1)
blescunges (1)

blikien (1)
blind (1)
blinde (1)
blindeð (1)
blindfallunge (2)
blint (1)
blintfalli (1)
blintfellede (1)
blisful (4)
blisfule (9)
blisfulliche (3)
blisse (48)
blissen (6)
blisseð (2)
blissið (1)
bliðe (4)
bliðeliche (2)
blo (1)
blod (46)
blodbinden (1)
blode (1)
blodes (2)
blodi (5)
blodleten (1)
blodlettinde (1)
blodletunge (3)
blosmen (1)
bloweð (1)
bluðelich (2)
bluðeliche (3)
bluðliche (1)
boa (2)
boc (13)
boch (3)
bochte (5)
bochten (2)
bode (1)
bodeð (1)
bodi (26)
bodie (2)
bodieð (1)
boȝes (4)
boistes (1)
boke (3)
boleȝeð (1)
bolod (1)
bondes (1)
bone (18)
bonen (24)
bord (2)
boreȝe (1)

Alphabetical Listing of Vernacular Forms: CLEOPATRA 231

borne (1)
bosem (2)
bosme (3)
bosum (5)
bote (4)
boten (2)
botte (1)
bowe (1)
bowes (1)
brad (2)
brade (5)
bradliche (1)
braid (1)
bread (1)
breades (1)
breað (6)
brech (2)
bred (6)
bredde (1)
brede (1)
breden (1)
breid (1)
breide (1)
breiden (2)
breideð (1)
breit (1)
breke (1)
breken (1)
breket (1)
brekeð (9)
breoke (3)
breoken (2)
breokene (1)
breokeð (1)
breokinde (1)
breord (1)
breoste (14)
breosten (1)
breostwunde (1)
breres (2)
bres (1)
breð (1)
breðre (1)
breðren (4)
brich (1)
bricht (9)
brichte (2)
brichtere (8)
brichteð (3)
brichtluker (1)
brid (9)

briddes (18)
bridel (1)
bridleð (2)
bringe (3)
bringen (7)
bringeð (13)
bringgeð (1)
brinke (1)
broche (2)
brochte (4)
brochten (3)
brokes (1)
brondes (3)
broðer (2)
bruche (4)
bruchel (2)
bruchele (5)
bruchelere (1)
bruchen (1)
brucken (1)
brud (1)
brugeche (1)
brugge (1)
bruken (1)
brune (10)
brunie (1)
bu (1)
buc (1)
buch (3)
buchsum (1)
bucke (2)
bude (1)
buffet (1)
buffeteden (1)
buffetes (1)
buge (1)
bugge (1)
buggen (5)
buggeð (2)
bugging (1)
buȝen (2)
buȝeð (4)
buȝinde (2)
bulten (1)
bulteð (1)
bulting (1)
buncin (1)
bune (2)
bur (2)
burch (8)
burchȝes (1)

burchmen (1)
burde (1)
bureȝes (1)
burgeise (1)
burȝen (1)
burðen (1)
burwimen (1)
bute (135)
buten (62)
buð (6)
buue (1)
buuen (8)
buweð (4)
cachte (1)
cader (2)
cage (1)
caisers (1)
cald (2)
calde (2)
calf (3)
caliz (1)
calt (1)
caluarie (2)
canaan (1)
cancre (3)
canges (2)
canh (1)
cape (1)
capitale (1)
cappen (1)
carf (1)
carien (1)
carles (2)
carnel (1)
carneus (1)
caroines (1)
cassiodre (1)
castel (16)
castles (2)
cat (2)
cause (3)
caymes (1)
caysers (1)
celer (1)
cesares (1)
chafleð (1)
chakele (1)
chalengest (1)
chambre (1)
champiun (1)
champiuns (1)

chang (1)
change (2)
changes (1)
changeð (1)
changin (3)
changinge (1)
chanh (1)
chapitres (1)
charge (2)
chast (1)
chaste (4)
chasten (1)
chastete (5)
chastiement (3)
chastin (1)
chastið (1)
cheafle (2)
cheaflið (1)
cheaflunge (1)
cheamberleing (1)
cheambre (2)
cheangið (1)
cheapeð (2)
cheaping (1)
cheapmon (1)
chearite (1)
cheaste (1)
chef (2)
cheffere (2)
chefle (1)
cheke (2)
cheken (3)
cheopeð (1)
cheorl (1)
cheos (1)
cheose (1)
cheosen (2)
cheoseð (1)
cheost (1)
cheoweð (2)
chepede (1)
chepilt (1)
cheping (1)
chepmon (1)
chere (14)
cheres (1)
cherite (4)
cherte (1)
cherubinnes (1)
chideð (1)
chil (1)

child (15)
childene (1)
childhad (3)
childhald (1)
childre (1)
children (8)
chilt (5)
chirche (24)
chirmeð (1)
chirmin (1)
chitereð (2)
chiterin (1)
chiterrinde (1)
chore (1)
churche (1)
cite (1)
clachte (1)
clansið (1)
clað (14)
claðes (10)
claðinde (1)
clauses (1)
cle (1)
cleane (14)
cleanliche (1)
cleap (1)
cleaures (1)
cleches (1)
clene (8)
cleneschipe (1)
clenliche (1)
clennesse (5)
clense (1)
clensen (1)
clenseð (2)
clensig (1)
clensin (2)
clensing (1)
cleope (3)
cleopede (4)
cleopen (1)
cleopeð (21)
cleopie (4)
cleopieð (2)
clepeð (1)
clepie (1)
cleppe (1)
cleppen (1)
clerc (1)
clergesse (1)
clerkes (1)

clild (1)
climben (4)
climbeð (2)
clod (3)
clomb (1)
clone (1)
clou (1)
clumben (2)
cluppe (1)
cluppen (2)
cluppeð (1)
cluppung (1)
cluppunges (1)
clut (2)
clutes (1)
cluti (1)
cnaue (1)
cnaulacheunge (1)
cnaulachunge (1)
cnawe (1)
cnawen (5)
cnawest (3)
cnaweð (6)
cnawin (1)
cnawinge (1)
cnawunge (1)
cneoleð (1)
cneoli (1)
cneolinde (3)
cneolið (2)
cneolunges (2)
cneon (6)
cnicht (5)
cnichtes (3)
cnichtschipe (1)
cnif (3)
cnihtschipe (1)
cniues (1)
cnoste (1)
cnutte (1)
cogitaciun (1)
cogitaciuns (1)
cointe (2)
cokes (1)
collecte (2)
com (32)
come (8)
comen (2)
comeð (5)
cominde (1)
commendaciun (1)

compelin (3)
compli (1)
complie (1)
con (10)
conscience (2)
conseiller (1)
consence (1)
consentin (1)
const (3)
contemplaciun (1)
cop (2)
corbin (1)
corne (1)
cornes (2)
coruinde (1)
cos (9)
cosses (2)
costnede (2)
cote (1)
couent (1)
cradel (1)
crauant (2)
creche (1)
crede (5)
creft (1)
creftes (1)
creoiz (1)
creop (1)
cressuse (1)
crie (2)
crieð (1)
criʒede (1)
crist (39)
cristendom (1)
cristene (4)
cristes (20)
crochʒe (1)
croiz (1)
crokede (1)
crokes (3)
crome (1)
cromen (1)
croppeð (1)
cros (8)
crosses (3)
crossit (1)
crucifix (3)
crune (13)
crunen (5)
cruneð (1)
cruninge (1)

cuchene (2)
cuggel (1)
cul (1)
culche (1)
culcheð (1)
culle (2)
culuerd (1)
culure (6)
cum (3)
cume (16)
cumen (11)
cumeð (6)
cumfort (9)
cumforz (1)
cuminde (1)
cun (3)
cunde (21)
cundel (10)
cundeliche (3)
cundles (5)
cundleð (5)
cune (4)
cunes (7)
cunesmon (1)
cunne (12)
cunnen (7)
cunnes (6)
cunneð (1)
cunseil (1)
cunsence (1)
cur (1)
curre (2)
curseð (1)
curt (7)
curteisie (1)
curtel (4)
curtles (1)
curue (1)
curz (1)
cus (1)
cusse (3)
cussen (3)
cusset (2)
cusseð (4)
cussinde (1)
custe (2)
cuð (1)
cuðe (7)
cuðen (2)
cuðere (1)
cuðest (1)

cuðeð (1)
cuððe (1)
cuððunge (1)
cuuel (1)
cuuertur (1)
cuwene (1)
cuwes (1)
cwede (1)
cwedschipe (3)
cwedschipes (1)
cweise (1)
cwemeð (2)
cwen (3)
cwench (1)
cwenchen (1)
cwencheð (1)
cwene (1)
cwenh (1)
cwic (4)
cwich (1)
cwicliche (4)
cwicluker (1)
cwicnesse (1)
cwike (2)
cwikes (1)
cwite (2)
d (1)
da (1)
dach3e (1)
da3es (11)
da3inge (1)
da3unge (1)
dai (5)
dal (1)
dale (31)
dalen (8)
dame (8)
danger (2)
dangerus (1)
dar (3)
dathan (1)
daui (2)
dauid (20)
dauit (3)
dauið (7)
dauiðes (1)
de (2)
dead (12)
deade (13)
deadede (1)
deadli (1)

deadlich (10)
deadliche (9)
deadlichnesse (1)
deadre (1)
deaf (1)
deale (5)
dealede (1)
dealen (4)
dear (2)
dearne (13)
dearneliche (3)
dearneluker (1)
dearneschipe (1)
dearnliche (1)
deað (46)
deaðbote (2)
deaðe (7)
deaðes (9)
deaðliche (1)
deawes (1)
deboneirete (1)
deciple (3)
deciples (11)
dedbote (2)
dede (16)
deden (5)
dedlich (1)
dedliche (1)
degrez (1)
dei (35)
deide (6)
deiden (1)
deie (3)
deies (3)
dei3e (4)
dei3ede (1)
dei3en (5)
dei3es (1)
dei3eð (2)
del (2)
dele (2)
deleð (1)
delices (3)
delidlich (1)
delit (17)
deliten (1)
delitet (1)
deliuerede (1)
deliured (1)
dem (1)
demde (2)

deme (11)
demen (6)
demesdei (1)
demeð (4)
dempde (1)
deofel (1)
deofeles (1)
deoflen (4)
deofles (38)
deop (4)
deope (2)
deopeð (1)
deopliche (1)
deopluker (1)
deoppere (1)
deor (1)
deore (34)
deorewurðe (35)
deorfeliche (1)
deorling (5)
deorre (3)
deosles (1)
deouel (37)
deoueles (6)
deouelese (1)
departunge (1)
depeint (1)
derf (5)
derfe (2)
derne (3)
derneliche (1)
deruen (1)
derueð (3)
derufe (1)
descriuet (1)
descriueð (2)
deseart (1)
despoille (1)
despoillede (1)
dest (10)
destincciuns (1)
destingciuns (1)
dettes (3)
dettur (2)
detturs (1)
deð (103)
deueð (1)
deuleset (3)
deuociun (1)
deuot (1)
dialege (1)

dialoge (1)
dich (2)
dicipline (1)
diciplines (5)
dignete (1)
dih (2)
dimluker (1)
dina (4)
disc (1)
disch (1)
disches (1)
diuociun (1)
do (41)
doale (1)
dochter (10)
dochtren (1)
doddunge (1)
dogge (8)
dole (1)
dolke (1)
doluen (1)
dom (23)
dome (2)
domes (2)
domesdei (12)
domesmon (1)
domseotel (1)
don (62)
donewart (1)
donne (7)
dosc (1)
dosch (1)
dotie (1)
dotien (1)
dotieð (1)
doð (44)
drach (2)
dra3e (4)
dra3en (6)
dra3ene (1)
dra3est (1)
dra3eð (11)
dra3inde (1)
drake (1)
drawen (1)
dream (1)
dreamen (1)
dred (15)
dreddre (1)
drede (10)
dreden (7)

dredeð (2)
dredful (7)
dredfule (6)
dredliche (1)
drednesse (1)
dredren (1)
dreed (1)
dreʒen (3)
dreʒeð (4)
dreieð (1)
dreiʒeð (4)
drem (1)
drenhde (1)
dreori (1)
dreorischipe (1)
drichtines (2)
drif (1)
dring (1)
drink (1)
drinke (3)
drinken (12)
drinkeð (3)
driue (1)
driuen (3)
driuest (1)
driueð (3)
driuinde (1)
driwerie (2)
droch (5)
dronc (1)
drong (2)
drope (2)
dropemel (1)
dropen (2)
dros (2)
drufot (1)
druʒe (2)
druʒede (1)
druʒeð (2)
drunch (1)
drunches (1)
druncneð (1)
druncni (1)
druncwile (1)
drunh (19)
drupi (1)
duble (1)
duc (1)
dude (81)
duden (5)
dudest (4)

dulle (2)
dulue (1)
duluen (2)
dumbe (3)
dun (15)
dunes (8)
duneward (4)
dunewart (8)
dung (1)
dunricht (1)
dunt (9)
duntes (1)
duren (1)
durste (2)
dusegest (1)
dusi (1)
dusie (1)
dusischipe (1)
dust (6)
duste (1)
dusten (1)
dusteð (1)
dute (4)
duteð (1)
dutten (2)
dutteð (1)
dweole (2)
dweoleð (1)
eadi (16)
eadie (2)
eadiest (1)
eadiliche (1)
eadinessen (1)
eadmod (1)
eadmode (1)
eadmodnesse (2)
eadmodschipe (1)
eal (1)
ealde (1)
ealdes (1)
eanes (8)
ear (72)
eare (10)
earen (25)
eares (1)
earest (14)
eareste (6)
earliche (4)
earnes (1)
earst (18)
earste (7)

eart (2)
east (1)
easten (1)
eastfule (1)
eastres (1)
eaðe (3)
eauer (149)
eauere (1)
eauermor (1)
eauervh (5)
eaure (4)
eauwebruche (1)
eawet (3)
eawicht (3)
eawles (1)
ebeisse (1)
ebreisch (2)
ebreise (1)
ebreu (3)
ebrew (2)
ec (11)
ecʒe (2)
ech (1)
eche (20)
echen (2)
echeð (2)
echʒe (31)
echʒenen (1)
echne (1)
echnen (47)
echsiððe (1)
echþurles (4)
ed (67)
edbrec (1)
edbreken (1)
edbroke (1)
edeawede (1)
edeawet (1)
edfallen (1)
edfleon (1)
edfloʒe (1)
edgan (1)
edhalde (1)
edhalden (4)
edhalt (4)
edheren (1)
edholden (1)
edluteð (1)
edlutien (1)
edmod (7)
edmode (2)

edmodies (1)
edmodieð (1)
edmodiliche (1)
edmodliche (5)
edmodnesse (20)
edren (1)
edsene (5)
edsloped (1)
edstart (1)
edstarten (2)
edsterte (1)
edstertet (1)
edstond (2)
edstonden (1)
edstondest (1)
edstont (1)
edwit (1)
edwiten (1)
edwiteð (1)
eet (1)
efer (2)
efficaces (2)
effter (3)
efne (3)
efneð (9)
efnið (1)
eft (40)
efter (152)
efterward (2)
eftsones (1)
egede (1)
egednesse (1)
egge (1)
eggen (1)
eggeð (2)
eggi (1)
eggunge (1)
egypte (2)
eʒe (1)
eʒesichðe (1)
ei (14)
eie (1)
eil (3)
eilen (1)
eileþ (1)
eileð (1)
eili (1)
eilles (1)
eilleð (1)
eilli (1)
eilþurl (2)

eir (2)
eise (14)
eisful (1)
eisil (9)
eiþing (6)
eiðer (17)
eke (7)
eken (3)
elde (2)
elie (1)
eliheowed (1)
elizabeð (1)
ell (1)
elles (13)
elleshwer (3)
elne (5)
elnin (1)
elye (3)
elyes (1)
emores (1)
empti (1)
en (1)
ende (50)
endeles (2)
enden (1)
endeð (1)
endi (1)
endið (1)
engel (15)
engise (1)
englelon (1)
englene (2)
engles (5)
englis (2)
englisch (8)
enles (1)
ensample (1)
eo (1)
eode (5)
eoden (1)
eof (1)
eoli (2)
eorne (1)
eornen (1)
eorneð (4)
eorre (3)
eorð (1)
eorðe (70)
eorðeliche (2)
eorðene (1)
eorðeware (1)

eorðlich (8)
eorðliche (4)
eote (2)
eoten (10)
eotene (2)
eoteð (2)
eput (1)
er (6)
erber (1)
erede (1)
eren (1)
erende (3)
eritage (1)
ermite (2)
ernde (2)
esample (1)
eskebach (1)
esken (3)
est (2)
estaz (1)
este (7)
ester (11)
esteres (1)
esters (1)
estful (2)
estfulre (1)
et (14)
etelich (1)
eten (1)
eteð (1)
etfleo (1)
ethalt (1)
etheliche (1)
etheluker (1)
eð (4)
eðelich (1)
eðeliche (5)
eðere (1)
eðsene (1)
eucan (1)
euch (32)
euchan (16)
euchanes (2)
euche (6)
euchere (1)
euches (1)
eue (13)
euen (3)
euene (3)
euening (3)
euenning (1)

euensong (2)
euentid (1)
euer (1)
euesede (1)
euesinge (1)
euesunge (3)
euh (2)
euhan (1)
eut (4)
evchan (1)
eve (1)
ewangeliste (3)
ewicht (1)
exode (1)
ezechiel (1)
f (2)
fa (5)
facchen (1)
fader (30)
faderes (1)
faes (1)
faʒeneð (1)
faʒenunge (1)
faille (1)
faillede (1)
fal (4)
falch (1)
faleweð (1)
falle (8)
fallen (16)
fallest (1)
falleð (30)
fallinde (6)
fallunge (1)
fals (12)
false (10)
falsest (1)
falseð (1)
falsi (2)
falsinde (1)
falsliche (1)
falt (1)
fame (1)
famen (2)
familiarite (1)
fan (5)
faren (1)
fareð (6)
farð (1)
fat (1)
fatte (1)

fatteð (1)
fautes (1)
feaʒeð (1)
fearlich (1)
feble (9)
feblesce (3)
febli (1)
fech (2)
fecht (14)
fechten (1)
fechteð (8)
fechtunge (1)
fed (4)
fedde (2)
fede (2)
feden (3)
feder (9)
federes (1)
federlase (1)
federles (1)
federlese (1)
fedeð (2)
feʒede (1)
feʒerest (2)
feʒereste (1)
feier (4)
feiernesse (1)
feiʒer (15)
feiʒeð (2)
feire (18)
fel (5)
feld (2)
fele (2)
felen (2)
felest (1)
feleð (14)
felles (2)
felt (1)
felung (1)
felunge (8)
fen (1)
feng (1)
fenliche (1)
fennes (1)
feol (5)
feolach (1)
feolaʒe (3)
feolaʒeliche (1)
feolaʒes (3)
feolaʒeschipe (1)
feolawes (1)

feole (25)
feolefold (1)
feoleð (2)
feoleweis (1)
feolle (4)
feondes (9)
feont (53)
feor (19)
feorde (1)
feordes (1)
feorento (1)
feorli (2)
feorlich (1)
feorliche (5)
feorreden (2)
feorren (1)
feorrene (1)
feorþe (1)
feorðe (19)
ferd (8)
ferde (5)
fere (13)
fered (1)
feren (3)
ferlac (5)
ferliche (1)
ferredene (1)
fers (2)
feste (24)
festen (7)
festene (1)
festeð (4)
festluker (2)
festschipe (1)
festschipes (1)
fet (13)
fetles (5)
feð (5)
feðere (1)
feðeren (1)
fif (30)
fifte (8)
fiftene (4)
fifti (2)
fifðe (8)
figer (4)
figes (1)
figures (1)
fikelere (1)
fikeleres (3)
fikeleð (1)

fikelunge (1)
fikeð (1)
file (3)
fileð (1)
finde (3)
finden (2)
findeð (3)
findles (3)
finger (1)
fingres (1)
fint (5)
firseð (2)
firsi (1)
fisch (1)
fisiciens (1)
fiterokes (1)
fiðen (1)
fiðeren (1)
fiue (14)
flaa (1)
flaterung (1)
flattereð (1)
fleau (1)
flech (10)
fleʒe (2)
fleʒen (1)
fleo (4)
fleoinde (1)
fleon (12)
fleonninde (3)
fleoten (1)
fleoteð (1)
fleotinde (2)
fleoð (9)
fles (1)
flesc (7)
flesce (1)
flesch (64)
flesches (45)
fleschlich (2)
fleschliche (19)
flesh (1)
fleskeð (1)
fleski (1)
flesliche (4)
fleswise (1)
flich (5)
flikereð (1)
flint (1)
flið (8)
floc (6)

flod (2)
floʒen (1)
floweð (1)
flowinde (2)
flucht (6)
fluchte (3)
fluʒe (1)
fluʒen (3)
flures (2)
flutte (1)
flutten (1)
fluwen (3)
foa (5)
foan (2)
foddre (1)
fode (15)
fol (10)
folc (21)
folch (1)
foleʒe (11)
foleʒede (3)
foleʒen (5)
foleʒere (1)
foleʒeð (7)
foleʒi (1)
folen (1)
foles (1)
folhardi (1)
folie (1)
folitoʒe (1)
folke (1)
folkes (1)
folliche (1)
fon (1)
fond (1)
fonde (2)
fondede (2)
fondeden (1)
fonden (1)
fondeð (6)
fondi (1)
fondin (2)
fondinge (6)
fondinges (2)
fondit (1)
fondung (1)
fondunge (51)
fondunges (28)
font (2)
for (732)
forbarend (1)

forbarnd (1)
forbarnde (1)
forbarnt (1)
forbearneð (1)
forbeode (3)
forbeoren (2)
forbeot (2)
forber (2)
forbereð (1)
forbisne (10)
forbode (1)
forboden (1)
forbuʒe (1)
forbuʒen (1)
forbuweð (1)
forchastunge (1)
forcorue (1)
forculed (1)
forcweðinde (1)
fordemet (1)
fordeð (1)
fordo (1)
fordon (1)
fordonne (1)
fordrunken (1)
fore (3)
forecwidderes (1)
foreheaued (2)
foren (1)
foreoden (1)
foreward (7)
forewart (8)
forfareð (2)
forferden (1)
forforridles (1)
forfret (2)
forfrete (2)
forgan (1)
forgað (2)
forgeað (1)
forgneiʒed (1)
forgult (1)
forgulte (2)
forʒef (5)
forʒelde (1)
forʒeme (2)
forʒemeð (1)
forʒeoten (5)
forʒeoteð (1)
forʒeoueliche (1)
forʒeouenesse (3)

for3eouere (1)
for3eoueð (1)
for3et (4)
for3eten (5)
for3etene (1)
for3eue (1)
for3eueð (2)
forhaten (1)
forheaued (1)
forho3eð (1)
forho3ie (1)
forho3ien (1)
forhore (1)
forhored (1)
forhoren (1)
forhoten (1)
forhwi (7)
forhwon (3)
forkeruen (1)
forleaued (1)
forleosen (1)
forleoseð (2)
forles (1)
forleten (1)
forlore (3)
forloren (11)
forlorene (4)
forlorennesse (1)
forlure (2)
forlurenesse (1)
forme (19)
formeste (1)
fornech (3)
forridles (2)
forsaken (1)
forsakest (1)
forsakeð (1)
forscalded (1)
forschalded (1)
forschepe (1)
forscheuppet (1)
forschuppeð (2)
forschuppild (2)
forseke (1)
forseoden (1)
forsoke (1)
forstoppið (1)
forswole3en (1)
forþi (114)
forþis (1)
forð (64)

forðbisne (4)
forðdede (1)
forðe (1)
forðer (1)
forðere (5)
forðfaren (1)
forðfarinde (1)
forð3eong (2)
forðre (5)
forðricht (1)
forðward (2)
forðwart (5)
foruten (1)
forwarpen (2)
forwiðsaken (1)
forwrei3et (1)
forwurðe (1)
forwurðen (3)
forwurðeð (3)
fostrede (1)
fostreð (1)
fostrilt (1)
fot (2)
fotes (2)
foto (2)
fotwunde (1)
fotwunden (1)
foð (1)
four (16)
foure (2)
fouwer (12)
foweles (1)
fox (11)
foxes (10)
frakel (1)
frakele (1)
frech (1)
frechliche (1)
frehliche (1)
freineð (1)
fremien (1)
frensch (1)
frentchipe (1)
freo (5)
freolec (6)
freome (1)
freomede (3)
freomeð (1)
freonchipe (1)
freonde (1)
freonden (1)

freondes (2)
freont (17)
freontschipe (1)
freost (1)
freoten (1)
freotet (1)
freotung (1)
freoure (1)
fret (3)
fretewil (1)
frida3es (1)
fridai (1)
fridei (2)
frinacht (1)
frofre (2)
frofreð (1)
frofrin (2)
frofrið (1)
from (67)
fromard (1)
frommart (1)
fromward (7)
fromwart (7)
front (1)
froure (17)
frouren (6)
froures (1)
froureð (2)
frouri (1)
frourin (3)
frourið (1)
froward (1)
frumðe (6)
frut (6)
fsloch (1)
fuchte (1)
fu3eles (2)
ful (75)
fule (20)
fulede (1)
fule3eden (1)
fule3ere (1)
fulen (1)
fuleste (1)
fuleð (2)
ful3elene (1)
fulitoch3e (1)
fulito3en (1)
fulito3ene (2)
fulle (5)
fullede (1)

fulleliche (1)
fullen (1)
fulleð (1)
fulliche (4)
fullocht (4)
fulre (2)
fulðe (22)
fulðen (4)
funden (2)
fundles (2)
fur (42)
furene (1)
fures (2)
furme (2)
furðreð (1)
fustes (2)
fuwel (3)
fuweles (1)
fweord (1)
g (1)
gladien (1)
gloire (1)
ga (25)
gabbeð (1)
gabbin (1)
gabriel (2)
galcforke (1)
galien (1)
galieð (1)
galile (1)
galilee (1)
galle (7)
gallen (1)
galnesse (14)
gan (24)
ganh (1)
garcen (1)
gast (22)
gasteliche (2)
gastes (3)
gastile (1)
gastlic (1)
gastlich (9)
gastliche (26)
gat (1)
gate (2)
gað (20)
gauel (2)
gauele (1)
ge (7)
geat (6)

geað (10)
ged (1)
gededereð (1)
gedere (5)
gedereden (1)
gederen (5)
gederest (1)
gederet (1)
gedereð (6)
gederin (1)
gederinde (2)
gederunge (2)
gef (3)
geineð (1)
gelsunge (1)
gelus (3)
geluse (1)
gelusie (2)
genesi (1)
genesis (1)
genesy (1)
genterise (1)
gentil (2)
gentile (1)
geoleu (1)
gerner (1)
gersume (2)
ges (1)
gest (2)
geste (1)
gestnede (1)
gestnin (1)
gestninges (1)
geð (2)
gibet (1)
gige (1)
gile (6)
giles (1)
gileð (2)
gilofre (1)
ginegaue (1)
gingiure (1)
giniure (1)
ginne (1)
giste (1)
gius (1)
giuwrie (1)
gladien (3)
gladieð (1)
gladung (1)
gladunge (1)

gleam (2)
gleames (2)
gled (4)
glede (3)
gleden (2)
gledful (1)
gledfule (2)
gledfulre (1)
gledie (1)
gledliche (6)
gledluker (2)
gledschipe (6)
gleo (1)
gleode (1)
gles (6)
gloire (1)
glouen (1)
glucheð (1)
gluffeð (1)
glutun (1)
glutunie (2)
gnedeliche (3)
gnete (1)
gnette (1)
gnudden (1)
god (299)
godchild (1)
goddede (14)
goddeden (4)
goddere (1)
goddlec (1)
gode (62)
goder (1)
goderheale (1)
godes (159)
godhed (1)
godlec (2)
godnesse (2)
godspel (13)
godspelle (1)
godspeller (1)
godspelles (1)
gold (6)
golde (1)
goldhord (2)
goldhordes (1)
goldsmið (4)
golt (3)
golthord (1)
gomen (1)
gomenede (1)

gomenes (2)
gomorr (1)
gong (2)
good (26)
gooldhord (1)
gost (1)
goð (1)
grace (39)
graces (4)
grani (1)
graninde (2)
grant (2)
grapeð (1)
grapi (1)
grapunge (1)
greahundes (2)
great (2)
greate (8)
greatin (1)
gred (2)
gredde (1)
gredden (1)
greden (4)
gredeð (1)
gredinesse (1)
gredure (1)
gref (1)
gregori (17)
gregorie (2)
gregories (1)
grei3e (1)
greiðe (2)
greiðede (1)
gremeð (1)
grene (7)
greneð (1)
grennen (1)
grennunge (1)
greot (4)
greste (2)
gret (2)
grete (1)
greteð (1)
gretluker (1)
grette (1)
grettere (3)
gretung (1)
gretunge (4)
gretunges (5)
greue (1)
greuest (1)

greueð (5)
grickis (1)
grickisch (5)
grickische (1)
gridel (1)
gridil (1)
grim (6)
grimfule (1)
grimliche (6)
grimme (6)
grimmest (1)
grinde (2)
grindelstanes (2)
grinden (1)
grint (1)
gris (2)
grise (2)
griseð (1)
grislich (3)
grisliche (5)
grisung (1)
grið (4)
griðful (1)
griðfulnesse (1)
grome (6)
gromes (1)
gronde (1)
grot (1)
groweð (1)
gruccheð (1)
grucchinge (2)
grucchunge (1)
gruche (1)
gruchede (1)
gruchen (1)
grucheð (2)
gruchinge (1)
gruchunge (2)
grucinde (1)
grulleð (1)
grunde (4)
grune (1)
grunen (2)
grunte (1)
grureful (3)
grurefulliche (1)
gruttene (1)
gruuesi (1)
gruwinge (1)
guldene (1)
gult (10)

gulte (3)
gulten (1)
gultes (5)
gulteð (1)
gum (1)
gumfainuner (1)
gurde (1)
gurdel (2)
gure (1)
gutefestre (1)
gyrie (1)
gyus (2)
gywene (1)
gywes (3)
ʒe (344)
ʒeape (1)
ʒeare (5)
ʒearu (1)
ʒeaten (1)
ʒeddeð (1)
ʒef (302)
ʒefet (1)
ʒeft (1)
ʒegongmen (1)
ʒei (1)
ʒeide (1)
ʒeieð (1)
ʒeiʒede (1)
ʒeiʒen (2)
ʒeiʒeð (7)
ʒeincume (2)
ʒeld (4)
ʒelde (8)
ʒelden (6)
ʒeldest (1)
ʒelp (2)
ʒelpe (1)
ʒelpeð (3)
ʒelt (5)
ʒeme (35)
ʒemeles (9)
ʒemeleseliche (1)
ʒemelesliche (2)
ʒemen (3)
ʒemeð (2)
ʒene (1)
ʒeoncdaʒes (1)
ʒeonen (1)
ʒeoninde (2)
ʒeont (6)
ʒeope (1)

ʒeorliche (1)
ʒeorne (33)
ʒeorneliche (1)
ʒeornliche (4)
ʒeornluker (1)
ʒeot (1)
ʒeotteð (1)
ʒeoue (19)
ʒeouen (10)
ʒeouene (2)
ʒeoueð (3)
ʒer (10)
ʒerde (9)
ʒerden (1)
ʒeres (4)
ʒes (1)
ʒet (79)
ʒete (7)
ʒeten (3)
ʒetes (1)
ʒeteward (2)
ʒetewardes (1)
ʒetewart (3)
ʒette (1)
ʒettede (2)
ʒetten (2)
ʒetteð (2)
ʒetti (3)
ʒettunge (6)
ʒeue (8)
ʒeuen (3)
ʒeueð (13)
ʒeuʒeðehad (1)
ʒeulden (1)
ʒeung (4)
ʒeunge (9)
ʒeur (1)
ʒeuðe (1)
ʒi (1)
ʒichinde (1)
ʒihchunge (1)
ʒimmes (1)
ʒimstan (4)
ʒimstanes (1)
ʒirne (2)
ʒirni (3)
ʒirninde (1)
ʒirnunge (2)
ʒiscere (2)
ʒiscet (1)
ʒisceð (1)

ʒischunge (1)
ʒiscinde (1)
ʒiscunge (9)
ʒiscunges (1)
ʒiuer (1)
ʒiuere (2)
ʒiuerliche (1)
ʒiuernesse (5)
ʒulde (1)
ʒulunges (1)
ʒunge (3)
h (6)
ha (525)
habbe (75)
habbelln (1)
habben (46)
habbeð (81)
hackede (1)
hackeð (1)
hades (1)
hafden (1)
haʒer (1)
haiwart (1)
hal (7)
hald (6)
halde (24)
halden (24)
haldest (1)
haldet (1)
haldeð (20)
haldunge (2)
hale (4)
haleʒen (12)
haleʒene (2)
haleʒere (1)
halest (1)
halewi (8)
halewinde (2)
half (40)
halflung (1)
hali (125)
halidaʒene (1)
halie (2)
halinesse (5)
halirode (2)
haliter (1)
halle (1)
halp (3)
halpenes (1)
halse (1)
halseð (1)

halsi (2)
halsinde (1)
halsung (1)
halt (22)
halte (1)
halue (5)
haluendal (1)
halues (1)
ham (224)
hame (7)
hamseolf (8)
hamseolnen (1)
hamseoluen (9)
hanche (1)
handlung (1)
hard (15)
harde (15)
hardeliche (1)
harden (1)
hardere (2)
hardest (1)
hardi (12)
hardiliche (1)
hardschipe (2)
hardschipes (3)
hare (119)
harlot (1)
harloz (2)
harm (6)
harmen (1)
harmes (2)
harmest (1)
harmeð (3)
harmi (2)
harmin (2)
hart (4)
hat (15)
hate (6)
hatede (1)
hatest (1)
hateð (5)
hatie (2)
hatien (3)
hatieð (1)
hatinge (1)
hatte (3)
hattere (1)
hatueð (1)
hatunge (1)
haue (4)
haued (3)

hauest (24)
haueð (131)
haueðes (1)
he (900)
heal (2)
healde (1)
heale (23)
healen (5)
healende (1)
healeð (1)
heap (1)
heapeð (1)
hearen (1)
heast (1)
heate (2)
heaten (1)
heaðenesse (1)
heaued (43)
heauedsunne (9)
heauedsunnen (3)
heauet (5)
hebben (1)
hech (37)
heche (3)
hechen (2)
hechengel (1)
hechest (1)
hech3e (22)
hech3est (1)
hech3unge (1)
hech3ure (1)
hechliche (1)
hechnesse (6)
hechschipe (2)
hechsichðe (1)
hechsipe (1)
hef (3)
hefde (57)
hefden (8)
hefdest (8)
hefe (1)
he3e (2)
he3est (1)
heh (1)
hel (2)
helde (1)
helden (1)
heldeð (2)
hele (3)
heleð (1)
helle (78)

hellene (1)
helleware (1)
help (17)
helpe (4)
helpen (5)
helpeð (5)
helyes (1)
hende (2)
hendeliche (1)
hendest (1)
hennen (1)
heo (89)
heode (5)
heoden (1)
heold (5)
heolde (3)
heolden (1)
heole (2)
heolen (1)
heom (8)
heonene (2)
heoneward (1)
heonne (1)
heorde (2)
heordemonne (2)
heorden (2)
heore (18)
heoredome (1)
heoren (1)
heorte (189)
heorteliche (1)
heorten (4)
heortes (1)
heortiliche (1)
heou (1)
heoude (1)
heoue (6)
heouen (3)
heouene (102)
heouenes (2)
heoueneware (1)
heouenliche (10)
heoueriche (3)
heoueriches (2)
heoueð (1)
heow (4)
heowes (1)
her (78)
herabuten (3)
hera3eines (1)
herba3ede (1)

herbare3e (2)
herbar3e (1)
herbi (1)
herbiforen (1)
herbuuen (1)
herchnin (1)
herchnið (1)
hercne (2)
hercneð (3)
hercni (1)
hercnicht (1)
hercnið (6)
hercnunge (2)
hercwile (1)
herde (2)
herdest (3)
herdschipe (1)
here (13)
herede (1)
herefore (1)
herefter (7)
heren (6)
hereren (1)
heresie (2)
herest (2)
hereð (11)
hereword (9)
herie (1)
herieð (1)
heri3en (1)
herin (1)
herinde (1)
herinne (1)
herof (3)
heron (2)
herre (13)
herto (2)
herto3eines (1)
hertoward (1)
heruest (2)
herunge (7)
herunges (1)
herwið (1)
hesde (1)
hest (4)
heste (12)
hester (2)
hesteres (1)
hestes (4)
hete (1)
hetefeste (1)

hetel (1)
heterliche (2)
heteuest (2)
heteueste (1)
hetter (1)
hettren (1)
heue (1)
heued (1)
heuedclað (1)
heueð (3)
heui (7)
heuie (5)
heuinesse (2)
heuischipe (1)
hewes (1)
hich (3)
hichful (1)
hichte (1)
hichðe (2)
hider (1)
hiderto (3)
hi3e (3)
hi3en (2)
hi3eð (1)
him (465)
himmere (1)
himseluen (1)
himseol (1)
himseolf (30)
himseolue (3)
himseoluen (28)
hine (1)
hir (1)
hird (2)
hirde (1)
hire (515)
hirem (1)
hiren (1)
hireseolf (4)
hireseoluen (12)
his (614)
hise (59)
hit (583)
hitteð (1)
hod (2)
ho3e (1)
hoker (5)
hokere (1)
hokeres (1)
hokeringe (1)
hokerliche (2)

hold (1)
holde (2)
holden (3)
holdeð (2)
hole (7)
holen (2)
holieð (2)
holine (1)
holmeistre (1)
holpen (1)
home (1)
homeres (2)
hommen (1)
hond (13)
honden (23)
hondes (1)
hondhwile (1)
hondlede (1)
hondli (1)
hondlin (1)
hondlunge (1)
hondo (1)
hongede (1)
hongen (2)
hongeð (2)
hongin (1)
honginde (1)
hongunge (1)
honli (1)
hont (17)
hontful (1)
honthwile (2)
hope (24)
hopeful (3)
hopie (4)
hopien (1)
hore (8)
horn (1)
hors (3)
horse (2)
horses (1)
hort (1)
hosen (1)
hoteð (1)
houenliche (1)
hu (157)
huchte (1)
huckel (1)
hud (2)
hudde (2)
hude (3)

huden (5)
hudest (1)
hudeð (5)
hudles (3)
hudunge (1)
hul (4)
hulen (1)
huleð (1)
hulien (2)
hulieð (2)
hulinge (1)
hulles (8)
hulpe (2)
hund (1)
hunde (1)
hundes (1)
hundred (6)
hundret (1)
hunger (4)
hungrede (1)
hungren (1)
hungreð (1)
huni (1)
huntede (1)
huntet (1)
hunteð (1)
hunti (1)
huntung (1)
hupe (1)
hure (18)
hures (1)
hurlið (1)
hurnen (1)
hurren (1)
hurt (6)
hurte (5)
hurten (1)
hurtes (2)
hurteð (4)
hurting (1)
hurtleð (1)
hurtunge (1)
hus (15)
huse (4)
husel (1)
huses (2)
husewif (3)
husewifschipe (1)
huslefdi (1)
hut (5)
hwa (33)

hwam (10)
hwamse (1)
hwar (1)
hwarfore (2)
hwarse (1)
hwarþorch (1)
hwarþurch (4)
hwas (6)
hwase (80)
hwat (40)
hwatse (1)
hweate (3)
hwed (1)
hwelp (5)
hwelpes (7)
hwen (90)
hwene (3)
hwenne (62)
hwense (7)
hweol (2)
hweoles (3)
hweolinde (2)
hwepen (1)
hwer (9)
hweras (1)
hwerof (3)
hwerse (10)
hwerto (3)
hwerþurch (1)
hweruore (1)
hwet (46)
hwete (4)
hwetse (12)
hweðer (11)
hweðeres (1)
hweðerse (2)
hwi (27)
hwic (1)
hwicche (2)
hwich (28)
hwiche (6)
hwichse (1)
hwider (1)
hwiderse (1)
hwiderwart (1)
hwil (26)
hwile (24)
hwiles (1)
hwilinde (1)
hwise (1)
hwit (11)

hwite (11)
hwitel (1)
hwiteð (3)
hwittere (1)
hwon (2)
hwraððe (1)
i (266)
iacob (5)
iacobes (2)
iacobi (1)
iame (2)
iames (9)
iancred (1)
iattred (2)
ibeate (1)
ibeaten (5)
ibedt (1)
ibeon (8)
ibernd (1)
ibet (7)
ibleached (1)
iblesced (3)
iblescet (1)
iblindfallede (1)
iblissed (1)
ibocht (1)
iboked (1)
ibollen (1)
iboreȝen (7)
iboren (3)
iborene (1)
iborenesse (1)
iborewen (1)
ibreinde (1)
ibridled (1)
ibrocht (7)
ibroke (1)
ibroken (4)
ibunden (9)
ic (3)
icacht (4)
icast (1)
ich (353)
ichabbe (2)
ichealenged (1)
ichulle (8)
ichwer (1)
icleoped (8)
icleopede (1)
icleowet (1)
iclumben (3)

icnawen (16)
icnawes (1)
icnaweð (1)
icnotted (1)
icolet (1)
icomen (4)
icore (1)
icoren (2)
icorene (7)
icorne (1)
icoruen (1)
icraued (1)
icrucced (1)
icruned (4)
icud (2)
icume (1)
icumen (7)
icunned (1)
icured (1)
icuðð et (1)
icweme (1)
id (1)
idealed (1)
ideamed (1)
idel (17)
idele (2)
idelnesse (3)
idelnesses (1)
idemed (7)
idemet (4)
iderued (2)
ido (1)
idoddet (1)
idoluen (1)
idon (18)
idraȝe (2)
idraȝen (2)
iefned (8)
ieremie (12)
ierome (4)
ieromie (1)
ierusalem (8)
iesu (55)
iesues (2)
ieuened (1)
ifalden (1)
ifalen (1)
ifallen (3)
ifareȝet (1)
ifaren (2)
ifatted (1)

ifeiȝed (2)
ifeiȝet (8)
ifele (1)
ifeleð (1)
iferen (1)
ifest (1)
ifestned (2)
ifinden (5)
ifindeð (5)
ifint (2)
ifloȝen (1)
iflowen (3)
iflured (2)
ifole (1)
ifolen (1)
ifond (2)
ifonded (20)
ifondet (2)
iforðet (2)
ifuled (2)
ifulled (3)
ifunde (2)
ifunden (3)
ifurene (1)
igan (2)
igedered (2)
ignorance (1)
igodet (2)
igracet (1)
igreiðet (2)
igurd (1)
igurde (1)
iȝarked (1)
iȝeiet (1)
iȝemen (2)
iȝetted (1)
iȝeuen (5)
iȝirned (1)
ihacked (1)
ihaȝet (1)
ihal (2)
ihalden (4)
ihale (1)
ihaleȝed (1)
ihalseð (1)
iharmed (1)
ihaten (5)
ihaued (1)
ihauet (1)
ihealed (2)
ihealet (1)

ihechȝet (7)
ihelet (1)
iheorted (10)
iheouen (1)
iheowed (2)
iherd (7)
ihere (3)
iheren (6)
ihereð (3)
iheted (1)
iheueged (1)
ihole (1)
iholen (1)
iholpen (1)
ihonged (2)
ihud (8)
ihudde (2)
ihuled (1)
ihulet (2)
ihupped (1)
ihurt (2)
ihuslet (2)
ihut (1)
ihwer (1)
iiii (2)
iimpet (1)
ikepe (2)
ikepen (1)
ikepte (2)
ilaced (1)
ilacht (1)
ilad (4)
ilead (1)
ileadet (1)
ileaned (1)
ileared (2)
ileaued (1)
iled (1)
ileid (2)
ilein (2)
ilest (1)
ilesten (1)
ilet (2)
ilete (4)
ilette (1)
ileuen (1)
ileuet (1)
ileueð (1)
ilich (11)
iliche (7)
ilichnesse (3)

ilicht (2)
ilichted (1)
ilided (1)
ilimed (4)
ilimpen (1)
ilimpeð (1)
iliuet (1)
ilke (45)
iloged (1)
iloked (4)
ilokene (2)
ilome (2)
ilomp (1)
iloren (1)
iloset (2)
iluued (2)
imaines (1)
imaked (12)
imakede (2)
imaket (1)
imalt (1)
imarked (1)
imeane (1)
imembred (1)
imene (3)
imenged (1)
iment (1)
imette (1)
imne (2)
imong (3)
imunt (2)
imurðred (1)
in (610)
inblisse (1)
incest (1)
inde (1)
ine (1)
ined (3)
inedde (1)
ineiled (1)
ineilet (1)
inempned (7)
inempnet (1)
infeolaȝeliche (1)
infere (1)
inȝeong (9)
inne (13)
innen (1)
ino (1)
inobedience (2)
inoch (17)

Alphabetical Listing of Vernacular Forms: CLEOPATRA 243

inochraðe (7)
inre (18)
inread (1)
into (73)
inume (1)
inumen (3)
inumene (1)
inward (5)
inwarde (4)
inwardliche (7)
inwardluker (1)
inwardlukest (1)
inwarliche (1)
inwart (4)
inwit (2)
inwið (39)
inwuniende (1)
iob (11)
iobes (1)
ioel (2)
iohan (11)
iohanes (1)
ioie (2)
iokið (1)
iolchned (1)
ionswered (2)
iopened (2)
iosaphat (3)
iosep (1)
iosue (2)
iosues (1)
ipaiȝet (8)
ipiled (1)
ipined (5)
iplicht (2)
ipreached (1)
ipreised (1)
ipreiset (1)
ipreoued (2)
ipruuet (1)
ipunt (1)
iqueme (2)
iraeles (1)
ireaded (1)
ireadet (2)
ired (2)
iren (5)
irent (2)
iricht (1)
irikened (1)
irikenet (1)

irnene (1)
irnes (1)
irobbed (2)
iroted (2)
iruded (2)
irudet (1)
irusted (1)
is (1258)
isachtned (1)
isalued (1)
isaye (1)
isboset (2)
isboseth (4)
ischake (1)
ischaped (1)
ischapedn (1)
ischawed (1)
ischawet (2)
ischeaude (1)
isched (1)
ischend (1)
ischent (3)
ischrapede (1)
ischriuen (4)
ischrud (3)
isealed (1)
isecȝe (1)
isech (3)
isechȝene (1)
iseȝe (1)
iseȝen (1)
iseid (37)
iseide (2)
iseint (1)
iseit (1)
iseo (1)
iseon (13)
iseoð (1)
iset (12)
isette (3)
islein (7)
isleine (4)
ismacked (1)
ismecchet (1)
ismired (1)
isocht (1)
isompned (1)
isonteð (1)
ispared (1)
ispeche (1)
ispeken (6)

ispeled (1)
ispenet (1)
ispilled (1)
ispoken (1)
isprad (1)
israel (4)
isticched (1)
istoruen (1)
istracht (2)
istrencðed (1)
istreoned (1)
istruped (1)
istunt (1)
isuled (1)
isundred (4)
isuneged (1)
isunged (2)
isutelet (2)
iswipt (2)
isworen (1)
iswunken (2)
itachet (1)
itacht (3)
itald (6)
italt (2)
itauwet (1)
iteiȝet (2)
iteilet (1)
itempted (1)
itiled (1)
itimbred (1)
itoȝe (3)
itoȝen (1)
itoȝene (1)
itoren (1)
itorene (1)
itouðet (1)
itrussed (1)
itucht (1)
ituked (2)
ituned (1)
iturnd (2)
iturnde (1)
iturnt (1)
iturpled (1)
iþocht (1)
iþochte (1)
iþolien (1)
iþonked (4)
iþorschen (1)
iþucht (1)

iþurlet (2)
iudas (10)
iudase (2)
iudasen (1)
iudee (2)
iudit (17)
iudith (1)
iueiȝet (1)
iuestned (2)
iuge (2)
iuglurs (1)
iuint (2)
iuiðered (1)
iulianes (1)
iulienes (1)
iupped (3)
iurnee (1)
iursalem (2)
iursalemes (1)
iveiet (3)
iveleð (1)
ivnnen (1)
iwaked (1)
iwalled (1)
iwarned (2)
iwarpe (1)
iwarpen (1)
iwedded (2)
iwend (2)
iwent (4)
iweorred (2)
iweschen (3)
iwete (1)
iwilned (1)
iwinden (1)
iwis (6)
iwist (2)
iwite (1)
iwiued (1)
iwonet (1)
iworded (2)
iwracht (3)
iwrachte (1)
iwraððet (1)
iwriȝen (1)
iwrite (2)
iwriten (10)
iwritene (4)
iwunded (1)
iwunden (2)
iwuned (4)

iwunet (1)
iwunnen (2)
iwurden (2)
iwurset (1)
iwurðe (2)
iwurðen (6)
iwurðeð (2)
ix (1)
jburð (1)
jlumpen (1)
judas (1)
judit (1)
kakeleð (1)
kanhschipe (1)
kasten (1)
keachecuppe (1)
kec (1)
kecche (1)
keche (1)
kechet (1)
kecheð (1)
keiser (1)
kemp (1)
kempene (2)
kene (10)
keoruinde (1)
keoruing (1)
kepe (1)
kepeð (2)
kepte (4)
kerewinde (1)
kikelot (1)
kimeð (47)
kinedom (6)
kinedomes (2)
king (17)
kinges (4)
knichte (1)
knif (1)
kwalmstouwe (1)
l (2)
lach (9)
lach3e (7)
lach3en (5)
lach3ere (2)
lach3eð (4)
lach3inde (1)
lachnesse (1)
lachschipe (1)
lachte (1)
lachtre (4)

lachtren (1)
ladde (2)
laddre (4)
lade (1)
ladeð (1)
ladlachen (1)
ladles (1)
ladlich (2)
ladliche (2)
ladlukest (1)
lafdi (7)
lafdischipe (1)
la3e (8)
la3edest (1)
la3ere (1)
lane (2)
lanhure (3)
lare (11)
large (13)
largelich (1)
largere (1)
largesce (3)
lasse (3)
last (2)
laste (3)
lastin (1)
lastunge (2)
lat (1)
late (2)
latemeste (1)
latere (10)
lates (5)
latin (1)
lattes (1)
lað (3)
laðe (1)
laðede (1)
laðelese (1)
laðere (1)
laðest (5)
laðieð (1)
laðlas (1)
laððe (2)
lauedi (21)
lauedies (1)
lauedis (1)
lauerd (177)
lauerdes (8)
lauerð (1)
laured (2)
laurence (1)

laurenz (1)
lazre (3)
lead (2)
leadde (1)
leade (3)
leaden (5)
leadeð (5)
leaf (5)
leafde (2)
leafden (4)
leafdischipe (1)
lealle (1)
leane (4)
leanen (1)
leapen (5)
leapeð (7)
leapinde (1)
learede (1)
learen (7)
leareð (6)
leas (3)
lease (1)
leasing (1)
least (4)
leaste (4)
leasten (1)
leasteð (1)
leasung (1)
leasunge (2)
leaue (32)
leauede (1)
leauedest (1)
leauedi (6)
leauen (2)
leaues (6)
leaueð (8)
leceons (2)
leche (8)
lechecreft (2)
lechen (1)
lecherie (9)
lecheries (2)
lecheð (1)
lecheur (2)
lecheurs (2)
lechne (1)
lechnin (1)
lecun (2)
ledde (5)
lede (2)
leden (1)

ledene (4)
lees (2)
lef (1)
lefde (3)
lefden (1)
lefdi (3)
legge (3)
leggen (1)
le3e (1)
lei (10)
leide (3)
leidein (1)
leie (1)
lei3e (1)
lei3en (2)
leiten (1)
leiteð (1)
leitinde (2)
leið (7)
leiuen (1)
lenden (1)
lenede (1)
lengere (5)
lengre (2)
lenten (2)
leocuns (1)
leof (11)
leoflich (1)
leofliche (2)
leofmon (22)
leofmonnes (1)
leome (3)
leomen (2)
leop (2)
leope (1)
leor (3)
leorne (2)
leornede (1)
leorneden (1)
leornen (1)
leorneð (2)
leorni (2)
leornið (1)
leose (1)
leosen (8)
leoset (1)
leoseð (6)
leost (1)
leoste (18)
leote (1)
leoten (1)

Alphabetical Listing of Vernacular Forms: CLEOPATRA

leoteð (1)
leoue (94)
leoueliche (1)
leouemon (1)
leouere (8)
leoues (2)
leouest (6)
leoueste (3)
leoune (1)
leoure (4)
lepe (1)
leprus (1)
lerde (2)
lereð (1)
les (3)
lesceunes (1)
lesen (1)
lesewe (4)
lesse (30)
lest (7)
leste (27)
lesteð (2)
lesunge (1)
let (21)
letanie (2)
lete (17)
leten (7)
leteð (3)
letewaries (1)
lette (14)
letten (3)
letteres (1)
letteð (1)
lettre (1)
lettres (4)
letuarie (2)
leðer (2)
leue (7)
leuede (1)
leueð (4)
leun (1)
leunn (1)
leunnesse (1)
leuns (1)
leuunge (1)
li (2)
libbe (1)
libben (4)
libbeð (2)
lich (1)
liche (2)

lichliche (1)
lichnesse (2)
licht (17)
lichte (18)
lichten (3)
lichtere (1)
lichteð (4)
lichtlepes (1)
lichtliche (14)
lichtluker (1)
lichtre (1)
lichwurðe (1)
licom (1)
licome (20)
licomes (8)
licomliche (8)
licung (2)
licunge (17)
licunges (1)
licur (2)
licwurðe (3)
lif (72)
lifhali (1)
liflade (3)
lifladen (1)
lifppen (1)
ligen (1)
ligeð (1)
ligge (5)
liggen (2)
liggeð (2)
liggunge (1)
liȝe (1)
liȝen (3)
liȝest (1)
liȝeð (4)
like (1)
liken (4)
likeð (3)
lim (8)
lime (2)
limen (8)
limes (2)
limpeð (17)
limppeð (2)
limung (1)
linnene (1)
lippen (2)
liste (2)
litunge (2)
lið (11)

liðe (2)
liðeliche (1)
liðere (1)
liðes (1)
liðeð (1)
liue (6)
liuede (1)
liuen (1)
liuenað (2)
liuenaz (1)
liues (4)
liueð (6)
liuie (1)
liuieð (2)
liuinde (1)
liun (10)
liunes (1)
lo (37)
locunge (1)
locunges (1)
lof (1)
logede (1)
logeð (1)
loke (16)
lokede (5)
loken (3)
lokest (2)
lokeð (18)
loki (5)
lokig (1)
lokin (3)
lokið (4)
lokunge (1)
lokunges (1)
lomb (2)
lombres (1)
lome (1)
lond (5)
londe (3)
londes (1)
long (6)
longe (36)
longeð (1)
longung (1)
longunge (2)
lont (7)
lontuuel (1)
loq̄ (1)
lore (1)
lot (3)
lou (3)

loue (1)
loueliche (1)
louieð (1)
lour (2)
lousse (1)
lucifer (2)
lud (1)
luddere (1)
luddre (1)
lude (6)
ludt (1)
lufferes (1)
lufsum (1)
lufsume (1)
lufsumere (1)
lufsumes (1)
luft (2)
lufte (1)
lupe (1)
lure (6)
lust (19)
luste (7)
lustede (1)
lustes (13)
lustni (1)
lut (5)
lute (24)
lutel (28)
lutell (1)
luteð (1)
lutinde (1)
lutle (7)
lutles (1)
luðer (5)
luðere (4)
luðerliche (1)
luue (172)
luuede (11)
luueden (3)
luueful (2)
luuefule (1)
luuelich (1)
luueliche (7)
luuen (4)
luues (1)
luuest (6)
luueð (28)
luuewurðe (2)
luuie (3)
luuien (17)
luuieð (3)

m (1)
ma (13)
macarie (1)
machabeu (1)
macht (14)
machte (26)
machten (6)
machtest (2)
machti (1)
mad (2)
madde (1)
maʒe (24)
maʒen (23)
mai (18)
maiden (4)
maidenes (2)
maidenhad (1)
maister (3)
make (23)
makede (16)
makeden (2)
makedest (2)
maken (14)
makest (7)
maket (1)
makeð (66)
makie (8)
makien (15)
makiet (1)
makieð (1)
malteð (2)
man (6)
mandeð (1)
maner (2)
manere (9)
maneres (2)
mantel (1)
maracht (1)
mardochees (2)
mardocheus (1)
mare (109)
marechʒeue (1)
marechʒeuen (1)
mareʒen (6)
mareʒeuen (1)
marewe (1)
margarete (1)
marie (37)
maries (8)
mark (1)
marke (4)

marken (3)
markeð (1)
marreð (1)
marthe (7)
martindom (1)
martir (2)
martirdom (1)
martires (1)
martirs (1)
marðe (1)
maseliche (1)
masse (3)
maten (2)
materie (1)
maðeleð (4)
maðelinde (1)
maðelunge (2)
maudeleine (1)
maudeleune (1)
maunciple (1)
me (355)
meadluker (1)
meane (1)
meanede (1)
meanen (3)
meaneð (1)
mearit (1)
meast (1)
mechʒe (1)
mede (17)
medeliche (1)
meden (2)
medenhad (1)
meder (1)
medicine (3)
meditaciuns (3)
medlase (1)
medlaseschipe (1)
medlasluker (1)
medles (1)
medlese (2)
medschipe (2)
medten (1)
mei (144)
meiden (15)
meidene (3)
meidenelure (1)
meidenes (2)
meidenhad (3)
meidlure (1)
meidnes (8)

meime (1)
meise (1)
meister (5)
meistren (2)
meistres (1)
meistri (1)
meistrie (3)
meistries (1)
meiðhad (3)
mel (4)
men (58)
mende (6)
mene (2)
menede (3)
menen (1)
meneð (6)
menne (3)
mennes (1)
menske (13)
menskeful (1)
menskeliche (1)
mensken (1)
meo (2)
meoc (1)
meoke (2)
meokeð (1)
meoki (1)
meonestrales (1)
meoseise (6)
meoster (8)
meosters (1)
merarit (1)
merarith (1)
merarithes (1)
mercer (1)
merci (12)
meseise (5)
meseolf (1)
meseoluen (2)
messager (3)
messagers (1)
messe (3)
messen (1)
messeð (1)
mest (28)
meste (7)
mester (4)
mesteres (1)
mestrie (1)
mesure (4)
mete (30)

metes (3)
meteð (1)
mi (42)
michales (2)
michee (2)
michte (17)
michteliche (1)
michten (1)
michtes (1)
michti (2)
mid (117)
midde (1)
middei (1)
middel (2)
midleste (1)
midmareʒen (1)
midnicht (1)
migge (4)
mihte (1)
mihtin (1)
milc (3)
milce (10)
milcefule (2)
milde (9)
mildefule (1)
mildeliche (5)
mildeschipe (1)
mildre (1)
mimmon (1)
min (35)
mine (68)
mines (1)
miracle (5)
mirre (3)
mis (4)
misde (1)
misdede (1)
misdeð (3)
misdo (1)
misdoð (1)
mishap (1)
misherest (1)
misiseide (1)
misleue (1)
misleueð (1)
mislich (2)
misliche (10)
mislicunge (7)
misliken (1)
misneome (1)
misneomeð (1)

Alphabetical Listing of Vernacular Forms: CLEOPATRA 247

misneominge (1)
misnimeð (1)
misnoteð (1)
misnotunge (1)
misnumene (1)
mispaiȝe (1)
mispaiȝet (1)
missaȝe (1)
missegge (2)
misseggeð (2)
misseide (1)
misseið (7)
misselchðe (1)
mistimeð (1)
mistoȝe (1)
mistrouwed (1)
mistrume (1)
misþenche (1)
miswiten (1)
misword (1)
miswordes (1)
mit (9)
mixne (1)
mo (1)
mod (1)
moder (20)
modersunnen (1)
molden (1)
mon (185)
moncun (2)
moncunn (1)
moncunne (1)
mone (4)
mong (2)
mongleð (1)
monglin (1)
monglunc (1)
monglung (1)
monglunge (1)
moni (29)
monie (50)
monies (1)
monifald (1)
monifalde (2)
monifalden (1)
monifolde (1)
monihwet (1)
monlich (2)
monliche (1)
monluker (1)
monne (18)

monnes (29)
monslacht (3)
mordre (1)
more (1)
morðre (1)
most (2)
moste (4)
mot (24)
mote (12)
moten (2)
moysen (1)
moyses (2)
moysese (2)
mu (1)
muche (119)
muchel (47)
muchele (52)
mucheles (1)
mucheleð (1)
mucheres (1)
muchȝe (2)
muchȝen (1)
muchte (26)
muchten (2)
mudleð (1)
muȝe (22)
muȝen (8)
mulin (1)
mulne (2)
munc (2)
munedai (1)
munegeð (2)
munegunge (1)
mungin (1)
mungunge (5)
mungyu (1)
munnunge (1)
munt (3)
murchðe (2)
murchðen (1)
murchðes (1)
murie (3)
murnede (1)
murnen (1)
murni (1)
murnung (1)
murðre (1)
murðredest (1)
mutles (1)
mutleð (1)
muð (37)

muðe (6)
muðene (1)
muðes (4)
na (21)
nabbe (10)
nabben (3)
nabbeð (2)
nach (2)
nachȝi (2)
nachȝin (1)
nachȝið (1)
nachte (2)
nachtlachede (1)
nai (4)
naked (9)
nakedliche (1)
nalde (16)
naldest (1)
nam (8)
namare (14)
namon (3)
nan (166)
nane (16)
nanes (1)
nanesweis (5)
nanweis (1)
napped (1)
narewe (5)
narewest (1)
narewliche (1)
nart (3)
naru (5)
naruliche (1)
naruðe (1)
nase (9)
nases (1)
naske (1)
nast (2)
nat (6)
natiuite (1)
naþing (3)
nauest (1)
naueð (19)
naum (1)
naut (324)
navet (1)
nawicht (15)
ne (746)
neauer (88)
neauerd (1)
neaure (3)

neb (13)
nebbes (2)
nebscheft (2)
nech (21)
nechebur (1)
necheburs (1)
necke (1)
ned (2)
neddre (17)
neddren (2)
nede (10)
neden (2)
nedeð (2)
nedunge (1)
neest (3)
nefde (13)
neil (1)
neiles (4)
nelde (4)
nelden (1)
nemmet (1)
nempne (3)
nempnede (1)
nempnen (4)
nempneð (1)
nempni (3)
nempnin (1)
nempnunge (1)
nene (1)
neo (1)
neoces (2)
neod (26)
neode (13)
neodeliche (1)
neodeð (7)
neodful (2)
neodfule (2)
neolachet (1)
neolechunge (2)
neome (11)
neomen (5)
neomet (1)
neomeð (18)
neoming (1)
neorre (1)
neoðere (1)
neouwe (1)
neowe (14)
nep (1)
nepp (1)
nere (12)

neren (3)
nes (21)
nesche (6)
nesde (1)
nese (1)
nest (16)
neste (1)
nestes (3)
nettes (2)
neþelatere (1)
neuer (1)
nichodemus (1)
nicht (21)
nichte (4)
nichtes (3)
nichtfuwel (5)
nichtlachede (1)
nickeð (1)
nicodemus (1)
niȝe (3)
niȝene (2)
niȝeðe (2)
nihcte (1)
niht (2)
nim (11)
nimest (1)
nimeð (18)
nis (164)
nisteð (1)
nið (3)
niðfule (1)
niuelen (1)
niuelin (1)
no (2)
noa (3)
noateð (1)
noble (4)
noblesce (1)
noch (1)
nocht (8)
nochtunge (1)
nochwder (1)
nocturne (1)
nodeles (1)
noees (1)
nohwer (4)
noise (2)
nolde (8)
nom (4)
nome (30)
nomecuðe (1)

nomelich (1)
nomeliche (26)
nomen (1)
nomeð (1)
non (1)
nore (1)
noteð (2)
notien (3)
notieð (3)
notiȝe (1)
noðelas (1)
noðelatere (3)
noðeles (2)
noðeletere (1)
noðles (1)
nouðer (23)
nu (141)
nule (23)
nulle (4)
nulleð (5)
nult (5)
nume (1)
nunan (1)
nunne (1)
nurice (3)
nurð (4)
nuste (2)
nute (5)
nuten (1)
nutten (1)
nv (2)
o (58)
oa (5)
oardre (1)
ob (1)
obedience (3)
obedient (1)
och (1)
ochwider (1)
oder (2)
odre (3)
odres (1)
of (1362)
ofdraȝen (2)
ofdraȝeð (2)
ofdred (5)
ofdreden (1)
ofearned (1)
ofearneð (3)
ofer (6)
ofergan (2)

oferherunge (1)
oferned (1)
ofernede (1)
offe (2)
offeared (4)
offearede (1)
offearen (1)
offered (1)
offreden (1)
offren (1)
offreð (1)
offrið (2)
offrucht (1)
offrunges (1)
ofgan (1)
ofgeð (1)
ofhungred (1)
ofsecheð (1)
ofserued (2)
ofserueden (1)
ofserueð (1)
ofspradde (1)
ofsprung (1)
ofte (96)
ofteken (1)
oftere (1)
oftest (2)
ofþunche (1)
ofþunchunge (3)
ofþurst (2)
oille (1)
oker (1)
okereð (1)
olchnen (1)
olchni (1)
olchninge (1)
olchnunge (1)
old (1)
oloferne (5)
olofernes (1)
olofernus (2)
on (363)
onde (17)
onden (1)
ondes (2)
ondful (2)
ondfule (9)
ondrowes (1)
ondswere (4)
ondswerede (5)
ondsweren (4)

ondsweres (1)
ondswerest (2)
ondswereð (8)
ondswerie (1)
onlitnes (1)
onswere (1)
ontende (5)
ontenden (4)
ontendunge (1)
onðer (1)
onwart (1)
open (7)
opene (7)
openen (1)
openest (1)
openeð (5)
openi (2)
openlich (3)
openliche (7)
openlicht (1)
openlukest (1)
openunge (1)
openunges (1)
or (2)
ord (2)
ordre (17)
ordres (2)
oreȝel (3)
oreisun (1)
oreisuns (4)
orȝel (1)
orhȝeart (1)
origenes (1)
orn (1)
ornere (1)
ortroweð (1)
os (1)
osee (2)
oþer (2)
oþere (1)
oðe (2)
oðer (443)
oðere (31)
oðeres (7)
oðerhwat (2)
oðerhwet (5)
oðerhwile (15)
oðerhwiles (7)
oðerweis (4)
oðerwise (1)
oðes (1)

Alphabetical Listing of Vernacular Forms: CLEOPATRA 249

oðet (21)
oðre (51)
oðres (10)
ou (60)
ouer (44)
oueral (4)
ouerchasten (1)
ouercom (2)
ouercome (1)
ouercomen (1)
ouercume (1)
ouercumen (8)
ouercumest (1)
ouercumeð (1)
ouerdon (1)
ouere (1)
ouerfeble (1)
ouerforð (2)
ouerfulle (1)
ouergan (1)
ouergeað (1)
ouergeð (1)
ouerguldeð (1)
ouerhoȝe (5)
ouerhowe (2)
ouerkimeð (1)
ouerleapeð (1)
ouerleapinde (1)
ouerleden (1)
ouerstrong (1)
ouerswiðe (4)
ouertrust (5)
ouertrusten (1)
ouertrusti (1)
ouerturneð (2)
ouerwaden (1)
ouerwarpe (1)
ouerwarpen (1)
ouerweieð (1)
oure (11)
ouself (1)
ouseolf (3)
ouseoluen (1)
ouð (1)
ouðer (2)
ouwel (1)
ouwer (67)
over (2)
overal (2)
ow (134)
ower (58)

owre (1)
owren (1)
owseoluen (10)
owwer (1)
oxe (1)
oxnen (1)
p (1)
pacience (1)
packes (2)
pagine (1)
paien (3)
paiȝede (1)
paiȝen (1)
paiȝeð (2)
palmessunedi (1)
pape (1)
parais (2)
parays (2)
parayse (1)
parlures (4)
parochian (1)
partet (1)
parti (2)
passeð (2)
passi (1)
passiun (8)
passiunes (1)
passiuns (1)
paternosteres (9)
patriarche (1)
patriarches (1)
patriarkes (1)
paðereð (1)
pauwel (3)
pawel (17)
peas (2)
peintinge (2)
pellican (11)
peni (1)
penitance (12)
penitence (8)
peonewes (1)
perfecciun (1)
peril (1)
persone (4)
persperite (1)
pes (3)
peter (9)
petres (1)
pharaon (2)
pharaones (2)

phares (1)
phariseus (1)
philisteus (2)
pilche (2)
pilegrim (4)
pilegrimes (8)
pilewin (1)
pilgrimes (1)
pilien (1)
piller (1)
pilunge (1)
piment (1)
pine (59)
pined (1)
pinen (13)
pineð (1)
pinful (1)
pinsunge (3)
pinsunges (1)
pinunges (1)
pistel (2)
pitance (6)
place (2)
pleide (2)
pleideð (1)
pleieð (1)
pleiȝen (5)
pleiȝeð (1)
pleinte (1)
plente (1)
ploȝe (2)
point (4)
polkin (1)
popule (1)
pot (3)
potage (1)
pouerte (5)
poure (20)
powel (1)
preachiurs (1)
preche (1)
precheur (1)
prechi (1)
preeminences (1)
preeost (2)
preeostes (1)
preise (1)
preisede (1)
preiset (1)
preiseð (1)
preisin (1)

preisið (1)
preisunge (1)
prelat (1)
prelaz (1)
preon (1)
preost (15)
preoste (1)
preostes (4)
preoue (7)
preoueð (1)
present (3)
presse (1)
presumciun (1)
prickes (1)
pricunge (3)
prikeð (1)
prikiende (1)
prikinde (1)
prime (4)
prince (1)
princes (1)
principe (1)
pris (4)
prisun (8)
prisunen (1)
prisuns (1)
priue (2)
priuee (1)
priuees (1)
priuement (2)
priuete (2)
priuetez (1)
priuilegie (1)
professiun (1)
prokinge (1)
prophecie (1)
prophete (15)
prophetes (2)
propreliche (3)
prosperte (1)
prouieð (1)
prud (1)
prude (34)
pruden (2)
prudest (1)
pruue (1)
pruuen (1)
pruueð (1)
pruuie (1)
pruuieð (1)
pruunge (1)

puf (7)
puffen (2)
puffes (2)
puffeð (1)
pufte (1)
pundeð (1)
punt (3)
puplius (1)
pupplicanes (1)
purgatoire (2)
purgatorie (2)
purs (1)
purses (3)
purte (1)
put (19)
putte (3)
putten (1)
puttes (1)
putteð (1)
quaer (2)
quakien (1)
qualmhus (1)
quarreus (2)
queadschipe (1)
queen (1)
queme (2)
quemen (1)
quen (4)
quene (3)
queð (1)
quic (7)
quickere (1)
quicschipe (1)
quide (1)
quike (5)
quitance (1)
quite (3)
quiten (1)
quod (20)
quoð (6)
rad (1)
raisuns (1)
ranceun (3)
rangeð (1)
rarewe (1)
ras (1)
raðere (3)
rauenes (1)
rchles (1)
reache (1)
reacheð (1)

reachinde (1)
read (12)
reade (7)
readesmon (1)
readeð (1)
readiliche (1)
reaflac (1)
reah (1)
ream (1)
rearde (1)
reareð (1)
reaue (2)
reauelake (1)
reauen (1)
reaueres (1)
reaueð (5)
reaui (1)
reauin (1)
reawe (5)
rebecca (1)
recabes (2)
reche (1)
rechles (1)
rechleses (1)
reclus (3)
reclusen (1)
recorden (1)
reculen (1)
red (4)
rede (2)
reden (5)
redeð (8)
redles (1)
redung (1)
redunge (7)
regibbeð (1)
reimen (2)
rein (2)
reine (1)
reisun (20)
reisuns (4)
relef (4)
religion (1)
religiun (13)
religiuns (3)
religius (3)
religiuse (6)
relikes (1)
remedie (1)
remedies (1)
remissiun (1)

remon (1)
rentes (2)
reoðer (1)
reouful (1)
reoufule (1)
reounesse (1)
reouðe (2)
reowen (1)
reowenesse (1)
reste (15)
resten (1)
resteð (2)
resuns (1)
reuen (1)
reuful (2)
reufule (3)
reufulnesse (1)
reuðe (7)
rewe (1)
rewful (1)
riche (13)
richeliche (1)
richesces (1)
richest (1)
richt (44)
richte (18)
richten (1)
richteð (3)
richtwis (1)
richtwise (2)
richtwisnesse (7)
ride (1)
riden (2)
ridinde (1)
ridli (1)
riht (2)
rikenen (3)
rikeneres (1)
rin (1)
rinde (7)
rindeles (1)
rine (2)
rinet (1)
rineð (2)
ring (2)
rinnen (1)
rinung (1)
riote (1)
ris (1)
risede (1)
riule (3)

riulen (1)
riulunge (1)
riuwlen (1)
riuwlin (1)
riwle (18)
riwlen (2)
riwlet (1)
riwleð (2)
riwlin (1)
riwlið (1)
rixleð (5)
rixlunge (1)
robberes (1)
robbeð (3)
rochte (1)
rockeð (1)
rode (61)
rodeschelt (1)
rodestaf (3)
rodestef (1)
rodetaken (2)
rodi (1)
rof (2)
rolle (1)
rome (1)
ron (2)
rondes (2)
ropeð (1)
ropin (1)
roping (1)
rose (1)
rote (4)
rotede (2)
roteð (4)
rotie (1)
rotien (3)
rotieð (1)
rotin (1)
ruben (1)
ruch3e (2)
ruch3ere (1)
rudde (1)
rude (2)
ruffin (1)
rug (2)
rugg (1)
rugge (1)
ruggi (1)
ruing (1)
ruke (1)
rukelem (1)

Alphabetical Listing of Vernacular Forms: CLEOPATRA 251

rukeleð (1)
ruken (2)
rune (1)
runes (3)
rungen (1)
runnen (1)
rust (3)
rusteð (1)
rustin (1)
rute (2)
s (3)
sa (1)
sabraz (1)
sachnesse (3)
sachte (2)
sachten (1)
sachtnesse (6)
sachtneð (1)
sachtni (1)
sacrament (6)
sacramenz (1)
sacrefise (2)
sacrefises (1)
sacrement (2)
sacreð (1)
saȝe (8)
saide (1)
saim (1)
saið (2)
sake (1)
sakelese (1)
salde (1)
salemon (6)
salm (11)
salmes (10)
salmiste (1)
salmwruchte (3)
salome (2)
salomon (21)
salomones (1)
salt (5)
saluaciun (1)
salue (12)
saluen (4)
salueð (1)
saluz (1)
saml (1)
sansunes (3)
sar (22)
sara (1)
sare (23)

sarepte (1)
sares (1)
sarest (2)
sari (17)
sarie (1)
sariliche (3)
sarmun (1)
sarraptaines (1)
sarre (6)
sarrepte (1)
sarrure (1)
satan (1)
sau (1)
saul (9)
saule (95)
saulen (2)
saulene (1)
saules (1)
sauter (7)
sauuen (1)
sauueð (1)
sauur (3)
sawle (1)
sc (1)
scaldinde (1)
scandle (1)
scarn (2)
scarneð (1)
sch (1)
schade (1)
schadewe (11)
schadewede (1)
schadewere (1)
schake (1)
schakeles (1)
schaken (2)
schakeð (2)
schakinde (1)
schal (130)
schald (1)
schaldinde (1)
schale (1)
schalt (18)
schame (1)
schape (1)
schapeð (1)
scharen (1)
scharn (1)
scharnunge (1)
scharpe (1)
scharpschipe (1)

schaude (6)
schauwede (1)
schawe (3)
schawede (6)
schawen (12)
schawere (3)
schawet (1)
schaweð (17)
schawi (3)
schawin (3)
schawið (3)
schawunges (1)
schealt (1)
scheame (1)
scheap (1)
schearp (2)
schearpe (3)
scheau (3)
scheaude (1)
scheaw (2)
scheaweð (2)
sched (4)
schedde (2)
schede (1)
schedeð (1)
schedunge (1)
scheineð (1)
scheld (13)
schelt (6)
schende (1)
schenden (1)
schendful (3)
schendfule (3)
schendfulliche (2)
schendfulnesse (1)
schendlac (4)
schene (6)
schenles (1)
schenre (6)
schent (1)
schentfule (2)
scheoȝemeles (1)
scheoȝinde (1)
scheome (44)
scheomeful (5)
scheomefulliche (1)
scheomel (1)
scheomeles (4)
scheomelese (3)
scheomelesliche (1)
scheomelich (1)

scheomeliche (3)
scheomen (1)
scheomeð (1)
scheon (2)
scheonde (2)
scheonken (1)
scheop (1)
scheort (2)
scheorte (1)
scheorteliche (2)
scheortliche (4)
scheot (2)
scheoteð (1)
scheotung (1)
schep (1)
schere (2)
schet (1)
scheuncheð (1)
scheunchinde (1)
scheuppen (1)
schift (1)
schilde (3)
schilden (1)
schile (1)
schiles (3)
schillinges (1)
schilt (1)
schindleð (1)
schinen (1)
schineð (1)
schinide (1)
schip (3)
schipe (1)
schipes (1)
schir (12)
schire (2)
schireð (1)
schirnesse (2)
schole (1)
schonde (1)
schraden (1)
schrapeð (2)
schrapien (1)
schrif (1)
schrift (70)
schrifte (12)
schriftes (3)
schriftfader (2)
schriue (4)
schriuen (4)
schriuest (1)

schriueð (2)
schrud (2)
schrudde (1)
schruden (2)
schrudes (2)
schrudeð (1)
schruten (1)
schuchteð (1)
schucke (2)
schulde (49)
schulden (3)
schuldest (6)
schuldi (1)
schule (76)
schulen (36)
schuleð (1)
schuneden (2)
schunen (1)
schunfit (1)
schunie (1)
schunien (1)
schunke (1)
schuppere (1)
schurge (1)
schurgen (1)
schurtið (1)
schute (2)
schutteð (1)
schuuen (1)
schuueð (2)
sckerre (1)
sckile (1)
scletteð (1)
scorpiun (5)
scorpiunes (1)
scotte (1)
scotteð (1)
scottin (1)
scrhif (1)
scrhift (1)
scrif (1)
scrouwe (1)
scrowe (1)
sculle (1)
scureð (1)
se (195)
sea (6)
sec (7)
seccleð (1)
sech (13)
seche (2)

sechen (6)
secheð (14)
sech3e (5)
sechinde (1)
sechnesse (16)
secke (1)
secli (1)
secnesse (13)
sedes (1)
sege (2)
segen (4)
segeð (3)
segge (51)
segged (1)
seggen (58)
seggeð (31)
segginde (1)
seg3e (1)
se3e (2)
seh (3)
sei (12)
seid (1)
seide (111)
seiden (4)
seidest (1)
sein (10)
seint (91)
seinte (44)
seintte (1)
seist (6)
seið (311)
seke (9)
sekere (1)
selchðe (4)
selden (3)
seldsene (1)
seldsenespeche (1)
seli (11)
selt (1)
selthwenne (1)
seluen (1)
sembant (1)
semblant (8)
semey (8)
semlich (1)
sende (11)
senden (1)
sendeð (2)
sene (1)
seneca (1)
senecce (1)

sent (8)
sentence (1)
seo (9)
seolc (1)
seolcuð (1)
seolf (24)
seolue (1)
seoluer (4)
seon (14)
seone (1)
seonne (1)
seorchfule (1)
seoð (4)
seoðe (1)
seoðen (1)
seoððen (5)
seoue (18)
seouefald (1)
seouefalt (1)
seouen (6)
seouene (3)
seouenicht (2)
seoueniht (1)
seoueþe (1)
seoueðe (9)
seoweð (1)
sepulcre (1)
seruant (1)
serueð (4)
serui (1)
seruin (7)
seruise (11)
seruises (1)
seruið (6)
seste (12)
set (6)
sete (3)
seten (2)
sette (6)
setten (2)
setteð (1)
s3et (1)
shwic (1)
sibbe (1)
sich (1)
sichen (1)
sichte (2)
sichðe (35)
sichðen (1)
side (3)
siden (2)

sigaldrie (1)
si3eð (2)
sike (2)
sikele (1)
sikelere (1)
sikeleres (1)
sikeleð (1)
sikelunge (4)
siken (1)
siker (12)
sikere (4)
sikerliche (14)
sikernesse (4)
sikes (1)
sikeð (2)
silence (20)
simonie (1)
simple (2)
sinchete (1)
sinclete (1)
sines (1)
sing (1)
singen (5)
singeð (8)
singgen (1)
singinde (2)
sire (27)
sist (2)
sit (8)
site (1)
siten (1)
sitte (7)
sitten (8)
sitteð (3)
sittinde (2)
sittunge (1)
sið (18)
siðe (2)
siðen (13)
siððen (2)
six (7)
sixe (3)
sixtene (3)
sker (2)
skeren (1)
skerre (1)
skile (5)
skiles (3)
skirmen (1)
skirmeð (3)
skiwes (1)

Alphabetical Listing of Vernacular Forms: CLEOPATRA 253

skrapen (1)
slakien (1)
slauðe (11)
slauððe (1)
slauwe (2)
slaw (1)
slea (1)
slean (3)
sleateð (1)
sleað (3)
slei (1)
slenne (2)
slep (7)
slepde (2)
slepe (6)
slepen (11)
sleperes (1)
slepeð (3)
slepi (2)
slepinde (3)
slepte (1)
sleptest (1)
sleð (7)
sleue (1)
slibbri (3)
slid (1)
sliddrunge (1)
sliden (1)
slidereð (1)
slideð (1)
slim (1)
sloch (6)
slo3en (1)
sluggi (1)
slummi (1)
sluri (1)
smachte (3)
smakereð (1)
smal (1)
smat (1)
smech (3)
smecheð (1)
smechles (1)
smechunge (4)
smeh (1)
smel (7)
smele (2)
smellen (1)
smelles (2)
smelleð (1)
smellinde (2)

smellunge (4)
smelre (1)
smeort (1)
smeorteliche (1)
smeorten (1)
smeortunge (1)
smeoðeð (1)
smeoðien (1)
smeðe (2)
smeðen (1)
smeðeð (2)
smiren (1)
smirien (4)
smirieð (1)
smirles (1)
smit (8)
smiten (4)
smið (3)
smiðe (1)
smiððe (1)
smorðere (1)
smuwel (1)
snakerinde (1)
snaw (1)
sneates (1)
snesen (1)
so (1)
sochte (3)
sochtest (1)
sodome (2)
sodomes (1)
softe (15)
softeliche (2)
softeð (2)
softnesse (1)
sol (1)
some (1)
somed (9)
somednesse (1)
somer (1)
somet (2)
son (9)
sonde (5)
sonden (3)
sondesmen (1)
sondesmon (3)
sone (48)
sonest (1)
sonre (4)
sont (3)
sontes (1)

sope (1)
sopere (1)
sorchful (1)
sorchfule (2)
sorchfullich (1)
sorchfulliche (1)
sorechful (2)
sorechfulre (1)
sorege (1)
sore3e (19)
sore3en (1)
sore3ere (1)
sot (2)
sotchipe (1)
sotschipe (1)
soð (20)
soðe (14)
soðeliche (1)
soðes (1)
soðliche (3)
spaleð (6)
spalmustre (1)
spare (1)
sparen (1)
spareð (2)
sparewe (10)
sparien (2)
sparke (2)
spatlunges (1)
spec (15)
spece (2)
speces (2)
speche (40)
spechen (3)
speches (1)
special (1)
speke (5)
speken (4)
spekene (1)
spekest (1)
spekeð (35)
spelche (1)
speleð (8)
spelles (1)
spelleð (1)
spellunge (1)
speoke (6)
speokele (1)
speoken (16)
speokene (3)
speokeð (2)

speonse (1)
speowe (2)
speowen (1)
speoweð (3)
sperclinde (1)
spere (2)
speren (1)
speres (3)
sperke (1)
spi (1)
spice (1)
spices (1)
spilleð (1)
spit (4)
spitel (3)
spitelstef (1)
spitte (1)
spot (1)
sprad (1)
spreaden (1)
spredde (1)
spredeð (1)
sprenget (1)
spreoue (1)
springen (2)
springeð (1)
spritlen (1)
sprut (1)
spruteð (2)
spunge (1)
spurnen (1)
spurneð (1)
spus (6)
spuse (26)
spusebruche (1)
spuses (1)
sput (1)
srift (2)
stalewurðliche (2)
stamin (1)
stan (12)
stanene (1)
stanes (2)
stanstille (1)
starthwile (1)
stat (5)
staðeluestninge (1)
staðelwurðe (1)
steanede (1)
stech (3)
stefene (1)

stefne (2)	storm (1)	studieð (1)	sune (22)
steire (4)	stormes (1)	stunde (4)	sunefule (2)
steiren (1)	strachte (1)	stunke (1)	sunege (3)
stench (1)	straf (1)	stunken (1)	sunegede (5)
stenh (5)	strapeles (1)	sturben (1)	sunegen (2)
steoke (1)	stre (1)	sturbinge (1)	sunegest (1)
steolen (4)	strea (1)	sture (1)	sunegeð (1)
steorren (1)	stream (1)	stureð (7)	sunen (3)
steortnaked (3)	streccheð (1)	sturien (3)	sunful (5)
steorue (1)	streche (1)	sturieð (1)	sunfule (1)
steoruen (1)	strecheð (1)	sturinde (1)	sungen (1)
sterf (1)	stregðe (2)	sturne (6)	sungeð (1)
sterke (1)	stremes (1)	sturunge (1)	sunne (153)
steuene (9)	strencde (1)	sturunges (1)	sunneful (1)
sti (1)	strencþe (1)	stut (3)	sunnefule (6)
stiche (4)	strencðe (14)	stutten (2)	sunnen (47)
stichen (1)	strencðes (2)	stutteð (1)	sunnenda3es (1)
sticke (2)	strenden (1)	sucurs (9)	sunnendei (2)
sti3e (2)	streng (1)	suffragies (1)	sur (7)
sti3en (2)	strengeden (1)	suffre (1)	sure (2)
sti3eð (1)	strengere (2)	suffrin (1)	surre (1)
sti3inde (2)	strengest (1)	su3e (2)	suster (12)
stikeð (2)	strengeð (2)	suheð (1)	susterren (1)
stikinde (1)	strengðe (46)	sulch (1)	sustren (72)
stille (18)	streonede (1)	sulement (2)	sutel (4)
stilleð (1)	streones (2)	sulen (1)	suteli (1)
stilnesse (2)	streonet (1)	suleð (2)	suteliche (1)
stilðe (1)	streoneð (2)	sulle (2)	sutere (1)
sting (1)	streongðe (1)	sullen (6)	suti (1)
stingeð (3)	stret (1)	sulleð (2)	sutil (1)
stinken (3)	strif (2)	sullich (2)	suturs (1)
stinkest (1)	striueð (1)	sulliche (1)	swa (253)
stinkeð (16)	stroggest (1)	sum (78)	swalm (2)
stinkinde (13)	stronc (1)	sumcheare (1)	swart (1)
stiward (1)	strong (23)	sumchere (14)	swarte (1)
stod (5)	stronge (15)	sumdel (6)	swartere (1)
stode (1)	strongliche (5)	sumer (3)	swat (7)
stoder (1)	stronglukest (1)	sumhwet (1)	swatie (1)
stodmare (1)	strucion (1)	sumhwet (5)	swatte (3)
stonc (1)	struciones (1)	sumhwile (3)	sweamen (1)
stonde (5)	strueð (1)	summe (18)	swefne (2)
stonden (13)	stru3inde (1)	summes (4)	swefnes (1)
stondest (2)	strunden (2)	summeþing (1)	swelle (1)
stondeð (4)	stuche (2)	summewise (1)	swelte (1)
stondinde (6)	stuchen (6)	sumtime (1)	sweme (2)
stondunge (1)	stude (43)	sumþing (4)	swemeð (1)
stong (2)	studefest (1)	sunderlepes (2)	swenchen (2)
stont (9)	studefestliche (1)	sunderlepi (1)	sweng (1)
stoppeð (1)	studen (3)	sunderliche (6)	swenges (3)
stoppið (1)	studeuest (2)	sundreð (2)	sweoke (3)
storien (1)	studeuestliche (1)	sundri (3)	sweokele (1)

Alphabetical Listing of Vernacular Forms: CLEOPATRA

sweord (5)
sweorde (1)
sweordes (3)
sweort (1)
swereð (1)
swerien (1)
swerieð (1)
swet (1)
swete (22)
swetelich (1)
sweteliche (6)
sweten (1)
swetest (2)
sweteð (2)
swetnesse (6)
swic (3)
swicche (3)
swich (66)
swiche (16)
swifte (3)
swiftere (1)
swiftnesse (2)
swiftre (1)
swiftschipe (1)
swiȝenwike (1)
swikele (1)
swikelere (1)
swin (5)
swinc (17)
swinch (1)
swing (2)
swingful (3)
swingfule (1)
swinken (1)
swinkes (4)
swinkeð (3)
swinkinde (1)
swire (2)
swiðe (72)
swiðere (5)
swiðest (1)
swiðre (1)
swochninde (1)
swoke (1)
swoleȝen (1)
swoleȝeð (2)
swonc (2)
swong (2)
swopeð (1)
sword (1)
swordes (1)

swot (1)
swote (22)
swoteliche (1)
swotnesse (7)
sykelunge (1)
syon (2)
tac (2)
tachne (1)
tachnunge (1)
tachte (2)
tacnunge (1)
tagges (1)
tail (1)
taile (1)
tailes (1)
tailles (1)
taken (1)
takeð (1)
talde (8)
tale (21)
talen (4)
talie (1)
talkeð (1)
tamar (1)
tap (1)
te (3)
teache (2)
teachen (2)
teacheð (5)
team (1)
teames (2)
teares (16)
teiȝede (1)
teiȝeð (1)
teil (7)
teiles (1)
teke (3)
teken (2)
tele (1)
tell (1)
telle (3)
tellen (5)
tellest (1)
telleð (26)
tellunge (1)
temede (1)
temen (1)
temeð (4)
temple (1)
temptaciun (1)
temptaciuns (6)

ten (4)
tende (1)
tendre (3)
tene (3)
teone (6)
teoreð (1)
teouðen (1)
teres (3)
tereð (1)
terme (5)
termes (1)
terres (1)
testament (3)
tetret (1)
tetreð (3)
tetrodunge (1)
teð (2)
teweolf (1)
thamar (2)
theachen (1)
theacheð (1)
ti (1)
tichen (1)
tichenes (6)
tide (10)
tiden (6)
tides (1)
tideð (1)
tidinge (2)
tidinges (1)
til (1)
tildeð (1)
tildunge (1)
tilede (1)
tileð (1)
tilie (1)
tilieð (1)
tilunge (2)
timbredn (1)
timbri (1)
timbrunge (1)
time (21)
timeð (4)
tindes (1)
tippe (1)
tittes (3)
to (1153)
toaden (1)
tobeot (1)
tobersteð (2)
tobie (2)

toblawen (1)
toblaweð (1)
tobollen (1)
tobreke (1)
tobrekeð (1)
tobroken (6)
toc (2)
tocheowið (1)
todeale (3)
todealed (1)
todealet (1)
todei (3)
todreauethliche (1)
todreaueð (1)
todriueð (2)
tofallen (1)
tofret (1)
togedere (12)
togederes (28)
togeðere (1)
toggi (1)
togunge (1)
toȝein (9)
toȝeines (7)
toȝeues (1)
tohwiðeret (1)
tolaimet (2)
tole (1)
tolimeð (1)
tolleð (1)
tollinde (2)
tollunge (2)
tollunges (1)
tomareȝen (2)
tomarȝen (1)
tommere (1)
torendeð (1)
tospoilled (1)
tospradde (1)
tostruet (1)
tosturbed (1)
totag (1)
totagge (3)
totagges (4)
toteoren (1)
toteoreð (2)
toteð (1)
totin (2)
totinde (3)
toting (1)
totoren (3)

totorene (1)
totorne (1)
totrede (1)
totreden (1)
totreoden (3)
totreodinde (1)
totunge (1)
totwemde (1)
totwimed (1)
toð (1)
toward (30)
towarpled (2)
towart (76)
toweaued (1)
towent (1)
traitre (3)
treisun (2)
treitre (1)
treo (7)
treoden (2)
treoes (1)
treon (7)
treowe (28)
treoweliche (5)
treowenesse (1)
treoweschipe (1)
tresor (1)
tribulaciuns (1)
tricherie (3)
triste (1)
tristen (1)
triwes (2)
trochieð (1)
trode (1)
trone (1)
trouðe (2)
trouððen (1)
truandise (1)
trucede (1)
truchunge (1)
trudde (2)
truddet (1)
truʒeles (1)
truke (1)
trukeð (2)
trukie (2)
trussen (1)
trusses (2)
trussin (1)
trust (5)
trusti (3)

tuc (1)
tuchten (1)
tuʒen (1)
tuke (1)
tukeð (1)
tuki (1)
tulden (1)
tulle (1)
tun (2)
tune (2)
tunen (3)
tuneð (1)
tunge (20)
tungen (2)
tunne (1)
tur (5)
tures (2)
turn (7)
turnde (2)
turne (3)
turnement (1)
turnen (5)
turnes (1)
turnest (1)
turneð (5)
turninde (1)
turpellnesse (1)
turpleð (1)
turplin (1)
tuskes (1)
tutel (2)
tutele (1)
tuteleð (2)
tutelinde (1)
twa (82)
twafald (1)
twafalt (5)
twaifold (1)
twaualt (1)
tweamen (1)
tweire (1)
twem (1)
twenti (2)
tweolf (2)
tweolfmoneð (1)
tweolue (2)
twien (2)
twiʒen (3)
twimmen (1)
twinnen (1)
twinnunge (1)

twint (1)
þ (1806)
þenne (2)
þer (1)
þo (1)
þ (3)
þa (14)
þach (171)
þafunge (1)
þarf (2)
þase (1)
þch (1)
þe (2838)
þear (15)
þeare (1)
þearto (1)
þeau (2)
þeawene (1)
þeawes (10)
þech (1)
þechʒesichðe (1)
þechne (1)
þei (1)
þeiren (1)
þen (41)
þench (11)
þenche (9)
þenchen (8)
þenchest (1)
þenchet (1)
þencheð (26)
þende (1)
þene (12)
þengles (1)
þenh (10)
þenn (2)
þenne (202)
þeo (83)
þeode (4)
þeodi (1)
þeof (6)
þeofðe (3)
þeoneforð (1)
þeoneward (2)
þeorðe (7)
þeos (108)
þeose (76)
þeosternesse (3)
þeostrit (1)
þeoteð (1)
þeoues (2)

þeowe (1)
þeowedom (1)
þer (131)
þerabuten (3)
þeraʒeines (1)
þerannuuen (1)
þeranouen (1)
þerbi (3)
þerbiforen (2)
þerefter (47)
þereofalt (1)
þerf (3)
þerfore (5)
þerfromward (1)
þerin (10)
þerinne (1)
þerof (29)
þeron (6)
þerschen (1)
þerteten (1)
þerto (20)
þertoʒeines (7)
þerþurch (1)
þerunder (1)
þerup (1)
þerupon (1)
þeruppe (9)
þerwið (11)
þes (11)
þeseolf (12)
þeseoluen (4)
þet (16)
þetnesse (1)
þeufule (1)
þewartouer (2)
þhis (1)
þi (92)
þicke (2)
þickere (1)
þiddr (1)
þider (3)
þiderward (1)
þiderwart (6)
þiing (1)
þilke (38)
þin (73)
þine (40)
þing (134)
þinge (7)
þinges (56)
þingges (1)

Alphabetical Listing of Vernacular Forms: CLEOPATRA 257

þinh (1)
þinre (3)
þins (1)
þis (328)
þisse (19)
þo (1)
þoa (45)
þoch (1)
þocht (25)
þochte (9)
þochten (2)
þochtes (21)
þochtest (1)
þodres (1)
þolede (16)
þoleden (2)
þolemod (1)
þolemode (2)
þolemodliche (1)
þolemodnesse (4)
þolemodschipe (3)
þolemot (1)
þolemotnesse (1)
þolest (3)
þoleð (4)
þolie (5)
þolied (1)
þolien (35)
þolieð (16)
þon (2)
þonc (6)
þoncg (1)
þonch (1)
þoncke (1)
þong (4)
þongede (1)
þonke (4)
þonked (1)
þonkede (1)
þonkeð (2)
þonkin (1)
þorch (9)
þorh (1)
þorn (2)
þornes (5)
þostre (1)
þoþre (1)
þoð (2)
þoðe (1)
þoðer (7)
þoðre (7)

þouwedomes (1)
þral (1)
þralles (1)
þrat (1)
þratte (1)
þreaten (1)
þreateð (3)
þreatung (1)
þreatunge (3)
þrefter (3)
þrel (1)
þrelles (4)
þreo (60)
þreofald (3)
þreofold (1)
þreottene (2)
þrest (1)
þresten (1)
þridde (38)
þridðe (1)
þriȝen (2)
þrile (1)
þrin (18)
þrinne (3)
þritti (2)
þrof (27)
þron (7)
þrote (3)
þrowunge (1)
þruch (3)
þrumnesse (3)
þrung (9)
þrungeð (1)
þrupe (1)
þruppe (16)
þruppon (1)
þrute (1)
þu (331)
þuch (2)
þuchte (5)
þuften (4)
þulli (14)
þullich (10)
þulliche (11)
þume (3)
þun (1)
þunche (10)
þunchen (2)
þuncheð (33)
þunge (1)
þunh (1)

þunheale (1)
þunne (1)
þunwreste (1)
þurc (1)
þurch (160)
þurchfulled (1)
þurchfulleð (2)
þurchsticden (1)
þurchstikeð (1)
þurchut (1)
þurchwuninde (1)
þuresdei (1)
þurh (10)
þurhc (2)
þurl (9)
þurle (1)
þurleden (2)
þurles (7)
þurleð (2)
þurlin (1)
þurlung (1)
þurlunge (1)
þurst (8)
þurste (2)
þurte (1)
þurðe (2)
þurue (1)
þus (115)
þusendes (1)
þusent (6)
þusentfald (1)
þusentfoalt (1)
þuttere (3)
ðe (23)
ðere (1)
ualle (1)
ualse (1)
uampeð (1)
uattin (1)
uch (16)
uchan (2)
uchanes (1)
uche (3)
uchhwer (1)
ueien (1)
ueilles (1)
uel (1)
uenie (1)
uenies (1)
uers (5)
uersailen (1)

uerset (4)
uertuz (2)
ueste (2)
uet (1)
uetles (1)
uetlesse (1)
ufel (1)
uh (2)
uhan (3)
uileinie (1)
uilte (1)
umbe (2)
umben (9)
umbestunde (1)
umbridaȝes (1)
unasked (1)
unbileued (1)
unbileuet (1)
unbischped (1)
unbiseȝenesse (1)
unbroke (1)
unburied (1)
uncumelukest (1)
uncundelich (1)
uncundeliche (1)
uncuðe (5)
undeadlich (1)
undeaðlich (1)
under (33)
underfenc (1)
underfeng (3)
underfeð (3)
underfo (2)
underfon (2)
underȝeoten (3)
underȝeten (1)
underȝetest (2)
undernume (1)
underset (1)
understipen (1)
understod (2)
understond (2)
understonde (4)
understonden (16)
understondeð (5)
understont (6)
undertid (1)
underue (1)
underuo (2)
underuon (1)
underuoð (1)

underveng (1)
undewes (1)
unefne (1)
uneðe (1)
uneuenlich (1)
unfalden (1)
unfestnen (1)
unfondet (1)
ungledliche (1)
unhal (1)
unhalre (1)
unhap (1)
unhendeliche (1)
unholde (1)
unhope (3)
unhuled (2)
unicorne (2)
unimete (1)
unlepped (1)
unlimeð (1)
unliðeð (1)
unlust (1)
unmete (6)
unnen (2)
unnest (1)
unnud (1)
unnung (1)
unnut (1)
unnute (1)
unorne (3)
unrecheles (1)
unsauure (1)
unschriuen (2)
unseinede (1)
unselchðe (1)
unseli (6)
unseoweliche (1)
unsowet (1)
unstrengen (2)
unstrengere (1)
unstrengeð (4)
unstrengðe (5)
unstrong (1)
untiffet (1)
untime (1)
unto3en (1)
unto3ene (2)
untrist (1)
untrusset (1)
untrust (3)
untrusten (1)

unþeau (1)
unþeawes (4)
unþeode (2)
unþonc (1)
unþonch (1)
unþonckes (2)
unðeau (2)
unðeawes (5)
unvte (1)
unwaker (1)
unwarre (1)
unweotenesse (1)
unweschen (1)
unweschene (1)
unwicht (3)
unwichtes (1)
unwi3en (1)
unwine (1)
unwines (2)
unwise (1)
unwisliche (1)
unwrenh (1)
unwreo (1)
unwreoð (1)
unwrest (5)
unwreste (5)
unwrestlec (1)
unwrich (1)
unwrið (1)
unwurð (10)
unwurðe (3)
unwurððest (1)
up (48)
upaheuene (1)
upbreide (1)
upbreideð (1)
upbrud (3)
upo (5)
upon (52)
uppeð (1)
uppin (1)
uppinge (1)
uppon (1)
upricht (4)
uptowart (1)
upward (1)
upwart (7)
ure (157)
uren (2)
ures (2)
urn (1)

urne (1)
urnen (2)
us (107)
usseolf (2)
usseoluen (11)
ut (90)
utcumes (1)
ute (4)
utere (1)
utewið (16)
utre (1)
utter (1)
uttere (17)
utterliche (2)
uttotunge (1)
uttre (3)
utward (7)
utwart (6)
uðe (1)
uuel (79)
uuele (29)
uueles (2)
uuere (1)
uueward (1)
uvel (2)
v (14)
vat (1)
vch (8)
vchan (4)
vchanes (1)
vche (3)
vches (1)
vchtsong (4)
venie (2)
vers (2)
versailunge (1)
verset (3)
vesteð (1)
vet (1)
vette (1)
vh (18)
vhan (5)
vhcan (1)
vhche (1)
vi (3)
vicorne (1)
vif (6)
vigilies (1)
vilte (1)
vingres (1)
viue (1)

vmbridei (1)
vnbileaue (1)
vnbileued (1)
vncundeliche (1)
vncuð (1)
vncuðe (2)
vndeore (1)
vnder (9)
vnderfeng (3)
vnderfon (3)
vnder3eoteð (1)
vnderstond (2)
vnderstonde (2)
vnderstonden (3)
vnderstondeð (4)
vnderstont (3)
vndeðstondeð (1)
vneuenliche (1)
vnfreined (1)
vngraciuse (1)
vnhap (1)
vnhealed (1)
vnheite (1)
vnhende (1)
vnhope (1)
vnicorne (1)
vnimete (3)
vnlaðnesse (1)
vnlidede (1)
vnlideð (1)
vnlimen (1)
vnlump (1)
vnmete (1)
vnmeteliche (1)
vnmundlunge (1)
vnnen (3)
vnneð (1)
vnseli (4)
vnselies (1)
vnseuliche (1)
vnsiker (1)
vnsocht (1)
vnspennede (1)
vnstable (1)
vnstaðelfest (1)
vnstrengðe (3)
vnstrong (2)
vntaleliche (1)
vntreoweliche (1)
vntrust (2)
vntu3e (1)

Alphabetical Listing of Vernacular Forms: CLEOPATRA   259

vnþeau (2)
vnþeawes (3)
vnþeode (2)
vnþonckes (1)
vnþonkes (1)
vnwemmed (3)
vnweote (1)
vnwichtes (1)
vnwisdom (1)
vnwise (1)
vnwrech (1)
vnwreo (1)
vnwreon (1)
vnwrest (2)
vnwriȝen (2)
vnwrisd (1)
vnwrið (1)
vnwurð (1)
vp (4)
vpo (1)
vpon (6)
vppart (1)
vre (76)
vreisun (2)
vreisuns (2)
vres (4)
vri (1)
vrie (1)
vrnemenz (1)
vs (11)
vt (19)
vte (2)
vten (1)
vtewið (3)
vtlaȝen (1)
vtsong (5)
vttere (6)
vtterre (2)
vtward (1)
vþen (1)
vuel (13)
vuele (4)
vueles (1)
wa (42)
wac (5)
wach (2)
wachnesse (1)
waclichliche (1)
wacnen (1)
wacnesse (4)
wadeð (2)

waggeð (1)
waȝes (2)
waiteden (1)
wake (3)
wakede (1)
wakeden (1)
wakemen (1)
waken (4)
waker (3)
wakere (2)
wakeð (3)
wakien (7)
wakiende (1)
wakieð (1)
wakinde (2)
wakunge (1)
wal (4)
wald (1)
walde (53)
walden (6)
waldende (1)
waldes (3)
waldest (2)
walewunge (1)
wallen (2)
walles (1)
walleð (3)
wallinde (1)
wane (2)
wanes (2)
war (6)
warde (11)
wardein (2)
wardeins (4)
wardi (1)
ware (1)
waren (1)
warfore (2)
wari (1)
wariede (1)
warien (3)
waritreo (5)
wariunge (1)
warliche (3)
warm (1)
warme (2)
warnde (1)
warne (3)
warneð (1)
warni (3)
warninge (1)

warof (1)
warp (1)
warpe (3)
warpen (8)
warpere (1)
warpest (1)
warpeð (9)
warre (3)
warschipe (2)
wart (1)
warþurch (1)
warð (3)
wase (1)
wast (3)
wat (36)
water (23)
watse (1)
watteres (1)
wattres (2)
wawes (1)
waxe (2)
waxen (1)
waxet (1)
waxeð (11)
we (130)
weamot (1)
weamote (1)
weane (4)
web (1)
wecche (2)
wecchen (2)
weche (2)
wed (1)
wedde (1)
wedded (1)
weddede (1)
weden (3)
wedeð (1)
wedlac (1)
wednesdei (1)
wehche (1)
wei (20)
weie (8)
weien (1)
weies (1)
weifarinde (1)
weiȝes (1)
weiȝeð (1)
weilawei (10)
weis (9)
weited (1)

weiteden (1)
weiteð (2)
weiti (1)
wel (161)
wela (1)
welcume (1)
welden (4)
weldent (2)
welle (1)
wellen (1)
wellinde (1)
welp (1)
wem (1)
wemes (1)
wemot (1)
wenchel (1)
wend (1)
wende (27)
wenden (8)
wendenð (1)
wendest (3)
wendeð (7)
wene (15)
wenen (2)
wenest (3)
weneð (12)
wengen (4)
wenne (9)
wense (1)
went (14)
weofdes (1)
weole (5)
weolen (1)
weoleole (1)
weoles (1)
weolie (1)
weop (6)
weorp (2)
weorre (3)
weorren (1)
weorreð (5)
weorrur (1)
weosseð (1)
weote (2)
weoued (6)
weouedes (1)
wep (1)
wepe (3)
wepen (3)
wepeð (2)
wepinde (1)

weping (1)
wepmen (2)
wepmon (3)
wepmones (1)
wepne (2)
wepnen (2)
wepnes (1)
werc (8)
werch (3)
werchmen (1)
were (76)
werede (1)
wereden (1)
weredest (1)
wereliche (1)
weren (43)
weres (1)
werest (1)
wereð (4)
wergeð (2)
wergunge (1)
werie (1)
werien (6)
werieð (2)
werkedai (2)
werkedei (1)
werkes (22)
werne (1)
wernen (1)
werreð (2)
werreur (1)
werrur (1)
werunge (2)
wes (183)
wesch (2)
weschedisch (1)
weschen (3)
wescheð (4)
weschunge (2)
west (3)
westeð (1)
wete (2)
wettres (2)
weðer (1)
wich (1)
wichecreftes (2)
wicht (1)
wid (2)
wide (10)
widewe (2)
widewen (2)

widewene (1)
widfule (1)
wif (7)
wiʒeles (3)
wiʒeleð (1)
wike (3)
wikelere (1)
wil (28)
wilcweme (2)
wilde (5)
wildene (1)
wilderne (2)
wildernesse (8)
wile (4)
wilʒeoue (1)
wille (4)
willes (12)
william (1)
williche (2)
wilne (1)
wilnede (2)
wilnen (1)
wilnest (2)
wilneð (2)
wilni (3)
wilnin (1)
wilnunge (2)
wilt (1)
wiltes (1)
wimmen (18)
wimmon (26)
wimmones (2)
wimmoneslich (1)
wimon (1)
wimpelles (1)
win (7)
winberien (2)
wind (8)
winde (1)
windes (4)
windeð (1)
windfalled (1)
windwe (1)
windwung (1)
wines (1)
winʒeardes (1)
winken (1)
winkeð (1)
winm (1)
wint (14)
winter (4)

winwede (1)
wipeð (1)
wis (11)
wisdom (23)
wise (53)
wisen (2)
wisere (3)
wisest (1)
wislich (1)
wisliche (2)
wisluker (1)
wisre (1)
wiste (6)
wit (23)
wite (24)
witen (17)
witene (3)
witerliche (19)
witerluker (1)
wites (1)
witest (1)
witet (1)
witeð (10)
witi (1)
witles (1)
witluker (1)
witnesse (10)
witneð (21)
witte (4)
wittes (24)
witung (1)
wið (469)
wiðbuʒeð (1)
wiðbuwe (1)
wiðdraʒe (1)
wiðdraʒest (1)
wiðdraweð (2)
wiðdroch (1)
wiðe (1)
wiðegin (1)
wiðerwines (5)
wiðhalden (1)
wiðhalt (1)
wiðininnen (1)
wiðinnen (19)
wiðseggen (1)
wiðseggeð (2)
wiðseggunge (1)
wiðseide (2)
wiðstode (1)
wiðstonden (5)

wiðstondeð (1)
wiðute (20)
wiðuten (64)
wiðvte (4)
wiðvten (7)
wiuede (1)
wiues (1)
wlal (1)
wlatie (1)
wlatien (1)
wleatunge (1)
wlech (3)
wlite (8)
woa (1)
woake (2)
woch (6)
wochʒes (1)
wochlec (1)
wod (7)
woddere (1)
wode (5)
wodeliche (1)
wodschipe (3)
woʒes (1)
woʒeunge (1)
woið (2)
wolcne (1)
wolde (2)
wombe (13)
wone (1)
wonede (1)
woneð (2)
wonte (1)
wonteð (3)
wonti (2)
wontin (1)
wontrede (3)
wop (2)
wopi (1)
word (77)
worde (2)
wordes (44)
wordlich (1)
wordliche (1)
wordlih (1)
wori (1)
world (83)
worlde (9)
worldes (23)
worldlich (15)
worldliche (20)

Alphabetical Listing of Vernacular Forms: CLEOPATRA 261

worliche (1)
worlt (2)
worp (3)
worre (1)
worrede (1)
worreð (2)
wort (2)
wowere (3)
woweð (3)
wowin (1)
wowunge (1)
wox (1)
wracfulliche (1)
wrachte (5)
wragelunge (1)
wraggunge (1)
wrake (3)
wrastle (1)
wrat (3)
wrað (3)
wraðer (1)
wraðful (1)
wraðőe (28)
wraððen (1)
wraððeð (1)
wrec (3)
wrecche (1)
wrecches (2)
wrech (1)
wreche (5)
wrechedome (1)
wreches (1)
wreie (2)
wreien (1)
wreiest (1)
wreiful (2)
wrei3e (2)
wrei3en (1)
wrei3eð (2)
wrei3inge (1)

wreiunge (1)
wreke (1)
wrekeð (1)
wrenchen (3)
wrenches (3)
wrenchest (1)
wrencheð (3)
wrenh (1)
wrenhfule (1)
wreoke (4)
wreoken (1)
wreoð (1)
wreoðeð (1)
wreoðie (1)
wresten (1)
wrestlere (4)
wrestleð (1)
wrestlung (3)
wrestlunge (1)
wreðfule (2)
wreððe (5)
wreððes (1)
wreððeð (1)
wri3eles (2)
wringeð (1)
wrinneð (1)
writ (12)
write (8)
writen (6)
writung (1)
writunge (1)
wrið (4)
wrongwende (1)
wrontrede (1)
wrot (1)
wruchte (2)
wude (2)
wul (1)
wuld (1)
wule (78)

wulf (2)
wulfene (5)
wulle (15)
wullen (1)
wulleð (19)
wult (22)
wulues (1)
wumme (1)
wummon (27)
wummone (2)
wummones (1)
wumone (1)
wunde (9)
wunden (17)
wunder (36)
wunderfule (2)
wunderlich (1)
wundest (1)
wundeð (1)
wundfule (1)
wundre (2)
wundres (3)
wundreð (1)
wundunges (1)
wune (7)
wunede (4)
wunedest (1)
wunest (1)
wuneð (3)
wunie (1)
wunien (2)
wunieð (1)
wunne (12)
wunung (1)
wununge (4)
wurche (2)
wurchen (6)
wurcheð ' (8)
wurchinde (1)
wurchipe (8)

wurd (1)
wurest (2)
wurm (2)
wurme (1)
wurmes (3)
wurp (1)
wurpe (3)
wurse (21)
wurseð (2)
wursi (1)
wurste (3)
wursum (2)
wurð (14)
wurðe (14)
wurðeliche (1)
wurðen (5)
wurðer (1)
wurðeð (2)
wurðfule (2)
wurðliche (2)
wurðmund (1)
xvi (1)
ydele (1)
ylespiles (1)
yllarium (1)
ympen (2)
ympne (1)
ypallage (1)
ypocras (1)
ypocrite (1)
yprocrisie (1)
ysaac (1)
ysaias (2)
ysaie (9)
ysaye (10)
zacarie (1)
zaram (1)
zeduale (1)

Alphabetical Listing of Vernacular Forms

NERO

a (255)
abbod (2)
abbode (1)
abbodes (1)
abereð (1)
abid (1)
abide (1)
abiden (2)
abiron (1)
abit (3)
ablend (1)
ablenden (1)
ablendeð (1)
ablent (3)
ablenðeð (1)
ablinde (1)
ablinðeð (1)
aboutie (1)
abraham (1)
abreid (1)
abreiden (1)
absalones (1)
absoluciun (1)
abstinence (2)
abugge (1)
abuggen (1)
abute (4)
abuten (31)
abuue (1)
abuuen (3)
ac (3)
accidie (2)
accidies (2)
achate (2)
acoaldeð (1)
acolen (1)
acorien (2)
acseð (1)
acursed (1)
acweint (1)
acweinte (1)
acwellen (1)
acwenchen (4)
acwencheð (6)

acwikeð (1)
acwikien (2)
acwiten (5)
adam (7)
adeaden (2)
adeadeð (2)
adotede (2)
adreint (1)
adreinte (2)
adreinten (1)
adrenchen (1)
adrencheð (2)
adronc (1)
adruieð (1)
adruwed (1)
adruwede (1)
adruweden (1)
adruweð (2)
adruwien (1)
aduent (2)
aduersite (2)
adun (34)
aduneward (8)
adunewardes (1)
adunriht (1)
aeke (1)
aestat (1)
aestaz (1)
afech (2)
afeited (2)
afered (1)
affectiun (2)
agace (1)
agesten (1)
ageð (4)
aginne (1)
agon (1)
agrise (1)
agrisen (1)
agriseð (1)
agruwie (1)
agult (1)
agulte (3)
agulten (1)

agulteð (1)
aȝan (5)
aȝanward (1)
aȝean (85)
aȝeanward (1)
aȝein (29)
aȝeines (11)
aȝeinwardes (1)
ah (1)
akest (1)
akneon (1)
akointed (1)
akoueren (2)
akursede (1)
al (395)
alas (1)
alast (15)
aldret (1)
ale (2)
alesen (1)
alihte (1)
alisaundres (1)
alið (2)
aliue (1)
alle (330)
allegate (5)
allelunge (1)
alles (5)
allunge (17)
almest (3)
almihti (12)
aloes (1)
alre (21)
alrerest (1)
alriht (4)
alse (36)
also (140)
alswuch (5)
altogedere (3)
am (31)
amased (3)
amed (1)
ameistre (1)
ameistren (2)

amen (5)
amendeð (1)
amidde (6)
amidden (5)
among (18)
amorwen (3)
amperur (1)
ampuiles (1)
an (48)
ancheisun (2)
ancheisuns (1)
anchesun (5)
anchesuns (1)
ancre (133)
ancreful (1)
ancrehus (4)
ancrehuse (7)
ancrehuses (2)
ancren (46)
ancres (1)
ancrewuninge (1)
ancrewununge (1)
and (575)
andetted (1)
andreu (2)
andrewes (1)
ane (25)
angoise (1)
angresful (1)
angresfule (2)
anguise (3)
anguisuse (2)
anhonged (9)
aniht (1)
aniuersaries (1)
anne (1)
anon (25)
anonde (1)
anonriht (25)
anonrihtes (6)
anont (4)
anoþer (4)
anoðer (10)
anselme (1)

Alphabetical Listing of Vernacular Forms: NERO 263

ant (85)
antefne (4)
antefnes (1)
antonie (4)
anui (2)
ape (1)
apeware (1)
apocalipse (7)
apostle (9)
apostles (1)
aquikien (1)
arche (1)
areachen (1)
areacheð (1)
areare (1)
areared (1)
arearen (2)
areareð (1)
areawe (1)
arechen (3)
ared (2)
aredde (2)
aredden (1)
areimen (2)
areowe (1)
arepen (1)
arere (1)
arered (1)
arerede (1)
areren (1)
arewe (1)
arewen (1)
ariht (9)
arine (1)
arinede (1)
arineð (1)
aris (1)
arisen (9)
ariseð (9)
ariste (9)
armenie (1)
armes (2)
armeð (1)
aromaz (6)
aros (3)
arseinie (1)
arseni (2)
arsenie (1)
articles (1)
as (22)
asaeles (1)

asailed (4)
asailen (2)
asaileð (7)
asaumple (3)
ascorn (1)
ascur (1)
ase (667)
askebaðie (1)
askede (3)
asken (9)
askeð (11)
aski (2)
askunge (1)
aslepe (2)
asneseð (1)
aspieden (1)
aspilled (1)
aspilleð (1)
asprete (1)
asquint (1)
assauz (1)
asse (5)
assnesien (1)
assuer (5)
assumciun (1)
astaz (1)
asteoruen (1)
asteorueð (1)
astoruen (1)
astudieð (1)
astunt (1)
astunte (1)
astunten (1)
asunien (1)
aswelte (1)
atelich (8)
ateliche (5)
atente (1)
atiffe (1)
atiffen (2)
atter (10)
atterloðe (1)
atternesse (1)
attrest (1)
attri (21)
attrie (4)
attrieð (1)
aturn (1)
aturned (1)
aþrusemen (1)
aualleð (1)

auaunceð (1)
aue (1)
auellen (1)
auelleð (1)
auenture (1)
auez (9)
augrim (1)
auh (361)
auht (1)
aules (1)
aunseame (1)
aunselme (3)
auormest (1)
austin (19)
autorite (1)
avleied (2)
avleieð (1)
awaiteden (1)
awaiteð (3)
awakede (1)
awakened (3)
awakenen (2)
awakeneð (2)
awakien (3)
awariede (2)
awarien (1)
awatie (1)
awed (1)
awei (20)
aweie (1)
awelðeð (1)
awerp (1)
awilegen (2)
awilegeð (4)
aworpen (3)
awrec (3)
awreken (3)
awrekeð (1)
awundreð (2)
awundri (1)
awuried (1)
awurieð (2)
awurðeð (1)
axinde (1)
axunge (2)
& (2573)
b (1)
baban (1)
babelinde (1)
bac (2)
bacbitare (3)

bacbitares (1)
bacbitunge (3)
bagge (1)
baggen (1)
baldeliche (5)
balpleouwe (2)
baluhful (1)
bame (2)
banaa (1)
banere (2)
baneres (1)
baptiste (2)
barain (1)
baret (3)
bartholomeu (1)
barthomeu (1)
baruot (1)
baundune (1)
be (2)
bead (2)
bearde (1)
bearn (4)
bearnes (1)
bearninde (1)
beat (5)
beate (1)
beaten (3)
beatest (1)
beateð (7)
beatunge (3)
beaubelez (1)
bed (6)
bedde (3)
bede (3)
beggare (1)
beggares (1)
beggen (1)
beie (1)
beieð (1)
beih (2)
bekede (1)
bekeð (2)
bekie (1)
belami (2)
belðeð (1)
beli (1)
beliales (1)
belies (2)
bemare (1)
bemares (3)
bemen (4)

bendes (1)
benediht (1)
beneit (1)
beneites (1)
beniamin (2)
beo (136)
beodemon (1)
beoden (23)
beodeð (3)
beon (266)
beonard (1)
beonne (1)
beore (4)
beoren (1)
beornard (9)
beornardes (1)
beot (8)
beote (1)
beoþ (1)
beoð (383)
beoðe (7)
beouste (1)
beowust (1)
ber (5)
bere (9)
beren (11)
berest (1)
bereð (36)
berien (1)
berkest (1)
berme (1)
bermes (1)
bernard (3)
bernde (2)
bernen (1)
berneð (1)
berninde (5)
bersabee (2)
berste (1)
bersten (1)
berþ (1)
berð (1)
best (23)
beste (2)
bestes (12)
bestliche (1)
bet (9)
beten (2)
betere (49)
beteð (1)
bethanie (1)

bettles (1)
beð (5)
beðe (1)
beðes (1)
bi (152)
bibarred (1)
biblodege (1)
biblodge (1)
biburien (1)
bicherd (2)
bicherren (1)
bicherreð (1)
bicleope (1)
bicleoped (1)
bicleopie (1)
bicleopien (2)
bicluppe (1)
biclupped (1)
bicluppen (1)
bicluppeð (1)
biclupte (1)
biclused (1)
biclusinge (1)
biclute (1)
bicom (3)
bicomen (1)
bicumen (4)
bicumeð (2)
bid (2)
bidde (2)
bidden (5)
biddeð (2)
biddunge (1)
bidon (2)
bidoð (1)
bidweolieð (2)
bifulen (2)
bifuleð (1)
bigiled (1)
bigileð (1)
bigin (1)
biginne (1)
biginnen (6)
biginneð (9)
biginninge (1)
biginnunge (8)
bigon (7)
bigunne (1)
bigurdel (1)
bigurdle (1)
bigurt (1)

biȝeate (7)
biȝeaten (1)
biȝet (4)
biȝete (3)
biȝit (3)
biȝiten (2)
biȝitene (1)
biȝiteð (2)
biȝuleð (1)
bihalt (13)
bihat (4)
bihefdunge (1)
biheod (2)
biheold (6)
biheste (1)
bihet (6)
biheue (10)
biheueste (1)
bihinde (1)
bihinden (6)
bihold (13)
biholde (3)
biholden (16)
biholdest (2)
biholdeð (3)
biholdunge (3)
bihoten (11)
bihoteð (1)
bihoue (4)
bihouede (1)
bihud (1)
bikoruen (1)
bikumen (1)
bile (5)
bileaue (37)
bileaued (2)
bileauede (2)
bileaueden (1)
bileauen (6)
bileaueð (4)
bilef (4)
bilefde (2)
bilefden (2)
bileoue (1)
bilepped (1)
bileued (1)
bileueden (1)
bilimeð (1)
biloken (1)
bilokene (3)
bilokeð (1)

bilowen (1)
bimased (1)
bimasede (2)
bimong (4)
bind (2)
bindeð (2)
bineoðen (2)
binime (1)
binimen (5)
binimeð (6)
bint (2)
bipenned (1)
bipiled (2)
bipiliunge (1)
bireaueð (1)
bireined (1)
bireounesse (1)
bireousinge (1)
bireousunge (5)
birlen (1)
birleð (1)
bisaumpled (1)
bisaumpleð (1)
bisauwe (1)
bischope (1)
biseche (1)
bisechen (2)
bisecheð (1)
bisegure (1)
biseinte (1)
bisemare (4)
bisemede (1)
bisenchen (2)
biseon (3)
biseoð (1)
biset (8)
bisi (4)
bisie (5)
bisiliche (3)
bisischipe (1)
bismeoruwed (1)
bismitted (1)
bisocne (1)
bisouht (1)
bisouhten (1)
bispet (1)
bispeteð (1)
bistaðed (1)
bisteken (1)
bistepped (1)
bistonden (1)

biswike (1)
biswiken (2)
biswikeð (2)
bit (13)
bite (3)
bitechen (2)
biteih (1)
biteiht (3)
bitellunge (1)
biten (3)
biteo (1)
biteon (1)
biterterliche (1)
biteð (1)
bitide (1)
bitiden (2)
bitimeð (4)
bitinde (1)
bitockneð (2)
bitocned (17)
bitocnede (1)
bitocnen (2)
bitocneð (23)
bitocnie (1)
bitocnunge (3)
bitowen (1)
bitrufleð (1)
bitter (23)
bittere (1)
bitterliche (7)
bitterlukurer (1)
bitternesse (30)
bitternesses (3)
bittre (7)
bittren (1)
bittres (1)
bitture (1)
bitund (6)
bitunde (1)
bituned (2)
bitunen (1)
biturn (1)
biturnd (1)
bitweone (2)
bitweonen (32)
bitwhwe (1)
bitwhwen (1)
biþencheð (2)
biþouht (2)
biþouhte (2)
biþuncheð (1)

bið (12)
biðe (1)
biualleð (4)
biuon (1)
biuor (1)
biuore (11)
biuoren (73)
biuoreseide (1)
biwenden (1)
biwent (1)
biweop (1)
biweopen (2)
biwepen (1)
biwinneð (1)
biwon (1)
biwrabled (1)
biwrenche (1)
biwrencheð (1)
biwrien (1)
biwrixled (1)
biwunnen (2)
biwust (1)
blac (4)
blake (13)
blamen (2)
blameð (1)
blase (1)
blasen (2)
blasie (3)
blasphemie (1)
bledde (2)
bledden (1)
bleddest (1)
bleddre (1)
bledinde (1)
blenchen (1)
blencheð (1)
bles (3)
blesce (1)
blescede (2)
blesceð (5)
blescið (1)
blessunge (1)
blessunges (1)
blikien (1)
blind (1)
blinde (1)
blindfallunge (1)
blindfellede (1)
blindfellie (1)
blindfellunge (1)

bliscen (3)
bliscie (1)
bliscien (1)
bliscieð (1)
blisfule (14)
blisfuliche (2)
blisfulliche (1)
blisse (47)
blissen (7)
bliþeliche (2)
bliðe (4)
bliðeliche (6)
bloamon (1)
bloawen (1)
bloaweð (2)
bloc (1)
blod (30)
blodbendes (1)
blode (20)
blodes (2)
blodi (4)
blodie (1)
blodletene (1)
blodletunge (4)
blostme (1)
blostmen (1)
blowe (2)
blowen (1)
bloweð (7)
blowinge (1)
bo (9)
boa (1)
boc (15)
bode (2)
bodi (22)
bodie (9)
bodieð (2)
boke (1)
bold (1)
bolde (1)
boluweð (1)
bone (16)
bonen (26)
bones (2)
bor (1)
bord (1)
borde (2)
bore (2)
boruwe (1)
boseme (9)
bosum (1)

bote (4)
boten (2)
botte (1)
boþe (1)
boð (2)
boðe (60)
bouh (2)
bouhte (4)
bouhten (2)
bowe (1)
bowes (6)
bread (2)
breade (4)
breades (1)
brec (1)
brech (1)
breden (2)
bredeð (1)
breid (2)
breiden (2)
breideð (2)
breke (3)
breken (6)
brekeð (7)
breoste (17)
breostwunde (1)
brerde (1)
breres (2)
bres (1)
breste (1)
bret (3)
breþren (6)
breð (7)
breðren (1)
brid (8)
briddes (21)
bridel (1)
bridleð (2)
briht (5)
brihte (7)
brihten (1)
brihteð (3)
brihtliche (1)
brihtluker (2)
brihtre (3)
brihture (4)
bringen (8)
bringeð (16)
broche (2)
brod (2)
brode (4)

brokene (1)
brokes (1)
brondes (3)
brord (1)
broþer (1)
broðer (1)
brouhte (5)
brouhten (3)
brouhto (1)
bruche (5)
bruchel (1)
bruchele (6)
bruchelure (2)
bruchen (2)
brude (1)
brugge (3)
bruken (2)
brune (11)
brunie (1)
bucke (1)
buffet (1)
buffeteden (1)
buffetes (1)
bugge (2)
buggen (4)
buggeð (2)
buggunge (1)
buh (3)
buhsum (1)
buhð (5)
buinde (3)
buke (1)
bunie (1)
bunsen (1)
bur (2)
burde (1)
burgeises (1)
burðene (1)
buruh (10)
buruhmen (2)
buruhwes (2)
buruwen (1)
bustes (1)
bute (159)
buten (47)
buð (5)
buue (1)
buuen (7)
buwen (3)
buweð (3)
cage (1)

cakeleð (1)
caliz (2)
caluarie (2)
canaan (1)
cancre (2)
cang (2)
canges (1)
cangliche (1)
canoniel (1)
capitalen (1)
carien (1)
cas (1)
cassiodere (1)
castel (6)
castle (3)
castles (1)
cat (1)
cauhte (1)
cauncre (1)
cause (3)
celere (1)
celles (1)
cesares (1)
charge (2)
charoines (1)
chaste (3)
chasten (2)
chastete (3)
chasteð (1)
chasti (1)
chastie (1)
chastiement (3)
chastite (1)
chaumberleing (1)
chaumbre (3)
chaumpiun (1)
chaumpiuns (1)
chaunge (3)
chaungen (4)
chaungeð (1)
chaungunge (1)
cheafle (3)
cheap (1)
cheape (1)
cheapede (1)
cheapeð (3)
cheapild (1)
cheapitres (1)
cheaste (1)
cheateren (1)
cheatereð (2)

cheaterinde (1)
chef (2)
cheffare (2)
chefle (1)
chefleð (2)
cheoken (4)
cheorl (1)
cheos (1)
cheose (1)
cheosen (2)
cheoseð (1)
cheouweð (3)
cheping (1)
chepinge (1)
chepmon (2)
chere (9)
cheres (2)
cherite (6)
cherre (8)
cherte (1)
cherubines (1)
chetel (1)
cheuelunge (1)
chideð (1)
child (20)
childe (3)
childhode (4)
children (11)
childrene (1)
chirche (25)
chircheie (1)
chirmen (1)
chirmeð (1)
chore (1)
chulde (1)
chulle (26)
circumstances (1)
circumstaunce (1)
circumstaunces (2)
cite (1)
claurede (1)
clauses (1)
cleafres (1)
cleane (8)
clene (18)
clenliche (2)
clennesse (6)
clense (1)
clensen (2)
clenseð (2)
clensing (2)

cleope (1)
cleopede (4)
cleopeð (21)
cleopie (4)
cleopien (2)
cleopieð (4)
clepeð (1)
cleppe (2)
clergesse (1)
clerk (1)
clerkes (1)
climben (4)
climbeð (1)
clokes (2)
clomb (1)
clot (2)
clotte (1)
cloþes (4)
cloð (13)
cloðe (1)
cloðes (9)
cloðinde (1)
clou (1)
clumben (4)
cluppe (1)
cluppen (1)
cluppeð (1)
cluppunge (1)
cluppunges (1)
cluse (1)
clut (2)
clutes (1)
clutie (1)
cneoleð (2)
cneolinde (2)
cneon (3)
cnoulechunge (1)
cnowest (2)
cnoweð (1)
cnowunge (2)
coc (1)
cogitaciun (1)
cogitaciuns (1)
cold (3)
collecte (2)
com (33)
come (5)
comen (4)
commendaciun (1)
con (17)
condelmesse (1)

Alphabetical Listing of Vernacular Forms: NERO 267

confiteor (1)	cum (2)	cwide (1)	deiden (1)
conscience (1)	cume (7)	cwike (10)	deie (21)
const (3)	cumen (4)	cwikes (1)	deiede (3)
contemplaciun (1)	cumeð (31)	cwitaunce (1)	deien (7)
contumace (1)	cumfort (4)	cwite (5)	deies (6)
cope (1)	cumpelie (2)	cwiuer (1)	deieð (2)
coppe (1)	cumplie (3)	cwointe (1)	deiȝede (1)
corbin (1)	cunde (7)	dai (4)	deih (2)
corne (1)	cundel (1)	daie (1)	deinte (1)
cornes (2)	cundeliche (1)	dame (10)	del (3)
cos (8)	cundles (1)	dangerus (1)	dele (1)
cosse (2)	cunfort (1)	dathan (1)	delen (3)
cosses (2)	cunne (7)	daui (1)	deleð (1)
costnede (1)	cunnede (1)	dauid (27)	delices (3)
coue (2)	cunnen (4)	dauies (1)	delit (17)
cradel (2)	cunnes (1)	dauið (4)	deliten (1)
creaunt (2)	cunneð (1)	daunger (2)	deliteð (1)
crecche (1)	cunsail (1)	dawes (12)	deliured (1)
crede (2)	cuntinuelement (1)	daweð (1)	deliurede (1)
creoices (2)	curt (1)	dawunge (2)	dem (2)
creoiseð (1)	cus (2)	de (4)	demare (8)
creoiz (10)	cusceð (2)	dead (11)	demares (1)
creop (1)	cusse (1)	deade (14)	demde (2)
crie (1)	cussen (2)	deadlich (8)	deme (2)
criede (1)	cusseð (5)	deadliche (9)	demen (9)
crieð (1)	cussinde (1)	deadlihc (1)	demeore (1)
cririe (1)	custe (2)	deadure (1)	demeð (4)
crist (41)	cuð (1)	deaf (1)	deofel (1)
criste (5)	cuueiten (1)	deale (4)	deofle (4)
cristendom (1)	cwaer (1)	dealede (1)	deoflen (5)
cristene (4)	cwakien (1)	dealen (2)	deofles (46)
cristes (20)	cwalmhuse (1)	deales (1)	deofuel (1)
crocke (1)	cwalmsteou (1)	deaþes (2)	deop (2)
croiz (3)	cwarreaus (1)	deað (23)	deope (5)
crokede (1)	cweade (2)	deaðe (32)	deopeð (1)
crokes (2)	cweadschipe (2)	deaðes (8)	deopliche (1)
croppeð (1)	cweadschipes (3)	deaðlich (4)	deopluker (1)
crucefix (1)	cweise (1)	deaðliche (3)	deoppre (1)
crucem (1)	cweisen (1)	deaðlicnesse (1)	deore (27)
crucifix (2)	cwemen (2)	deauwes (1)	deores (1)
cruel (1)	cwemeð (2)	debonere (1)	deorewurðe (37)
cruelte (1)	cwench (1)	debonerte (1)	deorewuðe (1)
crume (1)	cwene (12)	deciple (1)	deorling (4)
crumen (1)	cweð (37)	deciples (12)	deorlinge (1)
crune (12)	cwic (7)	dedbote (4)	deorre (3)
crunen (4)	cwickest (1)	dede (11)	deoruwurðe (10)
crununge (1)	cwickure (1)	deden (8)	deoruwurðliche (1)
cubbel (1)	cwicliche (3)	defautes (1)	deoruwuðe (1)
cul (1)	cwicluker (1)	degrez (1)	deoruwuððe (1)
culle (1)	cwicnesse (2)	dei (29)	deosc (1)
culuert (1)	cwiddeð (1)	deide (3)	deosk (1)

deouel (34)
departunge (1)
depeint (1)
der (6)
derewurðe (3)
derf (4)
derfliche (1)
derful (1)
derne (17)
derneliche (4)
derneluker (1)
derue (1)
deruen (1)
derueð (3)
descriued (1)
descriueð (2)
desert (1)
deskumfit (1)
desperaunce (1)
despoile (1)
despoiled (1)
despoilede (1)
despuiled (1)
dest (11)
destrued (1)
desturben (1)
dette (1)
dettes (3)
dettur (2)
detturs (1)
deð (107)
deðliche (1)
deuleset (2)
deuociun (2)
deuot (1)
dialoge (2)
dich (4)
diciple (2)
diciples (1)
diete (1)
dimluker (1)
dina (4)
dingnite (1)
discepline (1)
disceplines (4)
disch (1)
dischs (1)
disciplines (1)
dissches (1)
disshes (1)
distinctiun (1)

distinctiuns (1)
do (32)
doddunge (1)
dogge (8)
dohter (1)
dole (41)
dolen (6)
dolke (1)
doluene (1)
dom (13)
dome (10)
domes (1)
domesdai (1)
domesdei (12)
domesdeie (2)
domesmon (1)
domstol (1)
don (77)
donne (11)
dope (1)
dotie (1)
doþ (3)
doð (44)
douhter (8)
douhtren (1)
drake (1)
drauh (4)
drauhð (5)
drawe (4)
drawen (6)
drawene (1)
drawest (2)
draweð (10)
dream (1)
dreame (1)
dreamen (1)
dred (13)
dredde (1)
drede (17)
dreden (10)
dredeð (3)
dredful (7)
dredfule (6)
dredlich (1)
dreih (2)
dreori (2)
drie (1)
drien (3)
drieð (4)
drif (1)
drihtenes (2)

drihð (1)
drinc (2)
drinckares (1)
drincken (6)
drinke (1)
drinken (9)
drinkeð (3)
driue (1)
driuen (3)
driuest (1)
driueð (2)
driuinde (1)
driwerie (2)
dronc (2)
drope (2)
dropemele (1)
dropen (2)
dros (2)
drouh (1)
drowen (2)
druie (2)
druiuoted (1)
drunc (2)
drunch (13)
drunche (4)
drunches (2)
druncnie (1)
drupie (1)
duble (1)
duc (1)
dude (82)
duden (6)
dudest (4)
dulte (2)
dulue (1)
duluen (3)
dumbe (4)
dun (2)
dune (2)
dunes (7)
duneward (4)
dunge (1)
dunt (7)
dunte (1)
duntes (5)
durren (1)
durste (2)
dusegest (1)
dusi (1)
dusie (2)
dusischipe (1)

dust (5)
duste (1)
dusteð (1)
dute (4)
duteð (1)
dutten (2)
dutteð (1)
duueð (1)
dvsten (1)
dweole (3)
dweoleð (1)
eadi (9)
eadie (10)
eadiliche (1)
eadinesses (1)
eadwiten (1)
eaise (1)
ear (5)
earde (1)
eare (4)
earen (33)
eares (1)
earewe (1)
earewen (3)
earlich (1)
earme (1)
earmes (2)
earn (1)
earnes (1)
east (1)
eaðe (3)
eaubruche (1)
eauer (1)
eax (2)
ebreische (1)
ebreu (1)
ebreuwisch (2)
ebreuwische (2)
ebreuwish (1)
ebrew (1)
ebrewish (2)
ec (20)
ecchenesse (1)
eche (18)
echen (4)
echenesse (1)
echeð (2)
ed (2)
eddre (1)
eddren (1)
edmod (8)

edmode (4)
edmodies (1)
edmodliche (8)
edmodnesse (23)
edwit (1)
edwite (1)
efficaces (2)
efne (6)
efnede (2)
efneð (7)
efning (2)
efnunge (1)
efre (1)
efrich (2)
eft (43)
efter (163)
efterward (2)
eftsone (1)
egede (1)
egge (1)
eggen (1)
eggeð (4)
eggi (1)
eggunge (1)
egipte (2)
ei (16)
eie (20)
eien (72)
eiesihðe (1)
eieþurles (2)
eihsihðe (5)
eihte (13)
eihteoðe (5)
eihtuðe (3)
eil (1)
eile (1)
eilen (2)
eileð (3)
eilie (1)
eilþurles (1)
eir (1)
eiren (1)
eise (24)
eisfule (1)
eisil (9)
eiþer (2)
eiþing (7)
eiþurles (3)
eiðer (16)
ek (4)
eke (11)

ekinde (1)
el (1)
elde (4)
eldre (1)
elie (3)
elies (2)
elizabet (1)
elles (16)
elleshwar (3)
elmesse (5)
elne (6)
elnen (1)
elpi (2)
emores (1)
empti (1)
enbreued (1)
ende (49)
endeleas (2)
enden (2)
endeð (2)
endie (1)
endinge (1)
enes (7)
engel (12)
engle (2)
englelond (1)
englene (5)
engles (6)
englichs (1)
englis (1)
englisch (5)
englische (2)
english (2)
eni (80)
eniþing (4)
eniþinge (1)
eniwise (1)
enne (18)
ententes (1)
entermeteð (1)
entremeten (1)
entremeteð (1)
eode (8)
eoden (3)
eoli (2)
eolie (1)
eornen (2)
eorneð (5)
eorre (2)
eorð (1)
eorðe (82)

eorðene (1)
eorðeware (1)
eorðlich (4)
eorðliche (8)
eorðtilien (1)
epistle (1)
eppel (5)
eppele (1)
epple (2)
er (92)
erede (1)
eremite (2)
eresie (2)
erest (30)
ereste (8)
erinde (2)
eritage (1)
erliche (2)
erm (1)
ermes (4)
ernde (1)
ert (28)
ertu (1)
erueð (2)
erueðliche (1)
eruh (4)
este (7)
esten (1)
ester (5)
estful (1)
estfule (2)
estfulre (1)
estliche (1)
estondeð (1)
et (83)
etbrec (1)
etbreken (1)
ete (3)
eten (13)
etene (2)
eteð (2)
etfallen (1)
etfleo (1)
etfleon (2)
etflihð (1)
etflowen (1)
etfluwen (1)
etforen (1)
ethalt (5)
etholden (5)
etluteð (1)

etlutien (1)
etrineð (1)
etslopen (1)
etstert (1)
etsterten (3)
etsterteð (1)
etstond (1)
etstondest (1)
etstondeð (2)
etstont (1)
ette (5)
etter (1)
ettissen (1)
etwit (1)
etwiteð (1)
eþele (1)
eð (6)
eðcene (7)
eðelich (2)
eðeliche (1)
euch (4)
euchon (2)
euchones (1)
eue (15)
eueneð (1)
euentid (2)
euer (205)
euere (15)
euerȝete (1)
euerich (72)
eueriche (28)
eueriches (4)
euerichne (1)
euerichon (21)
euerichone (1)
euerichones (3)
euerihc (1)
euerihe (1)
euerihon (2)
euerre (1)
euesede (1)
euesong (2)
euesonge (1)
euesunge (4)
eurich (1)
eurihc (1)
euuangelistes (1)
ewangeliste (3)
exode (1)
ezechie (1)

ezechiel (1)	feondes (5)	flesches (30)	fon (2)
failede (1)	feondschipe (1)	fleschlich (1)	fondeð (5)
falle (3)	feonðes (1)	fleschliche (2)	fondunde (1)
fallen (2)	feor (5)	fleschs (22)	fondunge (19)
falleð (9)	feorrene (2)	fleschsliche (2)	fondunges (9)
fallinde (4)	feorþe (1)	flesh (2)	fondungunges (1)
fallinge (1)	feorðe (3)	fleshe (2)	for (140)
fals (3)	ferd (1)	fleshlich (1)	forbeode (3)
false (5)	ferde (8)	fleshliche (1)	forbereð (1)
falsest (1)	fere (8)	fleshs (4)	forbernd (1)
falsie (2)	feren (2)	fleslich (1)	forbisne (1)
falsliche (1)	ferlac (5)	flesliche (7)	forbode (1)
fame (1)	ferlich (2)	flessche (1)	forbuwen (1)
fantesme (1)	feste (7)	flessches (1)	forbuweð (1)
fares (1)	festen (5)	flesshes (5)	forcwiddares (1)
fareð (3)	fet (4)	flesshliche (1)	fordede (1)
febblesce (1)	fette (2)	flih (2)	fordon (1)
feble (9)	feþri (1)	flihð (4)	foreward (10)
feblesce (3)	fif (13)	flikereð (1)	forgnaweð (1)
feblete (1)	fifte (3)	floc (3)	forgon (1)
feblie (1)	fiftene (1)	flod (2)	forgoð (2)
fed (1)	fifti (1)	flode (1)	forʒelde (1)
fedde (1)	figelunge (2)	fluen (2)	forʒet (1)
feder (17)	figer (4)	fluht (1)	forʒeten (1)
federes (1)	figes (1)	fluhte (5)	forʒif (4)
federleas (1)	figures (1)	flures (3)	forʒiten (2)
federlease (2)	fiht (2)	flutten (1)	forʒiteð (1)
fedeð (1)	fihteð (1)	fluwe (1)	forʒiue (1)
fefre (1)	fikelare (1)	fluwen (1)	forʒiuen (1)
feih (1)	fikelares (1)	fo (5)	forʒiuenesse (1)
feir (3)	fikele (1)	foa (1)	forʒiueð (1)
feire (11)	fikelunge (3)	foan (1)	forhowien (1)
feireste (1)	fikeð (2)	foddre (1)	forhwi (1)
fel (1)	finker (1)	fode (6)	foridled (1)
fele (1)	fisiciens (1)	foes (1)	forkesting (1)
felles (1)	fiue (3)	fol (10)	forleosen (2)
felunge (1)	flakereð (1)	folc (7)	forleoseð (3)
feol (3)	flaskie (1)	fole (1)	forleten (1)
feolaulich (1)	flaterunge (1)	foles (1)	forloren (7)
feolauliche (1)	flechs (2)	folewe (1)	forlure (1)
feolauredden (1)	flechsliche (2)	folewen (1)	forme (1)
feolauschipe (1)	fleih (5)	folherdi (1)	forroteð (2)
feolauwe (1)	fleo (2)	folie (1)	forsakeð (1)
feolawe (4)	fleoinde (2)	folk (1)	forschalded (1)
feolawes (4)	fleon (6)	folke (3)	forschupped (1)
feole (6)	fleose (1)	folliche (1)	forschuppeð (1)
feoleuold (1)	fleotinde (1)	foluwe (1)	forsoke (1)
feoleware (1)	fleoð (8)	foluwen (3)	forstoppeð (1)
feolle (2)	fleoweden (1)	foluweð (2)	fort (2)
feolleð (1)	flesch (7)	foluwude (1)	forte (37)
feond (1)	flesche (13)	fomen (1)	forti (1)

forþi (44)
forþui (9)
forð (34)
forðe (1)
forðfaren (1)
forði (2)
forðward (2)
foruareð (1)
foruarð (1)
foruret (1)
forworpen (1)
forworpeð (1)
forwurðen (2)
fostreð (1)
fostrild (1)
fotes (1)
foð (4)
four (7)
foure (3)
foxes (3)
freinchs (1)
freineð (1)
frendes (1)
freo (3)
freolac (4)
freond (8)
freondschipe (1)
fret (5)
fridawes (1)
froemeð (1)
from (26)
frommard (10)
frorm (1)
frotunges (1)
froure (8)
frouren (1)
froureð (2)
frumðe (3)
frut (6)
fuel (1)
fueles (2)
fuhten (1)
ful (76)
fulde (2)
fule (24)
fulen (3)
fuleð (2)
fulfullen (1)
fulitowen (4)
fulitowene (2)
fulitowune (1)

fulle (4)
fulleð (1)
fulliche (5)
fulne (1)
fulre (2)
fulðe (20)
fulðen (6)
fuluht (2)
fuluhte (3)
fuluste (1)
fundleas (1)
fundles (3)
fur (29)
fure (14)
furene (2)
fures (2)
furme (1)
furseð (2)
fursie (1)
furðer (4)
furðerluker (1)
furðre (4)
furðreð (1)
fustes (2)
fuwel (1)
fuwelene (1)
fuweles (2)
gabben (1)
gabbeð (1)
gabriel (2)
galien (1)
galilee (2)
galle (8)
garcen (1)
garsum (1)
garsume (1)
gate (2)
gauel (3)
geat (6)
gedere (4)
gedereden (1)
gederen (5)
gederest (1)
gedereð (9)
gederindde (1)
gederinde (3)
gederinge (1)
gederunge (1)
gedewal (1)
geineð (2)
gelstreð (1)

Alphabetical Listing of Vernacular Forms: NERO 271

gelunge (1)
gelus (2)
geluse (1)
gelusie (1)
genesi (2)
genesis (1)
genterise (1)
gentil (2)
gentile (2)
gernere (1)
ges (1)
gest (2)
geð (11)
gibet (1)
gigge (1)
gile (6)
gilen (1)
giles (1)
gileð (2)
gilofre (1)
gingiuere (1)
gingiure (1)
gist (1)
giste (1)
gistes (1)
gistnede (1)
gistnen (1)
gistninges (1)
giuegouen (1)
gius (3)
giwene (1)
giwerie (2)
giwes (2)
giws (2)
gleam (2)
gleames (2)
gled (2)
glede (5)
gleden (2)
gledful (1)
gledfule (2)
gledfulure (1)
gledie (1)
gledien (3)
gledieð (1)
gledliche (7)
gledluker (2)
glednesse (2)
gledschipe (3)
gledunge (2)
gleo (1)

gleowede (1)
gles (5)
glese (1)
glorie (2)
glouen (1)
gluffeð (1)
glutun (1)
glutunie (3)
gnedeliche (3)
gnet (2)
gniden (2)
go (28)
god (319)
godchilde (1)
goddede (13)
goddeden (5)
goddedes (1)
goddre (1)
gode (91)
godere (1)
godes (167)
godhed (1)
godhod (1)
godleic (2)
godleich (1)
godnesse (3)
godreheale (1)
gog (1)
gold (8)
golde (2)
goldhord (2)
goldhordes (2)
goldsmið (4)
golhord (3)
golnesse (13)
golnesses (1)
gomede (1)
gomen (1)
gomenes (2)
gomorre (1)
gon (20)
gong (2)
gongmen (1)
gospel (7)
gospelle (8)
gospelles (1)
gost (17)
goste (7)
gostes (3)
gostiliche (1)
gostlich (12)

gostliche (27)
got (1)
goð (20)
grace (42)
graces (3)
graunt (2)
greahundes (2)
great (3)
greate (9)
greaten (1)
gred (2)
gredde (2)
grede (1)
greden (3)
gredeð (1)
gredie (1)
gredil (2)
gredinesse (1)
grediure (1)
gref (1)
gregorie (20)
gregories (1)
greʒe (1)
greiðe (2)
greiðede (2)
gremeð (1)
grene (7)
greneð (1)
grennen (1)
grennunge (1)
greot (4)
greste (2)
gret (1)
grete (1)
greteð (1)
gretluker (1)
grette (1)
grettre (1)
gretture (2)
gretunge (6)
gretunges (5)
greue (2)
greuest (1)
greueð (3)
grickische (2)
grickischs (4)
grickishe (1)
grim (3)
grime (1)
grimliche (4)
grimme (7)

grimmeliche (1)
grimmest (1)
grinden (2)
grindstones (1)
grinstones (1)
grint (1)
grisbatede (1)
grislich (5)
grisliche (5)
grið (1)
griðe (1)
griðful (1)
griðfulnesse (1)
grome (7)
gromes (1)
grone (1)
gronen (3)
gropeð (1)
gropie (1)
gropunge (1)
gropunges (1)
grot (1)
grouinde (1)
groweð (1)
grucche (2)
grucchede (1)
gruccheð (2)
grucchild (1)
grucchunge (6)
gruchie (1)
grulleð (1)
grunde (6)
grunten (1)
grure (2)
grureful (3)
grurefule (1)
grurefulliche (1)
gruselie (1)
gruttene (1)
gugement (1)
gulche (1)
gulchecuppe (1)
gulcheð (2)
guldene (1)
gult (6)
gulte (5)
gultes (5)
gulti (1)
gunfaneur (1)
gurde (1)
gurdel (1)

gutefestre (1)
gyus (1)
ʒankume (1)
ʒare (5)
ʒe (391)
ʒeape (2)
ʒeare (1)
ʒeate (1)
ʒef (11)
ʒeiden (1)
ʒeie (1)
ʒeiede (1)
ʒeieden (1)
ʒeien (3)
ʒeieð (6)
ʒein (1)
ʒeincume (1)
ʒeld (4)
ʒelde (2)
ʒelden (12)
ʒeldest (1)
ʒelpe (2)
ʒelpen (2)
ʒelpeð (4)
ʒelpunge (1)
ʒelt (6)
ʒeme (35)
ʒemeleas (1)
ʒemeleaschipe (1)
ʒemeleasliche (3)
ʒemeleaste (13)
ʒemeleste (1)
ʒemen (3)
ʒemeð (1)
ʒeoluh (1)
ʒeond (6)
ʒeonien (1)
ʒeoniinde (2)
ʒeont (2)
ʒeor (1)
ʒeorne (29)
ʒeorneliche (7)
ʒeornelukur (1)
ʒeot (1)
ʒeoteð (1)
ʒeoue (6)
ʒeouen (1)
ʒer (9)
ʒerd (4)
ʒerde (8)
ʒerden (2)

ʒere (1)
ʒeres (4)
ʒerkeð (1)
ʒeruh (1)
ʒet (87)
ʒete (11)
ʒeten (4)
ʒetes (2)
ʒeteward (5)
ʒetewardes (1)
ʒette (2)
ʒettede (1)
ʒetteð (3)
ʒettie (2)
ʒettunge (6)
ʒeue (1)
ʒicchinde (1)
ʒichinge (1)
ʒif (342)
ʒiftes (1)
ʒifð (4)
ʒim (1)
ʒimston (2)
ʒimstones (2)
ʒirne (4)
ʒirneð (1)
ʒirnunge (2)
ʒis (1)
ʒiscare (1)
ʒiscen (1)
ʒisceð (2)
ʒiscunge (9)
ʒiscunges (1)
ʒissare (1)
ʒissunge (1)
ʒissunges (1)
ʒiue (7)
ʒiuen (22)
ʒiuene (1)
ʒiuer (1)
ʒiuerliche (1)
ʒiuernesse (5)
ʒiuest (2)
ʒiueð (14)
ʒiure (2)
ʒoc (1)
ʒoingdawes (1)
ʒui (2)
ʒulde (1)
ʒulden (1)
ʒun (1)

Alphabetical Listing of Vernacular Forms: NERO 273

ʒung (3)
ʒunge (14)
ʒungre (1)
ʒut (1)
ʒuweðe (3)
ʒuweðehode (1)
ha (6)
habbe (58)
habben (68)
habbeð (88)
habe (1)
haben (1)
hackede (1)
hackeð (1)
halewen (5)
haleweð (1)
halewi (1)
halewun (1)
halewune (1)
half (30)
halflunge (1)
hali (6)
halle (1)
halse (2)
halseð (2)
halsie (1)
halsinde (1)
halsunge (1)
halt (21)
halue (17)
haluedole (1)
halues (1)
haluwen (6)
haluwene (1)
ham (256)
hamsulf (4)
hamsuluen (13)
harlot (1)
harloz (2)
hat (10)
hatede (1)
hateren (1)
hatest (1)
hateð (5)
hatie (1)
hatien (4)
hatieð (1)
hattre (1)
hatunge (3)
haue (5)
haued (1)

hauest (25)
haueð (145)
haunche (1)
hawur (1)
he (994)
heale (12)
healede (1)
healen (1)
healeð (1)
healewi (7)
heali (1)
healuwinde (1)
heape (1)
heapeð (1)
heard (1)
heardchipes (1)
hearde (1)
hearden (1)
heardschipes (1)
heare (2)
heaten (1)
heater (1)
heaued (48)
heauedsunne (9)
heauedsunnen (4)
hebben (3)
hebbeð (1)
hef (6)
hefde (48)
hefden (9)
hefdes (1)
hefdest (6)
hefð (1)
heggen (1)
heie (42)
heih (28)
heihengel (1)
heihliche (1)
heihnesse (3)
heihschipe (2)
heihte (2)
heiliche (1)
heinesse (4)
heiunge (1)
heiward (1)
heixst (2)
heixt (2)
heixte (1)
hel (3)
helden (1)
heldeð (2)

hele (13)
helede (1)
helen (6)
heleð (3)
helewi (1)
helidawene (1)
helidawes (1)
helie (1)
helien (4)
helieð (2)
helind (1)
helinde (1)
heliunge (1)
helle (85)
help (10)
helpe (14)
helpen (6)
helpeð (5)
hen (1)
hendeliche (1)
hendest (1)
hendi (2)
hendure (1)
henhen (1)
henne (1)
heo (682)
heold (6)
heolde (3)
heolden (2)
heom (3)
heonene (1)
heoneward (1)
heordemonne (1)
heorden (3)
heordmonne (1)
heorte (197)
heorteliche (1)
heorten (3)
heortes (1)
heortliche (1)
heou (4)
heoue (1)
heouene (117)
heoueneware (1)
heouenlich (1)
heouenliche (11)
heoueriche (4)
heouwe (2)
heowe (2)
heowede (1)
heowes (1)

her (95)
herabuten (4)
heraʒeines (2)
herbaruede (1)
herbaruwe (1)
herbi (1)
herbiuoren (2)
herboruwe (3)
hercnede (1)
hercnen (3)
hercneð (11)
hercnung (1)
hercwile (1)
herd (14)
herde (21)
herdeliche (3)
herden (1)
herdest (1)
herdi (11)
herdie (1)
herdischipe (1)
herdre (1)
herdschipe (2)
herdschipes (3)
herdure (1)
here (7)
herebarde (1)
herede (1)
herefter (10)
heremide (1)
heren (3)
hereuore (1)
hereword (10)
herien (2)
herieð (1)
herinne (2)
heriunge (1)
herkneð (1)
herm (5)
herme (2)
hermen (4)
hermes (2)
hermest (1)
hermeð (4)
hermie (1)
herof (6)
heron (1)
herone (1)
herre (13)
herrunge (3)
herrure (1)

herschipe (1)
herto (4)
hertouward (1)
heruest (2)
herunge (7)
hesmel (1)
hest (1)
heste (8)
hesten (4)
hester (14)
hesteres (3)
hestes (1)
het (1)
hete (4)
hetel (1)
heteueste (2)
hette (6)
hetterliche (2)
heþinesse (1)
heuedcloð (1)
heuede (13)
heueden (3)
heuedest (3)
heuene (2)
heueð (1)
heui (7)
heuie (8)
heuinesse (3)
heuischipe (1)
hexst (2)
hexte (3)
hi (1)
hider (1)
hiderto (3)
hie (5)
hien (4)
hieð (1)
hiȝe (1)
hihful (1)
hihþe (1)
hihðe (3)
hilariun (1)
him (459)
himsulf (37)
himsuluen (29)
hine (36)
hird (2)
hirde (1)
hire (561)
hiresulf (5)
hiresuluen (13)

his (686)
hise (1)
hit (594)
hod (2)
hode (1)
hodes (1)
hofleas (1)
hoker (3)
hokeres (1)
hokereð (1)
hokerlich (2)
hokerunge (1)
hol (5)
hold (6)
holde (21)
holden (37)
holdest (1)
holdeð (19)
holdung (1)
holdunge (1)
hole (9)
holes (6)
holi (99)
holie (33)
holieð (1)
holinesse (7)
holirode (2)
holt (1)
holðet (1)
hom (11)
home (4)
homeres (2)
hommen (1)
hond (28)
honde (1)
honden (30)
hondes (1)
hondhwule (3)
hondle (1)
hondlede (1)
hondlen (1)
hondlie (1)
hondlunge (3)
honful (1)
hongede (2)
hongen (3)
hongeð (1)
honginde (1)
hope (25)
hopeful (2)
hopie (3)

hopien (2)
hord (1)
hordom (1)
hore (157)
horeien (1)
horel (3)
horhel (1)
horn (1)
horne (1)
hors (2)
horse (1)
horses (1)
horte (1)
hosen (1)
hot (8)
hote (5)
hu (112)
huckel (1)
hud (2)
hudde (2)
hude (2)
huden (5)
hudest (1)
hudeð (4)
hudles (2)
hudunge (1)
huire (3)
hul (4)
hulen (1)
hulle (1)
hulles (9)
hulpe (2)
hund (4)
hunde (1)
hundes (2)
hundest (1)
hundred (6)
hunger (2)
hungre (2)
hungrede (1)
hungren (1)
huni (1)
huntede (1)
hunten (1)
hunteð (2)
huntunge (1)
hupe (1)
hure (26)
huren (1)
hurleð (1)
hurlunge (1)

hurnen (1)
hurt (4)
hurte (4)
hurten (2)
hurtes (2)
hurteð (6)
hurtunge (1)
hus (6)
huse (10)
husel (1)
huselefdi (1)
huses (5)
husewif (3)
husewifschipe (1)
huso (1)
hut (5)
huðet (1)
hwam (12)
hwamse (1)
hwamso (1)
hwar (8)
hwarase (1)
hwareþuruh (1)
hwareuore (6)
hwarof (7)
hwarse (10)
hwarso (2)
hwarto (2)
hwarþuruh (4)
hwarðuruh (1)
hwas (5)
hwat (96)
hwatse (14)
hwatso (2)
hweate (4)
hwelp (1)
hweol (1)
hweole (1)
hweoles (4)
hweolinde (2)
hweolp (13)
hweolpes (7)
hwete (3)
hweþer (1)
hweðer (12)
hweðeres (1)
hweðerse (1)
hweðerso (1)
hwi (14)
hwile (1)
hwingen (5)

hwit (11)
hwite (20)
hwitesunedei (1)
hwiteð (2)
hwitture (1)
hwo (31)
hwoa (4)
hwon (171)
hwonne (15)
hwonnese (1)
hwonse (1)
hwonso (1)
hwose (70)
hwoso (11)
hwu (52)
hwuc (5)
hwuch (16)
hwuche (20)
hwuchso (1)
hwuder (1)
hwuderso (1)
hwudeward (1)
hwui (13)
hwuile (1)
hwule (48)
hwules (1)
hwuso (1)
i (302)
iacob (4)
iacobes (2)
iacobi (1)
iame (7)
iames (5)
iancred (1)
iattred (2)
ibeaten (7)
ibeon (8)
iber (1)
ibernd (1)
ibet (8)
ibette (1)
ibiddeð (1)
ibleched (1)
iblesced (5)
iblindfelled (1)
iblisced (1)
ibocked (1)
ibollen (1)
iboren (4)
iborenesse (2)
iboruwen (7)

iboruwun (1)
ibouht (1)
ibridled (1)
ibroken (8)
ibrouh (1)
ibrouht (7)
ibunden (8)
ic (2)
icakeled (1)
ich (373)
icharged (1)
ichosen (3)
ichulle (9)
icleoped (7)
iclumben (2)
icnowe (1)
icnowen (15)
icnoweð (4)
icoren (1)
icorene (8)
icreoiced (1)
icruned (2)
icud (2)
icumen (8)
icweme (8)
idel (16)
idele (4)
ideled (1)
ideles (1)
idelnesse (3)
idelnesses (1)
idemed (13)
iderued (2)
ido (1)
idodded (1)
idoluen (1)
idon (21)
idoruen (1)
idrawen (4)
iefned (12)
iefnede (1)
ieremie (15)
ierome (2)
ieronime (1)
ierorime (1)
ierusalem (10)
ierusalemes (1)
iesu (57)
if (1)
ifere (1)
ifinde (1)

iflowe (1)
iflured (2)
ifuld (1)
ifulled (4)
ifunde (1)
ifunden (5)
igedered (3)
ignoraunce (1)
igoded (2)
igon (3)
igraced (1)
igranted (1)
igreideð (1)
igreiðed (1)
igurd (1)
igurde (1)
iʒeied (1)
iʒerked (1)
iʒirned (1)
iʒiuen (5)
ihacked (1)
ihalewed (1)
iheid (1)
iheied (6)
iheled (7)
iheorted (11)
iheorteð (1)
iheouwed (1)
iheowed (1)
iherd (8)
iherde (1)
iherdest (3)
ihere (4)
iheren (18)
iherest (2)
ihereð (13)
iherinde (1)
ihermed (1)
iheued (3)
iheuegeg (1)
iheueð (1)
ihol (5)
iholden (5)
ihole (3)
iholen (2)
iholest (1)
iholpen (1)
ihongede (1)
ihoten (7)
ihouen (1)
ihud (9)

ihudde (4)
ihurt (4)
ihuseled (3)
ihwar (1)
ihweolped (1)
ihwulen (2)
iimped (2)
ikalenged (1)
ikeiht (5)
ikepe (2)
ikepen (1)
ikepeð (1)
ikepte (2)
ikest (1)
iknoawen (1)
iknotted (1)
iknowe (2)
iknowen (4)
iknoweð (2)
ikoruen (1)
ikruned (2)
ikud (1)
ikumen (5)
ikunned (1)
ikupled (1)
ilaced (1)
ilchere (1)
ileaded (1)
ileaned (2)
ileaued (1)
iled (6)
ilef (1)
ilefde (1)
ilefden (1)
ileid (3)
ileien (2)
ilered (3)
ilest (4)
ileste (2)
ilesten (1)
ilesteð (1)
ilet (1)
ileten (6)
ilette (1)
ileðered (1)
ileue (5)
ileued (1)
ileuede (1)
ileuen (1)
ileueð (7)
iliche (21)

ilicnesse (3)	inread (1)	isaie (16)	ispredde (1)
ilided (1)	into (92)	isaise (2)	ispreinde (1)
iliht (1)	inumen (4)	isalued (1)	israel (3)
ilihted (1)	inumene (1)	isaye (1)	israeles (2)
iliknesse (3)	inward (7)	isboset (6)	istefned (1)
ilimed (3)	inwarde (4)	ischeaped (1)	istekene (1)
ilimpeð (1)	inwardes (2)	ischeawed (4)	istien (1)
iliued (1)	inwardliche (10)	ischeawede (2)	istihd (1)
ilke (92)	inwardlukest (1)	isched (1)	istinckeð (1)
ilogged (1)	inwit (8)	ischend (4)	istold (1)
iloked (2)	inwið (1)	ischilde (2)	istoruen (1)
ilokene (2)	io (1)	ischriuen (4)	istreiht (1)
ilome (2)	iob (13)	ischrud (3)	istreihte (1)
ilomp (1)	iobes (1)	ischurd (1)	istrencðed (1)
iluued (2)	ioel (1)	ischuuen (1)	istreoned (2)
imaked (16)	iohan (8)	isealed (1)	istreonede (1)
imakede (1)	iohanes (1)	iseid (40)	isturbed (1)
imakeð (1)	iohannes (2)	iseide (3)	isuiled (2)
imeind (1)	iohel (1)	iseie (10)	isuled (1)
imelt (1)	ioie (2)	iseien (5)	isundred (5)
imenbred (1)	ioluhned (1)	iseih (13)	isuneged (4)
imene (4)	ionswered (2)	iseihtned (1)	isuteled (2)
imerked (1)	iopened (2)	iseli (4)	iswipt (2)
imete (1)	iosaphat (3)	iseliliche (1)	isworen (1)
imette (1)	iosep (1)	iseluhðe (1)	iswunken (2)
imist (1)	iosue (2)	iseo (7)	itauwed (1)
imne (2)	iosues (1)	iseon (27)	iteied (2)
impacience (1)	ipaied (12)	iseonne (1)	iteiht (3)
impen (2)	ipined (5)	iseoð (8)	iteiled (1)
imunt (2)	ipluht (2)	iseouwed (1)	itempted (4)
imurðred (1)	ipocrisie (1)	iset (12)	itented (12)
in (289)	ipocrite (1)	isette (5)	iteoþeged (1)
incest (1)	ipreched (1)	isigge (1)	iteoðeged (1)
ine (317)	ipreised (3)	isih (1)	itidde (2)
ined (2)	ipreoued (3)	isihst (2)	itiled (1)
inedde (1)	ipund (1)	isihð (21)	itimbred (1)
ineiled (2)	iput (1)	isleien (6)	itit (1)
inemmed (3)	ireaded (3)	isleiene (5)	itold (7)
inemned (3)	iremd (1)	ismecched (1)	itorene (1)
inempned (2)	iren (8)	ismeiht (1)	itowen (1)
inewið (1)	irend (2)	ismoked (1)	itowune (2)
ingong (1)	irene (1)	ismured (1)	itrussed (1)
inȝong (9)	iriht (2)	isobet (1)	ituht (2)
inne (30)	irikened (2)	isompned (2)	ituked (2)
innen (1)	irobbed (2)	isonted (1)	ituned (1)
inobedience (3)	iroted (2)	isouht (1)	iturnd (4)
inohreðe (1)	irspiles (1)	ispareded (1)	iturnde (1)
inouh (20)	iruded (3)	ispeken (8)	iturpled (1)
inouhreaðe (6)	irusted (1)	ispeled (1)	iþolede (1)
inouhreðe (3)	is (1395)	ispened (1)	iþoleð (1)
inre (21)	isaac (2)	ispred (1)	iþolien (8)

iþoncked (7)
iþouht (1)
iþrosschen (1)
iþuht (1)
iþurled (2)
iuallen (4)
iuaren (1)
iudas (8)
iudases (4)
iudeas (1)
iudee (3)
iudit (20)
iudittes (1)
iued (1)
iueied (8)
iueled (1)
iuelen (1)
iueleð (6)
iueollen (1)
iueren (1)
iueruwed (1)
iuesned (1)
iuestned (1)
iueðöred (1)
iuggen (2)
iuglurs (1)
iuinde (1)
iuinden (2)
iuindeð (6)
iuint (3)
iulianes (2)
iuolden (1)
iuollen (1)
iuond (1)
iuonded (3)
iuorðed (1)
iupped (4)
iureined (1)
iurneie (1)
iustus (1)
ivallen (1)
iveied (3)
ivele (1)
ivelen (2)
ivelest (1)
iveleð (9)
iveotered (1)
ivestned (2)
ivetted (1)
iviled (1)
ivinde (1)

ivinden (6)
ivindeð (2)
ivint (7)
iviþered (1)
ivlowen (3)
ivnned (1)
ivollen (1)
ivond (2)
ivonded (4)
iwaked (1)
iwar (5)
iwarned (1)
iwarre (3)
iwaschen (3)
iwaxen (1)
iwearð (2)
iwedded (3)
iwelled (1)
iwend (7)
iwende (3)
iwent (2)
iweorred (1)
iweorreð (1)
iwilned (2)
iwis (4)
iwiten (1)
iwiteð (1)
iwiued (1)
iworded (1)
iwordede (1)
iworpen (2)
iwreied (1)
iwreððed (1)
iwrien (3)
iwriten (15)
iwritene (3)
iwrouht (1)
iwrouhte (2)
iwunded (3)
iwuned (4)
iwunede (1)
iwunened (1)
iwunnen (1)
iwursed (1)
iwurþen (1)
iwurð (1)
iwurðe (4)
iwurðen (15)
iwurðet (1)
iwurðeð (3)
iwust (4)

kader (1)
kaiser (1)
kaisers (2)
kakele (1)
kakelen (1)
kakelinde (1)
kalengestu (1)
kang (3)
kanges (1)
kangschipe (1)
kareleas (2)
kastel (6)
kastle (1)
kastles (1)
kat (1)
kecche (1)
kecchen (2)
keccheð (7)
kefte (1)
keihte (1)
keimes (1)
kelf (4)
kempe (1)
kempene (2)
kene (10)
keorfunge (1)
keoruinde (3)
kepen (1)
kepeð (1)
keppen (1)
kepte (3)
kepten (1)
kerf (1)
kerneaus (1)
kernel (1)
kesten (1)
kinedom (2)
kinedome (4)
kinedomes (2)
king (13)
kinge (5)
kinges (5)
knaue (1)
kneoleð (1)
kneolinde (4)
kneolunge (1)
kneolunges (1)
kneon (2)
knif (4)
kniht (3)
knihte (1)

knihtes (4)
knihtschipe (2)
knit (1)
kniues (1)
knon (1)
knotte (1)
knowest (1)
knut (1)
kointe (2)
kokes (1)
kold (2)
kolde (1)
kom (2)
kome (2)
konst (1)
koruen (1)
kostnede (1)
kot (1)
kresules (1)
krocke (1)
krune (1)
kruneð (1)
ku (1)
kuchene (2)
kudde (1)
kues (1)
kuggel (1)
kulle (1)
kuluertschipe (1)
kulure (7)
kum (2)
kume (7)
kumen (10)
kumeþ (1)
kumeð (33)
kumforz (1)
kuminde (2)
kun (2)
kunde (15)
kundel (9)
kundeliche (4)
kundles (6)
kundleð (5)
kundlie (1)
kunfort (5)
kunne (10)
kunnen (5)
kunnes (10)
kunneð (1)
kunscence (1)
kunsence (2)

kunsenten (1)
kunsiler (1)
kunðe (1)
kupleð (1)
kur (1)
kurdel (1)
kurseð (1)
kurt (6)
kurteisie (2)
kurtel (6)
kurue (1)
kurz (1)
kussen (1)
kuþen (1)
kuþlechunge (1)
kuð (1)
kuðe (7)
kuðen (1)
kuðest (1)
kuðre (1)
kuuele (2)
kuuent (1)
kuuertur (1)
lai (1)
large (14)
largeliche (1)
largere (1)
largesse (3)
last (4)
laste (20)
lastunge (2)
later (2)
latere (9)
lates (6)
latin (1)
laðe (1)
laðieð (1)
lauhwen (5)
lauhweð (5)
lauhwinde (1)
lawe (8)
lazre (3)
lætes (1)
leaden (2)
leafdi (5)
leane (5)
leape (1)
leapen (4)
leapeð (6)
leapinde (1)
leareð (1)

leas (4)
lease (1)
leasse (1)
leasunge (5)
leasunges (1)
leate (4)
leaue (23)
leauedest (1)
leauen (1)
leaues (5)
leaueð (1)
leawede (1)
leawude (1)
leche (7)
lechecreft (1)
lecheire (1)
lechekreft (1)
lecherie (8)
lecheries (2)
lechur (2)
lechurs (2)
lecnen (2)
led (1)
ledde (7)
ledden (1)
leddre (4)
lede (1)
leden (7)
ledene (4)
ledeð (4)
lef (1)
lefde (1)
lefdi (36)
lefdies (1)
lefdischipe (2)
legge (3)
leggen (3)
lei (5)
leide (3)
leiden (1)
leie (5)
leien (2)
leihtre (3)
leihtren (1)
leihtres (1)
leinten (3)
leite (1)
leiten (1)
leiteð (1)
leitinde (2)
leið (7)

lenden (1)
lene (1)
lenen (1)
lengre (7)
lengure (1)
leodene (3)
leof (7)
leoflich (1)
leofliche (3)
leofmon (24)
leofmone (1)
leofmones (1)
leofmonnes (1)
leome (3)
leonie (1)
leop (2)
leope (1)
leor (5)
leorne (2)
leornede (1)
leorneden (1)
leornen (2)
leorneð (4)
leosen (5)
leoseð (1)
leoue (108)
leouere (12)
leoues (1)
leouest (8)
leoueste (2)
leouwe (1)
leprus (1)
lerede (3)
leren (6)
lereð (7)
les (2)
lesce (2)
lescun (2)
lescuns (3)
leseð (1)
lesse (32)
lessunes (1)
lest (10)
leste (36)
lesten (2)
lesteð (4)
leswe (4)
let (27)
letanie (2)
lete (12)
leten (15)

leteð (5)
lette (14)
letten (3)
letteð (1)
lettre (1)
lettres (6)
letuarie (1)
letuaries (1)
leðer (4)
leðet (1)
leue (3)
leun (3)
leuunge (1)
libbe (1)
libben (6)
libbeð (3)
libbinde (1)
licame (4)
licamliche (3)
lich (1)
liche (1)
licome (17)
licomes (8)
licomliche (6)
licunge (6)
licur (1)
licwu (1)
licwurðe (3)
lie (1)
lien (2)
liest (1)
lieð (2)
lif (41)
lifholie (1)
liflode (4)
ligge (4)
liggen (5)
liggeð (3)
liggunge (1)
liȝe (1)
liȝen (1)
lih (1)
liht (14)
lihte (15)
lihten (4)
lihteð (3)
lihtleapes (1)
lihtliche (15)
lihtluker (1)
lihture (2)
lihð (2)

like (2)
liken (4)
likeð (4)
likunge (12)
likunke (1)
likur (1)
likure (1)
lim (10)
limen (2)
limes (7)
limpeð (19)
limunge (1)
linnene (1)
lippen (3)
liste (2)
liteð (1)
liþere (1)
liþes (1)
lið (13)
liðe (2)
liðeliche (2)
liue (36)
liuede (1)
liueneð (4)
liues (3)
liueð (4)
liuieð (1)
liun (10)
liunes (1)
livnes (1)
lo (47)
loare (1)
loaue (2)
lode (1)
lodlich (3)
lodliche (1)
lodlichen (1)
lodlukeste (1)
lof (1)
loggede (1)
loggeð (1)
loke (21)
lokede (3)
loken (8)
lokes (1)
lokest (2)
lokeð (22)
lokinges (1)
lokunge (2)
lokunges (1)
lomb (2)

lombes (1)
lomen (2)
lond (5)
londe (9)
londes (1)
londvuel (1)
lone (2)
long (2)
longe (39)
longeð (1)
longinge (2)
longunge (1)
lore (12)
lorens (1)
lorenz (1)
lot (2)
loth (1)
loð (3)
loðest (6)
loðie (1)
loðleas (2)
loðlease (1)
loðnesse (1)
loðre (1)
loud (1)
louerd (170)
louerde (23)
louerdes (8)
louerð (1)
loueð (1)
louh (5)
louhnesse (1)
louhschipe (1)
lour (2)
lourd (1)
louwe (2)
lowe (12)
lowudest (1)
lowure (4)
lucifer (2)
lud (1)
ludderre (1)
luddure (1)
lude (9)
lufful (1)
lufsum (1)
lufsume (3)
lufsumere (1)
luft (1)
lufte (1)
lupes (1)

lure (6)
luren (1)
lust (19)
luste (6)
lustes (15)
lut (7)
lute (7)
lutel (51)
lutende (1)
luteð (1)
lutle (6)
luttle (2)
luþerliche (1)
luðer (5)
luðere (6)
luðerliche (1)
luue (173)
luuede (12)
luueden (3)
luuedestu (1)
luuelich (2)
luueliche (9)
luuen (4)
luuest (5)
luueð (21)
luuewurðe (2)
luuie (5)
luuien (26)
luuieð (10)
lvuieð (1)
made (1)
magdaleine (1)
magdalene (2)
mai (5)
makabeus (1)
makarie (1)
make (8)
makede (19)
makeden (4)
makedest (2)
makest (7)
makeð (60)
makie (14)
makien (44)
makieð (14)
manciple (1)
maner (2)
manere (13)
maneres (2)
mararaht (1)
mardochees (1)

mardocheus (2)
margarete (1)
maria (1)
marie (38)
maries (10)
marthe (8)
martir (2)
martirdom (1)
martires (1)
martirs (1)
martrdom (1)
maseliche (1)
mat (1)
maten (2)
materie (1)
matten (1)
maþeleð (1)
maðeleð (3)
maðelild (1)
maðelinde (1)
maðelunge (2)
mawe (1)
me (379)
mede (19)
medecine (2)
meden (1)
medicine (1)
meditaciuns (4)
medschipe (1)
mei (171)
meidehod (1)
meidelure (3)
meiden (18)
meidene (4)
meidenes (18)
meidenhod (6)
meih (2)
meiht (14)
meingde (1)
meister (6)
meistre (2)
meistres (1)
meistrie (4)
meistries (1)
mel (1)
mele (1)
melten (1)
melteð (2)
men (76)
mende (6)
mene (2)

menede (1)
menen (5)
menestraus (1)
meneð (7)
menke (7)
menken (1)
menske (7)
menskeful (1)
menskeliche (1)
meoke (3)
meoken (1)
meokeð (1)
meoseie (1)
meoseise (3)
merariht (3)
merarihtes (1)
mercer (2)
merci (15)
merciable (1)
merit (1)
merke (5)
merken (3)
meruwe (1)
meseie (1)
meseise (7)
messager (3)
messagers (1)
messe (6)
messeger (1)
messen (1)
messeð (1)
mest (30)
meste (8)
mester (11)
mestere (1)
mesteres (2)
mestrie (1)
mesulf (1)
mesuluen (1)
mesure (4)
mete (34)
metes (3)
meteð (1)
meðful (1)
meðleas (1)
meðlease (4)
meðleasliche (1)
mi (38)
michee (2)
mid (531)
middei (1)

middel (3)
midden (1)
mide (37)
midewinteres (1)
midleste (1)
midmorwen (2)
midniht (1)
midwei (1)
migge (4)
miheles (1)
mihheleles (1)
miht (1)
mihte (18)
mihten (3)
mihtes (1)
mihti (2)
mihtie (1)
milc (1)
milce (10)
milcefule (1)
milde (8)
mildeliche (3)
mildheortnesse (1)
mildre (1)
milk (1)
milke (1)
milsfule (1)
min (14)
mine (116)
mines (1)
minne (1)
miracle (4)
miracles (1)
mirre (5)
mis (5)
misbiueolle (1)
miscwemeð (1)
misdede (1)
misdeð (7)
misdo (1)
misdon (1)
misericorde (2)
mis3emed (1)
mishep (1)
misiherest (1)
misipaied (1)
misitowene (1)
misleue (1)
misleued (1)
misleueð (1)
mislich (1)

misliche (12)
mislicunge (2)
misliken (1)
mislikunge (6)
misnime (1)
misnimeð (2)
misnimunge (1)
misnoteð (1)
misnotinge (1)
mispaie (1)
missawe (1)
misseide (1)
misseið (8)
misseð (1)
missigge (2)
missiggeð (2)
mistrum (1)
misþenche (1)
misulf (1)
miswiten (1)
misword (1)
mit (28)
mitte (1)
mixerne (1)
mo (8)
moa (1)
moare (2)
mode (1)
moder (23)
moderes (1)
modersunnen (1)
moisen (1)
moises (1)
moiseses (2)
molden (1)
mon (174)
moncglunge (1)
moncun (2)
moncunne (1)
mone (9)
moneð (1)
mong (1)
mongleð (1)
monglinde (1)
monglunge (3)
monheade (1)
moni (29)
monie (64)
monihwat (1)
monion (1)
moniuold (2)

moniuolde (2)
moniuolden (1)
monkun (1)
monlich (2)
monliche (1)
monluker (1)
monne (56)
monnes (33)
monsleiht (3)
more (123)
mor3iuen (1)
morh3iue (2)
morh3iuen (1)
morwen (2)
most (2)
moste (4)
mot (26)
mote (9)
moten (11)
mowe (1)
moyses (2)
muchares (1)
muche (58)
muchel (100)
muchele (66)
mucheles (3)
mucheleð (3)
muclel (1)
muhte (53)
muhten (13)
muhtes (1)
muhtest (1)
muhtten (1)
mulne (3)
munde (1)
munedawes (1)
munegen (1)
munegeð (3)
munegunge (6)
mungiwe (1)
munt (3)
munuch (2)
murhðe (1)
murie (3)
murnede (1)
murnen (1)
murneð (1)
murnunge (1)
murðre (3)
murðredest (1)
muruhðe (3)

Alphabetical Listing of Vernacular Forms: NERO   281

muruhðen (1)
muruhðes (1)
muþ (4)
muþe (2)
muþes (1)
muð (20)
muðe (18)
muðene (1)
muðes (4)
muwe (29)
muwen (57)
muwlen (1)
muwun (1)
nabbe (12)
nabben (2)
nabbeð (2)
nai (5)
naked (7)
nakedlich (1)
nakedliche (1)
nam (9)
nammore (16)
nappeð (1)
natiuite (1)
nauest (1)
naueð (22)
naum (1)
ne (828)
nearuwe (1)
neb (7)
nebbe (4)
nebbes (3)
nebscheft (3)
necke (1)
ned (1)
nedde (1)
neddre (17)
neddren (2)
nede (10)
neden (1)
nedeð (1)
nedlunge (1)
nefde (9)
nehlecheð (1)
nei (1)
neih (21)
neihebur (1)
neihebures (1)
neihede (1)
neihen (1)
neihi (1)

neihlechede (1)
neihlechunge (3)
neil (1)
neiles (4)
nelde (4)
nelden (1)
nem (2)
nemde (2)
nemme (1)
nemmen (7)
nemmunge (1)
nemneð (1)
nempnie (1)
nene (3)
nenne (13)
neoces (2)
neod (30)
neode (22)
neoden (1)
neodeð (4)
neodful (2)
neodfule (2)
neorre (1)
neose (9)
neoses (1)
neoð (1)
neoðere (1)
neouwe (1)
neowe (16)
neowliche (1)
nep (1)
neppe (1)
nere (12)
neren (3)
nerewe (2)
nerewest (1)
nert (3)
neruh (5)
neruhliche (2)
neruhðe (1)
neruwe (3)
neruwure (2)
nes (21)
nesche (5)
nessche (1)
nesshe (2)
nest (7)
neste (8)
nestes (3)
nesteð (1)
net (1)

nettes (2)
neuede (2)
neuer (94)
neuere (6)
nexst (4)
nexte (1)
nickeð (1)
nicodemus (2)
nie (3)
niene (4)
nieðe (2)
niȝeðe (1)
niht (17)
nihte (12)
nihtes (3)
nihtfuel (5)
nim (11)
nime (8)
nimed (1)
nimen (8)
nimest (1)
nimeð (40)
nimingge (1)
nimunge (1)
nin (1)
nis (171)
nið (3)
niðfule (1)
niuelen (2)
no (58)
noa (1)
nobble (1)
noble (3)
noblesce (1)
nocturne (1)
noes (1)
nohware (1)
noise (6)
nolde (24)
nolden (1)
noldes (1)
noldest (1)
nom (5)
nome (26)
nomekuðe (1)
nomelich (1)
nomeliche (29)
nomen (4)
nomilche (1)
nomon (6)
non (58)

none (68)
nonesweis (5)
noneweis (2)
nost (1)
nostu (1)
not (7)
noten (1)
noteð (4)
notien (3)
noþelater (2)
noþeleas (1)
noþinc (2)
noþing (27)
noðelater (2)
noðeleas (6)
noðing (1)
nouh (1)
nouhst (1)
nouht (6)
nouhtunge (1)
nouhðer (1)
nouhwar (1)
nouhware (2)
nouhwuder (1)
nout (373)
noute (1)
nouþer (4)
nouðer (19)
nouware (1)
nowen (1)
nowiht (18)
nu (157)
nul (1)
nule (16)
nulich (1)
null (2)
nulle (3)
nulleð (5)
nullich (4)
nult (4)
nultu (1)
nunne (1)
nunon (1)
nurice (3)
nuste (2)
nute (4)
nuteð (1)
nutten (1)
o (214)
obedience (3)
obedient (1)

obseruaunces (1)
of (1505)
ofdrauhð (1)
ofdrawen (2)
ofdraweð (1)
ofdred (6)
ofdredde (1)
ofearned (5)
ofearneð (2)
ofered (1)
oferneð (1)
offe (2)
offeared (2)
offered (4)
offeren (2)
offerunges (1)
offingred (1)
offreden (1)
offren (2)
offreð (3)
offuruht (1)
ofgeð (1)
ofgon (2)
ofhungred (1)
ofsechen (1)
ofsecheð (1)
ofserued (1)
ofserueden (1)
ofsprung (1)
ofte (106)
oftere (1)
oftest (1)
oftoken (1)
ofture (1)
ofþunche (1)
ofþunchung (2)
ofþunchunge (1)
ofþurst (3)
oker (1)
okere (1)
okereð (1)
old (3)
olde (22)
oldemoder (1)
oloferne (7)
olofernes (1)
oluhnen (2)
oluhnunge (3)
on (275)
onde (17)
ondes (2)

one (238)
onelpi (1)
ones (6)
oni (1)
oniunne (1)
onlepi (1)
onlich (10)
onliche (16)
onlicnesse (1)
onlicnesses (1)
onlukust (1)
onnesse (6)
onond (1)
ononde (1)
onont (10)
onoþer (1)
onoðer (2)
onrednesse (3)
onsware (1)
onswere (5)
onswerede (5)
onsweres (1)
onswerest (2)
onswereð (1)
onswerie (1)
onswerien (4)
onswerieð (6)
ont (1)
ontende (1)
ontenden (7)
ontendunge (1)
ontful (1)
ontfule (9)
onvuen (1)
onward (1)
onwil (3)
onwille (2)
open (9)
opene (3)
openen (3)
openeneð (1)
openest (1)
openeð (5)
openlich (5)
openliche (10)
openluker (2)
openunge (1)
openunges (1)
orcharde (1)
ord (1)
orde (1)

ordes (1)
ordre (20)
ordres (2)
ore (11)
origenes (1)
orn (2)
ornure (1)
ortroweð (1)
osee (1)
oten (1)
oþer (192)
oþere (2)
oþerhule (1)
oþerhules (2)
oþerhwat (3)
oþerhwule (3)
oþerhwules (3)
oþerne (1)
oþerweis (2)
oþre (44)
oþres (5)
oð (1)
oðe (3)
oðer (326)
oðerhule (1)
oðerhules (1)
oðerhwat (6)
oðerhwile (1)
oðerhwle (1)
oðerhwule (6)
oðerhwules (9)
oðerweis (1)
oðes (1)
oðre (59)
oðres (11)
ou (231)
ouer (66)
oueral (12)
ouercom (2)
ouercome (1)
ouercomen (1)
ouercumen (8)
ouerdon (1)
ouere (1)
ouerfulle (1)
ouergeð (2)
ouergon (2)
ouerguldeð (1)
ouerheie (1)
ouerhope (1)
ouerhowe (5)

ouerkesten (1)
ouerkumen (5)
ouerkumest (1)
ouerkumeð (2)
ouerladen (1)
ouerleapeð (2)
ouerleapinde (1)
ouermuchel (1)
ouerpreisunge (1)
ouerspredde (1)
ouerstrong (1)
ouerswuðe (4)
ouertrust (5)
ouertrusten (1)
ouertrusti (1)
ouerturneð (2)
oueruorð (1)
ouerwaden (1)
ouerweið (1)
ouerworpe (1)
ouerworpen (1)
ouh (35)
ouhte (11)
ouhten (1)
ouhtest (1)
ouhwar (1)
ouhwuder (1)
our (21)
oure (12)
ousulf (6)
ousuluen (8)
out (11)
ouþer (1)
ouðer (1)
ouwe (1)
ouwer (16)
owen (20)
owene (14)
ower (93)
owest (1)
owiht (1)
owr (2)
owre (1)
owun (1)
owune (61)
owur (2)
owust (1)
owustu (1)
oxe (2)
pacience (2)
packes (2)

pagine (1)
paide (1)
paie (1)
paien (3)
paieð (2)
palmsunedei (1)
parais (5)
parlures (1)
parlurs (3)
paroschian (1)
parteð (1)
parti (1)
passen (1)
passeð (2)
passiun (8)
passiuns (2)
paternosteres (15)
patriarke (1)
patriarkes (2)
paðereð (1)
peche (1)
peintunge (2)
peinture (2)
peis (7)
pellican (11)
penitence (19)
peoddare (1)
peolien (1)
perfectiun (1)
peril (1)
persone (5)
peter (11)
peteres (1)
pharao (1)
pharaon (1)
pharaones (2)
pharisewus (1)
philisteus (2)
pigges (2)
pilche (2)
pilegrim (3)
pilegrimes (10)
pileken (1)
pilere (1)
pilken (1)
piment (1)
pine (52)
pined (1)
pinen (23)
pineð (2)
pinful (1)

pinie (2)
pinunge (5)
pistle (1)
pitaunce (6)
pite (1)
place (2)
pleie (1)
pleied (1)
pleiede (2)
pleien (5)
pleieð (2)
pleinte (1)
plente (1)
pleouwe (1)
point (4)
ponewes (1)
pope (1)
popule (1)
pot (2)
potage (1)
pouerte (6)
poules (1)
poure (22)
powel (21)
preche (1)
prechen (1)
prechur (1)
prechurs (1)
preise (1)
preisede (1)
preisen (1)
preiseð (2)
preisunge (1)
prelat (1)
prelaz (1)
preofunge (1)
preon (1)
preost (10)
preoste (8)
preostes (6)
preoue (9)
preouen (2)
preoueð (4)
present (3)
presente (1)
presse (1)
presumciun (1)
pricches (1)
pricke (1)
prikieð (1)
prikiinde (1)

prikinde (1)
prikiunge (3)
prime (3)
prince (1)
princes (1)
pris (4)
prisun (1)
prisune (7)
prisuns (1)
priue (4)
priueement (1)
priuement (1)
priuilege (1)
priuite (3)
priuitez (2)
professiun (1)
profete (1)
prokeð (1)
prokie (1)
prokiunge (1)
prokunges (1)
prophecie (1)
prophete (16)
prophetes (2)
propreliche (1)
propremen (1)
prosperite (2)
prud (2)
prude (34)
prudes (1)
prudest (1)
prut (2)
psalm (7)
psalme (3)
psalmes (12)
psalmwuruhte (2)
psam (1)
puf (7)
puffe (2)
puffen (2)
puffes (1)
puffeð (1)
pufte (1)
pufues (1)
pulten (1)
pulteð (1)
pultunge (1)
pundeð (1)
punt (3)
puplicanes (1)
pupplius (1)

purgatorie (4)
purses (4)
purte (1)
put (19)
pute (1)
puten (1)
puteð (1)
putte (2)
puttes (1)
quaer (1)
quarreaus (2)
queme (1)
quene (1)
queð (1)
quid (1)
quite (1)
raðer (4)
raunsun (3)
read (8)
reade (12)
readeliche (1)
reades (3)
readesmon (1)
readeð (2)
readliche (1)
reafen (1)
reafnes (1)
reauares (1)
reauen (2)
reaueð (2)
reauie (1)
reauwe (1)
reawe (5)
rebecca (1)
recabes (2)
reccheð (3)
recchinde (1)
recheles (3)
reches (1)
recheð (1)
rechles (1)
reclus (3)
recluse (1)
recluses (3)
recoilen (1)
recorden (1)
red (2)
rede (1)
reden (5)
redeð (11)
redinge (1)

redunge (7)
reflac (2)
regibbeð (1)
rein (2)
reisun (19)
reisuns (9)
relef (5)
religiun (16)
religiuns (3)
religius (2)
religiuse (6)
relikes (1)
reliugiuse (1)
remde (1)
remedie (2)
remedies (1)
remissiun (2)
remon (1)
remð (1)
rengeð (1)
renten (1)
rentes (1)
reoufulnesse (1)
reouþe (2)
reouðe (8)
reouðful (4)
reouðfule (5)
reste (16)
resten (2)
resteð (2)
ret (1)
reueð (1)
riche (14)
richesses (1)
richest (1)
riden (3)
ridinde (1)
ridlen (1)
riht (46)
rihte (24)
rihten (1)
rihteð (4)
rihtwis (1)
rihtwise (3)
rihtwisnesse (8)
rikelot (1)
rikenares (1)
rikenen (3)
rin (1)
rinde (7)
rindeleas (1)

rineð (1)
ring (1)
ringinde (1)
rinunge (1)
riote (1)
ris (1)
riulen (1)
riwle (29)
riwlen (5)
riwleð (4)
riwlunge (1)
rixleð (4)
rixlunge (1)
robbares (2)
robbeð (3)
rockeð (1)
rod (1)
rode (62)
rodentokne (1)
rodesteaue (1)
rodestef (3)
rodesteue (1)
rodetocne (1)
rof (1)
rolle (1)
rome (1)
rondes (2)
rosen (1)
rote (4)
roted (1)
rotede (2)
roteð (1)
rotie (1)
rotien (3)
rotieð (1)
roue (1)
rouhte (1)
ruben (1)
rude (2)
rudi (1)
ruffin (1)
rug (3)
rugge (1)
ruhure (1)
rukelen (2)
rukeleð (1)
ruken (2)
rune (1)
runes (2)
rung (1)
rust (3)

rusten (1)
rute (1)
ruwe (2)
sabraz (1)
sacrament (8)
sacrefise (1)
sacrefises (1)
sacremenz (1)
sacreð (2)
sacrifise (1)
sake (2)
sakelease (1)
salemon (1)
salm (2)
salme (1)
salmes (1)
salmwurhte (1)
salmwuruhte (2)
salome (2)
salomon (28)
salomones (1)
salt (5)
salue (19)
saluen (5)
salueð (1)
saluz (1)
samsones (1)
sansummes (1)
sare (4)
sarepciens (1)
sarepte (2)
sarmun (1)
sarre (4)
satan (1)
saul (8)
saumple (1)
saunsumes (1)
sauter (4)
sautere (3)
sauuaciun (1)
sauuen (1)
sauur (4)
sawe (9)
scandle (1)
schal (142)
schaldinde (2)
schalt (19)
schaltu (1)
schandle (1)
schaundle (2)
schawe (1)

scheaden (1)
scheadewe (13)
scheakeles (1)
scheape (1)
schearpe (2)
scheau (5)
scheauware (3)
scheauwede (2)
scheauwen (1)
scheauweð (3)
scheauwunges (1)
scheawe (2)
scheawed (1)
scheawede (11)
scheawen (16)
scheaweð (20)
scheawude (3)
schecheð (1)
sched (2)
schedde (2)
scheden (1)
schedeð (1)
schedewe (2)
schedunge (2)
schek (1)
scheken (1)
schekeð (2)
schekinde (1)
schelchine (2)
scheld (18)
schelde (3)
schend (1)
schenden (1)
schendful (1)
schendfule (4)
schendfuliche (2)
schendfulnesse (1)
schendlac (4)
schendlakes (1)
schene (6)
schenful (1)
schennure (2)
schenre (4)
schent (1)
scheoinde (1)
scheolde (1)
scheoldest (1)
scheome (41)
scheomeful (4)
scheomefule (3)
scheomelich (1)

Alphabetical Listing of Vernacular Forms: NERO   285

scheomeliche (5)
scheomen (1)
scheomeð (1)
scheomie (1)
scheomien (1)
scheon (1)
scheort (1)
scheortliche (5)
scheot (2)
scheoteð (1)
scheotunge (1)
scheouh (1)
scheowe (1)
schep (1)
schepieð (1)
scher (1)
schere (1)
scherp (1)
scherpe (3)
schet (3)
schil (1)
schilden (2)
schilt (1)
schinen (1)
schineð (2)
schininde (1)
schip (2)
schipe (1)
schipes (1)
schir (13)
schire (2)
schireð (1)
schirliche (1)
schirnesse (2)
scholde (6)
scholdest (1)
schome (1)
schomeleas (1)
schomelease (2)
schon (1)
schonken (1)
schop (1)
schorn (4)
schorneð (1)
schornunge (1)
schort (1)
schorte (1)
schortliche (2)
schotteð (1)
schreaden (1)
schreapeð (1)

schreapien (2)
schrepeð (1)
schrftfeder (1)
schrif (1)
schrift (55)
schrifte (32)
schriftes (3)
schriftfeder (2)
schriue (4)
schriuen (5)
schriuest (1)
schriueð (2)
schrof (1)
schrudde (1)
schrude (1)
schruden (3)
schrudeð (1)
schucke (1)
schude (1)
schulde (28)
schulden (14)
schuldest (4)
schuldi (1)
schule (8)
schulen (99)
schuleð (1)
schulle (3)
schullen (11)
schunche (1)
schuncheð (1)
schuneden (1)
schunie (1)
schunien (4)
schuppare (1)
schuppinde (1)
schurge (1)
schurteð (1)
schute (1)
schutteð (1)
schuuen (1)
schuueð (2)
scilence (2)
sckucke (1)
scoale (1)
scole (1)
scolmeistre (1)
scorn (1)
scorpiun (5)
scorpiunes (1)
scotten (2)
screapeð (1)

scrhfte (1)
scrifte (1)
scrouwe (1)
scrowe (1)
scuhlen (1)
scute (1)
se (17)
sec (5)
seccure (1)
sech (3)
seche (3)
sechen (8)
secheð (14)
sechinde (1)
seclie (1)
secnesse (12)
secnesses (1)
secneð (1)
sedes (1)
see (6)
seea (1)
sege (1)
seide (110)
seiden (4)
seidest (1)
seie (12)
seihnesse (2)
seihte (2)
seihtnesse (7)
seihtnessse (1)
seihtneð (1)
seihtni (1)
seim (1)
sein (22)
seint (79)
seinte (52)
seist (7)
seiþ (2)
seið (342)
seke (4)
seld (1)
seldcene (2)
selde (2)
selden (1)
seldwhonne (1)
seli (6)
selie (1)
seliliche (1)
selkuð (2)
seluhðe (3)
semblaunt (10)

semei (8)
send (1)
sende (11)
senden (2)
sendeð (2)
seneca (1)
seneke (1)
sent (7)
sentence (1)
seolke (1)
seoluer (4)
seolure (1)
seon (1)
seorewe (1)
seoruhful (3)
seoruhfule (3)
seoruhfuliche (1)
seoruhfulliche (1)
seoruhfulnesse (1)
seoruhfulure (1)
seoruwe (20)
seoruwen (1)
seoþðen (1)
seoðen (2)
seoððen (5)
seoue (18)
seouen (8)
seouene (3)
seoueniht (3)
seouenti (1)
seoueðe (10)
seoueuold (3)
seouweð (1)
sepulcre (1)
seruant (1)
seruen (3)
serueð (10)
serui (2)
seruie (2)
seruien (1)
seruise (13)
seruises (1)
set (7)
sete (2)
seten (2)
sette (5)
setten (2)
setteð (1)
seueð (1)
sexte (1)
shwuche (1)

sibbe (1)
sic (2)
sichem (1)
sicles (1)
sicnesse (17)
side (3)
siden (2)
sigaldren (1)
sigen (1)
sigge (49)
siggen (74)
siggeð (46)
sihðe (40)
sihðen (1)
sik (1)
sike (7)
siken (3)
siker (16)
sikere (2)
sikerliche (23)
sikernesse (4)
sikerure (1)
sikes (1)
sikeð (1)
siknesse (1)
silence (18)
simonie (1)
simple (2)
sincletice (2)
sing (1)
singen (4)
singeð (8)
singinde (3)
singnes (1)
sion (1)
sire (26)
sit (8)
site (1)
sitte (7)
sitten (10)
sitteð (3)
sittinde (3)
sittunge (1)
siðe (4)
siðen (14)
six (9)
sixe (2)
sixte (12)
sixtene (5)
sker (1)
skeren (1)

skerre (2)
skil (1)
skile (6)
skiles (5)
skilles (1)
skirmen (1)
skirmeð (2)
skurgen (1)
slakien (1)
slea (1)
slean (5)
sleateð (2)
sleað (8)
slenne (1)
slep (4)
slepares (1)
slepe (8)
slepen (11)
slepeð (4)
slepie (1)
slepinde (3)
slepte (3)
sleptest (1)
sleuen (1)
sliddri (2)
sliddrie (1)
sliddrunge (1)
sliden (1)
slim (1)
slit (3)
slouh (8)
slouhðe (10)
slouðe (1)
slowe (2)
slowen (2)
sluggi (1)
slummi (1)
sluri (1)
smecchles (1)
smecchunge (3)
smech (3)
smechleas (1)
smeihte (3)
smel (8)
smele (3)
smelle (1)
smelled (1)
smellen (1)
smelles (3)
smellinde (2)
smellunge (2)

smeorten (1)
smeorteð (1)
smeortunge (1)
smeoþeð (1)
smeoðien (1)
smerte (1)
smeðe (3)
smeðen (1)
smeðeð (1)
smit (9)
smitare (1)
smiten (7)
smiþ (1)
smiðe (1)
smiððe (3)
smurien (6)
smurieð (1)
smuriles (1)
smurðre (1)
snakereð (1)
snakerinde (1)
snecchen (1)
snou (1)
so (473)
sodome (2)
sodomes (1)
softe (17)
softeliche (3)
softeð (1)
softnesse (1)
soileð (1)
sol (1)
solde (1)
some (1)
somed (11)
somedrednesse (1)
somlich (1)
sond (2)
sonde (6)
sonden (2)
sondesmen (1)
sondesmon (4)
sone (60)
sonest (1)
song (1)
sonre (3)
sopare (1)
sope (2)
sor (19)
sore (26)
sores (2)

sorest (1)
sori (15)
sorie (5)
soriliche (3)
soriure (1)
sot (2)
sotschipe (2)
soþes (1)
soð (20)
soðe (17)
soðfest (1)
soðliche (9)
souhte (3)
souhtes (1)
soule (94)
soulen (7)
soweð (1)
spade (1)
spare (1)
spareð (1)
sparien (1)
sparieð (1)
spec (18)
spece (1)
speche (45)
spechen (4)
speciale (1)
speke (7)
spekefule (1)
speken (27)
spekene (4)
spekestu (1)
spekeð (39)
spekunge (1)
speleð (14)
spelieð (2)
spelles (1)
spellunge (3)
spense (1)
speouwen (2)
speouweð (2)
speowen (2)
sperclinde (1)
spere (2)
speres (4)
sperke (3)
sperrewe (1)
sperruwe (5)
speruwe (4)
spet (3)
speteð (1)

Alphabetical Listing of Vernacular Forms: NERO 287

spette (1)
spi (1)
spice (1)
spices (3)
spitel (3)
spotle (2)
spotlunge (1)
spreden (1)
spredeð (1)
sprengeð (1)
spreoue (1)
spret (1)
springen (2)
springeð (2)
sprintles (1)
sprutteð (1)
spunge (1)
spurnen (1)
spurneð (1)
spus (7)
spusbruche (1)
spuse (29)
stalen (5)
stalewarde (1)
stalewardliche (2)
stamin (1)
stat (4)
staþeluestnesse (1)
stefne (11)
steih (3)
steire (4)
steiren (1)
steken (1)
stel (1)
stench (2)
stenede (1)
stenh (1)
steorc (1)
steornaked (1)
steorren (1)
steortnaked (1)
steorueð (1)
sterf (1)
sterke (1)
sterthwule (1)
stertnaked (2)
steuene (1)
sti (1)
stiche (5)
stichen (1)
sticke (2)

stien (6)
stihð (1)
stikeð (2)
stille (17)
stilleliche (1)
stilleð (1)
stilliche (1)
stilnesse (2)
stilðe (1)
stincginde (1)
stinckeð (4)
stinckinde (3)
stingest (1)
stingeð (4)
stinginde (1)
stink (1)
stinken (3)
stinkeð (10)
stinkinde (10)
stiward (1)
stod (7)
stode (1)
stodmere (1)
stol (1)
stolde (1)
ston (11)
stonc (2)
stond (1)
stonddinde (1)
stonde (2)
stonden (13)
stondest (1)
stondeð (3)
stondinde (8)
stonding (1)
stone (3)
stonene (1)
stones (2)
stonst (1)
stonstille (1)
stont (11)
stonðet (1)
stoppeð (2)
storie (1)
storme (1)
stormes (1)
strapeles (1)
strea (2)
streames (3)
streccheð (2)
streihte (1)

strencðe (60)
strencðeden (1)
strencðes (2)
strencðeð (1)
strengest (2)
strengre (1)
strengðe (3)
strengure (1)
strenðe (4)
strenðeð (1)
streones (2)
streoneð (3)
strete (1)
strif (2)
strik (1)
stristre (1)
striueð (1)
strof (1)
stroncliche (2)
strong (20)
stronge (23)
strongest (1)
strongliche (3)
stronglukest (1)
strorkes (1)
strusteð (1)
strusti (2)
stucchen (1)
stucchenes (7)
stude (46)
studen (4)
studeð (1)
studeuest (3)
studeuestliche (2)
stunch (2)
stunche (1)
stuncken (1)
stunde (4)
stunken (2)
stunt (1)
stunten (1)
sturbinge (1)
sture (1)
stureð (6)
sturien (3)
sturieð (3)
sturiinde (1)
sturiunge (1)
sturne (5)
sturunges (1)
sucurs (4)

suffragiis (1)
suffre (1)
suffrede (1)
suffreð (1)
suilede (1)
suileð (1)
sukurs (6)
sule (1)
sulement (2)
sulf (27)
sullen (6)
sulleð (3)
sulue (1)
suluh (1)
sum (72)
sumdel (7)
sume (7)
sumecherre (8)
sumehwule (1)
sumehwules (2)
sumer (5)
sumeresdei (1)
sumes (1)
sumetime (1)
sumewise (1)
sumhwat (6)
summe (23)
summecherre (6)
summes (4)
summeþinge (2)
sumne (2)
sumþinc (1)
sumþing (2)
sunderliche (10)
sundrede (1)
sundren (1)
sundreð (1)
sundri (1)
sune (22)
sunedei (1)
sunege (1)
sunegede (2)
sunegen (6)
sunegest (1)
sunegeð (2)
sunegie (1)
sunegude (2)
sunegunge (1)
sunen (3)
sunendawes (1)
sunendei (4)

suneniht (1)
sunes (1)
sunful (2)
sunfule (12)
sunne (149)
sunnen (56)
sur (7)
sure (3)
surquiderie (1)
surre (1)
suster (11)
sustren (85)
sutare (1)
sutel (4)
suteliche (1)
sutelie (1)
suti (1)
suuel (1)
suwe (2)
suweð (1)
suwie (1)
suwinde (2)
sware (1)
swarte (2)
swarture (1)
sweamen (3)
sweameð (1)
swefne (1)
swefnes (2)
sweinde (1)
swel (2)
swelle (1)
swenchen (2)
sweng (1)
swenges (3)
sweord (6)
sweorde (3)
sweordes (4)
sweore (2)
sweote (1)
swereð (2)
swerien (1)
swet (3)
swete (49)
sweteliche (8)
sweten (1)
swetest (4)
sweteð (1)
swetnesse (8)
swette (3)
swifte (3)

swiftliche (1)
swiftnesse (2)
swiftschipe (1)
swifture (2)
swike (5)
swikele (2)
swikulure (1)
swin (5)
swinc (7)
swincfule (4)
swincke (2)
swinckes (1)
swine (1)
swink (2)
swinke (11)
swinken (2)
swinkes (3)
swinkeð (2)
swinkinde (1)
swiðe (1)
swiðwike (1)
swoluweð (2)
swonc (4)
swopeð (1)
swot (6)
swote (13)
swotes (1)
swotest (1)
swoti (1)
swotnesse (7)
swowinde (1)
swuc (4)
swuch (43)
swuche (79)
swuchne (2)
swulne (1)
swuþe (2)
swuðe (82)
swuðer (1)
swuðere (3)
swuðest (3)
swuðure (1)
syon (1)
tadden (1)
tale (21)
talen (4)
talie (1)
talkeð (1)
tauh (16)
tauhte (2)
te (224)

team (1)
teames (2)
teares (21)
teche (1)
techen (5)
techeð (7)
teide (1)
teieð (1)
teihte (2)
teil (6)
teile (3)
teiles (3)
teke (6)
teken (1)
tel (2)
telle (5)
tellen (6)
tellest (1)
telleð (29)
tellunge (1)
temede (1)
temeð (4)
temien (1)
temple (1)
temptaciun (8)
temptaciuns (7)
tempte (1)
tempti (1)
ten (6)
tende (1)
tendre (3)
tendrust (1)
tene (4)
tenne (1)
tentaciun (6)
tentaciuns (10)
tenten (1)
teo (2)
teolunges (1)
teone (7)
teoneð (1)
teonne (3)
teos (7)
tep (1)
ter (16)
terefter (3)
teren (1)
terme (5)
termes (1)
teron (1)
terteken (1)

tes (3)
testament (1)
tet (55)
tetereð (3)
tetore (1)
tetredinde (1)
teð (1)
thamar (3)
ti (7)
ticchen (1)
ticchenes (6)
tide (9)
tiden (10)
tildunge (1)
tilede (1)
tileð (1)
tilien (1)
tillen (1)
tilðe (1)
tilunge (1)
timbren (1)
timbrin (1)
timbrunge (1)
time (26)
tin (1)
tindes (1)
tine (3)
tippe (1)
tis (18)
tisse (15)
tittes (3)
tiþinges (1)
tiðinge (2)
tiðinges (1)
to (979)
tobeot (1)
tobersteð (3)
tobie (2)
toblowen (1)
tobollen (2)
tobreken (1)
tobrekeð (4)
tobroken (4)
tobrokene (1)
tocheoweð (1)
tockne (1)
tocne (1)
todai (1)
todeale (1)
todealed (2)
todealen (2)

todei (1)
todele (2)
todeled (2)
todreaueð (2)
todref (1)
todreuedliche (1)
todreuen (1)
tofleoteð (1)
tofuleð (1)
togedere (4)
togederes (37)
toggen (1)
togginge (1)
toȝein (2)
toȝeines (5)
toȝiues (1)
tohwiðered (1)
tokne (1)
tolde (8)
tolimed (2)
tolimeð (1)
tolleð (1)
tollinde (2)
tollunge (2)
tommure (1)
tomorwen (4)
torendeð (1)
torplen (1)
torpleð (1)
tospret (1)
toswollen (1)
totages (1)
totagge (3)
totagges (2)
toten (2)
totereð (1)
toteð (1)
totie (1)
totilde (1)
totinde (2)
totinge (1)
totoren (3)
totorene (1)
totred (2)
totrede (1)
totreden (3)
totredinde (1)
totredunge (1)
totret (2)
totrodde (1)
totunge (1)

totweamede (1)
toþer (1)
toð (1)
touret (1)
touward (104)
touwarde (1)
touwardes (1)
toward (13)
towarpled (2)
toweaued (1)
towent (1)
treden (2)
treisun (1)
treisune (1)
treitre (4)
treo (2)
treoden (1)
treon (7)
treou (5)
treoulich (1)
treouliche (4)
treounesse (1)
treouwe (4)
treouwes (1)
treouweð (1)
treowe (24)
treowechipe (1)
tresor (3)
tret (1)
tribulaciuns (1)
tricherie (3)
trinite (1)
tristren (1)
triws (2)
trodde (1)
troddeð (1)
troewe (1)
trone (2)
trouþen (1)
trouðe (2)
trublen (1)
trufles (1)
trukede (1)
trukeð (1)
trukie (5)
trukunge (1)
trusseaus (2)
trussen (2)
trust (2)
truste (2)
trusti (3)

truwandise (1)
tu (130)
tuc (1)
tuhten (1)
tukeð (2)
tukie (1)
tulden (1)
tulle (1)
tun (2)
tune (2)
tunen (4)
tuneð (3)
tunge (25)
tungen (2)
tunne (1)
tur (2)
tures (3)
turn (8)
turnde (2)
turne (3)
turnement (1)
turnen (6)
turnes (2)
turnest (1)
turneð (5)
turninde (1)
turpelnesse (1)
tus (1)
tutel (2)
tuteles (1)
tuteleð (2)
tutelinde (1)
tuxes (1)
tvr (1)
twei (1)
tweire (1)
twenti (3)
tweolf (4)
tweolfmoneð (2)
tweolfte (1)
tweolue (3)
twie (3)
twien (3)
twies (2)
twinnen (2)
twinnunge (1)
two (88)
twouold (8)
þ (353)
þe (3)
þau (2)

þauh (176)
þe (967)
þeau (2)
þeaufule (1)
þeauwene (1)
þeauwes (5)
þeawes (3)
þen (156)
þenc (15)
þencchen (2)
þenccheð (3)
þench (9)
þenche (4)
þenchen (11)
þenchest (1)
þencheð (24)
þene (97)
þenne (8)
þeo (202)
þeoa (1)
þeode (1)
þeof (6)
þeofte (1)
þeofðe (1)
þeone (1)
þeoneward (2)
þeonne (112)
þeonneuorð (1)
þeos (195)
þeosternesse (4)
þeostrieð (1)
þeoteð (1)
þeoðe (1)
þeou (1)
þeoudome (1)
þeoue (1)
þeoues (3)
þeowe (1)
þer (109)
þerabuten (3)
þeraȝean (2)
þeraȝeines (1)
þerbi (2)
þerbiuoren (1)
þere (6)
þerefter (42)
þereuore (5)
þerf (5)
þerinne (27)
þermid (1)
þermide (5)

þerof (46)
þeron (11)
þerone (1)
þertec (1)
þerto (13)
þerto3eines (5)
þerþuruh (1)
þerunder (1)
þeruore (1)
þerupe (1)
þeruppe (22)
þeruppon (1)
þervte (1)
þes (59)
þesne (17)
þesulf (3)
þesuluen (1)
þet (1266)
þette (1)
þettu (1)
þi (34)
þiccure (1)
þicke (1)
þider (2)
þiderward (2)
þideward (3)
þin (26)
þinc (10)
þincg (1)
þincge (1)
þincges (2)
þine (110)
þing (77)
þinge (39)
þinges (68)
þinne (1)
þis (183)
þisse (91)
þissen (1)
þisses (5)
þisulf (5)
þisuluen (3)
þo (38)
þoa (7)
þolede (16)
þolemod (2)
þolemode (3)
þolemodliche (1)
þolemodnesse (5)
þolest (4)
þoleð (4)

þolie (3)
þolien (31)
þolieð (20)
þolomodnesse (2)
þonc (6)
þonckede (1)
þoncken (1)
þongede (1)
þonke (5)
þonken (1)
þonkeð (2)
þorn (1)
þornene (2)
þornes (3)
þorni (1)
þouht (10)
þouhte (22)
þouhten (2)
þouhtes (21)
þouhtest (1)
þreaten (1)
þreateð (4)
þreatunge (4)
þrel (2)
þrelles (5)
þreo (64)
þreossche (1)
þreote (1)
þreottene (2)
þreouold (5)
þrest (1)
þrette (1)
þridde (41)
þriele (1)
þries (2)
þritti (2)
þroe (1)
þrote (2)
þrowunge (1)
þruh (2)
þrumnesse (3)
þrunc (1)
þrung (2)
þrunge (6)
þrungeð (1)
þu (173)
þucke (1)
þuertouer (1)
þuften (2)
þuhte (4)
þuldeliche (4)

þume (3)
þunche (11)
þunchen (2)
þuncheð (32)
þunne (1)
þurfte (1)
þurh (1)
þurl (7)
þurle (6)
þurleden (2)
þurlen (1)
þurles (9)
þurleð (3)
þurlunge (1)
þursdei (2)
þurst (6)
þurste (3)
þurue (2)
þuruen (1)
þuruh (187)
þuruhfulled (1)
þuruhfulleð (2)
þuruhstihten (1)
þuruhstihð (1)
þuruhut (2)
þus (123)
þusendes (1)
þusent (1)
þusentfold (2)
þusund (3)
þusunt (2)
þwertouer (1)
ðauið (2)
ðe (1113)
ðeauwes (1)
ðed (1)
ðen (21)
ðenchen (1)
ðene (18)
ðeo (15)
ðeonne (1)
ðeore (1)
ðeos (7)
ðer (71)
ðerabuten (2)
ðerbi (1)
ðerbiuoren (1)
ðere (2)
ðerefter (9)
ðereuore (1)
ðerin (1)

ðerinne (8)
ðermide (1)
ðerof (17)
ðeron (2)
ðerteken (1)
ðerto (4)
ðerto3eines (2)
ðeruppe (3)
ðerurommard (1)
ðerute (1)
ðes (4)
ðesne (1)
ðesuluen (1)
ðet (959)
ð000000000 (3)
ðeudome (1)
ði (11)
ðider (2)
ðideward (2)
ðin (2)
ðincges (2)
ðine (29)
ðing (1)
ðinges (2)
ðis (12)
ðisse (4)
ðisulf (1)
ðo (1)
ðoleden (1)
ðouhte (1)
ðridde (1)
ðu (27)
ðuncheð (1)
ðus (4)
ualle (5)
uallen (12)
uallest (1)
ualleð (20)
uallinde (2)
uals (8)
ualse (4)
uaren (1)
uareð (2)
uaumpez (1)
uawenunge (1)
ueader (1)
uechchen (1)
uedde (1)
ueden (5)
ueder (18)
uederes (2)

Alphabetical Listing of Vernacular Forms: NERO 291

uedeð (1)	uesten (3)	umbe (9)	unicorne (2)
ueien (1)	uesteð (1)	umbestunde (1)	unimete (4)
ueieð (3)	uestimenz (1)	umbridawes (2)	uniseli (5)
ueiles (1)	uestluker (2)	umnet (1)	uniselie (3)
uein (1)	uestschipe (1)	unasked (1)	unkuindelukest (1)
ueineð (1)	uet (8)	unbileued (2)	unkundelich (1)
ueir (11)	uetles (6)	unbileuede (1)	unkundeliche (2)
ueire (9)	uette (1)	unbiseinesse (1)	unkuð (2)
ueirest (2)	uetten (1)	unbishped (1)	unkuðe (8)
ueirne (1)	uetteð (1)	unburied (1)	unlimen (1)
ueirnesse (1)	ueðeren (2)	uncuðða (1)	unlimeð (1)
uel (1)	ueðren (1)	undeaðlich (2)	unlimp (1)
ueld (2)	uhtsong (4)	under (39)	unloðnesse (1)
uelede (1)	uhtsonge (2)	underʒeten (1)	unmeð (1)
uelle (3)	uif (7)	underʒiten (2)	unmeðluker (1)
uelles (1)	uifte (2)	underʒitest (2)	unmeðschipe (1)
uelunge (4)	uiftene (1)	underʒiteð (1)	unmunlunge (1)
uen (1)	uigiles (1)	undernimen (1)	unneaðe (2)
ueng (1)	uiht (3)	undernumen (1)	unnen (2)
uenie (3)	uihte (7)	underset (1)	unnest (1)
uenies (1)	uihteh (1)	understipren (1)	unnet (1)
uenliche (1)	uihten (1)	understod (3)	unneð (1)
uenne (1)	uihteð (5)	understond (2)	unnut (1)
ueol (3)	uikelare (1)	understonde (5)	unorne (3)
ueolauliche (1)	uikelares (1)	understonden (26)	unrecheleas (1)
ueolauredden (1)	uikelunge (1)	understondeð (8)	unsauure (1)
ueole (11)	uikerares (1)	understont (6)	unschriuen (2)
ueoleweis (1)	uikiinde (1)	undertid (1)	unseauliche (1)
ueolle (1)	uile (3)	underueng (4)	unseiene (1)
ueond (38)	uileinie (1)	underuo (2)	unselhðe (1)
ueonde (15)	uileð (1)	underuon (5)	unseluhðe (1)
ueondes (8)	uileueste (1)	underuong (2)	unseouwed (1)
ueor (13)	uilte (1)	underuongen (5)	unsiker (1)
ueorde (1)	uingres (2)	underuongeð (1)	unsouht (1)
ueorlich (2)	uisch (1)	underuoð (3)	unstrencdeð (1)
ueorrento (2)	uiue (1)	unefenlich (1)	unstrencðe (8)
ueorðe (14)	uleih (1)	unefne (1)	unstrencðen (2)
uerd (2)	uleon (2)	uneuenliche (1)	unstrencðeð (3)
uerde (3)	uleoten (1)	ungledliche (1)	unstrengre (1)
uerdes (1)	uleotinde (1)	unhealed (1)	unstrong (2)
uere (6)	ulesche (1)	unheite (1)	unstronge (1)
ueren (1)	uleschs (2)	unheled (1)	untalelich (1)
uerliche (6)	uleschsliche (1)	unhelest (1)	untaleliche (1)
uers (8)	uleshs (1)	unheleð (2)	untiffed (1)
uersalie (1)	ulesliche (1)	unhelieð (1)	untime (1)
uerse (1)	ulesshes (1)	unhende (1)	untouwe (1)
uerset (4)	ulesshliche (1)	unhep (1)	untowe (1)
uerslen (1)	ulesshs (1)	unhol (1)	untowen (1)
uertu (1)	ulint (1)	unhole (1)	untoweschipe (1)
uertuz (2)	ulið (1)	unholre (1)	untrussed (1)
ueste (18)	ulowen (1)	unhope (3)	untrust (6)

untrusten (1)
unþeau (2)
unþeauwe (1)
unþeauwes (3)
unþeawes (5)
unþonc (1)
unþonckes (2)
unþonkes (1)
unðeau (1)
unðeauwes (3)
unðeawe (1)
unðeawes (3)
unðeode (3)
unðeoðe (1)
unðonc (1)
unðonkes (1)
unuestnen (2)
unuolden (1)
unuonded (1)
unwaker (1)
unwarre (1)
unwasschen (1)
unweasschene (1)
unweawed (1)
unwhit (1)
unwiht (1)
unwihtes (2)
unwine (2)
unwines (2)
unwisdom (1)
unwise (3)
unwisliche (1)
unwitenesse (1)
unwreien (1)
unwreih (3)
unwrench (1)
unwreon (2)
unwreoð (1)
unwrest (2)
unwreste (9)
unwresteliche (1)
unwrestschipe (1)
unwrie (1)
unwrien (3)
unwrieð (1)
unwrihð (2)
unwurð (9)
unwurðe (4)
unwurðeste (1)
unwurðliche (1)
uo (3)

uoamen (1)
uoan (3)
uode (10)
uolc (5)
uolcke (1)
uolewen (2)
uoleweð (1)
uolk (3)
uolke (4)
uolkes (1)
uoluwe (2)
uoluwen (8)
uoluweð (3)
uoluwuden (1)
uon (2)
uond (3)
uondede (3)
uonden (2)
uondeð (2)
uondunge (19)
uondunges (20)
uor (390)
uorbead (1)
uorbeot (1)
uorber (2)
uorberen (2)
uorbernd (2)
uorberne (1)
uorberneð (1)
uorbisne (12)
uorbisnen (1)
uorbisnes (1)
uorbodene (1)
uorbuwen (1)
uordon (1)
uordonne (1)
uordrunken (1)
uordruwede (1)
uore (2)
uoremakieð (1)
uoreoden (1)
uoreward (3)
uorewarde (1)
uorgeð (1)
uorgiuelich (1)
uorgulte (1)
uorʒef (1)
uorʒemen (1)
uorʒemeð (1)
uorʒiten (9)
uorʒiteð (2)

uorʒiuenesse (1)
uorʒiueð (2)
uorheaued (1)
uorhefde (1)
uorheten (1)
uorhored (1)
uorhoren (1)
uorhorie (1)
uorhoten (1)
uorhoweð (1)
uorhowie (1)
uorhwi (1)
uorhwon (5)
uorhwui (1)
uorkeorue (1)
uorkeoruen (1)
uorkuled (1)
uorkuliinde (1)
uorleas (1)
uorleosen (5)
uorleoseð (4)
uorloren (7)
uorlorene (4)
uorlorenesse (1)
uorlorennesse (1)
uorlure (1)
uorm (1)
uorme (25)
uormest (6)
uormeste (7)
uorrideles (3)
uorrotien (1)
uorsaken (1)
uorsakest (1)
uorschalded (1)
uorschupped (1)
uorschuppild (2)
uorseoðen (1)
uorsoke (1)
uorswoluwen (2)
uorswoluweð (1)
uort (20)
uorte (135)
uorto (11)
uortte (1)
uortu (1)
uorþ (2)
uorþi (21)
uorþui (8)
uorð (36)
uorðfarinde (1)

uorðʒong (2)
uorðriht (1)
uorðward (4)
uoruerden (1)
uoruret (2)
uorureten (1)
uorworpen (1)
uorwurdeð (1)
uorwurðen (2)
uostrede (1)
uot (2)
uote (1)
uoten (1)
uotwunde (1)
uoð (2)
uoðer (1)
uour (15)
uoure (1)
uox (6)
uoxe (3)
uoxes (5)
up (52)
upa (1)
upaheuinde (1)
upard (1)
upbeide (1)
upbreideð (1)
upbrud (3)
upe (4)
upo (11)
upon (29)
uppard (2)
uppe (2)
uppede (1)
uppen (7)
uppinge (1)
uppon (16)
upriht (4)
upspende (1)
upward (6)
upwardes (1)
urakele (2)
ure (222)
urech (1)
urechliche (2)
ureisun (1)
ureisuns (2)
ureo (2)
ureoest (1)
ureoleic (1)
ureomede (3)

ureomien (1)
ureond (10)
ureonde (1)
ureonden (1)
ureondes (1)
ureondschipe (1)
ureoschipe (1)
ureosipe (1)
uret (1)
ureten (1)
uridawes (2)
urideie (1)
uriniht (1)
urnemenz (1)
urnen (3)
urom (31)
urommard (7)
urorm (2)
uroure (10)
urouren (12)
uroureð (1)
urre (1)
urumðe (4)
us (123)
ussulf (1)
ussuluen (11)
ut (98)
ute (6)
utewið (1)
utterliche (2)
uttre (25)
utward (9)
utwarde (1)
utwardes (3)
uðen (1)
uum (1)
v (8)
val (1)
valeweð (1)
valle (1)
valleð (9)
valse (4)
valsinde (1)
vareð (1)
ved (1)
veder (4)
vein (1)
veire (2)
veiunge (1)
vel (2)
velauredden (1)

veld (1)
veleð (1)
velunge (4)
venie (1)
veolauredden (1)
veole (1)
veond (1)
veorlich (1)
veorðe (3)
vers (1)
verslunge (1)
veste (2)
vesten (2)
vesteð (3)
vestschipes (1)
vet (7)
vetles (3)
vhtsong (6)
vif (19)
vifte (13)
viftene (3)
vihte (3)
vihteð (1)
vihtunge (1)
vikelare (1)
vikeleð (2)
vilte (1)
vingres (1)
visitede (1)
viste (1)
viterokes (1)
viue (9)
vlaskeð (1)
vleau (1)
vleches (1)
vlechs (1)
vleo (1)
vleoinde (2)
vleon (4)
vleoð (2)
vlesche (8)
vlesches (6)
vleschliche (3)
vleschs (7)
vleshs (1)
vlesliche (4)
vlessche (2)
vlesshes (2)
vlesshwise (1)
vlien (1)
vliʒe (2)

vlih (4)
vlihte (1)
vlihð (1)
vloc (3)
vloweð (1)
vlowinde (2)
vluht (1)
vluhte (1)
vlutten (1)
vluwen (1)
vmbe (1)
vnbileaue (1)
vndeore (1)
vnder (2)
vnderling (1)
vndern (1)
vnderstond (5)
vnderstondeð (3)
vnderueng (1)
vnderuo (1)
vnderuong (1)
vnendeliche (1)
vngraciuse (1)
vnhep (1)
vnholde (1)
vnhope (1)
vnicorne (2)
vniliche (1)
vnimete (6)
vnimeteliche (1)
vniseli (2)
vniselies (1)
vnmeðluker (1)
vnnen (2)
vnnunge (1)
vnnute (1)
vnseaulich (1)
vnstable (1)
vnstaðeluest (1)
vntowune (1)
vntreouliche (1)
vnwemmed (3)
vnweote (1)
vnwreon (1)
vnwrih (1)
vnwurð (1)
vo (1)
voleweð (1)
voluwede (1)
voluwen (1)
vondunge (4)

vondunges (3)
vor (254)
vorbisne (2)
voreward (1)
vorʒemed (1)
vorheaued (1)
vorhwon (2)
vorhwui (1)
vorleoseð (1)
vorlore (1)
vorloren (1)
vorme (7)
vormest (1)
vormeste (1)
vort (8)
vorte (23)
vorto (1)
vorþi (35)
vorþui (8)
vorð (1)
vorði (1)
vorðward (1)
vorworpen (1)
vorwurðeð (1)
votwunden (1)
vour (4)
vox (3)
voxes (2)
vp (1)
vpo (1)
vrakel (1)
vre (40)
vreineð (1)
vreisun (2)
vreisuns (6)
vren (1)
vreo (1)
vreomede (1)
vreond (2)
vres (9)
vrie (1)
vrn (1)
vrne (1)
vrnen (1)
vrom (13)
vrouren (2)
vroureð (2)
vs (1)
vt (28)
vtcume (1)
vtewiþ (1)

vtlawes (1)	wascheð (4)	wende (22)	weri (1)
vtnumen (1)	wasschunge (1)	wenden (8)	werie (1)
vttre (11)	wasshen (2)	wendest (2)	werien (6)
vtture (1)	wassheð (2)	wendeð (7)	werieð (2)
vtward (1)	wassunke (1)	wene (15)	weriunge (2)
vðe (1)	wasteð (1)	wenen (2)	werke (5)
vuel (97)	wat (4)	wenest (3)	werkedawes (1)
vuele (35)	water (20)	wenestu (2)	werkedei (4)
vueles (4)	watere (5)	weneð (14)	werkes (23)
vuemeste (1)	wateres (5)	went (9)	wernde (1)
vuere (1)	wateri (1)	wenðet (1)	wernen (1)
wacseð (1)	waterre (1)	weob (1)	wernunge (1)
wadeð (2)	waxe (2)	weolcne (2)	werp (4)
waggeð (1)	waxen (1)	weole (6)	west (2)
waite (1)	waxeð (12)	weolen (1)	westen (1)
wake (1)	we (146)	weolie (1)	wet (1)
wakede (1)	weaden (3)	weop (7)	wete (4)
wakeden (1)	weallinde (1)	weope (2)	whoase (1)
wakemen (1)	weameode (1)	weopen (5)	wicchecreftes (1)
waker (4)	weamod (1)	weopeð (2)	wichchecreftes (1)
wakere (1)	weamode (1)	weopinde (1)	wicke (1)
wakeð (2)	weane (7)	weopmen (2)	wid (1)
wakie (1)	wearnen (1)	weopmon (2)	wide (12)
wakien (9)	wearð (1)	weopmonne (1)	widewe (3)
wakieð (2)	wecche (4)	weopð (1)	widewen (2)
wakiinde (3)	wecchen (3)	weorpen (1)	widne (1)
wal (5)	wechchen (1)	weorpeð (1)	wielare (1)
walewunge (1)	wed (1)	weorre (4)	wieles (3)
walles (1)	wedde (1)	weorrede (1)	wif (6)
walleð (3)	wede (1)	weorren (1)	wigeleð (1)
wallinde (1)	weden (1)	weorreð (8)	wiȝeles (1)
war (2)	wedlake (1)	weorreur (2)	wiht (1)
warde (10)	wei (10)	weorrur (1)	wihtfule (1)
wardein (3)	weie (20)	weosch (1)	wike (3)
wardeins (4)	weien (3)	weoschs (1)	wil (16)
wardeð (1)	weies (1)	weouede (6)	wilde (9)
wardie (1)	weieð (1)	weouedes (2)	wildernesse (13)
ware (1)	weihð (1)	weox (1)	wilȝeoue (1)
warien (3)	weilawei (10)	wepmones (1)	wilkume (1)
waritreo (5)	weis (9)	wepnen (5)	willam (1)
wariunge (1)	weiuerinde (1)	weppem (1)	wille (11)
warliche (4)	wel (187)	werc (6)	willeliche (2)
warme (3)	welawei (1)	wercmen (1)	willes (12)
warnen (1)	welden (4)	were (76)	wilnede (2)
warneð (1)	weldinde (3)	werede (1)	wilnen (6)
warnie (4)	welle (2)	wereden (1)	wilnest (2)
warningge (1)	wellen (2)	weren (61)	wilneð (2)
warschipe (2)	welneih (3)	werest (2)	wilnie (1)
was (196)	wem (2)	wereð (4)	wilninde (1)
waschen (1)	wencheð (1)	wergeð (1)	wilnunge (2)
waschest (1)	wend (5)	wergunge (1)	win (3)

Alphabetical Listing of Vernacular Forms: NERO 295

winberien (1)
winckeð (1)
wind (17)
windberien (1)
winde (5)
winden (1)
windes (5)
windeð (1)
windwede (1)
windwunge (1)
wine (4)
wines (1)
winʒeardes (1)
winken (1)
winpelleas (1)
wint (1)
winter (4)
wipeð (1)
wis (10)
wisdom (20)
wisdome (2)
wise (59)
wisen (4)
wisest (1)
wisliche (4)
wisluker (2)
wisre (1)
wissure (1)
wisure (2)
wit (16)
wite (12)
witen (14)
witene (7)
witest (1)
witeð (12)
witleas (1)
witnesse (11)
witneð (20)
witte (10)
witterliche (6)
wittes (30)
wittnesse (1)
wittneð (1)
witunge (1)
wiþerwines (2)
wiþinnen (2)
wið (24)
wiðbuwen (1)
wiðbuweð (1)
wiðdrauhð (1)
wiðdrawe (1)

wiðdraweð (1)
wiðdrouh (1)
wiðerwines (3)
wiðhalt (2)
wiðholden (1)
wiði (1)
wiðinne (5)
wiðinnen (53)
wiðsaken (1)
wiðseide (2)
wiðsiggen (1)
wiðsiggeð (2)
wiðsigginge (1)
wiðstode (1)
wiðstonden (6)
wiðstondeð (1)
wiðute (14)
wiðuten (91)
wiðvte (6)
wiðvten (17)
wiuede (1)
wiuene (1)
wlatien (2)
wlatunge (1)
wlech (3)
wlite (2)
wo (48)
woanes (2)
woawes (2)
woc (7)
wocliche (1)
wocnesse (5)
wod (7)
woddre (1)
wode (6)
wodnesdawes (1)
wodschipe (3)
woh (1)
woke (4)
wolawo (1)
wold (1)
wolde (56)
wolden (9)
woldes (4)
woldest (2)
wombe (13)
wome (1)
wommon (1)
wondrede (3)
wondreðe (1)
wone (3)

woneð (1)
wonte (1)
wonten (2)
wonteð (3)
wontie (1)
wop (3)
wopie (1)
word (72)
wordde (1)
worde (14)
wordes (58)
wordnesse (1)
woreð (1)
wori (1)
world (38)
worlde (50)
worldes (24)
worldesmen (1)
worldlich (13)
worldliche (32)
worlich (1)
worp (1)
worpare (1)
worpe (1)
worpen (5)
worpest (1)
worpeð (9)
wost (1)
wostu (2)
wot (32)
wouh (8)
wouhinge (1)
wouhlecchunge (1)
wouhleche (1)
wouhwes (1)
woware (3)
wowen (1)
wowes (4)
woweð (3)
wowude (1)
wowunge (1)
wragelunge (2)
wrakefuliche (1)
wrastlare (4)
wrastlen (1)
wrastleð (1)
wrastlinge (1)
wrastlunge (3)
wrecche (8)
wrecchedom (1)
wrecches (3)

wreche (4)
wreches (1)
wreie (3)
wreien (3)
wreiest (1)
wreieð (1)
wreiful (2)
wreih (1)
wreinde (1)
wreiunge (2)
wreken (1)
wrekie (1)
wrenccheð (1)
wrench (1)
wrenchen (3)
wrenches (2)
wrenchest (1)
wrencheð (2)
wrenchfule (1)
wreoð (1)
wreoðeð (1)
wreoðie (1)
wresten (2)
wreðful (1)
wreðfule (2)
wreðða (33)
wreððen (2)
wreððes (1)
wreððet (2)
wrieles (2)
wrien (1)
wrieð (1)
wrih (1)
wrihð (2)
wringeð (1)
writ (9)
write (13)
writen (8)
writunge (2)
wrið (1)
wrongwende (1)
wrot (4)
wroð (5)
wroðe (1)
wroðere (2)
wrouhte (4)
wrusum (2)
wude (2)
wule (81)
wulf (1)
wulle (6)

wulleð (21)
wult (16)
wultu (9)
wulue (1)
wuluene (5)
wulues (1)
wumme (1)
wummen (32)
wummo (1)
wummon (46)
wummone (10)
wummonlich (1)
wunde (8)
wunden (18)
wunder (25)
wunderfule (3)
wunderlich (2)
wundest (1)

wundeð (1)
wundinde (1)
wundre (6)
wundres (5)
wundrie (1)
wune (5)
wunede (5)
wunedest (1)
wunest (1)
wuneð (2)
wunie (1)
wunien (3)
wunieð (3)
wuniinde (1)
wuniunge (2)
wunne (12)
wunnen (3)
wununge (4)

wurche (2)
wurchen (4)
wurcheð (11)
wurchinde (1)
wurchipe (2)
wurhte (1)
wurm (2)
wurmes (4)
wurp (1)
wurpe (4)
wurschipe (1)
wurse (19)
wurseð (1)
wursie (1)
wurst (1)
wurste (5)
wurð (13)
wurðchipe (1)

wurðe (9)
wurðeð (1)
wurðfule (2)
wurðliche (2)
wurðschipe (5)
wuruhte (1)
wuste (7)
wute (11)
wuten (2)
wuteð (5)
ymne (1)
ynde (1)
ypocras (1)
ysaias (1)
ysaye (1)
zakarie (1)
zaram (1)

Alphabetical Listing of Vernacular Forms

VERNON

a (347)
abbot (2)
abbotes (1)
abiron (1)
abit (2)
ablendeþ (1)
ablynde (1)
ablyndeþ (2)
abote (1)
aboue (3)
abouen (10)
aboute (5)
abouten (26)
abreiden (1)
abreyd (1)
absolucion (1)
abstinence (2)
abuggen (1)
abyd (1)
abyde (1)
abyden (1)
abyt (1)
ac (282)
accidie (2)
accidies (1)
aceimen (1)
ache (3)
acheson (1)
acolen (1)
acord (1)
acorien (1)
acre (2)
acursede (1)
acurset (1)
ad (2)
adam (5)
adedede (1)
adeden (1)
adedeþ (2)
adotede (1)
adoun (21)
adred (6)
adrenchen (2)
adrencheþ (1)

adreynt (1)
adreynte (2)
adruʒet (1)
adruʒeþ (1)
aduent (1)
aduersite (2)
adwelet (1)
afallen (1)
afalleþ (1)
afaytet (2)
afech (2)
aferd (2)
aferen (1)
afert (5)
aferynges (1)
affeccions (1)
affecciun (1)
afferen (1)
afftur (1)
aflowe (1)
after (81)
afterward (3)
aftur (55)
afturward (3)
agasten (1)
ageþ (3)
agon (1)
agrisen (1)
agulte (2)
agulten (1)
agulteþ (1)
aʒein (12)
aʒeinus (1)
aʒeinward (1)
aʒeyn (72)
aʒeynes (14)
aʒeynward (1)
ak (11)
akate (2)
akinde (1)
aknowen (2)
akoolet (1)
al (325)
alast (4)

alday (1)
aldemoder (1)
ale (2)
algate (5)
alith (1)
aliþ (1)
allas (1)
alle (219)
aller (14)
alles (5)
allinge (2)
allynge (10)
almes (1)
almihti (7)
almost (2)
almusse (1)
alre (3)
alriht (1)
alse (1)
also (114)
alssuch (1)
alsuch (3)
altogedere (1)
altogederes (1)
am (31)
amad (1)
amansed (1)
amaset (2)
amen (1)
amendet (1)
ames (1)
amidde (9)
amidden (3)
amis (1)
among (11)
amoreus (1)
ampulles (1)
an (48)
ancelme (1)
ancre (105)
ancrefule (1)
ancrehous (11)
ancren (18)
ancres (17)

ancrewoninge (1)
ancrewonynge (1)
and (1438)
andreuʒ (1)
angel (16)
angele (1)
angeles (2)
angelne (2)
angels (4)
angri (3)
anguise (2)
anguisse (1)
anguysche (1)
anguysouse (1)
anguysse (1)
anhonget (6)
anker (1)
anon (28)
anonriʒt (5)
anonriht (19)
anonrihtes (2)
anont (14)
anoþer (12)
anoþur (7)
anselm (1)
anselme (3)
ant (1)
antempne (5)
antempnes (1)
antonie (1)
antonye (1)
antoyne (2)
anuy (1)
apaiʒet (1)
apayed (3)
apayet (2)
apayʒed (2)
apayʒet (1)
ape (1)
apeware (1)
apocalips (2)
apocalipse (2)
apocalipsis (1)
apostel (6)

apostele (1)
apostle (2)
apostles (2)
apoysunt (1)
appel (6)
appul (1)
aquellen (1)
aquenchen (1)
aqueynt (1)
aqueyntaunse (1)
aqueynte (1)
aqueyntet (1)
aquike3en (1)
aquikien (1)
aquyte (1)
ar (5)
arate (1)
arche (1)
areche (1)
arechen (1)
arednesse (1)
aren (1)
arere (2)
arered (2)
arewe (1)
arewen (3)
arewenesse (1)
ariht (4)
arisen (1)
ariseþ (1)
ariste (6)
arm (2)
armes (3)
armeþ (1)
armus (1)
aroma3 (2)
aros (2)
arow3 (1)
arre (1)
arseny (3)
arseyne (1)
art (22)
articles (1)
artou (2)
aruh (3)
arwen (1)
arwh (1)
arys (1)
aryse (1)
arysen (4)
aryseþ (7)

as (635)
asaileþ (1)
asautes (1)
asayleþ (2)
aske (3)
askebaþi (1)
asked (1)
askede (1)
asken (6)
askers (1)
askeþ (14)
askynge (2)
aslepe (2)
asoynen (1)
asprete (1)
assaylen (1)
assaylet (3)
assayleþ (2)
asse (5)
asset (1)
assuer (5)
astaat (2)
astates (1)
aster (1)
asterue (1)
asteruen (1)
asturt (1)
at (57)
atbreken (1)
atebrek (1)
atele (1)
atelich (6)
ateliche (7)
ateloker (1)
atfle (1)
atflen (1)
atflihþ (1)
atome (3)
atroke (1)
atsene (1)
atslope (1)
atstarten (1)
atstondeþ (1)
atsturten (1)
atsturteþ (1)
atte (13)
atter (9)
atterlaþe (1)
atternesse (1)
attrest (1)
attreþ (1)

attri (25)
aþat (2)
aþurst (1)
auctorite (1)
auees (1)
auenture (1)
aues (5)
augrim (1)
augustin (2)
augustyn (2)
au3te (1)
auhte (3)
aules (1)
austin (11)
austyn (1)
awake (1)
awakede (1)
awaken (2)
awakenede (1)
awakenet (1)
awaried (1)
awariede (2)
awarien (1)
away (2)
awei (3)
aweiward (1)
aweldeþ (1)
awey (13)
aweye (1)
awil (1)
awilge (1)
awilgen (2)
awilgeþ (2)
awondreþ (1)
aworiet (1)
aworieþ (2)
awrekeþ (1)
ax (1)
& (806)
baarm (1)
babe (1)
bac (3)
bacbitere (1)
bacbitynge (1)
bacbytere (1)
bacbytinge (1)
bad (1)
bagge (1)
baggen (1)
bakbitere (2)
bakbitynge (1)

bakbytere (1)
baldeliche (4)
baleful (1)
balies (1)
balpley (2)
baly (1)
balyes (1)
banaa (1)
baner (1)
baptist (1)
baptiste (1)
baret (2)
bareyne (1)
barn (1)
barnes (2)
bartholomeuh (2)
bat (2)
baume (3)
baundon (1)
be (60)
bed (5)
bedde (1)
bede (1)
beden (4)
beed (2)
beede (1)
beemen (1)
beemere (2)
beemers (3)
beere (1)
beeren (1)
beest (7)
beestes (6)
beeten (1)
beeteþ (1)
beetles (1)
befallen (1)
before (1)
beggen (1)
beggeres (1)
begileþ (1)
beginne (1)
beginneþ (1)
begyle (1)
begylen (1)
begylet (3)
beheuedynge (1)
beholde (1)
beholden (2)
behoten (1)
behynde (1)

Alphabetical Listing of Vernacular Forms: VERNON 299

behynden (3)
bei3 (2)
belamy (2)
beleeue (1)
beliales (1)
belouet (1)
bemen (1)
ben (171)
benedict (1)
benene (1)
benet (1)
benetes (1)
beniamin (2)
benne (1)
bensen (1)
beo (119)
beode (1)
beoden (11)
beodes (3)
beodesmen (1)
beodeþ (3)
beon (16)
beore (5)
beores (1)
beot (2)
beoþ (275)
bere (9)
beren (7)
berere (1)
berest (1)
bereþ (32)
berkest (1)
bernard (12)
bernardes (1)
bernen (1)
berneþ (1)
bernynde (2)
bersabe (2)
berste (1)
bersten (1)
bersteþ (2)
bert (1)
beset (1)
besmite (1)
best (16)
beste (6)
bestes (2)
bestliche (1)
bet (9)
bete (1)
beten (4)

beter (4)
betere (17)
beteþ (7)
bethanye (1)
betinge (2)
betokeneþ (1)
better (2)
bettere (5)
bettre (7)
betur (1)
beþ (38)
beute (2)
beyh (1)
bi (99)
bibarred (1)
bibled (1)
biblodgi (1)
biclepe (1)
biclepen (2)
biclosed (3)
bicloset (1)
biclosynge (1)
bicloute (1)
bicluppe (1)
bicluppen (1)
bicluppeþ (1)
biclupt (1)
biclupte (1)
bicom (4)
bicomen (5)
bicomeþ (1)
bicrept (1)
bidde (1)
bidden (3)
biddeþ (3)
biddynge (2)
bidon (1)
bidoþ (1)
bidweleþ (2)
bifallen (1)
bifalleþ (1)
bifore (17)
biforen (47)
bifoulen (1)
bifouleþ (1)
bifuilen (1)
bigat (1)
bigiled (1)
bigilet (1)
bigileþ (1)
bigin (3)

bigineþ (1)
biginne (3)
biginnen (6)
biginnere (1)
biginneþ (10)
biginninge (5)
biginningne (1)
biginnunge (1)
biginnynge (8)
bigon (6)
bigonne (1)
bigunnen (1)
bigurdel (1)
bigylet (2)
bigyleþ (1)
bigynnen (1)
bigynneþ (2)
bigynninge (1)
bi3at (2)
bi3eete (1)
bi3et (1)
bi3ete (7)
bi3etene (1)
bi3eteþ (1)
bihalt (15)
bihat (3)
biheet (5)
biheld (1)
biheold (7)
biheue (5)
biheuede (1)
bihold (11)
biholde (2)
biholden (7)
biholdest (1)
biholdeþ (4)
biholdynge (3)
biholt (2)
bihoten (7)
bihoteþ (2)
bihoue (4)
bihynde (1)
bihynden (1)
biknowen (1)
bilappet (1)
bile (5)
bileeue (29)
bilesynges (1)
bileue (1)
biloke (1)
biloken (1)

bilokene (2)
bilowen (1)
bimasede (1)
bimaset (2)
bimong (6)
bineþen (1)
binom (1)
bint (2)
binymen (2)
binymeþ (3)
bipilet (2)
birewynge (1)
bireynet (1)
birlen (1)
birleþ (1)
bisaumplet (1)
biseche (1)
bisechen (1)
bisecheþ (2)
bisemare (3)
biseon (1)
biset (4)
biseynte (1)
bisgore (1)
bisi (1)
bisiliche (2)
bismorlet (1)
bismottet (1)
bisou3ten (1)
bisouht (1)
bisperret (1)
bispit (1)
bispoteþ (1)
bisschop (1)
bistad (1)
bistonden (1)
bisy (4)
bisyden (1)
bisyliche (2)
bit (16)
bitaken (2)
bitakynge (1)
bitau3t (3)
bite (3)
bitechen (1)
bitidde (1)
bitit (1)
bitoken (1)
bitokend (1)
bitokened (1)
bitokenen (1)

bitokenet (1)
bitokeneþ (7)
bitokenynge (2)
bitoknet (5)
bitokneþ (15)
bitornd (3)
bitornen (1)
bitruyleþ (1)
bitter (18)
bitterliche (6)
bitterloker (1)
bitternesse (5)
bitterrore (2)
bittre (3)
bittren (1)
bitunde (1)
bitunt (3)
biturneþ (1)
bituyned (1)
bitwene (9)
bitwenen (9)
bitweone (1)
bityden (1)
bitymeþ (1)
biþenkeþ (2)
biþouȝte (1)
biþouht (2)
biþouhte (1)
biuoren (2)
biweopen (1)
biwep (2)
biwepe (1)
biwon (1)
biwrappet (1)
biwrien (1)
blac (5)
blak (2)
blake (7)
blase (2)
blasen (2)
blasfemye (1)
blast (1)
bledde (3)
bledden (1)
bleddest (1)
bleddre (1)
bleenden (1)
blenchen (1)
blendeþ (1)
blent (2)
bleoþeliche (3)

bles (1)
blesse (1)
blessed (1)
blessede (13)
blessednes (1)
blessen (2)
blesset (6)
blesseþ (5)
blessynge (1)
blessynges (1)
bleþeliche (4)
blisfole (4)
blisful (6)
blisfule (3)
blisfuliche (1)
blisfulliche (1)
blisse (41)
blissen (7)
bliþe (2)
blo (1)
blod (23)
blode (1)
blodes (1)
blodi (5)
blodletene (1)
blodletynge (3)
blood (12)
blosmen (1)
bloumon (1)
blowe (2)
blowen (2)
bloweþ (9)
blsse (1)
blynde (1)
blyndfallynde (1)
blyndfellede (1)
blynt (1)
blyntfellen (1)
blyþe (1)
bo (2)
boc (2)
bocke (1)
boden (1)
bodeþ (2)
bodi (37)
bodies (1)
bodiliche (8)
boffet (1)
boffetes (1)
bok (15)
bold (3)

boldeþ (1)
bolle (1)
bollen (1)
bon (1)
bone (9)
bonen (19)
bones (1)
book (3)
boone (3)
boonen (3)
boote (1)
booten (1)
bor (1)
bord (2)
borenesse (1)
borgeis (1)
borw (1)
borwe (1)
borwȝ (1)
borwȝmen (1)
borwh (4)
borwhmen (1)
bosum (10)
bot (2)
bote (95)
boten (4)
boþe (51)
bouȝ (3)
bouȝte (1)
bouh (3)
bour (2)
bouwe (2)
bouwen (2)
bouwesum (1)
bouweþ (4)
bouwynde (4)
bowe (1)
bowes (4)
boweþ (3)
bowus (1)
boystes (1)
bras (1)
braunche (5)
braunches (4)
brayd (1)
bred (3)
brede (2)
bredes (1)
breeden (1)
breek (1)
breid (1)

breide (1)
breiden (1)
breideþ (1)
breke (4)
breken (7)
brekeþ (8)
brekynde (1)
brende (1)
brennynde (3)
brennynge (2)
breres (1)
breste (18)
brestre (1)
brestwounde (1)
bret (4)
breþ (7)
breþeren (3)
breþuren (1)
breydeþ (2)
brid (7)
briddes (21)
bridel (1)
brideleþ (2)
briȝt (2)
briȝte (1)
briȝteþ (1)
briȝtore (1)
briht (6)
brihte (8)
brihten (2)
brihteþ (1)
brihtloker (3)
brihtnesse (2)
brihtor (2)
brihtore (4)
bringe (3)
bringen (3)
bringeþ (13)
brod (1)
brode (5)
brokes (2)
broþur (2)
brouȝt (2)
brouȝte (2)
brouȝten (2)
brouken (1)
browes (1)
bruche (3)
bruchel (5)
bruchele (2)
bruchelore (1)

Alphabetical Listing of Vernacular Forms: VERNON 301

bruchen (1)
brugge (2)
brynge (1)
brynke (1)
buffeteden (1)
bugge (2)
buggen (2)
buggeþ (1)
buirde (1)
buiþ (2)
bunsen (1)
burien (1)
burþene (1)
burwes (1)
burynesse (1)
but (32)
bute (12)
buyrde (1)
buyþ (1)
by (7)
byfore (1)
byforen (1)
bygurdel (1)
bygylen (1)
byȝete (1)
byholden (3)
byholdest (1)
byhoten (1)
byleeue (1)
bylokene (1)
bymasede (1)
bymong (1)
byndeþ (1)
bynt (2)
bysi (1)
byteþ (2)
bytokneþ (1)
caas (1)
cacche (1)
cacched (1)
cacchen (2)
caccheþ (2)
cach (1)
cachcheþ (1)
caf (1)
cage (1)
cakele (1)
calangest (1)
calf (2)
caliȝ (1)
caluari (2)

campions (1)
campiun (1)
canaan (1)
canch (1)
cancre (2)
cang (2)
cange (1)
canges (1)
cangh (1)
cangun (1)
cankre (1)
canonial (1)
capeþ (1)
capitale (1)
careles (2)
caren (1)
careyne (2)
carnel (1)
carneles (1)
cassiodre (1)
cast (3)
caste (4)
castel (12)
castels (1)
casten (8)
castest (2)
castete (1)
casteþ (7)
cat (1)
catel (1)
cauȝte (1)
cauhte (1)
cause (4)
caymes (1)
caysers (2)
celer (1)
celles (1)
chaast (1)
chacche (1)
chaf (2)
chaffare (1)
chakelen (1)
champion (1)
chapitres (1)
chapmon (1)
charge (2)
charite (6)
chaste (2)
chasten (2)
chastiȝet (1)
chastise (1)

chastisement (3)
chastite (2)
chaumbre (3)
chaunge (1)
chaungen (4)
chaungeþ (1)
chaunginge (1)
chaungynge (1)
chechen (1)
cheeres (1)
cheke (2)
cheken (2)
cheorl (1)
cheos (1)
chepede (1)
chepeþ (2)
chepyng (1)
chepynge (1)
chere (13)
cheres (1)
cherubins (1)
cheseþ (1)
cheste (1)
chesun (1)
cheweþ (2)
chidynges (1)
child (18)
childene (1)
childhod (3)
childhode (1)
children (11)
chirche (12)
chircheȝard (1)
chirmen (1)
chirmeþ (1)
chiteren (1)
chitereþ (2)
chiterynde (1)
chore (1)
christ (1)
churche (9)
chydeþ (1)
chyld (1)
cite (1)
citee (1)
citees (1)
claf (1)
clanliche (1)
clannesse (4)
clanse (1)
clansen (1)

clanseþ (3)
clansyng (2)
clap (1)
clappe (2)
clauȝte (1)
claures (1)
clauses (1)
cleerliche (1)
clemens (1)
clene (19)
clepe (8)
clepede (2)
clepen (2)
clepeþ (22)
clept (1)
cler (1)
clergye (1)
clerk (1)
clerkes (1)
climben (1)
clokes (2)
clomb (1)
clot (3)
cloþ (14)
cloþede (1)
cloþes (7)
cloþinde (1)
cloþinge (1)
cloumben (1)
clout (2)
cloute (1)
cloutus (1)
cluppe (1)
cluppeþ (1)
cluppynge (1)
clymben (4)
clymbeþ (1)
cogitacion (1)
cogitaciuns (1)
colde (1)
colecte (2)
coloure (1)
coluere (5)
columpne (1)
com (25)
come (14)
comen (15)
comendacion (1)
comeþ (55)
con (14)
concense (1)

concenten (1)	crenche (2)	cumfortes (6)	daye (5)
conne (4)	creop (1)	cumforteþ (4)	dayes (5)
connen (2)	crepen (1)	cumpaignye (1)	deale (1)
conneþ (1)	cri (3)	cumplin (1)	debonere (1)
connun (1)	crie (3)	cumplye (1)	ded (11)
conscence (1)	criede (1)	cumplyn (1)	dedboote (1)
conscience (3)	crieþ (1)	cundel (11)	dedbote (1)
consense (1)	criȝe (2)	cundeles (4)	dede (33)
const (3)	criȝede (2)	cundeleþ (4)	deden (4)
contemplacion (1)	criȝeden (1)	cundles (1)	dedes (10)
continaunce (1)	criȝen (3)	cundleþ (1)	dedest (1)
continuelment (1)	criȝeþ (7)	cunes (1)	dedlich (6)
contumace (1)	criȝinde (1)	cunne (10)	dedliche (10)
coome (2)	crist (29)	cunnen (2)	dedly (6)
coomen (1)	criste (1)	cunnes (4)	dedlych (1)
cop (1)	cristendam (1)	cuntenaunces (1)	dedlyche (1)
cope (2)	cristene (3)	cuppe (3)	dedore (1)
corbyn (1)	cristes (12)	cur (1)	deede (2)
cornes (1)	croiȝ (3)	curneles (1)	deeden (3)
corre (1)	croiȝes (1)	curre (1)	deeme (4)
cors (1)	crois (3)	curs (1)	deemen (5)
cos (6)	croiseþ (1)	cursen (1)	deemere (1)
cossus (2)	crokede (1)	curseþ (1)	deemeþ (1)
costnede (1)	crokes (2)	cursinges (1)	deest (5)
cou (1)	crokke (1)	curtel (2)	deeþ (42)
couent (1)	croppeþ (1)	curtesye (1)	def (1)
couertour (1)	cros (4)	cusse (3)	defaute (2)
couertschupe (1)	crosses (1)	cussede (1)	defoulet (1)
couetise (3)	croume (1)	cussen (1)	degrees (1)
couetous (2)	croumen (1)	cusseþ (6)	del (5)
couetyse (6)	croune (12)	cussynde (1)	dele (2)
couetyses (1)	crounen (4)	custe (1)	delede (1)
coueyte (1)	crounynge (1)	cuþreden (1)	delen (5)
coueyten (1)	croys (1)	cuynde (1)	delful (1)
coueyteþ (1)	crucifix (2)	dai (1)	delices (1)
coueytise (1)	cruel (1)	dale (3)	delictum (1)
coule (1)	cruwelte (1)	dalen (3)	deluen (3)
counseil (1)	crye (1)	dame (3)	delueþ (1)
coupleþ (2)	cubbel (1)	dameseles (1)	deluinge (1)
couplynge (1)	cuchene (1)	dampned (1)	deluynge (1)
court (7)	cuinde (1)	dar (6)	delyt (16)
couþe (4)	cul (2)	dare (1)	delyteþ (1)
couþen (1)	culche (1)	dathan (1)	delyuerede (1)
couþest (1)	culle (1)	dauid (31)	delyueret (1)
couþure (1)	culuart (1)	dauidþes (1)	deme (4)
cracche (1)	culuere (1)	daunger (1)	demen (3)
cradel (2)	cum (4)	daungerous (1)	demere (3)
craft (1)	cumfort (20)	daunse (1)	demet (1)
crasseþ (1)	cumforte (2)	dawes (6)	demeþ (2)
crauaunt (3)	cumforted (1)	dawynge (1)	dempde (1)
crede (7)	cumforten (7)	day (28)	dempnede (1)

deol (1)
deolfolliche (1)
deop (3)
deope (2)
deopliche (1)
deoploker (1)
deore (24)
deores (1)
deorlyng (1)
deorre (2)
deouel (1)
departen (1)
departinge (1)
depeþ (1)
depeyntynge (1)
deppor (2)
deppore (1)
dere (2)
derfliche (1)
derlyng (4)
derne (18)
derneliche (1)
derneloker (1)
dernliche (1)
derueþ (1)
derworþe (38)
derworþore (1)
descriuet (1)
desert (1)
deseruet (1)
desire (1)
desk (1)
despoyled (1)
despoylet (1)
dest (1)
desyr (1)
desyringe (1)
deth (1)
dette (1)
dettes (3)
dettor (1)
dettours (1)
dettur (1)
deþ (52)
deþe (4)
deþes (7)
deuel (35)
deuelen (5)
deueles (44)
deuelus (5)
deuocion (1)

deutronomye (1)
dewes (1)
deweþ (1)
dewynge (1)
dialoge (2)
dich (4)
diede (2)
dieþ (1)
diggen (1)
dignite (1)
diȝede (4)
diȝeden (1)
diȝen (1)
diȝete (1)
dimloker (1)
dina (1)
disch (2)
disciple (4)
disciples (9)
disciplyne (1)
disciplynes (2)
discorde (1)
discreueþ (1)
discriueþ (1)
discumfyted (1)
diskeuere (2)
diskeueren (2)
dispeyr (1)
dispoylet (1)
dispoyleþ (1)
distorben (1)
distyngtiones (1)
diuerse (3)
diuersliche (1)
do (36)
doddynge (1)
dogge (10)
dole (11)
dolen (3)
dolki (1)
dolte (1)
doluen (2)
doluene (1)
dom (7)
dome (1)
domes (1)
domesday (12)
domesmon (1)
don (44)
done (2)
doneward (2)

donewardes (1)
donne (3)
doom (13)
doome (1)
doomes (1)
doomesday (1)
doomstool (1)
doone (2)
dooþ (1)
dores (1)
dorren (1)
dorste (2)
dost (2)
dosye (1)
dote (1)
dotede (1)
doten (1)
doth (1)
doþ (91)
double (1)
douȝter (4)
douȝtren (1)
douȝtur (2)
douhter (4)
douhtur (2)
doumbe (3)
doun (11)
doune (1)
dounriht (1)
dounward (8)
dounwardes (1)
dounwardus (1)
doute (2)
douteþ (1)
doynges (1)
drake (1)
drauȝ (2)
drauh (2)
drawe (4)
drawen (8)
drawest (2)
draweþ (13)
drawinde (1)
dred (3)
dredde (1)
drede (20)
dredeful (1)
dreden (6)
dredeþ (1)
dredfole (4)
dredful (7)

dredfule (4)
drednesse (1)
dreed (2)
dreede (5)
dreedful (1)
drem (3)
drenchen (2)
dreuhri (1)
dreynte (1)
driȝeþ (3)
drink (6)
drinke (3)
drinken (6)
drinkeþ (2)
drit (1)
driuen (3)
driuest (1)
driuynde (1)
dronk (2)
drope (2)
dropemele (1)
dropen (2)
dros (2)
drouȝ (2)
drouh (1)
druch (1)
druiȝeþ (1)
drunch (1)
drunken (1)
druri (1)
druwerye (1)
druye (2)
druyede (1)
druyeden (1)
druyefoot (1)
druyf (1)
druyȝe (1)
druyȝeþ (1)
dryen (1)
dryeþ (1)
dryȝen (1)
drynk (4)
drynke (3)
drynken (2)
dude (67)
duden (7)
dudest (2)
dulte (1)
dunge (1)
dunt (7)
duntes (2)

dust (7)
duste (1)
dusten (1)
dusteþ (1)
dutte (1)
dutten (2)
duttun (1)
duyk (1)
dwele (3)
dye (2)
dyen (3)
dyʒede (1)
dyʒen (2)
dyʒeþ (1)
dylit (1)
dyna (3)
ebreu (6)
ebreuʒ (2)
ebreuwes (1)
ebrewes (1)
eche (2)
echen (2)
echeþ (1)
edewiteþ (1)
edi (1)
edmod (2)
edmodnesse (3)
edmoodnesse (1)
edwiteþ (1)
edwyt (1)
edwyten (1)
edwytynge (1)
eeren (1)
eet (1)
eetþ (2)
eeþ (4)
eeþseene (2)
efficaces (1)
eficaces (1)
eft (33)
egge (1)
eggen (1)
eggeþ (4)
eggynge (1)
egipte (1)
eʒe (3)
eʒechye (1)
eʒen (6)
eʒesiht (1)
eʒesihte (1)
ei (1)

eiʒe (35)
eiʒen (41)
eiʒensiht (1)
eiʒesihte (2)
eiʒeþurl (1)
eiʒeþurles (1)
eiʒeþurlus (1)
eiʒte (2)
eiʒteþe (1)
eihte (5)
eihteþe (5)
eilen (1)
eileþ (2)
eir (2)
eiþer (12)
ek (6)
eke (7)
elde (3)
eldore (1)
eliʒabeþ (1)
elles (11)
elleswher (3)
elleueþe (1)
elye (1)
emenys (1)
emperour (1)
empti (1)
enbreueteþ (1)
encheson (1)
enchesons (2)
enchesun (2)
encresen (1)
encreseþ (1)
encresynge (1)
ende (38)
endeles (2)
enden (2)
endettet (1)
endeþ (3)
enemys (6)
enes (4)
engelond (1)
englis (1)
englisch (10)
englische (2)
eni (8)
enioyne (1)
eniþing (1)
ensaumple (4)
entente (1)
entermeteþ (2)

envye (13)
envyouse (1)
eny (72)
enyþing (10)
enywyse (1)
eode (7)
eoden (3)
eornen (2)
eorneþ (4)
eorþe (60)
eorþlich (2)
eorþliche (4)
eoþe (1)
epistel (1)
er (71)
ere (11)
eren (22)
erende (2)
eres (1)
erliche (4)
ern (1)
erne (1)
ernynge (1)
erþe (8)
erþliche (2)
erþly (1)
ese (16)
eseful (2)
esse (1)
est (1)
esten (1)
ester (12)
esters (2)
estfoulore (1)
estories (1)
ete (2)
eten (8)
eteþ (2)
eþelyche (1)
eue (16)
euel (77)
euele (12)
eueles (2)
euen (3)
euene (4)
euenet (2)
eueneþ (12)
euensong (2)
euenyng (2)
euenynge (1)
euer (88)

euere (85)
euerʒite (1)
eueri (2)
eueriche (5)
euesynge (3)
euur (1)
euure (2)
ewangelist (1)
ewangeliste (1)
ewangelyst (1)
excusede (1)
exodo (1)
ey (1)
eyhteþe (1)
eyl (2)
eylþurles (1)
eyren (1)
face (2)
fader (13)
faderes (1)
faderles (2)
fadres (1)
fal (3)
falde (1)
faleweþ (1)
falle (9)
fallen (17)
fallest (1)
falleþ (48)
fallinde (1)
fallynde (5)
fallynge (2)
fals (11)
false (14)
falsest (1)
falseþ (1)
falsi (1)
falsliche (1)
falsynde (1)
fame (1)
fardel (1)
fareþ (4)
faste (19)
fasten (2)
fasteþ (3)
fastloker (2)
fastyng (1)
fastynge (1)
fat (1)
fatte (1)
fatten (1)

Alphabetical Listing of Vernacular Forms: VERNON 305

faute (1)
fautes (1)
fayle (2)
fayn (2)
fayninge (1)
febelnesse (1)
feble (14)
febleliche (1)
feblenesse (1)
feblesse (2)
fedde (2)
fede (1)
feden (1)
fedeþ (1)
fee (1)
feed (1)
feeden (2)
feelen (1)
feeleþ (5)
feelynge (1)
feerde (2)
feere (10)
feeren (2)
feerliche (2)
feet (9)
feir (15)
feire (16)
feirede (1)
feirest (1)
feireste (1)
feirnesse (2)
feirschipe (1)
fekeþ (1)
fel (7)
felaschipus (1)
felauliche (1)
felauschupe (1)
felawe (3)
felawes (4)
felaweschipe (1)
felaweschupe (1)
felawschipe (2)
felawschupe (1)
feld (2)
fele (5)
felen (2)
felest (1)
feleþ (10)
felewyse (1)
felynge (7)
fen (1)

fend (43)
fendes (5)
fendschipe (1)
fendus (1)
fennyliche (1)
fent (1)
feol (1)
feole (17)
feond (4)
feondes (3)
feondus (1)
feor (6)
feorlich (1)
feorþe (2)
feoþ (1)
feoþer (1)
fer (12)
fere (3)
ferful (2)
ferfulliche (1)
ferlac (1)
ferlak (2)
ferli (1)
ferliche (4)
fermers (1)
ferrene (1)
ferreneto (1)
fert (1)
feste (5)
fet (3)
feter (1)
fetere (1)
feþeren (2)
feyre (1)
ffader (14)
ffalleþ (2)
ffals (1)
ffalse (3)
ffamiliarite (1)
ffareþ (1)
ffasten (3)
ffasteþ (1)
ffastyng (1)
ffastynge (1)
ffed (1)
ffee (1)
ffeld (1)
ffelynge (1)
ffend (4)
ffeorþe (19)
ffereful (1)

fferlac (2)
fferþe (1)
ffeuere (1)
ffiftene (1)
ffikele (1)
ffikelere (1)
ffikelers (1)
ffikeleþ (2)
ffikelynge (2)
ffir (4)
ffflatereþ (1)
ffleo (1)
ffleoþ (2)
fflesch (3)
fflesches (3)
fflescliche (1)
fflih (1)
fflihþ (1)
fflluyhte (1)
ffoleweþ (1)
ffondeden (1)
ffondinge (1)
ffondynge (5)
ffor (239)
fforbysne (1)
fforfareþ (1)
fforgon (1)
fforȝeme (1)
fforȝif (1)
fforloren (1)
fforme (2)
fforneih (1)
fforsakeþ (1)
fforschuppeþ (1)
fforte (8)
fforþi (56)
fforþure (1)
fforward (1)
fforwhi (4)
fforwhon (2)
ffoul (7)
ffoure (2)
ffox (4)
ffoxes (3)
ffrensch (1)
ffreolek (1)
ffriday (1)
ffridayes (1)
ffrom (7)
ffuir (2)
fful (1)

ffurst (2)
ffurste (14)
ffyfþe (13)
ffyges (1)
ffyle (2)
ffyue (5)
fif (1)
fiftene (2)
fifþe (1)
figures (1)
fiȝt (1)
fiȝteþ (1)
fiht (10)
fihten (1)
fihteþ (7)
fihtinge (1)
fikele (1)
fikelers (3)
fikelynde (1)
fikelyng (1)
fikelynge (1)
findeþ (1)
fingres (2)
fint (3)
fisch (1)
fiue (2)
flaskeþ (1)
flasscheþ (1)
flateringe (1)
fle (2)
flecchinde (1)
flen (4)
fleo (7)
fleoinde (3)
fleoinge (1)
fleon (9)
fleos (1)
fleotynde (1)
fleoþ (12)
flesch (65)
flesches (17)
fleschlich (4)
fleschliche (15)
flescliche (4)
fleshliche (1)
flessches (14)
fleten (1)
fleþ (1)
fleyȝ (2)
fleyh (2)
fliȝt (1)

flih (2)
flihþ (2)
fliker (1)
flikereþ (1)
fliþ (1)
flo (1)
floc (2)
flod (1)
flok (2)
flon (1)
flood (2)
floþeringe (1)
floures (2)
flouwynde (1)
flowe (1)
flowen (5)
floweþ (1)
flowynde (1)
fluiȝt (2)
fluiht (1)
flyȝe (1)
flynt (1)
fo (7)
fode (6)
fol (2)
folewe (3)
folewede (1)
folewen (2)
foleweþ (2)
folk (19)
folle (2)
folliche (1)
folwe (7)
folwede (2)
folweden (1)
folwen (4)
folweþ (2)
folye (2)
folyliche (1)
fomen (1)
fon (4)
fond (3)
fonde (1)
fondede (2)
fonden (1)
fondeþ (6)
fondinge (4)
fondinges (4)
fondynge (24)
fondynges (27)
foo (1)

foode (7)
fool (7)
fooles (1)
foolhardi (1)
foolliche (1)
foorme (1)
foot (1)
foote (1)
footes (1)
footwounde (2)
for (274)
forbede (1)
forbeer (1)
forbeode (2)
forbeodeþ (1)
forbeot (2)
forbere (1)
forberneþ (1)
forbisene (1)
forbisne (1)
forblaked (1)
forblaket (1)
forboden (2)
forbodene (1)
forbrende (1)
forbrent (2)
forbysene (1)
forbysne (5)
forbysnes (1)
forcastynge (1)
fordemet (2)
fordon (2)
fordoon (1)
fordoone (1)
fordronken (1)
fordruyȝede (1)
fore (2)
forebysne (2)
foregoeres (1)
forehed (3)
foremakeþ (1)
foreridles (2)
foreward (5)
forfareþ (1)
forferden (1)
forfret (2)
forfreten (1)
forgnaweþ (1)
forgon (1)
forgoþ (1)
forgult (1)

forȝaf (1)
forȝat (1)
forȝemeþ (1)
forȝeten (7)
forȝeteþ (3)
forȝeueþ (1)
forȝif (2)
forȝiue (2)
forȝiuelich (1)
forȝiuen (1)
forȝiuenesse (2)
forȝiueþ (1)
forhoten (1)
foridelet (1)
forkerue (1)
forleosen (1)
forleoseþ (2)
forleuet (2)
forlore (1)
forloren (14)
forlorene (3)
forlorenesse (1)
forlorennesse (1)
forme (4)
forneih (1)
forroteþ (2)
forrotyen (1)
forsaken (4)
forsakeþ (1)
forscaldet (2)
forschupped (1)
forschuppet (1)
forschuppeþ (2)
forseoþen (1)
forsoke (2)
forsook (1)
forsoþe (2)
forstikeþ (1)
forstoppeþ (1)
forsweleweþ (1)
forte (75)
forþ (65)
forþbysne (1)
forþe (1)
forþere (1)
forþereþ (1)
forþfarynde (1)
forþȝong (1)
forþi (46)
forþifaren (1)
forþinkynge (3)

forþloker (1)
forþure (7)
forþward (6)
forþwardes (1)
forward (10)
forwelewet (1)
forwhi (1)
forwhonne (1)
forworþen (2)
forworþeþ (1)
forwryet (1)
fosterde (1)
fostreþ (1)
fostrild (1)
fot (1)
fote (2)
fouȝten (1)
foul (22)
foule (26)
foulede (2)
foulen (1)
foulene (1)
foulere (1)
foules (4)
fouleste (1)
foulliche (1)
foulore (3)
founden (1)
foundles (1)
four (4)
foure (19)
fourme (1)
fox (8)
foxes (6)
fre (1)
frele (2)
frelete (1)
fremede (2)
frend (11)
frendes (5)
frendschupe (1)
frensch (1)
freo (4)
freolek (3)
fresch (1)
freschliche (2)
fret (6)
fretewole (1)
fretynge (1)
friday (1)
from (51)

Alphabetical Listing of Vernacular Forms: VERNON 307

fromward (12)
fromwart (2)
frotynge (1)
fruit (4)
fruyt (1)
fryniht (1)
fuir (22)
fuire (1)
fuirene (2)
fuires (2)
ful (52)
fulde (1)
fulitohen (1)
fulitowe (1)
fulle (4)
fullen (1)
fulliche (3)
fulloȝt (1)
fullouht (2)
fulþe (23)
fulþen (5)
furst (28)
furste (16)
fuste (1)
fustes (2)
fuylen (1)
fyf (6)
fyfti (1)
fyfþe (4)
fyhfþe (1)
fyle (2)
fyleþ (1)
fynde (4)
fynden (4)
fyndeþ (3)
fyndles (1)
fyngres (1)
fynt (2)
fyue (38)
gabben (1)
gabriel (2)
gabrieles (1)
galile (1)
galilee (1)
galle (8)
galnesse (1)
galuhtreo (1)
gangleþ (2)
garses (1)
gate (1)
gauel (1)

geat (2)
geate (1)
gederden (1)
gedere (5)
gederen (3)
gedereþ (8)
gederinge (1)
gederynde (1)
gederynge (1)
gees (1)
geet (1)
gelesye (1)
gelous (3)
gelus (1)
gelusye (1)
genesi (1)
genesis (1)
genesy (1)
gentil (2)
gentrise (1)
gentyle (1)
gerner (1)
get (4)
geten (2)
geteþ (1)
getten (1)
geþ (9)
gibet (1)
gigge (1)
gileþ (1)
gilour (2)
gilt (1)
gist (1)
glad (5)
glade (2)
gladen (3)
gladeþ (2)
gladfole (2)
gladful (2)
gladliche (7)
gladloker (2)
gladnesse (2)
gladschupe (2)
gladyng (1)
gladynge (2)
glas (6)
glauereþ (1)
gleden (1)
glem (3)
gleo (1)
glorie (1)

glotenye (4)
glotonye (1)
glotouns (1)
glotun (1)
gluccheþ (1)
gluffeþ (1)
gnatte (2)
gnidden (1)
gnuddeden (1)
go (29)
god (175)
godchild (1)
goddes (5)
gode (27)
goder (1)
godes (134)
godhede (1)
godlek (2)
godnesse (1)
godspel (1)
godus (8)
gold (11)
golde (1)
goldhord (4)
goldhordes (1)
goldhort (3)
goldsmith (3)
goldsmiþ (1)
gomen (1)
gomenes (2)
gomorre (1)
gon (17)
gonfanounner (1)
gonge (3)
good (97)
goode (41)
goodede (1)
goodnesse (3)
gospel (9)
gospeles (1)
gost (20)
gostes (1)
gostlich (7)
gostliche (33)
gostlych (1)
goþ (24)
gou (1)
goutefestre (1)
grace (33)
graces (3)
graunt (2)

graunte (3)
graunted (1)
graunteþ (2)
greden (1)
gredi (5)
grediloker (1)
gredynesse (2)
gredyren (1)
greef (1)
gregore (1)
gregori (10)
gregorie (5)
gregories (1)
gregoyre (1)
grehondes (1)
grehoundus (1)
greiþe (2)
grene (7)
greneþ (1)
grennen (2)
grennynge (1)
greot (2)
greste (2)
gret (13)
grete (7)
gretinge (1)
gretinges (1)
grette (1)
grettore (3)
gretynge (2)
gretynges (6)
greue (1)
greuen (4)
greues (1)
greuest (1)
greueþ (4)
greye (1)
grim (4)
grimliche (6)
grimme (4)
grimmest (1)
grinde (1)
grindelstones (2)
grint (1)
gris (1)
grise (1)
griseþ (1)
grisful (1)
grislich (3)
grisliche (4)
grith (1)

griþ (1)
grome (4)
grone (1)
gronen (3)
gronynge (1)
gropynge (1)
grounde (5)
grucched (1)
grucchen (2)
gruccheþ (3)
grucchinde (1)
grucchinge (2)
grucchynge (4)
grunen (1)
grynde (2)
grys (1)
grysli (1)
gryslich (1)
gult (9)
gulte (1)
gultes (1)
gultus (2)
gurde (1)
gurdeles (1)
gurdynge (1)
gyle (7)
gyles (1)
gyleþ (1)
gyste (1)
gyuelgowue (1)
ȝaf (8)
ȝakarie (1)
ȝaram (1)
ȝare (7)
ȝate (3)
ȝaten (4)
ȝateward (5)
ȝatewardes (1)
ȝe (298)
ȝeef (1)
ȝeeme (2)
ȝeemston (2)
ȝeemstones (1)
ȝeer (1)
ȝeeue (1)
ȝef (3)
ȝeld (4)
ȝelde (6)
ȝelden (5)
ȝeldeþ (2)
ȝellynges (1)

ȝelp (2)
ȝelpe (1)
ȝelpeþ (3)
ȝeme (21)
ȝemeles (12)
ȝemelesliche (1)
ȝemelesscupe (1)
ȝemen (2)
ȝemeþ (1)
ȝemston (1)
ȝeorne (17)
ȝeorneloker (1)
ȝeornful (1)
ȝeornliche (5)
ȝeote (1)
ȝeoy (2)
ȝer (6)
ȝerde (13)
ȝerden (1)
ȝeres (2)
ȝerne (14)
ȝernfuliche (1)
ȝerninge (1)
ȝernliche (1)
ȝerus (1)
ȝeten (1)
ȝettynge (1)
ȝeue (2)
ȝeueȝ (1)
ȝeueþ (4)
ȝeuurliche (1)
ȝeyncome (1)
ȝicchinge (1)
ȝichchinge (1)
ȝif (256)
ȝift (1)
ȝifte (3)
ȝiftes (1)
ȝiȝede (1)
ȝiȝen (1)
ȝiȝeþ (3)
ȝimmes (1)
ȝit (64)
ȝitte (1)
ȝitten (3)
ȝiue (6)
ȝiuen (5)
ȝiueþ (14)
ȝok (1)
ȝolden (1)
ȝond (4)

ȝonen (1)
ȝong (4)
ȝonge (12)
ȝont (4)
ȝonynge (1)
ȝor (4)
ȝou (1)
ȝoure (4)
ȝouþe (3)
ȝut (4)
ȝyueþ (1)
ha (3)
habbe (45)
habben (35)
habbeþ (67)
habeþ (3)
hadde (1)
haggen (1)
hakked (1)
hakkeþ (1)
halewe (1)
halewen (13)
halewi (7)
halewinde (1)
halewy (1)
halewynde (1)
half (31)
halflynge (1)
hali (1)
halle (1)
halp (3)
halsen (3)
halsene (1)
halsynge (2)
halt (26)
halue (9)
haluendel (1)
halues (1)
haly (3)
halydayȝene (1)
han (1)
hard (12)
harde (20)
harden (1)
hardes (1)
hardeschupes (1)
hardi (12)
hardiliche (2)
hardore (1)
hardschupe (1)
hardschupes (2)

hare (1)
harlot (1)
harm (5)
harmen (4)
harmes (1)
harmest (1)
harmeþ (6)
harmliche (1)
hast (17)
hastiliche (1)
hate (1)
hatede (1)
haten (3)
hatest (1)
hateþ (5)
hath (3)
hatren (1)
hatte (1)
hatynge (2)
haþ (96)
haue (5)
haueȝ (1)
hauen (1)
hauenles (1)
hauest (2)
haueþ (27)
haunche (1)
he (854)
hed (23)
hedcloþ (1)
hedde (53)
hedden (9)
heddest (9)
hede (4)
hedes (1)
hedsunne (2)
hedsunnen (1)
hedsynne (2)
hedsynnes (1)
hee (2)
heef (1)
heele (1)
heer (33)
heerabouten (1)
heerafter (1)
heeraftur (1)
heere (4)
heeren (1)
heereþ (2)
heerto (1)
heet (1)

hef (3)
hei3 (28)
hei3e (20)
hei3eschupe (1)
hei3et (1)
hei3nesse (1)
hei3schupe (1)
heih (6)
heihangel (1)
heihliche (1)
heihnesse (1)
heihschupe (1)
held (3)
heldeþ (2)
hele (21)
helede (2)
helen (4)
heleþ (2)
helle (76)
hellene (1)
help (18)
helpe (1)
helpen (6)
helpeþ (6)
helyes (2)
hem (174)
hemself (6)
hemseluen (7)
hen (1)
hende (1)
hendeliche (1)
heneward (1)
henne (2)
hennen (1)
heo (478)
heold (3)
heolde (1)
heolden (2)
heom (19)
heomseluen (2)
heor (1)
heore (108)
heoren (1)
heowe (1)
heowynge (1)
hep (1)
hepeþ (1)
her (44)
herabouten (3)
herafter (3)
heraftur (4)

hera3eyn (1)
herbarwe (2)
herbarwede (1)
herbi (1)
herbiforen (1)
herborwe (2)
herde (3)
herdemenne (1)
herden (1)
herdest (3)
here (12)
heren (7)
herestou (2)
heresye (2)
hereþ (10)
hereword (1)
herfore (1)
herie (1)
herien (1)
herieþ (1)
herin (1)
herinde (1)
heringe (1)
herinne (1)
heritage (1)
herkene (1)
herkenen (1)
herkeneþ (2)
herkne (2)
herknen (1)
herkneþ (8)
herknynge (1)
herkwille (1)
hermyte (2)
herof (6)
heron (1)
herre (14)
herrore (1)
herte (158)
herteliche (1)
herten (2)
hertet (1)
herto (6)
herto3eynes (1)
hertouward (1)
heruest (1)
herynge (7)
herynges (1)
heste (9)
hesten (2)
hester (1)

hesteres (1)
hestes (1)
hete (7)
hette (4)
heþenesse (1)
heue (1)
heued (15)
heuedsinne (1)
heuedsunne (2)
heuedsunnen (1)
heuedsynne (1)
heuen (6)
heuene (108)
heueneliche (1)
heueneriche (2)
heueneriches (2)
heuenliche (9)
heuenne (1)
heuet (1)
heuetsunne (1)
heueþ (2)
heu3 (2)
heuh (4)
heui (6)
heuinesse (2)
heuischupe (1)
heuy (1)
heuye (3)
heuynesse (1)
hewes (1)
hext (3)
hexte (4)
hey (1)
hey3e (1)
heyhful (1)
hider (1)
hiderto (2)
hi3e (5)
hi3en (4)
hi3inge (1)
hi3nesse (3)
hi3þe (2)
hihþe (4)
hillarii (1)
him (393)
himself (31)
himselue (1)
himseluen (16)
hindeward (2)
hir (5)
hire (437)

hiren (2)
hireself (3)
hireseluen (11)
his (539)
hise (5)
hit (525)
hitterliche (2)
ho (14)
hod (2)
hodes (1)
hoker (5)
hokere (1)
hokeres (1)
hokereþ (1)
hokerliche (1)
hokerynge (1)
hol (6)
hold (7)
holde (19)
holden (24)
holdest (1)
holdeþ (19)
holdynge (2)
hole (17)
holen (5)
holes (3)
holest (1)
holeþ (2)
holi (16)
holinesse (2)
holliche (1)
holpe (1)
holpen (1)
holy (99)
holye (2)
holynesse (5)
holyrode (1)
hom (7)
home (4)
homeres (2)
homes (1)
homicide (1)
hond (26)
hondelde (1)
hondeleþ (1)
hondelynge (2)
honden (21)
hondes (1)
hondful (1)
hondle (1)
hondlynge (1)

hondret (1)	huideþ (4)	ianglynge (1)	icraued (1)
hondwhile (1)	huidles (1)	iasket (1)	icried (1)
honged (1)	huirnes (1)	iattret (1)	icrounet (3)
hongede (2)	huit (1)	ibarnd (1)	icroyset (1)
hongen (3)	hul (4)	iben (5)	icuret (1)
honger (1)	hulde (1)	ibeo (1)	ideemet (5)
hongrede (1)	hule (1)	ibeon (1)	idel (17)
hongren (1)	huleþ (4)	ibet (9)	idelet (1)
hongri (1)	hulles (4)	ibete (1)	idelnesse (3)
hongynde (1)	hulli (1)	ibeten (7)	idelnesses (1)
hongynge (1)	hulpe (1)	ibette (1)	idemet (5)
hontede (1)	hulynge (1)	ibidde (2)	ido (3)
hontwhyle (1)	humble (1)	iblechet (1)	idoluen (1)
hoore (1)	hundred (1)	iblent (1)	idon (18)
hope (25)	hundret (2)	iblesset (5)	idrawe (1)
hopeful (2)	hunger (2)	iblyntfellede (1)	idrawen (3)
hopen (1)	hunten (1)	ibocked (1)	ieremie (2)
hord (1)	hunteþ (3)	ibollen (1)	ieremye (9)
hore (5)	huntynge (1)	iboren (3)	iernet (1)
horedom (1)	hupe (1)	iborennesse (1)	ierom (1)
horleþ (1)	hure (1)	iborwen (1)	ierome (4)
horlynge (1)	huren (1)	ibounden (5)	ierusalem (10)
horn (2)	hurt (5)	ibrent (1)	ierusalemes (1)
hors (3)	hurte (5)	ibridlet (1)	iesu (42)
horses (1)	hurten (2)	ibroke (2)	ieuenet (8)
horuh (1)	hurtes (2)	ibroken (4)	iewes (5)
hos (1)	hurteþ (3)	ibrouȝt (2)	ifallen (3)
hose (58)	hurtynge (1)	ibrouht (4)	ifastned (1)
hosewyf (1)	hut (4)	iburiet (1)	ifastnet (2)
host (8)	huyde (4)	icalanget (1)	ifattet (1)
hostes (1)	huyden (3)	icalled (1)	ifed (2)
hosul (1)	huydeþ (2)	icast (1)	ifele (1)
hot (6)	huyding (1)	icauȝt (1)	ifeled (1)
hote (2)	huydles (2)	icauht (3)	ifeleþ (1)
hoten (1)	huyre (3)	ich (181)	ifestned (1)
hou (118)	hye (1)	ichabbe (16)	ifeteret (1)
hound (4)	hyȝe (1)	ichosen (1)	ifint (3)
houndes (2)	hyȝeþ (1)	ichul (5)	ifiþered (1)
houndus (1)	hym (14)	ichulle (20)	iflouret (2)
houres (1)	hymself (1)	icleped (1)	iflowe (3)
hous (9)	hymseluen (1)	iclepede (2)	iflowen (2)
house (1)	hyre (1)	iclepet (8)	ifolen (2)
houses (2)	hys (1)	iclept (1)	ifondet (7)
houso (2)	i (180)	icloumben (2)	ifounden (5)
how (30)	iacob (4)	icluiht (1)	ifuilet (1)
howso (1)	iacobus (2)	iclumben (1)	ifullet (3)
hu (2)	iame (8)	icome (2)	ifylet (1)
hudde (3)	iames (4)	icomen (7)	ifynden (2)
huid (1)	iancret (1)	icoren (1)	ifyndeþ (2)
huiden (3)	iangle (5)	icoueytet (1)	igederet (2)
huidestou (1)	ianglinge (2)	icouplet (6)	igete (1)

Alphabetical Listing of Vernacular Forms: VERNON 311

ignorance (1)
igon (2)
igraunted (1)
igrauntet (1)
igreiþet (1)
iȝiuen (2)
ihaad (1)
ihad (3)
ihakked (1)
ihalsened (1)
ihaplewed (1)
iharmed (1)
iheiȝet (1)
ihelen (1)
ihelet (2)
iheowet (2)
iherd (5)
ihere (4)
iheren (8)
iherted (3)
ihertet (7)
iheueget (1)
ihiȝet (2)
ihol (2)
iholden (4)
iholen (1)
iholpen (1)
ihongede (1)
ihool (1)
ihoselet (1)
ihoten (3)
ihouen (1)
ihud (10)
ihudde (1)
ihulet (2)
ihurt (2)
ihyȝet (1)
iidith (1)
iioynet (2)
ikakeled (1)
ikepeþ (1)
iknowe (1)
iknowen (13)
ikud (1)
ilad (7)
ilaft (1)
ileeuen (1)
ileeuet (1)
ileeueþ (1)
ileȝen (1)
ilenet (2)

ileret (1)
ilet (1)
ilete (3)
ileten (1)
ilette (1)
ileuet (1)
ileyd (1)
ileyȝen (1)
ilich (1)
iliche (6)
iliht (1)
ilihtet (1)
iliknesse (1)
iliknet (3)
iliuet (1)
ilke (55)
iloke (1)
iloked (1)
iloket (1)
ilopen (1)
iloren (1)
ilosen (1)
iloued (1)
ilouet (1)
ilyche (1)
ilyden (1)
ilyk (7)
ilyke (1)
ilyknesse (1)
ilymet (3)
imaad (2)
imad (1)
imade (1)
imaked (1)
imaket (9)
imakeþ (1)
imarked (1)
imbriwiken (1)
imelt (1)
imene (2)
imeynt (1)
imist (1)
imunted (1)
in (699)
inayled (1)
inceste (1)
inde (1)
ined (1)
inempned (4)
inempnet (4)
inȝong (8)

inne (10)
innere (2)
innocent (1)
innore (17)
inobedience (3)
inomen (1)
inomene (1)
inouȝ (3)
inouh (9)
inowh (2)
inpacience (1)
inte (1)
into (69)
inward (9)
inwarde (4)
inwardliche (8)
inwardloker (1)
inwardlokus (1)
inwit (9)
inwiþ (38)
inwonyende (1)
iob (11)
iobes (1)
ioel (2)
iogelors (1)
iohan (1)
iohanes (1)
ioie (1)
ion (6)
iones (1)
ionswerd (2)
iopened (1)
iorneye (1)
iosaphat (2)
ioseph (1)
iosephat (1)
iosue (2)
iosues (1)
ioye (3)
ipallage (1)
ipayet (1)
ipliht (2)
ipocrisye (2)
iprechet (1)
ipreiset (1)
ipreuet (3)
ipreysed (1)
ipreyset (1)
iput (2)
ipynet (7)
iqueme (1)

iqueynt (1)
irede (1)
iredet (1)
iren (6)
irene (1)
irent (2)
irikenet (2)
irobbed (1)
irobbet (1)
irodet (3)
irud (1)
irustet (1)
is (1164)
isaias (1)
isaie (1)
isaluet (1)
isaued (2)
isauet (3)
isauhtnet (1)
isawen (1)
isaye (1)
isboset (1)
isboseth (5)
ischent (4)
ischewede (1)
ischewet (4)
ischilde (1)
ischouen (1)
ischrapen (1)
ischriue (1)
ischriuen (3)
ischrud (2)
ischrudde (1)
ise (1)
iseene (1)
iseȝen (1)
iseȝene (1)
iseid (28)
iseide (5)
iseiȝen (1)
isen (2)
isene (2)
iseo (2)
iseon (9)
iset (8)
isette (3)
iseyd (7)
iseyntet (1)
islawen (1)
islayen (5)
islayȝen (1)

ismacchet (1)	iþrowen (1)	kept (1)	lakke (1)
ismau3t (1)	iudas (12)	keptest (1)	lakken (1)
ismelled (1)	iudasen (1)	keruynde (3)	langage (1)
isotelet (1)	iude (2)	keruynge (1)	large (5)
isou3t (1)	iudee (1)	kindam (2)	largeliche (1)
ispeken (2)	iudit (2)	kinedam (2)	largesse (2)
ispelet (1)	iudith (18)	kinedomes (1)	lasse (22)
ispenet (1)	iugge (2)	knaue (2)	last (14)
isperret (1)	iulians (1)	knelen (1)	laste (17)
ispoken (6)	iulianus (1)	kneleþ (3)	lasten (3)
ispreynde (1)	ivarwet (1)	knelinge (1)	lasteþ (4)
israel (4)	ivyet (1)	knelynge (2)	lastynge (1)
isteken (1)	iwaket (2)	knelynges (2)	lat (3)
istoruen (1)	iwar (2)	knen (4)	late (8)
istrengþhed (1)	iwarnet (1)	kneon (1)	later (2)
istreonet (1)	iwasschen (4)	knif (1)	latere (6)
istunt (1)	iweddet (1)	kni3t (1)	latyn (1)
isundret (3)	iwellet (1)	kniht (4)	laueden (1)
isunged (1)	iwent (4)	knihtes (1)	lau3weþ (1)
isungen (1)	iwerret (1)	knowe (1)	lau3when (3)
isunget (1)	iwhilen (2)	knowelechinge (1)	lau3wheþ (3)
isuylet (1)	iwilned (1)	knowelechynge (1)	lau3whinge (1)
iswept (2)	iwilnet (1)	knowen (4)	lauhtre (4)
isworen (1)	iwis (4)	knowest (3)	lauhtren (1)
itachet (1)	iwiten (2)	knoweþ (6)	lauhwe (1)
itaken (1)	iwiteþ (1)	knowyng (1)	lauhwhinde (1)
itau3t (6)	iwonnen (2)	knowynge (3)	laurence (1)
itauht (1)	iwont (4)	knyf (2)	lawe (5)
itaylet (1)	iwordet (4)	knyues (1)	lay (3)
itempted (2)	iworschipet (1)	kuiþen (1)	leche (5)
itemptet (13)	iworþen (12)	kun (4)	lechecraft (1)
iti3ed (1)	iwoundet (3)	kunne (2)	lechen (1)
itilet (1)	iwraþþed (1)	kuynde (20)	lecherie (14)
itimbret (1)	iwriten (16)	kuyndeliche (2)	lecheries (2)
itiþet (1)	iwrou3t (1)	kynedam (1)	lecherye (2)
itold (7)	iwrou3te (2)	kyng (13)	lechour (2)
itornd (4)	iwry3en (1)	kynges (4)	lechours (2)
itorned (2)	iwust (2)	laccheþ (1)	led (1)
itornet (1)	iwyued (1)	ladde (6)	lede (5)
itorpeld (1)	iympet (1)	laddre (4)	leden (6)
itowe (1)	kakelynde (1)	ladel (1)	ledeþ (3)
itrusset (1)	kangch (1)	ladi (32)	leef (1)
itunt (1)	kangh (1)	ladies (1)	leenden (1)
itwynnet (1)	kayser (1)	ladiloker (1)	lees (5)
itycet (1)	kelche (1)	ladischupe (2)	leesen (1)
ity3ed (3)	kempe (1)	lady (1)	leest (2)
iþestret (1)	kempene (2)	ladys (1)	leeste (1)
iþonked (2)	kene (9)	lage (1)	leete (1)
iþonket (2)	kepe (2)	lagore (1)	leetes (3)
iþou3t (1)	kepen (4)	la3are (2)	leeue (6)
iþouht (1)	kepeþ (3)	la3ere (1)	leeued (1)

leeuede (2)
leeueþ (8)
leeuynge (1)
lef (4)
leg (1)
legge (1)
leggen (3)
leid (1)
lei3e (1)
leih (1)
leith (2)
leiþ (2)
lemmon (15)
lemmones (1)
lene (4)
lengest (1)
lengor (1)
lengore (6)
lengur (1)
lenten (1)
lentun (1)
leof (5)
leom (1)
leome (2)
leone (1)
leop (3)
leope (1)
leor (4)
leore (1)
leoren (1)
leorn (1)
leornde (1)
leorne (1)
leorneþ (3)
leornynge (1)
leosen (8)
leoseþ (5)
leoue (68)
leouest (4)
leoueste (1)
lepe (1)
lepen (5)
lepeþ (4)
leprous (1)
lered (2)
leren (5)
lereþ (6)
lernde (1)
lerne (1)
lerneþ (1)
les (2)

lesse (3)
lesson (1)
lessones (1)
lessons (3)
lessun (1)
lest (5)
leste (27)
lesue (1)
lesuwe (1)
lesynge (3)
lesynges (1)
lesyngus (1)
let (29)
letanie (1)
lete (4)
leten (12)
letes (2)
leteþ (4)
lette (1)
lettede (1)
letten (2)
letteþ (2)
lettre (1)
lettres (1)
letuaries (1)
leþer (2)
leue (36)
leuede (3)
leueden (2)
leuedest (1)
leuen (10)
leuere (10)
leues (5)
leuest (3)
leuet (1)
leueþ (10)
ley (1)
leyde (1)
leyden (1)
leytinde (2)
libben (5)
libbeþ (1)
licour (1)
licur (1)
lideþ (1)
ligge (3)
liggen (3)
ligginge (1)
li3t (1)
liht (11)
lihte (19)

lihten (2)
lihteþ (4)
lihtlice (1)
lihtliche (11)
lihtore (2)
lihþ (4)
likeþ (2)
likkore (1)
liknesse (1)
likynge (10)
lime (5)
limen (4)
limes (4)
lippen (3)
lith (3)
liþ (3)
liþere (1)
liþes (1)
liue (2)
liueþ (7)
liuinde (1)
lo (38)
loddurre (1)
lode (1)
lodelokeste (1)
lodlich (1)
lodliche (2)
lodlyche (1)
lof (1)
lofsome (1)
lofsomere (1)
loftsong (1)
logged (1)
logget (1)
loggeþ (1)
lok (1)
loke (21)
loked (1)
lokede (4)
loken (8)
lokes (1)
lokest (2)
lokeþ (15)
lokinges (1)
lokyers (1)
lokynge (3)
lokynges (1)
lomb (2)
lombes (1)
lond (12)
lone (2)

long (7)
longe (31)
longinge (1)
longynge (1)
loome (1)
lord (144)
lordes (7)
lore (10)
lose (1)
lot (2)
loþ (2)
loþe (1)
loþest (6)
loþeþ (1)
loþles (1)
loþore (1)
loud (1)
loude (6)
loue (71)
louede (5)
louefol (1)
loueful (1)
louefule (1)
louelich (2)
loueliche (9)
louen (13)
louerd (4)
louest (2)
louesum (2)
loueþ (18)
loueworþe (1)
louge (1)
lou3 (2)
louh (6)
louhnesse (1)
louhschupe (1)
louie (1)
louseþ (1)
louteþ (1)
lowe (9)
lowedest (1)
lowore (5)
lucifer (2)
luddore (1)
luft (3)
lufte (1)
luite (6)
luitel (4)
lupe (1)
lure (6)
lust (19)

luste (6)
lusten (1)
lustenynge (1)
lustes (16)
lustnede (1)
lute (1)
lutle (1)
lutles (1)
luttele (3)
luþer (5)
luþere (2)
luþerliche (2)
luþur (4)
luþure (1)
luþurliche (1)
luyte (16)
luytel (29)
luytele (1)
ly (1)
lych (1)
lyf (58)
lyfholy (1)
lyflode (5)
ly3e (6)
ly3en (4)
ly3est (1)
ly3eþ (3)
lyhþ (1)
lyk (1)
lyke (1)
lyken (3)
lykeþ (1)
lykinge (2)
lykynge (9)
lym (2)
lyme (1)
lymen (1)
lyn (1)
lynen (1)
lyon (12)
lyones (2)
lyste (2)
lyþ (1)
lyue (2)
lyues (3)
maade (1)
macarie (1)
machaben (1)
mad (2)
maddest (1)
made (12)

maden (1)
madest (1)
madliche (1)
madloker (1)
madschupe (3)
mai (11)
maiden (1)
maidenes (1)
maidenlure (1)
maidens (1)
mai3t (6)
maiht (1)
mak (3)
make (17)
makeden (1)
makedest (1)
maken (28)
makere (1)
makest (4)
makeþ (58)
makynges (1)
mameleþ (4)
mamelynde (1)
maner (18)
manere (7)
maneres (2)
maners (1)
mararihtes (1)
marchaunt (1)
mardoche (1)
mardocheus (2)
mare (1)
margrete (1)
marie (13)
maries (4)
marke (4)
martha (1)
martir (2)
martirdom (2)
martires (2)
masse (7)
masseþ (1)
mateere (1)
maten (1)
mathei (1)
matins (2)
matten (1)
matyns (7)
maunciple (1)
may (131)
mayden (11)

maydenes (4)
maydenhod (6)
maydenhodes (1)
maydenlure (1)
maydens (6)
may3 (1)
may3t (2)
mayht (1)
mayster (9)
maystren (1)
maystres (1)
maystrie (4)
me (301)
mede (10)
medecyn (1)
medicyne (2)
meditacions (4)
medleþ (1)
meede (10)
meeden (1)
meel (2)
meke (6)
mekeliche (5)
mekelyche (1)
mekenes (2)
mekenesse (14)
mekeþ (1)
melteþ (2)
men (64)
mene (1)
menede (8)
menen (2)
meneþ (5)
menne (1)
mennes (3)
menske (13)
menskeful (1)
menskeliche (1)
mensken (1)
meoke (2)
meokeful (2)
meokenesse (2)
merariht (2)
mercer (2)
merci (19)
merciable (1)
merite (1)
merueyle (1)
meseise (2)
meseyse (6)
meseyses (1)

messager (4)
mest (10)
meste (4)
mester (10)
mesters (2)
mesure (3)
metal (2)
mete (23)
metes (1)
meteþ (1)
methles (1)
methlese (1)
mette (1)
meþles (1)
meþlese (1)
mi (8)
michee (2)
mid (71)
midday (1)
middel (2)
mide (1)
midmorwen (1)
midniht (1)
mi3te (1)
mi3tes (1)
mi3test (1)
mi3ti (1)
miht (6)
mihte (23)
mihten (2)
mihtes (1)
mihti (3)
mihtiliche (1)
milce (1)
milde (1)
milk (2)
milsfole (1)
min (1)
mine (4)
miracle (3)
miracles (1)
mis (4)
misdedes (1)
misdeeþ (2)
misdo (1)
misdoþ (4)
misdude (1)
misdust (1)
misese (1)
mishapnynge (1)
misherest (1)

Alphabetical Listing of Vernacular Forms: VERNON 315

misliche (9)
mislikynge (4)
mislyken (1)
misnomene (1)
misnoteþ (1)
misnotynge (1)
misnyme (1)
misnymeþ (1)
misouurtrouwynge (1)
mispaye (1)
mispayed (1)
misseide (2)
misseiþ (9)
missigge (2)
missiggeþ (2)
missiggynges (1)
mistrouwed (1)
misþenke (1)
miswiten (1)
misword (1)
miswordes (1)
mixene (1)
mo (12)
moder (11)
moders (1)
modersunnen (1)
molden (1)
mon (165)
mone (8)
monek (1)
mongleþ (1)
monglinge (1)
monglynge (1)
monhede (1)
moni (9)
monie (6)
moniwhat (1)
monk (1)
monkunne (3)
monkuynde (1)
monlich (2)
monliche (1)
monne (1)
monnes (30)
monnus (1)
monslau3t (1)
monslauht (2)
mony (42)
monye (24)
monyfold (1)
monyfolde (1)

moode (1)
mooder (5)
moon (1)
moone (1)
moost (1)
more (94)
morewen (1)
morþerdest (1)
morþere (4)
morþured (1)
morwe3iue (1)
morwe3iuen (2)
morwen (4)
most (13)
moste (4)
mot (19)
mote (9)
moten (11)
mou3te (20)
mou3ten (2)
mouht (1)
mouhte (8)
mouhten (2)
mouhtest (1)
moulen (1)
moulynde (1)
mount (2)
mournen (1)
mournynge (1)
mouþ (42)
mouþe (3)
mouþene (1)
mouþes (7)
mouwe (4)
mouwen (9)
mowe (30)
mowen (25)
moysen (1)
moyses (1)
muche (120)
muchel (36)
muchele (40)
mucheles (1)
mucheleþ (2)
muchers (1)
mulne (3)
muneginge (1)
mung (1)
mungen (1)
mungeþ (2)
munginge (3)

mungynge (3)
munstrals (1)
murie (2)
murþe (6)
murþen (1)
my (55)
myd (4)
myde (1)
mylde (7)
myldehertnesse (1)
myldeliche (4)
mylk (1)
myn (16)
myne (47)
myseluen (3)
mysese (1)
myslykynge (1)
mysnymynge (1)
nabbe (8)
nabben (1)
nabbeþ (3)
nai (4)
naked (2)
naket (7)
naketliche (1)
nal (1)
nam (1)
nap (1)
narewest (1)
nart (1)
nartou (2)
narwe (5)
narwh (2)
nas (12)
nast (1)
naþ (12)
naueþ (3)
naum (1)
nay (5)
nayles (4)
nayteþ (1)
ne (455)
neb (14)
nebbes (2)
nece (1)
ned (1)
nedde (8)
nedder (2)
neddre (17)
neddren (2)
nede (5)

nedeliche (1)
nedeþ (1)
nedfoloker (1)
neede (2)
needeþ (1)
neelde (1)
nei3 (5)
nei3en (1)
nei3eþ (1)
nei3he (1)
nei3heþ (1)
nei3hynge (1)
neih (10)
neih3ede (1)
neih3eþ (2)
neiþer (1)
nekke (1)
nelde (3)
nelden (1)
nempne (6)
nempnede (2)
nempnen (5)
nempneþ (3)
nempnynge (1)
neoces (1)
neod (19)
neode (10)
neodes (1)
neodeþ (8)
neodfole (1)
neodful (2)
neodiliche (1)
neore (8)
neoren (3)
neose (10)
neoses (1)
neoþure (1)
neowe (3)
nere (1)
nesche (4)
nessche (2)
nest (16)
nestes (3)
netes (1)
nettes (1)
neuer (46)
neuere (29)
neuerþelatere (1)
neuur (3)
newe (6)
neweliche (1)

next (1)	nou (62)	often (1)	openlokest (1)
ney33ede (1)	nou3t (90)	oftest (1)	openynge (1)
ni3ene (2)	nou3wher (3)	oftoken (1)	openynges (1)
ni3t (1)	nouht (6)	ofþenken (1)	oppon (1)
niht (23)	nouhwher (1)	ofþinkynge (1)	or (52)
nihte (6)	nouhwhere (1)	ofþunch (1)	ordre (14)
nihtes (2)	noumbre (2)	ofþunchinge (1)	ordrere (1)
nihtfoul (5)	nout (17)	ofþurst (2)	ordres (1)
nil (1)	nouþer (10)	oker (2)	ore (4)
nim (2)	nouþur (8)	okereþ (1)	origenes (1)
nime (2)	now (56)	old (4)	orison (2)
nimeþ (10)	nowiht (1)	olde (15)	orisones (2)
nimynge (1)	noyse (2)	olnen (1)	orisons (5)
nis (137)	nul (17)	olnynge (1)	orne (1)
niþe (3)	nule (6)	olnynges (2)	ornen (2)
no (92)	nulle (1)	oloferne (8)	osee (2)
noble (3)	nulleþ (2)	on (370)	oten (1)
noblesse (1)	nult (4)	oncrefulle (1)	otewiþ (12)
nocturne (1)	nunne (1)	onde (5)	otturliche (1)
noes (1)	nuste (2)	ondefole (1)	oþer (152)
nolde (18)	nute (4)	ondfole (4)	oþere (18)
nolden (1)	nuteþ (1)	ondful (1)	oþeres (2)
noldest (1)	nuy (1)	ondfule (1)	oþerweis (1)
nom (2)	ny3ene (1)	one (106)	oþerweys (1)
nome (22)	nym (6)	ones (3)	oþerwhat (2)
nomecouþe (1)	nyme (2)	oneward (1)	oþerwhile (7)
nomeliche (24)	nymen (6)	onlich (4)	oþerwhiles (7)
nomelyche (1)	nymest (1)	onliche (21)	oþerwhyle (1)
nomen (3)	nymeþ (18)	onlokest (1)	oþes (1)
non (43)	nyn (1)	only (4)	oþur (268)
none (8)	nyne (4)	onlyche (1)	oþure (65)
nones (1)	nyþe (1)	onne (2)	oþures (14)
nonesweis (1)	nyuelen (2)	onnesse (6)	oþurweys (1)
nonesweys (2)	o (63)	onred (1)	oþurwhat (6)
nonusweys (1)	obedience (3)	onrednesse (2)	oþurwhile (10)
noon (1)	of (1213)	onswerde (4)	oþurwhiles (9)
norice (1)	ofdraweþ (1)	onswere (4)	ou (47)
norische (1)	ofdred (1)	onsweren (2)	ouemast (1)
norischeþ (2)	ofernede (1)	onsweres (1)	ouer (45)
norisscheþ (1)	oferneþ (2)	onswereþ (9)	oueral (3)
nost (2)	off (2)	onteende (1)	ouercasten (3)
not (218)	offe (1)	onwhile (1)	ouercom (1)
note (1)	offre (1)	onwille (1)	ouercome (1)
noten (1)	offren (1)	oornen (1)	ouercomen (10)
noteþ (3)	offreþ (2)	open (6)	ouercomest (1)
notyen (1)	ofserueden (1)	opene (6)	ouerdon (1)
noþelater (1)	ofseruet (3)	openen (1)	ouere (2)
noþelatere (3)	ofserueþ (1)	openest (1)	ouerforþ (2)
noþeles (2)	ofsprunch (1)	openeþ (6)	ouerfulle (1)
noþing (19)	ofspryng (1)	openlich (5)	ouergart (1)
noþur (1)	ofte (92)	openliche (5)	ouergon (1)

Alphabetical Listing of Vernacular Forms: VERNON 317

ouerguyldeþ (1)
ouerhei3e (1)
ouerherynge (1)
ouerhowe (1)
ouermuchel (1)
ouerspredeþ (1)
ouerstrong (1)
ouerstured (1)
ouerswiþe (1)
ouertornynde (1)
ouertrust (3)
ouertrusten (1)
ouerwaden (1)
ou3t (4)
ou3te (26)
ou3ten (6)
ou3test (1)
ou3tsong (1)
ou3wher (1)
ouht (1)
ouhte (8)
ouhten (3)
oune (33)
oure (72)
ouren (3)
oures (2)
ournemens (1)
ouself (2)
ouseluen (4)
out (110)
outcome (1)
oute (4)
outerliche (1)
outewiþ (3)
outlawen (1)
outnomemene (1)
outward (10)
outwardes (1)
ouþer (3)
ouþur (1)
ouur (11)
ouural (1)
ouurcom (1)
ouurcome (1)
ouurcomen (1)
ouurgeþ (1)
ouurgon (1)
ouurhowe (2)
ouurmuche (1)
ouurtrust (2)
ouurtrusti (1)

ouurturneþ (1)
ow (97)
owe (1)
owen (4)
owest (2)
owne (23)
owself (3)
owseluen (2)
oxe (2)
oyle (1)
pacience (2)
pagne (1)
pakkes (2)
palmesoneday (1)
paradys (5)
parischen (1)
parlor (1)
parlores (2)
parlors (1)
parte (1)
parteþ (1)
parties (2)
passen (1)
passion (6)
passions (2)
paternosters (3)
paternostres (8)
paternostrus (1)
patriarche (1)
patriarkes (1)
paye (3)
payede (1)
payen (3)
payet (1)
payeþ (2)
pece (1)
peckeþ (1)
pedelere (2)
peecen (3)
peeces (1)
pees (8)
pekken (1)
pellican (11)
penaunce (15)
penaunces (1)
penitence (2)
peple (2)
perfeccion (1)
peril (1)
persone (5)
pes (2)

peses (1)
peter (8)
petrus (1)
peyne (2)
peynture (2)
pharaon (1)
pharaones (1)
phares (1)
phariseis (1)
philistiens (2)
pilche (1)
pilen (1)
piler (1)
pilgrim (4)
pilgrimes (2)
pilgrimus (7)
pilynge (1)
pinchinge (1)
pinen (1)
pistel (1)
pitaunce (5)
piþeriþ (1)
place (4)
plawe (1)
pleiede (1)
pley (1)
pleye (1)
pleyede (1)
pleyen (2)
pleyeþ (2)
pleynte (1)
plocken (1)
pof (1)
poffen (1)
pons (1)
pope (1)
pore (15)
pot (1)
pouert (3)
pouerte (3)
poul (16)
poules (1)
pouwer (2)
power (1)
poynt (7)
preche (1)
prechen (1)
prechor (1)
prechours (1)
preest (1)
preise (1)

preiseþ (1)
preisinge (1)
preisynge (3)
prela3 (1)
prelat (1)
preminences (1)
preon (1)
preost (4)
preoste (1)
preostes (2)
preoue (2)
preoueþ (1)
pres (2)
prese (1)
present (2)
prest (11)
prestes (4)
preue (2)
preuen (1)
preueþ (2)
preuynge (1)
preyen (1)
preyere (2)
preyeres (2)
preyers (5)
preysede (1)
preysen (2)
preyseþ (1)
preysinge (2)
pride (1)
prike (1)
prikeþ (1)
prikke (1)
prikkynde (2)
prikkynge (1)
prikkynges (1)
prikynge (1)
prime (2)
prince (1)
princes (1)
prinueschupe (1)
pris (2)
prison (5)
prisons (1)
prisun (3)
priue (5)
priueliche (2)
priuete (2)
priuetes (1)
priuilege (1)
priuite (2)

procurynge (1)	quaken (1)	recchinge (1)	reueþ (8)
profession (1)	qualmhous (1)	receyuen (1)	reutfol (1)
profyt (2)	qualmstude (1)	reche (1)	reuþe (5)
prokynges (1)	quareles (3)	recheleslich (1)	reuþfole (1)
properliche (2)	quaþ (12)	rechelesliche (1)	reuþful (2)
prophecye (1)	quede (1)	rechelesschupe (2)	reuþhe (1)
prophete (13)	quedschupe (2)	recheþ (2)	rewe (6)
prophetes (1)	quedschupus (1)	recluse (2)	reyn (2)
prophte (1)	queen (2)	reclusus (1)	riche (9)
propurliche (1)	queme (2)	recorden (1)	richesse (2)
prosperite (2)	quemen (1)	recuilen (1)	richesses (1)
proude (8)	quemeþ (1)	red (13)	riden (2)
prouden (2)	quen (2)	rede (6)	ridle (1)
proudest (1)	quench (1)	reden (4)	ridynge (1)
proudeþ (1)	quenchen (1)	redesmon (1)	riȝt (5)
proue (1)	queþ (1)	redet (1)	riȝtwyse (1)
prude (2)	queynte (3)	redeþ (8)	riht (40)
pruide (14)	queyse (1)	rediliche (1)	rihte (13)
pruyde (16)	quich (1)	redles (1)	rihten (1)
pryme (1)	quik (10)	redyng (1)	rihteþ (2)
prys (1)	quike (5)	redynge (7)	rihtfol (1)
psalm (15)	quiken (1)	reimen (1)	rihtwys (2)
psalme (1)	quikes (1)	relef (3)	rihtwyse (1)
psalmes (2)	quikeþ (1)	religion (11)	rihtwysnesse (6)
psalmus (9)	quikkore (1)	religious (3)	rihwysnesse (1)
psalmworþe (3)	quikliche (2)	religiouse (8)	rikenen (3)
psauter (7)	quikloker (1)	religiun (2)	rikeners (1)
puf (6)	quiknesse (2)	religius (1)	ring (1)
puffe (1)	quit (3)	religyon (1)	rippynge (1)
puffes (2)	quitaunse (1)	relykes (1)	risen (2)
puite (1)	quite (2)	remedie (2)	riseþ (2)
puiten (2)	quiten (1)	remedies (1)	rixeleþ (1)
pullen (1)	quiuere (1)	remission (1)	rixled (1)
punt (2)	quod (1)	remon (1)	rixleþ (1)
puplicanes (1)	quynte (1)	renneþ (1)	rixlynge (1)
puplius (1)	quyte (1)	rentes (1)	robbers (1)
purgatorie (4)	qwayer (1)	reouþe (1)	robbeþ (3)
purs (1)	qwayȝer (1)	rerede (2)	rochet (1)
purse (1)	qween (1)	reson (6)	rod (1)
pursus (1)	qweene (2)	resons (5)	rode (16)
purte (1)	qwene (3)	resoun (1)	rodestaf (1)
put (20)	raddore (1)	resouns (1)	rodetoken (1)
puttes (1)	rat (1)	rest (1)	rodetokene (1)
puyndeþ (1)	raþere (1)	reste (11)	rodi (1)
puyteþ (2)	raþure (1)	resten (1)	rof (1)
pyne (47)	raunsum (3)	resteþ (4)	roffyn (1)
pyneful (1)	rebecca (1)	restif (1)	rokeleþ (1)
pynem (1)	reboundeþ (1)	resun (12)	roken (1)
pynen (15)	recabus (2)	reuen (2)	rokkeþ (1)
pyneþ (1)	recchen (1)	reuenes (1)	rolle (1)
qd (9)	reccheþ (2)	reuers (1)	romynde (1)

Alphabetical Listing of Vernacular Forms: VERNON 319

ron (2)
roode (33)
roodescheld (1)
roodestaf (3)
roodetoken (1)
roof (1)
roote (1)
rooteþ (1)
rootus (1)
ros (1)
rose (1)
rote (3)
roted (2)
rotede (2)
roten (1)
roteþ (1)
rotien (1)
rouȝte (1)
rouken (1)
rouþe (3)
rouwe (2)
rouwen (1)
rouwore (1)
ruben (1)
rug (3)
rule (25)
rulen (3)
ruleþ (4)
rulynge (1)
rune (1)
runes (1)
runnen (1)
rust (2)
ruste (1)
rusten (1)
rusteþ (1)
ryden (1)
rynde (7)
ryndes (3)
ryote (1)
rys (2)
rysen (1)
saare (1)
sacrament (1)
sacremens (1)
sacrement (7)
sacreþ (1)
sacrifices (1)
sacrifise (2)
sake (1)
salamon (19)

salamons (1)
salm (1)
salomon (5)
salomones (1)
salt (5)
salue (12)
saluen (4)
salueþ (1)
sampsomus (1)
sampsumes (1)
sannore (4)
sare (3)
sarmon (1)
sarre (4)
sat (2)
satan (1)
sauacion (1)
saued (2)
sauede (1)
sauen (3)
saueour (1)
saueþ (1)
sauȝtnesse (1)
sauh (4)
sauhte (1)
sauhten (1)
sauhtnesse (2)
saul (9)
sauor (1)
sauour (2)
sauourles (1)
sauours (1)
sauter (1)
sawe (6)
sayȝ (1)
sayleþ (2)
scaldinde (2)
scaldynde (1)
scarsliche (1)
schac (1)
schadewe (13)
schak (1)
schaken (2)
schakeþ (3)
schakynde (1)
schal (109)
schalt (14)
schaltou (4)
schapet (1)
scharp (1)
scharpe (4)

schedde (2)
scheden (1)
schedeþ (1)
scheding (1)
schedyng (1)
schedynge (1)
scheed (2)
scheld (7)
schende (2)
schenden (1)
schendfole (1)
schendful (2)
schendfule (2)
schendfullek (1)
schendfulliche (1)
schendlac (3)
schendlak (1)
schendschupes (1)
schennesse (1)
schent (1)
schentfole (1)
schentful (1)
scheot (1)
scheoting (1)
schep (1)
schere (2)
schet (4)
scheteþ (1)
scheuȝ (4)
scheuh (1)
schew (1)
schewe (4)
schewed (1)
schewede (11)
schewen (18)
schewere (3)
scheweþ (17)
schewh (1)
schewyng (1)
schewynge (1)
schewynges (1)
schilde (2)
schininde (1)
schip (1)
schir (3)
schire (2)
scho (1)
schoinde (1)
scholde (17)
scholden (3)
scholdest (2)

scholdre (1)
schome (47)
schomeful (4)
schomel (1)
schomeles (1)
schomelese (3)
schomelich (2)
schomeliche (3)
schomen (1)
schomeþ (1)
schonien (1)
schonken (1)
schort (3)
schorte (1)
schortliche (6)
schouuen (2)
schouueþ (2)
schrapen (2)
schrapeþ (2)
schrewede (2)
schrewedschupe (1)
schrif (2)
schrift (82)
schriftc (5)
schriftes (1)
schriftfader (3)
schriue (3)
schriuen (4)
schriuest (1)
schriueþ (2)
schrof (1)
schrokken (1)
schrud (1)
schrudde (1)
schruyden (1)
schukke (1)
schul (20)
schulde (31)
schulden (2)
schuldest (2)
schule (6)
schulen (21)
schulle (20)
schullen (32)
schuncheþ (1)
schuneden (1)
schup (2)
schuppere (2)
schuppes (1)
schute (2)
schutteþ (2)

schynen (1)
schyneþ (2)
sclaterynge (1)
sclaundere (1)
sclaundre (2)
scorn (5)
scorneþ (2)
scornynge (2)
scorpion (5)
scorpions (1)
scoten (1)
scotten (1)
scotteþ (1)
scourgen (1)
scrouwe (2)
sculle (1)
scureþ (1)
scuwes (1)
se (3)
sech (4)
seche (3)
sechen (6)
secheþ (12)
sechinde (1)
sechynge (1)
secounde (2)
secunde (1)
see (5)
seecheþ (1)
seed (1)
seedes (1)
seek (1)
seeke (1)
seeknesse (11)
seend (1)
seendeþ (1)
seet (1)
seete (3)
sege (1)
seȝe (6)
seȝen (1)
sei (10)
seið (1)
seid (1)
seide (70)
seiden (1)
seidest (1)
seiȝ (5)
seiȝe (2)
seih (3)
seint (89)

seinte (8)
seist (3)
seiþ (267)
sek (5)
seke (5)
sekkere (1)
seknesse (9)
seldene (6)
self (19)
seli (4)
seliliche (2)
selue (3)
seluen (1)
seluer (5)
sely (7)
semblant (1)
semblaunt (11)
semede (1)
semei (6)
semelich (1)
semeþ (1)
semynge (1)
sen (4)
send (1)
sende (3)
sendeþ (1)
seneca (1)
seneka (1)
sent (7)
sentence (1)
seo (7)
seoinge (1)
seon (9)
seone (1)
seost (1)
seostou (1)
seoþ (12)
sepulcre (1)
sereweful (1)
serewful (3)
seruauns (1)
serue (1)
seruen (6)
serueþ (6)
seruice (1)
seruise (6)
seruyces (1)
seruyse (4)
serwe (23)
serweful (1)
serwen (3)

serwfullore (1)
serwhfole (2)
set (2)
seten (1)
sette (5)
setten (2)
setteþ (2)
seþ (1)
seþþe (1)
seþþen (5)
seue (7)
seuefold (1)
seuen (16)
seuene (4)
seueniht (2)
seuenniht (1)
seuenti (1)
seuenþe (5)
seueþe (4)
seyd (1)
seyde (20)
seyden (2)
seynt (26)
seynte (6)
seyntes (1)
sholdest (1)
sibbe (1)
sigaldrien (1)
sigeþ (1)
sigge (49)
siggen (57)
siggeþ (37)
signes (3)
siȝt (2)
siȝþ (1)
siht (28)
sihte (10)
sihtes (1)
sihtþ (1)
sihþ (5)
siker (12)
sikere (2)
sikerliche (15)
sikernesse (3)
sikeþ (1)
silence (19)
simei (2)
sincletise (1)
sincletyse (1)
sinful (1)
sinfule (1)

singen (1)
singeþ (4)
singinde (1)
singynde (1)
sinkeþ (1)
sinne (5)
sinnes (1)
sire (21)
sirquidrie (1)
sit (8)
sitte (6)
sitten (7)
sitteþ (4)
sittinge (1)
sittynge (3)
siþe (1)
siþen (9)
siþes (1)
six (1)
sixe (8)
sixte (12)
sixtene (5)
skeren (1)
skerre (1)
skile (8)
skiles (2)
skilles (1)
skirmen (1)
skirmeþ (3)
skorn (1)
slaken (1)
slayen (1)
sle (1)
sleep (4)
sleepen (1)
sleepeþ (2)
sleeþ (1)
sleihþe (1)
slen (4)
slep (4)
slepe (5)
slepen (10)
slepers (1)
slepeþ (2)
slepte (3)
sleptest (1)
slepynde (1)
slepynge (1)
sleþ (8)
sleue (1)
sleuþe (3)

slibri (3)
sliderynge (1)
slihtynge (1)
slit (3)
slou3 (4)
slou3þe (4)
slouh (7)
slouþe (6)
slouþful (1)
slowe (3)
sluggi (1)
slumy (1)
slyden (1)
slym (1)
smacchinge (1)
smacchynge (1)
smach (3)
smachchinge (1)
smale (2)
smallore (1)
smart (1)
smartliche (1)
smau3te (3)
smel (6)
smellen (1)
smelles (3)
smellynge (1)
smeoþen (1)
smered (1)
smeres (1)
smereþ (1)
smerten (1)
smerteþ (1)
smertynge (1)
smeþe (3)
smeþen (1)
smeþeþ (2)
smihþ (1)
smit (8)
smiten (2)
smit3 (1)
smiþie (3)
smorþure (1)
smot (2)
smul (1)
smullinde (1)
smullinge (1)
smyt (2)
smyten (1)
smytere (1)
snacchen (1)

snakerynde (1)
snouh (1)
so (369)
socoures (1)
socours (7)
sodome (1)
sodomus (1)
soffrede (1)
soffren (2)
soffringe (1)
soffrynge (2)
softe (16)
softeliche (1)
softeþ (1)
softnesse (1)
soget (2)
soiet (1)
solace (1)
somer (3)
somme (1)
sonday (1)
sonde (5)
sondesmon (3)
sondusmon (1)
sone (65)
sones (4)
song (1)
sonne (15)
soone (10)
sope (3)
sopere (1)
sor (16)
sore (25)
sores (3)
sori (17)
soriliche (2)
soriore (1)
sorwe (1)
sory (1)
sot (1)
sotel (1)
soti (1)
sotil (1)
sotiliche (1)
soþ (20)
soþe (11)
soþfastliche (1)
soþliche (5)
soþlyche (1)
soþnesse (1)
sou3te (2)

sou3test (1)
souhte (1)
soule (76)
soulen (1)
soules (2)
soulus (1)
sour (4)
souror (1)
soutere (1)
souwe (3)
soweþ (2)
sowynge (1)
spac (2)
spak (1)
spareþ (1)
sparke (3)
sparwe (10)
speche (51)
spechen (3)
speek (7)
spek (6)
speke (11)
speken (29)
spekestou (1)
spekeþ (37)
spekkes (1)
spekynge (2)
spelen (1)
speleþ (6)
spence (1)
spere (2)
speren (1)
speres (3)
sperren (1)
sperreþ (1)
spetynge (1)
speweþ (2)
spice (2)
spicerie (1)
spilleþ (1)
spit (4)
spite (1)
spitel (3)
spoken (1)
sponge (1)
spornen (1)
sporneþ (1)
spot (1)
spotte (1)
spous (2)
spousbruche (2)

spouse (26)
spradde (1)
sprat (1)
spredeþ (1)
sprengeþ (1)
spreue (1)
springen (1)
springeþ (2)
spritlen (1)
sput (1)
stalen (4)
stalworþe (1)
stalworþeliche (1)
stalworþliche (2)
staren (1)
stareþ (1)
startnaked (2)
startnaket (1)
stat (2)
states (1)
stayere (4)
stayeren (1)
steel (2)
steeren (1)
stei3 (1)
stei3e (1)
stei3en (1)
steih (2)
steih3en (1)
steken (2)
stenede (1)
steorne (3)
sterne (1)
steruen (1)
sterueþ (1)
steuene (10)
steyh (1)
stiche (3)
stichen (1)
stif (1)
stih (1)
stih3en (1)
stike (1)
stikeþ (2)
stille (18)
stillenesse (1)
stilleschupe (1)
stilleþ (1)
stilþe (1)
stingen (1)
stingest (1)

stingeþ (4)
stink (1)
stinken (4)
stinkeþ (16)
stinkinde (4)
stinkynde (9)
stistinccion (1)
stod (3)
stode (1)
stodemare (1)
ston (13)
stonde (5)
stonden (12)
stondest (2)
stondeþ (3)
stondynde (2)
stondynge (5)
stones (3)
stong (1)
stonk (2)
stonken (1)
stont (10)
stood (2)
stoppeþ (3)
storbynge (1)
storken (1)
storkens (1)
storm (1)
stormes (1)
stounde (2)
strauhte (1)
stre (2)
streccheþ (1)
strem (3)
stremed (1)
stremes (2)
strengest (3)
strengþe (59)
strengþeden (1)
strengþen (1)
strengþes (1)
strengþeþ (2)
strete (1)
strif (2)
striueþ (1)
strong (21)
stronge (15)
strongliche (7)
stronglokest (1)
strykynges (1)
stude (43)

studefast (3)
studefastlich (1)
studefastliche (1)
studen (3)
studes (1)
studieþ (1)
stunch (4)
stunt (2)
stunten (2)
stunteþ (1)
sture (1)
sturen (3)
stureþ (8)
sturynde (1)
sturyng (1)
sturynges (1)
stynkeþ (1)
stynkynde (3)
such (71)
suche (37)
suffereþ (1)
suffragiis (1)
suffre (2)
suffrede (2)
suffren (4)
suffrest (2)
suffreþ (3)
suffringe (1)
suffringliche (1)
suffrynge (1)
suffryngnesse (1)
sul (1)
suleþ (1)
sullen (3)
sulleþ (1)
sum (58)
sumchere (1)
sumdel (7)
sume (1)
summe (27)
summes (3)
sumne (1)
sumþing (4)
sumweys (1)
sumwhat (4)
sumwhile (2)
sumwyse (1)
sunderlepes (2)
sunderliche (2)
sundri (2)
sunfol (1)

sunfole (2)
sunful (4)
sunge (3)
sungede (3)
sungen (4)
sungest (1)
sungeþ (1)
sungude (1)
sunne (91)
sunnen (37)
sunnes (6)
sunnus (1)
surderlepes (1)
suster (11)
sustren (67)
suwe (1)
suweþ (1)
svmme (1)
swalm (2)
sware (2)
swart (1)
swarte (1)
swartore (1)
swatte (2)
sweete (1)
sweeteþ (1)
swelle (1)
swelte (1)
sweng (1)
swenges (2)
swerd (7)
swerdes (4)
sweren (1)
swereþ (2)
swert (1)
swete (30)
sweteliche (6)
swetnes (1)
swetnesse (6)
swettest (3)
sweuene (1)
sweuenes (2)
swifte (3)
swiftliche (1)
swiftnesse (2)
swiftore (2)
swikele (1)
swikelore (1)
swink (1)
swire (2)
swiþe (59)

swiþere (1)
swiþerore (2)
swiþest (3)
swiþure (1)
swolewen (2)
swoleweþ (2)
swong (1)
swonk (3)
swopeþ (1)
swot (4)
swote (9)
swoti (1)
swoweninde (1)
swyn (5)
swynk (14)
swynken (1)
swynkes (1)
swynkeþ (2)
swynkful (2)
swynkfule (1)
swynkinde (1)
sychem (1)
syde (4)
syden (1)
syke (2)
syken (1)
sykerore (1)
sykes (1)
symonye (1)
symple (3)
synfole (2)
synful (3)
syng (1)
syngede (1)
syngen (3)
syngeþ (4)
synne (22)
synnen (2)
synnes (3)
syon (1)
syþen (2)
syþes (1)
tac (3)
tadden (1)
tak (1)
takeþ (5)
takynge (1)
tale (16)
talen (3)
tales (1)
tap (1)

Alphabetical Listing of Vernacular Forms: VERNON 323

tariende (1)
tauht (1)
tauhte (2)
tayl (9)
tayles (3)
team (1)
teche (1)
techen (5)
techeþ (8)
teemeþ (1)
teende (1)
teeres (1)
teeþ (1)
teke (2)
tel (1)
telle (5)
tellen (3)
tellere (1)
tellest (1)
telleþ (25)
tellynge (1)
teme (1)
temede (1)
temen (1)
temes (2)
temeþ (3)
temple (1)
temptacion (13)
temptacions (11)
temptacious (1)
tempte (2)
tempten (1)
temtacion (1)
ten (5)
tende (1)
tendre (3)
tene (2)
tenture (1)
tenþe (1)
teolynges (1)
teone (5)
teres (16)
terme (4)
testament (2)
tete (1)
teth (1)
teuþinge (1)
thamar (3)
ticchen (1)
ticchenes (3)
tice (1)

tichnes (1)
tidde (1)
tide (1)
tifle (1)
tiflinge (1)
til (15)
tileþ (1)
tilleþ (1)
tillynge (1)
tilynge (1)
timbringe (1)
time (1)
tit (1)
tittes (2)
tiþe (1)
tiþinge (1)
to (882)
tobie (1)
toblowen (1)
tobollen (1)
tobreke (1)
tobrekeþ (2)
tobroken (5)
tocheweþ (1)
today (2)
todele (1)
todelet (3)
todreue (1)
todreuet (1)
todreueþ (1)
todriueþ (2)
tofleoteþ (1)
tofore (1)
toforen (1)
tofret (1)
togedere (11)
togederen (1)
togederes (28)
togeres (1)
toggynge (1)
toȝeines (2)
toȝeyn (6)
toȝeynes (6)
tok (3)
token (1)
tokene (1)
tokne (1)
tolde (6)
toleuen (1)
tolimeþ (1)
tolleþ (1)

tollynde (2)
tollyng (1)
tollynge (1)
tomore (1)
tomorewen (2)
tomorwen (2)
ton (2)
tonge (24)
tongen (1)
torn (8)
tornde (1)
torne (2)
tornen (2)
tornes (1)
tornest (1)
torneþ (3)
torplen (1)
torpleþ (1)
toskes (1)
toten (2)
toteren (1)
totereþ (1)
toteþ (1)
totinde (1)
totorene (1)
totred (1)
totrede (2)
totreden (3)
totret (1)
totynde (2)
totynge (2)
toþ (1)
toþer (2)
toþur (3)
touche (1)
toucheþ (7)
tour (4)
toures (1)
touward (87)
touwardus (1)
toward (10)
towent (1)
traytur (3)
trede (1)
tredeþ (1)
tremblynde (1)
trendelynge (1)
treo (3)
treon (1)
treos (1)
treson (1)

tresor (1)
tresour (3)
tresun (1)
treuþeschupe (1)
trewe (27)
treweliche (4)
trewenesse (1)
trewlyche (1)
tricherie (2)
tricherye (1)
trinite (3)
troke (1)
trokede (1)
trone (2)
trosses (1)
troublen (1)
troupe (2)
troupen (1)
troylurs (1)
truandyse (1)
trufle (1)
trussen (3)
trust (7)
trusten (1)
trusteþ (1)
trusti (4)
truwes (2)
truyles (1)
tuinen (1)
tulleden (1)
tunne (1)
turnde (1)
turne (1)
turnede (1)
turnen (1)
turnes (1)
turneþ (4)
turnynde (1)
turpelnesse (1)
tutel (2)
tuteleþ (2)
tutelynde (1)
tuyn (1)
tuyne (1)
tuynen (2)
twelf (1)
twelfmoneþ (1)
twelue (3)
twenti (2)
twiȝen (1)
two (63)

twofold (8)
twyen (2)
twyȝe (1)
twyȝen (2)
twynne (1)
twynnen (2)
tyde (7)
tyden (7)
tyȝede (1)
tyȝeþ (1)
tymbre (1)
tymbren (1)
tyme (28)
tymes (1)
tymeþ (2)
tyndes (1)
tysinge (1)
tytliche (1)
typinge (1)
typinges (1)
þar (1)
þarf (2)
þas (2)
þat (2016)
þau (1)
þauȝ (83)
þauh (57)
þe (2203)
þeef (1)
þees (2)
þef (1)
þefþe (3)
þei (2)
þeiȝ (1)
þen (114)
þench (6)
þenche (1)
þenchen (3)
þenchest (1)
þencheþ (10)
þene (2)
þeneward (2)
þenk (19)
þenke (1)
þenken (14)
þenkeþ (8)
þenkynge (1)
þenne (98)
þenneforþ (1)
þeo (7)
þeode (1)

þeof (3)
þeos (112)
þeose (34)
þeostreþ (1)
þeoues (3)
þer (134)
þerabouten (4)
þerafter (22)
þeraftur (19)
þerafturward (2)
þerbi (2)
þerbiforen (2)
þere (12)
þerfore (5)
þerfromward (1)
þerin (31)
þerinne (4)
þerof (50)
þeron (9)
þeronouen (1)
þeroute (1)
þerteken (1)
þerto (16)
þertoeken (1)
þertoȝenes (1)
þertoȝeynes (6)
þertoȝeyns (1)
þerþorw (1)
þervnder (1)
þervppe (18)
þerwiþ (5)
þerwiþouten (1)
þes (3)
þester (1)
þesternesse (3)
þestri (1)
þewes (8)
þhouȝte (2)
þi (115)
þider (4)
þiderward (6)
þikkore (1)
þin (50)
þine (7)
þing (90)
þinge (1)
þinges (50)
þingus (1)
þinke (2)
þinken (1)
þinkeþ (7)

þis (327)
þiself (10)
þiseluen (8)
þisse (7)
þo (48)
þole (6)
þolede (12)
þoleden (1)
þolemod (1)
þolemodnesse (1)
þolemoodnesse (1)
þolen (16)
þolest (1)
þoleþ (10)
þolien (1)
þolmodnesse (1)
þolyen (3)
þolyeþ (1)
þonk (5)
þonke (3)
þonked (1)
þonkede (1)
þonken (1)
þonkeþ (1)
þoresday (1)
þorȝe (1)
þornene (2)
þornes (1)
þorny (1)
þorre (2)
þoruȝ (3)
þorw (145)
þorwȝ (4)
þorwh (10)
þorwhout (1)
þorwstikeþ (1)
þou (261)
þouȝt (27)
þouȝte (9)
þouȝten (2)
þouȝtes (13)
þouȝtest (1)
þouȝtus (2)
þouht (3)
þouhte (2)
þouhtes (5)
þoume (4)
þousend (2)
þousendfold (2)
þousent (2)
þousunt (2)

þow (9)
þral (1)
þraldam (1)
þralles (5)
þre (9)
þrefold (1)
þreo (42)
þreofold (4)
þressche (1)
þreten (1)
þretes (1)
þreteþ (4)
þrettene (2)
þretynge (3)
þreuȝ (1)
þridde (29)
þride (1)
þrien (2)
þritti (2)
þriueþ (1)
þroppe (1)
þrote (3)
þrungeþ (1)
þruppe (2)
þrusmen (1)
þrust (4)
þrusten (1)
þulke (84)
þunche (10)
þunchen (2)
þunches (1)
þuncheþ (15)
þunne (1)
þurl (4)
þurleden (2)
þurles (4)
þurleþ (3)
þurst (2)
þurste (2)
þus (102)
þwertouer (1)
þyn (2)
þyne (17)
þyng (2)
uche (1)
uchon (1)
uessel (1)
understondeþ (1)
unstudefast (1)
up (1)
ur (3)

Alphabetical Listing of Vernacular Forms: VERNON 325

ure (4)
us (31)
usseluen (4)
v (11)
vanyte (1)
vat (3)
vatteþ (1)
vbbreyd (3)
vbbreydeþ (1)
vch (8)
vche (95)
vches (1)
vchon (12)
vchone (5)
vchones (4)
veil (1)
vengeaunce (1)
venie (1)
venies (1)
venye (1)
vers (10)
verseilen (1)
verselinges (1)
versellynge (1)
verset (4)
vertu (2)
vertues (2)
vessel (7)
vi (1)
vieþ (1)
vizeþ (1)
vii (1)
viinge (1)
vilenye (1)
visage (1)
viteres (1)
vmbileeuet (1)
vnasket (2)
vnbileeuet (1)
vnbileue (1)
vnbiseoinde (1)
vnbroke (1)
vnburiet (1)
vnbuschput (1)
vnbyse3enesse (1)
vnceli (1)
vncely (3)
vncomelich (1)
vncomeliche (1)
vncouþ (2)
vncouþe (1)

vndedlich (1)
vnder (29)
vnderfeng (2)
vnderfon (1)
vnderfong (2)
vnderfongen (1)
vnder3eten (3)
vnder3etest (1)
vnderlyng (1)
vnderneoþen (1)
vndernome (1)
vndersette (1)
vnderstod (2)
vnderstond (6)
vnderstonde (5)
vnderstonden (17)
vnderstondeþ (9)
vnderstont (3)
vnderstood (1)
vnderuonge (1)
vnderuongen (1)
vnderuongeþ (2)
vnderuoþ (1)
vnderveng (2)
vndestondest (1)
vndorne (1)
vndoþ (1)
vnduden (1)
vndur (6)
vndurfonge (1)
vndurfongen (1)
vndurstipren (1)
vndurstond (1)
vndurstonden (2)
vndurstondeþ (1)
vndurstont (2)
vndurstoont (1)
vndurvonge (1)
vneuene (2)
vnfastnen (1)
vnfondet (1)
vngladliche (1)
vnhap (2)
vnhelet (1)
vnhende (2)
vnholde (1)
vnhole (1)
vnholere (1)
vnhope (3)
vnhuled (1)
vnhulet (1)

vnhuleþ (1)
vnicorn (1)
vnicorne (3)
vnilyche (1)
vnimete (4)
vnkede (1)
vnkeþ (1)
vnkeþe (1)
vnknowenesse (1)
vnkuþþe (1)
vnkuyndeliche (2)
vnloþnesse (1)
vnlust (2)
vnlydede (1)
vnlydeþ (2)
vnlymen (1)
vnlymeþ (1)
vnmesure (1)
vnned (1)
vnnen (2)
vnnest (1)
vnnet (2)
vnnete (1)
vnneþe (2)
vnnynge (1)
vnorne (1)
vnriht (1)
vnsaueri (1)
vnschriuen (3)
vnse3ene (1)
vnseli (3)
vnsely (4)
vnselyes (1)
vnsemelich (1)
vnsemeliche (1)
vnsibsumnes (1)
vnsouht (1)
vnsouwet (1)
vnspennede (1)
vnstable (1)
vnstablenesse (1)
vnstrengore (1)
vnstrengþe (7)
vnstrengþen (2)
vnstrengþeþ (1)
vnstrenþeth (1)
vnstreyngþe (1)
vnstrong (3)
vnsyker (1)
vntiflet (1)
vntoun (4)

vntoune (2)
vntreweliche (1)
vntrusset (1)
vntrust (5)
vntrusten (1)
vntyme (1)
vnþeuh (4)
vnþewede (1)
vnþewes (11)
vnþewh (1)
vnþewus (2)
vnþonk (1)
vnþonkes (4)
vnvolden (1)
vnwakere (1)
vnwarre (1)
vnwaschen (1)
vnwasschen (1)
vnwemmed (3)
vnwiht (1)
vnwihtes (2)
vnwine (1)
vnwisdam (1)
vnworþ (9)
vnworþeste (1)
vnworþi (1)
vnwrest (1)
vnwreste (5)
vnwri (1)
vnwried (1)
vnwrien (1)
vnwri3est (1)
vnwri3eþ (2)
vnwrye (1)
vnwryeþ (1)
vnwys (1)
vnwyse (2)
vnwysliche (1)
vnymete (4)
vois (1)
vox (1)
vp (52)
vpbreyd (1)
vpdrawynge (1)
vpon (5)
vppart (1)
vppe (5)
vppon (51)
vppynge (1)
vpriht (3)
vpto (1)

vpward (10)
vpwardes (1)
vr (123)
vre (62)
vres (3)
vrye (1)
vs (59)
vsself (2)
vsselue (1)
vsseluen (5)
vtewiþ (1)
vtter (2)
vttere (6)
vttre (18)
vttreliche (1)
vttur (1)
vtture (1)
vuel (30)
vuele (7)
vylte (1)
vynʒardes (1)
w (1)
wacche (1)
wach (1)
waden (1)
wadeþ (2)
waiten (1)
wake (2)
wakede (1)
wakemen (1)
waken (13)
wakene (1)
waker (5)
wakeþ (3)
wakynde (2)
wakyng (1)
wakynge (1)
wal (3)
walewynge (1)
walles (2)
walleþ (1)
wallynde (1)
war (7)
warde (12)
wardeþ (1)
wardeyn (2)
wardeyns (4)
wardynge (1)
ware (1)
wari (1)
warien (1)

wariinge (1)
wariinges (1)
waritre (2)
waritreo (3)
warliche (2)
warnde (1)
warne (5)
warneþ (1)
warre (1)
warschipe (1)
warschupe (1)
was (160)
wasschen (1)
wasschest (1)
wasscheþ (4)
wasschinge (2)
wasteþ (1)
wat (1)
water (10)
watres (3)
watur (13)
wawes (1)
waxe (2)
waxen (1)
waxet (2)
waxeþ (13)
wayteden (1)
wayteþ (3)
we (122)
web (1)
weddet (1)
weden (1)
wedlak (1)
wednesday (1)
weene (3)
weenen (1)
weeneþ (1)
weent (1)
weet (2)
weete (1)
wei (5)
weie (1)
weiferinde (1)
weilawe (1)
weilawei (2)
weilawey (3)
weis (3)
wel (159)
welde (1)
weldede (2)
welden (2)

wele (1)
welkene (1)
wellen (4)
wem (1)
wemot (1)
wemote (2)
wend (3)
wende (17)
wenden (5)
wendest (1)
wendeþ (8)
wene (11)
wenen (1)
wenes (1)
wenest (1)
wenestou (2)
weneþ (8)
went (9)
wente (3)
wentest (1)
weole (5)
weolen (1)
weop (6)
weopen (2)
weore (49)
weoren (30)
weorieþ (1)
weorrede (1)
weorþ (1)
weoryinge (1)
wep (1)
wepe (4)
wepen (2)
wepene (1)
wepenen (1)
wepeþ (1)
wepnen (2)
wepten (1)
wepyng (1)
wepynge (2)
were (16)
werede (1)
weren (9)
werest (1)
wereþ (3)
weri (1)
werk (10)
werkedai (1)
werkeday (2)
werkes (23)
werne (1)

wernen (1)
werre (2)
werreor (2)
werreour (1)
werreþ (7)
werynge (1)
west (3)
wete (3)
wetnesse (1)
weued (2)
weuede (4)
weuedes (2)
wey (14)
weye (3)
weyen (2)
weyes (1)
weyʒeþ (2)
weylawei (1)
weylawey (4)
weys (2)
wʒuch (3)
wʒuche (1)
wʒuchso (1)
what (79)
whatso (10)
whel (1)
wheles (1)
whelp (8)
whelpes (8)
whenne (1)
wheol (1)
wheoles (2)
wheolynde (1)
wher (8)
wheras (1)
where (3)
whereso (1)
wherfore (3)
wherof (4)
wherso (8)
wherþorw (3)
wherþorwʒ (1)
wherþorwh (1)
whete (7)
wheþer (5)
wheþeres (1)
wheþerso (2)
whi (25)
whil (8)
while (34)
whiles (2)

whingen (5)
whinrynge (1)
whit (10)
white (8)
whitel (1)
whiteþ (1)
whittore (1)
who (11)
whoder (2)
whoderward (1)
whom (9)
whomso (1)
whon (153)
whonne (6)
whonso (2)
whos (4)
whose (16)
whuch (22)
whuche (12)
wicchecraftes (2)
widewen (2)
widewene (1)
wigeleþ (1)
wiht (1)
wike (3)
wikked (1)
wikkede (4)
wikkednesse (1)
wil (22)
wilde (2)
wildernesse (12)
wiles (2)
wilfole (1)
wiliam (1)
wille (3)
willes (8)
williche (2)
wilne (2)
wilnede (1)
wilnen (4)
wilnest (1)
wilneþ (2)
wilnynge (2)
wimmen (5)
wimplen (1)
winewede (1)
winewen (1)
winne (3)
winter (4)
wis (1)
wisdam (12)

wisdom (2)
wise (4)
wissen (1)
wit (22)
wite (14)
witen (19)
witene (2)
witerliche (13)
witerloker (1)
witeþ (13)
witles (1)
witnesse (11)
witnesset (2)
witnesseþ (16)
witte (4)
witterliche (2)
wittes (23)
wiþ (436)
wiþbugge (1)
wiþbuggeþ (1)
wiþdrawe (1)
wiþdraweþ (2)
wiþdrouȝ (1)
wiþerwynes (1)
wiþhalt (1)
wiþholde (1)
wiþholden (2)
wiþholdeþ (1)
wiþi (1)
wiþinne (4)
wiþinnen (13)
wiþoute (2)
wiþouten (95)
wiþseide (2)
wiþsigge (1)
wiþsiggen (1)
wiþsiggeþ (1)
wiþsiggynge (1)
wiþstonden (5)
wiþstondest (1)
wiþstondeþ (1)
wiþstont (2)
wiþstoode (1)
wlache (1)
wlaten (1)
wlatinge (1)
wlech (1)
wlispen (1)
wo (53)
wod (2)
wode (6)

wodliche (1)
wodore (1)
wok (3)
woke (1)
wol (11)
wolde (45)
wolden (9)
woldes (2)
woldest (2)
wole (54)
wolen (1)
woleþ (1)
wolf (2)
wolleþ (16)
wolt (11)
woltou (6)
woluene (4)
wolues (2)
wombe (6)
wommon (44)
wommone (4)
wommonlich (1)
won (1)
wonder (25)
wonderfole (3)
wondre (1)
wondres (3)
wondreþ (1)
wondreþe (1)
wondur (2)
wone (7)
wonede (4)
woneden (1)
wonedest (1)
wonen (4)
wones (1)
wonest (1)
woneþ (6)
woniinge (3)
woninge (1)
wonne (1)
wonte (3)
wonten (1)
wonteþ (2)
wonynge (2)
wood (6)
woode (1)
wooden (2)
woodschupe (3)
worche (1)
worchen (5)

worchest (1)
worcheþ (7)
worchinge (1)
worchipe (1)
word (73)
worded (1)
wordes (48)
wordus (1)
world (72)
worlde (5)
worldes (20)
worldlich (8)
worldliche (25)
worldly (2)
worldus (4)
worm (2)
wormes (4)
worschipe (4)
worschupe (7)
worse (24)
worseþ (1)
worst (2)
worste (3)
worþ (15)
worþe (3)
worþen (4)
worþeþ (3)
worþful (1)
worþi (4)
worþifole (1)
worþiliche (2)
worþschupe (1)
wosch (2)
wost (1)
wostou (2)
wot (23)
wouȝ (2)
wouh (3)
wounde (8)
wounden (13)
woundes (2)
woundest (1)
woundeþ (1)
woundynde (1)
wouweleche (1)
wouwere (1)
wouwynge (2)
wowes (3)
wox (1)
wrak (1)
wrastele (1)

wrastelere (3)
wrasteleþ (1)
wrastelynge (1)
wrastlynge (1)
wraþþe (37)
wraþþen (1)
wraþþes (1)
wraþþeþ (2)
wraþþhe (2)
wraþþhen (1)
wrecche (5)
wrecchede (1)
wrecchednesse (5)
wrecchedschupe (1)
wrecches (3)
wreche (3)
wreek (2)
wreke (3)
wreken (2)
wrench (1)
wrenchen (5)
wrenches (2)
wrenchest (1)
wrencheþ (3)
wrenchfule (1)
wreoþe (1)
wreþeþ (1)

wrie (1)
wriede (1)
wrieful (1)
wrieles (1)
wrien (1)
wriest (1)
wriȝe (1)
wriȝeful (1)
wriȝeles (1)
wriȝeþ (4)
wriȝinge (1)
wriinge (1)
wriles (2)
wrinneþ (1)
writ (15)
write (5)
writen (7)
writynge (2)
wrong (3)
wronges (1)
wrongwent (1)
wrot (1)
wroþ (5)
wroþe (2)
wroþfole (1)
wroþful (1)
wroþfule (1)

wrouȝte (4)
wrye (1)
wryen (1)
wryeþ (1)
wryȝen (1)
wusscheþ (1)
wuste (6)
wuypeþ (1)
wyd (2)
wyde (9)
wydewe (2)
wyf (3)
wylde (7)
wyles (3)
wymmen (14)
wympel (2)
wyn (2)
wynberien (2)
wynd (1)
wynde (1)
wyndes (4)
wyndou (1)
wyne (1)
wynewynge (1)
wynken (2)
wynkeþ (1)
wynne (7)

wynnen (1)
wynneþ (1)
wynt (20)
wyntfalled (1)
wys (10)
wysdam (1)
wyse (49)
wysen (2)
wysliche (3)
wysloker (2)
wysore (2)
wyte (2)
wyten (2)
wytest (1)
wyuede (1)
wyues (1)
xii (1)
yliche (1)
ymage (1)
ymages (1)
ymaked (2)
ymne (1)
ympne (2)
ysaak (1)
ysaie (3)
ysaye (10)

Vernacular Forms Arranged in Descending Order

VERNON

þe (2203)
þat (2016)
and (1438)
of (1213)
is (1164)
to (882)
he (854)
& (806)
in (699)
as (635)
his (539)
hit (525)
heo (478)
ne (455)
hire (437)
wiþ (436)
him (393)
on (370)
so (369)
a (347)
þis (327)
al (325)
me (301)
ȝe (298)
ac (282)
beoþ (275)
for (274)
oþur (268)
seiþ (267)
þou (261)
ȝif (256)
ffor (239)
alle (219)
not (218)
ich (181)
i (180)
god (175)
hem (174)
ben (171)
mon (165)
was (160)
wel (159)
herte (158)
whon (153)

oþer (152)
þorw (145)
lord (144)
nis (137)
godes (134)
þer (134)
may (131)
vr (123)
we (122)
muche (120)
beo (119)
hou (118)
þi (115)
also (114)
þen (114)
þeos (112)
out (110)
schal (109)
heore (108)
heuene (108)
one (106)
ancre (105)
þus (102)
bi (99)
holy (99)
þenne (98)
good (97)
ow (97)
haþ (96)
bote (95)
vche (95)
wiþouten (95)
more (94)
no (92)
ofte (92)
doþ (91)
sunne (91)
nouȝt (90)
þing (90)
seint (89)
euer (88)
touward (87)
euere (85)
þulke (84)

þauȝ (83)
schrift (82)
after (81)
what (79)
euel (77)
helle (76)
soule (76)
forte (75)
word (73)
aȝeyn (72)
eny (72)
oure (72)
world (72)
er (71)
loue (71)
mid (71)
such (71)
seide (70)
into (69)
leoue (68)
dude (67)
habbeþ (67)
sustren (67)
flesch (65)
forþ (65)
oþure (65)
sone (65)
ȝit (64)
men (64)
o (63)
two (63)
nou (62)
vre (62)
be (60)
eorþe (60)
strengþe (59)
swiþe (59)
vs (59)
hose (58)
lyf (58)
makeþ (58)
sum (58)
at (57)
siggen (57)

þauh (57)
fforþi (56)
now (56)
aftur (55)
comeþ (55)
ilke (55)
my (55)
wole (54)
hedde (53)
wo (53)
deþ (52)
ful (52)
or (52)
vp (52)
boþe (51)
from (51)
speche (51)
vppon (51)
þerof (50)
þin (50)
þinges (50)
sigge (49)
weore (49)
wyse (49)
an (48)
falleþ (48)
þo (48)
wordes (48)
biforen (47)
myne (47)
ou (47)
pyne (47)
schome (47)
forþi (46)
neuer (46)
habbe (45)
ouer (45)
wolde (45)
deueles (44)
don (44)
her (44)
wommon (44)
fend (43)
non (43)

stude (43)	monnes (30)	monye (24)	wynt (20)
deeþ (42)	mowe (30)	nomeliche (24)	anonriht (19)
iesu (42)	swete (30)	tonge (24)	bonen (19)
mony (42)	vuel (30)	worse (24)	clene (19)
mouþ (42)	weoren (30)	blod (23)	faste (19)
þreo (42)	bileeue (29)	fulþe (23)	ffeorþe (19)
blisse (41)	crist (29)	hed (23)	folk (19)
eiȝen (41)	go (29)	mete (23)	foure (19)
goode (41)	let (29)	mihte (23)	heom (19)
muchele (40)	luytel (29)	niht (23)	holde (19)
riht (40)	neuere (29)	owne (23)	holdeþ (19)
beþ (38)	speken (29)	serwe (23)	lihte (19)
derworþe (38)	þridde (29)	werkes (23)	lust (19)
ende (38)	vnder (29)	wittes (23)	merci (19)
fyue (38)	anon (28)	wot (23)	mot (19)
inwiþ (38)	day (28)	art (22)	neod (19)
lo (38)	furst (28)	clepeþ (22)	noþing (19)
bodi (37)	heiȝ (28)	eren (22)	salamon (19)
siggeþ (37)	iseid (28)	foul (22)	self (19)
spekeþ (37)	maken (28)	fuir (22)	silence (19)
suche (37)	siht (28)	lasse (22)	þenk (19)
sunnen (37)	togederes (28)	nome (22)	þeraftur (19)
wraþþe (37)	tyme (28)	synne (22)	witen (19)
do (36)	fondynges (27)	þerafter (22)	ancren (18)
leue (36)	gode (27)	whuch (22)	bitter (18)
muchel (36)	haueþ (27)	wil (22)	breste (18)
deuel (35)	leste (27)	wit (22)	child (18)
eiȝe (35)	summe (27)	adoun (21)	derne (18)
habben (35)	trewe (27)	briddes (21)	help (18)
þeose (34)	þouȝt (27)	ȝeme (21)	idon (18)
while (34)	abouten (26)	hele (21)	iudith (18)
dede (33)	foule (26)	honden (21)	loueþ (18)
eft (33)	halt (26)	loke (21)	maner (18)
gostliche (33)	hond (26)	onliche (21)	nolde (18)
grace (33)	ouȝte (26)	schulen (21)	nymeþ (18)
heer (33)	seynt (26)	sire (21)	oþere (18)
oune (33)	spouse (26)	strong (21)	schewen (18)
roode (33)	attri (25)	cumfort (20)	stille (18)
bereþ (32)	com (25)	drede (20)	þervppe (18)
but (32)	hope (25)	gost (20)	vttre (18)
ladi (32)	mowen (25)	harde (20)	ancres (17)
schullen (32)	rule (25)	heiȝe (20)	betere (17)
am (31)	sore (25)	ichulle (20)	bifore (17)
dauid (31)	telleþ (25)	kuynde (20)	fallen (17)
half (31)	whi (25)	mouȝte (20)	feole (17)
himself (31)	wonder (25)	put (20)	flesches (17)
longe (31)	worldliche (25)	schul (20)	gon (17)
schulde (31)	deore (24)	schulle (20)	ȝeorne (17)
þerin (31)	fondynge (24)	seyde (20)	hast (17)
us (31)	goþ (24)	soþ (20)	hole (17)
how (30)	holden (24)	worldes (20)	idel (17)

Vernacular Forms Arranged in Descending Order: VERNON 331

innore (17)
laste (17)
make (17)
neddre (17)
nout (17)
nul (17)
scheweþ (17)
scholde (17)
sori (17)
þyne (17)
vnderstonden (17)
wende (17)
angel (16)
beon (16)
best (16)
bit (16)
delyt (16)
ese (16)
eue (16)
feire (16)
furste (16)
himseluen (16)
holi (16)
ichabbe (16)
iwriten (16)
lustes (16)
luyte (16)
myn (16)
nest (16)
poul (16)
pruyde (16)
rode (16)
seuen (16)
softe (16)
sor (16)
stinkeþ (16)
tale (16)
teres (16)
þerto (16)
þolen (16)
were (16)
whose (16)
witnesseþ (16)
wolleþ (16)
bihalt (15)
bitokneþ (15)
bok (15)
comen (15)
feir (15)
fleschliche (15)
heued (15)

lemmon (15)
lokeþ (15)
olde (15)
penaunce (15)
pore (15)
psalm (15)
pynen (15)
sikerliche (15)
sonne (15)
stronge (15)
til (15)
þuncheþ (15)
worþ (15)
writ (15)
aȝeynes (14)
aller (14)
anont (14)
askeþ (14)
cloþ (14)
come (14)
con (14)
false (14)
feble (14)
ffader (14)
ffurste (14)
flessches (14)
forloren (14)
ȝerne (14)
ȝiueþ (14)
herre (14)
ho (14)
hym (14)
last (14)
lecherie (14)
mekenesse (14)
neb (14)
ordre (14)
oþures (14)
pruide (14)
schalt (14)
swynk (14)
þenken (14)
wey (14)
wite (14)
wymmen (14)
atte (13)
awey (13)
blessede (13)
bringeþ (13)
chere (13)
doom (13)

draweþ (13)
envye (13)
fader (13)
ffyfþe (13)
gret (13)
ȝerde (13)
halewen (13)
iknowen (13)
itemptet (13)
kyng (13)
louen (13)
marie (13)
menske (13)
most (13)
prophete (13)
red (13)
rihte (13)
schadewe (13)
ston (13)
temptacion (13)
þouȝtes (13)
waken (13)
watur (13)
waxeþ (13)
witerliche (13)
witeþ (13)
wiþinnen (13)
wounden (13)
aȝein (12)
anoþer (12)
bernard (12)
blood (12)
bute (12)
castel (12)
chirche (12)
cristes (12)
croune (12)
domesday (12)
eiþer (12)
ester (12)
euele (12)
eueneþ (12)
fer (12)
fleoþ (12)
fromward (12)
ȝemeles (12)
ȝonge (12)
hard (12)
hardi (12)
here (12)
iudas (12)

iworþen (12)
leten (12)
lond (12)
lyon (12)
made (12)
mo (12)
nas (12)
naþ (12)
otewiþ (12)
quaþ (12)
resun (12)
salue (12)
secheþ (12)
seoþ (12)
siker (12)
sixte (12)
stonden (12)
þere (12)
þolede (12)
vchon (12)
warde (12)
whuche (12)
wildernesse (12)
wisdam (12)
ak (11)
among (11)
ancrehous (11)
austin (11)
beoden (11)
bihold (11)
children (11)
cundel (11)
ded (11)
dole (11)
doun (11)
elles (11)
ere (11)
fals (11)
frend (11)
gold (11)
hireseluen (11)
iob (11)
liht (11)
lihtliche (11)
mai (11)
mayden (11)
moder (11)
moten (11)
ouur (11)
pellican (11)
prest (11)

religion (11)	ouercomen (10)	inwit (9)	ȝaf (8)
reste (11)	outward (10)	iseon (9)	herkneþ (8)
schewede (11)	quik (10)	kene (9)	host (8)
seeknesse (11)	sei (10)	loueliche (9)	iame (8)
semblaunt (11)	sihte (10)	lowe (9)	iclepet (8)
soþe (11)	slepen (10)	lykynge (9)	ieuenet (8)
speke (11)	soone (10)	mayster (9)	iheren (8)
suster (11)	sparwe (10)	misliche (9)	inȝong (8)
temptacions (11)	steuene (10)	misseiþ (9)	inwardliche (8)
togedere (11)	stont (10)	moni (9)	iset (8)
v (11)	toward (10)	mote (9)	late (8)
vnþewes (11)	þencheþ (10)	mouwen (9)	leeueþ (8)
wene (11)	þiself (10)	onswereþ (9)	leosen (8)
who (11)	þoleþ (10)	oþurwhiles (9)	loken (8)
witnesse (11)	þorwh (10)	psalmus (9)	menede (8)
wol (11)	þunche (10)	qd (9)	mi (8)
wolt (11)	vers (10)	riche (9)	mone (8)
abouen (10)	vpward (10)	saul (9)	mouhte (8)
allynge (10)	water (10)	seknesse (9)	nabbe (8)
biginneþ (10)	werk (10)	seon (9)	nedde (8)
bosum (10)	whatso (10)	siþen (9)	neodeþ (8)
cunne (10)	whit (10)	stinkynde (9)	neore (8)
dedes (10)	wys (10)	swote (9)	none (8)
dedliche (10)	ysaye (10)	tayl (9)	nouþur (8)
dogge (10)	amidde (9)	þeron (9)	oloferne (8)
englisch (10)	atter (9)	þouȝte (9)	ouhte (8)
enyþing (10)	bere (9)	þow (9)	paternostres (8)
feere (10)	bet (9)	þre (9)	pees (8)
feleþ (10)	bitwene (9)	vnderstondeþ (9)	peter (8)
fiht (10)	bitwenen (9)	vnworþ (9)	proude (8)
forward (10)	bloweþ (9)	went (9)	redeþ (8)
gregori (10)	bone (9)	weren (9)	religiouse (8)
hereþ (10)	churche (9)	whom (9)	reueþ (8)
ierusalem (10)	disciples (9)	wolden (9)	seinte (8)
ihud (10)	falle (9)	wyde (9)	sit (8)
inne (10)	feet (9)	biginnynge (8)	sixe (8)
leuen (10)	fleon (9)	bodiliche (8)	skile (8)
leuere (10)	geþ (9)	brekeþ (8)	sleþ (8)
leueþ (10)	gospel (9)	brihte (8)	smit (8)
likynge (10)	gult (9)	casten (8)	stureþ (8)
lore (10)	halue (9)	clepe (8)	techeþ (8)
mede (10)	hedden (9)	dounward (8)	torn (8)
meede (10)	heddest (9)	drawen (8)	twofold (8)
mest (10)	heste (9)	eni (8)	þenkeþ (8)
mester (10)	heuenliche (9)	erþe (8)	þewes (8)
neih (10)	hous (9)	eten (8)	þiseluen (8)
neode (10)	ibet (9)	fforte (8)	vch (8)
neose (10)	ieremye (9)	fox (8)	wendeþ (8)
nimeþ (10)	imaket (9)	galle (8)	weneþ (8)
nouþer (10)	inouh (9)	gedereþ (8)	whelp (8)
oþurwhile (10)	inward (9)	godus (8)	whelpes (8)

wher (8)
wherso (8)
whil (8)
white (8)
willes (8)
worldlich (8)
wounde (8)
almihti (7)
anoþur (7)
aryseþ (7)
ateliche (7)
beest (7)
beren (7)
beteþ (7)
bettre (7)
biȝete (7)
biheold (7)
biholden (7)
bihoten (7)
bitokeneþ (7)
blake (7)
blissen (7)
breken (7)
breþ (7)
brid (7)
by (7)
casteþ (7)
cloþes (7)
court (7)
crede (7)
criȝeþ (7)
cumforten (7)
deþes (7)
dom (7)
dredful (7)
duden (7)
dunt (7)
dust (7)
eke (7)
eode (7)
fel (7)
felynge (7)
ffoul (7)
ffrom (7)
fihteþ (7)
fleo (7)
fo (7)
folwe (7)
foode (7)
fool (7)
forȝeten (7)

forþure (7)
gladliche (7)
gostlich (7)
grene (7)
grete (7)
gyle (7)
ȝare (7)
halewi (7)
hemseluen (7)
heren (7)
herynge (7)
hete (7)
hold (7)
hom (7)
ibeten (7)
icomen (7)
ifondet (7)
ihertet (7)
ilad (7)
ilyk (7)
ipynet (7)
iseyd (7)
itold (7)
liueþ (7)
long (7)
lordes (7)
manere (7)
masse (7)
matyns (7)
mouþes (7)
mylde (7)
naket (7)
oþerwhile (7)
oþerwhiles (7)
pilgrimus (7)
poynt (7)
psauter (7)
redynge (7)
rynde (7)
sacrement (7)
scheld (7)
sely (7)
sent (7)
seo (7)
seue (7)
sitten (7)
slouh (7)
socours (7)
speek (7)
strongliche (7)
sumdel (7)

swerd (7)
toucheþ (7)
trust (7)
tyde (7)
tyden (7)
þeo (7)
þine (7)
þinkeþ (7)
þisse (7)
vessel (7)
vnstrengþe (7)
vuele (7)
war (7)
werreþ (7)
whete (7)
wone (7)
worcheþ (7)
worschupe (7)
writen (7)
wylde (7)
wynne (7)
adred (6)
anhonget (6)
apostel (6)
appel (6)
ariste (6)
asken (6)
atelich (6)
beestes (6)
beste (6)
biginnen (6)
bigon (6)
bimong (6)
bitterliche (6)
blesset (6)
blisful (6)
briht (6)
charite (6)
cos (6)
couetyse (6)
cumfortes (6)
cusseþ (6)
dar (6)
dawes (6)
dedlich (6)
dedly (6)
dreden (6)
drink (6)
drinken (6)
ebreu (6)
eȝen (6)

ek (6)
enemys (6)
feor (6)
fode (6)
fondeþ (6)
forþward (6)
foxes (6)
fret (6)
fyf (6)
glas (6)
gretynges (6)
grimliche (6)
ȝelde (6)
ȝer (6)
ȝiue (6)
harmeþ (6)
heih (6)
helpen (6)
helpeþ (6)
hemself (6)
herof (6)
herto (6)
heuen (6)
heui (6)
hol (6)
hot (6)
icouplet (6)
iliche (6)
ion (6)
iren (6)
ispoken (6)
itauȝt (6)
knoweþ (6)
ladde (6)
latere (6)
leden (6)
leeue (6)
lengore (6)
lereþ (6)
loþest (6)
loude (6)
louh (6)
luite (6)
lure (6)
luste (6)
lyȝe (6)
maiȝt (6)
maydenhod (6)
maydens (6)
meke (6)
meseyse (6)

miht (6)	weop (6)	fendes (5)	lepen (5)
monie (6)	whonne (6)	feste (5)	leren (5)
murþe (6)	wode (6)	ffondynge (5)	lest (5)
nempne (6)	woltou (6)	ffyue (5)	leues (5)
newe (6)	wombe (6)	flowen (5)	libben (5)
nihte (6)	woneþ (6)	forbysne (5)	lime (5)
nouht (6)	wood (6)	foreward (5)	louede (5)
nule (6)	wuste (6)	frendes (5)	lowore (5)
nym (6)	aboute (5)	fulþen (5)	luþer (5)
nymen (6)	adam (5)	gedere (5)	lyflode (5)
onnesse (6)	afert (5)	glad (5)	mekeliche (5)
open (6)	algate (5)	goddes (5)	meneþ (5)
opene (6)	alles (5)	gredi (5)	mooder (5)
openeþ (6)	anonriʒt (5)	gregorie (5)	narwe (5)
oþurwhat (6)	antempne (5)	grounde (5)	nay (5)
ouʒten (6)	ar (5)	ʒateward (5)	nede (5)
passion (6)	asse (5)	ʒelden (5)	neiʒ (5)
puf (6)	assuer (5)	ʒeornliche (5)	nempnen (5)
rede (6)	aues (5)	ʒiuen (5)	nihtfoul (5)
reson (6)	bed (5)	harm (5)	onde (5)
rewe (6)	beore (5)	hateþ (5)	openlich (5)
rihtwysnesse (6)	bettere (5)	haue (5)	openliche (5)
sawe (6)	bicomen (5)	hiʒe (5)	orisons (5)
schortliche (6)	biginninge (5)	hir (5)	paradys (5)
schule (6)	biheet (5)	hise (5)	persone (5)
sechen (6)	biheue (5)	hoker (5)	pitaunce (5)
seʒe (6)	bile (5)	holen (5)	preyers (5)
seldene (6)	bitoknet (5)	holynesse (5)	prison (5)
semei (6)	bitternesse (5)	hore (5)	priue (5)
seruen (6)	blac (5)	hurt (5)	quike (5)
serueþ (6)	blesseþ (5)	hurte (5)	resons (5)
seruise (6)	blodi (5)	iangle (5)	reuþe (5)
seynte (6)	braunche (5)	iben (5)	riʒt (5)
sitte (6)	brode (5)	iblesset (5)	salomon (5)
slouþe (6)	bruchel (5)	ibounden (5)	salt (5)
smel (6)	coluere (5)	ichul (5)	schrifte (5)
spek (6)	daye (5)	ideemet (5)	scorn (5)
speleþ (6)	dayes (5)	idemet (5)	scorpion (5)
sunnes (6)	deemen (5)	iewes (5)	see (5)
sweteliche (6)	deest (5)	ifounden (5)	seiʒ (5)
swetnesse (6)	del (5)	iherd (5)	sek (5)
toʒeyn (6)	delen (5)	isboseth (5)	seke (5)
toʒeynes (6)	deuelen (5)	iseide (5)	seluer (5)
tolde (6)	deuelus (5)	islayen (5)	sette (5)
þench (6)	dreede (5)	large (5)	seþþen (5)
þertoʒeynes (6)	eihte (5)	lawe (5)	seuenþe (5)
þiderward (6)	eihteþe (5)	leche (5)	sihþ (5)
þole (6)	eueriche (5)	lede (5)	sinne (5)
vnderstond (6)	fallynde (5)	lees (5)	sixtene (5)
vndur (6)	feeleþ (5)	leof (5)	slepe (5)
vttere (6)	fele (5)	leoseþ (5)	sonde (5)

sopliche (5)
stonde (5)
stondynge (5)
swyn (5)
takeþ (5)
techen (5)
telle (5)
ten (5)
teone (5)
tobroken (5)
þerfore (5)
þerwiþ (5)
þonk (5)
þouhtes (5)
þralles (5)
vchone (5)
vnderstonde (5)
vntrust (5)
vnwreste (5)
vpon (5)
vppe (5)
vsseluen (5)
waker (5)
warne (5)
wei (5)
wenden (5)
weole (5)
wheþer (5)
whingen (5)
wimmen (5)
wiþstonden (5)
worchen (5)
worlde (5)
wrecche (5)
wrecchednesse (5)
wrenchen (5)
write (5)
wroþ (5)
alast (4)
angels (4)
ariht (4)
arysen (4)
baldeliche (4)
beden (4)
beten (4)
beter (4)
bicom (4)
biholdeþ (4)
bihoue (4)
biset (4)
bisy (4)

bleþeliche (4)
blisfole (4)
borwh (4)
boten (4)
bouweþ (4)
bouwynde (4)
bowes (4)
braunches (4)
breke (4)
bret (4)
brihtore (4)
caste (4)
cause (4)
chaungen (4)
clannesse (4)
clymben (4)
conne (4)
couþe (4)
cros (4)
crounen (4)
cum (4)
cumforteþ (4)
cundeles (4)
cundeleþ (4)
cunnes (4)
deden (4)
deeme (4)
deme (4)
derlyng (4)
deþe (4)
dich (4)
diȝede (4)
disciple (4)
douȝter (4)
douhter (4)
drawe (4)
dredfole (4)
dredfule (4)
drynk (4)
eeþ (4)
eggeþ (4)
enes (4)
ensaumple (4)
eorneþ (4)
eorþliche (4)
erliche (4)
euene (4)
fareþ (4)
felawes (4)
feond (4)
ferliche (4)

ffend (4)
ffir (4)
fforwhi (4)
ffox (4)
flen (4)
fleschlich (4)
flescliche (4)
folwen (4)
fon (4)
fondinge (4)
fondinges (4)
forme (4)
forsaken (4)
foules (4)
four (4)
freo (4)
fruit (4)
fulle (4)
fyfþe (4)
fynde (4)
fynden (4)
get (4)
glotenye (4)
goldhord (4)
greuen (4)
greueþ (4)
grim (4)
grimme (4)
grisliche (4)
grome (4)
grucchynge (4)
ȝaten (4)
ȝeld (4)
ȝeueþ (4)
ȝond (4)
ȝong (4)
ȝont (4)
ȝor (4)
ȝoure (4)
ȝut (4)
harmen (4)
hede (4)
heere (4)
helen (4)
heraftur (4)
hette (4)
heuh (4)
hexte (4)
hiȝen (4)
hihþe (4)
home (4)

hound (4)
huideþ (4)
hul (4)
huleþ (4)
hulles (4)
hut (4)
huyde (4)
iacob (4)
iames (4)
ibroken (4)
ibrouht (4)
ierome (4)
ihere (4)
iholden (4)
inempned (4)
inempnet (4)
inwarde (4)
ischent (4)
ischewet (4)
israel (4)
itornd (4)
iwasschen (4)
iwent (4)
iwis (4)
iwont (4)
iwordet (4)
kepen (4)
knen (4)
kniht (4)
knowen (4)
kun (4)
kynges (4)
laddre (4)
lasteþ (4)
lauhtre (4)
lef (4)
lene (4)
leor (4)
leouest (4)
lepeþ (4)
lete (4)
leteþ (4)
lihteþ (4)
lihþ (4)
limen (4)
limes (4)
lokede (4)
louerd (4)
luitel (4)
luþur (4)
lyȝen (4)

makest (4)
mameleþ (4)
maries (4)
marke (4)
maydenes (4)
maystrie (4)
meditacions (4)
messager (4)
meste (4)
mine (4)
mis (4)
misdoþ (4)
mislikynge (4)
morþere (4)
morwen (4)
moste (4)
mouwe (4)
myd (4)
myldeliche (4)
nai (4)
nayles (4)
nesche (4)
nult (4)
nute (4)
nyne (4)
old (4)
ondfole (4)
onlich (4)
only (4)
onswerde (4)
onswere (4)
ore (4)
ouȝt (4)
ouseluen (4)
oute (4)
owen (4)
pilgrim (4)
place (4)
preost (4)
prestes (4)
purgatorie (4)
reden (4)
resteþ (4)
ruleþ (4)
saluen (4)
sannore (4)
sarre (4)
sauh (4)
schaltou (4)
scharpe (4)
schet (4)

scheuȝ (4)
schewe (4)
schomeful (4)
schriuen (4)
sech (4)
seli (4)
sen (4)
seruyse (4)
seuene (4)
seueþe (4)
singeþ (4)
sitteþ (4)
sleep (4)
slen (4)
slep (4)
slouȝ (4)
slouȝþe (4)
sones (4)
sour (4)
spit (4)
stalen (4)
stayere (4)
stingeþ (4)
stinken (4)
stinkinde (4)
stunch (4)
suffren (4)
sumþing (4)
sumwhat (4)
sunful (4)
sungen (4)
swerdes (4)
swot (4)
syde (4)
syngeþ (4)
terme (4)
tour (4)
treweliche (4)
trusti (4)
turneþ (4)
þerabouten (4)
þerinne (4)
þider (4)
þorwȝ (4)
þoume (4)
þreofold (4)
þreteþ (4)
þrust (4)
þurl (4)
þurles (4)
ure (4)

usseluen (4)
vchones (4)
verset (4)
vnimete (4)
vnsely (4)
vntoun (4)
vnþeuh (4)
vnþonkes (4)
vnymete (4)
wardeyns (4)
wasscheþ (4)
wellen (4)
wepe (4)
weuede (4)
weylawey (4)
wherof (4)
whos (4)
wikkede (4)
wilnen (4)
winter (4)
wise (4)
witte (4)
wiþinne (4)
woluene (4)
wommone (4)
wonede (4)
wonen (4)
worldus (4)
wormes (4)
worschipe (4)
worþen (4)
worþi (4)
wriȝeþ (4)
wrouȝte (4)
wyndes (4)
aboue (3)
ache (3)
afterward (3)
afturward (3)
ageþ (3)
alre (3)
alsuch (3)
amidden (3)
angri (3)
anselme (3)
apayed (3)
arewen (3)
armes (3)
arseny (3)
aruh (3)
aske (3)

assaylet (3)
atome (3)
auhte (3)
awei (3)
bac (3)
baume (3)
beemers (3)
begylet (3)
behynden (3)
beodes (3)
beodeþ (3)
biclosed (3)
bidden (3)
biddeþ (3)
bigin (3)
biginne (3)
bihat (3)
biholdynge (3)
binymeþ (3)
bisemare (3)
bitauȝt (3)
bite (3)
bitornd (3)
bittre (3)
bitunt (3)
bledde (3)
bleoþeliche (3)
blisfule (3)
blodletynge (3)
bold (3)
book (3)
boone (3)
boonen (3)
bouh (3)
boweþ (3)
bred (3)
brennynde (3)
breþeren (3)
brihtloker (3)
bringe (3)
bringen (3)
bruche (3)
byholden (3)
cast (3)
chastisement (3)
chaumbre (3)
childhod (3)
clanseþ (3)
clot (3)
conscience (3)
const (3)

couetise (3)
crauaunt (3)
cri (3)
crie (3)
criȝen (3)
cristene (3)
croiȝ (3)
crois (3)
cuppe (3)
cusse (3)
dale (3)
dalen (3)
dame (3)
deeden (3)
deluen (3)
demen (3)
demere (3)
deop (3)
dettes (3)
diuerse (3)
dolen (3)
donne (3)
doumbe (3)
dred (3)
drem (3)
driȝeþ (3)
drinke (3)
driuen (3)
drynke (3)
dwele (3)
dyen (3)
dyna (3)
edmodnesse (3)
eȝe (3)
elde (3)
elleswher (3)
endeþ (3)
eoden (3)
euen (3)
euesynge (3)
fal (3)
fasteþ (3)
felawe (3)
feondes (3)
fere (3)
fet (3)
ffalse (3)
ffasten (3)
fflesch (3)
fflesches (3)
ffoxes (3)

fikelers (3)
fint (3)
fleoinde (3)
folewe (3)
fond (3)
forehed (3)
forȝeteþ (3)
forlorene (3)
forþinkynge (3)
foulore (3)
freolek (3)
fulliche (3)
fyndeþ (3)
gederen (3)
gelous (3)
gladen (3)
glem (3)
goldhort (3)
goldsmith (3)
gonge (3)
goodnesse (3)
graces (3)
graunte (3)
grettore (3)
grislich (3)
gronen (3)
gruccheþ (3)
ȝate (3)
ȝef (3)
ȝelpeþ (3)
ȝifte (3)
ȝiȝeþ (3)
ȝitten (3)
ȝouþe (3)
ha (3)
habeþ (3)
halp (3)
halsen (3)
haly (3)
haten (3)
hath (3)
hef (3)
held (3)
heold (3)
herabouten (3)
herafter (3)
herde (3)
herdest (3)
heuye (3)
hext (3)
hiȝnesse (3)

hireself (3)
holes (3)
hongen (3)
hors (3)
hudde (3)
huiden (3)
hunteþ (3)
hurteþ (3)
huyden (3)
huyre (3)
iboren (3)
icauht (3)
icrounet (3)
idelnesse (3)
ido (3)
idrawen (3)
ifallen (3)
ifint (3)
iflowe (3)
ifullet (3)
ihad (3)
iherted (3)
ihoten (3)
ilete (3)
iliknet (3)
ilymet (3)
inobedience (3)
inouȝ (3)
ioye (3)
ipreuet (3)
irodet (3)
isauet (3)
ischriuen (3)
isette (3)
isundret (3)
ityȝed (3)
iwoundet (3)
kepeþ (3)
keruynde (3)
kneleþ (3)
knowest (3)
knowynge (3)
lasten (3)
lat (3)
lauȝwhen (3)
lauȝwheþ (3)
lay (3)
ledeþ (3)
leetes (3)
leggen (3)
leop (3)

leorneþ (3)
lesse (3)
lessons (3)
lesynge (3)
leuede (3)
leuest (3)
ligge (3)
liggen (3)
lippen (3)
lith (3)
liþ (3)
lokynge (3)
luft (3)
luttele (3)
lyȝeþ (3)
lyken (3)
lyues (3)
madschupe (3)
mak (3)
mennes (3)
mesure (3)
mihti (3)
miracle (3)
monkunne (3)
mouþe (3)
mulne (3)
munginge (3)
mungynge (3)
myseluen (3)
nabbeþ (3)
naueþ (3)
nelde (3)
nempneþ (3)
neoren (3)
neowe (3)
nestes (3)
neuur (3)
niþe (3)
noble (3)
nomen (3)
noteþ (3)
noþelatere (3)
nouȝwher (3)
obedience (3)
ofseruet (3)
ones (3)
oueral (3)
ouercasten (3)
ouertrust (3)
ouhten (3)
ouren (3)

outewiþ (3)
ouþer (3)
owself (3)
paternosters (3)
paye (3)
payen (3)
peecen (3)
pouert (3)
pouerte (3)
preisynge (3)
prisun (3)
psalmworþe (3)
quareles (3)
queynte (3)
quit (3)
qwene (3)
raunsum (3)
relef (3)
religious (3)
rikenen (3)
robbeþ (3)
roodestaf (3)
rote (3)
rouþe (3)
rug (3)
rulen (3)
ryndes (3)
sare (3)
sauen (3)
schakeþ (3)
schendlac (3)
schewere (3)
schir (3)
scholden (3)
schomelese (3)
schomeliche (3)
schort (3)
schriftfader (3)
schriue (3)
se (3)
seche (3)
seete (3)
seih (3)
seist (3)
selue (3)
sende (3)
serewful (3)
serwen (3)
signes (3)
sikernesse (3)
sittynge (3)

skirmeþ (3)
slepte (3)
sleuþe (3)
slibri (3)
slit (3)
slowe (3)
smach (3)
smauȝte (3)
smelles (3)
smeþe (3)
smiþie (3)
somer (3)
sondesmon (3)
sope (3)
sores (3)
souwe (3)
sparke (3)
spechen (3)
speres (3)
spitel (3)
steorne (3)
stiche (3)
stod (3)
stondeþ (3)
stones (3)
stoppeþ (3)
strem (3)
strengest (3)
studefast (3)
studen (3)
sturen (3)
stynkynde (3)
suffreþ (3)
sullen (3)
summes (3)
sunge (3)
sungede (3)
swettest (3)
swifte (3)
swiþest (3)
swonk (3)
symple (3)
synful (3)
syngen (3)
synnes (3)
tac (3)
talen (3)
tayles (3)
tellen (3)
temeþ (3)
tendre (3)

thamar (3)
ticchenes (3)
todelet (3)
tok (3)
torneþ (3)
totreden (3)
toþur (3)
traytur (3)
treo (3)
tresour (3)
trinite (3)
trussen (3)
twelue (3)
þefþe (3)
þenchen (3)
þeof (3)
þeoues (3)
þes (3)
þesternesse (3)
þolyen (3)
þonke (3)
þoruȝ (3)
þouht (3)
þretynge (3)
þrote (3)
þurleþ (3)
ur (3)
vat (3)
vbbreyd (3)
vncely (3)
vnderȝeten (3)
vnderstont (3)
vnhope (3)
vnicorne (3)
vnschriuen (3)
vnseli (3)
vnstrong (3)
vnwemmed (3)
vpriht (3)
vres (3)
wakeþ (3)
wal (3)
waritreo (3)
watres (3)
wayteþ (3)
weene (3)
weilawey (3)
weis (3)
wend (3)
wente (3)
wereþ (3)

west (3)
wete (3)
weye (3)
wȝuch (3)
where (3)
wherfore (3)
wherþorw (3)
wike (3)
wille (3)
winne (3)
wok (3)
wonderfole (3)
wondres (3)
woniinge (3)
wonte (3)
woodschupe (3)
worste (3)
worþe (3)
worþeþ (3)
wouh (3)
wowes (3)
wrastelere (3)
wrecches (3)
wreche (3)
wreke (3)
wrencheþ (3)
wrong (3)
wyf (3)
wyles (3)
wysliche (3)
ysaie (3)
abbot (2)
abit (2)
ablyndeþ (2)
abstinence (2)
accidie (2)
acre (2)
ad (2)
adedeþ (2)
adrenchen (2)
adreynte (2)
aduersite (2)
afaytet (2)
afech (2)
aferd (2)
agulte (2)
akate (2)
aknowen (2)
ale (2)
allinge (2)
almost (2)

amaset (2)
angeles (2)
angelne (2)
anguise (2)
anonrihtes (2)
antoyne (2)
apayet (2)
apay3ed (2)
apocalips (2)
apocalipse (2)
apostle (2)
apostles (2)
arere (2)
arered (2)
arm (2)
aroma3 (2)
aros (2)
artou (2)
asayleþ (2)
askynge (2)
aslepe (2)
assayleþ (2)
astaat (2)
aþat (2)
augustin (2)
augustyn (2)
awaken (2)
awariede (2)
away (2)
awilgen (2)
awilgeþ (2)
aworieþ (2)
bakbitere (2)
balpley (2)
baret (2)
barnes (2)
bartholomeuh (2)
bat (2)
beed (2)
beemere (2)
beholden (2)
bei3 (2)
belamy (2)
beniamin (2)
beot (2)
bernynde (2)
bersabe (2)
bersteþ (2)
bestes (2)
betinge (2)
better (2)

beute (2)
biclepen (2)
biddynge (2)
bidweleþ (2)
bigylet (2)
bigynneþ (2)
bi3at (2)
biholde (2)
biholt (2)
bihoteþ (2)
bilokene (2)
bimaset (2)
bint (2)
binymen (2)
bipilet (2)
bisecheþ (2)
bisiliche (2)
bisyliche (2)
bitaken (2)
bitokenynge (2)
bitterrore (2)
biþenkeþ (2)
biþouht (2)
biuoren (2)
biwep (2)
blak (2)
blase (2)
blasen (2)
blent (2)
blessen (2)
bliþe (2)
blowe (2)
blowen (2)
bo (2)
boc (2)
bodeþ (2)
bord (2)
bot (2)
bour (2)
bouwe (2)
bouwen (2)
brede (2)
brennynge (2)
breydeþ (2)
brideleþ (2)
bri3t (2)
brihten (2)
brihtnesse (2)
brihtor (2)
brokes (2)
broþur (2)

brou3t (2)
brou3te (2)
brou3ten (2)
bruchele (2)
brugge (2)
bugge (2)
buggen (2)
buiþ (2)
bynt (2)
byteþ (2)
cacchen (2)
caccheþ (2)
calf (2)
caluari (2)
cancre (2)
cang (2)
careles (2)
careyne (2)
castest (2)
caysers (2)
chaf (2)
charge (2)
chaste (2)
chasten (2)
chastite (2)
cheke (2)
cheken (2)
chepeþ (2)
cheweþ (2)
chitereþ (2)
clansyng (2)
clappe (2)
clepede (2)
clepen (2)
clokes (2)
clout (2)
colecte (2)
connen (2)
coome (2)
cope (2)
cossus (2)
couetous (2)
coupleþ (2)
cradel (2)
crenche (2)
cri3e (2)
cri3ede (2)
crokes (2)
crucifix (2)
cul (2)
cumforte (2)

cunnen (2)
curtel (2)
deede (2)
defaute (2)
dele (2)
demeþ (2)
deope (2)
deorre (2)
deppor (2)
dere (2)
dialoge (2)
diede (2)
disch (2)
disciplynes (2)
diskeuere (2)
diskeueren (2)
doluen (2)
done (2)
doneward (2)
doone (2)
dorste (2)
dost (2)
dou3tur (2)
douhtur (2)
doute (2)
drau3 (2)
drauh (2)
drawest (2)
dreed (2)
drenchen (2)
drinkeþ (2)
dronk (2)
drope (2)
dropen (2)
dros (2)
drou3 (2)
druye (2)
drynken (2)
dudest (2)
duntes (2)
dutten (2)
dye (2)
dy3en (2)
ebreu3 (2)
eche (2)
echen (2)
edmod (2)
eetþ (2)
eeþseene (2)
ei3esihte (2)
ei3te (2)

eileþ (2)
eir (2)
enchesons (2)
enchesun (2)
endeles (2)
enden (2)
englische (2)
entermeteþ (2)
eornen (2)
eorþlich (2)
erende (2)
erþliche (2)
eseful (2)
esters (2)
ete (2)
eteþ (2)
eueles (2)
euenet (2)
euensong (2)
euenyng (2)
eueri (2)
euure (2)
eyl (2)
face (2)
faderles (2)
fallynge (2)
fasten (2)
fastloker (2)
fayle (2)
fayn (2)
feblesse (2)
fedde (2)
feeden (2)
feerde (2)
feeren (2)
feerliche (2)
feirnesse (2)
felawschipe (2)
feld (2)
felen (2)
feorþe (2)
ferful (2)
ferlak (2)
feþeren (2)
ffalleþ (2)
fferlac (2)
ffikeleþ (2)
ffikelynge (2)
ffleoþ (2)
fforme (2)
fforwhon (2)

ffoure (2)
ffuir (2)
ffurst (2)
ffyle (2)
fiftene (2)
fingres (2)
fiue (2)
fle (2)
fley3 (2)
fleyh (2)
flih (2)
flihþ (2)
floc (2)
flok (2)
flood (2)
floures (2)
flui3t (2)
fol (2)
folewen (2)
foleweþ (2)
folle (2)
folwede (2)
folweþ (2)
folye (2)
fondede (2)
footwounde (2)
forbeode (2)
forbeot (2)
forboden (2)
forbrent (2)
fordemet (2)
fordon (2)
fore (2)
forebysne (2)
foreridles (2)
forfret (2)
for3if (2)
for3iue (2)
for3iuenesse (2)
forleoseþ (2)
forleuet (2)
forroteþ (2)
forscaldet (2)
forschuppeþ (2)
forsoke (2)
forsoþe (2)
forworþen (2)
fote (2)
foulede (2)
frele (2)
fremede (2)

freschliche (2)
fromwart (2)
fuirene (2)
fuires (2)
fullouht (2)
fustes (2)
fyle (2)
fynt (2)
gabriel (2)
gangleþ (2)
geat (2)
gentil (2)
geten (2)
gilour (2)
glade (2)
gladeþ (2)
gladfole (2)
gladful (2)
gladloker (2)
gladnesse (2)
gladschupe (2)
gladynge (2)
gnatte (2)
godlek (2)
gomenes (2)
graunt (2)
graunteþ (2)
gredynesse (2)
greiþe (2)
grennen (2)
greot (2)
greste (2)
gretynge (2)
grindelstones (2)
grucchen (2)
grucchinge (2)
grynde (2)
gultus (2)
3eeme (2)
3eemston (2)
3eldeþ (2)
3elp (2)
3emen (2)
3eoy (2)
3eres (2)
3eue (2)
halsynge (2)
hardiliche (2)
hardschupes (2)
hatynge (2)
hauest (2)

hedsunne (2)
hedsynne (2)
hee (2)
heereþ (2)
heldeþ (2)
helede (2)
heleþ (2)
helyes (2)
henne (2)
heolden (2)
heomseluen (2)
herbarwe (2)
herborwe (2)
herestou (2)
heresye (2)
herkeneþ (2)
herkne (2)
hermyte (2)
herten (2)
hesten (2)
heuedsunne (2)
heueneriche (2)
heueneriches (2)
heueþ (2)
heu3 (2)
heuinesse (2)
hiderto (2)
hi3þe (2)
hindeward (2)
hiren (2)
hitterliche (2)
hod (2)
holdynge (2)
holeþ (2)
holinesse (2)
holye (2)
homeres (2)
hondelynge (2)
hongede (2)
hopeful (2)
horn (2)
hote (2)
houndes (2)
houses (2)
houso (2)
hu (2)
hundret (2)
hunger (2)
hurten (2)
hurtes (2)
huydeþ (2)

huydles (2)
iacobus (2)
ianglinge (2)
ibidde (2)
ibroke (2)
ibrouȝt (2)
iclepede (2)
icloumben (2)
icome (2)
ieremie (2)
ifastnet (2)
ifed (2)
iflouret (2)
iflowen (2)
ifolen (2)
ifynden (2)
ifyndeþ (2)
igederet (2)
igon (2)
iȝiuen (2)
ihelet (2)
iheowet (2)
ihiȝct (2)
ihol (2)
ihulet (2)
ihurt (2)
iioynet (2)
ilenet (2)
imaad (2)
imene (2)
innere (2)
inowh (2)
ioel (2)
ionswerd (2)
iosaphat (2)
iosue (2)
ipliht (2)
ipocrisye (2)
iput (2)
irent (2)
irikenet (2)
isaued (2)
ischrud (2)
isen (2)
isene (2)
iseo (2)
ispeken (2)
iswept (2)
itempted (2)
itorned (2)
iþonked (2)
iþonket (2)
iude (2)
iudit (2)
iugge (2)
iwaket (2)
iwar (2)
iwhilen (2)
iwiten (2)
iwonnen (2)
iwrouȝte (2)
iwust (2)
kempene (2)
kepe (2)
kindam (2)
kinedam (2)
knaue (2)
knelynge (2)
knelynges (2)
knyf (2)
kunne (2)
kuyndeliche (2)
ladischupe (2)
laȝare (2)
largesse (2)
later (2)
lecheries (2)
lecherye (2)
lechour (2)
lechours (2)
leest (2)
leeuede (2)
leith (2)
leiþ (2)
leome (2)
lered (2)
les (2)
letes (2)
letten (2)
letteþ (2)
leþer (2)
leueden (2)
leytinde (2)
lihten (2)
lihtore (2)
likeþ (2)
liue (2)
lodliche (2)
lokest (2)
lomb (2)
lone (2)
lot (2)
loþ (2)
louelich (2)
louest (2)
louesum (2)
louȝ (2)
lucifer (2)
luþere (2)
luþerliche (2)
lykinge (2)
lym (2)
lyones (2)
lyste (2)
lyue (2)
mad (2)
maneres (2)
mardocheus (2)
martir (2)
martirdom (2)
martires (2)
matins (2)
mayȝt (2)
medicyne (2)
meel (2)
mekenes (2)
melteþ (2)
menen (2)
meoke (2)
meokeful (2)
meokenesse (2)
merariht (2)
mercer (2)
meseise (2)
mesters (2)
metal (2)
michee (2)
middel (2)
mihten (2)
milk (2)
misdeeþ (2)
misseide (2)
missigge (2)
missiggeþ (2)
monlich (2)
monslauht (2)
morweȝiuen (2)
mouȝten (2)
mouhten (2)
mount (2)
mucheleþ (2)
mungeþ (2)
murie (2)
naked (2)
nartou (2)
narwh (2)
nebbes (2)
nedder (2)
neddren (2)
neede (2)
neihȝeþ (2)
nempnede (2)
neodful (2)
nessche (2)
niȝene (2)
nihtes (2)
nim (2)
nime (2)
nom (2)
nonesweys (2)
norischeþ (2)
nost (2)
noþeles (2)
noumbre (2)
noyse (2)
nulleþ (2)
nuste (2)
nyme (2)
nyuelen (2)
oferneþ (2)
off (2)
offreþ (2)
ofþurst (2)
oker (2)
olnynges (2)
onne (2)
onrednesse (2)
onsweren (2)
orison (2)
orisones (2)
ornen (2)
osee (2)
oþeres (2)
oþerwhat (2)
ouere (2)
ouerforþ (2)
oures (2)
ouself (2)
ouurhowe (2)
ouurtrust (2)
owest (2)
owseluen (2)
oxe (2)
pacience (2)

pakkes (2)
parlores (2)
parties (2)
passions (2)
payeþ (2)
pedelere (2)
penitence (2)
peple (2)
pes (2)
peyne (2)
peynture (2)
philistiens (2)
pilgrimes (2)
pleyen (2)
pleyeþ (2)
pouwer (2)
preostes (2)
preoue (2)
preoueþ (2)
pres (2)
present (2)
preue (2)
preueþ (2)
preyere (2)
preyeres (2)
preysen (2)
preysinge (2)
prikkynde (2)
prime (2)
pris (2)
priueliche (2)
priuete (2)
priuite (2)
profyt (2)
properliche (2)
prosperite (2)
prouden (2)
prude (2)
psalmes (2)
puffes (2)
puiten (2)
punt (2)
puyteþ (2)
quedschupe (2)
queen (2)
queme (2)
quen (2)
quikliche (2)
quiknesse (2)
quite (2)
qweene (2)

recabus (2)
reccheþ (2)
rechelesschupe (2)
recheþ (2)
recluse (2)
religiun (2)
remedie (2)
reuen (2)
reuþful (2)
reyn (2)
richesse (2)
riden (2)
rihteþ (2)
rihtwys (2)
risen (2)
riseþ (2)
ron (2)
roted (2)
rotede (2)
rouwe (2)
rust (2)
rys (2)
sacrifise (2)
sat (2)
saued (2)
sauhtnesse (2)
sauour (2)
sayleþ (2)
scaldinde (2)
schaken (2)
schedde (2)
scheed (2)
schende (2)
schendful (2)
schendfule (2)
schere (2)
schilde (2)
schire (2)
scholdest (2)
schomelich (2)
schouuen (2)
schouueþ (2)
schrapen (2)
schrapeþ (2)
schrewede (2)
schrif (2)
schriueþ (2)
schulden (2)
schuldest (2)
schup (2)
schuppere (2)

schute (2)
schutteþ (2)
schyneþ (2)
sclaundre (2)
scorneþ (2)
scornynge (2)
scrouwe (2)
secounde (2)
seiȝe (2)
seliliche (2)
serwhfole (2)
set (2)
setten (2)
setteþ (2)
seueniht (2)
seyden (2)
siȝt (2)
sikere (2)
simei (2)
skiles (2)
sleepeþ (2)
slepeþ (2)
smale (2)
smeþeþ (2)
smiten (2)
smot (2)
smyt (2)
soffren (2)
soffrynge (2)
soget (2)
soriliche (2)
souȝte (2)
soules (2)
soweþ (2)
spac (2)
spekynge (2)
spere (2)
speweþ (2)
spice (2)
spous (2)
spousbruche (2)
springeþ (2)
stalworþliche (2)
startnaked (2)
stat (2)
steel (2)
steih (2)
steken (2)
stikeþ (2)
stondest (2)
stondynde (2)

stonk (2)
stood (2)
stounde (2)
stre (2)
stremes (2)
strengþeþ (2)
strif (2)
stunt (2)
stunten (2)
suffre (2)
suffrede (2)
suffrest (2)
sumwhile (2)
sunderlepes (2)
sunderliche (2)
sundri (2)
sunfole (2)
swalm (2)
sware (2)
swatte (2)
swenges (2)
swereþ (2)
sweuenes (2)
swiftnesse (2)
swiftore (2)
swire (2)
swiþerore (2)
swolewen (2)
soleweþ (2)
swynkeþ (2)
swynkful (2)
syke (2)
synfole (2)
synnen (2)
syþen (2)
tauhte (2)
teke (2)
temes (2)
tempte (2)
tene (2)
testament (2)
tittes (2)
tobrekeþ (2)
today (2)
todriueþ (2)
toȝeines (2)
tollynde (2)
tomorewen (2)
tomorwen (2)
ton (2)
torne (2)

Vernacular Forms Arranged in Descending Order: VERNON 343

tornen (2)
toten (2)
totrede (2)
totynde (2)
totynge (2)
toþer (2)
tricherie (2)
trone (2)
trouþe (2)
truwes (2)
tutel (2)
tuteleþ (2)
tuynen (2)
twenti (2)
twyen (2)
twy3en (2)
twynnen (2)
tymeþ (2)
þarf (2)
þas (2)
þees (2)
þei (2)
þene (2)
þeneward (2)
þerafturward (2)
þerbi (2)
þerbiforen (2)
þhou3te (2)
þinke (2)
þornene (2)
þorre (2)
þou3ten (2)
þou3tus (2)
þouhte (2)
þousend (2)
þousendfold (2)
þousent (2)
þousunt (2)
þrettene (2)
þrien (2)
þritti (2)
þruppe (2)
þunchen (2)
þurleden (2)
þurst (2)
þurste (2)
þyn (2)
þyng (2)
vertu (2)
vertues (2)
vnasket (2)

vncouþ (2)
vnderfeng (2)
vnderfong (2)
vnderstod (2)
vnderuongeþ (2)
vnderveng (2)
vndurstonden (2)
vndurstont (2)
vneuene (2)
vnhap (2)
vnhende (2)
vnkuyndeliche (2)
vnlust (2)
vnlydeþ (2)
vnnen (2)
vnnet (2)
vnneþe (2)
vnstrengþen (2)
vntoune (2)
vnþewus (2)
vnwihtes (2)
vnwri3eþ (2)
vnwyse (2)
vsself (2)
vtter (2)
wadeþ (2)
wake (2)
wakynde (2)
walles (2)
wardeyn (2)
waritre (2)
warliche (2)
wasschinge (2)
waxe (2)
waxet (2)
weet (2)
weilawei (2)
weldede (2)
welden (2)
wemote (2)
wenestou (2)
weopen (2)
wepen (2)
wepnen (2)
wepynge (2)
werkeday (2)
werre (2)
werreor (2)
weued (2)
weuedes (2)
weyen (2)

wey3eþ (2)
weys (2)
wheoles (2)
wheþerso (2)
whiles (2)
whoder (2)
whonso (2)
wicchecraftes (2)
widewen (2)
wilde (2)
wiles (2)
williche (2)
wilne (2)
wilneþ (2)
wilnynge (2)
wisdom (2)
witene (2)
witnesset (2)
witterliche (2)
wiþdraweþ (2)
wiþholden (2)
wiþoute (2)
wiþseide (2)
wiþstont (2)
wod (2)
woldes (2)
woldest (2)
wolf (2)
wolues (2)
wondur (2)
wonteþ (2)
wonynge (2)
wooden (2)
worldly (2)
worm (2)
worst (2)
worþiliche (2)
wosch (2)
wostou (2)
wou3 (2)
woundes (2)
wouwynge (2)
wraþþeþ (2)
wraþþhe (2)
wreek (2)
wreken (2)
wrenches (2)
wriles (2)
writynge (2)
wroþe (2)
wyd (2)

wydewe (2)
wympel (2)
wyn (2)
wynberien (2)
wynken (2)
wysen (2)
wysloker (2)
wysore (2)
wyte (2)
wyten (2)
ymaked (2)
ympne (2)
abbotes (1)
abiron (1)
ablendeþ (1)
ablynde (1)
abote (1)
abreiden (1)
abreyd (1)
absolucion (1)
abuggen (1)
abyd (1)
abyde (1)
abyden (1)
abyt (1)
accidies (1)
aceimen (1)
acheson (1)
acolen (1)
acord (1)
acorien (1)
acursede (1)
acurset (1)
adedede (1)
adeden (1)
adotede (1)
adrencheþ (1)
adreynt (1)
adruy3et (1)
adruy3eþ (1)
aduent (1)
adwelet (1)
afallen (1)
afalleþ (1)
aferen (1)
aferynges (1)
affeccions (1)
affecciun (1)
afferen (1)
afftur (1)
aflowe (1)

agasten (1)
agon (1)
agrisen (1)
agulten (1)
agulteþ (1)
aʒeinus (1)
aʒeinward (1)
aʒeynward (1)
akinde (1)
akoolet (1)
alday (1)
aldemoder (1)
alith (1)
aliþ (1)
allas (1)
almes (1)
almusse (1)
alriht (1)
alse (1)
alssuch (1)
altogedere (1)
altogederes (1)
amad (1)
amansed (1)
amen (1)
amendet (1)
ames (1)
amis (1)
amoreus (1)
ampulles (1)
ancelme (1)
ancrefule (1)
ancrewoninge (1)
ancrewonynge (1)
andreuʒ (1)
angele (1)
anguisse (1)
anguysche (1)
anguysouse (1)
anguysse (1)
anker (1)
anselm (1)
ant (1)
antempnes (1)
antonie (1)
antonye (1)
anuy (1)
apaiʒet (1)
apayʒet (1)
ape (1)
apeware (1)

apocalipsis (1)
apostele (1)
apoysunt (1)
appul (1)
aquellen (1)
aquenchen (1)
aqueynt (1)
aqueyntaunse (1)
aqueynte (1)
aqueyntet (1)
aquikeʒen (1)
aquikien (1)
aquyte (1)
arate (1)
arche (1)
areche (1)
arechen (1)
arednesse (1)
aren (1)
arewe (1)
arewenesse (1)
arisen (1)
ariseþ (1)
armeþ (1)
armus (1)
arowʒ (1)
arre (1)
arseyne (1)
articles (1)
arwen (1)
arwh (1)
arys (1)
aryse (1)
asaileþ (1)
asautes (1)
askebaþi (1)
asked (1)
askede (1)
askers (1)
asoynen (1)
asprete (1)
assaylen (1)
asset (1)
astates (1)
aster (1)
asterue (1)
asteruen (1)
asturt (1)
atbreken (1)
atebrek (1)
atele (1)

ateloker (1)
atfle (1)
atflen (1)
atflihþ (1)
atroke (1)
atsene (1)
atslope (1)
atstarten (1)
atstondeþ (1)
atsturten (1)
atsturteþ (1)
atterlaþe (1)
atternesse (1)
attrest (1)
attreþ (1)
aþurst (1)
auctorite (1)
auees (1)
auenture (1)
augrim (1)
auʒte (1)
aules (1)
austyn (1)
awake (1)
awakede (1)
awakenede (1)
awakenet (1)
awaried (1)
awarien (1)
aweiward (1)
aweldeþ (1)
aweye (1)
awil (1)
awilge (1)
awondreþ (1)
aworiet (1)
awrekeþ (1)
ax (1)
baarm (1)
babe (1)
bacbitere (1)
bacbitynge (1)
bacbytere (1)
bacbytinge (1)
bad (1)
bagge (1)
baggen (1)
bakbitynge (1)
bakbytere (1)
baleful (1)
balies (1)

baly (1)
balyes (1)
banaa (1)
baner (1)
baptist (1)
baptiste (1)
bareyne (1)
barn (1)
baundon (1)
bedde (1)
bede (1)
beede (1)
beemen (1)
beere (1)
beeren (1)
beeten (1)
beeteþ (1)
beetles (1)
befallen (1)
before (1)
beggen (1)
beggeres (1)
begileþ (1)
beginne (1)
beginneþ (1)
begyle (1)
begylen (1)
beheuedynge (1)
beholde (1)
behoten (1)
behynde (1)
beleeue (1)
beliales (1)
belouet (1)
bemen (1)
benedict (1)
benene (1)
benet (1)
benetes (1)
benne (1)
bensen (1)
beode (1)
beodesmen (1)
beores (1)
berere (1)
berest (1)
berkest (1)
bernardes (1)
bernen (1)
berneþ (1)
berste (1)

bersten (1)
bert (1)
beset (1)
besmite (1)
bestliche (1)
bete (1)
bethanye (1)
betokeneþ (1)
betur (1)
beyh (1)
bibarred (1)
bibled (1)
biblodgi (1)
biclepe (1)
bicloset (1)
biclosynge (1)
bicloute (1)
bicluppe (1)
bicluppen (1)
bicluppeþ (1)
biclupt (1)
biclupte (1)
bicomeþ (1)
bicrept (1)
bidde (1)
bidon (1)
bidoþ (1)
bifallen (1)
bifalleþ (1)
bifoulen (1)
bifouleþ (1)
bifuilen (1)
bigat (1)
bigiled (1)
bigilet (1)
bigileþ (1)
bigineþ (1)
biginnere (1)
biginningne (1)
biginnunge (1)
bigonne (1)
bigunnen (1)
bigurdel (1)
bigyleþ (1)
bigynnen (1)
bigynninge (1)
biȝeete (1)
biȝet (1)
biȝetene (1)
biȝeteþ (1)
biheld (1)

biheuede (1)
biholdest (1)
bihynde (1)
bihynden (1)
biknowen (1)
bilappet (1)
bilesynges (1)
bileue (1)
biloke (1)
biloken (1)
bilowen (1)
bimasede (1)
bineþen (1)
binom (1)
birewynge (1)
bireynet (1)
birlen (1)
birleþ (1)
bisaumplet (1)
biseche (1)
bisechen (1)
biseon (1)
biseynte (1)
bisgore (1)
bisi (1)
bismorlet (1)
bismottet (1)
bisouȝten (1)
bisouht (1)
bisperret (1)
bispit (1)
bispoteþ (1)
bisschop (1)
bistad (1)
bistonden (1)
bisyden (1)
bitakynge (1)
bitechen (1)
bitidde (1)
bitit (1)
bitoken (1)
bitokend (1)
bitokened (1)
bitokenen (1)
bitokenet (1)
bitornen (1)
bitruyleþ (1)
bitterloker (1)
bittren (1)
bitunde (1)
biturneþ (1)

bituyned (1)
bitweone (1)
bityden (1)
bitymeþ (1)
biþouȝte (1)
biþouhte (1)
biweopen (1)
biwepe (1)
biwon (1)
biwrappet (1)
biwrien (1)
blasfemye (1)
blast (1)
bledden (1)
bleddest (1)
bleddre (1)
bleenden (1)
blenchen (1)
blendeþ (1)
bles (1)
blesse (1)
blessed (1)
blessednes (1)
blessynge (1)
blessynges (1)
blisfuliche (1)
blisfulliche (1)
blo (1)
blode (1)
blodes (1)
blodletene (1)
blosmen (1)
bloumon (1)
blsse (1)
blynde (1)
blyndfallynde (1)
blyndfellede (1)
blynt (1)
blyntfellen (1)
blyþe (1)
bocke (1)
boden (1)
bodies (1)
boffet (1)
boffetes (1)
boldeþ (1)
bolle (1)
bollen (1)
bon (1)
bones (1)
boote (1)

booten (1)
bor (1)
borenesse (1)
borgeis (1)
borw (1)
borwe (1)
borwȝ (1)
borwȝmen (1)
borwhmen (1)
bouȝ (1)
bouȝte (1)
bouwesum (1)
bowe (1)
bowus (1)
boystes (1)
bras (1)
brayd (1)
bredes (1)
breeden (1)
breek (1)
breid (1)
breide (1)
breiden (1)
breideþ (1)
brekynde (1)
brende (1)
breres (1)
brestre (1)
brestwounde (1)
breþuren (1)
bridel (1)
briȝte (1)
briȝteþ (1)
briȝtore (1)
brihteþ (1)
brod (1)
brouken (1)
browes (1)
bruchelore (1)
bruchen (1)
brynge (1)
brynke (1)
buffeteden (1)
buggeþ (1)
buirde (1)
bunsen (1)
burien (1)
burþene (1)
burwes (1)
burynesse (1)
buyrde (1)

buyþ (1)
byfore (1)
byforen (1)
bygurdel (1)
bygylen (1)
byȝete (1)
byholdest (1)
byhoten (1)
byleeue (1)
bylokene (1)
bymasede (1)
bymong (1)
byndeþ (1)
bysi (1)
bytokneþ (1)
caas (1)
cacche (1)
cacched (1)
cach (1)
cachcheþ (1)
caf (1)
cage (1)
cakele (1)
calangest (1)
caliȝ (1)
campions (1)
campiun (1)
canaan (1)
canch (1)
cange (1)
canges (1)
cangh (1)
cangun (1)
cankre (1)
canonial (1)
capeþ (1)
capitale (1)
caren (1)
carnel (1)
carneles (1)
cassiodre (1)
castels (1)
castete (1)
cat (1)
catel (1)
cauȝte (1)
cauhte (1)
caymes (1)
celer (1)
celles (1)
chaast (1)

chacche (1)
chaffare (1)
chakelen (1)
champion (1)
chapitres (1)
chapmon (1)
chastiȝet (1)
chastise (1)
chaunge (1)
chaungeþ (1)
chaunginge (1)
chaungynge (1)
chechen (1)
cheeres (1)
cheorl (1)
cheos (1)
chepede (1)
chepyng (1)
chepynge (1)
cheres (1)
cherubins (1)
cheseþ (1)
cheste (1)
chesun (1)
chidynges (1)
childene (1)
childhode (1)
chircheȝard (1)
chirmen (1)
chirmeþ (1)
chiteren (1)
chiterynde (1)
chore (1)
christ (1)
chydeþ (1)
chyld (1)
cite (1)
citee (1)
citees (1)
claf (1)
clanliche (1)
clanse (1)
clansen (1)
clap (1)
clauȝte (1)
claures (1)
clauses (1)
cleerliche (1)
clemens (1)
clept (1)
cler (1)

clergye (1)
clerk (1)
clerkes (1)
climben (1)
clomb (1)
cloþede (1)
cloþinde (1)
cloþinge (1)
cloumben (1)
cloute (1)
cloutus (1)
cluppe (1)
cluppeþ (1)
cluppynge (1)
clymbeþ (1)
cogitacion (1)
cogitaciuns (1)
colde (1)
coloure (1)
columpne (1)
comendacion (1)
concense (1)
concenten (1)
conneþ (1)
connun (1)
conscence (1)
consense (1)
contemplacion (1)
continaunce (1)
continuelment (1)
contumace (1)
coomen (1)
cop (1)
corbyn (1)
cornes (1)
corre (1)
cors (1)
costnede (1)
cou (1)
couent (1)
couertour (1)
couertschupe (1)
couetyses (1)
coueyte (1)
coueyten (1)
coueyteþ (1)
coueytise (1)
coule (1)
counseil (1)
couplynge (1)
couþen (1)

couþest (1)
couþure (1)
cracche (1)
craft (1)
crasseþ (1)
creop (1)
crepen (1)
criede (1)
crieþ (1)
criȝeden (1)
criȝinde (1)
criste (1)
cristendam (1)
croiȝes (1)
croiseþ (1)
crokede (1)
crokke (1)
croppeþ (1)
crosses (1)
croume (1)
croumen (1)
crounynge (1)
croys (1)
cruel (1)
cruwelte (1)
crye (1)
cubbel (1)
cuchene (1)
cuinde (1)
culche (1)
culle (1)
culuart (1)
culuere (1)
cumforted (1)
cumpaignye (1)
cumplin (1)
cumplye (1)
cumplyn (1)
cundles (1)
cundleþ (1)
cunes (1)
cuntenaunces (1)
cur (1)
curneles (1)
curre (1)
curs (1)
cursen (1)
curseþ (1)
cursinges (1)
curtesye (1)
cussede (1)

cussen (1)
cussynde (1)
custe (1)
cuþreden (1)
cuynde (1)
dai (1)
dameseles (1)
dampned (1)
dare (1)
dathan (1)
dauidþes (1)
daunger (1)
daungerous (1)
daunse (1)
dawynge (1)
deale (1)
debonere (1)
dedboote (1)
dedbote (1)
dedest (1)
dedlych (1)
dedlyche (1)
dedore (1)
deemere (1)
deemeþ (1)
def (1)
defoulet (1)
degrees (1)
delede (1)
delful (1)
delices (1)
delictum (1)
delueþ (1)
deluinge (1)
deluynge (1)
delyteþ (1)
delyuerede (1)
delyueret (1)
demet (1)
dempde (1)
dempnede (1)
deol (1)
deolfolliche (1)
deopliche (1)
deoploker (1)
deores (1)
deorlyng (1)
deouel (1)
departen (1)
departinge (1)
depeþ (1)

depeyntynge (1)
deppore (1)
derfliche (1)
derneliche (1)
derneloker (1)
dernliche (1)
derueþ (1)
derworþore (1)
descriuet (1)
desert (1)
deseruet (1)
desire (1)
desk (1)
despoyled (1)
despoylet (1)
dest (1)
desyr (1)
desyringe (1)
deth (1)
dette (1)
dettor (1)
dettours (1)
dettur (1)
deuocion (1)
deutronomye (1)
dewes (1)
deweþ (1)
dewynge (1)
dieþ (1)
diggen (1)
dignite (1)
diȝeden (1)
diȝen (1)
diȝete (1)
dimloker (1)
dina (1)
disciplyne (1)
discorde (1)
discreueþ (1)
discriueþ (1)
discumfyted (1)
dispeyr (1)
dispoylet (1)
dispoyleþ (1)
distorben (1)
distyngtiones (1)
diuersliche (1)
doddynge (1)
dolki (1)
dolte (1)
doluene (1)

dome (1)
domes (1)
domesmon (1)
donewardes (1)
doome (1)
doomes (1)
doomesday (1)
doomstool (1)
dooþ (1)
dores (1)
dorren (1)
dosye (1)
dote (1)
dotede (1)
doten (1)
doth (1)
double (1)
douȝtren (1)
doune (1)
dounriht (1)
dounwardes (1)
dounwardus (1)
douteþ (1)
doynges (1)
drake (1)
drawinde (1)
dredde (1)
dredeful (1)
dredeþ (1)
drednesse (1)
dreedful (1)
dreuhri (1)
dreynte (1)
drit (1)
driuest (1)
driuynde (1)
dropemele (1)
drouh (1)
druch (1)
druiȝeþ (1)
drunch (1)
drunken (1)
druri (1)
druwerye (1)
druyede (1)
druyeden (1)
druyefoot (1)
druyf (1)
druyȝe (1)
druyȝeþ (1)
dryen (1)

dryeþ (1)
dryȝen (1)
dulte (1)
dunge (1)
duste (1)
dusten (1)
dusteþ (1)
dutte (1)
duttun (1)
duyk (1)
dyȝede (1)
dyȝeþ (1)
dylit (1)
ebreuwes (1)
ebrewes (1)
echeþ (1)
edewiteþ (1)
edi (1)
edmoodnesse (1)
edwiteþ (1)
edwyt (1)
edwyten (1)
edwytynge (1)
eeren (1)
eet (1)
efficaces (1)
eficaces (1)
egge (1)
eggen (1)
eggynge (1)
egipte (1)
eȝechye (1)
eȝesiht (1)
eȝesihte (1)
ei (1)
eiȝensiht (1)
eiȝeþurl (1)
eiȝeþurles (1)
eiȝeþurlus (1)
eiȝteþe (1)
eilen (1)
eldore (1)
eliȝabeþ (1)
elleueþe (1)
elye (1)
emenys (1)
emperour (1)
empti (1)
enbreueteþ (1)
encheson (1)
encresen (1)

encreseþ (1)
encresynge (1)
endettet (1)
engelond (1)
englis (1)
enioyne (1)
eniþing (1)
entente (1)
envyouse (1)
enywyse (1)
eoþe (1)
epistel (1)
eres (1)
ern (1)
erne (1)
ernynge (1)
erþly (1)
esse (1)
est (1)
esten (1)
estfoulore (1)
estories (1)
eþelyche (1)
euenynge (1)
euerȝite (1)
euur (1)
ewangelist (1)
ewangeliste (1)
ewangelyst (1)
excusede (1)
exodo (1)
ey (1)
eyhteþe (1)
eylþurles (1)
eyren (1)
faderes (1)
fadres (1)
falde (1)
faleweþ (1)
fallest (1)
fallinde (1)
falsest (1)
falseþ (1)
falsi (1)
falsliche (1)
falsynde (1)
fame (1)
fardel (1)
fastyng (1)
fastynge (1)
fat (1)

fatte (1)
fatten (1)
faute (1)
fautes (1)
fayninge (1)
febelnesse (1)
febleliche (1)
feblenesse (1)
fede (1)
feden (1)
fedeþ (1)
fee (1)
feed (1)
feelen (1)
feelynge (1)
feirede (1)
feirest (1)
feireste (1)
feirschipe (1)
fekeþ (1)
felaschipus (1)
felauliche (1)
felauschupe (1)
felaweschipe (1)
felaweschupe (1)
felawschupe (1)
felest (1)
felewyse (1)
fen (1)
fendschipe (1)
fendus (1)
fennyliche (1)
fent (1)
feol (1)
feondus (1)
feorlich (1)
feoþ (1)
feoþer (1)
ferfulliche (1)
ferlac (1)
ferli (1)
fermers (1)
ferrene (1)
ferreneto (1)
fert (1)
feter (1)
fetere (1)
feyre (1)
ffals (1)
ffamiliarite (1)
ffareþ (1)

ffasteþ (1)
ffastyng (1)
ffastynge (1)
ffed (1)
ffee (1)
ffeld (1)
ffelynge (1)
ffereful (1)
fferþe (1)
ffeuere (1)
ffiftene (1)
ffikele (1)
ffikelere (1)
ffikelers (1)
fflatereþ (1)
ffleo (1)
fflescliche (1)
fflih (1)
fflihþ (1)
ffluyhte (1)
ffoleweþ (1)
ffondeden (1)
ffondinge (1)
fforbysne (1)
fforfareþ (1)
fforgon (1)
fforȝeme (1)
fforȝif (1)
fforloren (1)
fforneih (1)
fforsakeþ (1)
fforschuppeþ (1)
fforþure (1)
fforward (1)
ffrensch (1)
ffreolek (1)
ffriday (1)
ffridayes (1)
fful (1)
ffyges (1)
fif (1)
fifþe (1)
figures (1)
fiȝt (1)
fiȝteþ (1)
fihten (1)
fihtinge (1)
fikele (1)
fikelynde (1)
fikelyng (1)
fikelynge (1)

findeþ (1)
fisch (1)
flaskeþ (1)
flasscheþ (1)
flateringe (1)
flecchinde (1)
fleoinge (1)
fleos (1)
fleotynde (1)
fleshliche (1)
fleten (1)
fleþ (1)
fliȝt (1)
fliker (1)
flikereþ (1)
fliþ (1)
flo (1)
flod (1)
flon (1)
floþeringe (1)
flouwynde (1)
flowe (1)
floweþ (1)
flowynde (1)
fluiht (1)
flyȝe (1)
flynt (1)
folewede (1)
folliche (1)
folweden (1)
folyliche (1)
fomen (1)
fonde (1)
fonden (1)
foo (1)
fooles (1)
foolhardi (1)
foolliche (1)
foorme (1)
foot (1)
foote (1)
footes (1)
forbede (1)
forbeer (1)
forbeodeþ (1)
forbere (1)
forberneþ (1)
forbisene (1)
forbisne (1)
forblaked (1)
forblaket (1)

forbodene (1)
forbrende (1)
forbysene (1)
forbysnes (1)
forcastynge (1)
fordoon (1)
fordoone (1)
fordronken (1)
fordruyȝede (1)
foregoeres (1)
foremakeþ (1)
forfareþ (1)
forferden (1)
forfreten (1)
forgnaweþ (1)
forgon (1)
forgoþ (1)
forgult (1)
forȝaf (1)
forȝat (1)
forȝemeþ (1)
forȝeueþ (1)
forȝiuelich (1)
forȝiuen (1)
forȝiueþ (1)
forhoten (1)
foridelet (1)
forkerue (1)
forleosen (1)
forlore (1)
forlorenesse (1)
forlorennesse (1)
forneih (1)
forrotyen (1)
forsakeþ (1)
forschupped (1)
forschuppet (1)
forseoþen (1)
forsook (1)
forstikeþ (1)
forstoppeþ (1)
forswoleweþ (1)
forþbysne (1)
forþe (1)
forþere (1)
forþereþ (1)
forþfarynde (1)
forþȝong (1)
forþifaren (1)
forþloker (1)
forþwardes (1)

forwelewet (1)
forwhi (1)
forwhonne (1)
forworþeþ (1)
forwryet (1)
fosterde (1)
fostreþ (1)
fostrild (1)
fot (1)
fouȝten (1)
foulen (1)
foulene (1)
foulere (1)
fouleste (1)
foulliche (1)
founden (1)
foundles (1)
fourme (1)
fre (1)
frelete (1)
frendschupe (1)
frensch (1)
fresch (1)
fretewole (1)
fretynge (1)
friday (1)
frotynge (1)
fruyt (1)
fryniht (1)
fuire (1)
fulde (1)
fulitohen (1)
fulitowe (1)
fullen (1)
fulloȝt (1)
fuste (1)
fuylen (1)
fyfti (1)
fyhfþe (1)
fyleþ (1)
fyndles (1)
fyngres (1)
gabben (1)
gabrieles (1)
galile (1)
galilee (1)
galnesse (1)
galuhtreo (1)
garses (1)
gate (1)
gauel (1)

geate (1)
gederden (1)
gederinge (1)
gederynde (1)
gederynge (1)
gees (1)
geet (1)
gelesye (1)
gelus (1)
gelusye (1)
genesi (1)
genesis (1)
genesy (1)
gentrise (1)
gentyle (1)
gerner (1)
geteþ (1)
getten (1)
gibet (1)
gigge (1)
gileþ (1)
gilt (1)
gist (1)
gladyng (1)
glauereþ (1)
gleden (1)
gleo (1)
glorie (1)
glotonye (1)
glotouns (1)
glotun (1)
gluccheþ (1)
gluffeþ (1)
gnidden (1)
gnuddeden (1)
godchild (1)
goder (1)
godhede (1)
godnesse (1)
godspel (1)
golde (1)
goldhordes (1)
goldsmiþ (1)
gomen (1)
gomorre (1)
gonfanounner (1)
goodede (1)
gospeles (1)
gostes (1)
gostlych (1)
gou (1)

goutefestre (1)
graunted (1)
greden (1)
grediloker (1)
gredyren (1)
greef (1)
gregore (1)
gregories (1)
gregoyre (1)
grehondes (1)
grehoundus (1)
greneþ (1)
grennynge (1)
gretinge (1)
gretinges (1)
grette (1)
greue (1)
greues (1)
greuest (1)
greye (1)
grimmest (1)
grinde (1)
grint (1)
gris (1)
grise (1)
griseþ (1)
grisful (1)
grith (1)
griþ (1)
grone (1)
gronynge (1)
gropynge (1)
grucched (1)
grucchinde (1)
grunen (1)
grys (1)
grysli (1)
gryslich (1)
gulte (1)
gultes (1)
gurde (1)
gurdeles (1)
gurdynge (1)
gyles (1)
gyleþ (1)
gyste (1)
gyuelgowue (1)
ȝakarie (1)
ȝaram (1)
ȝatewardes (1)
ȝeef (1)

ȝeemstones (1)
ȝeer (1)
ȝeeue (1)
ȝellynges (1)
ȝelpe (1)
ȝemelesliche (1)
ȝemelesscupe (1)
ȝemeþ (1)
ȝemston (1)
ȝeorneloker (1)
ȝeornful (1)
ȝeote (1)
ȝerden (1)
ȝernfuliche (1)
ȝerninge (1)
ȝernliche (1)
ȝerus (1)
ȝeten (1)
ȝettynge (1)
ȝeueȝ (1)
ȝeuurliche (1)
ȝeyncome (1)
ȝicchinge (1)
ȝichchinge (1)
ȝift (1)
ȝiftes (1)
ȝiȝede (1)
ȝiȝen (1)
ȝimmes (1)
ȝitte (1)
ȝok (1)
ȝolden (1)
ȝonen (1)
ȝonynge (1)
ȝou (1)
ȝyueþ (1)
hadde (1)
haggen (1)
hakked (1)
hakkeþ (1)
halewe (1)
halewinde (1)
halewy (1)
halewynde (1)
halflynge (1)
hali (1)
halle (1)
halsene (1)
haluendel (1)
halues (1)
halydayȝene (1)

han (1)
harden (1)
hardes (1)
hardeschupes (1)
hardore (1)
hardschupe (1)
hare (1)
harlot (1)
harmes (1)
harmest (1)
harmliche (1)
hastiliche (1)
hate (1)
hatede (1)
hatest (1)
hatren (1)
hatte (1)
haueȝ (1)
hauen (1)
hauenles (1)
haunche (1)
hedcloþ (1)
hedes (1)
hedsunnen (1)
hedsynnes (1)
heef (1)
heele (1)
heerabouten (1)
heerafter (1)
heeraftur (1)
heeren (1)
heerto (1)
heet (1)
heiȝeschupe (1)
heiȝet (1)
heiȝnesse (1)
heiȝschupe (1)
heihangel (1)
heihliche (1)
heihnesse (1)
heihschupe (1)
hellene (1)
helpe (1)
hen (1)
hende (1)
hendeliche (1)
heneward (1)
hennen (1)
heolde (1)
heor (1)
heoren (1)

heowe (1)
heowynge (1)
hep (1)
hepeþ (1)
heraȝeyn (1)
herbarwede (1)
herbi (1)
herbiforen (1)
herdemenne (1)
herden (1)
hereword (1)
herfore (1)
herie (1)
herien (1)
herieþ (1)
herin (1)
herinde (1)
heringe (1)
herinne (1)
heritage (1)
herkene (1)
herkenen (1)
herknen (1)
herknynge (1)
herkwille (1)
heron (1)
herrore (1)
herteliche (1)
hertet (1)
hertoȝeynes (1)
hertouward (1)
heruest (1)
herynges (1)
hester (1)
hesteres (1)
hestes (1)
heþenesse (1)
heue (1)
heuedsinne (1)
heuedsunnen (1)
heuedsynne (1)
heueneliche (1)
heuenne (1)
heuet (1)
heuetsunne (1)
heuischupe (1)
heuy (1)
heuynesse (1)
hewes (1)
hey (1)
heyȝe (1)

heyhful (1)
hider (1)
hiȝinge (1)
hillarii (1)
himselue (1)
hodes (1)
hokere (1)
hokeres (1)
hokereþ (1)
hokerliche (1)
hokerynge (1)
holdest (1)
holest (1)
holliche (1)
holpe (1)
holpen (1)
holyrode (1)
homes (1)
homicide (1)
hondelde (1)
hondeleþ (1)
hondes (1)
hondful (1)
hondle (1)
hondlynge (1)
hondret (1)
hondwhile (1)
honged (1)
honger (1)
hongrede (1)
hongren (1)
hongri (1)
hongynde (1)
hongynge (1)
hontede (1)
hontwhyle (1)
hoore (1)
hopen (1)
hord (1)
horedom (1)
horleþ (1)
horlynge (1)
horses (1)
horuh (1)
hos (1)
hosewyf (1)
hostes (1)
hosul (1)
hoten (1)
houndus (1)
houres (1)

house (1)
howso (1)
huid (1)
huidestou (1)
huidles (1)
huirnes (1)
huit (1)
hulde (1)
hule (1)
hulli (1)
hulpe (1)
hulynge (1)
humble (1)
hundred (1)
hunten (1)
huntynge (1)
hupe (1)
hure (1)
huren (1)
hurtynge (1)
huyding (1)
hye (1)
hyȝe (1)
hyȝeþ (1)
hymself (1)
hymseluen (1)
hyre (1)
hys (1)
iancret (1)
ianglynge (1)
iasket (1)
iattret (1)
ibarnd (1)
ibeo (1)
ibeon (1)
ibete (1)
ibette (1)
iblechet (1)
iblent (1)
iblyntfellede (1)
ibocked (1)
ibollen (1)
iborennesse (1)
iborwen (1)
ibrent (1)
ibridlet (1)
iburiet (1)
icalanget (1)
icalled (1)
icast (1)
icauȝt (1)

ichosen (1)
icleped (1)
iclept (1)
icluiht (1)
iclumben (1)
icoren (1)
icoueytet (1)
icraued (1)
icried (1)
icroyset (1)
icuret (1)
idelet (1)
idelnesses (1)
idoluen (1)
idrawe (1)
iernet (1)
ierom (1)
ierusalemes (1)
ifastned (1)
ifattet (1)
ifele (1)
ifeled (1)
ifeleþ (1)
ifestned (1)
ifeteret (1)
ifiþered (1)
ifuilet (1)
ifylet (1)
igete (1)
ignorance (1)
igraunted (1)
igrauntet (1)
igreiþet (1)
ihaad (1)
ihakked (1)
ihalsened (1)
ihaplewed (1)
iharmed (1)
iheiȝet (1)
ihelen (1)
iheueget (1)
iholen (1)
iholpen (1)
ihongede (1)
ihool (1)
ihoselet (1)
ihouen (1)
ihudde (1)
ihyȝet (1)
iidith (1)
ikakeled (1)

ikepeþ (1)
iknowe (1)
ikud (1)
ilaft (1)
ileeuen (1)
ileeuet (1)
ileeueþ (1)
ileȝen (1)
ileret (1)
ilet (1)
ileten (1)
ilette (1)
ileuet (1)
ileyd (1)
ileyȝen (1)
ilich (1)
iliht (1)
ilihtet (1)
iliknesse (1)
iliuet (1)
iloke (1)
iloked (1)
iloket (1)
ilopen (1)
iloren (1)
ilosen (1)
iloued (1)
ilouet (1)
ilyche (1)
ilyden (1)
ilyke (1)
ilyknesse (1)
imad (1)
imade (1)
imaked (1)
imakeþ (1)
imarked (1)
imbriwiken (1)
imelt (1)
imeynt (1)
imist (1)
imunted (1)
inayled (1)
inceste (1)
inde (1)
ined (1)
innocent (1)
inomen (1)
inomene (1)
inpacience (1)
inte (1)

inwardloker (1)
inwardlokus (1)
inwonyende (1)
iobes (1)
iogelors (1)
iohan (1)
iohanes (1)
ioie (1)
iones (1)
iopened (1)
iorneye (1)
ioseph (1)
iosephat (1)
iosues (1)
ipallage (1)
ipayet (1)
iprechet (1)
ipreiset (1)
ipreysed (1)
ipreyset (1)
iqueme (1)
iqueynt (1)
irede (1)
iredet (1)
irene (1)
irobbed (1)
irobbet (1)
irud (1)
irustet (1)
isaias (1)
isaie (1)
isaluet (1)
isauhtnet (1)
isawen (1)
isaye (1)
isboset (1)
ischewede (1)
ischilde (1)
ischouen (1)
ischrapen (1)
ischriue (1)
ischrudde (1)
ise (1)
iseene (1)
iseȝen (1)
iseȝene (1)
iseiȝen (1)
iseyntet (1)
islawen (1)
islayȝen (1)
ismacchet (1)

ismau3t (1)
ismelled (1)
isotelet (1)
isou3t (1)
ispelet (1)
ispenet (1)
isperret (1)
ispreynde (1)
isteken (1)
istoruen (1)
istrengþhed (1)
istreonet (1)
istunt (1)
isunged (1)
isungen (1)
isunget (1)
isuylet (1)
isworen (1)
itachet (1)
itaken (1)
itauht (1)
itaylet (1)
iti3ed (1)
itilet (1)
itimbret (1)
itiþet (1)
itornet (1)
itorpeld (1)
itowe (1)
itrusset (1)
itunt (1)
itwynnet (1)
itycet (1)
iþestret (1)
iþou3t (1)
iþouht (1)
iþrowen (1)
iudasen (1)
iudee (1)
iulians (1)
iulianus (1)
ivarwet (1)
ivyet (1)
iwarnet (1)
iweddet (1)
iwellet (1)
iwerret (1)
iwilned (1)
iwilnet (1)
iwiteþ (1)
iworschipet (1)

iwraþþed (1)
iwrou3t (1)
iwry3en (1)
iwyued (1)
iympet (1)
kakelynde (1)
kangch (1)
kangh (1)
kayser (1)
kelche (1)
kempe (1)
kept (1)
keptest (1)
keruynge (1)
kinedomes (1)
knelen (1)
knelinge (1)
kneon (1)
knif (1)
kni3t (1)
knihtes (1)
knowe (1)
knowelechinge (1)
knowelechynge (1)
knowyng (1)
knyues (1)
kuiþen (1)
kynedam (1)
laccheþ (1)
ladel (1)
ladies (1)
ladiloker (1)
lady (1)
ladys (1)
lage (1)
lagore (1)
la3ere (1)
lakke (1)
lakken (1)
langage (1)
largeliche (1)
lastynge (1)
latyn (1)
laueden (1)
lau3weþ (1)
lau3whinge (1)
lauhtren (1)
lauhwe (1)
lauhwhinde (1)
laurence (1)
lechecraft (1)

lechen (1)
led (1)
leef (1)
leenden (1)
leesen (1)
leeste (1)
leete (1)
leeued (1)
leeuynge (1)
leg (1)
legge (1)
leid (1)
lei3e (1)
leih (1)
lemmones (1)
lengest (1)
lengor (1)
lengur (1)
lenten (1)
lentun (1)
leom (1)
leone (1)
leope (1)
leore (1)
leoren (1)
leorn (1)
leornde (1)
leorne (1)
leornynge (1)
leoueste (1)
lepe (1)
leprous (1)
lernde (1)
lerne (1)
lerneþ (1)
lesson (1)
lessones (1)
lessun (1)
lesue (1)
lesuwe (1)
lesynges (1)
lesyngus (1)
letanie (1)
lette (1)
lettede (1)
lettre (1)
lettres (1)
letuaries (1)
leuedest (1)
leuet (1)
ley (1)

leyde (1)
leyden (1)
libbeþ (1)
licour (1)
licur (1)
lideþ (1)
ligginge (1)
li3t (1)
lihtlice (1)
likkore (1)
liknesse (1)
liþere (1)
liþes (1)
liuinde (1)
loddurre (1)
lode (1)
lodelokeste (1)
lodlich (1)
lodlyche (1)
lof (1)
lofsome (1)
lofsomere (1)
loftsong (1)
logged (1)
logget (1)
loggeþ (1)
lok (1)
loked (1)
lokes (1)
lokinges (1)
lokyers (1)
lokynges (1)
lombes (1)
longinge (1)
longynge (1)
loome (1)
lose (1)
loþe (1)
loþeþ (1)
loþles (1)
loþore (1)
loud (1)
louefol (1)
loueful (1)
louefule (1)
loueworþe (1)
louge (1)
louhnesse (1)
louhschupe (1)
louie (1)
louseþ (1)

Vernacular Forms Arranged in Descending Order: VERNON

louteþ (1)
lowedest (1)
luddore (1)
lufte (1)
lupe (1)
lusten (1)
lustenynge (1)
lustnede (1)
lute (1)
lutle (1)
lutles (1)
luþure (1)
luþurliche (1)
luytele (1)
ly (1)
lych (1)
lyfholy (1)
ly3est (1)
lyhþ (1)
lyk (1)
lyke (1)
lykeþ (1)
lyme (1)
lymen (1)
lyn (1)
lynen (1)
lyþ (1)
maade (1)
macarie (1)
machaben (1)
maddest (1)
maden (1)
madest (1)
madliche (1)
madloker (1)
maiden (1)
maidenes (1)
maidenlure (1)
maidens (1)
maiht (1)
makeden (1)
makedest (1)
makere (1)
makynges (1)
mamelynde (1)
maners (1)
mararihtes (1)
marchaunt (1)
mardoche (1)
mare (1)
margrete (1)
martha (1)
masseþ (1)
mateere (1)
maten (1)
mathei (1)
matten (1)
maunciple (1)
maydenhodes (1)
maydenlure (1)
may3 (1)
mayht (1)
maystren (1)
maystres (1)
medecyn (1)
medleþ (1)
meeden (1)
mekelyche (1)
mekeþ (1)
mene (1)
menne (1)
menskeful (1)
menskeliche (1)
mensken (1)
merciable (1)
merite (1)
merueyle (1)
meseyses (1)
metes (1)
meteþ (1)
methles (1)
methlese (1)
mette (1)
meþles (1)
meþlese (1)
midday (1)
mide (1)
midmorwen (1)
midniht (1)
mi3te (1)
mi3tes (1)
mi3test (1)
mi3ti (1)
mihtes (1)
mihtiliche (1)
milce (1)
milde (1)
milsfole (1)
min (1)
miracles (1)
misdedes (1)
misdo (1)
misdude (1)
misdust (1)
misese (1)
mishapnynge (1)
misherest (1)
mislyken (1)
misnomene (1)
misnoteþ (1)
misnotynge (1)
misnyme (1)
misnymeþ (1)
misouurtrouwynge (1)
mispaye (1)
mispayed (1)
missiggynges (1)
mistrouwed (1)
misþenke (1)
miswiten (1)
misword (1)
miswordes (1)
mixene (1)
moders (1)
modersunnen (1)
molden (1)
monek (1)
mongleþ (1)
monglinge (1)
monglynge (1)
monhede (1)
moniwhat (1)
monk (1)
monkuynde (1)
monliche (1)
monne (1)
monnus (1)
monslau3t (1)
monyfold (1)
monyfolde (1)
moode (1)
moon (1)
moone (1)
moost (1)
morewen (1)
morþerdest (1)
morþured (1)
morwe3iue (1)
mouht (1)
mouhtest (1)
moulen (1)
moulynde (1)
mournen (1)
mournynge (1)
mouþene (1)
moysen (1)
moyses (1)
mucheles (1)
muchers (1)
muneginge (1)
mung (1)
mungen (1)
munstrals (1)
murþen (1)
myde (1)
myldehertnesse (1)
mylk (1)
mysese (1)
myslykynge (1)
mysnymynge (1)
nabben (1)
naketliche (1)
nal (1)
nam (1)
nap (1)
narewest (1)
nart (1)
nast (1)
naum (1)
nayteþ (1)
nece (1)
ned (1)
nedeliche (1)
nedeþ (1)
nedfoloker (1)
needeþ (1)
neelde (1)
nei3en (1)
nei3eþ (1)
nei3he (1)
nei3heþ (1)
nei3hynge (1)
neih3ede (1)
neiþer (1)
nekke (1)
nelden (1)
nempnynge (1)
neoces (1)
neodes (1)
neodfole (1)
neodiliche (1)
neoses (1)
neoþure (1)
nere (1)

netes (1)
nettes (1)
neuerþelatere (1)
neweliche (1)
next (1)
ney33ede (1)
ni3t (1)
nil (1)
nimynge (1)
noblesse (1)
nocturne (1)
noes (1)
nolden (1)
noldest (1)
nomecouþe (1)
nomelyche (1)
nones (1)
nonesweis (1)
nonusweys (1)
noon (1)
norice (1)
norische (1)
norisscheþ (1)
note (1)
noten (1)
notyen (1)
noþelater (1)
noþur (1)
nouhwher (1)
nouhwhere (1)
nowiht (1)
nulle (1)
nunne (1)
nuteþ (1)
nuy (1)
ny3ene (1)
nymest (1)
nyn (1)
nyþe (1)
ofdraweþ (1)
ofdred (1)
ofernede (1)
offe (1)
offre (1)
offren (1)
ofserueden (1)
ofserueþ (1)
ofsprunch (1)
ofspryng (1)
often (1)
oftest (1)

oftoken (1)
ofþenken (1)
ofþinkynge (1)
ofþunch (1)
ofþunchinge (1)
okereþ (1)
olnen (1)
olnynge (1)
oncrefulle (1)
ondefole (1)
ondful (1)
ondfule (1)
oneward (1)
onlokest (1)
onlyche (1)
onred (1)
onsweres (1)
onteende (1)
onwhile (1)
onwille (1)
oornen (1)
openen (1)
openest (1)
openlokest (1)
openynge (1)
openynges (1)
oppon (1)
ordrere (1)
ordres (1)
origenes (1)
orne (1)
oten (1)
otturliche (1)
oþerweis (1)
oþerweys (1)
oþerwhyle (1)
oþes (1)
oþurweys (1)
ouemast (1)
ouercom (1)
ouercome (1)
ouercomest (1)
ouerdon (1)
ouerfulle (1)
ouergart (1)
ouergon (1)
ouerguyldeþ (1)
ouerhei3e (1)
ouerherynge (1)
ouerhowe (1)
ouermuchel (1)

ouerspredeþ (1)
ouerstrong (1)
ouerstured (1)
ouerswiþe (1)
ouertornynde (1)
ouertrusten (1)
ouerwaden (1)
ou3test (1)
ou3tsong (1)
ou3wher (1)
ouht (1)
ournemens (1)
outcome (1)
outerliche (1)
outlawen (1)
outnomemene (1)
outwardes (1)
ouþur (1)
ouural (1)
ouurcom (1)
ouurcome (1)
ouurcomen (1)
ouurgeþ (1)
ouurgon (1)
ouurmuche (1)
ouurtrusti (1)
ouurturneþ (1)
owe (1)
oyle (1)
pagne (1)
palmesoneday (1)
parischen (1)
parlor (1)
parlors (1)
parte (1)
parteþ (1)
passen (1)
paternostrus (1)
patriarche (1)
patriarkes (1)
payede (1)
payet (1)
pece (1)
peckeþ (1)
peeces (1)
pekken (1)
penaunces (1)
perfeccion (1)
peril (1)
peses (1)
petrus (1)

pharaon (1)
pharaones (1)
phares (1)
phariseis (1)
pilche (1)
pilen (1)
piler (1)
pilynge (1)
pinchinge (1)
pinen (1)
pistel (1)
piþeriþ (1)
plawe (1)
pleiede (1)
pley (1)
pleye (1)
pleyede (1)
pleynte (1)
plocken (1)
pof (1)
poffen (1)
pons (1)
pope (1)
pot (1)
poules (1)
power (1)
preche (1)
prechen (1)
prechor (1)
prechours (1)
preest (1)
preise (1)
preiseþ (1)
preisinge (1)
prela3 (1)
prelat (1)
preminences (1)
preon (1)
preoste (1)
prese (1)
preuen (1)
preuynge (1)
preyen (1)
preysede (1)
preyseþ (1)
pride (1)
prike (1)
prikeþ (1)
prikke (1)
prikkynge (1)
prikkynges (1)

prikynge (1)
prince (1)
princes (1)
prinueschupe (1)
prisons (1)
priuetes (1)
priuilege (1)
procurynge (1)
profession (1)
prokynges (1)
prophecye (1)
prophetes (1)
prophte (1)
propurliche (1)
proudest (1)
proudeþ (1)
proue (1)
pryme (1)
prys (1)
psalme (1)
puffe (1)
puite (1)
pullen (1)
puplicanes (1)
puplius (1)
purs (1)
purse (1)
pursus (1)
purte (1)
puttes (1)
puyndeþ (1)
pyneful (1)
pynem (1)
pyneþ (1)
quaken (1)
qualmhous (1)
qualmstude (1)
quede (1)
quedschupus (1)
quemen (1)
quemeþ (1)
quench (1)
quenchen (1)
queþ (1)
queyse (1)
quich (1)
quiken (1)
quikes (1)
quikeþ (1)
quikkore (1)
quikloker (1)

quitaunse (1)
quiten (1)
quiuere (1)
quod (1)
quynte (1)
quyte (1)
qwayer (1)
qway3er (1)
qween (1)
raddore (1)
rat (1)
raþere (1)
raþure (1)
rebecca (1)
reboundeþ (1)
recchen (1)
recchinge (1)
receyuen (1)
reche (1)
recheleslich (1)
rechelesliche (1)
reclusus (1)
recorden (1)
recuilen (1)
redesmon (1)
redet (1)
rediliche (1)
redles (1)
redyng (1)
reimen (1)
religius (1)
religyon (1)
relykes (1)
remedies (1)
remission (1)
remon (1)
renneþ (1)
rentes (1)
reouþe (1)
rerede (1)
resoun (1)
resouns (1)
rest (1)
resten (1)
restif (1)
reuenes (1)
reuers (1)
reutfol (1)
reuþfole (1)
reuþhe (1)
richesses (1)

ridle (1)
ridynge (1)
ri3twyse (1)
rihten (1)
rihtfol (1)
rihtwyse (1)
rihwysnesse (1)
rikeners (1)
ring (1)
rippynge (1)
rixeleþ (1)
rixled (1)
rixleþ (1)
rixlynge (1)
robbers (1)
rochet (1)
rod (1)
rodestaf (1)
rodetoken (1)
rodetokene (1)
rodi (1)
rof (1)
roffyn (1)
rokeleþ (1)
roken (1)
rokkeþ (1)
rolle (1)
romynde (1)
roodescheld (1)
roodetoken (1)
roof (1)
roote (1)
rooteþ (1)
rootus (1)
ros (1)
rose (1)
roten (1)
roteþ (1)
rotien (1)
rou3te (1)
rouken (1)
rouwen (1)
rouwore (1)
ruben (1)
rulynge (1)
rune (1)
runes (1)
runnen (1)
ruste (1)
rusten (1)
rusteþ (1)

ryden (1)
ryote (1)
rysen (1)
saare (1)
sacrament (1)
sacremens (1)
sacreþ (1)
sacrifices (1)
sake (1)
salamons (1)
salm (1)
salomones (1)
salueþ (1)
sampsomus (1)
sampsumes (1)
sarmon (1)
satan (1)
sauacion (1)
sauede (1)
saueour (1)
saueþ (1)
sau3tnesse (1)
sauhte (1)
sauhten (1)
sauor (1)
sauourles (1)
sauours (1)
sauter (1)
say3 (1)
scaldynde (1)
scarsliche (1)
schac (1)
schak (1)
schakynde (1)
schapet (1)
scharp (1)
scheden (1)
schedeþ (1)
scheding (1)
schedyng (1)
schedynge (1)
schenden (1)
schendfole (1)
schendfullek (1)
schendfulliche (1)
schendlak (1)
schendschupes (1)
schennesse (1)
schent (1)
schentfole (1)
schentful (1)

scheot (1)
scheoting (1)
schep (1)
scheteþ (1)
scheuh (1)
schew (1)
schewed (1)
schewh (1)
schewyng (1)
schewynge (1)
schewynges (1)
schininde (1)
schip (1)
scho (1)
schoinde (1)
scholdre (1)
schomel (1)
schomeles (1)
schomen (1)
schomeþ (1)
schonien (1)
schonken (1)
schorte (1)
schrewedschupe (1)
schriftes (1)
schriuest (1)
schrof (1)
schrokken (1)
schrud (1)
schrudde (1)
schruyden (1)
schukke (1)
schuncheþ (1)
schuneden (1)
schuppes (1)
schynen (1)
sclaterynge (1)
sclaundere (1)
scorpions (1)
scoten (1)
scotten (1)
scotteþ (1)
scourgen (1)
sculle (1)
scureþ (1)
scuwes (1)
sechinde (1)
sechynge (1)
secunde (1)
seecheþ (1)
seed (1)

seedes (1)
seek (1)
seeke (1)
seend (1)
seendeþ (1)
seet (1)
sege (1)
seȝen (1)
seið (1)
seid (1)
seiden (1)
seidest (1)
sekkere (1)
seluen (1)
semblant (1)
semede (1)
semelich (1)
semeþ (1)
semynge (1)
send (1)
sendeþ (1)
seneca (1)
seneka (1)
sentence (1)
seoinge (1)
seone (1)
seost (1)
seostou (1)
sepulcre (1)
sereweful (1)
seruauns (1)
serue (1)
seruice (1)
seruyces (1)
serweful (1)
serwfullore (1)
seten (1)
seþ (1)
seþþe (1)
seuefold (1)
seuenniht (1)
seuenti (1)
seyd (1)
seyntes (1)
sholdest (1)
sibbe (1)
sigaldrien (1)
sigeþ (1)
siȝþ (1)
sihtes (1)
sihtþ (1)

sikeþ (1)
sincletise (1)
sincletyse (1)
sinful (1)
sinfule (1)
singen (1)
singinde (1)
singynde (1)
sinkeþ (1)
sinnes (1)
sirquidrie (1)
sittinge (1)
siþe (1)
siþes (1)
six (1)
skeren (1)
skerre (1)
skilles (1)
skirmen (1)
skorn (1)
slaken (1)
slayen (1)
sle (1)
sleepen (1)
sleeþ (1)
sleihþe (1)
slepers (1)
sleptest (1)
slepynde (1)
slepynge (1)
sleue (1)
sliderynge (1)
slihtynge (1)
slouþful (1)
sluggi (1)
slumy (1)
slyden (1)
slym (1)
smacchinge (1)
smacchynge (1)
smachchinge (1)
smallore (1)
smart (1)
smartliche (1)
smellen (1)
smellynge (1)
smeoþen (1)
smered (1)
smeres (1)
smereþ (1)
smerten (1)

smerteþ (1)
smertynge (1)
smeþen (1)
smihþ (1)
smitȝ (1)
smorþure (1)
smul (1)
smullinde (1)
smullinge (1)
smyten (1)
smytere (1)
snacchen (1)
snakerynde (1)
snouh (1)
socoures (1)
sodome (1)
sodomus (1)
soffrede (1)
soffringe (1)
softeliche (1)
softeþ (1)
softnesse (1)
soiet (1)
solace (1)
somme (1)
sonday (1)
sondusmon (1)
song (1)
sopere (1)
soriore (1)
sorwe (1)
sory (1)
sot (1)
sotel (1)
soti (1)
sotil (1)
sotiliche (1)
soþfastliche (1)
soþlyche (1)
soþnesse (1)
souȝtest (1)
souhte (1)
soulen (1)
soulus (1)
souror (1)
soutere (1)
sowynge (1)
spak (1)
spareþ (1)
spekestou (1)
spekkes (1)

Vernacular Forms Arranged in Descending Order: VERNON 357

spelen (1)	stink (1)	suwe (1)	teeþ (1)
spence (1)	stistinccion (1)	suweþ (1)	tel (1)
speren (1)	stode (1)	svmme (1)	tellere (1)
sperren (1)	stodemare (1)	swart (1)	tellest (1)
sperreþ (1)	stong (1)	swarte (1)	tellynge (1)
spetynge (1)	stonken (1)	swartore (1)	teme (1)
spicerie (1)	storbynge (1)	sweete (1)	temede (1)
spilleþ (1)	storken (1)	sweeteþ (1)	temen (1)
spite (1)	storkens (1)	swelle (1)	temple (1)
spoken (1)	storm (1)	swelte (1)	temptacious (1)
sponge (1)	stormes (1)	sweng (1)	tempten (1)
spornen (1)	strauhte (1)	sweren (1)	temtacion (1)
sporneþ (1)	streccheþ (1)	swert (1)	tende (1)
spot (1)	stremed (1)	swetnes (1)	tenture (1)
spotte (1)	strengþeden (1)	sweuene (1)	tenþe (1)
spradde (1)	strengþen (1)	swiftliche (1)	teolynges (1)
sprat (1)	strengþes (1)	swikele (1)	tete (1)
spredeþ (1)	strete (1)	swikelore (1)	teth (1)
sprengeþ (1)	striueþ (1)	swink (1)	teuþinge (1)
spreue (1)	stronglokest (1)	swiþere (1)	ticchen (1)
springen (1)	strykynges (1)	swiþure (1)	tice (1)
spritlen (1)	studefastlich (1)	swong (1)	tichnes (1)
sput (1)	studefastliche (1)	swopeþ (1)	tidde (1)
stalworþe (1)	studes (1)	swoti (1)	tide (1)
stalworþeliche (1)	studieþ (1)	swoweninde (1)	tifle (1)
staren (1)	stunteþ (1)	swynken (1)	tiflinge (1)
stareþ (1)	sture (1)	swynkes (1)	tileþ (1)
startnaket (1)	sturynde (1)	swynkfule (1)	tilleþ (1)
states (1)	sturyng (1)	swynkinde (1)	tillynge (1)
stayeren (1)	sturynges (1)	sychem (1)	tilynge (1)
steeren (1)	stynkeþ (1)	syden (1)	timbringe (1)
stei3 (1)	suffereþ (1)	syken (1)	time (1)
stei3e (1)	suffragiis (1)	sykerore (1)	tit (1)
stei3en (1)	suffringe (1)	sykes (1)	tiþe (1)
steih3en (1)	suffringliche (1)	symonye (1)	tiþinge (1)
stenede (1)	suffrynge (1)	syng (1)	tobie (1)
sterne (1)	suffryngnesse (1)	syngede (1)	toblowen (1)
steruen (1)	sul (1)	syon (1)	tobollen (1)
sterueþ (1)	suleþ (1)	syþes (1)	tobreke (1)
steyh (1)	sulleþ (1)	tadden (1)	tocheweþ (1)
stichen (1)	sumchere (1)	tak (1)	todele (1)
stif (1)	sume (1)	takynge (1)	todreue (1)
stih (1)	sumne (1)	tales (1)	todreuet (1)
stih3en (1)	sumweys (1)	tap (1)	todreueþ (1)
stike (1)	sumwyse (1)	tariende (1)	tofleoteþ (1)
stillenesse (1)	sunfol (1)	tauht (1)	tofore (1)
stilleschupe (1)	sungest (1)	team (1)	toforen (1)
stilleþ (1)	sungeþ (1)	teche (1)	tofret (1)
stilþe (1)	sungude (1)	teemeþ (1)	togederen (1)
stingen (1)	sunnus (1)	teende (1)	togeres (1)
stingest (1)	surderlepes (1)	teeres (1)	toggynge (1)

token (1)	truyles (1)	þester (1)	veil (1)
tokene (1)	tuinen (1)	þestri (1)	vengeaunce (1)
tokne (1)	tulleden (1)	þikkore (1)	venie (1)
toleuen (1)	tunne (1)	þinge (1)	venies (1)
tolimeþ (1)	turnde (1)	þingus (1)	venye (1)
tolleþ (1)	turne (1)	þinken (1)	verseilen (1)
tollyng (1)	turnede (1)	þoleden (1)	verselinges (1)
tollynge (1)	turnen (1)	þolemod (1)	versellynge (1)
tomore (1)	turnes (1)	þolemodnesse (1)	vi (1)
tongen (1)	turnynde (1)	þolemoodnesse (1)	vieþ (1)
tornde (1)	turpelnesse (1)	þolest (1)	viʒeþ (1)
tornes (1)	tutelynde (1)	þolien (1)	vii (1)
tornest (1)	tuyn (1)	þolmodnesse (1)	viinge (1)
torplen (1)	tuyne (1)	þolyeþ (1)	vilenye (1)
torpleþ (1)	twelf (1)	þonked (1)	visage (1)
toskes (1)	twelfmoneþ (1)	þonkede (1)	viteres (1)
toteren (1)	twiʒen (1)	þonken (1)	vmbileeuet (1)
totereþ (1)	twyʒe (1)	þonkeþ (1)	vnbileeuet (1)
toteþ (1)	twynne (1)	þoresday (1)	vnbileue (1)
totinde (1)	tyʒede (1)	þorʒe (1)	vnbiseoinde (1)
totorene (1)	tyʒeþ (1)	þornes (1)	vnbroke (1)
totred (1)	tymbre (1)	þorny (1)	vnburiet (1)
totret (1)	tymbren (1)	þorwhout (1)	vnbuschput (1)
toþ (1)	tymes (1)	þorwstikeþ (1)	vnbyseʒenesse (1)
touche (1)	tyndes (1)	þouʒtest (1)	vnceli (1)
toures (1)	tysinge (1)	þral (1)	vncomelich (1)
touwardus (1)	tytliche (1)	þraldam (1)	vncomeliche (1)
towent (1)	typinge (1)	þrefold (1)	vncouþe (1)
trede (1)	typinges (1)	þressche (1)	vndedlich (1)
tredeþ (1)	þar (1)	þreten (1)	vnderfon (1)
tremblynde (1)	þau (1)	þretes (1)	vnderfongen (1)
trendelynge (1)	þeef (1)	þreuʒ (1)	vnderʒetest (1)
treon (1)	þef (1)	þride (1)	vnderlyng (1)
treos (1)	þeiʒ (1)	þriueþ (1)	vnderneoþen (1)
treson (1)	þenche (1)	þroppe (1)	vndernome (1)
tresor (1)	þenchest (1)	þrungeþ (1)	vndersette (1)
tresun (1)	þenke (1)	þrusmen (1)	vnderstood (1)
treuþeschupe (1)	þenkynge (1)	þrusten (1)	vnderuonge (1)
trewenesse (1)	þenneforþ (1)	þunches (1)	vnderuongen (1)
trewlyche (1)	þeode (1)	þunne (1)	vnderuoþ (1)
tricherye (1)	þeostreþ (1)	þwertouer (1)	vndestondest (1)
troke (1)	þerfromward (1)	uche (1)	vndorne (1)
trokede (1)	þeronouen (1)	uchon (1)	vndoþ (1)
trosses (1)	þeroute (1)	uessel (1)	vnduden (1)
troublen (1)	þerteken (1)	understondeþ (1)	vndurfonge (1)
trouþen (1)	þertoeken (1)	unstudefast (1)	vndurfongen (1)
troylurs (1)	þertoʒenes (1)	up (1)	vndurstipren (1)
truandyse (1)	þertoʒeyns (1)	vanyte (1)	vndurstond (1)
trufle (1)	þerþorw (1)	vatteþ (1)	vndurstondeþ (1)
trusten (1)	þervnder (1)	vbbreydeþ (1)	vndurstoont (1)
trusteþ (1)	þerwiþouten (1)	vches (1)	vndurvonge (1)

vnfastnen (1)
vnfondet (1)
vngladliche (1)
vnhelet (1)
vnholde (1)
vnhole (1)
vnholere (1)
vnhuled (1)
vnhulet (1)
vnhuleþ (1)
vnicorn (1)
vnilyche (1)
vnkede (1)
vnkeþ (1)
vnkeþe (1)
vnknowenesse (1)
vnkuþþe (1)
vnloþnesse (1)
vnlydede (1)
vnlymen (1)
vnlymeþ (1)
vnmesure (1)
vnned (1)
vnnest (1)
vnnete (1)
vnnynge (1)
vnorne (1)
vnriht (1)
vnsaueri (1)
vnseȝene (1)
vnselyes (1)
vnsemelich (1)
vnsemeliche (1)
vnsibsumnes (1)
vnsouht (1)
vnsouwet (1)
vnspennede (1)
vnstable (1)
vnstablenesse (1)
vnstrengore (1)
vnstrengþeþ (1)
vnstrenþeth (1)
vnstreyngþe (1)
vnsyker (1)
vntiflet (1)
vntreweliche (1)
vntrusset (1)
vntrusten (1)
vntyme (1)
vnþewede (1)
vnþewh (1)

vnþonk (1)
vnvolden (1)
vnwakere (1)
vnwarre (1)
vnwaschen (1)
vnwasschen (1)
vnwiht (1)
vnwine (1)
vnwisdam (1)
vnworþeste (1)
vnworþi (1)
vnwrest (1)
vnwri (1)
vnwried (1)
vnwrien (1)
vnwriȝest (1)
vnwrye (1)
vnwryeþ (1)
vnwys (1)
vnwysliche (1)
vois (1)
vox (1)
vpbreyd (1)
vpdrawynge (1)
vppart (1)
vppynge (1)
vpto (1)
vpwardes (1)
vrye (1)
vsselue (1)
vtewiþ (1)
vttreliche (1)
vttur (1)
vtture (1)
vylte (1)
vynȝardes (1)
w (1)
wacche (1)
wach (1)
waden (1)
waiten (1)
wakede (1)
wakemen (1)
wakene (1)
wakyng (1)
wakynge (1)
walewynge (1)
walleþ (1)
wallynde (1)
wardeþ (1)
wardynge (1)

ware (1)
wari (1)
warien (1)
wariinge (1)
wariinges (1)
warnde (1)
warneþ (1)
warre (1)
warschipe (1)
warschupe (1)
wasschen (1)
wasschest (1)
wasteþ (1)
wat (1)
wawes (1)
waxen (1)
wayteden (1)
web (1)
weddet (1)
weden (1)
wedlak (1)
wednesday (1)
weenen (1)
weeneþ (1)
weent (1)
weete (1)
weie (1)
weiferinde (1)
weilawe (1)
welde (1)
wele (1)
welkene (1)
wem (1)
wemot (1)
wendest (1)
wenen (1)
wenes (1)
wenest (1)
wentest (1)
weolen (1)
weorieþ (1)
weorrede (1)
weorþ (1)
weoryinge (1)
wep (1)
wepene (1)
wepenen (1)
wepeþ (1)
wepten (1)
wepyng (1)
werede (1)

werest (1)
weri (1)
werkedai (1)
werne (1)
wernen (1)
werreour (1)
werynge (1)
wetnesse (1)
weyes (1)
weylawei (1)
wȝuche (1)
wȝuchso (1)
whel (1)
wheles (1)
whenne (1)
wheol (1)
wheolynde (1)
wheras (1)
whereso (1)
wherþorwȝ (1)
wherþorwh (1)
wheþeres (1)
whinrynge (1)
whitel (1)
whiteþ (1)
whittore (1)
whoderward (1)
whomso (1)
widewene (1)
wigeleþ (1)
wiht (1)
wikked (1)
wikkednesse (1)
wilfole (1)
wiliam (1)
wilnede (1)
wilnest (1)
wimplen (1)
winewede (1)
winewen (1)
wis (1)
wissen (1)
witerloker (1)
witles (1)
wiþbugge (1)
wiþbuggeþ (1)
wiþdrawe (1)
wiþdrouȝ (1)
wiþerwynes (1)
wiþhalt (1)
wiþholde (1)

wiþholdeþ (1)
wiþi (1)
wiþsigge (1)
wiþsiggen (1)
wiþsiggeþ (1)
wiþsiggynge (1)
wiþstondest (1)
wiþstondeþ (1)
wiþstoode (1)
wlache (1)
wlaten (1)
wlatinge (1)
wlech (1)
wlispen (1)
wodliche (1)
wodore (1)
woke (1)
wolen (1)
woleþ (1)
wommonlich (1)
won (1)
wondre (1)
wondreþ (1)
wondreþe (1)
woneden (1)
wonedest (1)
wones (1)

wonest (1)
woninge (1)
wonne (1)
wonten (1)
woode (1)
worche (1)
worchest (1)
worchinge (1)
worchipe (1)
worded (1)
wordus (1)
worseþ (1)
worþful (1)
worþifole (1)
worþschupe (1)
wost (1)
woundest (1)
woundeþ (1)
woundynde (1)
wouweleche (1)
wouwere (1)
wox (1)
wrak (1)
wrastele (1)
wrasteleþ (1)
wrastelynge (1)
wrastlynge (1)

wraþþen (1)
wraþþes (1)
wraþþhen (1)
wrecchede (1)
wrecchedschupe (1)
wrench (1)
wrenchest (1)
wrenchfule (1)
wreoþe (1)
wreþeþ (1)
wrie (1)
wriede (1)
wrieful (1)
wrieles (1)
wrien (1)
wriest (1)
wriȝe (1)
wriȝeful (1)
wriȝeles (1)
wriȝinge (1)
wriinge (1)
wrinneþ (1)
wronges (1)
wrongwent (1)
wrot (1)
wroþfole (1)
wroþful (1)

wroþfule (1)
wrye (1)
wryen (1)
wryeþ (1)
wryȝen (1)
wusscheþ (1)
wuypeþ (1)
wynd (1)
wynde (1)
wyndou (1)
wyne (1)
wynewynge (1)
wynkeþ (1)
wynnen (1)
wynneþ (1)
wyntfalled (1)
wysdam (1)
wytest (1)
wyuede (1)
wyues (1)
xii (1)
yliche (1)
ymage (1)
ymages (1)
ymne (1)
ysaak (1)

Studies in English Medieval Language and Literature

Edited by Jacek Fisiak

Vol. 1   Dieter Kastovsky / Arthur Mettinger (eds.): Language Contact in the History of English. 2nd, revised edition. 2003.

Vol. 2   Studies in English Historical Linguistics and Philology. A Festschrift for Akio Oizumi. Edited by Jacek Fisiak. 2002.

Vol. 3   Liliana Sikorska: *In a Manner Morall Playe*: Social Ideologies in English Moralities and Interludes (1350-1517). 2002.

Vol. 4   Peter J. Lucas / Angela M. Lucas (eds.): Middle English from Tongue to Text. Selected Papers from the Third International Conference on Middle English: Language and Text, held at Dublin, Ireland, 1-4 July 1999. 2002.

Vol. 5   Chaucer and the Challenges of Medievalism. Studies in Honor of H. A. Kelly. Edited by Donka Minkova and Theresa Tinkle. 2003.

Vol. 6   Hanna Rutkowska: Graphemics and Morphosyntax in the *Cely Letters* (1472-88). 2003.

Vol. 7   The *Ancrene Wisse*. A Four-Manuscript Parallel Text. Preface and Parts 1-4. Edited by Tadao Kubouchi and Keiko Ikegami with John Scahill, Shoko Ono, Harumi Tanabe, Yoshiko Ota, Ayako Kobayashi and Koichi Nakamura. 2003.

Vol. 8   Joanna Bugaj: Middle Scots Inflectional System in the South-west of Scotland. 2004.

Vol. 9   Rafal Boryslawski: The Old English Riddles and the Riddlic Elements of Old English Poetry. 2004.

Vol. 10   Nikolaus Ritt / Herbert Schendl (eds.): Rethinking Middle English. Linguistic and Literary Approaches. 2005.

Vol. 11   The *Ancrene Wisse*. A Four-Manuscript Parallel Text. Parts 5–8 with Wordlists. Edited by Tadao Kubouchi and Keiko Ikegami with John Scahill, Shoko Ono, Harumi Tanabe, Yoshiko Ota, Ayako Kobayashi, Koichi Nakamura. 2005.

www.peterlang.de

Nikolaus Ritt / Herbert Schendl (eds.)

Rethinking Middle English

Linguistic and Literary Approaches

Frankfurt am Main, Berlin, Bern, Bruxelles, New York, Oxford, Wien, 2005.
XI, 339 pp., num. tab. and graf.
Studies in English Medieval Language and Literature.
Edited by Jacek Fisiak. Vol. 10
ISBN 3-631-52032-8 / US-ISBN 0-8204-6550-X · pb. € 56.50*

This volume presents Middle English studies as a modern discipline which unites linguistics, literature, philology, the history of ideas, textual studies including recent developments in the study of text types and genres, as well as the sociohistorical perspective. This large variety of both traditional and new approaches is mirrored in the four main parts of the book, starting with texts and text types, and moving on to vocabulary, syntax and morphology, and finally phonology and orthography. Aspects of language contact as well as corpus linguistic studies are also addressed in a number of contributions. Authors are leading experts in their fields, and come from the United States, South Africa, and all parts of Europe.

Contents: Text types, texts, and text explication · Words: meaning, use, and context · Syntax and morphology · Phonology and orthography

Frankfurt am Main · Berlin · Bern · Bruxelles · New York · Oxford · Wien
Distribution: Verlag Peter Lang AG
Moosstr. 1, CH-2542 Pieterlen
Telefax 00 41 (0) 32 / 376 17 27

*The €-price includes German tax rate
Prices are subject to change without notice
Homepage http://www.peterlang.de